WTO 보조금 협정상 위임·지시 보조금의 법적 의미

이 재 민

景仁文化社

책머리에

보조금 문제를 어떻게 다룰 것인가 하는 문제는 국제통상 체제의 오래된 현안 중 하나이다. 보조금 정책은 양면성을 띠고 있다. 한편으로는 국제교역의 흐름을 왜곡하는 반경쟁적인 조치이면서 다른 한편으로는 해당국가 경제정책의 핵심을 이루기도 한다. 일국 정부가 자국의 주요 산업이 국제적 경쟁력을 보유하도록 다양한 정책을 집행하여 국가 전체의 경제적 부를 축적하고자 시도하는 것은 일면 정부의 주요 업무이자 그 존재이유이기도 하다. 바로 이러한 이유로 비단 경제개발에 총력을 기울이는 개발도상국뿐 아니라 이미 경제적 부를 상당부분 축적한 선진국도 광범위한 보조금 정책을 운용하고 있다. 최근 진행되고 있는 미국과 유럽연합간 민간항공기 보조금 분쟁은 보조금 정책이 단지 개발도상국에서만 나타나는 한시적, 국지적 현상이 아니라 어떤 측면에서는 범세계적 현상임을 여실히 보여주고 있다.

현 WTO 보조금 협정은 회원국 정부가 채택하는 모든 형태의 지원정책을 봉쇄하고자 하는 것이 아니며, 보조금 협정에 나열된 구성요건을 충족하는 지원정책에 대해서만 이를 불법 보조금으로 간주하여 규제한다. 문제는 각국 정부의 경제정책 및 산업정책과 밀접한 연관성을 갖는 이러한 지원정책의 속성상 이들 중 어떠한 것이 정당한 정부정책의 한계를 넘어선 불법 보조금에 해당하는지를 판별하는 것이 구체적 사안에서는 쉽지 않다는 점이다. 특히 과거와 달리 많은 국가들이 확인이 상대적으로 용이한 직접 보조금 대신 직접적 자금지원은 없어도 다양한 방법으로 자국 주요 산업에 실질적인 경제적 혜택을 부여하고자 하는 간접 보조금 정책을 사용하는 추세를 보이고 있어 이러한 구별 및 확인은 더욱 어려워 지고 있다. 이에 따라 이를 둘러싼 국가간 분쟁 역시 격화되고 있는 상황이다.

WTO 보조금 협정은 과거에 비하여 비교적 상세한 내용의 보조금 확인 및 규제방안을 제시하고자 1994년 우루과이 라운드 협상 타결로 도입되었다. 동 보조금 협정은 이미 간접보조금의 폐해를 어렴풋이나마 인식하고 있었으며 이에 따라 다양한 형태의 직접적인 보조금 교부와 함께 간접적 형태의 보조금 교부도 간략하나마 아울러 규제하고 있다. 바로 보조금 협정 제1.1(a)(1)(iv)조에서 규정하고 있는 소위 "위임 및 지시"에 의한 보조금 교부 조항이 그것이다. 간접보조금은 직접보조금보다 더욱 다양한 형태로 존재할 수 있으며 정부기관의 민간기관에 대한 "위임 및 지시"는 그러한 간접보조금에 해당하는 하나의 특별한 태양이다. 이를 현 WTO 보조금 협정에서는 간접보조금 중 유일하게 구체적으로 규정하고 있는 것이다. 따라서 아직 간접보조금 일반을 규율하기 위한 충분한 규범이 보조금 협정에 도입되었다고 보기는 힘들고 일단 간접 보조금의 한 구체적 태양인 "위임 및 지시"에 대해서만 관련 규정을 도입하고 있는 것으로 볼 수 있다.

현 보조금 협정이 "위임 및 지시" 보조금에 관한 이러한 규정을 포함하고 있는 것은 타당하며 그 필요성은 충분히 인정된다. 문제는 동 조항이 지나치게 간략히 규정되어 실제 구체적 사안에 적용 시 그 의미와 범위를 확정하기 어렵다는 점이다. 이러한 문제점은 모든 형태의 간접보조금에 나타나는 본질적인 문제점이나 일단 간접보조금과 관련되는 내용을 규정하고 있는 보조금 협정 제1.1(a)(1)(iv)조의 "위임 및 지시" 조항의 적용과 관련하여 본격적으로 대두되고 있다. 이러한 문제의 근본적인 원인은 바로 위에서도 지적한 바와 같이 각국 정부의 주권에 기초한 일반적인 경제정책 수립 및 시행 권한과 보조금 협정이 규율하는 불법 보조금간의 경계가 불분명하기 때문이다. 이러한 불확실한 상황에 직면하여 각 이해당사국은 자국에 유리한 방향으로 동 조항과 관련 법리를 해석하고 있는 태도를 보이고 있다. 이에 따라 이와 관련한 통상분쟁이 지속적으로 발생하고 있다. 특히 1997년 외환위기 이후 금융권에 대한 대규모 공적자금 투입 및 주요 기간산업에 대한 구조조정 등으로 경제위기를 극복한 우리나라에 대하여 주요 교역 상대국으로부터 동 조항에 근거한 보조금 공세가 지속적으로 발생하고 있으며 현재에도 진행 중에 있다.

 이 책에서는 이러한 점을 염두에 두고 과연 현 보조금 협정에서 의미하는 "위임 및 지시" 보조금의 법적 의미와 한계는 무엇인지를 분석하여 보고자 하였다. 이러한 검토를 통하여 보조금 협정상 관련 조항의 의미를 현 WTO 협정 체제 내에서 보다 명확히 하고 나아가 향후 본격적으로 다루어야 할 간접보조금 일반에 대해서도 시사점을 도출하고자 시도하였다. 이러한 작업은 도하라운드에서 진행 중인 보조금 협정 개정 협상을 올바른 방향으로 유도하고, 또한 "위임 및 지시" 보조금과 관련한 WTO 패널 및 항소기구의 판정을 적절히 평가하는 데에도 적지 않은 기여를 할 수 있을 것으로 믿는다.

 마지막으로 그간 저자가 이 분야 연구를 하는 동안 끊임없는 가르침을 주신 서울대학교 법과대학의 정인섭 교수님, 장승화 교수님, 그리고 이상면 교수님에게 다시 한번 머리 숙여 감사의 마음을 전하고자 한다. 한양대학교 법과대학 박사과정의 박미경 양은 이 책을 출간하기 위한 여러 힘든 작업을 도와주었다. 지면을 통하여 그 수고로움에 대한 고마움을 표시하고자 한다.

2008년 12월 15일
이재민

〈목 차〉

◇ 책머리에

제1장 서 론 ∘ 1

  Ⅰ. 문제 제기 ··· 3
  Ⅱ. 연구 목적 ··· 7
  Ⅲ. 연구 방법 ··· 9
  Ⅳ. 연구 범위 ·· 11

제2장 위임 · 지시 보조금의 기본 성격 ∘ 13

제1절 보조금의 정의 ·· 16
제2절 위임 · 지시 보조금의 독자적 성격 ······································· 28
제3절 위임 · 지시 보조금 분쟁의 구체적 양태 ······························ 33
제4절 국가 간 상이한 입장 ··· 43
제5절 주요국 국내법의 입장 ··· 49
  Ⅰ. 미 국 ··· 50
  Ⅱ. 유럽연합 ·· 56
  Ⅲ. 일 본 ··· 59
  Ⅳ. 중 국 ··· 61
  Ⅴ. 한 국 ··· 63

제3장 위임 및 지시의 법적 의미 ∘ 67

제1절 국제법상 조약 해석의 기본원칙 ·· 70

Ⅰ. 비엔나 협약 제31조상 조약 해석 기본원칙 ·· 71
　　Ⅱ. 조약 해석 기본원칙의 WTO 협정에의 적용 ······································ 76
제2절 통상적 의미에 따른 해석 ··· 80
　　Ⅰ. 문언적 해석 ·· 80
　　　1. 문언적 의미의 고찰방법 ··· 81
　　　2. 문언적 해석 원칙의 위임 및 지시 조항에의 적용 ················ 85
　　Ⅱ. 대상과 목적을 고려한 해석 ·· 91
　　　1. WTO 협정의 대상 및 목적 ··· 93
　　　2. 보조금 협정의 대상 및 목적 ·· 99
　　　3. 위임 및 지시 조항의 대상 및 목적 ·································· 106
　　　4. 위임 및 지시 조항의 엄격한 해석 필요성 ························ 112
　　Ⅲ. 문맥을 고려한 해석 ··· 115
　　　1. 보조금 조치에 대한 개별적 검토 ······································ 116
　　　2. 적절한 상계조치 ··· 117
　　　3. 증거기준 ··· 121
　　　4. 선의와 형평에 의한 조사 ·· 123
　　　5. 이용 가능한 정보 원칙 적용의 한계 ································· 125
　　　6. 각국 경제적 특성의 존중 ·· 127
　　　7. 보조금 철회 및 구체적 보조금 조치 필요 ························ 134
　　　8. 정부의 다양한 시장개입 인정 ··· 140
　　　9. 명시적 증거의 객관적 평가 ·· 140
　　　10. 재정적 기여와 경제적 혜택 요건의 구별 ······················· 142
　　　11. 서비스 부문 보조금 문제와의 연관성 ····························· 143
　　Ⅳ. 효과적 해석 ··· 149
　　Ⅴ. 조약 체결 준비문서의 검토 ··· 152
　　Ⅵ. 소 결 ··· 158
제3절 위임 및 지시 관련 분쟁해결기구 선례 ································· 159
　　Ⅰ. U.S.-DRAMs 항소기구 결정 이전 ······································ 159
　　Ⅱ. U.S.-DRAMs 항소기구 결정 ·· 163
　　Ⅲ. 항소기구 분석에 관한 평가 ·· 166
제4절 위임·지시 보조금 고찰을 위한 패러다임의 필요성 ················ 172

제4장 보조금 협정상 위임·지시 보조금 구성요건 • 179

제1절 정부 측면에서의 검토 ································· 185

  I. 정부의 의도에 대한 분석 필요성 ···················· 185
    1. 정부 의도의 표출로서의 위임 및 지시 ············ 185
    2. 외국 정부의 의도 고찰의 난관 ···················· 192
    3. 의도의 입증 문제 ·································· 194
    4. 의도의 분석과 보조금 협정의 대상 및 목적 ······ 198
  II. 제한된 범위 내 정부의 시장 개입 필요성 ············ 199
  III. 정부와 민간주체 간 객관적 매개물의 존재 ·········· 206
  IV. 국제기구의 권고에 따른 조치에 대한 특별 고려 ···· 207

제2절 조치 측면에서의 검토 ································· 214

  I. 위임 및 지시 대상의 한정 ···························· 215
  II. 위임 및 지시의 대상 업무 ··························· 220
  III. 정부의 본연 임무의 종사 ···························· 224

제3절 민간 측면에서의 검토 ································· 228

  I. 의사 결정 과정상 자발적 선택 가능성 여부 ········ 228
  II. 복합적 요소의 상호작용에 의한 의사 결정 ·········· 234
  III. 실패로 귀결된 위임 및 지시 ························· 236

제4절 구성요건 분석에 따른 항소기구 결정의 평가 ······· 242

제5장 위임·지시 보조금 관련 법적 문제 • 245

제1절 상업적 합리성 문제 ··································· 248

  I. 상업적 합리성의 재검토 ······························ 250
    1. 상업적 합리성 판단 시 현실성 결여 ·············· 251
    2. 상업적 합리성 판단의 구체적 문제점 ············ 258
  II. 상업적 합리성 판단의 고려 요소 ···················· 276

1. 피조사국의 구체적 상황 ································· 277
　　2. 민간주체 간 상이한 이해관계 ························ 282
　　3. 채무재조정 조치의 특이성 ···························· 286
　　4. 해당 산업의 특성 고려 ································· 289
제2절 위임·지시 보조금 조사와 정황증거 ················· 291
　Ⅰ. 정황증거 활용의 사례 ······································ 292
　Ⅱ. 정황증거 활용의 필요성 ··································· 294
　Ⅲ. 필요성 논거의 한계 ·· 297
　Ⅳ. 정황증거의 내재적 한계 ··································· 299
　　1. 신뢰성 문제 ··· 300
　　2. 모순적 상황 초래 ··· 308
　　3. 조사의 구체성·현실성 결여 ························· 313
　Ⅴ. 정황증거의 증거력 검증 필요성 ························ 316
　　1. 여타 국제법원의 경우 ··································· 319
　　2. 항소기구의 입장 ··· 321
　　3. 국내법원의 입장 ··· 326
　Ⅵ. 해결책 검토 ·· 328
제3절 위임·지시 보조금 조사와 총체적 접근법 ········ 330
　Ⅰ. 총체적 접근법의 필요성 ··································· 331
　Ⅱ. 총체적 접근법의 한계 ······································ 332
　　1. 보조금 협정 규정과의 상충 ·························· 333
　　2. 정확성 문제 ··· 334
　Ⅲ. 일반적 상황의 구체적 사안 적용 시 문제점 ······ 335
　Ⅳ. U.S.-DRAMs 항소기구의 총체적 접근법에 대한 검토 ···· 338
　　1. 단일 보조금 조치 문제 ································· 338
　　2. 추론 적용 문제 ·· 343
　Ⅴ. 총체적 접근법의 재정립 ··································· 347
제4절 위임 및 지시 입증책임 ··································· 349
　Ⅰ. 조사당국의 조사과정에서의 입증책임 ················ 351
　　1. 보조금 협정의 기본취지 ································ 351

2. 입증책임의 전환 ·· 352
　　3. 입증책임 전환의 법적 근거 ·· 359
　Ⅱ. WTO 분쟁해결절차에서의 입증책임 ··362

제6장 위임·지시 보조금 조항의 개선 및 개정 ◦ 367

제1절 명확화·구체화 작업의 목표 ·· 371
　Ⅰ. 회원국 간 이해관계의 조율 ·· 371
　Ⅱ. WTO 체제에 대한 신뢰 제고 ·· 376
　Ⅲ. 위임·지시 보조금 분쟁의 감소 ·· 379
제2절 보조금 협정 개정 관련 주요국 제안 ·· 383
　Ⅰ. 유럽연합 ·· 383
　Ⅱ. 미　국 ·· 385
　Ⅲ. 호　주 ·· 395
　Ⅳ. 이집트 ·· 399
　Ⅴ. 캐나다 ·· 400
제3절 위임·지시 보조금 관련 모델 조항 ·· 403

제7장 결　론 ◦ 415

◇ 부　록 ◦ 429
◇ 참고문헌 ◦ 452
◇ 색　인 ◦ 469

제1장 서론

I. 문제 제기

　모든 형태의 경제체제에 있어 정부는 어떤 식으로든 자국시장에 개입한다. 정부는 소비자, 공급자 그리고 규제자로서 다양한 형태로 자국시장에 관여하게 되는 것이다. 한편 국제화의 진전과 국가 간 상호의존성의 증가로 인해 일국 정부의 자국 경제활동에 대한 개입과 관여는 국제적 파급효과를 수반하게 된다. 일국 정부가 채택하는 경제, 산업 및 금융분야에서의 정책, 방침 및 조치는 영토적 제약을 넘어 타국의 경제주체 및 시장에 영향을 미치는 사례가 급증하고 있다. 때로는 국제적 파급효과를 창출하기 위한 목적으로 일국 정부가 의도적으로 특정 정책 및 조치를 채택하는 경우도 있으나, 이러한 국제적 파급효과는 해당국 정부가 전혀 의도 또는 예측하지 않은 결과적 부산물인 경우도 있다.

　국가 간 이해관계가 첨예하게 대립하는 국제통상 분야에서도 이러한 국제적 파급효과는 다양한 형태로 나타나고 있다. 다만 국제통상 분야에서는 세계무역기구「World Trade Organization('WTO')]가 포괄적·구체적인 국제통상 규범을 제공하고 있기에 WTO 회원국이 여타 회원국의 통상이익을 직접적으로 침해하기 위한 목적으로 경제, 산업 및 금융정책을 입안, 실시하는 경우는 지속적으로 발생하고 있기는 하나 점차로 줄어들고 있는 상황이다. 대신 현 WTO 협정[1] 체제하에서 국가 간 첨예한 입장대

---

[1] 본 논문에서 'WTO 협정'이라고 언급하는 경우에는 WTO 설립협정(Marrakesh Agreement Establishing the World Trade Organization), Annex 1에서 3에 포함된 각종 부속협정, 각료회의 결정과 선언(Ministerial Decisions and Declaration)을 통칭하는 종합적 개념으로 사용함을 밝혀 둔다.

립을 찾아 볼 수 있는 영역은 이러한 국제적 파급효과가 일방 회원국 정부에 의해 직접 의도되지 않은 파생물 내지 부수물인 경우이다. 구체적 적용 규범을 용이하게 발견할 수 있는 직접적·의도적 통상 파급효과 대신 이러한 간접적·결과적인 통상 파급효과가 점차 국제통상 분쟁의 주요사안으로 대두되고 있다. 즉, WTO 회원국의 일반적 국내정책－예를 들어 경제정책, 산업정책 및 금융정책－이 간접적·결과적으로 교역 상대국의 통상 이익을 침해하고 동 교역 상대국은 그러한 정책의 WTO 협정 규범과의 비합치성을 제기하는 것이다. 특히 회원국 정부의 민간부문에 대한 관여를 전체적으로 규율하고자 하는 WTO 보조금 및 상계관세 협정[Agreement on Subsidies and Countervailing Measures(이하 '보조금 협정')]의 속성상, 위에서 제기한 문제는 보조금 협정의 해석 및 적용과 관련하여 최근 빈번하게 발생하고 있다.

  WTO 회원국이 자국의 특정 기업 및 산업에 지급하는 보조금의 가장 기본적 형태는 정부 국고로부터 해당 기업 및 산업에 대해 직접적으로 자금을 제공하거나 또는 이들이 납부하여야 할 세금 등 공과금을 감면하여 주는 것이다. 그러나 이러한 직접적이고 단순한 형태의 보조금 지급은 보조금 협정에 대한 위반 확인이 상대적으로 용이하여 피해를 입은 교역 상대국에 의한 WTO 분쟁해결절차에의 회부나 상계관세(countervailing duties) 부과를 흔히 초래한다. 이에 따라 보조금 지급을 검토하는 일부 회원국 입장에서는 이와 같은 직접적 방안을 채택하기보다는 점차 간접적 또는 우회적 방법을 통해 자국의 특정 민간기업 또는 산업에 대한 실질적·경제적 혜택 부여를 도모하는 사례가 증가하고 있다.[2] 즉, 정부가 특정 민간기업 및 산업을 위

---

  2) 그렇다고 해서 기존의 직접 보조금이 더 이상 중요한 의미를 갖지 않는다는 것은 아니며, 전세계적으로 전통적인 형태의 직접 보조금 지급은 여전히 광범위하게 행해지고 있으며 앞으로도 지속적으로 행해질 것으로 보인다. 여기에서 말하는 간접적·우회적 보조금 지급을 본 논문에서는 '간접 보조금'이라고 통칭한다. 또한 본 논문에서는 논의의 간결화를 위하여 '간접 보조금'이라고 칭할 경우에 기본적으로 위장 보조금－즉, 정부가 의도적으로 보조금 협정을 회피하고자 시도하는 보조금 교부 정책

하여 직접 자금지원을 하는 대신, 정부에 부여된 각종 정책 및 수단을 동원하여 해당 민간기업 또는 산업이 유사한 경제적 혜택을 향유할 수 있도록 '위장'된 조치를 취하는 것이다.[3] 위장의 구체적 모습은 다양한 형태를 띠게 된다. 이러한 위장 보조금 조치가 국제교역 질서를 교란하고 따라서 이에 대한 효과적 대응이 필요하다는 점에는 이견이 없다. 그러나 문제는 특정 조치가 위장 보조금 조치인지, 정당한 정부 정책의 시행인지에 관한 분명한 구별이 곤란하다는 것이다. 따라서 이를 둘러싼 WTO 회원국 간 견해 차이가 보조금 관련 분쟁의 새로운 추세로 대두되는 상황이다. 최소한 외양상 건전한 정부 정책을 불법 보조금 지급을 위한 수단으로 평가한다는 차원에서 이 분쟁에서 당사국 간 대립의 강도는 일반적인 보조금에 비해 심각한 양상을 띠게 된다.

특이하게도 현 보조금 협정은 이러한 위장된 조치로서의 간접 보조금 지급 방법 중 하나를 명문으로 규정하고 있다. 바로 WTO 회원국 정부가 자국의 민간주체에 특정한 임무를 위임하거나 지시를 부여하여 이들로 하여금 또 다른 민간주체에 경제적 혜택을 부여하도록 주선하는 경우이다. 이러한 형태의 보조금은 보조금 협정 제1.1조 (a)(1)항 (iv)호에서 WTO 회원국 정부의 자국 민간주체에 대한 '위임 및 지시(entrustment or direction)' 문제로 규정되어 있다. 다른 형태의 간접 보조금의 경우와 마찬가지로 '위임 및 지시'를 통한 보조금 지급의 사례도 점점 증가하고 있으며, 이와 관련된 통상 분쟁도 증가하고 있다. 그러나 이러한 분쟁의 증가에도 불구, 이에 대한 국제규범 및 법리는 아직 不備한 실정이다. 우루과이 라운드(Uruguay Round) 협상과정에서 보조금 협정 채택 시에도 다른

―을 지칭하는 것에 한정하여 사용함을 밝혀 둔다.
3) 물론 WTO 회원국 정부가 위장 보조금을 은밀히 지급하고자 하는 의도가 존재하지 않는 경우라고 하더라도 보조금 협정에서 규정하는 보조금 성립을 위한 3대 구성요건이 모두 존재하는 경우에는 때로는 일반적 정부정책도 보조금에 해당되어 상계조치나 WTO 제소의 대상이 될 가능성이 존재함은 물론이다(보조금의 3대 구성요건에 관하여는 보조금 협정 제1조 및 제2조 참조).

형태의 보조금과 구별되는 '위임 및 지시'를 통한 보조금의 독자성에 관한 충분한 공감대가 형성되어 있지 않아 신뢰할 만한 규정이 마련되지 않았으며, 이후 WTO 분쟁해결절차에서도 아직까지 충분한 법리가 축적되지 않은 실정이다. 이러한 규범의 부재로 인해 이 분야에서의 혼란이 가중되고 있는 실정이다

특히 간접 보조금 일반의 경우와 마찬가지로 '위임 및 지시'를 통한 보조금 지급 문제는 현 WTO 체제하에서 정부의 정당한 시장개입 범위에 관한 회원국 간 기본적 입장 차이에 기초하고 있어, 우루과이 라운드 협상 시 보조금 협정의 최초 입안자들이 의도하였던 것처럼 간단한 조항 하나로 명쾌히 해결될 문제가 아니라는 점이 거듭 확인되고 있다. 종래의 특정 제품 및 특정 산업에 대한 보조금 결정의 유형에서 벗어나 특정 국가의 경제·금융제도에 대한 일반적인 성격 규명을 시도한다는 점에서 '위임 및 지시'를 통한 보조금 문제는 기존의 보조금 조사 및 결정과는 기본적으로 상이한 측면을 보유한다. 특히 상계관세 조사를 담당하는 WTO 회원국이나 보조금 제소를 심리하는 WTO 패널 및 항소기구에 의한 '위임 및 지시'를 통한 보조금 교부의 결정은 피조사국 또는 피제소국인 WTO 회원국의 다양한 산업에 대하여 오랜 기간 부정적 영향을 미칠 수 있는 포괄적·장기적 성격을 보유하게 된다. 또한 회원국 정부가 보조금 협정 회피를 위해 위장 조치를 은밀히 시행하고 있다는 취지의 '위임 및 지시'를 통한 보조금 교부 결정은 여타 보조금 조사 및 결정에 비하여 피조사국 및 피제소국에 대한 부정적 이미지를 극적으로 증폭시킨다. 이러한 상황에서 '위임 및 지시'를 통한 보조금 조사를 실시하는 WTO 회원국이나 보조금 제소를 담당하는 WTO 패널이 동 규정을 부당하게 또는 광범위하게 해석·적용한다고 믿는 경우 그 대상인 타방 회원국은 극심하게 반발하게 된다. 한편으로 보조금 조사 및 제소를 실시하는 WTO 회원국들은 이러한 고도로 위장된 보조금 지급을 적절히 규제하지 않을 경

우 일부 회원국 정부가 민간주체에 대한 '위임 및 지시'를 통해 불법 보조금을 제공하는 것을 적절히 규제하지 못할 것이며 이는 결국 현 보조금 협정의 근간을 흔들 가능성도 있음을 주장하고 있다. 따라서 이들 국가는 '위임 및 지시'를 통한 보조금 지급을 효과적으로 규제하기 위하여 동 조항의 광범위한 적용을 주장하고 있는 것이다.

'위임 및 지시'를 통한 보조금 교부 사례의 증가와 이러한 형태의 분쟁이 내포하는 첨예한 국가 간 이해관계의 충돌에도 불구하고 이를 해결할 수 있는 적절한 법적 지침의 미비로 인해 보조금 협정에 대한 또는 WTO 협정 자체에 대한 회원국의 불신이 증폭되고 있다. 따라서 현 시점에서 불명확한 상태로 남아있는 보조금 협정상 '위임 및 지시'를 통한 보조금 관련 조항의 정확한 법적 의미와 이의 구체적 적용범위에 대한 검토와 법리 확인이 시급하다고 할 것이다.

II. 연구 목적

따라서 본 논문은 '위임 및 지시'를 통한 보조금의 고유한 특성을 인식하고 이를 규정하고 있는 현 보조금 협정 제1.1조 (a)(1)항 (iv)호의 법적 의미 및 적용범위에 관한 세부적 검토를 실시하여 향후 이 분야에서의 국가 간 분쟁해결에 적용될 법적 기준을 수립·제시하고자 한다. 그리고 '위임 및 지시'를 통한 보조금 존재여부에 대한 조사 과정에서 현실적으로 관련되는 제반 법적 사항들을 아울러 검토하여 그 구체적 문제점을 지적하고자 한다. 그리고 이러한 분석작업에 기초하여 향후 보조금 협정 개정시 '위임 및 지시' 보조금 관련 조항의 개선안을 제시하고자 한다. 이 분야에서의 이러한 작업을 통해 얻을 수 있는 구체적 의의는 다음과 같다.

첫째, 현 보조금 협정에서 규정하는 '위임 및 지시'를 통한 보조금에 적용될 정확한 기준의 확인은 WTO 회원국이 이러한 형태의 보조금에 대항하기 위해 실시하는 相計關稅 조사의 공정한 진행을 가능케 하여 줄 것이다. '위임 및 지시'를 통한 보조금에 관한 법적 기준의 부재는 현재 WTO 회원국 조사당국(Investigating Authorities)에 사실상 무제한적 재량권을 인정하여 상계관세 부과의 정당성과 관련, 피조사국의 반발을 초래해 왔다. 이 분야에서의 정확한 법적 기준의 확인 및 제시는 상계관세 조사 및 부과를 둘러싼 이러한 통상 분쟁을 감소시킬 수 있을 것이다.

둘째, '위임 및 지시'를 통한 보조금의 정확한 법적 기준의 확인은 WTO 패널 및 항소기구가 관련 분쟁을 해결함에 있어 역시 적절한 준거점을 제공해 줄 수 있을 것이다. 현재 이 분야에 존재하는 WTO 분쟁해결절차의 선례는 패널 및 항소기구가 아직 '위임 및 지시'를 통한 보조금의 고유한 특성과 다양한 제반 관련 법적 문제를 충분히 인식하지는 못하고 있음을 보여주고 있다. 따라서 '위임 및 지시'를 통한 보조금의 정확한 법적 기준의 확인 및 제시는 향후 WTO 패널과 항소기구의 분석 및 평가에 중요한 지침을 제공해 줄 수 있을 것이다.

셋째, '위임 및 지시'를 통한 보조금에 적용될 법적 기준의 정립은 이러한 형태의 보조금 교부행위에 해당될 부당한 정부 개입 행위에 관한 WTO 회원국들의 예측 가능성을 제고하여 준다. 현재와 같은 무규범 상태하에서는 과연 어떠한 정부 조치가 보조금 협정에서 규정하고 있는 '위임 및 지시'에 해당될 가능성이 있는지, 따라서 교역 상대국에 의한 상계관세 부과와 WTO 분쟁해결기구로의 제소 대상이 될 가능성이 있는지에 관하여 합리적인 예측을 하는 것이 불가능하다. 규범의 내용이 분명하지 않은 상황에서 이러한 규범에 대한 WTO 회원국의 준수를 기대한다는 것은 비합리적이다. 따라서 '위임 및 지시'를 통한 보조금의 정확한 법적 기준의 확인 및 제시는 이 분야에 관한 회원국들의 예측 가능성을 제고하여 가급적이면 보조금 규정에 합치하는 정부정책을 채택하도록 유도하는 효과를 거둘 수 있을 것이다.

넷째, '위임 및 지시'를 통한 보조금의 정확한 법적 기준의 확인을 통해 현재 도하개발 라운드[Doha Development Agenda('DDA')] 규범협상(Rules Negotiations)에서 진행 중인 보조금 협정 개정 협상에 참고할 적절한 가이드라인을 제시해 줄 수 있을 것으로 본다. 현재 보조금 협정 개정 협상 전반이 답보 상태에 머물고 있으며 특히 간접 보조금적 요소를 내포하고 있는 '위임 및 지시'를 통한 보조금과 같은 복잡하고 민감한 사안에 관해서는 심도있는 논의가 진행되고 있지 못한 상황이다. 따라서 이 부분에 관한 정확한 문제의 제기와 이에 적용될 적절한 기준의 제시는 보조금 협정 관련 조항 개정에 필요한 추진력을 제공할 수 있을 것이다.

III. 연구 방법

보조금 협정 제1.1조 (a)(1)항 (iv)호상의 '위임 및 지시'의 정확한 법적 의미 및 그 적용 범위를 살펴보기 위하여 이 논문은 다음과 같은 방법으로 전개된다. 먼저 '위임 및 지시'를 통한 보조금을 규율하고 있는 보조금 협정 제1.1조 (a)(1)항 (iv)호의 의미를 1969년 조약법에 관한 비엔나 협약[1969 Vienna Convention on the Law of Treaties('비엔나 협약')] 원칙에 의거, 고찰한다. 이러한 고찰을 통해 WTO 협정 체제 및 보조금 협정에서의 '위임 및 지시' 보조금 조항의 법적 의미 및 적용범위를 도출하고자 한다. 이러한 법적 의미 및 적용범위에 기초하여 현재까지 WTO 분쟁해결기구[Dispute Settlement Body('DSB')]가 채택한 패널 보고서 및 항소기구 보고서에 나타난 '위임 및 지시' 보조금 문제 관련 선례를 살펴보고 이에 대한 평가 및 비판을 전개하고자 한다.

나아가 '위임 및 지시' 보조금 조항의 정확한 의미 및 적용범위에 관한 이러한 고찰을 바탕으로 동 문제를 검토하는데 있어 적용 가능한 기본적인 분석의 패러다임(paradigm)을 제시하고자 한다. 그리고 이러한 패러다임에 포함될 세부적 구성요건을 확인하고 각 구성요건에 대한 개별적 검토를 실시하고자 한다. 이러한 구성요건의 개별적 검토 작업을 통해 현 WTO 선례의 한계와 문제점을 재차 확인하고자 한다. 그 다음으로 '위임 및 지시'를 통한 보조금 조사에 있어 흔히 대두되는 제반 관련 문제들에 관한 법적 검토를 실시하여 현 보조금 협정 운용에 있어 이와 관련된 다양한 문제점을 확인하고 이에 대한 해결책을 제시하고자 한다. 마지막으로 '위임 및 지시'를 통한 보조금의 정확한 법적 의미, 선례의 상황 및 관련 문제점을 총괄하여 현재 진행 중인 DDA협상에서의 보조금 협정 개정 협상에서 '위임 및 지시' 보조금 관련 조항의 적절한 개정 및 구체화를 지원하기 위한 모델 초안(model draft)을 제시함으로써 논의를 정리하고자 한다.

본 논문에서는 이 문제를 연구함에 있어 시사점을 제공하여주는 WTO 패널 및 항소기구의 선례를 집중적으로 참조하였다. 또한 연관되는 각각의 부분에서 주요국 국내법상의 '위임 및 지시'를 통한 보조금의 규율 현황과, 조사당국의 결정 및 국내법원의 판결에 대한 검토도 아울러 포함하였다. 현 WTO 체제하 부속협정의 하나로서 보조금 협정은 보조금 규율에 관한 전체적인 원칙 또는 기본틀을 제공하고 보조금 조사 및 상계관세 부과와 같은 구체적 집행의 상세한 내용은 149개 WTO 회원국의 개별 국내입법을 통한 이행에 위임되어 있기 때문이다.[4] 특히 '위임 및 지시'를 통한 보조금 조사에 관해 가장 정치한 내용을 포함하고 있는 미국의 국내법 및 관련 결정에 대한 검토는 이 문제에 관한 중요한 시사점을 제공하여 주는 바, 이와 연관되는 부분에서 미국 국내법을 상세히 언급하였다. 나아가 '위임 및 지시'를 통한 보조금 문제에 정확한 법적 의미 도출에 도움을 주는 우루과이 라운드 협상 시 교섭기록과 현재 진행 중인 DDA 협

---

4) Judith Czako, Johann Human & Jorge Miranda, *A Handbook on Anti-Dumping Investigations*, Cambridge Univ. Press (2003), Preface, p. xix 참조.

상에서의 각국의 제안서에 대한 검토도 아울러 포함하였다.

IV. 연구 범위

 이 논문은 보조금 협정 제1.1조 (a)(1)항 (iv)호에 대한 비엔나 협약상의 조약 해석 원칙에 따른 고찰과 '위임 및 지시' 보조금과 관련된 WTO 분쟁해결기구의 선례에 대한 검토를 통해 현 보조금 협정하에서 '위임 및 지시'의 법적 의미와 적용범위를 확인하는 데 초점을 맞추고 있다. 따라서 이 논문의 연구 범위는 '위임 및 지시'를 통한 보조금 문제의 현 보조금 협정 체제하에서의 법적 의미 및 그 적용범위에 관한 고찰과 이에 기초한 향후 보조금 협정 개정 시 대안 제시에 한정되어 있다. 그러므로 다양한 형태의 간접 보조금과 관련된 일반적인 문제, '위임 및 지시'를 통한 보조금의 무역 왜곡 효과, 위장 보조금 지급에 대한 효과적 대처 방안, 보조금 규제의 국제적 필요성 등 '위임 및 지시' 보조금과 직·간접적으로 관련되는 다양한 문제들은 이 논문에서 다루는 범위를 벗어난다.
 또한 본 논문은 현 보조금 협정 체제하에서 과연 특정한 정부 조치가 민간주체에 대한 '위임 및 지시'를 구성하여 '위장된' 보조금 지급 행위로 간주되기 위해서는 어떠한 구성요건이 필요한지 보조금 협정에 기초하여 검토를 실시한다. '위임 및 지시' 조항의 부당한 남용을 통한 WTO 회원국의 보조금 제소 및 상계관세 부과는 보조금 협정 이외에도 WTO 설립협정 및 부속협정의 여타 조항을 위반할 가능성이 있고, 또한 경우에 따라서는 국제법상의 기본원칙을 위반할 수도 있을 것이다. 그러나 본 논문에서의 '위임 및 지시'에 관한 고찰은 보조금 협정 제1.1조 (a)(1)항 (iv)호에 국한되어 있음을 밝혀둔다.

제2장 위임·지시 보조금의 기본 성격

보조금 협정 제1.1조 (a)(1)항 (iv)호에 관한 본격적인 논의에 앞서 본 장에서는 위임·지시 보조금의 기본적 성격과 이에 관한 각국의 상이한 입장에 대하여 고찰한다. 먼저 보조금 협정상 보조금의 정의에 관한 기본적 내용을 살펴봄으로써 현 보조금 협정에서의 보조금 규율방식을 검토한다. 그리고 보조금 협정상 규정된 직접 보조금과 구별될 뿐 아니라 일반적인 의미의 간접 보조금과도 구별되는 위임·지시 보조금의 특징과 독자성을 살펴보도록 한다. 다음으로 위임·지시 보조금 분쟁의 구체적 態樣을 살펴봄으로써 위임·지시 보조금 문제 접근에 관한 국가 간 기본적 입장 차이를 고찰한다. 이후 주요 회원국의 국내법이 위임·지시 보조금을 어떻게 규율하고 있는지 살펴보도록 한다.

제1절 보조금의 정의

대부분의 국가는 전통적으로 다양한 형태의 보조금 정책을 채택, 실시하여 왔다. 각국의 보조금 정책은 경제개발을 위한 산업정책 추진과 다양한 정책목표를 달성하기 위한 주요 수단이었으며, 특히 경제개발, 산업진흥 및 수출입정책과 밀접히 연계되어 왔다.[1] 사실 모든 경제 및 무역정책의 결정은 정치적 속성을 내포하고 있지만 각국의 보조금 정책은 이러한 정치적 속성이 특히 강한 영역이다.[2] 그러나 한편으로 각국의 이러한 보조금 정책은 국제무역에 심각하게 부정적인 영향을 초래한다. 정부가 민간기업에 제공하는 보조금은 수입품에 대한 국내상품의 경쟁력을 인위적으로 강화하여 수입대체를 장려하거나 해외시장에서 국내상품의 경쟁력을 인위적으로 강화시켜 수출을 증가시킴으로써 국제무역에 부정적인 영향을 미치게 되는 것이다.[3] 이에 따라 교역 상대국과 국제사회는 이러한

---

[1] 안덕근, 『보조금 협정 연구』, 국제통상 법률지원단 연구총서, 법무부 (2003), p.1 ; 강문성・박순찬・송유철・윤미경・이근, 『한중일 무역규범의 비교분석과 FTA에 대한 시사점』, 대외경제정책연구원 (2003), p.109 ; 김성준, 『WTO법의 형성과 전망: 反덤핑, 보조금, 세이프가드 등』, 삼성출판사 (1996), p.355 참조.

[2] 예를 들어 1979년 채택된 GATT 보조금 코드(Subsidies Code)는 "보조금은 사회적・경제적 정책 목표의 실현을 위한 중요한 수단으로 광범위하게 사용될 수 있다"고 규정하고 있다. GATT 보조금 코드 前文 참조.

[3] 안덕근, 『보조금 협정 연구』, *supra* note 1, p.6 ; Warren F. Schwartz & Eugene W. Harper Jr., *The Regulation of Subsidies Affecting International Trade*, Michigan Law Review, Vol. 70 (1972), p.831 ; Gary C. Hufbauer & Joanna Shelton Erb, *Subsidies in International Trade*, Institute for International Economics (1984), pp.5～6 참조. 물론 보조금 지급이 때로는 국제무역에 대한 왜곡뿐 아니라 국내산업의 비효율적 운용을 조장하여 국내경제의 침체를 가지고 오기도 한다. 예를 들어 Ron Moreau, *Treasure Island(Sri Lanka)*, Newsweek (November 14, 2005), p.26 참조(스리랑카의 국내 경제가 국내 보조금의 지급으로 인하여 피폐해졌음을 지적).

보조금 교부에 대하여 정당한 이해관계를 갖게 되고 적절한 대응 수단을 모색하기에 이르는 것이다. 보조금 협정은 이와 같이 회원국의 적절한 수준에서의 보조금의 운용 필요성과 교역 상대국의 이에 대한 규제 필요성 간의 합리적 균형을 도모하기 위해 도입된 협정이다.

그러나 보조금의 이러한 양면적 성격으로 인해 보조금 지급을 둘러싼 국제통상 분쟁은 지속적으로 발생하고 있다.[4] 보조금의 지급행위는 국제적인 규제대상이라는 점에서는 일찍 공감대가 형성되었으나 보조금의 개념에 대한 명확한 정의의 부재[5] 및 상계관세 조치의 부과를 위한 제 기준

---

4) 예를 들어 미국 정부의 공식 보고서도 이러한 점을 지적하고 있다. 미국 무역대표부 [United States Trade Representative('USTR')], 2005년 연례 보조금 대응조치 보고서(Subsidies Enforcement Annual Report to the Congress), p. ii 참조. 미국 정부의 연례 보조금 대응조치 보고서는 미국 상무부(United States Department of Commerce)와 무역대표부가 공동으로 직전 1년간 미국 정부가 조사를 하였거나 또는 미국 정부가 관심을 갖고 있는 주요 교역 대상국의 보조금 및 상계관세 관련 사안들을 정리하여 미국 의회에 제출하는 연례 보고서이다. 매년 발간된 연례 보조금 대응조치 보고서를 위해서는 동 연방정부 웹사이트 <www.doc.gov> 및 <www.ustr.gov>을 각각 참조.

5) 보조금의 개념과 관련, 심지어 선진국인 미국과 유럽연합도 전통적으로 서로 다른 주장을 전개해 오고 있다. 미국은 보조금의 개념을 넓게 확장하려는 입장에서 특정 산업에 혜택(benefit)을 부여하는 모든 활동이 보조금에 해당한다고 주장하는 반면, 유럽연합은 산업에 대한 재정적 지원(financial contribution)으로 공공재정(public account)에 대한 부담을 구성하는 경우에만 보조금으로 간주하고자 하는 경향이었다. M. Bronckers & R. Quick, *What Is a Countervailable Subsidy under EEC Law*, Journal of World Trade Law. Vol. 23, No. 6 (1989), p.256 ; J. F. Beseler & A. N. Williams, *Antidumping and Anti-Subsidy Law: The European Communities*, Sweet & Maxwell (1986), pp.35, 55 ; 이성덕, "WTO 협정상의 보조금 규제 - 농업협정과 보조금 및 상계조치협정의 비교 -", 『통상법률』 통권 제10호 (1996.8), p.10 참조. 한편, 동일한 자본주의 체제라고 하더라도 영미법계 국가와 대륙법계 국가는 보조금에 관해 상이한 입장을 취하고 있다는 사실이 보조금에 대한 공통적인 개념 정립에 얼마나 어려운 일인가를 보여준다. 대륙주의, 즉 국가주의(statism) 전통이 강한 프랑스와 독일에서는 보조금이 활용 가능한 경제수단으로 인식되고 있는데 반해, 영미주의 국가인 영국과 미국은 보조금을 바람직하지 않은 경제수단으로 인식하여 제재가 필요하다는 입장을 고수하고 있다. 실례로 1990년부터 1993년까지 4년간 전 세계적으

과 절차의 불투명성 등으로 인해 이를 둘러싼 국제적 분쟁이 끊이지 않고 있는 실정이다.6) 현 보조금 협정에 내재하는 불명확성 내지 비완전성은 보조금 협정 운용 전반에 걸쳐 그 한계로 작용하고 있으며 특히 규율대상 인 보조금의 정의 문제가 명확히 해결되지 않은 것은 많은 문제점을 야기 하고 있다.7) 따라서 상계조치를 발동하는 대상 보조금을 판별하는 근거와 개념이 명확하지 않고,8) 각 회원국 정부가 자국 국내법에 따라 일방적으 로 보조금을 조사하여 상계관세를 부과할 수 있는 권한을 부여함으로써 선진국뿐만 아니라 개발도상국들도 자국산업의 보호를 위해 상계관세를

로 부가된 총 582건의 상계관세 중 68%가 미국에 의해 행해졌고, 역시 영미주의 국가인 캐나다가 20%의 점유율을 기록, 두 국가가 88%의 점유율을 기록하고 있는 반면, 유럽연합은 불과 3건만 발동함으로써 1%에도 미달하는 점유율을 보이고 있 다. 김기수(세종연구소), "미국 및 유럽연합의 對韓 통상압력과 관련한 정책대안의 모색 - 하이닉스 반도체 상계관세부과에 대한 대응 방안 : 한미 간 전략적 이해의 조율을 중심으로", 『정책연구』, 국회통일외교통상위원회 (2003.8), p.93 참조.

6) 채형복, "EU 통상법상 보조금의 개념", 『통상법률』 통권 제24호 (1998.12), p.164 ; 김성준, "WTO법의 형성과 전망: 反덤핑, 보조금, 세이프가드", *supra* note 1, p.355 참조.

7) Seung Wha Chang, *WTO Discipline on Fisheries Subsidies: A Historic Step Towards Sustaianability?*, Journal of International Economic Law, Vol 6. No. 4 (2003), p.883 참조[필자는 水産 보조금 협정 도입을 주장하며 일부 학자들이 내세우는 그 필요성 에 관한 견해는 사실 수산 보조금에만 적용되는 특별한 상황이라기보다 보조금 협정 자체에 존재하는 '내재적 한계(generic imperfectness)'에 의한 것으로 다른 영역의 보조금 분야에도 마찬가지로 대두되는 문제점임을 지적], p.893 참조[필자는 현 보 조금 협정의 핵심적인 문제점의 하나로 규율 대상인 보조금에 대한 정의 부재를 지 적). 이러한 점을 보더라도 보조금 협정에 내재하고 있는 기본적 한계, 특히 규율 대상인 보조금의 성격 규명에 관한 기본적 한계를 알 수 있다.

8) 규제 대상 보조금을 어떻게 정의하느냐 하는 문제는 1979년 GATT 보조금 코드 채 택 시부터 지속적으로 제기되어 왔으나 아직까지 명확한 개념 규정이 이루어지지 않은 것이 현실이다. M. Jean Anderson & Gregory Husisian, *The Subsidie Agreement*, The World Trade Organization, Multilateral Trade Framework for the 21st Century and U.S. Implementing Legislation에 포함, American Bar Association, Terence P. Stewart ed. (1996), p.305 참조.

빈번히 부과하는 경향이 나타나고 있다.[9] 보조금의 제공은 덤핑의 경우와 마찬가지로 불공정 무역행위(unfair trade)의 하나로 인정되기는 하나, 그것이 정부에 의하여 이루어지고 또 보조금 제공으로 달성하고자 하는 목적 자체도 다양하다는 점으로 인해 통상법적 규율을 하기가 쉽지 아니하였다.[10] 또한 단순히 회사의 가격 결정 행위에 대한 고찰에 중심을 두는 反덤핑 조사에 비해 보조금 및 상계관세 조사는 그 정치적, 외교적 파급효과가 심대하다는 점은 일면 당연하다.[11] 바로 이러한 성격으로 인하여 보조금 및 상계관세 관련 분쟁은 다른 통상 분쟁과 비교하여 일층 정치적인 성격을 내포하게 된다.[12]

보조금 정책이 국가의 기본적 운영과 밀접하게 연관되어 있음을 알 수 있는 단서의 하나는 선진국, 후진국을 막론하고 보조금 교부 정책을 실시하고 있다는 점이다.[13] 가령 미국의 경우 국제 경쟁력을 상실한 자국 철

---

9) 김준동, "WTO 뉴라운드 보조금, 상계조치 관련 논의전망 및 대응방안", 『통상법률』 통권 제37호 (2001.2), p.9 참조.
10) 이성덕, "WTO 협정상의 보조금 규제 – 농업협정과 보조금 및 상계조치협정의 비교", supra note 5, p.26 참조.
11) 보조금 문제에 대한 국제적 규율은 덤핑 등 WTO 체제상 여타 분야에 대한 규율에 비해 정치적으로 민감한 문제를 초래하는 것은 많은 학자들이 이미 지적하고 있는 바이다. Terence P. Stewart, Patrick J. McDonough & Marta M. Prado, *Opportunities in the WTO for Increased Liberalization of Goods: Making Sure the Rules Work for All and That Special Needs Are Addressed*, Fordham International Law Journal, Vol. 24, Nos. 1-2 (November-December 2000), pp.652~690 ; Meeta K Mehra, Mayank Sinha & Sohini Sahu, *Trade-Related Subsidies: Bridging the North-South Divide — An Indian Perspective*, International Institute for Sustainable Development (2004), p.41 참조.
12) 보조금 분야는 정부의 주권 활동과 연관된 분야이므로 외국 정부의 보조금 확인과 이에 대한 상계관세 부과를 규정하는 각국의 국내법은 지극히 정치적 속성을 띠게 된다. Clive Stanbrook & Philip Bentley, *Dumping and Subsidies*, Kluwer Law International (1996), p.5 ; M. Jean Anderson & Gregory Husisian, *The Subsidie Agreement*, supra note 8, p.300 참조.
13) 1994년 현재 주요 선진국의 보조금 지급 현황에 관한 일반적 자료로는 한국법제연구원, "보조금제도 관련 법제의 현황과 개선 방안: UR 협정에 따른 산업지원법제

강기업에 대하여 대규모의 보조금을 지급하여 오고 있음은 公知의 사실이다.[14] 미국과 유럽연합 간 항공기 제조산업 보조금 지급을 둘러싼 양국의 주장을 보면 보조금 지급이 선진국에 의해서도 광범위하게 활용되고 있음을 알 수 있다.[15] 특히 이러한 보조금 지급은 보조금 협정 위반의 가능성을 인식하고 있으면서도 선진국에 의해 노골적으로 실시되어 왔다는 점은 보조금 정책의 속성을 방증하고 있기도 하다.[16] 특히 WTO 체제하의 일정한 요건하에서 허용되는 농업 보조금(farm subsidies)의 경우, 선진국의 대규모 농업 보조금 지급으로 인하여 제3세계 국가들이 입는 피해는 많은 WTO 회원국들이 공히 인식하고 있는 바이다.[17] 현재 DDA 협상 테이블에서 개발도상국은 선진국의 농업 보조금 감축에 초점을 맞추고 있으며 이 부분에서의 타협이 현재 주요 현안 중 하나이다.[18]

개선과 관련하여", 『연구보고』 (1994.4), pp.219~334 참조.
14) William H. Barringer & Kenneth J. Pierce, *Paying the Price for Big Steel*, American Institute for International Steel (2000), 제3장 참조.
15) 미국과 유럽연합의 자국 대형 항공기 제조산업에 대한 지원 상황의 대체적 개요는 최근 양국이 제출한 WTO 패널 설치 요청서에 자세히 기재되어 있다. United States, Request for the Establishment of a Panel by the United States, *European Communities and Certain Member States-Measures Affecting Trade in Large Civil Aircraft*, WT/DS316/2 (3 June 2005) ; European Communities, Request for the Establishment of a Panel by the European Communities, *United States-Measures Affecting Trade in Large Civil Aircraft*, WT/DS317/2 (3 June 2005) 참조. 미국 정부 관계자들은 유럽연합 구성국들이 에어버스사의 생산지원과 생산시설의 자국 내 유지를 위하여 다양한 보조금 지급 조치를 공개적으로 실시하고 있음을 수시로 비난하고 있다. 가령, Inside U.S. Trade, *Mandelson to Meet Portman Without New Mandate on Aircraft Talks*, Vol. 23, No. 36 (September 9, 2005) 참조.
16) Id.
17) Tony Blair 영국 수상은 최근 Financial Times의 기고문에서 선진국들은 2010년까지 농업 보조금을 철폐하여야 한다고 주장하였다. 동 기고문에서 그는 빈곤에 처한 국가들이 성장하고 발전할 수 있는 환경을 조성하는 것이 선진국의 '도덕적 의무(moral responsibility)'일 뿐만 아니라 선진국 스스로의 경제적 이해에도 부합하는 것이라고 언급하였다. Financial Times, *Blair Demands End to Farm Subsidies* (August 15, 2005) 참조.

마찬가지로 개발도상국의 경우에도 상황은 다르지 않다. 보조금 정책은 개발도상국 경제개발정책의 근간이다. 많은 개발도상국들은 WTO에서 허용되는 또는 허용되지 않는 보조금 정책을 통해 경제개발을 도모하고 있다. 이 결과 개발도상국의 경우 선진국의 보조금 및 상계관세 공세에 지속적으로 노출되어 있다. 예를 들어 미국 정부는 중국 정부의 보조금 지급 정책에 대하여 지속적으로 강한 불만을 제기해 오고 있으며 중국이 2001년 WTO 가입 시 약속한 보조금 협정상 제반 원칙 준수를 지속적으로 강조하고 있다.[19] 비록 명문의 규정은 존재하지 않으나 비시장경제체제[non-market economy('NME')]로 지정된 국가에 대해서는 보조금 및 상계관세 조사를 실시하지 않는 것에 WTO 회원국 간에 공감대가 형성되어 있으며 따라서 중국 등 사회주의 국가들은 보조금 및 상계관세 조사에서는 면제되어 있다.[20] 미국의 경우도 그러한 원칙을 따르고 있기에 현재로서는 최소한 미국 국내법에 따를 경우 중국에 대한 보조금 및 상계관세 조사는 불가능하지만[21] 최근 관련 법률 개정을 위한 주장이 미국 내에서

---

18) Inside U.S. Trade, *Portman Argues 2006 Deadline Should Not Lower Doha Ambition*, Vol. 23, No. 36 (September 9, 2005) 참조.
19) 미국 정부는 2005년 2월 미국 의회에 제출한 연례 보조금 대응조치 보고서에서 중국의 WTO 가입 의정서(Protocol of Accession of the People's Republic of China) 제18항에 따라 WTO 보조금 위원회[WTO Committee on Subsidies and Countervailing Measures('Subsidies Committee')] 등 WTO 기구들이 중국의 WTO 원칙 준수 여부에 대한 평가를 실시할 의무가 있음을 재차 강조하며 현재 중국이 보조금 교부 정책에 대한 WTO의 질문에 대해 피상적인 답변만을 제공하며 비협조적인 자세를 견지하고 있음을 비난하고 있다. USTR, 2005년 연례 보조금 대응조치 보고서, *supra* note 4, p.19 참조.
20) Julia Ya Qin, *WTO Regulation of Subsidies to State-Owned Enterprise(SOEs) —A Critical Appraisal of the China Accession Protocol*, Journal of International Economic Law, Vol. 7 No. 4 (2004), p.870 ; *Creswell Trading Co. v. Allegheny Foundry Co.* 141 F.3d 1471 (Fed. Cir. 1998) ; *Georgetown Steel Corporation v. United States*, 801 F.2d 1308 (Fed. Cir. 1986) 참조.
21) John H. Jackson, *The World Trading System: Law and Policy of International Economic Relations*, The MIT Press, 2nd ed. (1997), pp.336~337 참조.

제기되고 있다.[22] 이러한 상황을 고려하면 비시장경제체제 보조금 및 상계관세 조사를 위한 자국 국내법상 장애물이 제거되는 대로 중국에 대한 미국의 보조금 및 상계관세 조사가 급증할 것으로 예상된다. 베트남의 경우도 상황은 동일하다. 임박한 베트남의 WTO 가입과 관련, 현재 진행 중인 미국과 베트남과의 양자 협상에서 베트남의 보조금 지급 문제가 주요 현안의 하나로 대두되고 있다. 미국은 베트남이 최소한 단계적으로 산업보조금(industrial subsidies)을 감축할 것을 요구하고 있는 상황이다.[23] 중국과 마찬가지로 비시장경제체제 지정으로 인하여 당장 상계관세 조사가 가능한 것은 아니기에 미국은 모든 보조금의 즉각적 폐지를 베트남에 강요하고 있지는 않지만, 점차적으로 보조금의 수준을 낮출 것을 베트남 정부에게 강력히 요구하고 있다.[24] 이러한 일련의 사례들은 보조금 문제가 선·후진국 간 그리고 양·다자간 다양한 통상 분쟁에 있어 그 핵심 의

---

[22] 예를 들어 2004년에 미국 의회에 제출된 H.R.3716 및 S.2212 법안은 중국을 포함한 非시장 경제체제 국가에 대해서도 상계관세 조사를 실시하는 것으로 미국 통상법 관련 조항을 개정하는 취지를 담고 있다. "Reps. English, Davis & Sens. Collins, Bayh Target China", 미국 의회 웹사이트: <http://www.house.gov/english/press_2003_2004/chinanme.html> (2005.11.20 방문) 참조.

[23] 현재 여타의 WTO 회원국가 양자협상 진행 상황으로는 베트남은 최소한 WTO 가입 초기에는 비시장경제체제(NME) 국가로 남아 있을 개연성이 농후한 것으로 보인다. NME국가로 남아 있는 한, 베트남은 보조금 조사와 상계관세부과의 대상이 되지 않는 것이 각 회원국 국내법의 일반적 입장이다. 따라서 베트남에 대해 NME 지위 유지를 주장하면서 한편으로 보조금 감축 주장을 펼치는 미국의 입장은 이율배반적인 측면이 있다. 그러나 베트남의 NME 졸업이 단지 시간문제이고 또 설사 보조금 조사 및 상계관세 부과의 대상이 되지 않는다고 하더라도 베트남 수출품으로부터 자국의 경쟁 산업 보호를 위하여 미국이 베트남의 WTO 가입 조건으로 보조금 철폐를 주장하는 것은 미국 입장에서는 합리적이라고 판단된다. Embassy of the Socialist Republic of Vietnam in the United States, *Narrower Gaps in Vietnam's WTO Talks* (March 28, 2005) 참조.

[24] 이와 관련 미국은 현재 존재하는 보조금 관련 목록(inventory)과 당해 보조금 지급의 근거를 제시하여 줄 것을 베트남에게 요구하고 있다. U.S.-Vietnam Trade Council, *Next Steps: Other U.S.-Vietnam Trade Issues and WTO Accession* (August 20, 2002) 참조.

제의 하나로 작용하고 있음을 보여주고 있다. 다양한 형태의 보조금 분쟁은 WTO 분쟁해결기구에서 지속적으로 심의되어 왔으며 향후에도 보조금 분쟁은 분쟁해결기구의 주요 심리대상의 지위를 유지할 것으로 예상된다.25)

이러한 보조금 문제를 다루고자 도입된 최초의 조항은 1947년 관세 및 무역에 관한 일반 협정[General Agreement on Tariffs and Trade 1947('GATT 1947')]이다. 동 협정에는 보조금 관련 규정이 존재하기는 하지만 보조금에 관한 정의는 포함되어 있지 않다. 이 협정은 우루과이라운드 협상 결과 1994년 관세 및 무역에 관한 일반 협정[General Agreement on Tariffs and Trade 1994('GATT 1994')]에 의해 계승되고 있다. 즉, GATT 1994는 GATT 1947을 WTO 협정에 상충하지 않는 범위 내에서 계승하고 있는 바, 여기에도 보조금의 정의에 관한 규정은 포함되어 있지 않다.26) 다만

---

25) Terrence P. Stewart, Patrick J. McDonough & Marta M. Prado, *Opportunities in the WTO for Increased Liberalization of Goods: Making Sure the Rules Work for All and That Special Needs Are Addressed*, *supra* note 11, pp.652, 696~697 참조.

26) GATT 1994의 보조금 관련 조항을 살펴보면 다음과 같다.

먼저 GATT 제6조는 일방 회원국의 보조금 제공에 대한 대응조치로 일정 요건을 충족할 경우 타방 회원국이 상계관세를 부과할 수 있도록 하고 있다. 즉, 보조금이 제공된 제품을 수입하는 국가의 국내산업에 보조금이 제공된 제품의 수입으로 인하여 중대한 피해(material injury)가 야기되거나, 야기될 우려가 있거나 또는 국내산업의 설립을 지연시키는 경우, 보조금의 혜택을 상쇄할 목적으로 상계관세를 일방적으로 부과할 수 있는 권한이 회원국에 부여되어 있다.

GATT 1994 제6조(Anti-dumping and Countervailing Duties)

3. No countervailing duty shall be levied on any product of the territory of any contracting party imported into the territory of another contracting party in excess of an amount equal to the estimated bounty or subsidy determined to have been granted, directly or indirectly, on the manufacture, production or export of such product in the country of origin or exportation, including any special subsidy to the transportation of a particular product. The term "countervailing duty shall be understood to mean a special duty levied for the purpose of offsetting any bounty or subsidy bestowed, directly or indirectly, upon the manufacture, production or export of any merchandise.

6. (a) No contracting party shall levy any anti-dumping or countervailing duty on the importation of any product of the territory of another contracting party unless it determines that the effect of the dumping or subsidization, as the case may be, is such as to cause or threaten material injury to an established domestic industry, or is such as to retard materially the establishment of a domestic industry.

한편, GATT 제16조는 회원국이 수출을 직·간접적으로 증대시키거나 수입을 감소시키기 위한 목적으로 제공하는 국내 보조금과 관련하여 동 제공시 당해 보조금의 정도 및 성격, 영향 받는 상품에 대한 보조금 예상효과, 보조금이 필요한 상황에 관하여 문서로 타방 회원국들에 통보하도록 규정하고 있다. 한편, 이러한 보조금 제공으로 타방 회원국에 심각한 손상(serious prejudice)을 야기하는 경우, 당해 회원국의 요청에 따라 보조금 제공 회원국은 협의를 실시하도록 규정하고 있다. 또한 1955년에 수출 보조금에 관한 규정이 추가된 바, 1차 산품을 제외한 제품에 대한 수출 보조금은 늦어도 1958년 1월 1일 이후에는 제공하지 못하도록 하고 있고, 1차 산품에 대하여서는 수출 보조금 교부를 허용하되, 보조금의 제공으로 보조금이 부여된 제품이 세계 수출시장에서의 공평한 몫(equitable share)이상을 차지하지 않도록 하여야 한다고 규정하고 있다.

GATT 1994 제16조(Section A - Subsidies in General)

1. If any contracting party grants or maintains any subsidy, including any form of income or price support, which operates directly or indirectly to increase exports of any product from, or to reduce imports of any product into, its territory, it shall notify the CONTRACTING PARTIES in writing of the extent and nature of the subsidization, of the estimated effect of the subsidization on the quantity of the affected product or products imported into or exported from its territory and of the circumstances making the subsidization necessary. In any case in which it is determined that serious prejudice to the interests of any other contracting party is caused or threatened by any such subsidization, the contracting party granting the subsidy shall, upon request, discuss with the other contracting party or parties concerned, or with the CONTRACTING PARTIES, the possibility of limiting the subsidization.

2. The contracting parties recognize that the granting by a contracting party of a subsidy on the export of any product may have harmful effects for other contracting parties, both importing and exporting, may cause undue disturbance to their normal commercial interests, and may, hinder the achievement of the objectives of this Agreement.

GATT 1947과 이를 계승하는 GATT 1994의 제Ⅵ조와 제ⅩⅥ조는 보조금에 관한 기본조항을 규정하고 있다. 1970년대에 들어 점증하는 보조금 문제를 인식하여 도쿄라운드하에서 탄생한 GATT 보조금 코드(Subsidies Code)가 보다 자세한 보조금 규제를 위한 기준과 방법을 마련하고자 시도하였으나, GATT 보조금 코드도 보조금의 정의에 관한 내용은 포함하고 있지 않는 맹점이 있었다.27) 이러한 보조금 규제에 관한 GATT 체제하에서의 규제체제를 근본적으로 개선하고 보다 효율적 규제방식을 도입하고자 한 것이 바로 WTO 체제의 보조금 협정이다. 보조금의 정의에 관한 규정이 도입된 것도 이 협정이 최초이다.28)

현 보조금 협정은 크게 금지 보조금(prohibited subsidies), 조치가능 보조

---

3. Accordingly, contracting parties should seek to avoid the use of subsidies on the export of primary products. If, however, a contracting party grants directly or indirectly any form of subsidy which operates to increase the export of any primary product from its territory, such subsidy shall not be applied in a manner which results in that contracting party having more than an equitable share of world export trade in that product … Further, as from 1 January 1958 …, contracting parties shall cease to grant either directly or indirectly any form of subsidy on the export of any product other than a primary product which subsidy results in the sale of such product for export at a price lower than the comparable price … in the domestic market …

한편, GATT 제3.8(b)조는 내국민 대우의 예외로서 제3조의 규정과 일치되게 적용된 내국세 또는 수수료이 수입으로 국내 생산사에게 보조금을 지급하는 것을 포함하여 오직 국내 생산자에게만 보조금을 지급하는 것을 허용하고 있다.

GATT 1947 제3.8(b)조

(b) The provisions of this Article shall not prevent the payment of subsidies exclusively to domestic producers, including payments to domestic producers derived from the proceeds of internal taxes or charges applied consistently with the provisions of this Article and subsidies effected through governmental purchases of domestic products.

27) GATT 보조금 코드 Part Ⅰ 참조.
28) 최승환, "WTO 체제와 국제무역규범", 『사회과학논총』 제6집 (1994), p.21 ; 장승화, "기업구조조정과 WTO 허용보조금", 『무역구제』 통권 제7호 (2002.7), p.90 참조.

금(actionable subsidies), 상계관세대상 보조금(countervailable subsidies)의 세 가지 형태로 보조금을 분류하고 있다.29) 금지 보조금, 조치가능 보조금 또는 상계관세대상 보조금인지 여부와 상관없이 정부의 특정 조치가 기본적으로 보조금 협정의 적용대상이 되는 '보조금'을 먼저 구성하기 위해서는 기본적으로 3가지 요건이 필요하다. 이 세 가지 요건은 ① 정부로의 재정적 기여(financial contribution by a government), ② 경제적 혜택(benefit), 그리고 ③ 특정성(specificity)이다.30) 간단히 그 의의를 살펴보면 첫 번째 요건은 정부로부터 민간기업으로 재정적 자원의 이동이 있었는지를, 두 번째 요건은 그러한 이동으로 인해 민간기업이 경제적 혜택을 향유하게 되었는지를, 그리고 세 번째 요건은 그러한 혜택 부여가 특정 기업 또는 산업에 한정되어 있었는지 여부에 관한 고찰이다.31)

이러한 세 가지 구성요소의 존재가 공히 확인된 경우 해당 정부 조치는 보조금 협정의 적용 대상이 될 보조금으로 규정이 되며 -즉, 불법 보조금으로 인정 되며- 그 이후 여타 추가 요건의 확인에 따라 금지 보조금(prohibited subsidies), 조치가능 보조금(actionable subsidies), 상계조치대상 보조금(countervailable subsidies)을 각각 구성하게 되며, 보조금 협정에 규정된 대로 각각에 해당하는 규제를 받게 된다.32)

본 논문에서 살펴보고자 하는 위임·지시 보조금 문제는 그 중 첫 번째 요건인 '정부로부터의 재정적 기여'와 직접적으로 연관되는 문제이다. 정부로부터의 재정적 기여와 관련, 보조금 협정 제1.1조는 네 가지의 형태를 규정하고 있다. ① 정부의 민간기업에 대한 직접적인 자금 지원, ② 정부의 민간기업에 대한 세금 및 공과금 감면 조치, ③ 정부의 민간기업

---

29) 각 보조금의 형태에 관하여는 보조금 협정 제2부, 제3부 및 제4부 각각 참조.
30) 보조금의 구성요건에 관하여는 보조금 협정 제1.1조 및 2조 참조.
31) Id.
32) 보조금 확인 이외에 각 보조금의 추가 요건에 관하여 금지 보조금의 경우는 보조금 협정 제2부, 조치가능 보조금의 경우는 보조금 협정 제3부, 상계조치대상 보조금에 관하여는 보조금 협정 제5부를 각각 참조.

에 대한 상품 및 용역의 염가 제공, 그리고 ④ 정부의 일방 민간주체에 대한 '위임 및 지시'를 통한 타 민간주체에 대한 간접적인 보조금 제공이 그것이다.[33)]

보조금 협정 제1.1조에서 규정하고 있는 '정부의 재정적 기여'에 해당하는 상기 네 가지 형태 중 마지막 형태인 정부에 의한 '위임 및 지시(entrustment or direction by the government)'는 정부로부터의 직접적인 보조금 지급이 아닌 정부가 특정 민간주체를 '매개체'로 하여 또 다른 민간주체에게 불법 보조금을 지급하는 간접적인 보조금 지급의 경우를 상정한 것이다. 이러한 위임·지시 보조금 문제는 그 도입 취지의 기본적 타당성에도 불구하고 아직까지 충분한 선례 및 기준의 不備로 인해 그 조항의 구체적 의미와 법리에 대하여 혼란이 있다. 이에 따라 상당부분이 각 회원국 조사당국의 독자적 해석과 운용에 사실상 위임되어 있는 상황이다.

---

33) 보조금 협정 제1.1조는 다음과 같이 규정하고 있다.
  (a) (1) there is a financial contribution by a government or any public body within the territory of a Member (referred to in this Agreement as "government"), *i.e.* where:
   (i) a government practice involves a direct transfer of funds (*e.g.* grants, loans, and equity infusion), potential direct transfers of funds or liabilities (*e.g.* loan guarantees);
   (ii) government revenue that is otherwise due is foregone or not collected (*e.g.* fiscal incentives such as tax credits);
   (iii) a government provides goods or services other than general infrastructure, or purchases goods;
   (iv) a government makes payments to a funding mechanism, or *entrusts or directs a private body to carry out one or more of the type of functions illustrated in (i) to (iii) above* which would normally be vested in the government and the practice, in no real sense, differs from practices normally followed by governments; (이탤릭체; 필자 강조)

제2절 위임·지시 보조금의 독자적 성격

이 논문에서 논하는 '위임 및 지시'에 의한 보조금 문제는 흔히 간접 보조금이라고도 불린다.[1] '위임 및 지시'에 의한 보조금이 간접 보조금적 성격을 보유한다는 점은 사실이다. 그러나 이 보조금은 여타 간접 보조금과 구별되는 기본적인 특징이 있다.

간접 보조금을 어떻게 규율할 것인가 하는 문제는 보조금 협정의 오랜 과제이다. 회원국 간 철학적 차이로 인하여 간접 보조금 문제에 관한 일반적인 해결을 조속한 시일 내에 기대하기는 어려운 실정이다. 국제사회에서의 구체적 합의에 대한 부재와 상관없이 일부 국가는 ─특히 선진국은─ 간접 보조금에 대하여 점증하는 관심을 보이고 있다. 가령 미국 정부가 의회에 제출하는 2005년 연례 보조금 대응 조치 보고서는 이러한 점을 입증하고 있다.[2] 미국 정부는 외국 정부의 조치에 따라 低利의 대출금 획득 등 다양한 형태의 수출지원 간접 보조금으로 피해를 보는 미국기업

---

1) United States Department of Commerce, *Issues and Decision Memorandum for the Final Countervailing Duty Determinations of the Investigations of DRAMs from Korea* (June 18, 2003, "미국 상무부 한국산 반도체 상계관세 조사 최종판정"), Comment 4 ; United States Department of Commerce, *Issues and Decision Memorandum for the Final Countervailing Duty Determinations of the Investigations of Certain Durum Wheat and Hard Red Spring Wheat from Canada* (August 28, 2003, "미국 상무부 캐나다산 밀 상계관세 조사 최종판정"), Comment 3 ; *United States-Countervailing Duty Investigation on Dynamic Random Access Memory Semiconductors (DRAMS) from Korea*, WT/DS296/R (20 July 2005) ['*U.S.-DRAMs(Panel)*'], paras. 7.16, 7.26, 7.39 ; *United States-Countervailing Duty Investigation on Dynamic Random Access Memory Semiconductors (DRAMS) from Korea*, WT/DS296/AB/R (20 July 2005) ['*U.S.-DRAMs(AB)*'], paras. 108, 112 참조.

2) 2005년 연례 보조금 대응조치 보고서, 제2장 제1절, 각주 4 참조.

에 대해 적극적으로 미국 정부 담당 부서에 통보하여 줄 것을 강조하고 있다. 미국 정부는 가상적 사례까지 상세히 제시하며 관련 자료 수집을 각 미국 기업에 적극적으로 요청하고 있다.[3] 이는 간접 보조금에 대한 미국 정부의 우려를 단적으로 보여주는 사례이다. 그러나 간접 보조금 자체도 사실 명확한 개념 규정이 곤란한, 추상적이고 광범위한 개념이다. 일반적으로 사용되는 간접 보조금이라는 용어의 다양한 용례를 살펴보면 다음과 같다.

가) 먼저 간접 보조금이라는 용어는 원자재에 대한 보조금 지급(upstream subsidy)을 지칭하는 경우가 있다. 예를 들어 Mark Benitah는 간접 보조금을 원자재 보조금 맥락에서 설명하며, 이러한 의미로서 사용되는 간접 보조금은 보조금 협정 제1.1조 (a)(1)항 (iv)호상의 '위임 및 지시'와 연관된 간접 보조금과는 구별됨을 지적하고 있다.[4] 이러한 의미의 간접 보조금이 처음으로 언급된 것은 미국 상무부가 캐나다산 돼지 및 돈육 상품에 대해 실시한 상계관세 조사이다.[5] 동 사건에서 제기된 문제는 캐나다 정부로부터 보조금을 지급받은 것은 돼지생산업자(live swine producer)들이며 돈육제품 생산업자들이 아니었기에 전자에 대한 보조금 지급이 후자에 대한 보조금 지급으로 간주될 수 있는가 하는 것이었다.[6]

나) 또한 혹자는 자국 수출기업에 대한 세제혜택을 부여하는 미국 정부의 과세정책을 다룬 U.S.-FSC(AB) 사건을[7] 언급하며 동 사건이 간접 보조금과 관련된 사건이라고 설명하는 경우가 있다.[8]

---

3) Id.
4) Marc Benitah, The Law of Subsidies under the GATT/WTO System, Kluwer Law International (2001), p.206 참조.
5) United States Department of Commerce, Final Affirmative Countervailing Duty Determination: Live Swine and Fresh, Chilled and Frozen Pork Products from Canada, 50 Fed. Reg. 25,097-25,101 (1985).
6) Id.
7) United States-Tax Treatment for Foreign Sales Corporation, WT/DS108/AB/R (20 March 2000) ['U.S.-FSC(AB)'].
8) 예를 들어 다국적 회계회사인 KPMG의 U.S.-FSC(AB)에 관한 설명 자료는 동 사건이 간접 보조금(indirect subsidy)과 관련된 사건이라고 언급하고 있다. <www.kpmg.

다) 동일한 맥락에서 최근 진행 중인 러시아의 WTO 가입 협상에서도 유럽 연합은 러시아 정부의 가격통제 정책을 러시아 산업에 대한 정부의 '간접 보조금' 지급이라고 주장하고 있다.9) 마찬가지로 2003년 러시아의 WTO 가입 협상시 문제된 러시아의 자국 주요산업에 대한 저가 에너지 공급 정책과 관련하여 일부 언론은 이를 역시 간접 보조금이라고 호칭한 바 있다.10)

라) 때로는 간접 보조금이라는 용어가 특정 기업에 제공된 보조금이 그 기업을 추후에 시장가격에 따라 인수·합병한 새로운 기업에도 지속적으로 경제적 혜택을 부여하며 따라서 상계관세 부과가 정당화되는지에 관한 '경제적 혜택의 이전(pass-through)' 문제를 지칭하는 경우도 있다.11)

마) 또한 미국 내 일부 산업은 중국의 부가가치세 제도를 중국 정부의 자국 제조업에 대한 '간접 보조금' 지급 조치임을 정기적으로 주장하며 미국 정부에 대해 필요 조치를 취할 것을 요구하고 있기도 하다.12)

바) 때로는 간접 보조금은 묵시적 보조금(implicit subsidy)을 지칭하는 경우도 있다. 예를 들어 엄격하지 않은 법규 적용과 집행으로 WTO 회원국의 산업이 −가령 느슨한 환경 법규로 인해 일국의 수산업계가 생산 확대를 지속적으로 도모할 수 있는 경우와 같이− 혜택을 보는 경우 이를 묵시적 보조금이라고 부를 수 있을 것이다.13)

---

com> (2005.8.20 방문).
9) James Schofield, *WTO Hurdles Remain for Moscow*, BBC News (May 30, 2002) 참조.
10) 예를 들어 Financial Times, *Russian Talks on WTO Entry Stall Over Energy*(February 18, 2003) ; Bloomberg, *Russia May Offer Kyoto Backing for WTO Concession by Europe* (December 11, 2003) 참조.
11) *Communication from Canada, Benefit Pass-Through, Negotiating Group on Rules*, JOB(04)/55 (May 25, 2004), p.2 참조.
12) 미국 국내업체의 이익을 대변하는 단체인 全美 제조업 협회(National Association of Manufacturers) 중심으로 이러한 주장들이 제기되고 있다. 예를 들어 William Primosch, *Statement on Behalf of National Association of Manufacturers before U.S.-China Economic and Security Review Commission on China and WTO* (February 5, 2004) ; National Association of Manufacturers, *NAM 2005 Report on China's Compliance with Its WTO Commitments* (September 6, 2005) 참조.
13) Seung Wha Chang, *WTO Discipline on Fisheries Subsidies: A Historic Step Towards Sustainability?*, 제2장 제1절 각주 7, p.895 참조.

이와 같이 '간접 보조금'이라는 용어는 일국 정부의 정책 및 제도와 연관되어 특정 기업 및 산업에 결과적으로 경제적 혜택을 부여하는 상황을 광범위하게 언급하는 다양한 의미로 사용되는 경우가 빈번하다. 그러나 여기에서 하나 주의할 점이 있다. 정부의 일반적 정책에 기초하여 또는 정책과 관련하여 보조금 지급이 이루어진다고 해서 반드시 그러한 조치가 간접 보조금을 구성하는 것은 아니라는 점이다. 정부에 의한 직접 보조금 지급도 때로는 해당국의 일반적 정책에 근거하여 이루어지는 경우가 있기 때문이다.14) 예를 들어 2003년 문제가 된 러시아의 자국 주요 산업에 대한 저가 에너지 공급 정책은 간접 보조금 주장에도 불구하고,15) 사실은 '정부로부터의 물품과 용역의 염가제공(government goods or service provision with less than adequate remuneration)'에 관한 보조금 협정 제1.1조 (a)(1)항 (iii)호에 관한 문제이다. 이는 직접 보조금과 연관된 문제이다.

이상에서 보는 바와 같이 명확한 규범이 부재하는 간접 보조금 영역에서는 국가 간 분쟁이 지속적으로 발생하고 있다. WTO가 출범하기 전인 1993년 기준으로도 이에 관한 규범 — 당시에는 GATT 1947 및 GATT 보조금 코드만 존재 — 이나 선례가 부재한 상황이었다.16) 1995년 WTO 출범 이후에도 이 분야의 법규범의 발전은 아직 상당히 미흡한 상황이다. 간접 보조금을 둘러싼 회원국 간 지속적인 분쟁 발생은 앞으로도 불가피한 것

---

14) 예를 들어 KPMG의 *U.S.-FSC(AB)*에 관한 설명 자료는 동 사건을 간접 보조금 (indirect subsidy) 관련 사건이라고 언급하고 있다. 그러나 동 사건을 담당한 패널과 항소기구가 재차 확인하듯이 동 사건은 수출 보조금에 관한 보조금 협정 제3.1(a)조와 '과세되어야 할 세액의 면제(revenue foregone otherwise due)'에 관한 보조금 협정 제1.1조 (a)(1)항 (ii)호에 관한 사건이다. *U.S.-FSC(AB)*, para. 76 및 *United States-Tax Treatment for Foreign Sales Corporation*, WT/DS108/R (20 March 2000) ['*U.S.-FSC(Panel)*'], para. 7.45 각각 참조.
15) Financial Times, *Russian Talks on WTO Entry Stall Over Energy* 및 Bloomberg, *Russia May Offer Kyoto Backing for WTO Concession by Europe*, *supra* note 10 참조.
16) Joel P. Trachtman, *International Regulatory Competition, Externalization, and Jurisdiction*, Harvard International Law Journal, Vol. 34, No. 1 (Winter 1993), pp.47~88 참조.

으로 보인다. 현재 미국 정부는 중국 정부가 자국 위안화의 의도적인 저평가를 통해 자국 수출기업에 사실상의 간접 보조금을 지급하고 있다며 이의 철폐를 강력히 요구하고 있으나 흥미로운 점은 이미 20여 년 전에 미국 기업들이 일본 정부에 대하여 동일한 내용의 주장을 제기하였다는 것이다.[17] 이는 간접 보조금 분쟁의 지속적, 반복적 성격을 보여주고 있으며 WTO 회원국 정부가 일반적 정책을 채택・시행하는 경우, 항상 간접 보조금 문제가 제기될 소지가 있음을 보여주기도 한다.

이와 같이 많은 회원국과 학자에 따라 다양한 의미로 활용되는 '간접 보조금'이라는 용어는 본 논문에서 언급하는 '위임 및 지시'를 통한 위장 보조금 지급과는 구별됨을 밝혀 둔다. '위임 및 지시'를 통한 보조금은 정부의 역할을 민간주체가 대신하여 수행하는 일종의 '위장'된 보조금 지급 조치라는 측면에서 정부의 역할과 민간의 역할을 결합시키는 혼성적(hybrid) 성격을 보유한다. 또한 이러한 보조금은 정부가 직접 수혜 민간주체를 선정하고 이에 대하여 경제적 혜택을 도모한다는 측면에서 직접 보조금적 성격을 보유함과 동시에 그러한 경제적 혜택의 제공이 시혜 민간주체를 거쳐 간접적으로 이루어진다는 측면에서 직접 보조금과 간접 보조금의 성격을 모두 보유하는 혼성적 성격을 가진다. 따라서 이는 기존의 간접 보조금과는 분명 그 성격을 달리한다고 할 것이다. 이러한 맥락에서 이를 간접 보조금이라는 용어 대신 위임・지시 보조금이라는 용어로 특정하여 사용하는 것이 적절하다. 정부의 일반적인 산업정책, 경제정책 및 금융정책과 밀접한 연관을 갖는 위임・지시 보조금의 특성상 아래에서의 논의는 때로는 간접 보조금 일반에도 유사하게 적용될 가능성도 있다. 그러나 본 논문에서 그러한 일반적 정책과 관련된 논의는 간접 보조금 문제를 제외한 위임・지시 보조금 문제의 분석에만 국한되어 있음을 밝혀둔다.

---

[17] Daniel K. Tarullo, *Foreword: The Structure of U.S-Japan Trade Relations*, Harvard International Law Journal, Vol. 27, Special Issue (1986), pp.343~347 참조.

제3절 위임·지시 보조금 분쟁의 구체적 양태

자국 산업 및 기업 지원을 위한 WTO 회원국 정부의 내재적 속성으로 인하여 보조금 협정에서 규정하는 네 가지 형태의 보조금과 관련된 분쟁은 지속적으로 발생하고 있다. 특히 최근에는 보조금 협정 제1.1조 (a)(1)항 (ⅰ)~(ⅲ)호에서 규정하는 직접 보조금 관련 분쟁에 더하여 동조 (ⅳ)호가 규정하는 위임·지시 보조금과 관련된 분쟁이 증가하고 있다. WTO 회원국 정부가 보조금 협정의 위반이 명백한 직접적인 자금 지원 대신 정부의 역할을 은닉한 상태에서 민간주체 동원을 통한 '위장된' 보조금 지급을 도모하는 사례가 증가하기 때문이다. 이에 따라 WTO 회원국 정부의 특정 조치가 민간주체에 대한 막후 조정을 통해 보조금 지급 효과를 달성하고자 하는 '위장된' 보조금 조치이며 따라서 동조 (ⅳ)호에서 규정하는 위임·지시 보조금에 해당하는 것인가, 아니면 그러한 조치는 정부의 본래적인 시장조정 기능을 통한 일반적인 개입으로서 (ⅳ)호에서 규정하는 '위임 및 지시'와는 상관없는 정당한 조치인가 여부에 관하여 회원국들 간 분쟁이 증가하고 있는 상황이다.[1]

위임·지시 보조금 문제는 한국에도 중요한 통상 현안으로 대두하고 있다. 한국은 최근 위임·지시 보조금 공세의 주요 대상이 되어 왔고 주요 교역 대상국 조사당국의 조사를 받아 왔으며 또한 WTO 분쟁의 당사

---

1) 위장 보조금으로서의 위임·지시 보조금 문제는 결국 WTO 회원국 상호간 신뢰성 문제로 귀결된다. 즉, 위임·지시 보조금 조사와 이에 따른 상계관세의 부과는 결국 교역 상대국 정부와 민간부문 간 정경유착에 대한 불신에 기초하고 있다. 이러한 불신은 왜곡된 정보와 이해의 부족에서 유래하는 부분도 있으나 피조사국 스스로 초래한 면도 있을 것이다. 오영호, 『미국 통상정책과 대응전략』, 나남출판 (2003), pp.348~349 참조.

자가 되었다.[2] 2001년 이후 한국 정부가 무역 상대국으로부터 이러한 새로운 보조금 공세의 주공격 대상이 되어 오고 있기 때문이다. 2000～2002년에 걸쳐 시행된 하이닉스반도체에 대한 채권은행단의 채무재조정(debt restructuring)을[3] 한국 정부 주도의 금융지원조치로 판단한 미국과

---

2) 이러한 최근의 WTO분쟁은 *U.S.-DRAMs(AB), U.S.-DRAMs(Panel), European Communities-Countervailing Measures on Dynamic Random Memory Chips from Korea*, DS/299/R (3 August 2005) [*EC-DRAMs(Panel)*], 및 Korea－Measures Affecting Trade in Commercial Vessels, DS/273/R (11 April 2005) [*Korea-Shipbuilding(Panel)*]이다. 최근 일본 정부가 하이닉스 반도체 채무재조정에 관하여 보조금의 존재와 27.2%의 상계관세 부과를 내용으로 하는 예비판정을 내림에 따라 이 판정에 대한 한국과 일본 간 새로운 WTO 케이스가 예상되고 있다. 일본 재무성, 대한민국산 DRAM에 대한 관세정률법 제7조 제6항에서 규정하는 조사(2004년 8월 4일자 재무성 고시 제352호)에 관련된 최종결정의 기초가 되는 중요한 사실 ("일본 정부 한국산 반도체 상계관세 조사 중요사실"), para. 388 참조.

3) 2001년 부도위기에 직면했던 하이닉스 반도체의 채권 금융기관은 2000～2002년에 걸쳐 3차례의 지원정책 및 3차례의 대규모 채무재조정을 실시하였다. (ⅰ) 2000년 12월, 10개 은행이 참가하는 신디케이트론 제공, (ⅱ) 2001년 1월, 14개 은행이 참가하는 수출환어음 지원 금융 (D/A Financing) 제공, (ⅲ) 2001년 1월, 한국산업은행이 주관하는 회사채 신속인수제도(KDB Fast Track Program)에 9개 은행 주도로 참가하였다. 이러한 지원정책에 뒤이어 채권단은 3차례에 걸친 대규모 채무재조정을 실시하였다. (ⅰ) 2001년 5월, 17개 은행이 참가하는 제1차 채무재조정, (ⅱ) 2001년 10월, 17개 은행과 100여개의 제2금융권이 참가하는 제2차 채무재조정, (ⅲ) 2002년 12월, 100여 개의 금융기관이 참여하는 제3차 채무재조정이 실시되었다. 미국 및 유럽연합에 의한 한국산 반도체 상계관세 조사에서는 2000～2001년간 5개 프로그램만이 조사 대상이었으나, 현재 진행 중인 미국 상무부의 한국산 반도체 상계관세 부과 제1차 연례재심(administrative review) 및 제2차 연례재심과 일본 정부가 진행 중인 한국산 반도체 상계관세 부과 조사에서는 2002년 12월 채무재조정도 조사대상에 포함되어 있다. United States Department of Commerce, *Preliminary Results of Countervailing Duty Administrative Review*, 70 Fed. Reg. 54,523 (September 15, 2005) ("미국 상무부 한국산 반도체 상계관세 1차 연례재심 예비판정"), p.54,534 ; United States Department of Commerce, *Countervailing Duty Questionnaire, Countervailing Duty Administrative Review: Dynamic Random Access Memory Semiconductors from the Republic of Korea*, C-580-851 (November 2, 2005) ("미국 상무부 한국산 반도체 상계관세 2차 연례재심 질문서"), p.25 ; 일본 정부 한국산 반도체 상계관세 조사 중

유럽연합[4]은 각각 상계관세 조사를 실시[5]하여 고율의 상계관세를 부과함
에 따라 가장 큰 수출시장인 이들 두 지역에 대한 하이닉스반도체가 생산

요사실, *supra* note 2, paras. 317-387 참조. 각 채무재조정 조치의 상세 내용에
관해서는 최승환, 『EU 보조금 규칙 및 상계관세사례 연구』, 경희대 출판국 (2005),
pp.62~111 참조. 신디게이트 대출의 의미에 관해서는 *Id.*, p.66의 각주 151, 수출
환 어음지원 금융제도의 의미에 관해서는 *Id.*, p.68 각주 157, 한국산업은행 회사채
신속인수제도에 관해서는 *Id.*, p.73의 각주 162, p.78의 각주 176, 177, 대출금 출자
전환의 의미에 관해서는 *Id.*, p.93의 각주 203을 각각 참조.

4) 미국 상무부의 한국산 반도체에 대한 상계관세 조사는 하이닉스 반도체 채무재조정
에 대하여 미국 Micron Technology사가 2002년 11월 초 상계관세 조사 청원서를
미 국제무역위원회[International Trade Commission('USITC')]와 상무부에 제출하
면서 시작되었다. 이후 2003년 6월 18일 미국 상무부가 하이닉스에 44.71%의 보조
금율을 최종결정하자 6월 말 한국 정부는 WTO 분쟁해결양해[Understanding on
Rules and Procedures Governing the Settlement of Disputes('DSU')] 절차에 따라
상무부와 USITC 판정을 WTO에 제소하였으며 패널 심리와 항소기구 심리 후 2005
년 7월 20일 분쟁해결기구[Dispute Settlement Body('DSB')]가 항소기구와 패널 보고
서를 각각 채택함으로써 동 분쟁은 WTO 차원에서는 종국적으로 해결되었다.
U.S.-DRAMs(AB), "Factual Aspect" 참조. 한편, 유럽연합의 한국산 반도체에 대한
상계관세 조사는 하이닉스반도체 채권단의 채무재조정에 대하여 2002년 6월 10일
독일의 Infineon사가 EC 집행위원회에 反보조금 조사 청원서를 제출하면서 본격화
되었다. 비록 反보조금조사 청원은 미국에 비해 5개월 정도 앞서 이루어졌으나 조사
절차가 미국보다 다소 늦게 마무리되면서 미국에 대한 WTO 제소가 이루어진 뒤인
2003년 7월에 한국은 유럽연합의 판정을 WTO에 제소하였다. 2004년 1월 23일 패
널이 실치되었고 2005년 8월 3일 한국과 유럽연합의 각각 일부 승소 내용을 포함하
는 패널 보고서가 채택되었다. *EC-DRAMs(Panel)*, paras. 2.1-2.3 참조. 현재 유럽연
합은 2006년 상반기 중 보조금액 계산방식에 관하여 패널이 지적한 오류를 수정하
여 새로운 결정을 채택하여야한다.

5) 미국의 경우 보조금 및 상계관세 조사를 담당하는 '조사당국(investigating authority)'은 연
방 상무부(Department of Commerce), 유럽연합의 경우는 집행위원회(European Commission),
그리고 일본의 경우에는 재무성이다. 미국 통상법의 하나인 1930년 관세법(Tariff Act
of 1930 as Amended), Sections 701, 731 ; Council Regulation (EC) No 2026/97 on
Protection against Subsidized Imports from Countries Not Members of the European
Community[6 October 1997, "유럽연합 反보조금 기본규칙(Basic Regulation)"], 제
10조 ; 일본 관세정률법 제1조 참조.

하는 DRAM 반도체 제품의 수출이 사실상 중단된 상태이다. 이들 두 국가의 상계관세 부과에 대해 한국 정부는 WTO에 각각 제소하여 분쟁해결절차에 따른 심리가 종결되었다.6) 나아가 일본 정부도 사실상 동일한 사안에 대하여 현재 상계관세 조사를 진행 중이며 최근 '사실상'의 예비판정을 통해 고율의 상계관세를 부과하기로 결정하였다.7) 한편 한국 정부가 한국 조선업계에 대해 유사한 위임·지시 보조금을 지급하였다는 것을 이유로 유럽연합이 한국을 WTO에 제소한 사건도 최근 WTO 분쟁해결절차를 거쳐 해결되었다.8)9) 또한 한국산 철강제품에 관해서도 미국은 보

---

6) U.S.-DRAMs(AB), paras. 209-210 참조.
7) 일본의 경우 재무성이 조사당국으로 현재 한국산 반도체에 대한 상계관세 조사를 진행 중이며 2005년 10월 26일 한국 정부에 대한 '주요사실 통보' 조치를 통해 2001년 10월 채무재조정과 2002년 12월 채무재조정을 보조금 지급 조치로 간주하여 27.2%의 상계관세를 부과하기로 결정하였다. 일본 정부의 '주요사실 통보'는 일종의 예비판정의 성격을 띠고 있는 것으로 보인다. 일본 정부 한국산 반도체 상계관세 조사 중요사실, *supra* note 2, p.112 ; 일본 관세정률법 제1조 참조.
8) 韓-유럽연합 造船 보조금 분쟁[*Korea-Shipbuilding(Panel)*]의 배경은 다음과 같다. 한국의 외환위기를 전후하여 부도 위기에 직면하였던 한라, 대동 및 대우조선 등이 시장에서 퇴출되지 않고, 채권단 주도하에 이루어진 워크아웃 등을 통해 회생되자, 한국 조선산업의 경쟁국인 유럽연합은 한국 조선산업의 구조조정 과정에서 한국 정부의 개입을 주장하며 한국의 조선 보조금 문제를 통상분쟁으로 제기하였다. 즉, 유럽연합은 한국의 조선업체가 채무면제, 만기연장 및 출자전환 등의 채권단 주도의 구조조정 조치를 통해 사실상 정부로부터 간접적인 보조금 교부를 받았음을 주장하였던 것이다. 산업연구원, 『기업구조조정 및 산업정책과 국제통상규범과의 조화』 (2003.8), p.240 참조. 동 사건의 구체적 사실관계에 관하여는 김두식, "韓-EU 조선 보조금 분쟁에 나타난 주요 법적 쟁점", 한국 국제거래법학회 발표 논문 (2005.3.24) ; 한국조선공업협회, 『블루오션을 창출하는 한국조선: 20여년의 통상분규 극복』 (2005), p.23 참조.
9) 다음의 통계는 우리나라가 간접 보조금 공세의 주요 대상국임을 보여준다. 2002년 이후 2005년 10월까지 우리나라가 관련된 WTO 분쟁은 총 8건이다. 이 가운데 5건이 보조금 및 상계관세와 관련된 것이고, 나머지는 각각 세이프가드, 反덤핑, 수입쿼터와 관련된 분쟁이다. 보조금 관련 분쟁 중 3건은 우리나라와 유럽연합 간의 조선 관련 분쟁이고 나머지 2건은 우리나라와 미국·유럽연합 간 반도체 관련 분쟁이다. WTO 웹사이트 <http://www.wto.org/ english/tratop_e/dispu_e/dispu_status_e.htm>,

조금 지급을 이유로 1990년대 이래 꾸준히 상계관세를 부과하고 있으며 그 중에는 위임·지시 보조금도 포함되어 있다.[10]

특히 이와 관련하여 1990년대의 한국산 철강제품에 대한 미국 상무부의 상계관세 조사 결과가 최근 반도체 상계관세 사건까지 직접적인 영향을 미치고 있으므로 이에 대한 간단한 연혁을 살펴보는 것이 필요하다. 먼저 한국산 철강판재류 상계관세 조사에서 미국 상무부는 1991년까지 한국 정부는 한국 내 금융기관의 대출관행에 영향을 미쳤으며, 해외로부터의 외화대출(overseas foreign currency loans)에 대한 접근도 통제하였고 정부 소유은행과 민간 상업은행의 대출통제를 위해 다양한 수단을 활용하였다고 결정하였다.[11] 이에 뒤이어 한국산 스테인리스 후판 사건에서 미국 상무부는 1992~1997년까지 한국 정부는 한국 내 대부분의 금융기관의 대출관행을 지속적으로 통제했다고 판정하였다.[12] 나아가 외환위기 이후 상당한 금융개혁 및 변혁에도 불구, 한국산 탄소강 후판 사건에서도 미국 상무부는 1998년 중에도 한국 정부는 계속해서 한국 내 대부분의 금융기관에 대해 실질적 통제(substantial control)를 하고 있다고 판정하였다.[13] 이어 한국산 스테인리스 열연, 냉연강판 케이스의 제1차 연례재심에서 미국 상무부는 1999년 중에도 한국 정부가 한국 내 대부분의 금융기관에 대해 직·간접적인 통제를 계속 행사하고 있다고 판정하였다.[14] 상

(2005.11.20 방문) 참조.
10) 산업연구원, "기업구조조정 및 산업정책과 국제통상규범과의 조화" (2003), p.50 참조.
11) United States Department of Commerce, *Final Affirmative Countervailing Duty Determinations and Final Negative Critical Circumstances Determinations: Certain Steel Products from Korea*, 58 Fed. Reg. 37,338 (July 9, 1993) 참조.
12) United States Department of Commerce, *Final Negative Countervailing Duty Determinations: Stainless Steel Plate in Coils from the Republic of Korea*, 64 Fed. Reg. 15,530 (August 31, 1999) 참조.
13) United States Department of Commerce, *Final Affirmative Countervailing Duty Determinations: Certain Cut-to-Length Carbon-Quality Steel Plate from the Republic of Korea*, 68 Fed. Reg. 37,122 (June 24, 2003) 참조.

기 결과는 이후 한국산 냉연강판 사건[15] 및 반도체 사건[16]에도 이어진 바, 한국산 냉연강판 사건에서 미국 상무부는 2000년 중에도 한국 정부가 한국 내 대부분의 금융기관에 대해 직·간접적 통제를 계속 행사하고 있다고 판정하였으며[17] 반도체 사건에서도 미국 상무부의 이러한 기존의 결정은 재확인되고 있다.[18] 요약하면 미국 상무부는 과거 한국산 제품의 상계관세 조사에서 확인된 '위임 및 지시'의 존재를 새로이 진행되는 상계관세 사건에도 품목에 상관없이 사실상 지속적으로 적용하고 있는 것이다.[19] 특히 미국 정부는 향후에도 이러한 형태의 보조금에 대한 적극적인 조사를 실시할 것임을 공표하고 있다.[20]

---

14) United States Department of Commerce, *Final Results and Partial Rescission of Countervailing Duty Administrative Review: Stainless Steel Sheet and Strip in Coils from the Republic of Korea*, 67 Fed. Reg. 1,964. (January 15, 2002) 참조.

15) United States Department of Commerce, *Notice of Final Affirmative Countervailing Duty Determinations: Certain Cold-Rolled Carbon Steel Flat Products from the Republic of Korea*, 67 Fed. Reg. 62,102 (October 3, 2002) 참조.

16) USDOC, *Final Affirmative Countervailing Duty Determinations: Dynamic Random Access Memory Semiconductors from the Republic of Korea*, 68 FR 37,122. (June 23, 2003) 참조.

17) United States Department of Commerce, *Notice of Final Affirmative Countervailing Duty Determinations: Certain Cold-Rolled Carbon Steel Flat Products from the Republic of Korea*, 67 Fed. Reg. 62,102 (October 3, 2002) 참조.

18) United States Department of Commerce, *Final Affirmative Countervailing Duty Determinations: Dynamic Random Access Memory Semiconductors from the Republic of Korea*, 68 Fed. Reg. 37,122. (June 23, 2003) ; 미국 상무부 한국산 반도체 상계관세 조사 최종판정, 제2장 제2절 각주 1 참조.

19) 이러한 문제점은 *U.S-DRAMs(AB)* 사건의 항소기구 보고서가 채택되는 DSB 회의에서 한국이 재차 제기한 바 있다. *U.S.-Countervailing Duty Investigation on Dynamic Random Access Memory Semiconductors (DRAMs) from Korea*, Statement by Korea, WT/DS296/9 (28 July 2005, "한국 정부 *U.S-DRAMs(AB)* 항소기구 보고서 채택회의 진술"), pp.5, 10 참조.

20) 특히 미국 정부는 2004년 연례 보조금 대응조치 보고서(2004 *Subsidies Enforcement Annual Report to the Congress*)에서도 미국의 주요 교역 대상국의 간접 보조금 지급 상황에 대하여 특별한 우려를 표명하고 특히 이러한 보조금 교부는 회사의 파산절차 및 국가 전략산업 부분과 연관되어 발생하고 있음을 지적하고 있다. 이는 바로 한국

최근에 진행된 WTO 회원국의 한국산 반도체에 대한 상계관세 부과 및 조선업계에 대한 보조금 제소의 핵심은 바로 한국 정부가 한국의 각종 금융지원을 통제하고 있고 이러한 통제력을 이용하여 각종 기업의 채무재조정을 막후에서 주도하였으며, 따라서 이러한 채무재조정의 혜택을 입은 한국 기업은 한국 정부로부터 위임·지시 보조금을 지급받은 것이라는 점이다.[21] 바로 이 문제는 보조금 협정 제1.1조 (a)(1)항 (iv)호상의 '위임 및 지시(entrusts or directs)'와 직접적으로 관련된 문제이다.[22] 이러한 일련의 조사 과정에서 여타 상계관세 조사에서와 마찬가지로 한국 정부의 여러 정책과 관행이 미국 상무부 및 유럽연합 집행위원회로부터 조사를 받았고 또 현재 일본 정부의 조사가 진행 중이다.

한국에 대한 이러한 일련의 조사가 중요한 의의를 지니는 이유는 한국 금융체제의 문제점을 통상분쟁의 대상으로 하고 있기 때문이다. 1997년

의 상황을 염두에 두고 작성된 것으로 판단된다. *Subsidies Enforcement Annual Report to the Congress*, Joint Report of the Office of the United States Trade Representative and the U.S. Department of Commerce (February 2004, "2004년 연례 보조금 대응 조치 보고서"), p.7 참조. 동일한 맥락에서 미국 정부는 폴란드 제철업계에 대한 폴란드 정부 주도의 채무재조정 과정을 주시하고 있으며 보조금 협정 위배 가능성을 언급하고 있다. *Id.*, p.44 참조. WTO 회원국 중 가장 적극적이고 공세적인 보조금 및 상계관세 조사 정책을 채택하고 있는 미국 정부의 이러한 정책노선은 위임·지시 보조금이 점차 보조금 분쟁의 주요 사안으로 등장하고 있음을 여실히 보여주고 있다. 그러나 이러한 사실은 직접 보조금 관련 분쟁이 감소중이라는 의미는 아니다. 위에서 살펴본 2004년 연례 보조금 대응 조치 보고서에서도 직접 보조금을 포함한 보조금 문제 전반에 관한 미국 정부의 우려가 표현되어 있다. *Id.*, p.41 참조. 최근 전개되고 있는 미국과 유럽연합 간 항공기 제조산업 보조금 공방을 지켜보면 미국의 경우에도 다양한 형태의 직접 보조금을 자국 주요산업과 기업에 교부하고 있음을 알 수 있다.

21) 오영호, 『미국 통상정책과 대응전략』, *supra* note 1, p.348 참조.
22) 예를 들어, 미국 상무부 한국산 반도체 상계관세 조사 최종판정, 제2장 제2절 각주 1, pp.14~17 ; 전체적으로 United States Department of Commerce, *Expert Verification Report, Dynamic Random Access Memory Semiconductors From the Republic of Korea*, C-580-851 (May 15, 2003, "미국 상무부 한국 금융 전문가 면담 실사 보고서") 참조.

말 외환 및 금융위기를 극복하는 과정에서 한국 정부는 그간 한국 경제 및 금융시장의 구조적 문제점을 인식, 국제통화기금[International Monetary Fund('IMF')]과의 협의를 거쳐 경제 전반에 걸친 대규모의 구조개혁을 통해 한국 경제 및 금융체제의 구조개혁과 선진화를 도모한 바 있다.[23] 이러한 일련의 과정을 통하여 그간 한국 경제의 문제점으로 인식되어온 관치금융 문제 및 정부의 민간부분에 대한 통제도 아직 개선의 필요가 남아있기는 하나 상당 부분 개선 및 시정되었다는 것이 시장의 일반적 평가이다.[24]

하이닉스 반도체에 대한 보조금 조사 및 상계관세 부과 그리고 한국 조선업계에 대한 보조금 제소는 한국 정부의 그간의 개혁 노력을 부정하는 데에서 출발한다. 따라서 여러 국가로부터 조사 및 제소 대상이 된 한국 정부의 일련의 조치들이 과연 현 보조금 협정에 따라 '위임 및 지시'를 통한 정부의 재정적 기여를 구성하게 되고 종국에는 불법 보조금을 구성하게 되는 것인지에 대한 면밀한 검토와 정확한 평가는 정책적으로도 97년 이후 금융개혁조치의 성과 및 현 상황을 재점검할 수 있다는 차원에서도 중요한 의의가 있다.[25]

---

23) IMF와의 합의사항 이행을 위해 1997년 말 13개 금융개혁법안의 국회통과를 효시로 한국에서는 대대적 금융개혁이 이루어 졌다. 송옥렬, "우리나라 금융규제의 국제화에 관한 소고", 『국제기준과 법의 지배』, 박영사, 장승화 편저 (2004), p.70 ; 태국, 인도네시아, 한국, 필리핀, 브라질 등은 외환위기 극복을 위하여 IMF로부터 자금 지원을 제공받으며 국내 경제체제에 대한 광범위한 개혁을 반대급부로 약속하였다. 특히 이러한 경제 개혁 프로그램 중 핵심 사항은 금융제도의 개혁이었다. Joseph M. Grieco & G. John Ikenberry, *Economic Globalization and Its Discontents*, State Power and World Markets에 포함(제6장), Joseph M. Grieco & G. John Ikenberry ed. W. W. Norton, Co., Inc. (2002), pp.14~29 참조.
24) 송옥렬, "우리나라 금융규제의 국제화에 관한 소고", *supra* note 23, p.71 참조.
25) 1997년 외환위기 이후 개시된 한국 정부의 경제 및 금융제도 개혁 조치는 성공적으로 추진되어 선진국 수준에 비견할 만한 한국 경제체제의 세계화와 기업 운영의 투명화를 가져온 것으로 국제사회는 일반적으로 평가하고 있다. B, J. Lee, *Rolling In the Dough*, Newsweek (May 23, 2005), pp.32~34 참조. Organization for Economic Cooperation and Development('OECD')가 발간한 한국 경제에 관한 보고서도 한국

특히 주목을 요하는 것은 위임·지시 보조금 결정의 효과가 장기적이며 포괄적이라는 점이다. '위임 및 지시'를 통해 교부된 보조금은 소위 비정기적 보조금이기 때문이다.26) 따라서 한국 금융제도에 대한 회원국 조사당국의 부정적 평가는 비단 현재 문제된 몇몇 산업 및 기업에만 국한되는 것이 아니라 향후 여타 산업과 기업에도 장기적 영향을 미친다는 차원에서도 이 문제에 대한 정확한 진단과 평가는 중요하다. 이러한 평가를 통해, 과연 이들 국가로부터의 상계관세 조사나 보조금 제소가 자국의 경쟁 기업 보호목적의 무역장벽 도입을 위한 부당한 조치인지 아니면 현 보조금 협정하에서 그 타당성이 인정되는 정당한 통상 공세인지에 관한 분석이 가능할 것이다. 만약 이러한 일련의 국제적 공세가 법적 타당성을 담보하고 있는 것이라면 한국 정부 및 기업은 ―그리고 이와 유사한 상황에 처한 여타 WTO 회원국의 정부 및 기업은― 장기적으로 위임·지시 보조금의 대응을 위한 효과적 대응조치의 모색이 필요할 것이다.

의 경제, 재정 및 금융 개혁조치의 성과를 평가하고 있다. OECD, *OECD Economic Surveys: Korea* (September 2001), 제4장(Restructuring the Corporate and Financial Sectors) 참조. 따라서 한국 정부 및 기업을 상대로 한 위임·지시 보조금 조사는 이러한 일반적인 평가와 정면으로 상치된다는 점에서 그 의의를 찾아 볼 수 있다.
26) 예를 들어 최근 문제가 된 일부 한국기업의 채무재조정과 같이 '특별'한 형태의 보조금은 이른바 비정기적 혜택(non-recurring benefit)을 부여하는 것으로 간주되어 해당 산업의 감가상각기간(AUL)에 걸쳐 그 혜택이 분배되어 매년 일정 금액 혜택을 분배하여 교부 받은 것으로 계산된다. 그리고 이와 같이 분배된 혜택은 연례재심 절차를 거쳐 최종 확정된다. 예를 들어 철강업체의 경우에는 감가상각기간이 18년에 달함에 따라 보조금 지급의 효과가 18년으로 분배되어 이에 상응하는 상계관세가 부과된다. 따라서 2005년에 철강업체에 부여된 비정기적 보조금은 2023년까지 해당 업체에 경제적 혜택을 부여하는 것으로 간주되며 이에 따라 수입국은 이론적으로는 2023년까지 상계관세를 부과할 수 있게 된다. Marc Benitah, *The Law of Subsidies under the GATT/WTO System*, 제2장 제2절 각주 4, pp.212, 279~280 참조. 반도체 산업의 경우에는 감가상각기간이 5년이다. 미국 상무부 한국산 반도체 상계관세 조사 최종판정, 제2장 제2절 각주 1, p.3 참조. 미국 통상법을 이행하는 미국 상무부령(Code of Federal Regulation)도 이러한 사항을 상세히 규정하고 있다. 19 C.F.R 351.524(b) 참조.

외국 정부로부터의 이러한 일련의 보조금 공세가 정당한 정부의 개입 및 역할에 관해 단지 추상적 관념의 대상으로만 머물러 있다면 외국 정부의 왜곡된 판단은 비록 심정적인 불편함은 야기할지언정 경제적으로 한국이 크게 우려할 일은 아닐 것이다. 하지만 그러한 공세가 한국산 상품에 대한 수출장벽의 기초를 제공하고, 국제적 경쟁력을 보유한 한국 산업의 기초를 약화 시키며, 이에 따라 한국이 연간 수십억 달러의 비용을 지불하여야 한다면 이는 전혀 다른 차원의 문제라고 할 것이다. 현재 위임·지시 보조금 문제는 단순한 추상적 논쟁의 대상이 아닌 한국 주요 수출 산업에 큰 영향을 미칠 수 있는 통상법의 주요 사안 중 하나로 대두되었다.

제4절 국가 간 상이한 입장

 보조금 및 상계관세 부과와 관련한 국가 간 상충하는 이해관계의 조율은 보조금 협정 교섭단계에서도 주요 고려 요소 중 하나였다.[1] 그리고 이 결과 채택된 보조금 협정은 이러한 각국의 이해관계를 조율한 타협책(a grand compromise)의 산물이다.[2] 바로 보조금 및 상계조치를 바라보는 각국의 시각에는 상당한 차이가 있어 왔기 때문이다. 이러한 국가 간 시각 차에 기초하여 보조금에 대한 강력한 규율을 도입하자는 입장과 반대로 보조금에 대항하는 상계조치에 대하여 강력한 규율을 도입하자는 입장 간 절충의 결과물이 현 보조금 협정이다.[3]

 이러한 점을 감안하면 이 논문에서 다루는 위임·지시 보조금 논의의 전개에 있어서도 각국의 상충하는 이해관계의 적절한 '균형점' 확보가 중요하다고 할 수 있겠다. 이러한 고려는 WTO 협정 해석 및 적용 전반에 걸쳐 마찬가지로 필요할 것이나[4] 특히 보조금 협정에서 그 의미는 중요

---

[1] 1979년 GATT 보조금 코드 시행과정에서 보조금 및 상계관세 조사를 광범위하게 실시하는 미국과 이에 대항하는 국가들 간 상충하는 이해관계의 조율은 우루과이 라운드 협상 시 보조금 협정 채택을 위한 교섭과정에서 주요의제 중 하나였다. M. Jean Anderson & Gregory Husisian, 제2장 제1절 각주 8, p.302 참조.
[2] Id.
[3] 김성준, "WTO법의 형성과 전망: 反덤핑, 보조금, 세이프가드", 제2장 제1절 각주 1, pp.417~418 참조.
[4] Jackson 교수와 Croley 교수는 WTO 분쟁해결을 담당하는 패널은 국내 정책집행의 주권(sovereignty)을 보유하는 각국의 상충하는 이해관계의 적절한 균형을 고려하는 바탕 위에서 WTO 협정을 해석하여야 한다고 주장한다. Steven P. Croley & John H. Jackson, *WTO Dispute Procedure, Standard of Review, and Deference to National Governments*, American Journal of International Law, Vol. 90, Issue 2 (April 1999), pp.212~213 참조.

하다. 특히 외국 정부의 경제/금융/산업정책 결정 영역과 직접 충돌하는 위임·지시 보조금 조사에서 관련 당사국 간-위임·지시 보조금 조사국과 피조사국 간, 제소국과 피제소국 간- 이해관계의 적절한 균형점의 확보가 중요하다고 하겠다.

무엇보다 WTO 회원국 정부들이 점점 다양하고 우회적인 방법으로 보조금을 제공하고자 노력하는 현실을 감안하면 위임·지시 보조금에 대한 적절하고 효과적인 규제가 필요하다는 일부 국가의 주장은 지극히 타당하다.[5] 그렇지 않을 경우 많은 국가들이 '위장된' 조치 및 방법을 통해 자국의 주요 기업에 대한 사실상의 보조금 지급을 도모하는 것을 적절히 억제할 수 없을 것이며 이러한 위장 조치의 횡행은 보조금 협정의 근간을 흔들 것이기 때문이다. 그러나 한편으로는 이러한 보조금 규제 노력이 타국의 정당한 경제·금융 정책 집행 및 운용을 불법 보조금 지급으로 결정하는 부당한 결과를 역시 초래하여서는 안 될 것이다. 따라서 이 양자의 적절한 균형점의 확인이 보조금 협정의 기본 취지임을 주목하여야 한다.[6]

WTO 분쟁해결절차에 내재한 제반 사정으로 최근 WTO 분쟁을 담당한 일부 패널 및 항소기구는 명확한 법적 지침을 부여하는데 다소 한계가 있는 것으로 보여지고 있으며[7] 이러한 사실은 특히 위임·지시 보조금 문제를 담당한 패널 및 항소기구 사례에서도 확인되고 있다.[8] 이러한 상황에서 특히 보조금 분야와 같이 각국의 이해관계의 대립이 첨예한 분야에서 충분한 법리의 확립과 제공에 한계가 있는 것이 사실이다. 그렇다면 위임·지시 보조금과 같이 보조금 협정의 새로운 사안에 대해 현재 존재하는 법적 공백을 극복하기 위해서는 보조금 협정의 기본 취지와 목적을

---

5) 예를 들어 미국과 유럽연합은 이러한 입장을 적극 견지하고 있다. *U.S.-DRAMs (AB)*, paras. 12-25 참조.
6) 본 논문 제3장 제2절 Ⅱ. 2. 참조.
7) Marc Benitah, *The Law of Subsidies under the GATT/WTO System*, supra 제2절 note 4, p.307 참조.
8) 본 논문 제3장 제3절 참조.

염두에 두고 논의를 진행시켜나가는 것이 필요할 것이다.

따라서 위임·지시 보조금 문제에 접근함에 있어 그 근원적 출발점으로 다음의 세 가지 사실을 염두에 둘 필요가 있다. 첫째, 일국 정부의 광범위한 권한을 감안하면 민간부문에 대한 정부의 경제적 지원은 수많은 형태로 나타날 수 있다는 것이다. 정부는 자국 국내법의 허용되는 범위 내에서 의식적, 무의식적으로 다양한 형태의 정책 및 조치를 취하고 경우에 따라 국내 기업이나 개인은(때에 따라서는 외국 기업이나 외국인도 포함하여) 결과적으로 다양한 형태의 경제적 이득을 향유하게 된다.[9] 일국 정부가 자국 산업 및 기업 등에 제공하는 각종 지원 정책은 해당 국가와 기업의 국제 경쟁력을 강화하기 위한 주요한 정책수단이라는 점에서 이러한 지원 정책에 대한 대응조치 - 상계관세 부과, WTO 제소 등 - 는 타국의 정책수단 사용을 제한한다는 점에 그 본질적 속성이 있음을 인식할 필요가 있다.[10]

둘째, 이러한 정책 집행의 결과 설사 민간부문이 다양한 형태의 경제적 혜택을 '결과적'으로 향유하였다고 하여, 이러한 모든 정부 정책이 위임·지시 보조금 문제를 야기하는 것은 아니라는 점이다. 일정한 경제적 수혜자의 존재는 대부분 정부 정책의 당연한 내재적 속성이라 할 수 있기 때문이다. 기본적으로 보조금 협정의 규제 대상인 보조금(즉, 불법 보조금)은 정부로부터의 자금 유입을 일단 전제로 하는 것임을 감안하면,[11]

---

9) 각 WTO 회원국이 채택하는 다양한 환경정책, 경쟁정책 등의 국내정책과 보조금 정책의 상호 연계성 문제가 점차로 대두되고 있는 현실이다. 손기윤, "WTO 보조금 협정의 개선방향과 뉴라운드 : 국내정책과의 조화", 『통상법률』 통권 제38호 (2001.4), p.10 참조.

10) 최승환, 『EU 보조금 규칙 및 상계관세사례 연구』, 제2장 제3절 각주 3, pp.15~16 참조.

11) 보조금 협정 제1.1조 (a)(ⅰ)항도 보조금 구성의 첫 번째 요건으로서 정부에 의한 재정적 기여(financial contribution by the government)를 규정하고 있듯이, 보조금은 일단 정부로부터의 자금 또는 이에 상응하는 재정적 요소의 민간부문으로의 유입을 먼저 요구하고 있다.

위임·지시 보조금도 정부로부터의 자금 유입에 '상응'하는 정도의 정부의 개입과 조정이 수반된 경우에만 불법 보조금 문제를 야기한다고 보아야 할 것이다. 즉, 위임·지시 보조금은 정부로부터의 결과적 혜택 및 파생적 효과를 넘어서는 정부의 직접적 개입과 적극적 조정을 필요로 하는 것으로 해석되어야 한다.

셋째, '위임 및 지시'를 통한 위임·지시 보조금 문제의 본질은 일률적인 규율이 곤란하며 개개의 사안별로 관련된 사실관계를 살펴 볼 수밖에 없는 '사실관계 지향적(case-specific)'이라는 것이다. 위임·지시 보조금의 사실관계 중심적 성격은 항소기구에 의해서도 확인되고 있다.[12]

이러한 점을 염두에 두고 위임·지시 보조금 문제를 좀 더 구체적으로 살펴보면 다음과 같은 기본적인 질문을 던질 수 있다. 첫째, 예를 들어 정부 정책 집행의 결과 특정 민간기업 및 산업이 결과적으로 경제적 혜택을 입는 경우, 이러한 상황이 정부의 재정적 기여를 구성하는가? 따라서 여타 보조금 구성 요건을 충족하는 경우[13] 현 보조금 협정상 그러한 수혜 민간기업이 정부로부터 불법 보조금을 지급받은 것으로 간주될 수 있는가? 둘째, 정부의 민간기관(예를 들어 민간 상업은행)에 대한 단순한 의견 제시 및 권고가 있었고 이러한 민관접촉의 결과 해당 민간기관이 또 다른 수혜 민간기관(예를 들어 해당 상업은행으로부터 자금 대출을 받게 된 기업)에 자금을 제공하는 경우 이러한 민관접촉이 보조금 협정 제1.1조 (a)(1)항 (iv)호상의 '위임 및 지시'를 구성하는가? 다시 말해 이러한 순수 민간기업 간 거래도 보조금 협정상 정부로부터의 재정적 기여를 구성하는가, 그리고 그렇다면 언제 그러한 민간기업 간 거래가 정부에 의한 '위임 및 지시'에 해당하는가? 셋째, 또는 정부의 민간주체에 대한 지분 소유 사실

---
12) 위임·지시 보조금 결정이 주어진 사건의 구체적 사실관계에 기초하고 있음은 U.S.-DRAMs(AB) 사건에서 항소기구가 확인한 바이다. U.S.-DRAMs(AB), para. 116 참조.
13) 즉, 정부로부터의 재정적 기여에 더하여, 경제적 혜택(benefit)과 특정성(specificity)이 아울러 확인되어 보조금 협정상 보조금 구성요건을 모두 충족하는 경우를 말한다. 보조금 협정 제1.1조 및 제2조 참조.

(예를 들어 정부의 일부 민간 상업은행에 대한 주식 소유 사실)이 해당 민간주체(시혜 민간주체)와 여타 민간주체(수혜 민간주체, 즉, 해당 상업은행으로부터 대출을 받은 민간기업) 간의 거래에 있어 정부의 시혜 민간주체에 대한 '위임 및 지시'를 구성하는가와 같은 기본적인 문제들이 제기된다. 물론 이는 단순한 몇 가지 예시에 불과하고 실제에 있어서는 국가별, 상황별로 수많은 형태의 다양한 상황들이 제시될 수 있을 것이다.[14] 이러한 기본적인 문제들에 관한 국가들의 입장은 상이하다.[15] 이러한 기본적인 입장 차이는 위임·지시 보조금 조사의 구체적인 방법론에까지 직접적인 영향을 미친다. 구체적 방법론에 관한 각국의 상이한 시각을 간략히 정리하면 다음과 같다.

① 다수의 채무재조정 조치가 시계열적으로 행해지는 경우 이 전체를 단일의 프로그램으로 볼 수 있는 지 여부 : 위임·지시 보조금의 제한적 적용을 주장하는 국가는 보조금 협정의 '위임 및 지시'가 개개의 채무재조정 사안별로 개개의 민간 금융기관에 대하여 개별적으로 실시되어야 한다는 점을 주장하는 반면, 위임·지시 보조금의 광범위한 적용을 주장하는 국가는 개개의 사안별로 살필 필요 없이 전체적으로 단일의 프로그램으로 인식하여 위임·지시 보조금 판정이 가능하다는 입장이다.

② 증거의 총체적 분석 : 위임·지시 보조금의 제한적 적용을 주장하는 국가는 개개의 증거가 개별적으로 '위임 및 지시'를 보여주는지 검토해야 한다고 주장하는 반면, 위임·지시 보조금의 광범위한 적용을 주장하는 국가는 개개 증거의 총합이 전체적으로 '위임 및 지시'를 이끌어 내는 추론(inference)을 가능하게 하는지 검토해야 한다고 주장한다.

③ 간접증거 및 정황증거 : 위임·지시 보조금의 제한적 적용을 주장하는 국가는 간접·정황증거가 적절한 기준을 통해 제한적으로 활용되어야 한다고 주장하는 반면, 위임·지시 보조금의 광범위한 적용을 주장하는 국가는 동 보조금의 특성상 간접·정황증거의 광범위한 활용이 필요하다는 입장이다.

④ 추론의 적용 : 위임·지시 보조금의 제한적 적용을 주장하는 국가는 증

---

14) U.S.-DRAMs(AB), paras. 116, 119, 196 ; 본 논문 제2장 제3절 참조.
15) 본 논문 제2장 제5절 참조.

거력이 불투명한 간접・정황증거에 기초한 추론은 불인정하자는 입장인 반면, 위임・지시 보조금의 광범위한 적용을 주장하는 국가는 간접・정황증거의 광범위한 활용을 통한 추론의 적용은 위임・지시 보조금의 특성상 필요하다는 입장이다.

⑤ 조사당국 결정에 대한 존중(deference) : 위임・지시 보조금의 제한적 적용을 주장하는 국가는 위임・지시 보조금과 관련해서 패널의 조사당국의 결정 방법 자체에 대한 보다 면밀한 검토가 필요하다는 입장인 반면, 위임・지시 보조금의 광범위한 적용을 주장하는 국가 조사당국의 결정 및 그 방법론에 대해 광범위한 재량권을 인정하는 것이 필요하다고 주장한다.

결국 최근 진행된 그리고 현재 진행되고 있는 위임・지시 보조금 분쟁의 핵심은 이와 같이 보조금 협정이 인정하는 위임・지시 보조금의 규제 범위에 관한 인식의 차이와 이로부터 연유하는 구체적인 위임・지시 보조금의 조사 방법론으로 귀결된다고 할 수 있다.

실제에 있어서는 극히 다양한 형태와 상이한 성격을 보유하는 정부와 민간부분 간 접촉 및 교섭이 발생하게 되는 바, 과연 이 중 무엇이 보조금 협정이 규율하는 정부의 '위임 및 지시'를 구성하는지는 용이하게 해결할 수 있는 문제가 아니다. 때로는 비교적 답변이 명백한 경우도 있을 것이지만 그 중간 영역에 존재하는 '회색조치'에 해당되는 경우가 많을 것이기 때문이다. 이러한 정부와 민간주체 간 다양한 상호교류 및 접촉은 앞으로도 지속될 것이다. 이러한 접촉 및 교류의 상당 부분은 법령에 따른 정부의 정당한 업무 수행의 외적 실현이기 때문이다.

따라서 이러한 다양한 형태의 접촉 및 교류 중 어느 정도의 또는 어떠한 형태의 접촉 및 교류가 보조금 협정 제1.1조 (a)(1)항 (iv)호에서 금지하는 '위임 및 지시'이며 따라서 위임・지시 보조금에 해당하는가를 판단하는 것은 지난한 일이다. 이에 대한 대답은 개별 국가마다 사회마다 그리고 구체적인 상황마다 모두 상이할 것이기 때문이다. 이것이 이 문제에 관한 일반적, 획일적 기준의 제시가 어려운 이유이다.

제5절 주요국 국내법의 입장

　금지 보조금이나 조치가능 보조금을 이유로 한 WTO 제소의 경우를 제외하고 상계조치를 위한 보조금 조사는 WTO 회원국의 관련 국내법에 따라 진행된다. 그러나 그렇다고 하여 보조금 및 상계관세 조사를 실시하는 국가가 자신의 조치의 정당성을 관련 국내법에 기초하여 정당화할 수 있음을 의미하는 것은 아니다. 국내법의 정당성은 오로지 그러한 국내법이 WTO 관련 협정-즉 이 경우에는 보조금 협정-과 부합하는 한도 내에서만 인정되는 것이며 WTO 회원국은 WTO 관련 협정에 부합되도록 보조금 및 상계관세 조사 제도를 운용할 법적 의무가 있다.[1] 국제관계에 관한 한 국제법 우위의 원칙이 확립되어 있으므로[2] 회원국은 WTO 협정상의 의무를 면할 목적으로 국내법을 원용하여 국제법상의 의무이행을 거부하거나 국가책임을 회피할 수 없다.[3]

　Japan-Alcoholic Beverage II (AB) 사건에서 패널은 상품의 동종성(likeness)을 평가하며 그 개념은 아코디언과 같이 신축적인 적용이 가능한 것임을 지적한 바 있다.[4] 위임·지시 보조금에 해당되는 국가의 조치들도 아마 이

---

1) 최승환,『EU 보조금 규칙 및 상계관세사례 연구』, 제2장 제3절 각주 3, p.16 참조.
2) 예를 들어 1969년 비엔나 조약법 협약(1969 Vienna Convention on the Law of Treaties) 제27조는 "당사국은 조약의 불이행을 정당화하는 근거로서 자국 국내법을 원용할 수 없다"고 명시적으로 규정하고 있다.
3) *Treatment of Polish Nationals and Other Persons of Polish Origin or Speech in the Danzig Territory* (1932), P.C.I.J., Ser. A/B No. 44, p.24 참조.
4) 동종상품 개념과 관련한 *Japan-Taxes on Alcoholic Beverages*, WT/DS8.10.11/AB/R (1 November 1996) [*'Japan-Alcoholic Beverages II (AB)*'] 사건에서의 항소기구 결정은 다음과 같다.
　　The concept of "likeness" is a relative one that evokes the image of an accordion. The accordion of "likeness" stretches and squeezes in different places as different

러한 아코디언과 같이 상황별로 그리고 문제된 사안별로 신축적인 적용이
필요할 것이다. 그러한 신축적 운용을 통해서만 위장된 보조금 지급 조치
를 파악, 적절한 제한 조치를 발동할 수 있을 것이기 때문이다. 그러나 상
황별 유연한 대처가 필요하다고 하더라도 어느 정도의 외연(outer limits)은
반드시 존재한다고 보아야 한다.[5] 이러한 외연에 대한 합의가 비록 쉽지는
않다고 하더라도 회원국 조사당국과 패널의 이러한 외연에 대한 기본적인
고려는 반드시 필요한 것이라고 하겠다. 따라서 위임·지시 보조금과 관련
각국에 광범위한 재량권이 부여되어 있다고 하더라도 그러한 재량권의 행
사가 WTO 협정 체제 및 보조금 협정에 의해 주어진 범위 및 외연을 초과
하여 행사되어서는 아니 된다. 이러한 점을 염두에 두고 위임·지시 보조
금 관련 주요국의 입법례를 살펴보면 다음과 같다.

I. 미 국

미국의 상계관세제도는 반덤핑제도와 함께 미국의 보호무역 수단 중 가장
강력한 수단의 하나이다.[6] 즉, 피해판정 등에 있어 조사당국(investigating
authorities)[7]에 상당한 재량권이 부여되어 외국의 불공정 무역에 대한 제재

---

provisions of the *WTO Agreement* are applied. The width of the accordion in any one of those places must be determined by the particular provision in which the term "like" is encountered as well as by the context and the circumstances that prevail in any given case to which that provision may apply(밑줄; 필자 강조). *Id*. p.21.

5) 전체적으로 본 논문 제4장 참조.
6) 2000년 말 기준으로 세계적으로 94건의 상계관세 부과 명령이 효력을 발하고 있었으며 그 중 43건이 미국이 부과한 것이다. 그 다음으로 유럽연합이 17건의 상계관세를 부과하였다. John H. Jackson, William J. Davey & Alan O. Sykes, *Legal Problems of International Economic Relations*, 4th ed. West Group (2002), p.773 참조.
7) 상계관세 조사에 관한 미국 정부의 조사당국은 보조금 분야에서는 연방 상무부이며

수단이라는 본래의 취지를 넘어 때로는 외국 수출품의 미국 시장으로의 수입을 규제하는 수단으로 이용되는 경우도 있다.8) 보조금 및 상계관세 조사 제도의 운용과 관련 미국은 특히 간접 보조금의 규제에 관심을 기울여 왔으며 이 문제에 관한 규제의 역사도 오랜 편이다.9) 간접 보조금에 대한 전통적인 우려의 연장선상에서 미국은 위임·지시 보조금에 대하여도 적극적인 규제 의사를 표명해 왔다.10) 위임·지시 보조금 문제에 관한 미국 조사당국-즉, 미국 상무부-의 최근 조사 사례가 보여 주듯이 미국은 이러한 형태의 보조금에 대하여 적극적으로 규제하고자 노력하고 있다.11)

산업피해 분야에서는 USITC이다. 미국 관세법(Tariff Act of 1930 as amended), 제701조 참조. 이 중 위임·지시 보조금 문제는 '보조금' 영역에 해당하는 부분이므로 이 논문에서 미국의 조사당국이라고 언급할 때는 미국 연방 상무부를 지칭함을 밝혀 둔다.

8) 김준동, "WTO 뉴라운드 보조금, 상계조치 관련 논의전망 및 대응방안", 제2장 제1절 각주 9, pp.18~19 참조.
9) M. Jean Anderson & Gregory Husisian, *The Subsidie Agreement*, 제2장 제1절 각주 8, pp.330~331 참조.
10) 2005년 연례 보조금 대응조치 보고서, 제2장 제1절 각주 4, Attachment 1 참조.
11) 미국 상무부가 2000년 이후 '위임 및 지시' 문제를 본격적으로 조사한 경우는 현재 세 건이다. 미국 상무부는 2001년 태국 정부가 1998년 외환위기 극복과정에서 태국 철강회사[Sahaviriya Steel Industries('SSI') 및 Prachuab Port Company('PPC')]가 실시한 채무재조정(debt restructuring)이 태국 정부의 '위임 및 지시'의 결과인지 여부를 조사하였다. 동 조사에서 상기 철강회사에 대한 태국 국책은행 및 민간은행을 통한 채무재조정 과정에서 태국 정부의 개입 여부가 심도있게 조사되었으나 미국 상무부는 이에 관한 결론은 불명확하게 남긴 채 보조금의 또 다른 요건인 특정성(specificity)이 부재하다는 이유로 이 부분에 관해서는 상계관세 부과를 거절하였다. 1998년 외환위기 이후 태국 정부는 채무재조정을 실시하기 위한 정부기관[Corporate Debt Restructuring Advisory Committee('CDRAC')]을 설립하여 총 351개 기업의 채무재조정을 지원하였는 바, SSI와 PPC는 그 중 하나에 불과하다는 것이 미국 상무부의 특정성 부인의 주요 논리였다. United States Department of Commerce, *Issues and Decision Memorandum in the Final Affirmative Countervailing Duty Determination: Certain Hot- Rolled Carbon Steel Products from Thailand*, C-549-818 (September 21, 2001, "미국 상무부 태국산 철강 상계관세 조사 최종판정"), pp.16~21 참조. 조사의 핵심 대상이었던 채무재조정 문제가 상계관세 부과대상에서 벗어나게 됨에 따라 미국 상무

외국 정부가 자국 주요 산업을 위해 지급하는 보조금에 대한 모니터링과 이에 따른 상계관세 부과를 가장 활발하게 실시하고 있는 미국은 위임·지시 보조금의 경우에도 상대적으로 精緻한 규정을 두고 있다. 비록 미국 통상법은 위임·지시 보조금에 대하여 자세한 규정을 두고 있지는 않으나,[12]

> 부는 결국 여타 소규모 태국 정부 지원 프로그램으로부터 2.38%의 소규모의 상계관세를 부과하는데 그쳤다. Id., p.55 참조. 뒤이어 2002년 미국 상무부는 한국의 하이닉스 반도체의 채무재조정에서의 한국 정부의 민간은행에 대한 '위임 및 지시' 여부를 조사하여 보조금의 존재를 확인한 후 최종적으로 44.29%의 상계관세를 부과하였다. United States Department of Commerce, *Final Affirmative Countervailing Duty Determination: Dynamic Random Access Memory Semiconductors from the Republic of Korea*, C-580-851, 68 Fed. Reg. 37,122 (June 23, 2003) (최종 상계관세 부과율을 44.71%로 결정) ; United States Department of Commerce, *Notice of Amended Final Affirmative Countervailing Duty Determination: Dynamic Random Access Memory Semiconductors from the Republic of Korea*, C-580-851, 68 Fed. Reg. 44,290 (July 28, 2003) (계산상의 오류 수정 후 최종 상계관세 부과율을 44.29%로 수정) (양자를 합하여 "미국 상무부 한국산 반도체 상계관세 부과 결정"). 동 조사의 대체적인 개요는 본 논문 제2장 제3절 참조. 한국산 반도체에 대한 상계관세 조사에서 '위임 및 지시' 문제가 검토된 이후 2003년 8월 캐나다산 밀에 대한 상계관세 조사에서 미국 상무부는 다시 '위임 및 지시' 문제를 검토할 기회를 가지게 되었다. United States Department of Commerce, *Final Affirmative Countervailing Duty Determinations: Certain Durum Wheat and Hard Red Spring Wheat from Canada*, C-122-846, C-122-848, 68 Fed. Reg. 52,747 (September 5, 2003, "미국 상무부 캐나다산 밀 상계관세 부과 결정"). 동 사건에서 미국 상무부는 캐나다 연방 정부와 주정부가 민간 철도운송회사에 대한 '위임 및 지시'를 통해 '캐나다 밀 생산 협회(Canadian Wheat Board)'에 보조금을 지급하였다고 판정하고 이에 해당하는 5.29%의 상계관세를 부과하였다. 미국 상무부 캐나다산 밀 상계관세 조사 최종판정, 제2장 제2절 각주 1, p.3, Comment 3 참조.
>
> 12) 이 문제에 관하여 미국 통상법의 하나인 1930년 관세법(Tariff Act of 1930 as amended) 제771(5)(B)(iii) 조에 'entrustment or direction'에 관한 언급만이 포함되어 있을 뿐이다.
>
>   Section 771 Definitions; Special Rules
>
>   (5) Countervailable Subsidy
>
>   ...
>
>   (B) Subsidy described

제2장 위임·지시 보조금의 기본 성격   53

우루과이라운드 협정 이행법[Uruguay Round Agreements Act('URAA')]에 첨부된 행정조치 시행지침[Statement of Administrative Action ('SAA')][13]과 통상법의 위임에 의거 미국 연방 상무부가 입안한 부령(regulation)에는 이와 관련한 상세한 내용이 포함되어 있다.

먼저 SAA에서 미국 정부는 보조금 협정 제1조에 규정된 보조금의 종류는 예시적(illustrative)인 것임을 선언하고 있다.[14] 즉, 반드시 보조금 협정 제1조에 열거된 네 가지 형태의 보조금 조치에 구체적으로 해당되지 않는 경우에도 미국 정부는 보조금으로 확인할 광범위한 권리를 보유한다는 것이다. 나아가 SAA에는 특히 위임·지시 보조금에 대한 미국 정부의 우려가 잘 표현되어 있다. 즉, 미국 정부는 SAA에서 외국 정부가 위임·지시 보조금 지급을 통해 보조금 규정을 회피하고자 시도하는 것을 방지하기 위해 '위임 및 지시' 규정을 폭넓게 해석할 것임을 천명하고 있는 것이다.[15]

A subsidy is described in this paragraph in the case in which an authority

(ⅰ) provides a *financial contribution*,
(ⅱ) provides any form of income or price support within the meaning of Article XVI of the GATT 1994, or
(ⅲ) makes a payment to a funding mechanism to provide a financial contribution, or *entrusts or directs* a private entity to make a financial contribution, if providing the contribution would normally be vested in the government and the practice does not differ in substance from practices normally followed by governments, to a person and a benefit is thereby conferred(이탤릭체; 필자 강조).

13) 미국의 행정조치 시행지침[Statement of Administrative Action accompanying the Uruguay Round Agreements Act('SAA'), H.R. 5110, H.R. Doc. 316, Vol. 1, 103d Cong., 2d Sess]은 '지침(statement)'이라는 그 명칭에서 나타나는 의미와는 달리 WTO 협정 및 이를 이행하는 우루과이 라운드 이행법[Uruguay Round Agreements Act ('URAA')] 관련 규정의 의미 및 시행 방침에 관한 미국 정부와 의회의 유권적 해석을 포함하고 있다. 따라서 보조금 협정 관련 내용을 포함, URAA의 모든 측면에 있어서 미국 행정부에 대하여 사실상의 구속력이 있다. 19 U.S.C. Sec. 3512(d) 참조.
14) SAA, pp.926~927 참조.
15) *Id.*, pp.925~926 참조.

'위임 및 지시' 규정의 광범위한 적용을 예정하고 있는 미국 정부의 이러한 입장은 URAA 및 SAA를 구체적으로 이행하는 미국 상무부령에도 다시 언급되어 있으며,16) 미국 연방무역법원(United States Court of International Trade)에 의해서도 거듭 확인되고 있다.17)

나아가 위임·지시 보조금에 관한 미국 상무부의 기본 입장은 1998년에 발표된「상계관세 조사 규정 공포문」에서 자세히 살펴볼 수 있다. 상계관세 조사 규정 공포문은 상계관세 조사를 실제 담당하는 조사당국으로서 미국 상무부의 URAA 및 SAA에 대한 이해 및 관련 규정의 실천계획을 공식적으로 표명하고 있다는 점에서 동 공포문은 미국 정부가 위임·지시 보조금에 관하여 어떠한 입장을 취하고 있는가에 관해 중요한 시사점을 제공하여 준다.18)

상계관세 조사 규정 공포문은 상계관세 조사와 관련된 제반 규정 도입 과정에서 미국 내 이해관계 그룹별로 다양한 의견 개진이 있었음을 보여 주고 있다. 특히 위임·지시 보조금 규정은 많은 이해 관계자들의 관심을 끌었으며 동 조항의 의미와 적용 범위에 관해 다양한 의견이 제출되었고 광범위한 토론이 이루어 졌다.19) 미국 상무부는 위임·지시 보조금의 결

---

16) United States Department of Commerce, *Countervailing Duties: Final Rule*, 63 Fed. Reg. 65,348 (November 25, 1998, "미국 상무부 상계관세 조사규정 최종 공포문"), pp.65,349 참조. 미국 연방 관보에 포함된 동 문건은 미국 상무부가 상계관세 조사에 관한 세부 규정을 채택하며 각 규정의 취지와 해석의 기본 방침을 공표한 것으로 미국 상무부의 상계관세 조사 방법론을 구체적으로 검토하는데 있어 중요한 지위를 차지하고 있다.
17) United States Court of International Trade, *Hynix Semiconductor, Inc., v. United States*, Slip Op. 105-106, Court No. 03-00651 (August 26, 2005, 'Hynix v. United States'), pp.18~19 참조.
18) 미국 상무부 상계관세 조사규정 최종 공포문, *supra* note 16, p.65,348 참조(Summary 및 Background 부분 참조).
19) 위임·지시 보조금 문제에 관한 다양한 의견 개진에 관하여는 *Id.*, pp.65,349~65,351 참조. 이 문제가 미국 상무부 상계관세 조사규정 도입을 위한 청문회 과정에서 폭넓게 다루어진 문제 중 하나였음을 미국 상무부도 인정하고 있다. *Id.*, p.65,349 참조.

정은 기본적으로 사안별로(case-by-case) 결정되는 것이 속성임을 강조하고 있다.20) 의견 수렴과정에서 제출된 이해 관계자들의 의견을 검토하는 과정에서 미국 상무부는 이 문제에 관한 구체적 기준을 수립해야 한다는 제안을 명시적으로 거부하며, '위임 및 지시'는 광범위한 의미를 내포하고 있으며 따라서 이를 사안별로, 그러나 적극적(vigorously)으로 조사, 판단할 것임을 천명하였다.21) 그리고 구체적 기준이 제시되지 않더라도 최소한 기존의 위임·지시 보조금 조사 사건에서 채택된 기준보다 완화된 기준을 적용하지는 않을 것임을 지적하며 아울러 그러한 선례로서 한국산 철강제품에 대한 상계관세 조사 사례를 언급한 바 있다.22) 따라서 이러한 입안 과정을 거쳐 채택된 미국 상무부령에는 상세한 세부 규정을 두고 있는 여타 형태의 보조금과는 달리 위임·지시 보조금 관련한 구체적 규정은 존재하지 않는다.23) 상세한 규정에 얽매이기보다는 사안별로 이 문제

---

20) Id.
21) 이와 관련 상계관세 조사규정 공포문에서 미국 상무부는 다음과 같이 언급하고 있다.

> As the extensive comments on this issue indicate, the phrase "entrusts or directs" could encompass a broad range of meanings. As such, we do not believe it is appropriate to develop a precise definition of the phrase for purposes of these regulations. Rather, we believe that we should follow the guidance provided in the SAA to examine indirect subsidies on a case-by-case basis. We will, however, enforce this provision vigorously. Id., p.65,349.

이와 같이 SAA가 '위임 및 지시' 규정을 광범위하게 해석할 것을 요구하고 있다는 점은 최근의 상계관세 조사 사건에서도 미국 상무부에 의하여 거듭 언급되고 있다. 미국 상무부 캐나다산 밀 상계관세 조사 최종판정, 제2장 제2절 각주 1, Comment 3 참조.
22) 미국 상무부 상계관세 조사규정 최종 공포문, *supra* note 16, p.65,349 참조.
23) 미국 상무부 규정에는 자금제공(grant provision), 세금감면(tax reduction and exemption), 주식매입(equity purchase) 등의 직접 보조금에 대해서는 상세한 규정을 두고 있음에 반하여 간접 보조금 관련 조항은 '수출품 생산과 관련된 원자재에 대한 가격 특혜 정책(price preferences for inputs used in the production of goods for export)'과 '원자재 보조금(upstream subsidies)' 두 가지 사항에 관해서만 규정을 두고 있다. 따라서 위임·지시 보조금에 관한 직접적인 규정을 두고 있지는 않다. 19 C.F.R Part

에 접근하고자 하는 미국 상무부의 기본 입장이 반영된 것이라고 하겠다.

즉, 위임·지시 보조금과 관련한 미국의 입장은 구체적 기준의 제시를 지양하고 사안별로 이를 검토하여 다양한 '위장된' 보조금 조치를 효과적으로 징계하기 위해 조사당국의 재량권을 최대한 보장하고자 하는 것으로 요약할 수 있겠다. 그러나 이러한 미국의 입장은 '위장된' 보조금에 대한 효과적 대응을 가능하게 하는 반면 자의적인 보조금 판정의 위험성도 아울러 내포하고 있는 것으로 보인다. 나아가 미국이 환경, 노동, 경쟁 기준 등 다양한 '공정경쟁규범'을 근거로 한 무역 규제를 국제 기준 수립에 상관없이 자국의 국내법에 따라 일방적으로 시행하고자 도모하고 있다는 점을 고려하면,[24] 향후에도 간접 보조금과 연관된 미국과 교역 상대국간 통상 분쟁도 지속적으로 증가할 것이라고 판단된다. 일반적인 간접 보조금과 상이한 측면을 보유하고 있기는 하나 위임·지시 보조금도 일국의 경제, 금융, 산업 정책의 다양한 측면과 직·간접적으로 연관된다는 점에서 향후 미국과 교역 상대국간 '위임 및 지시' 보조금 분쟁의 증가도 충분히 예측가능하다고 할 것이다.[25]

II. 유럽연합

유럽연합 역시 WTO 출범 이후 보조금 협정에 의거, 보조금 및 상계관세 조사에 관한 규칙을 규정한 반보조금(anti-subsidy) 기본규칙을 채택하

351, Subpart E: Identification and Measurement of Countervailable Subsidies(미국 상무부 보조금 확인 및 경제적 혜택 계산 관련 규정) 참조.
24) 최승환, "공정성 개념이 국제통상법 발전에 미친 영향", 『서울국제법연구』 제6권 제2호 (1999), p.443 참조.
25) '위임 및 지시' 문제에 관한 미국 상무부의 가장 최근의 조사는 2003년 8월 캐나다산 밀에 대한 상계관세 조사이다. 미국 상무부 캐나다산 밀 상계관세 조사 최종 판정문, 제2장 제2절 각주 1, Comment 3 참조.

였다.26) 여기에서 유럽연합은 보조금 협정의 규정 내용을 거의 그대로 수용하고 있으며 보조금 협정의 체제와 내용을 기본적으로 따르고 있다.27)

26) 유럽연합 反보조금 기본규칙(Basic Regulation), 제2장 제3절 각주 5 ; 김준동, "WTO 뉴라운드 보조금, 상계조치 관련 논의전망 및 대응방안", *supra* 제1절 note 9, p.16 참조.
27) 유럽연합 反보조금 기본규칙에 나타난 보조금 및 상계관세 관련 규정 중 위임·지시 보조금과 관련된 부분은 다음과 같다.

Article 1: Principles

1. A countervailing duty may be imposed for the purpose of offsetting any subsidy granted, directly or indirectly, for the manufacture, export or transport of any product whose release for free circulation in the Community causes injury …

Article 2: Definition of a subsidy

A subsidy shall be deemed to exist if:

1. (a) there is a financial contribution by a government in the country of origin or export, that is to say, where:
   (i) a government practice involves a direct transfer of funds (for example grants, loans, equity infusion), potential direct transfers of funds or liabilities (for example, loan guarantees);
   (ii) government revenue that is otherwise due is forgone or not collected (for example, fiscal incentives such as tax credits); in this regard, the exemption of an exported product from duties or taxes borne by the like product when destined for domestic consumption, or the remission of such duties or taxes in amounts not in excess of those which have been accrued, shall not be deemed to be a subsidy, provided that such an exemption is granted in accordance with the provisions of Annexes I to III;
   (iii) a government provides goods or services other than general infrastructure, or purchases goods
   (iv) a government:
   —makes payments to a funding mechanism, or
   —*entrusts or directs* a private body to carry out one or more of the type of functions illustrated in points (i), (ii) and (iii) which would normally be vested in the government, and the practice, in no real sense, differs from practices normally followed by governments; or

특히 위임·지시 보조금과 관련하여서도 보조금 협정 제1.1조 (a)(1)항 (iv) 호를 사실상 반복하고 있다.28)

따라서 보조금 협정 자체에 존재하는 기본적인 문제점은 유럽연합의 반보조금 기본규칙에서도 그대로 적용된다고 할 수 있겠다. 즉, 현 기본규칙에 포함된 보조금에 관한 정의는 여전히 포괄적이며 모호하여 유럽연합 집행위원회의 자의적 해석 및 적용의 여지를 남겨놓고 있다. 이러한 점에서 그 동안 보조금 관련 통상조치와 관련, 유럽연합 집행위원회의 광범위한 재량권 행사에 대해서 때로는 비판과 논란이 행해져 온 것은 당연한 측면이 있다.29) 특히 유럽연합의 보조금 및 상계관세 조사에 있어 조사 당국의 재량권을 최대한 인정하고자 하는 경향은 "상계관세 조사에서의 보조금액 산정에 관한 가이드라인"에서도 여실히 나타나고 있다.30) 따라서 보조금 및 상계관세 관련 규정의 전반적 운용에 있어 유럽연합 역시 예측가능성, 투명성 및 법적 확실성의 제고보다는 가능한 한 광범위한 재량권을 유지하는데 우선순위를 두고 있다고 볼 수 있겠다.31) 이는 미국의 입장과 상당 부분 유사하다.

  (b) there is any form of income or price support within the meaning of Article XVI of the GATT 1994; and

 2. a benefit is thereby conferred.

28) 유럽연합 反보조금 기본규칙, 제2조 1항 (a)호 (iv) 참조.
29) 채형복, "EU 통상법상 보조금의 개념", 제2장 제1절 각주 6, pp.181~182.
30) 상계관세 조사의 보조금액 산정에 관한 가이드라인에서 유럽연합 집행위원회는 보조금에 따른 경제적 혜택의 계산에 있어 상당한 재량권을 보유하고 있다. Community Guidelines for the Calculation of the Amount of Subsidy in Countervailing Duty Investigations, OJ C 394 (17 December, 1998), p. C 394/6 참조[제시된 가이드라인은 유럽연합 집행위원회를 구속하지 않으며 특별한 사정이 존재하는 경우 가이드라인으로부터의 일탈을 허용함을 서문(introduction)에서 명문으로 규정]; 김준동, "WTO 뉴라운드 보조금, 상계조치 관련 논의전망 및 대응방안", 제2장 제1절 각주 9, pp.17~18 참조.
31) 김준동, "WTO 뉴라운드 보조금, 상계조치 관련 논의전망 및 대응방안", 제2장 제1절 각주 9, p.18 참조.

III. 일 본

일본의 불공정 무역행위 규제에 관한 기본법은「관세정률법」이다.[32] 일본은 1910년 동법을 제정한 이후 GATT 및 WTO 체제를 거치며 여러 차례 개정을 통해 반덤핑 및 상계관세 부분을 규율해 오고 있다. 상계관세 부분에서 이 규정들을 구체적으로 집행하기 위해, 일본 정부는 1994년「상계관세에 관한 내각정령」을 제정하였다.[33] 상계관세 조사에 관한 상세한 규정은 또한「상계관세 및 반덤핑 관세 관련 절차 지침 규정」에 포함되어 있다.[34]

일본은 보조금 협정의 관련 규정을 그대로 반복하고 있지는 않으나 동 협정의 관련 내용을 사실상 정리한 형태로 국내법을 채택하고 있다. 예를 들어 관세정률법 제7조 2항은 보조금에 대한 정의를 '보조금 협정 제1조상의 보조금'이라고 간략히 내리고 있다.[35] 따라서 위임·지시 보조금에 관련한 별도의 조항은 존재하지 않으며 다만 보조금 협정 제1.1조 (a)(1)항 (iv)호의 내용이 그대로 국내법에 수용되어 있다. 또한 '간접적인' 보조금

---

32) 관세정률법[법률 제54호(1910.4.5)로 제정, 법률 제22호(2005.3.31)로 최종 개정].
33) 상계관세에 관한 내각정령[相殺關稅に關する政令(Cabinet Order Relating to Countervailing Duty), 정령 제415호(1994.12.28)로 제정, 정령 제107호(2004.3.31)로 최종 개정].
34) 일본 재무성, 후생노동성, 농림수산성, 경제산업성, 국토교통성, 상계관세 및 반덤핑 관세 조사 절차 관련 가이드라인[相殺關稅及び不当廉賣關稅に關する手續等についてガイドライン(The Guidelines for Procedures relating to Countervailing and Anti-Dumping Duties)](최종개정, 2004.3.31), G/ADP/N/1/JPN/2/Suppl.2 ; G/SCM/N/1/JPN/2/Suppl.2 (21 November 1997) 참조.
35) 관세정률법 제7조 2항 참조. 동 조항은 다음과 같이 규정하고 있다.
   이 조에서 말하는 '보조금'이란 보조금 협정 제1조에서 규정하고 있는 보조금 중에서 WTO 협정 부속서 1A에 포함된 농업 협정 제13조의 규정 및 보조금 협정 제8.1조 및 8.2조의 규정에 의해 상계관세 부과의 대상이 되지 않는 조치를 제외한 여타의 조치를 말한다.

교부의 경우도 상계관세 부과의 근거로 허용하고 있는 관세정률법 제7조 1항의 존재로 위임·지시 보조금의 경우도 여기에 포함되는 것으로 새길 수 있을 것이다.36) 나아가 「상계관세 및 반덤핑관세 절차 관련 지침 규정」 제13조에서 '수출국 정부'의 정의에 수출국 정부로부터 '위임 및 지시'를 받은 수출국의 민간주체도 포함시킴으로써 '위임 및 지시' 문제의 해결을 시도하고 있다.37) 그러나 일본 국내법에도 '위임 및 지시'의 구체적 의미와 적용 범위에 관한 구체적 규정은 부재한 실정이다. 일본의 경우도 역시 일반적인 간접 보조금 또는 위임·지시 보조금 조사는 사안별로 탄력적인 운영을 그 골격으로 하고 있음을 알 수 있다.38)

---

36) 한편 관세정률법 제7조 1항은 다음과 같이 규정하고 있다.

외국에서 생산 혹은 수출과 관련하여 *직접* 혹은 *간접*으로 보조금의 교부를 받은 화물의 수입이 국내산업에 실질적인 손해를 입히거나 혹은 입힐 우려가 있는 경우에 있어 해당 국내산업의 보호 필요성이 인정될 경우에는 해당 보조금의 금액 범위 내에서 상계관세를 부과하는 것이 가능하다(이탤릭체; 필자 강조).

37) 상계관세 및 반덤핑관세 조사 절차 관련 가이드라인, *supra* note 34, 제13항[상계관세의 대상이 되는 보조금액의 산정 방법(보조금 협정 제14조)] 참조. 동 항은 '수출국 정부'의 정의에 관하여 각주에서 다음과 같이 규정하고 있다.

(注) 「해당 수출국 정부」에는 다음의 것을 포함.
 i) 해당 수출국 내의 공적 기관
 ii) 통상 해당 수출국 정부에 속하는 자금적 공헌을 수행하는 기관 또는 해당 수출국 정부가 통상 취하는 조치와 실질상 다르지 않은 조치를 취하는 것을 해당 수출국 정부로부터 *위탁* 또는 *지시*받은 민간단체 (이탤릭체; 필자 강조)

따라서 일본 정부는 '위임 및 지시'를 받은 민간주체가 정부와 동일시하여 취급할 것임을 예정하고 있음을 알 수 있다.

38) 일본의 경우 현재 진행되고 있는 한국산 반도체 상계관세 조사가 보조금 및 상계관세 부분에서 일본 정부가 실시하는 최초의 조사이다. 이 분야에 관한 세부적인 규정과 관행이 축적된 미국 및 유럽연합의 경우와 비교하여 일본의 경우 기본적인 규정과 관행의 부재로 인해 현재 보조금 조사 진행과정에서 피조사국인 한국 정부와 기업으로부터 반발을 초래하고 있다. 한국 측은 일본 국내법상 절차의 미흡과 혼란은 한국 측의 방어권 행사에 대한 중요한 제약으로 작용하고 있음을 주장하고 있다. 대한민국산 **DRAM**에 대한 관세정률법 제7조 제6항에서 규정하는 조사(2004년 8월

IV. 중 국

중국의 불공정 무역행위 규제에 관한 기본법은「대외무역법」[39]과 이 법에 의거하여 채택된「반보조조례」이다.[40] 2001년 WTO 가입 이후 중국 정부의 대규모 개정 작업을 거쳐 이 법령들은 현재 보조금 협정을 대부분 반복하고 있다. 보조금 및 상계관세 조사와 관련, 중국 대외무역법은 제43조에서 '수출국에 의해 모든 형태의 특정한 보조금을 직·간접적으로 받은 수입품'에 대해 일정 요건하에 상계조치를 취할 수 있다는 상계조치의 근거조항을 규정하고 있다[41] 이를 근거로 반보조조례는 제3조에서 이러한 상계조치의 근거를 확인하면서 "보조금이란 수출국 정부나 공

4일자 재무성고시 제352호)에 관련된 최종결정의 기초가 되는 중요한 사실에 대한 한국 정부의 반론문 (2005.11.21, "일본 반도체 상계관세 조사 한국 정부 반론문"), pp.2∼10 참조.
39) 중화인민공화국대외무역법(Foreign Trade Law of the People's Republic of China)은 1994년 6월 1일에 제정된 이후 2004년 7월 1일자로 개정되었다. 상계관세에 관한 부분은 이 법 제37조부터 50조까지 규정되어 있다. People's Republic of China, *Notification of Laws and Regulations under Article 32.6 of the SCM Agreement*, G/SCM/N/1/CHN/1/Suppl. (1 December 2004, "중국 대외무역법 WTO 통보"), p.2.
40) 중화인민공화국반보조조례(Anti-subsidy Regulation of the People's Republic of China)는 2001년 11월 26일 중화인민공화국 국무원령 제329호로 공포된 후 2004년 3월 31일 국무원 결정으로 개정되었다. People's Republic of China, *Notification of Laws and Regulations under Article 32.6 of the SCM Agreement*, G/SCM/N/1/CHN/1/ Suppl.3 (20 October 2004, "중국 반보조조례 WTO 통보").
41) 중국 대외무역법 제43조는 다음과 같이 규정하고 있다.

Where the imports are benefited *directly or indirectly* from specific subsidies granted in any kind by the exporting countries or regions, causing or threatening to cause material injury to the established domestic industries, or materially impeding the establishment of the domestic industries, the State may take countervailing measures to eliminate or mitigate such injury, threat of injury or impediment(이탤릭체; 필자 강조). 중국 대외무역법 WTO 통보, p.10.

공기관에 의해 제공되고 수여자에게 이익이 부여된 재정적 기여 또는 모든 형태의 소득이나 가격지지를 말한다"고 정의하며 다음과 같은 네 가지 형태의 정부에 의한 재정적 기여를 나열하고 있다. 첫 번째, 수출국(지역) 정부가 자금 배당, 대금, 자본 주입 등의 형식으로 자금을 직접 제공하거나 또는 대금 담보 등의 형식을 통해 잠재적으로 자금 또는 채무를 직접 양도하는 경우, 두 번째, 수출국(지역) 정부가 부과하여야 할 세금을 부과하지 않거나 면제해 주는 경우, 세 번째, 수출국(지역) 정부가 일반 기반시설을 제외한 상품이나 서비스를 제공해주거나 또는 상품을 구입해주는 경우, 네 번째, 수출국(지역) 정부가 자금조달체제에 자금을 지불하는 경우, 다섯 번째, 수출국(지역) 정부가 민간기구에 위임 또는 명령하여 이상의 직능을 수행하도록 하는 경우를 나열하고 있다.[42] 이는 보조금 협정상의 정의와 거의 동일하다.

---

42) 중국 반보조조례 제3조는 다음과 같이 규정하고 있다.

The term "subsidy" means a financial contribution or any form of income or price support which is provided by the government or any public body of an exporting country (region) and which will benefit the recipients.

The government or any public body of an exporting country (region) is hereinafter collectively referred to as the government of an exporting country (region).

The term "financial contribution" in Paragraph 1 of this Article shall include:

(1) the government of an exporting country (region) directly provides funds in the form of grants, loans, or equity infusion, etc., or potentially directly transfers funds or liabilities in the form of loan guarantees or otherwise;

(2) the government of an exporting country (region) forgoes or does not collect revenue that is otherwise due;

(3) the government of an exporting country (region) provides goods or services other than general infrastructure, or purchases goods; and

(4) the government of an exporting country (region) carries out the above-mentioned functions by making payments to a funding mechanism, or *entrusts or directs* a private body to carry out the above-mentioned functions (이탤릭체 ; 필자 강조). 중국 반보조조례 WTO 통보, p.2.

중국의 경우도 이러한 원칙적 규정 이외에 위임·지시 보조금의 구체적인 의미 및 적용 범위에 관한 규정은 부재한 상황이다. 향후 위임·지시 보조금 문제와 관련하여 중국과의 통상 분쟁의 개연성이 높다는 측면을 고려한다면, 이 분야에 관한 중국의 입장은 주목을 요한다.

V. 한 국

우리나라의 경우 무역구제 제도에 관한 기본적인 법적 근거는 불공정무역행위 조사 및 산업피해 구제에 관한 법률(「산업피해구제법」)이 규정하고 있다.[43] 그러나 동법 제4장의 반덤핑 및 상계관세 부문은 관세법이 정하는 바에 따르도록 하고 있어, 무역구제에 관한 실제적인 규율은 관세법에 포괄적으로 위임되어 있다. 우리나라의 경우에도 일본과 유사하게 보조금 협정의 내용을 그대로 반복하고 있지는 않으나 동 내용을 간략히 정리하여 수용하고 있는 형태를 취하고 있다.

먼저 산업피해구제법 제2조에서 보조금의 정의는 관세법에 규정된 그것을 따르도록 하고 있으며[44] 관세법 시행령과 시행규칙은 이에 관하여

---

43) 법률 제6417호(2001.2.3 공포, 2001.5.4 발효).
44) 불공정무역행위조사및산업피해구제에관한법률 제2조는 다음과 같이 규정하고 있다.
    제2조(정의) 이 법에서 사용하는 용어의 정의는 다음과 같다.
      4. '보조금 등'이라 함은 관세법 제57조의 규정에 의한 보조금 또는 장려금을 말한다.
  한편 관세법은 제2관(상계관세), 제57조에서 다음과 같이 규정하고 있다.
    제2관 상계관세
    제57조(상계관세의 부과대상) : 국내산업에 이해관계가 있는 자 또는 주무부 장관의 부과요청이 있는 경우로서 외국에서 제조, 생산 또는 수출에 관하여 *직접 또는 간접*으로 보조금 또는 장려금(이하 '보조금 등'이라 한다)을 받은 물품의 수입으로 인하여 [실질적 피해의 존재가] 조사를 통하여 확인되고, 당해 국내산업을 보호할 필요가 있다고 인정되는 때에는 재정경제부령으로 당해 물품에 대하

보다 상세한 규정을 도입하고 있다.45) 우리 국내법에서도 '간접적인' 보조금 지급 일반에 대한 규정만이 존재할 뿐이고 위임·지시 보조금 규제를 위한 상세 규정은 역시 존재하지 않는다. 이러한 사실은 우리나라의 경우에도 간접적인 보조금 지급의 혐의가 있는 경우 이를 사안별로 판단하여 조사를 진행할 것을 예정하고 있음을 알 수 있다.

이상의 주요국의 국내법 검토에서 알 수 있다시피, 대부분의 국가는 간접 보조금문에 일반에 관한 상세한 규정을 두고 있지 않으며 마찬가지로 위임·지시 보조금에 관해서도 자세한 규정을 두고 있지 아니하다. 동 문제에 대한 국제적 합의가 여의치 않다는 점, 보조금 협정 자체가 애매모호한 표현을 채택하고 있다는 점, 그리고 사안별 접근의 실익이 있다는 점을 고려하면 위임·지시 보조금과 관련된 각국 국내법의 이러한 태도는 이해할 수 있는 측면도 없지 않다. 그러나 이러한 각국 국내법의 태도는 결국 위임·지시 보조금의 확인 및 상계관세 부과시 각국의 조사당국

여 [보조금이 존재하는 범위 내에서 상계관세]를 부과할 수 있다(이탤릭체; 필자 강조).

45) 관세법 시행령 제72조는 다음과 같이 규정하고 있다.

　제72조 (보조금등)

　① 법 제57조의 규정에 의한 보조금 등은 *정부·공공기관* 등의 재정지원에 의한 혜택 중 특정성이 있는 것을 말한다(이탤릭체; 필자 강조).

한편 시행규칙 제21조의 규정은 다음과 같다.

　제21조 (보조금 등의 범위)

　③ 영 제72조 제3항의 규정에 의하여 보조금 등의 금액을 산정함에 있어서는 다음 각 호의 기준에 의한다. 1. 지분참여의 경우 : 당해 지분참여와 통상적인 투자와의 차이에 의하여 발생하는 금액 상당액, 2. 대출의 경우 : 당해 대출금리에 의하여 지불하는 금액과 시장금리에 의하여 지불하는 금액과의 차액 상당액, 3. 대출보증의 경우 : 당해 대출에 대하여 지불하는 금액과 대출보증이 없을 경우 비교가능한 상업적 차입에 대하여 지불하여야 하는 금액과의 차액 상당액, 4. 재화·용역의 공급 또는 구매의 경우 : 당해 가격과 시장가격과의 차이에 의하여 발생하는 금액 상당액, 5. *기타 국제협약에서 인정하고 있는 기준*에 의한 금액(이탤릭체; 필자 강조).

이 광범위한 재량권을 행사하여 사안별로 융통성 있게 검토할 것임을 선언하고 있다고 할 수 있겠다. 이러한 입장은 조사당국이 합리적인 조사를 진행할 경우, 구체적 사안에서 가장 타당한 결론을 도출할 수도 있는 반면 한편으로는 조사당국이 자국 시장 보호를 위한 부당한 수입규제를 시도하고자 할 경우 이를 위한 도구로 사용될 가능성도 농후하다.

이 분야에 있어 WTO 분쟁해결기구가 신뢰할 만한 선례를 제공하고 있다면 보조금 협정 조항의 모호성에도 불구하고 각국 조사당국의 위임·지시 보조금 조사 및 상계관세 부과에 관하여 적절한 통제가 가능할 것이다. 그러나 현재 이러한 선례는 부재한 상황이고 각국의 조사당국은 사실상 광범위한 재량권을 보장받고 있다. 이에 따라 각국 조사당국의 자의적인 위임·지시 보조금 조사 및 상계관세 부과의 가능성은 앞으로도 더욱 높아질 것이며 이를 둘러싼 국가 간 분쟁도 증가할 것이다.

이러한 상황에서 보조금 협정상 위임·지시 보조금 관련 조항의 정확한 의미를 도출하기 위해서는 출발점으로 돌아가 동 조항에 대한 "1969년 조약법에 관한 비엔나 협약[(1969 Vienna Convention on the Law of Treaties ('비엔나 협약')]"에 규정된 조약의 해석 원칙에 따른 면밀한 고찰이 필요하다고 하겠다. 앞으로 적절한 절차를 거쳐 보조금 협정 개정이 이루어지지 않는 한 현 보조금 협정에 나타난 위임·지시 보조금 조항이 동 문제의 규율을 위한 유일한 국제 규범이므로 이를 토대로 그 법적 의미에 관한 올바른 고찰과 이러한 고찰에 기초한 정확한 적용 범위의 도출이 필요하다고 하겠다.

제3장 위임 및 지시의 법적 의미

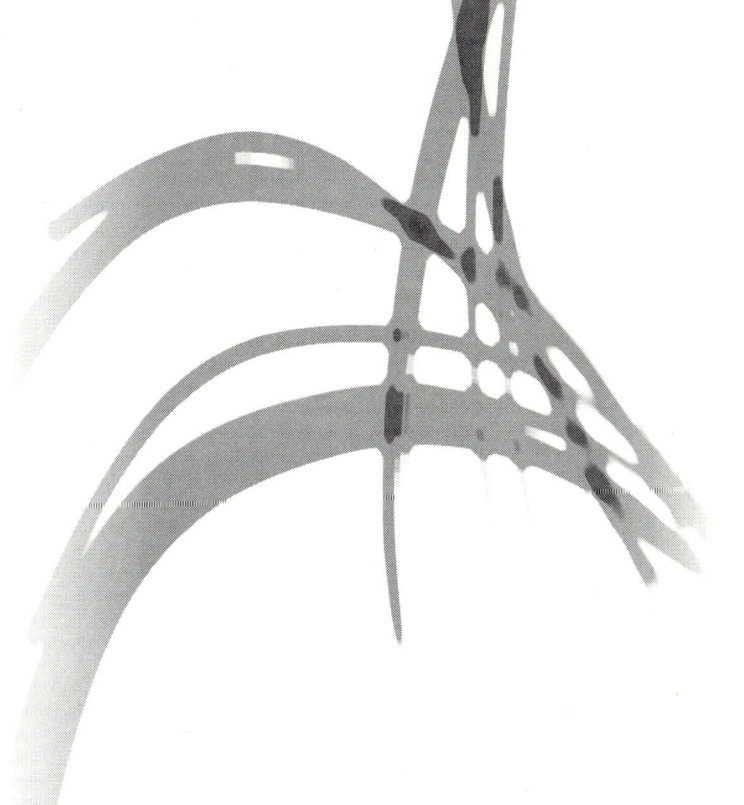

간접 보조금 일반과 달리 위임·지시 보조금은 현 상황에서 그 법적 의미의 구체화 작업이 가능하다. 보조금 협정에 명문의 조항이 존재할 뿐 아니라 WTO 패널 및 항소기구가 이 분야에 관한 선례를 제공하여 이에 대한 분석과 논의가 가능하기 때문이다. 그 논의의 출발점은 '위임 및 지시'의 성립요건을 규정하고 있는 보조금 협정 제1.1조 (a)(1)항 (iv)호에 대해 조약 해석에 관한 국제법상 기본 원칙을 적용하여 그 결과를 검토하는 것이다. 따라서 본 장에서는 조약 해석에 관한 국제법상 기본 원칙을 포함하고 있는 비엔나 협약 제31조 및 제32조에 따른 해석 원칙에 따라 보조금 협정상 '위임 및 지시' 조항을 해석하여 그 법적 의미와 적용범위를 도출하고자 한다.

제1절 국제법상 조약 해석의 기본원칙

언어는 그 자체에 애매성과 모호성을 내포하고 있다.[1] 일반적인 용어사용을 통한 규범의 제시라는 '법'의 내재적 속성상 구체적 사안에 있어 그 적용의 당위성 및 범위를 둘러싼 불확실성은 항상 존재한다.[2] 구체적 사안에 있어 관련된 법의 적용 여부 및 범위는 결국 해당 법의 해석 문제로 귀결되므로 정당한 또는 합리적인 해석은 법의 운용에 있어 가장 중요한 요소라고 할 수 있다. 어떠한 해석 방법을 채택하더라도 관련 법의 불확실성을 완전히 제거할 수는 없을 것이나 적어도 그 불확실성을 최소화할 수는 있을 것이다.[3]

이 점에 있어서는 국제법도 예외가 아니다. 모든 언어에 존재하는 내재적인 모호성으로 인해 언어를 매개로 표현되는 국제법상 조약 역시 모호성과 이에 따른 불확실성을 항상 내포하고 있다.[4] 다만 합리적인 해석을 통해 당사국의 의사를 구체화·명확화함으로서 모호성과 불확실성을 줄여나갈 수 있을 것이다. 따라서 조약의 해석 문제는 국제법상 조약이 구체적으로 기능하기 위한 핵심적 요소이다.[5]

---

[1] Irving M. Copi, 민찬홍 譯, 『논리학 입문(Introduction to Logic)』, 이론과 실천 (1988), pp.158~162 참조.
[2] H. L. A. Hart, The Concept of Law, Oxford University Press, 2nd ed. (1994), pp.126, 204 참조.
[3] Id.
[4] 이한기, 『국제법 강의』 신정판, 박영사 (2004), p.497 ; 김정건, 『국제법』 전정증보판, 박영사 (1998), p.508 참조.
[5] 이한기, 『국제법 강의』, supra note 4, p.523 참조.

I. 비엔나 협약 제31조상 조약 해석 기본원칙

비엔나 협약 제31조는 조약 해석의 기본원칙과 관련하여 다음과 같이 규정하고 있다.

제31조 (해석의 일반규칙)
1. 조약은 조약문의 문맥 및 조약의 대상과 목적으로 보아 그 조약의 문언에 부여되는 통상적 의미에 따라 성실하게 해석되어야 한다.
2. 조약의 해석 목적상 문맥은 조약의 전문 및 부속서를 포함하는 조약문과 함께 다음의 것을 포함한다.
   (a) 조약의 체결과 관련하여 모든 당사국 간 이루어진 그 조약에 관한 합의
   (b) 조약의 체결과 관련하여 일방 또는 다수 당사국에 의해 작성되고 또한 다른 당사국에 의해 그 조약에 관련되는 것으로 수락된 문서
3. 문맥과 함께 다음의 것이 참작되어야 한다.
   (a) 조약의 해석 또는 그 조약규정의 적용에 관한 당사국 간 추후 합의
   (b) 조약의 해석에 관한 당사국 간 합의를 확정하는 동 조약 적용에 있어서의 추후 관행
   (c) 당사국 간 관계에 적용될 수 있는 국제법의 관련규칙
4. 당사국이 특별한 의미를 특정용어에 부여하기로 의도하였음이 확정되는 경우, 그러한 의미가 부여된다.[6]

---

[6] 비엔나 협약 제31조의 원문은 다음과 같다.

    Article 31(General rule of interpretation)
1. A treaty shall be interpreted in good faith in accordance with the ordinary meaning to be given to the terms of the treaty in their context and in the light of its object and purpose.
2. The context for the purpose of the interpretation of a treaty shall comprise, in addition to the text, including its preamble and annexes:
   (a) any agreement relating to the treaty which was made between all the parties in connection with the conclusion of the treaty;
   (b) any instrument which was made by one or more parties in connection

비엔나 협약상 조약 해석의 기본원칙은 조약법에 관한 기존의 국제관습법을 법전화하였으며 또한 동 협약에 새로이 포함된 내용도 이후 국제사회의 광범위한 수용으로 인하여 국제관습법의 지위를 얻게 되었다. 따라서 동 협약에 포함된 해석 원칙은 비단 동 협약 당사국에 대하여 법적 의무를 부과할 뿐 아니라 협약 비당사국에 대해서도 국제관습법을 통해 동일한 의무를 부과하고 있다. 따라서 비엔나 협약 제31조에 나타난 조약 해석 원칙은 조약 해석에 관한 국제법의 기본원칙이라고 할 수 있다.

동 협약 제31조의 규정을 정리하면 조약 해석의 일반원칙으로서 동 조항은 문언적 해석(literal or grammatical interpretation), 문맥적 해석(contextual interpretation), 목적론적 해석(teleological interpretation)에 기초한 통상적 의미에 따른 해석을 제시하고 있다.[7] 또한 비엔나 협약 제31조에는 명시적으로 규정되어 있지 않으나 효과적 해석(effective interpretation)도 동 조항의 해석 및 적용에 묵시적으로 포함되는 것으로 인정되고 있다. 여기서 주목할 것은 이러한 해석 원칙 중 하나의 원칙이 다른 원칙에 우선하거나 또는 하나의 해석 원칙이 다른 해석 원칙을 배척하는 것은 아니라는 점이다.[8] 즉, 조약문의 해석에는 문언적 해석, 문맥을 고려한 해석, 대상과 목

---

with the conclusion of the treaty and accepted by the other parties as an instrument related to the treaty.

3. There shall be taken into account, together with the context:

    (a) any subsequent agreement between the parties regarding the interpretation of the treaty or the application of its provisions;

    (b) any subsequent practice in the application of the treaty which establishes the agreement of the parties regarding its interpretation;

    (c) any relevant rules of international law applicable in the relations between the parties.

4. A special meaning shall be given to a term if it is established that the parties so intended.

7) 김대순, 『국제법론』 제10판, 삼영사 (2004), p.114 참조.
8) Anthony Aust, *Modern Treaty Law and Practice*, Cambridge University Press (2000), p.185 ; Ian Sinclair, *The Vienna Convention on the Law of Treaties*, Manchester

제3장 위임 및 지시의 법적 의미 73

적을 고려한 해석 및 효과적 해석이 종합적으로 고려되어야 한다.[9] 이와 관련된 국제사법재판소 법리도 특정한 원칙에만 의존하는 해석 방법을 부인하는데 기초하고 있다.[10] 비엔나 협약 제31조에 나타난 각 해석 원칙의 의미를 약술하면 다음과 같다.

우선 조약 해석은 해당 조항 용어에 부여된 통상적 의미에서 출발한다. 왜냐하면 그러한 통상적 의미가 해당 조항을 채택하는 데 있어서 당사국의 진실된 의사가 무엇인지 가장 잘 나타내고 있을 것이기 때문이다. 이러한 통상적 의미의 결정은 먼저 해당 용어의 문언적 의미를 파악하고[11] 해당 용어가 포함된 조항 및 조약의 대상(object)과 목적(purpose)을 고려하며, 또한 해당 조약에 포함된 여타 관련 조항의 문맥(context)의 종합적 검토를 통하여 이루어진다.[12]

먼저 문언적 의미의 파악은 해당 용어의 사전적 의미의 확인에서 출발한다. 사전적 의미의 파악은 문제가 된 용어가 일반적으로 어떠한 의미로 또는 어떠한 용례로 사용되는지에 대한 고찰이다. 다음으로 문맥을 고려한 해석은 전문과 부속서를 포함한 해당 조약의 여타 조항에 대한 검토를 통해 조약의 전체적 맥락을 파악함으로써 해석 대상인 조항 및 용어에 부여될 타당한 의미를 확인하고자 하는 작업이다. 조약에 포함된 여타 조항 이외 조약의 체결과 관련하여 당사국간 합의를 포함하는 문서가 있는 경

University Press, 2nd ed. (1984), p.115 참조.
9) *Id.*
10) Anthony Aust, *Modern Treaty Law and Practice, supra* note 8, p.185 참조.
11) 체약 당사국들이 진정으로 의도한 바는 조약문 자체에 표현되어 있는 것으로 간주되어야 하므로 조약 해석의 출발점은 이러한 조약문의 문언적 의미를 밝히는 것이다. *Yearbook of the International Law Commission* (1966), Vol. II, p.220 참조.
12) 비엔나 협약 제31조 ; Jimenez de Arechaga, *International Law in the Past Third of a Century,* International Law: Cases and Materials, Louis Henkin et. al. ed. West Publishing Co., 3rd. ed. (1993)에 포함, pp.476~477 ; T. O. Elias, *The Modern Law of Treaties,* Oceana Publications, Inc. (1974), p.73 ; *Japan-Alcoholic Beverages II (AB),* pp.10~12 참조.

우 그러한 문서도 역시 문맥의 고찰에서 고려된다. 다음으로 조약의 대상과 목적을 고려한 해석은 간단히 말하면 '조약문에 기초한 당사국의 공통의 의사(common intentions of the parties)'를 확인하는 작업이다.13)

나아가 문맥과 함께 당사국간 추후 합의와 관행이 존재하는 경우 또는 해석하고자 하는 용어와 연관되는 국제법규가 존재하는 경우 이들도 각각 고려되어야 한다. 또한 당사국 간 특정한 용어에 대하여 특별한 의미를 부여하기로 합의한 경우에는 그러한 특별한 의미가 적용되게 된다. 즉, 해당 용어의 분명한 통상적 의미에도 불구하고 당사자들이 특별한 의미 부여에 합의한 경우 이에 따르는 것이며, 특별한 의미의 입증책임은 그것을 원용하는 당사자에게 있다.

또한 조약 해석에 있어 반드시 고려되어야 할 해석 원칙은 善意 해석이다. 선의 해석의 원칙은 사실 조약 해석의 기본 원칙인 "약속은 지켜져야 한다(pacta sunt servanda)"는 명제에 기초하고 있다.14) 조약 해석은 조약 이행의 핵심적 부분이며 조약 관련 요소를 설명하는 과정이므로 신의성실하게 해석되어야만 한다. 이 원칙의 구체적 적용은 조약의 해석은 명백히 부조리하거나 비합리적인 결론을 이끌어 내는 방향으로 이루어져서는 안 된다는 것으로 나타난다.15) 이러한 선의 해석 원칙은 WTO 항소기구에 의해서도 거듭 확인되고 있다. 항소기구는 선의 해석 원칙에 따른 협정의 해석은 협정 해석자의 임무를 통지하여 주는 것으로 모든 당사국들은 협정을 신의성실하게 이행하여야 한다고 지적하였으며16) 이를 법의

---

13) Ian Sinclair, *The Vienna Convention on the Law of Treaties*, supra note 8, p.130 참조.
14) *Id.* pp.119, 187 참조. 역시 비엔나 협약 제26조는 다음과 같이 "Pacta Sunt Servanda" 원칙을 규정하고 있다.

　　Article 26: *Pacta Sunt Servanda*

　　Every treaty in force is binding upon the parties to it and must be performed by them in good faith.

15) Ian Sinclair, *The Vienna Convention on the Law of Treaties*, supra note 8, p.120 참조.
16) *United States-Continued Dumping and Subsidy Offset Act of 2000*, WT/DS217, 234/

일반 원칙 및 국제법의 일반 원칙으로 파악하였다.[17] 항소기구는 또한 선의 해석 원칙은 반덤핑 협정 등 여타 부속협정의 의미 확인에 지침을 제공한다고 언급하였다.[18] 항소기구의 이러한 언급은 조약 해석의 기본 원칙인 선의 해석 원칙은 WTO 협정의 해석에 있어서도 기본 원칙으로 작용하고 있음을 확인하고 있다.

나아가 비엔나 협약 제31조상 조약 해석의 일반 원칙에 의하더라도 해석이 모호해지거나 애매하게 되는 경우, 또는 명백히 불투명하거나 불합리한 결과 등을 초래하는 경우에는 그 의미를 명확히 하기 위한 '보충적 수단'으로서 조약의 교섭기록 및 그 체결 시의 정황을 포함한 제반 사정을 고려할 수 있으며 비엔나 협약 제32조는 그러한 가능성을 제시하고 있다.[19] 비엔나 협약 제32조의 보충적 수단은 오로지 제31조에 따른 해석이 불충분할 경우 적용되는 2차적 원칙이다. 가령, 보조금 협정상 '위임 및 지시' 조항의 해석에 있어서 그 추상적 성격으로 인해 통상적 의미 확인만으로는 해석이 불충분할 경우가 있을 수 있다. 그 경우에는 우루과이 라운드 교섭 당시 동 조항 도입과 관련된 문서를 검토하는 보충적 수단을 동원할 필요가 있을 것이다.

AB/R [27 January 2003, 'U.S.-Byrd Amendment(AB)'], para. 296 참조.
17) United States-Import Prohibition of Certain Shrimp and Shrimp Products, WT/DS58/AB/R [6 November 1998, 'U.S.-Shrimp(AB)'], para. 158 참조.
18) United States-Anti-Dumping Measures on Certain Hot-Rolled Steel Products from Japan, WT/DS184/AB/R [23 August 2001, 'U.S.-Hot-Rolled Steel(AB)'], para. 101 참조.
19) 동 조항은 다음과 같이 규정하고 있다.
    제32조: 해석의 보충적 수단
    제31조의 적용으로부터 도출되는 의미를 확인하기 위하여, 또는 제31조에 따라 해석할 경우 다음과 같은 상황이 초래되는 경우에 그 의미를 결정하기 위하여, 조약의 교섭기록 및 그 체결 당시의 사정을 포함한 해석의 보충적 수단에 의존할 수 있다.
    (a) 의미가 모호해지거나 또는 애매하게 되는 경우, 또는
    (b) 명백히 불투명하거나 또는 불합리한 결과를 초래하는 경우.

보조금 협정상 '위임 및 지시' 조항과 관련하여서는 먼저 당사국 간 추후의 합의나 해석이 존재하지 않으며, 이 문제를 직접 규율하기 위한 관련 국제법규도 찾아보기 힘들고, 또한 당사국 간 특별한 의미 부여를 위한 별도의 합의도 존재하지 않는다. 따라서 최소한 이러한 해석 요소는 '위임 및 지시' 조항의 해석에 있어서는 적용 가능성이 없는 것으로 판단된다. 따라서 비엔나 협약에 따른 '위임 및 지시' 조항의 해석은 기본적으로 문언적 의미, 문맥, 그리고 대상 및 목적을 고려한 통상적 의미에 따른 해석과 이를 보충하기 위한 교섭기록의 검토가 주요한 해석 수단이 될 것이다. 아래에서는 이러한 해석 원칙에 따라 '위임 및 지시' 관련 조항을 검토한다.

II. 조약 해석 기본원칙의 WTO 협정에의 적용

먼저 논의의 선결 문제로 비엔나 협약에 포함된 국제법상 조약 해석 기본원칙의 WTO 협정에의 적용문제를 검토할 필요가 있다. WTO 분쟁해결양해사항[Understanding on Rules and Procedures Governing the Settlement of Disputes('DSU')] 제3.2조는 다음과 같이 규정하고 있다.

> … 회원국은 이 제도가 부속협정에 따른 회원국의 권리와 의무를 보호하고 국제공법의 해석에 관한 관습규칙에 따라 부속협정의 현존 조항을 명확하게 하는데 기여함을 인정한다. …[20]

---

20) DSU 제3.2조의 원문은 다음과 같다.

> … The Members recognize that it serves to preserve the rights and obligations of Members under the covered agreements, and to clarify the existing provisions of those agreements *in accordance with customary rules of interpretation of public international law*. Recommendations and rulings of the DSB cannot add to or diminish the rights and obligations provided in the covered agreements(이탤릭체; 필자 강조).

즉, DSU 제3.2조는 부속협정 해석의 국제법 부합원칙을 천명하고 있는 것으로 다자간 무역체제에 법적 안정성과 예측 가능성을 부여하는 기능을 하고 있다.[21] 이에 따라 특정 분쟁을 담당하는 WTO 패널 및 항소기구는 WTO 협정을 해석함에 있어 해석에 관한 국제관습법을 따라야만 한다. 그리고 해석에 관한 국제관습법은 항소기구가 거듭 확인하고 있는 바와 같이 비엔나 협약 제31조와 제32조에서 찾을 수 있다.[22]

따라서 비엔나 협약 제31조와 제32조에 규정된 조약 해석의 기본원칙은 WTO 협정 해석에도 그대로 적용된다. 그러므로 비엔나 협약 제31조에 의거, WTO 협정 해석은 기본적으로 조약의 문맥을 고려하고 그 목적 및 대상을 고려한 통상적 의미를 확인하는 작업이다. 그리고 이를 보충하기 위하여 제32조에 규정된 바와 같이 WTO 설립을 도출한 우루과이 라운드에서의 교섭기록 등 보충적 자료를 검토하게 된다. 이러한 해석 원칙은 항소기구에 의해서도 일관되게 확인되고 있다.[23]

---

21) 최승환,『국제경제법』제2판, 법영사 (2003), p.22 ; 현 WTO 분쟁해결차의 가장 중요한 의의중 하나는 국제무역 규범의 법적 안정성 및 예측가능성의 제고와 이를 통한 국제무역체제에 대한 회원국의 신뢰의 고양이라고 할 수 있다. 최승환, "WTO 체제하의 분쟁해결절차",『국제법학회논총』제39권 제2호(통권 제76호) (1994), pp.103~106 참조.
22) *United States-Standards for Reformulated and Conventional Gasoline*, WT/DS2/AB/R [20 May 1996, 'U.S.-Gasoline(AB)'], footnote 118 ; *Japan-Alcoholic Beverages II (AB)*, pp.10-12 , *United States-Sections 301-310 of the Trade Act of 1974*, WT/DS152/R [22 December 1999, 'U.S.-Section 301(Panel)'], para. 7.21 참조.
23) 다음과 같은 항소기구의 언급은 비엔나 협약 제31조에 따른 WTO 협정 해석 원칙을 거듭 확인하고 있다.

우리는 항상 그래왔듯이 문제가 된 조항의 통상적 의미를 그 문맥을 고려하고 대상 및 목적에 비추어 파악함으로써 [제시된 조약의 해석을] 시작한다. *United States-Final Dumping Determination on Softwood Lumber from Canada*, WT/DS264/AB/R [31 August 2004, 'U.S.-Lumber AD Final(AB)'], para. 133.

이미 거듭 강조한 바와 같이, [조약 해석의 기본] 원칙은 관련된 조약의 문맥과 대상 및 목적을 고려하여 문제가 된 조약 조항에 포함된 용어의 통상적 의미를 검토할 것을 요구한다. *U.S.-Shrimp(AB)*, para. 114.

즉, 항소기구의 일관된 입장은 해석 대상 조항의 문언적 의미를 확인하는데서 먼저 출발하여,24) 동 조항 및 관련 조항의 문맥을 검토하고, 나아가 해당 조약의 대상 및 목적에 바탕을 둔 분석이 이루어 져야 한다는 것이다.25) 그리고 패널이 이러한 관련 조항의 문맥과 조약의 대상 및 목적에 기초한 해석을 실시하지 못한 경우 항소기구는 이를 패널 결정 번복의 이유로 판단하였다.26) 따라서 위임·지시 보조금을 포함하여 특정 정부 조치의 보조금 구성 여부는 보조금의 정의에 관한 유일한 규정인 보조금 협정 제1.1조 (a)(1)항의 비엔나 협약상의 원칙에 따른 해석을 통해 실시되어야 한다.27)

---

24) 비엔나 협약 제31조에 규정된 문언적 해석, 문맥적 해석, 목적론적 해석이 공히 적용되어야 하나, 실무적인 관점에서 조약 규정 해석은 일단 문언적 의미의 확인에서 출발한다는 점을 항소기구는 지적하고 있다. *Japan-Alcoholic Beverages II (AB)*, footnote 19 ; *United States-Subsidies on Upland Cotton*, WT/DS267/R [21 March 2005, 'U.S.-Cotton Subsidies(Panel)'], paras. 7.1031-7.1032 참조.

25) *Canada-Certain Measures Affecting Automotive Industry*, WT/DS139, 142/AB/R [19 June 2000, 'Canada-Auto(AB)'] 사건 결정에서 항소기구는 보조금 협정 제3.1조 (b)항의 "contingent upon the use of domestic over imported goods" 문언의 해석과 관련, 문언적 해석이 명확한 지침을 제시하지 않자 문맥에 따른 해석의 필요성을 언급하였다. *Id.* para 139 참조. 동일한 결정에서 항소기구는 또한 조약의 목적과 대상에 위배되는 해석을 또한 배척하고 있다. *Id.*, para. 142 참조[항소기구는 보조금 협정 제3.1조 (b)항의 수입대체보조금 금지규정을 오로지 법률상의(contingency in law) 수입대체 보조금의 경우로만 한정하는 것은 이 금지규정에 대한 회원국들의 회피(circumvention)를 매우 용이하게 할 것이므로 보조금 협정의 대상과 목적에 위반한다고 보아야 한다고 결정]. *United States-Subsidies on Upland Cotton*, WT/DS267/AB/R [21 March 2005, U.S.-농업협정(Agreement on Agriculture)] 제10.2조를 해석함에 있어 조항의 문언적 의미에 더하여 조항의 문맥 그리고 농업협정의 대상과 목적을 고려하여 실시된 패널의 해석을 비엔나 협약 제31조 규정에 합치하는 것으로 승인하였다. *Id.* para. 623.

26) 예를 들어 *Canada-Auto(AB)* 사건 결정에서 보조금 협정 제3.2조 (b)항의 해석을 시도한 항소기구는 보조금 협정에 포함된 관련 조항의 문맥과 보조금 협정의 대상 및 목적을 적절히 고려하지 못한 패널의 결정을 '불완전 (incomplete)'한 것으로 비판하였다. *Id.,* para. 138 참조.

27) *U.S.-Export Restraints(Panel)*, para. 8.62 참조("The legal meaning of the term "subsidy" must, however, be derived from an analysis of the text and context of Article 1 of the SCM Agreement.") (강조는 원문에 포함).

제2절 통상적 의미에 따른 해석

위임·지시 보조금의 확인에 있어 그 출발점은 WTO 설립협정 및 보조금 협정 채택에 있어 과연 WTO 회원국이 합의한 내용이 무엇인지 확인하는 작업이다. 회원국들의 합의가 존재하는 한, 그러한 합의범위 내에서 WTO는 어떠한 문제에 대해서도 권한을 행사할 수 있으며 이에 따라 WTO 분쟁해결기구도 관할권을 행사할 수 있다.[1] 그러한 합의의 존재여부 및 범위를 확인하는데 있어 그 출발점은 문제가 된 보조금 협정 관련 조항의 통상적 의미의 확인이다. 따라서 위임·지시 보조금 문제를 검토함에 있어서도 보조금 협정 제1.1조 (a)(1)항 (iv)호상의 '위임 및 지시'의 통상적 의미를 먼저 살펴보아야 한다. 아래에서는 통상적 의미 확인에 관한 비엔나 협약의 규정을 적용하여 동 조항을 분석 한다

Ⅰ. 문언적 해석

WTO 협정 조항의 통상적 의미 확인에 있어 그 출발점은 해당 문언의 사전적 의미이다.[2] 즉, 조약 해석은 당사국의 의도가 조약 문안에 그대로 반영되어 있다는 전제하에서 그 문언의 사전적 의미를 검토하는데서 출

---

1) Seung Wha Chang, *WTO Discipline on Fisheries Subsidies: A Historic Step Towards Sustainability?*, 제2장 제1절 각주 7, pp.882~912 참조.
2) 항소기구도 통상적 의미의 고찰에 있어 사전적 의미가 반드시 결정적인 유일한 준거는 아니지만 유용한 출발점(useful starting point)이라고 언급한 바 있다. *European Communities-Customs Classification of Frozen Boneless Chicken Cuts*, WT/DS269, 286/AB/R [27 September 2005, 'EC-Chicken Classification(AB)'], para. 175 참조.

발한다.3) 국제사법재판소도 비엔나 협약 제31조에 따른 조약의 해석은 그 사전적 의미에서 먼저 출발한다는 점을 밝힌 바 있다.4) 이러한 입장은 항소기구에 의해서도 일관되게 지지되고 있다.5) 따라서 보조금 협정상 '위임 및 지시' 조항의 해석도 동 조항의 사전적 의미의 고찰로부터 출발하여야 한다.

1. 문언적 의미의 고찰방법

조약의 해석에 있어 통상적 의미(ordinary meaning)를 밝히기 위한 사전적 의미란 구체적으로 무엇을 의미하는가? 이에 관하여 U.S.-DRAMs(AB) 사건의 항소심리에서 당사국 간 논쟁이 전개된 바 있다. 즉, 동 분쟁에서 한국은 그러한 의미는 그 용어의 일반적인 또는 대표적인 의미를 지칭하는 것으로 주장한 반면, 미국 및 유럽연합은 해당 용어의 사전적 정의의 총괄적 인용을 의미하는 것이라고 주장하였던 것이다. 이 문제에 관해 어떠한 입장을 취하는지가 위임·지시 보조금 분쟁의 궁극적 결과에 지대한 영향을 초래한다.

U.S.-DRAMs(AB) 분쟁에서 한국과 미국 그리고 패널과 항소기구는 '위임 및 지시(entrustment or direction)'라는 용어의 사전적 의미를 해석함에 있어 각각 서로 다른 방법을 주장 또는 채택하였다. 먼저 동 사건 패널은

---

3) Anthony Aust, *Modern Treaty Law and Practice*, 제3장 제1절 각주 8, p.187 ; *Yearbook of the International Law Commission* (1966-Ⅱ), p.220 참조.

4) *Territorial Dispute (Libyan Arab Jamahiriya/Chad), Judgment*, I.C.J. Reports (1994) pp.6~20 ; *Maritime Delimitation and Territorial Questions between Qatar and Bahrain, Jurisdiction and Admissibility*, I.C.J. Reports (1995), pp.6~18 참조.

5) 예를 들어, *U.S.-Byrd Amendment(AB)*, paras. 276, 281 ; *Japan-Alcoholic Beverage Ⅱ (AB)*, pp.17~18 ; *United States-Final Countervailing Duty Determination With Respect To Certain Softwood Lumber from Canada*, WT/DS257/R [17 February 2004, 'U.S.-Lumber CVDs Final (Panel)'], paras. 7.47, 7.51 참조.

보조금 협정상 '위임 및 지시(entrustment or direction)'의 의미를 해석함에 있어 한국의 주장과 U.S.-Export Restraints(Panel) 패널의 접근방식을 수용하며, 영어 단어 entrustment의 사전적 의미는 delegation으로 그리고 direction의 사전적 의미는 command로 각각 해석하였다. 항소기구 심리에서 미국은 이러한 패널의 접근 방식은 'entrustment or direction'의 단어에 포함될 가능성이 있는 다양한 형태의 정부 행위를 전부 포괄하지는 못한다는 이유로 패널 결정의 법적 오류를 주장하였다.6)

즉, 'entrustment or direction'의 해석을 위한 그 단어의 사전적 의미 확인과 관련하여 미국은 'entrustment or direction'을 해석함에 있어서 해당 용어의 '다양한 의미'를 '모두' 고려하여야 한다고 주장하였던 것이다. 다시 말해 패널의 결정과 같이 동 단어의 의미는 반드시 delegation 또는 command에 국한된 것이 아니라 이를 포함하여 사전에 등장하는 여타 다양한 의미를 모두 검토하여 총괄적으로 사전적 의미를 파악하여야 한다는 것이다.

이러한 맥락에서 영어 단어 'entrustment or direction'의 다양한 사전적 의미와 관련, 미국은 먼저 entrust라는 단어는 다음의 의미를 포함하고 있다고 주장하였다. "(누군가에게) 작업에 대한 책임을 부여하다 … ; (어떠한 임무의) 수행을 어떠한 사람에게 맡기다"7) 한편 미국은 'direct'의 사전적 의미와 관련하여 동 어휘는 또한 다음의 의미를 내포하고 있는 것으로 지적하였다. "어떠한 방향으로 진행하도록 하다 ; 지정된 목적지나 목표물로 향하도록 하다 ; (어떠한 작업을) 마치도록 명령하다 ; (어떠한 업무

---

6) *U.S.-DRAMs(AB)*, paras. 103-104 참조("[T]he Panel's interpretation of the terms 'entrusts' and 'directs' is erroneous because it fails to take account of the full range of government actions that fall within the ordinary meaning[s] of th[ese] term[s]").

7) 미국이 인용한 사전에 포함된 원문은 다음과 같다.

[i]nvest with a trust; give (a person, etc.) the responsibility for a task …
[c]ommit the … execution of (a task) to a person.

The New Shorter Oxford English Dictionary, Clarendon Press, 4th ed. (1993), p.831.

의) 진행을 통제하다 ; 권고를 통해 지도하다"[8] 그 다음 미국은 항소기구에 대하여 'entrustment or direction'의 해석과 관련하여 이러한 모든 사전적 의미를 동시에 고려하여야 한다고 주장하였으며 그것이 비엔나 협약상에서 규정하는 통상적 의미에 따른 해석임을 주장하였다.[9]

항소기구는 기본적으로 미국의 이러한 주장을 수용하였다. 따라서 항소기구는 패널이 entrustment를 delegation으로 그리고 direction을 command로 사실상 대치한 것은 'entrustment or direction'의 의미를 지나치게 좁게 본 것이라고 설시하였다. 항소기구는 미국이 주장하는 이 단어들의 복합적 의미를 다시 검토하여 entrustment의 경우는 '어떠한 목적을 달성하기 위하여 누군가에게 책임을 부여하는 것(the action of giving responsibility to someone for a task or object)'으로, 그리고 direction의 경우는 '누군가에 대하여 권한을 행사하는 것(exercising authority over someone)'으로 각각 그 개념을 재정립하였다.[10] 이러한 개념 재정립이 항소기구 결정의 핵심적 기초를 이루고 있다.

그러나 이와 같은 항소기구 결정에도 불구, 사전적 의미 및 그 사전적 의미에 따른 통상적 의미의 올바른 도출에 관한 의문은 여전히 남는다. 즉, 통상적 의미를 확인하기 위한 사전적 의미의 추적이 문제가 된 용어의 가장 일반적인 용례를 뜻하는 것인지 아니면 관련된 모든 형태의 다양한 용례를 전부 고려한 후 이를 새롭게 정리한 의미를 뜻하는 것인지 여부가 동 사건에서 다루어 졌음에도 이에 관한 항소기구의 설명은 불충분한 것으로

---

8) 미국이 인용한 사전의 원문은 다음과 같다.

[c]ause to move in or take a specified direction; turn towards a specified destination or target; [g]ive authoritative instructions to; to ordain, order (a person) to do, (a thing) to be done; order the performance of; and [r]egulate the course of; guide with advice.

Id., p.679.
9) U.S.-DRAMs(AB), paras. 109-110 참조.
10) Id., paras. 108-111 참조.

보인다. 결국 비엔나 협약에 포함된 '통상적 의미(ordinary meaning)'라는 용어의 통상적 의미는 무엇인지에 대한 검토가 필요한 것이다.

영어 단어 'ordinary'의 사전적 의미는 형용사로 사용되었을 경우 '보통의 (normal)', '일반적인(regular)', '평범한(common)', '수립된 원칙에 따른(according to established order)', '확립된(settled)', '관습적인(customary)', '특별하거나 구별되는 특성이 없는(with no special or distinctive features)' 등이다.11) 한편 영어 단어 'meaning'의 사전적 의미는 '단어, 문장 및 개념에 의하여 뜻하여진(what is meant by a word, text, or concept)', 또는 '행동이나 언어에 의하여 표시 되어진(what is, or is intended to be, signified or denoted by act or language)'으로 정의되어 있다.12) 결국 이를 종합적으로 고려하면 영어 문언 'ordinary meaning'의 의미는 '해당 단어의 확립된 일반적인 의미'라고 결론지을 수 있겠다. 이는 결국 해당 단어의 일반적인 활용 예를 의미하는 것으로 보는 것이 보다 정확하며, 그 단어의 다양한 활용 예를 포괄적으로 정리한 종합적 개념 도출을 의미하지는 않는다고 보아야 할 것이다. 그러한 포괄적 정리 작업이 영어 단어 'ordinary'의 의미는 아닌 것으로 보이기 때문이다. 결국 영어 단어 'ordinary meaning'의 통상적 의미는 나열된 다양한 의미 중 가장 본질적인 의미 또는 일반적인 의미로 해석되는 것이 적절하다고 판단된다. 양자간 실질적 차이가 존재하지 않는 경우도 있을 것이나 여기에서 보는 것과 같이 그 의미상 차이가 존재하는 경우도 있을 수 있다. 양자간 차이가 존재한다면 특별한 사정이 없는 한 '해당 단어의 확립된 일반적인 의미'에 기초한 통상적 의미를 따라야 할 것이다.

이러한 관점에서 살펴본다면, U.S.-DRAMs(AB) 사건의 항소기구가 'entrustment'

---

11) *Black's Law Dictionary*, West Publishing Co., 6th ed. (1990), p.1,097 ; *The New Oxford American Dictionary*, Oxford Univ. Press (2001) p.1,205 참조.
12) *Black's Law Dictionary, supra* note 11, p.980 ; *The New Oxford American Dictionary, supra* note 11, p.1,059 참조.

와 'direction'의 사전적 의미를 그 용어의 가장 일반적인 의미가 아닌 새로이 정립된 포괄적 개념으로부터 도출한 것은 비판받아야 할 것이다. *U.S.-DRAMs(AB)* 항소기구는 이 문제에 대한 심도 있는 분석이 결여된 상태에서 통상적 의미 확인을 위한 사전적 해석에 있어 광범위한 해석 원칙을 채택함에 따라 결국 위임·지시 보조금 조사에 있어 광범위한 재량권을 조사당국에 인정하는 결과를 초래하였다. 또한 '위임 및 지시'와 관련된 사전적 의미의 확대 해석 및 이에 기초한 통상적 의미의 확대 해석은 향후 보조금 협정 해석 원칙에도 혼란을 가져올 가능성이 있는 것으로 우려된다.13) 특히 '위임 및 지시'와 같이 추상적이며 모호한 내용을 포함하고 있는 규정의 해석과 관련하여서는 이러한 문제가 더욱 증폭될 것으로 판단된다.

2. 문언적 해석 원칙의 위임 및 지시 조항에의 적용

1) Entrustment or Direction의 사전적 의미

이러한 점을 고려하면 조약 해석 원칙으로서 '통상적 의미'는 문제가 된 단어의 가장 주요한 또는 가장 빈번히 활용되는 의미 및 용례라고 새기는 것이 타당하다. 아래에서는 이러한 타당한 '통상적 의미'의 개념 정립에 기초하여 '위임 및 지시'의 사전적 의미를 고찰하여 보기로 한다. 먼저 entrust에 대한 다양한 사전적 의미 중 그 핵심은 '특정인에게 특정 업무수행의 책임을 부여하는 것[give (a person, etc.) the responsibility for a task]' 또는 '특정 업무의 수행을 누군가에게 맡기는 것[commit the execution of (a task) to a person]'으로 정의할 수 있다.14) 한편 direction의 다양한

---

13) *U.S.-DRAMs(AB)*, 중국의 항소기구 제3자 참여 법률의견서(Third Party Submission), paras. 13, 14, 16, 20 참조.
14) *The New Shorter Oxford English Dictionary*, *supra* note 7, p.831 참조.

사전적 정의의 핵심은 '공식적 지시나 명령을 부과하는 것(give a formal order or command to)'으로 파악할 수 있다.[15]

'Entrustment or direction'의 사전적 의미에 대한 이러한 고찰은 다음과 같은 중요한 시사점을 제공하여 준다. 먼저 entrustment이든 direction이든 양자는 지시자・위임자로부터 피지시자・피위임자에 대한 구체적인 업무의 부과 또는 지시를 요구하고 있는 것에 주목하여야 한다. 이는 구체성을 결여한 일방의 타방에 대한 막연한 요청, 권고, 희망사항 피력 등과는 분명 구별되는 개념이다. 이러한 사전적 개념 정의에 따라 'entrustment or direction'에 관한 제1.1조 (a)(1)항 (iv)호를 해석할 경우, 정부의 '일반적'인 개입, 관여, 협의 등은 동 조항에서 의미하는 'entrustment or direction'에 해당되지 않으며, 이를 넘어서는 정부에 의한 다른 민간주체에 대한 구체적인 업무 부과 및 이행 지시가 요구되는 것으로 새겨야 할 것이다.

다음으로 반대측면에서 살펴보더라도 'entrustment or direction'의 이러한 사전적 의미에 따르면 피위임자 및 피지시자에게 궁극적 선택권이 존재하는 상황을 기본적으로 가정하는 것은 아님을 알 수 있다. 오히려 'entrustment or direction'은 지시자 및 위임자의 구체적 업무 부과 및 이행 지시에 대한 피지시자 및 피위임자의 '수동적' 순응 또는 '기계적' 이행을 내포하고 있다. 즉, 'entrustment or direction'은 지시자 및 위임자의 일방적인 과제 부여와 이에 따른 피지시자 및 피위임자의 수동적 이행을 상정하고 있는 것이며 위임자가 피위임자에 대하여 또는 지시자가 피지시자에 대하여 호의적 고려나 긍정적 검토를 요청하는 상황은 아닌 것이다. 이는 일방통행식 지시를 의미하는 것이며 의견교환이나 설득을 통해 상대방의 궁극적 선택에 영향을 미치고자 하는 상황을 의미하는 것은 아니다. 따라서 이러한 사전적 개념 정의에 따라 제1.1조 (a)(1)항 (iv)호를

---

15) *The Concise Oxford Dictionary*, Clarendon Press, 9th ed. (1995), p.990 참조.

위임·지시 보조금의 맥락에 적용할 경우, 정부 행위의 대상이 된 상대방 (즉, 피지시자 및 피위임자의 위치에 있는 시혜 민간주체)이 자신의 의사 결정에 있어 '궁극적' 선택권을 보유하였는가 하는 점이 중요한 기준이 되어야 한다.

마지막으로 'entrustment or direction'의 이러한 사전적 의미는 'entrustment or direction'의 상대방이 특정되어야 한다는 점을 아울러 보여준다. 즉, 동 어휘의 통상적 의미는 일반 대중이나 불특정 다수가 아닌 특정인 또는 특정 그룹에 대한 업무 부과 및 이행 지시를 내포하고 있는 것을 알 수 있다. 따라서 이러한 사전적 개념 정의에 따라, 제1.1조 (a)(1)항 (iv)호를 위임·지시 보조금의 맥락에 적용할 경우, 정부의 'entrustment or direction'은 그 범위가 한정될 수 있는 특정 민간주체에 대하여 이루어 진 것인가 하는 점이 또한 중요한 기준이 되어야 할 것이다. *U.S.-Export Restraints(Panel)* 및 *U.S.-DRAMs(Panel)*의 패널도 기본적으로 이와 유사한 입장을 채택하고 있다.[16]

'위임 및 지시'에 관한 이러한 해석은 보조금 협정의 불어본이나 스페인어본에 의해서도 지지된다. 이들 언어본도 모두 조약정본(authentic version)을 구성하는 것으로 영어본과 동일한 지위에서 보조금 협정 해석의 기본 방침을 제공하여주므로 그 의미의 고찰은 중요한 시사점을 제공한다.[17] '위임 및 지시'에 관한 불어본,[18] 스페인어본[19]에 대한 검토도 위

---

16) *U.S.-Export Restraints(Panel)*, paras 8.28 8.30 및 *U.S.-DRAMs(Panel)*, paras. 7.27-7.35 참조.
17) WTO 설립협정 제16조는 다음과 같이 규정하고 있다. "Done at Marrakesh this fifteenth day of April one thousand nine hundred and ninety-four, in a single copy, in the English, French and Spanish languages, *each text being authentic*."(이탤릭체; 필자 강조). 이와 관련, *United States-Final Countervailing Duty Determination with Respect to Certain Softwood Lumber from Canada(AB)*, WT/DS257/AB/R [17 January 2004, '*U.S.-Lumber CVDs Final(AB)*'], para. 59 참조. 한편, 조약법에 관한 비엔나 협약 제33조 3항도 동일한 취지를 규정하고 있다.
18) 보조금 협정의 불어본에서는 다음과 같이 규정하고 있다.

    (iv) les pouvoirs publics font des versements à un mécanisme de financement,

에서 살펴본 영어본의 경우와 동일한 결론을 제시하고 있다.

먼저 영어본의 'direct'에 대응하는 개념으로 불어본에 나타난 'ordonnent' 와 스페인어본에 사용된 'ordene'은 영어의 'order'와 동일 내지 유사한 의미를 가진 것이다. 따라서 불어본과 스페인어본도 '지시'는 단순한 정부의 지침제공이나 희망사항 전달이 아닌 시혜 민간주체가 특정의 행위를 취하도록 구체적인 '명령'을 내리는 것과 같은 일정 수준 이상의 직접적·구체적인 정부의 행위를 요구하고 있다고 할 것이다. 이러한 '명령'에 대해 그 상대방은 자발적 선택권을 갖지 못하는 것은 당연한 귀결이라고 하겠다. 자발적 선택권을 전제로 하는 '명령'은 명령이라기보다는 오히려 '요청' 내지 '권고'에 가깝기 때문이다. 마찬가지로 명령이 원래의 목적을 달성하기 위해서는 명령의 상대방이 특정되어야 한다는 점도 일견 당연하다고 할 수 있을 것이다. 일반적인 성격의 명령이 이론상 불가능한 것은 아닐 것이나 현실적으로 어떠한 명령이 본래의 목적을 달성하기 위해서는 최소한 그 대상이 누구인지는 객관적으로 확인되어야 할 것이기 때문이다.

다음으로 불어본과 스페인어본을 통해 영어본의 'entrust'에 대항하는 개념을 살펴보아도 유사한 결과가 도출된다. 예를 들면 불어본에서 사용된 'chargent'는 영어의 'charges'로 번역이 되는 바, 이는 기본적으로 누군가에게 무엇을 '맡기는' 것이다. 그 '누군가'와 '무엇'이 특정되지 않고는

---

ou chargent un organisme privé d'exécuter une ou plusieurs fonctions des types énumérés aux alinéas i) à iii) qui sont normalement de leur ressort, ou lui ordonnent de le faire, la pratique suivie ne différant pas véritablement de la pratique normale des pouvoirs publics;

19) 한편 보조금 협정의 스페인어본의 규정은 다음과 같다.

(iv) cuando un gobierno realice pagos a un mecanismo de financiación, o encomiende a una entidad privada una o varias de las funciones descritas en los incisos i) a iii) supra que normalmente incumbirían al gobierno, o le ordene que las lleve a cabo, y la práctica no difiera, en ningún sentido real, de las prácticas normalmente seguidas por los gobiernos;

'맡기는' 것이 현실적으로 불가능하다는 점을 고려하면, '누군가'와 '무엇'을 생략한 'chargent'라는 단어의 의미 고찰은 무의미하다. 따라서 이 의미도 결국 특정인에게 특정 임무수행을 위한 책임을 부여하는 것으로 해석되어야 할 것이다. 그리고 피위임자는 위임자의 의사에 따라 위임된 업무를 실시하여야 할 의무를 부담하게 되는 것이 일반적이다. 이와 같이 불어본의 'chargent'는 'entrust'를 'delegation'으로 해석한 *U.S.-Export Restraints (Panel)* 및 *U.S.-DRAMs(Panel)*의 WTO 패널의 결정과도 같은 맥락이라고 할 수 있다.[20] 따라서 불어본 및 스페인어본을 따르더라도 상기 '명령(direction)'의 경우와 마찬가지로 '위임(entrustment)'의 경우에도 정부로부터 피위임자에 대해 특정 임무수행을 위한 구체적이고 직접적인 위임이 있어야 하며, 그 피위임자는 구체적으로 특정되어야 하고, 또한 피위임자는 위임 업무의 수행에 있어 자발적 선택의 여지가 없어야 함을 역시 상정하고 있다고 할 것이다.

이와 같이 '통상적 의미' 확인을 위한 문언적 해석은 위임·지시 보조금 관련 조항이 느슨하게 해석되어 광범위하게 적용되는 것을 보조금 협정은 기본적으로 배척하고 있음을 보여준다. 이는 엄격한 해석을 요구하는 위임·지시 보조금 조항의 목적 및 기본취지, 나아가 보조금 협정 자체의 목적 및 기본취지에도 부합함은 아래에서 다시 살펴보도록 한다.[21]

2) 위임 및 지시의 제한적 적용

보조금 협정 제1.1조 (a)(1)항 (iv)호에 대한 면밀한 고찰은 또한 다음의 중요한 시사점을 제공하고 있다. 동 조항은 새로운 형태의 보조금 교부를 상정하고 있는 것이 아니며 기본적으로 제1.1조 (a)(1)항 (ⅰ)~(ⅲ)호에 해당되는 행위를 그 대상으로 하고 있음에 주목하여야 한다. 다만 그러한

---

20) *U.S.-Export Restraints(Panel)*, para. 8.29 ; *U.S.-DRAMs(Panel)*, paras. 7.27-7.35 참조.
21) 본 논문 제3장 제2절 Ⅱ. 2 참조.

행위가 보조금 협정 '우회'를 도모하는 WTO 회원국 정부에 의해 민간주체 활용이라는 '위장된' 방법을 통하여 시행된다는 점에서 차이가 존재할 뿐이다.[22] 결국 제1.1조 (a)(1)항 (iv)호는 (ⅰ)~(ⅲ)호가 규정하고 있는 세 가지 보조금 교부 형태의 특별한 경우라는 점을 알 수 있다. 그렇다면 별도 취지의 명문 조항이 존재하지 않는 한 동 조항의 적용범위는 기본적으로 그 기본근거가 되는 제1.1조 (a)(1)항 (ⅰ)~(ⅲ)호의 적용범위와 동일하다고 보아야 할 것이며 어떠한 경우에도 그 범위를 초과할 수는 없다고 새겨야 할 것이다.

이러한 해석은 제1.1조 (a)(1)항 (iv)호의 '그러한 민간주체의 행위가 통상 정부에 부여되는 행위(which would normally be vested in the government)'이고 그리고 '문제가 된 조치가 정부가 흔히 실시하는 조치와 실제상 차이가 없는 경우(the practice, in no real sense, differs from practices normally followed by governments)'의 규정을 보더라도 확인된다. 동 조항에 포함된 이러한 단서의 의미는 결국 통상 정부가 실시하는 조치를 민간주체가 대신하는 경우를 상정하고 있는 것으로 결국 제1.1조 (a)(1)항 (ⅰ)~(ⅲ)호에서 규정된 조치를 정부의 '위임 및 지시'로 인해 시혜 민간주체가 대신 행사하는 경우를 의미하는 것이다. 이는 '위임 및 지시' 조항은 기본적으로 동 조항에서 함께 나열된 세 가지 형태의 직접 보조금에 국한된다는 것으로 동 조항의 제한적 적용범위를 보여준다고 하겠다.

3) 위임 및 지시의 개별적 검토

나아가 보조금 협정 제1.1조 (a)(1)항 (iv)호의 면밀한 검토는 '위임 및 지시'의 고찰이 시혜 민간주체별로 개별적으로 이루어져야 한다는 점을 확인시켜준다. 이와 관련된 동 조항의 규정을 다시 한번 살펴보면 다음과 같다.

---

[22] *U.S.-Export Restraints(Panel)*의 패널도 이와 유사한 입장을 채택한 바 있다. *Id.* para. 8.38 참조.

iv) a government makes payments to a funding mechanism, or entrusts or directs *a private body* to carry out one or more of the type of functions illustrated in (i) to (iii) above … ; (이탤릭체; 필자 강조)

즉, 동 조항에서 규정하고 있는 "단일의 시혜 민간주체(a private body)에 대한 '위임 및 지시'"는 동 조항의 고찰대상이 기본적으로 개별적 성격을 내포하고 있음을 보여준다. 때로는 특정 집단이나 단체에 대한 집단적 '위임 및 지시'도 불가능하지는 않을 것이나 그 경우에도 개별적 고찰에 관한 기본적 속성이 몰각되어서는 안 될 것이다. 즉, 특정 집단이나 단체에 대한 '위임 및 지시'의 경우에도 실질적으로 각 구성원들이 개별적으로 '위임 및 지시'의 대상이 되었음이 입증 되어야 할 것이다. 특정 그룹에 대한 '위임 및 지시'가 개별 구성원에 대한 '위임 및 지시'와 반드시 동일하지 않을 수도 있기 때문이다. 예를 들어 일국 정부가 자국 금융기관 전체에 대한 강력한 요청과 압박을 실시하였다고 하더라도 그러한 요청과 압박은 각 개별 금융기관별로 상이하게 수용될 것이며 이에 대한 각 금융기관의 반응도 상이할 것이다. 여러 가지 정황상 정부의 압력에 굴복하는 금융기관도 있을 것이며 반대로 정부의 압력을 무시하는 금융기관도 있을 수 있을 것이다. 이러한 상황에서 금융기관 전체에 대한 압박이 각각의 모든 금융기관에 대한 '위임 및 지시'와 동일시되어서는 아니 된다. 특정 금융기관이 '위임 및 지시'의 대상이 되는지 여부는 해당 금융기관이 개별적 상항에 따라 검토되어야 하기 때문이다.

II. 대상과 목적을 고려한 해석

해석의 대상이 된 조항이 명확한 사전적 의미를 포함하고 있는 경우 문언적 해석만으로도 충분한 법적 지침을 확인할 수 있을 것이나 그렇지 않은 경우 그 조항과 조약의 대상과 목적을 살펴보아야 한다. 특히 WTO 협정 해석과 관련된 분쟁의 경우 추상적 내용의 조항을 둘러싼 관련 분쟁 당사국간 선의에 기초한 해석이 충돌하는 경우가 빈번한 바,23) 여기에서는 동 조항·조약의 대상 및 목적에 비추어 해석을 진행하여 어떠한 해석이 보다 타당한지에 대한 결정이 필요하다. 이러한 상황은 특히 위임·지시 보조금에서도 마찬가지로 적용된다. 위에서 살펴본 바와 같이 위임·지시 보조금 관련 국가별 상이한 입장과 동 고찰의 사실관계 중심적 성격을 감안하면 이 문제의 접근은 단순히 문언의 사전적 의미의 확인만으로는 부족하며 관련 조항과 조약의 대상 및 목적에 대한 고찰이 아울러 이루어 져야 할 것이다.

대상 및 목적에 대한 고찰에 있어 조약 전체의 대상 및 목적을 먼저 고려할 지 아니면 해당 조항의 대상 및 목적을 먼저 고려할 지 여부와 관련, 항소기구는 *EC-Chicken Classification(AB)* 사건에서 기본적으로 조약 전체의 대상 및 목적에 대한 고려가 특정 조항의 대상 및 목적 고려에 우선하며, 특정 조항의 대상 및 목적에 대한 고려는 전체 조약의 대상 및 목적을 분명하게 하는 범위 내에서 활용 가능하다는 취지를 설시한 바 있다.24) 그리고 양자는 서로 독립적인 것이 아닌 상호보완적 관계에서 동시에 고려되어야 한다는 점을 항소기구는 또한 강조하고 있다.25) 그러나 항소기구는 *U.S.-Shrimp(AB)* 사건에서 먼저 문제가 된 조항의 대상 및 목적에 대한 고찰에서 출발하여 그러한 고찰이 불충분할 경우 해당 조약 전체의 대상 및 목적에 대한 고찰로 이어져야 한다고 하여 상이한 입장을 표명한 바 있다.26) 어떤 경우이든 특정 조항의 대상 및 목적을 고찰함에 있어 해당 조

---

23) Warren F. Schwartz & Alan O. Sykes, *The Economic Structure of Renegotiation and Dispute Resolution in the WTO/GATT System*, Chicago Working Papers in Law & Economics, 2nd. Series, p.25 참조.
24) *EC-Chicken Classification(AB)*, para. 238 참조.
25) *Id.*
26) *U.S.-Shrimp(AB)* 사건에서 항소기구는 Ian Sinclair의 *The Vienna Convention on the*

항의 대상 및 목적뿐 아니라 조약 전체의 대상 및 목적도 함께 고려하여야 한다는 점은 분명하다고 할 수 있겠다. 따라서 '위임 및 지시' 조항의 해석에 있어서도 동 조항의 대상 및 목적과 함께 보조금 협정의 대상 및 목적, 나아가 WTO 협정 전체의 대상 및 목적을 각각 고려하여야 할 것이다. 아래에서 이에 대하여 각각 살펴보기로 한다.

1. WTO 협정의 대상 및 목적

'위임 및 지시' 조항의 해석은 먼저 WTO 협정의 대상 및 목적에 기초하여 이루어져야 한다. WTO 협정의 대상 및 목적은 협정 전반에 걸쳐 확인할 수 있을 것이지만 특히 전문을 살펴봄으로써 확인할 수 있다.[27] 특히 WTO 분쟁해결기구의 결정이 그 정당성을 확보하기 위해서는 국제기구로서의 WTO의 기본적 성격과 WTO 협정의 대상 및 목적에 부합하는 결정이어야 한다.[28] WTO 협정의 대상 및 목적에 대한 검토를 통해 다음을 알 수 있다.

Law of Treaties, supra 제1절 note 8, pp.130~131에 기초하여 다음과 같이 언급하였다.

> A treaty interpreter must begin with, and focus upon, the text of the particular provision to be interpreted. *It is in the words constituting that provision, read in their context, that the object and purpose of the states parties to the treaty must first be sought.* Where the meaning imparted by the text itself is equivocal or inconclusive, or where confirmation of the correctness of the reading of the text itself is desired, light from the *object and purpose of the treaty as a whole* may usefully be sought(이탤릭체; 필자 강조). *Id.*, para. 114.

이러한 원칙에 기초하여 항소기구는 동 사건 패널이 GATT 1994 제20조 모두 조항의 대상 및 목적에 우선하여 GATT 1994 및 WTO 설립협정의 대상 및 목적을 고려한 것은 법적 오류를 구성한다고 판정하였다. *Id.*, para. 116.

27) Ian Sinclair, *The Vienna Convention on the Law of Treaties, supra* 제1절 note 8, p.130 참조.
28) David M. Driesen, *The Trade and Environment Debate*, Virginia Journal of International Law, Vol. 41, No. 2 (Winter 2001), pp.279~313 참조.

1) WTO 협정의 한정적 적용범위

WTO 협정은 통상에 영향을 미치는 모든 형태의 국가 정책에 대하여 WTO의 규율을 받도록 하는 의무를 회원국에 부과하고 있는 것은 아니며, 오로지 WTO 설립협정과 부속협정에서 회원국의 총체적 의사로 합의가 존재하는 범위 내에서 각 회원국을 구속한다.[29] 마찬가지 맥락에서 WTO 분쟁해결기구도 WTO 설립협정 및 부속협정의 해석·적용과 관련된 분쟁에 국한하여 관할권을 갖는다. 이는 WTO 체제가 통상에 영향을 미치는 모든 국내외적 조치에 대해 관할권을 갖는 것이 아닌 국가들 간 합의에 기초한 제한적 영역에서만 관할권을 갖는다는 점을 보여주고 있다.

WTO 협정이 본질적으로 제한적인 성격을 내포하고 있다는 점은 그 분쟁해결절차를 통해서도 알 수 있다. 비록 통상부분에 국한되기는 하지만 국가주권을 심대하게 제약하는 WTO 분쟁해결기구 결정의 속성과 WTO 회원국들이 국제법의 여타 분야에서 찾아보기 힘든 그러한 심대한 제약을 수반하는 분쟁해결체제를 수락하였다는 사실은 WTO 협정이 제한된 범위에서의 적용만을 예정하고 있음을 방증하고 있다.[30] 따라서

---

29) John H. Jackson, *The Uruguay Round and the Launch of the WTO: Significance & Challenges*, The World Trade Organization, Multilateral Trade Framework for the 21st Century and U.S. Implementing Legislation, American Bar Association, Terence P. Stewart ed. (1996). pp.12~16 참조.

30) David Palmeter, *The WTO as a Legal System*, Fordham International Law Journal, Vol. 24, Nos. 1-2 (November/December 2000), pp.444~480 참조. 동인 주장의 원문은 다음과 같다.

> However it may arise, ⋯ a dispute between nations turns out in the end to be about the exercise of sovereign power, always a delicate matter and hard to resolve within the *winner-take-all* framework of adjudication. [T]he WTO regularly resolve disputes in a *winner-take-all* framework. *The fact that governments have agreed to the establishment of a legal system that will do this routinely no doubt reflect the limited subject-matter jurisdiction they have assigned to the WTO and the*

WTO 협정의 조항이 명백한 지침을 제공하지 않을 경우 그러한 조항의 해석은 추후의 회원국 관행, 합의 또는 법리의 발전으로 정당화 할 수 있는 새로운 근거가 존재하지 않는다면 가급적 회원국 국가주권의 제약을 최소화할 수 있는 방법으로 실시되어야 한다.[31]

 WTO 협정의 이러한 제한적 성격은 아울러 부속협정의 해석에 있어서도 특별한 상황이 존재하지 않는 한 가급적이면 구체적·제한적 해석이 적절함을 보여주고 있다. 이와 관련 *EC-Hormone(AB)* 사건에서 항소기구는 WTO 패널이 어떠한 해석 방법을 채용해야 하는지 명확히 하였다. 동 사건에서 항소기구는 "조약의 의미가 모호할 경우, 패널은 의무를 부담하는 당사국에게 가급적 의무를 적게 부여하는 방법으로, 혹은 당사국의 속지적·속인적 우위성에 대한 대립을 최소화하거나 당사국에 대한 제한 부과를 최소화하는 방법으로 해석을 실시하는 것이 바람직하다"고 언급하였다.[32] 사실 이러한 입장은 터키와 이라크의 국경분쟁사건에 대한 권고적 의견에서 상설국제사법재판소가 "조약의 의미가 명확하지 않아 여러 가지의 해석이 가능하다면 당사국에게 최소한의 의무를 부과하는 쪽으로 해석해야 한다"라고 판결한 것과 동일한 맥락이라고 할 수 있겠다.[33]

 이와 관련하여 WTO 협정의 가급적 엄격한 해석은 사실 분쟁해결기구의 장기적 운영면에서도 합리적이라는 주장도 있다.[34] 즉, 과거 GATT 체

---

 limited remedy that have made available(이탤릭체; 필자 강조).
31) *Free Zones of Upper Savoy and the District of Gex*, P.C.I.J. (1932), Series A/B. No. 46, p.167 참조.
32) *European Communities-Measures Concerning Meat and Meat Products*, WT/DS26, 48/AB/R [13 February 1998, '*EC-Hormone(AB)*'], p.165, n. 154 ; R. Jennings & A. Watts eds. *Oppenheim's International Law*, Longman 9th ed. (1992), p.1,278 참조. 이러한 원칙을 *in dubio mitius*(의심스러울 때는 경하게)라는 원칙이라고 한다.
33) *Advisory opinion upon the Frontier between Turkey and Iraq*, P.C.I.J (1925), Series B, No. 12, p.25 참조.
34) Eric Reinhardt, *Adjudication Without Enforcement in GATT Disputes*, Journal of Conflict Resolution, Vol. 45, No. 2 (April 2001), p.192 참조.

제하에서 통상 분쟁 해결 현황에 관한 경험적 연구는 패널이 관련 협정을 좁고 구체적으로 해석할수록 후속 분쟁에 대하여 보다 폭넓은 '기대효과 (anticipatory effect)'를 유지함으로서 장기적으로 보다 효과적인 분쟁해결 체제를 구축할 수 있다는 점을 지적하고 있다. 좁고 구체적인 해석은 예측 가능성을 제고하여 불필요한 분쟁발생을 억제하고 일단 발생한 분쟁의 해결에 있어서 당사국 간 이견조율을 상대적으로 용이하게 하여 WTO 분쟁해결절차의 안정적 운용에도 기여할 것이기 때문이다.

2) 법의 지배 원칙

WTO 협정은 법의 지배(rule of law) 원칙에 기초하고 있다.[35] 특히 이러한 원칙은 GATT 1994 제10조에서 확인될 수 있다. 동 조항은 다음과 같이 규정하고 있다.

제10조 무역규칙의 공표 및 시행
1. 체약국이 실시하고 있는 일반적으로 적용되는 법률, 규칙, 사법상의 판결 및 행정상의 결정으로서 상품의 관세상 목적을 위한 분류·평가에 관한 것, 관세조세 또는 기타 과징금의 율에 관한 것, 수입·수출 또는 이를 위한 지불 이전에 관한 요건·제한 또는 금지에 관한 것 … 은 각 정부 및 무역업자가 인식할 수 있는 방법으로 신속히 공표되어야 한다. …
2. 체약국이 취한 일반적인 적용 조치로서, 확립된 통일적 관행에 의하여 수입품에 부과되는 관세율 또는 기타 과징금 율을 증가하거나 수입품 … 에 대하여 새로운 또는 더욱 엄격한 요건·제한 또는 금지의 부과는 이러한 조치가 정식으로 공표되기 전에 실시하여서는 아니 된다.

---

[35] Warren Maruyama, *The WTO: Domestic Regulation and the Challenge of Shaping Trade*, The International Lawyer, Vol. 37, No. 3 (Fall 2003), pp.677, 681~692 참조. WTO 체제에서의 '법의 지배' 원칙 적용의 일반적 주장으로는 David Palmeter, *The WTO as a Legal System*, supra note 30, pp.444~480 참조[H. L. A. Hart의 법 규범 체계에 대한 고찰과 이를 WTO 협정에 적용함으로써 WTO 체제 운영에 있어서 법의 지배 (rule of law) 원칙을 확인].

3. (a) 각 체약국은 본 조 제1항에 열거한 종류의 자국의 모든 법률·규칙·판결 및 결정을 일률적이고 공평하고 합리적인 방법으로 실시하여야 한다.

(b) 각 체약국은 특히 관세사항에 관한 행정상의 조치를 즉시 검토하고 시정하기 위하여, 법원, 중재재판소 또는 행정재판소 또는 동 목적 달성을 위한 절차를 유지하고 또한 가능한 한 신속히 이를 설정하여야 한다. 이러한 재판소 또는 절차는 행정기관과 독립되어야 하며 그 판결은 수입업자가 공소를 위하여 정하여진 기간 내에 상급의 재판권을 보유하는 재판소에 공소를 제기하지 아니하는 한, 전기기관에 의하여 실시되며 또한 전기기관의 행위를 규율한다. 다만, 동 기관의 중앙행정관청은 그 결정이 확립된 법의 원칙 또는 사실과 일치하지 아니하다고 믿을 만한 충분한 이유가 있을 때에는, 다른 절차에 의하여 동 문제를 심사하기 위한 조치를 취할 수 있다. ⋯36)

---

36) GATT 1994 제10조의 원문은 다음과 같다.

Article X: Publication and Administration of Trade Regulations

1. Laws, regulations, judicial decisions and administrative rulings of general application, made effective by any contracting party, pertaining to the classification or the valuation of products for customs purposes, or to rates of duty, taxes or other charges, or to requirements, restrictions or prohibitions on imports or exports or on the transfer of payments therefor, or affecting their sale, distribution, transportation, insurance, warehousing inspection, exhibition, processing, mixing or other use, *shall be published promptly in such a manner as to enable governments and traders to become acquainted with them* ⋯

2. No measure of general application taken by any contracting party effecting an advance in a rate of duty or other charge on imports under an established and uniform practice, or imposing a new or more burdensome requirement, restriction or prohibition on imports, or on the transfer of payments therefor, shall be enforced *before such measure has been officially published*.

3. (a) Each contracting party shall *administer in a uniform, impartial and reasonable manner all its laws, regulations, decisions and rulings* of the kind described in paragraph 1 of this Article.

(b) Each contracting party shall maintain, or institute as soon as practicable, *judicial, arbitral or administrative tribunals or procedures for the purpose, inter alia, of the prompt review and correction of administrative action* relating to customs matters. Such tribunals or procedures shall *be independent of* the

결국 동 조항 제1항은 통상관련 국내 법령 및 판결의 투명성과 이에 대한 적절한 고지를 통해 그러한 법령 및 판결이 외국의 이해 관계자들에 대해 무역관련 행위에 대한 적절한 기준을 제시하여 줄 수 있도록 보장할 것을 WTO 회원국에 요구하고 있으며, 제2항은 외국의 통상이해에 영향을 미치는 조치들은 공표과정을 거친 이후에만 실시하도록 규정함으로써 회원국에 대하여 역시 적절한 사전고지 의무를 부과하고 있으며, 제3항은 통상관련 법령, 결정 및 판결을 공정성·합리성·통일성에 기초하여 운용하며 독립된 행정기관 및 사법기관에 의해 적절한 항소절차를 보장하도록 회원국에 의무를 부과하고 있다.37) 항소기구도 동 조항의 이러한 성격을 확인하고 있다.38)

즉, 동 조항의 성격은 모든 WTO 회원국의 무역관련 법령 및 조치의 운용에 있어 투명성(transparency)과 적법절차(due process) 원칙의 준수를

<blockquote>
agencies entrusted with administrative enforcement and their decisions shall be implemented by, and shall govern the practice of, such agencies unless an appeal is lodged with a court or tribunal of superior jurisdiction within the time prescribed for appeals to be lodged by importers; Provided that the central administration of such agency may take steps to obtain a review of the matter in another proceeding if there is good cause to believe that the decision is inconsistent with *established principles of law or the actual facts* …(이탤릭체; 필자 강조)
</blockquote>

37) Warren Maruyama, *The WTO: Domestic Regulation and the Challenge of Shaping Trade*, supra note 35, pp.677~683 참조. 이러한 원칙은 여타 WTO 부속협정에서도 찾아볼 수 있다. 예를 들어 서비스 교역 협정[General Agreement on Trade in Services ('GATS')] 제6조, 무역관련 지적재산권 협정[Agreement on Trade-Related Aspects of Intellectual Property Rights('TRIPS')] 제42조, 43조, 44조, 45조, 46조, 48조, 50조, 및 61조, 무역관련 기술장벽 협정[Agreement on Technical Barriers to Trade ('TBT')], 제2조 및 Annex 3, 통신 기본 협정(Basic Telecommunication Agreement)의 참조문서(Reference Paper), 및 정부조달 협정[Government Procurement Agreement ('GPA')] 제20조는 그러한 원칙을 채택하고 있다.

38) *United States Restriction on Imports of Cotton and Man-Made Fibre Underwear*, WT/DS24/AB/R [25 February 1997, '*U.S.-Underwear(AB)*'], p.21 참조.

통해 타방 회원국의 통상이익에 대한 부당한 침해를 막고 또한 그러한 타방 회원국이 국제교역 참여에 있어 예측 가능성을 확보할 수 있도록 보장하자는 것으로 요약할 수 있겠다.[39]

2. 보조금 협정의 대상 및 목적

전문(preamble)이 부재한 보조금 협정의 특성을 감안하면 보조금 협정의 대상 및 목적은 우루과이 라운드 협상에서 보조금 협정 채택의 주된 목표가 무엇이었는가에 대한 고찰을 통해 파악할 수 있을 것이다. 우루과이 라운드에서 보조금 협정 채택의 기본목적은 국제무역에 영향을 미치는 모든 보조금과 상계조치에 관련된 기존의 GATT 규범을 개선하여 보조금의 범위와 기준을 명확히 하고 상계관세의 발동요건 및 절차를 명료히 하자는 것이었다.[40] 이러한 검토로부터 보조금 협정의 대상 및 목적으로서 구체적으로 다음의 사항을 도출할 수 있다.

1) 특정 보조금 조치에 국한

전통적으로 대부분의 국가는 자국의 주요산업의 발전을 지원하기 위하여 다양한 보조금 지원정책을 채택하여 왔다.[41] 보조금 협정은 이러한 다양한 보조금 지원 정책을 '일반적'으로 규율하기 위한 법적 규범이 아니

---

39) 이러한 예측 가능성의 부재는 보조금 협정과 함께 불공정 무역행위 규제의 또 다른 축인 反덤핑 협정에서도 마찬가지로 나타나고 있다. Konstantinos Adamantopoulos & Diego De Notaris, *The Future of the WTO and the Reform of the Anti-Dumping Agreement: A Legal Perspective*, Fordham International Law Journal, Vol. 24, Nos. 1-2, (November/December 2000), pp.30, 34~35 참조.
40) 최승환,『국제경제법』, 제3장 제1절 각주 21, p.315 참조.
41) John H. Jackson, *The World Trading System: Law and Policy of International Economic Relations*, 제2장 제1절 각주 21, p.280 참조.

다. 보조금 협정은 모든 형태의 시장왜곡 보조금 지급 조치를 규제하기 위한 것이 아니라 오로지 보조금 협정의 명시적 규정에 위배되는 WTO 회원국의 보조금 지급 조치에 대해서만 제재를 가하고자 도입되었다.[42] 보조금 협정은 일정한 조건에 해당하는 WTO 회원국 정부의 정책을 선별하여 이를 불법 보조금으로 판정함으로써 이에 대해 여타 피해 회원국에 의한 징계를 허용하는 협정이라는 점에서 본질적으로 '제한적'인 성격을 보유한다.[43] 보조금 협정의 규율대상에 해당하는 보조금에 관해서는 두 가지 측면에서 그 성격을 분석할 수 있다. 먼저 모든 형태의 정부 정책이 보조금 지급 조치에 해당하는 것은 아니라는 점이다. 그리고 두 번째로 모든 형태의 보조금 지급 조치가 또한 보조금 협정의 규율 대상인 불법 보조금을 구성하는 것은 아니라는 것이다.[44] 이 두 가지 기준을 동시에 고려한다면 보조금 협정의 규율대상인 보조금의 범위는 상당히 제한적·예외적임을 알 수 있다. 오로지 보조금 협정에 구체적으로 나열된 특정 요건에 부합하는 정부 정책 또는 조치만이 그 대상이 되는 것이다.

보조금에 대한 규율 및 이에 따른 상계관세 부과의 허용은 결국 일국의

---

42) U.S.-Export Restraints(Panel), paras. 8.62, 8.63 참조. 이러한 해석은 우루과이 라운드 협상 당시 이 문제와 관련한 논의 과정에서 제기된 각국의 주장 내용을 살펴보더라도 확인된다. MTN.GNG/NG10/W/25 (캐나다) ; MTN.GNG/NG10/W/7(EC) ; MTN.GNG/NG10/W/14 (이집트) ; MTN.GNG/NG10/W/16 (인디아) ; GNG.NG10/W/8 (일본) ; GNG.NG10/W/30 (the Nordic Countries) ; MTN.GNG/ NG10/W/26 (스위스) ; MTN.GNG/NG10/W/4, "Subsidies and Countervailing Measures: Note by the Secretariat", (7 April 1988) (GATT 사무국 보고서), Section 4.1.A 참조.
43) 보조금 협정에 나열된 네 가지 형태의 보조금은 예시적 열거가 아닌 한정적 열거 (exhaustive list)이다. John Croome, *Guide to the Uruguay Round Agreements*, World Trade Organization, Kluwer Law International (1999), p.92 참조.
44) Seung Wha Chang, *WTO Discipline on Fisheries Subsidies: A Historic Step Towards Sustainability?*, 제2장 제1절 각주 7, p.885 ("The basic stance of the SCM Agrement is that subsidization as such is not per se illegal."), p.908 ("[I]t should be noted that a subsidy in itself is not an evil. On the positive side, subsidies may function as vital instruments for domestic industrial policies.") 각각 참조.

보조금 부여가 세계경제 및 무역체제를 교란(distort)시킨다는 것에 기초하고 있다.45) 그리고 보조금 협정은 이러한 시장 교란 행위에 대해 적절한 대응을 모색하기 위한 국제협정이다. 그러나 모든 형태의 세계경제 및 무역체제 교란에 대해 국제적 대응이 필요한 것은 아니다. 예를 들어 Jackson 교수는 다음과 같이 언급한 바 있다.

> 모든 형태의 시장왜곡(distortion)이 국제사회의 대응을 요구하는 것은 아니다. 어떤 측면에서는 경제와 관련된 모든 형태의 정부 조치가 시장왜곡을 가져오기 때문이다. … 정부 입장에서 때로는 중요한 사회적 또는 정부 차원의 목적달성을 위하여(예를 들어 부의 재분배, 장애인의 지원 등) 경제적 효용 가치가 떨어지는 특정 조치를 선택하는 것은 합리적인 선택이다. 그러한 정부의 행위로 인한 비용부담이 오로지 그 사회에 의해 부담되는 경우에 타국이 이에 대하여 이의를 제기하는 것은 적절하지 않다.46)

무엇이 중요한 사회적 또는 공익적 목적에 해당하는지는 일단 차치하더라도 동인의 주장은 단순한 시장왜곡 또는 경제적 논리만을 기초로 하여 WTO 회원국이 타방 회원국에 대해 보조금 확인 및 상계관세 부과를

---

45) Jackson 교수에 따르면 보조금의 폐해는 다음과 같다. ① 보조금은 보조금 교부 국가 시장 내에서 외국 수입상품의 퇴출을 유발하고, ② 보조금을 지급 받아 외국으로 수출되는 상품은 해당 수입국내에서 경쟁력을 구비한 국내상품을 수입국 시장에서 퇴출시키며, ③ 해당 수입국내에서 경쟁력을 구비한 제3국 상품 역시 수입국 시장에서 퇴출시키는 효과가 있다. John H. Jackson, *The World Trading System: Law and Policy of International Economic Relations*, 제2장 제1절 각주 21, pp.280~281 참조.
46) 동인 주장의 원문은 다음과 같다.
> [N]ot just any "distortion" should suffice for the international system to take action. In some sense, every governmental action that impinges on the economy creates a "distortion" … However, it is a legitimate choice for a national sovereign to accept to lower economic welfare in order to promote certain societal and governmental objectives (such as redistribution of income, or support for the handicapped). As long as the government's actions are taken in such a way that the costs are borne only by that society, it seems inappropriate for other nations in the world to complain. *Id.* p.260.

실시하는 것이 때로는 한계가 있다는 점을 보여 주고 있다. 보조금 협정은 이러한 내재적 한계에 기초하고 있다.

2) 당사국 간 상충하는 이해관계의 균형

한편 대부분의 국가들은 보조금 문제에 관해 '양면성'을 보유하고 있다. 자국 주요산업 및 기업들에 대해서 다양한 방법으로 보조금을 지원하며 또 한편으로는 교역 상대국의 자국산업 및 기업에 대한 보조금 지급으로 인하여 발생하는 부정적 효과에 대해서는 적극적으로 대처하고자 하는 것이다.[47] 바로 보조금 협정은 보조금과 관련된 이러한 양면성을 적절히 통제, 상호간 균형을 유지하기 위하여 체결된 것이라고 할 수 있겠다.[48]

보조금 문제가 각국의 이해관계에 상충하는 부분을 다루고 있다는 점은 그 전문의 부재에서도 알 수 있다. 우루과이 라운드 협상과정에서 보조금 협정은 각국의 이해관계가 첨예하게 대립하여 협정의 전문에 대한 합의를 이루지 못해 반덤핑 협정과 함께 협정의 취지 및 방향을 제시하는 전문을 포함하지 못한 단 두 개의 협정 중 하나가 되었다.[49] 그렇다면 각국의 상충하는 이해관계를 조화시키기 위한 노력의 필요성은 여타 부속협정의 경우 보다 더욱 심대하다. 특히 보조금과 같이 국가 간, 선·후진

---

[47] Terrence P. Stewart, Patrick J. McDonough & Marta M. Prado, *Opportunities in the WTO for Increased Liberalization of Goods: Making Sure the Rules Work for All and That Special Needs Are Addressed*, supra 제2장 제1절 note 11, pp.652~690 ; 강문성, 박순찬, 송유철, 윤미경, 이근, "한중일 무역규범의 비교분석과 FTA에 대한 시사점", 제2장 제1절 각주 1, p.109. 참조.

[48] John Croome, *Guide to the Uruguay Round Agreements*, supra note 43, p.90 ; *United States-Tax Treatment for Foreign Sales Corporations: Recourse to Arbitration by the United States under Article 22.6 of the DSU and Article 4.11 of the SCM Agreement*, WT/DS108/ARB [30 August 2002, 'U.S.-FSC(22.6)'], para. 5.56 ; 이태호, "WTO 보조금 사건 분석", 『통상법률』 통권 제40호, 법무부 (2001.8), p.120 참조.

[49] 안덕근, 『보조금 협정 연구』, 제2장 제1절 각주 1, p.19 참조.

국 간 의견 대립이 첨예한 분야에서는[50] 관련 규정의 균형있는 해석이 절실하다.

보조금 협정의 기본취지는 보조금 운영과 관련하여 WTO 회원국의 상충하는 이해관계를 조율하고자 하는데 있다. 즉, 보조금 협정은 WTO 회원국이 국내 경제 운용에 있어 보조금 지급의 자유를 제한함과 아울러 이에 대항하여 상계조치를 모색하는 국가들에 대해 그러한 조치가 부당한 무역장벽을 구성하지 않도록 견제하는 두 가지 목표를 보유하고 있다.[51] 즉, 보조금 협정의 대상 및 목적은 보조금 지급 조치와 이에 대항하는 상계조치 양자의 규율을 동시에 포함하고 있다.[52] 보조금 협정의 대상 및 목적과 관련, 항소기구도 동일한 입장을 확인하고 있다.[53]

여타 영역과 달리, 특히 '정치적' 성격이 강한 보조금 조사 및 상계관세 부과는 관련 국가 간 통상분쟁으로 비화할 개연성이 높다.[54] 따라서 보조금 및 상계관세 조사에 있어서 이러한 조사국과 피조사국 간 또는 제소국과 피제소국 간에 상충하는 이해관계의 균형 있는 접근은 보조금 및 상계

---

50) Jackson et. al, *Legal Problems of International Economic Law*, 제2장 제5절 각주 6, p.767 참조.
51) Julia Ya Qin, *WTO Regulation of Subsidies to State-Owned Enterprise (SOEs)-A Critical Appraisal of the China Accession Protocol*, 제2장 제1절 각주 20, p.865 참조.
52) *U.S.-Lumber CVD Final(AB)*, para. 64 ("The object and purpose of the SCM Agreement is to strengthen and improve GATT discipline relating to the use of both subsidies and countervailing measures ···"). 사실 WTO 체제뿐만 아니라 현행 국제법 질서 일반이 기존 선진 국가의 기득권을 존중하는 경향이 있고 선진국들은 자신들의 기득권을 수호하기 위하여 국제법을 이용한다는 비판이 있다. 이한기, "한국과 일본의 국제법 발달에 관한 약간의 비교적 고찰―특히 일본의 국제법 발달을 중심으로", 『국제법학회논총』 제20권 (1975), p.223 참조.
53) *U.S.-Lumber CVD Final(AB)*, para. 64 참조 ; *U.S.-DRAMs(AB)*, para. 115 참조.
54) John Croome, *Guide to the Uruguay Round Agreements*, supra note 43, p.90(필자는 민간기업의 가격결정 행위에 관한 조사인 반덤핑 조사와는 달리 보조금 및 상계관세 조사는 당사국간 이해관계에 대한 충돌의 개연성이 높고 따라서 이의 균형적인 조율이 필요함을 지적) ; Clive Stanbrook & Philip Bentley, *Dumping and Subsidies*, 제2장 제1절 각주 12, p.5 참조.

관세를 둘러싼 국가 간 통상분쟁의 소지를 가급적 제거하고 장기적으로 WTO 체제의 안정적 운영을 위해서도 중요하다고 할 수 있겠다. 이를 감안하면 보조금 분쟁을 다루는 WTO 패널은 조사당국의 결정에 대한 존중(deference)문제에 있어 지나치게 광범위하거나 또는 편협하지 않은 균형 있는 접근이 필요하다는 점을 확인할 수 있다.[55] 따라서 패널은 DSU 제11조에 규정된 원칙에 따라 주요사실에 대한 '객관적 평가(objective assessment)'[56]를 실시하여 당사국 간 이해관계의 균형을 위해 노력해야 할 것이다.[57]

---

[55] 회원국 조사당국의 결정에 대한 존중(deference)에 있어 패널의 균형 있는 접근 필요성에 관해서는 일반적으로 Id. 참조.

[56] DSU 제11조는 다음과 같이 규정하고 있다.

> A panel should make an *objective assessment* of the matter before it, including *objective assessment* of the facts of the case and the applicability of and conformity with the relevant covered agreements, and make such other findings as will assist the DSB in making recommendations or in giving the rulings provided for in the covered agreements(이탤릭체; 필자 강조).

> 이 조항에서 규정된 '객관적 평가(objective assessment)'의 의미는 담당 패널이 모든 사실관계를 완전히 새로이 검토(de novo review)해야 한다는 것을 의미하는 것은 아니지만 그렇다고 하여 조사당국 결정에 대한 맹목적인 존중(total deference)이 되어서도 안 된다는 것이다. World Trade Organization, *A Handbook on the WTO Dispute Settlement System: A WTO Secretariat Publication Prepared for Publication by the Legal Affairs Division and the Appellate Body*, Cambridge University Press (2004), p.104 참조(*EC-Hormone(AB)*, para. 117 인용). 따라서 패널은 조사당국이 모든 관련 사실을 고려하였는지, 그리고 그러한 사실들이 최종 결정을 어떻게 지지하는지에 관해 조사당국이 합리적인 설명을 제공하고 있는지 여부를 평가하여야 한다. Id.

[57] DSU 제11조에 따른 중요 사실의 객관적 평가에 대한 WTO 분쟁해결절차상 의미는 WTO 회원국이 WTO에 자발적으로 양도한 관할권적 권능(jurisdictional competence)과 회원국이 여전히 보유하고 있는 주권적 권능간의 균형 추구이다. *EC-Hormones (AB)*, para. 115 참조. 따라서 WTO 분쟁해결절차에서 문제가 된 사실관계의 확정 및 이에 대한 대상 협정 규정의 적용에 있어 패널의 채택하여야 할 심리기준(standard of review)은 조치를 채택한 회원국의 결정에 대하여 완전한 새로운 심리를 통한 평가도 아니며 완전한 존중도 아닌 양자의 중간에 위치한 것이다. 이러한 원칙을 구현하고 있는 것이 DSU 제11조상 '주요사실의 객관적 평가' 기준이다. 주진열, "WTO 협정상 생명공학제품 리스크 규제의 합법성 요건: 과학적 증거 요건을 중심으로",

이를 정리하면 다음과 같다. 여타 WTO 부속협정과 마찬가지로 보조금 협정에도 불명확한 규정들이 상당수 존재하고 있으며 이러한 규정의 해석에 있어 그 중요한 지침이 되는 것은 보조금 협정의 대상 및 목적이다. 보조금 협정의 대상 및 목적을 염두에 두고 보조금 협정에 포함된 불명확한 규정을 해석함에 있어 다음의 사항이 그러한 논의의 출발점이다. 즉, ① 일국의 보조금 부여는 세계경제 및 무역체제를 교란시킬 가능성이 있다는 인식과 보조금 협정은 이러한 보조금 부여 조치에 대응하기 위하여 도입된 협정이라는 인식, ② 모든 형태의 보조금 지급이 시장교란을 초래하지는 않는다는 인식과 따라서 이러한 시장 비교란 보조금 지급 조치에 대해서 보조금 협정에 따른 대응 조치가 불필요하다는 인식, ③ 설사 보조금 지급 조치로 인하여 시장교란 효과가 발생하더라도 모든 형태의 시장교란에 대하여 국제적 대응이 필요한 것은 아니라는 인식이 그것이다.[58]

위임·지시 보조금을 포함하여 보조금 협정의 해석 문제를 논의함에 있어 불명확한 의미의 구체화를 위한 작업은 보조금 협정의 이러한 기본적 취지 및 목적에 기초하여 이루어져야 한다. 항소기구가 거듭 확인하고 있다시피 보조금 협정의 대상 및 목적의 핵심은 조사국과 피조사국 상호간 이해관계의 균형 추구이다. 위임·지시 보조금 조사 맥락에서도 이와 같은 상충하는 이해관계의 적절한 균형점을 확인, 적용함으로써 피조사국인 WTO 회원국 입장에서 정부의 일반적인 규제조치가 위임·지시 보조금으로 판단되지 않도록 보장하고 반대로 보조금 및 상계관세 조사를 실시하는 조사국인 회원국 입장에서 시장질서를 교란하는 불법 보조금에

서울대 박사학위논문 (2004.8), p.222 참조.
58) Marc Benitah, *The Law of Subsidies under the GATT/WTO System*, 제2장 제2절 각주 4, p.273 참조. 보조금 협정의 기본 취지와 관련, 동 협정이 전문(preamble)을 포함하고 있지 않음을 고려, WTO 설립협정 전문을 살펴보는 것이 필요하다. 동 전문에는 WTO의 중요한 목적으로 '세계자원의 적정 사용(the optimal use of the world's resources)'을 포함하고 있는 바, 이는 보조금 지급을 통한 국제무역의 왜곡을 방지하고자 하는 보조금 협정의 취지를 내포하고 있다고 볼 수 있을 것이다.

대한 정당한 대응수단을 확보하도록 하는데 있다. 따라서 위임·지시 보조금에 대한 고찰에 있어서도 이러한 '비교형량적 접근'이 필수적이다. 이는 U.S.-DRAMs(AB) 사건의 항소기구도 인정한 바이다.[59]

3. 위임 및 지시 조항의 대상 및 목적

마지막으로 '위임 및 지시'에 관한 보조금 협정 제1.1조 (a)(1)항의 대상 및 목적을 살펴볼 필요가 있다. 항소기구가 적절히 지적하였다시피 위임·지시 보조금의 특징은 보조금 지급으로 주장되는 행위를 수행한 주체가 정부가 아니라 민간주체라는 것이다.[60] 보조금 협정 제1.1조 (a)(1)항의 목적은 국가로 귀속 가능한(attributable to states) 행위에 대하여 보조금 구성요건의 하나인 '정부에 의한 재정적 기여'에 해당되는 것으로 판단하고자 하는 것이다.[61] 그리고 이러한 민간주체의 행위를 예외적으로

---

[59] 특히 위임·지시 보조금 맥락에서 회원국 간 이해관계의 균형적 접근의 필요성을 U.S.-DRAMs(AB) 항소기구는 다음과 같이 재확인하고 있다.

> This *balance must be borne in mind in interpreting paragraph (iv)*, which allows Members to apply countervailing measures to products in situations where a government uses a private body as a proxy to provide a financial contribution (provided, of course, that the other requirements of a countervailable subsidy are proved as well). At the same time, the interpretation of paragraph (iv) *cannot be so broad so as to allow Members to apply countervailing measures to products whenever a government is merely exercising its general regulatory powers*(이탤릭체; 필자 강조). U.S.-DRAMs(AB), para. 115.

[60] Id., para. 112 참조.

[61] Id., paras. 107 (Furthermore, situations involving exclusively private conduct—that is, conduct that is not in some way attributable to a government or public body—cannot constitute a "financial contribution" for purposes of determining the existence of a subsidy under the SCM Agreement.) 및 108 ("Seen in this light, the terms "entrusts" and "directs" in paragraph (iv) identify the instances where seemingly private conduct may be attributable to a government for purposes of determining whether there has been a financial contribution within the meaning of the SCM

특정한 경우, 정부의 행위와 사실상 동일시하고자 하는 것이 그 기본목적이다. 이와 같은 위임·지시 보조금의 예외적 성격은 동 조항의 입법 배경에 대한 검토를 통해서 확인된다는 점은 WTO 분쟁해결기구 선례에 의해서도 확인되고 있다.[62)]

보조금 협정 제1.1조 (a)(1)항 (iv)호는 모든 형태의 정부 개입을 규제대상으로 하고 있지 않다는 점은 항소기구에 의해서도 확인되었다. U.S.-DRAMs(AB) 사건에서 항소기구는 동 조항의 적용을 위해서 정부의 참여(participation)가 필요하고 정부 행위와 민간주체 행위 간 입증가능한 연관성(demonstrable link)이 필요하다는 점을 강조하였다.[63)] 즉, 위임·지시 보조금은 제한된 정부 조치에 대하여 적용되는 예외적 성격이라는 측면을 U.S.-DRAMs(AB) 사건의 항소기구도 강조하고 있는 것이다.[64)]

Agreement.") 각각 참조.
62) U.S-Export Restraints(Panel), para. 8.65 ; U.S.-Lumber CVD Final(AB), footnote 35 to para. 52 ; U.S.-DRAMs(AB), footnote 185, para. 114 참조.
63) U.S.-DRAMs(AB), para. 112 참조.
64) 이와 관련 정부의 일반적 시장개입 및 정책집행은 보조금 협정에서 규정하는 '위임 및 지시'에 해당하지 않는다고 확인하며 위임·지시 보조금의 한정적·예외적 성격을 항소기구는 다음과 같이 강조하고 있다.

> It follows, therefore, that not all government acts necessarily amount to entrustment or direction. We note that both the United States and Korea agree that "mere policy pronouncements" by a government would not, by themselves, constitute entrustment or direction for purposes of Article 1.1(a)(1)(iv). Furthermore, entrustment and direction through the giving of responsibility to or exercise of authority over a private body imply a more active role than mere acts of encouragement. Additionally, we agree with the panel in U.S.-Export Restraints(Panel) that entrustment and direction do not cover "the situation in which the government intervenes in the market in some way, which may or may not have a particular result simply based on the given factual circumstances and the exercise of free choice by the actors in that market". Thus, government "entrustment" or "direction" cannot be inadvertent or a mere by-product of governmental regulation. This is consistent with the Appellate Body's statement in U.S.-Softwood Lumber IV(AB) that "not all government measures capable of conferring benefits would necessarily fall

정부의 '위임 및 지시'도 '정부의 재정적 기여'의 한 특별한 양태인 이상, 그 논의의 출발점은 정부의 재정적 기여 일반에 관한 보조금 협정의 기본정신과 취지여야 한다. 정부의 재정적 기여에 관한 보조금 협정의 기본정신의 핵심은 보조금 협정이 민간주체에 경제적 혜택을 부여하는 모든 형태의 정부 개입을 정부에 의한 재정적 기여로 간주하고 이를 규제대상으로 삼고 있는 것은 아니라는 점이다. 따라서 오로지 보조금 협정 제1.1조 (a)(1)항에서 나열된 네 가지 상황에 해당되는 경우에 관해서만 보조금 협정에서 규율하는 '정부에 의한 재정적 기여'를 구성하게 된다. 보조금 형태의 '한정적 열거'에 관한 이러한 취지는 보조금 협정의 여타 조항을 통해서도 간접적이나마 확인할 수 있다. 예를 들어 보조금 협정 제10조[65]와 32조[66]는 이와 같은 보조금의 한정적 형태에 기초하고 있는 것으로 판단된다.

특히, 정부에 의한 재정적 기여의 일반적 형태를 규정한 보조금 협정 제1.1조 (a)(1)항 (ⅰ)~(ⅲ)호와는 달리 제1.1조 (a)(1)항 (ⅳ)호는 일종의 예외적 성격을 띠고 있음에 주의해야 한다. 이는 (ⅰ)~(ⅲ)호와 (ⅳ)호의 차이

---

within Article 1.1(a)"; otherwise paragraphs (i) through (iv) of Article 1.1(a) would not be necessary "because all government measures conferring benefits, per se, would be subsidies." (밑줄; 필자 강조)

Id,. para. 114.
65) 이와 관련, 보조금 협정 제10조는 다음과 같이 규정하고 있다.
   Article 10: Application of Article VI of GATT1994
   ··· Countervailing duties *may only be imposed* pursuant to investigations initiated and conducted in accordance with the provisions of this Agreement and the Agreement on Agriculture(이탤릭체; 필자 강조).
66) 한편, 보조금 협정 제32.1조는 다음과 같이 규정하고 있다.
   Article 32: Other Final Provisions
   32.1 No specific action against a subsidy of another Member can be taken *except in accordance with the provisions of GATT 1994, as interpreted by this Agreement*(이탤릭체; 필자 강조).

점을 검토하면 보다 명확해 진다. 보조금 협정 제1.1조 (a)(1)항 (i)호, (ii)호 및 (iii)호는 정부의 특정 조치와 정부의 재정적 기여 사이의 직접적인 연관성(때로는 일체성)을 요구한다고 할 수 있다. 다시 말해 (i)호의 경우 정부로부터의 직접적인 자금이동을, (ii)호의 경우는 정부로부터의 납세의무 경감 또는 면제를, 그리고 (iii)호의 경우는 정당한 반대급부가 수반되지 않은 정부로부터 민간주체로의 상품과 서비스 제공을 요구하고 있는 바, 여기에는 정부의 특정 조치와 정부에 의한 재정적 기여가 일체를 이루거나 최소한 직접적인 상호 연관성이 존재한다.[67]

그러나 (iv)호의 경우 정부의 특정 조치와 정부의 재정적 기여 사이의 직접적인 연관성이 아닌, 별도의 민간 매개체(즉, 시혜 민간주체)를 통한 간접적 연관성에 관한 규정이라는 점에서 중대한 차이점이 있다.[68] 다시 말해 동 (iv)호의 규제대상은 정부로부터의 직접적인 자금 또는 재정적 혜택의 제공이 아닌 민간주체(시혜 민간주체)로부터 여타 민간주체(수혜 민간주체)로의 자금 또는 재정적 혜택의 제공을 대상으로 하고 있다는 측면에서 다른 일반적 보조금 지급 형태와는 그 특성이 확연히 구분된다.

---

67) 보조금 협정 제1.1조 (a)(1)항 (i)호, (ii)호 및 (iii)호 참조.
68) *U.S.-Export Restraints(Panel)*, para. 8.32 참조. 직접 보조금과 간접 보조금에 대한 구별은 GATT 1994의 제6조 3항이 '직접적 혹은 간접적인 방식으로 상품의 생산이나 수출에 지급되는 보조금(subsidy determined to have been granted, *directly or indirectly*, on the manufacture, production or export of such product)'이라는 점을 언급하고 있는 데에서 출발한다고 볼 수 있다. *U.S.-Export Restraints(Panel)* 사건은 사실 미국과 캐나다 간 연목재(Softwood Lumber)를 둘러싼 오랜 분쟁을 그 대상으로 하고 있다. 미국 상무부는 1992년 캐나다산 연목재에 대한 상계관세 조사에서 캐나다 정부의 원목 수출 제한 규정(export restraints)은 캐나다의 연목재 생산업자들이 이러한 원목을 저가에 구매할 수 있는 환경을 조성하였다는 이유로 보조금을 구성하고 따라서 상계관세를 부과하였다. 따라서 동 분쟁은 간접 보조금 일반, 그리고 위임·지시 보조금과 직접적으로 연관되어 있다. 이 문제는 1996년 캐나다와 미국이 연목재 수입과 관련한 양자 협정을 통해 정리된 듯하였으나, 동 협정이 종료되는 2001년 3월 31일 이후에 미국 상무부가 동일한 결정을 재차 내릴 것을 우려한 캐나다가 미국을 제소한 사건이다.

정부와 민간기업 간의 직접적 거래를 규율하는 (ⅰ)~(ⅲ)호와는 달리 (ⅳ)호는 민간주체와 다른 민간주체 간의 거래를 그 규제대상으로 삼고 있는 예외적인 상황에 대한 규정이다. 동 조항은 민간주체 간 외양상 순수 민간거래를 불법 보조금의 영역 속으로 편입시키는 연결고리라 할 것이며, 이는 정부와의 직접적 상호관계를 요구하는 보조금의 일반적 형태는 아닌 것으로 다른 보조금과 구별되는 예외적 성격을 띠고 있다. 위임·지시 보조금 문제 접근에 있어 이러한 예외적 상황을 염두에 둔 신중한 접근이 요구되는 이유이다.

나아가 보조금 협정 제1.1조 (a)(1)항 (ⅳ)호의 예외적 성격은 다음의 사실에서도 확인된다. WTO 협정의 다른 부분에서 보조금 협정 제1.1조 (a)(1)항 (ⅳ)호 규정만큼 '공격적'인 조항이 발견되지 않는다. WTO 협정은 기본적으로 각 회원국의 주권을 존중하는 바탕에 기초하고 있다. 먼저 WTO 설립협정 및 부속협정은 관련 분야의 규율을 위한 기본틀(framework)을 설정하고 이러한 기본틀 내에서 각 회원국은 이행을 위한 국내법령을 도입하여 구체적 규율을 실시하고 있다. 즉, WTO 통상 규범의 실제 집행은 각국 국내입법과 재량에 상당 부분 위임되어 있다. 또한 WTO 협정 곳곳에 관련 협정의 적용 또는 분쟁의 해결에 있어 관련 당사국 간 상호협의나 타협을 규정하고 있다.[69] 그러나 이러한 WTO의 기본정신 및 골격에 비추어 보조금 협정 제1.1조 (a)(1)항 (ⅳ)호는 일방 WTO 회원국의 조치 및 정책에 대하여 他方 회원국이 일정한 범위 내에서 심의 및 평가할 권한을 부여하는 것으로 상당히 이례적인 조항이라고 할 만하다. 물론 보조금의 내재적 특성상 항상 정부 개입을 전제로 하고 있으므로 어느 정도 타국 정책에 대한 평가는 ―예를 들어, 상대방 정부가 자국 주요산업에 자금지원을 실시하였는지 여부에 대한 검토 등― 어떤 측면에서 당연

---

69) 예를 들어 DSU는 회원국들 간 외교적 교섭에 의한 특정 분쟁의 해결 가능성을 항상 보장하고 있으며, 또한 WTO 체제 내에서 다양한 의사 결정은 총의(consensus)제도에 의하는 것이 원칙이다. WTO 설립협정, 제9조 참조.

하다고 할 수도 있을 것이나 제1.1조 (a)(1)항 (iv)호는 그러한 단순한 정부 조치에 대한 심의를 넘어 정부와 민간주체 간의 기본적인 관계를, 또 민간주체 상호간의 거래관계를 분석하고자 한다는 점에서 이례적 조항이라 아니할 수 없다.

마찬가지 맥락에서 제1.1조 (a)(1)항 (iv)호상 '위임 및 지시'의 검토는 결국 민간주체 상호간 거래의 '상업적 타당성' 여부를 심의한다는 차원에서도 상당히 예외적이다. WTO 협정 여타 분야에서도 민간기업의 독자적 조치를 심의하는 내용이 존재하기는 하나(예를 들어 반덤핑 협정에 따른 특정기업의 가격 및 생산비용 결정요소 조사 등) 민간주체 상호간 거래의 '상업적 타당성'을 심의하는 것은 이례적이라고 하겠다.

위임·지시 보조금이 일반적인 보조금(즉, 직접 보조금)과 기본적으로 상이한 형태를 띠고 있다는 점은 이 부분에 관한 미국 통상법의 규정 방식을 보더라도 간접적이나마 파악할 수 있다. 위에서 살펴보았듯이 보조금 협정은 보조금 구성의 첫 번째 요소인 '정부에 의한 재정적 기여'라는 항목에 여타의 직접 보조금과 함께 위임·지시 보조금을 규정하고 있다. 그러나 미국 통상법의 규정 방식은 다소 상이하다. 즉 미국의 개정 1930년 관세법(Tariff Act of 1930 as amended)은 정부에 의한 재정적 기여와 위임·지시 보조금을 병렬적으로 규정하는 형태를 띠고 있다.[70] 이는 위

---

[70] 이 문제를 규율하고 있는 미국의 1930년 관세법(Tariff Act of 1930 as amended)의 관련 규정을 살펴보면 다음과 같다.

    Section 771 Definitions; Special Rules
    ...
    (5) Countervailable Subsidy
    ...
    (B) Subsidy described
    A subsidy is described in this paragraph in the case in which an authority.
    (i) provides a *financial contribution*,
    (ii) provides any form of income or price support within the meaning Article XVI of the GATT 1994, or

임·지시 보조금이 일반적인 보조금과 구별되어야 한다는 방증이라고 할 수 있다.

4. 위임 및 지시 조항의 엄격한 해석 필요성

이러한 점을 종합적으로 고려하면 보조금 협정 제1.1조 (a)(1)항 (iv)호는 보조금 협정의 규율대상인 여타 보조금 — 즉, 직접 보조금 — 과 분명 구별되는 예외적인 성격의 조항이며 오로지 제한된 범위 내에서만 적용될 것을 예정하고 도입되었다는 것을 파악할 수 있다. Karl Larenz가 지적하였다시피 법률은 기본적으로 규칙(regel)에 가급적 넓은 효력 범위를 인정하고자 하며 규칙에 대한 예외는 가급적 좁게 해석되어야 한다.[71] 보조금

(iii) makes a payment to a funding mechanism to provide a financial contribution, or *entrusts or directs* a private entity(이탤릭체; 필자 강조).

즉 미국 국내법은 위임·지시 보조금은 '정부에 의한 재정적 기여'와는 구별된다는 입장을 취하고 있는 것으로 판단된다. 동 조항에 뒤이어 '재정적 기여'를 상세히 규정하고 있는 조항에서도 재정적 기여의 형태로 다음과 같이 소위 직접 보조금만을 나열하고 있다.

(D) Financial contribution
The term "financial contribution" means —
 (i) the direct transfer of funds, such as grants, loans, and equity infusions, or the potential direct transfer of funds or liabilities, such as loan guarantees,
 (ii) foregoing or not collecting revenue that is otherwise due, such as granting tax credits or deductions from taxable income,
 (iii) providing goods or services, other than general infrastructure, or
 (iv) purchasing goods.

이 두 조항을 살펴보면 최소한 미국 국내법도 위임·지시 보조금의 특별성 내지 예외성을 인정하는 기초 위에서 출발하고 있음을 알 수 있다.

71) Karl Larenz, *Methodenlehre der Rechtswissenschaft*, Springer-Verlag (1991), pp.355〜356 참조.

협정 자체의 예외적 성격, 나아가 위임·지시 보조금의 예외적 성격은 위임·지시 보조금 문제와 관련된 조항의 해석 및 적용은 엄격하게 이루어져야 한다는 점을 보여준다.

이러한 원칙에 비추어 U.S.-DRAMs(AB) 항소기구 판정을 고찰하면 다음과 같은 문제점을 발견할 수 있다. 위에서 살펴본 바와 같이 영어 단어 'entrustment'를 'delegation'으로 그리고 'direction'을 'command'로 해석하는 것은 '지나치게 좁은(too narrow)' 해석이라는 것이 U.S.-DRAMs(AB) 사건에서 항소기구의 입장이었다.[72] 그리고 다양한 해석 가능성이 있는 경우, 그러한 다양한 해석을 포괄할 수 있는 해석 원칙을 채택하는 것이 위임·지시 보조금 확인에 타당하다는 것이었다.[73] 그러나 위에서 살펴본 바와 같이 위임·지시 보조금은 오히려 가급적 좁게 해석하는 것이 조약의 문맥, 목적 및 대상에 비추어 타당하다는 점을 알 수 있다.

동 조항을 엄격히 해석하지 않을 경우의 문제점은 자명하다. '위임 및 지시' 조항을 엄격히 해석하지 않는다면 민간주체 간 정상적인 상업거래도 다양한 사유로 단지 정부개입이 있었다는 이유만으로 '정부에 의한 재정적 기여'로, 나아가 불법 보조금으로 인정될 가능성이 상존하기 때문이다. 경제, 금융, 재정, 수출 및 통화 등 제반 분야에 대한 각국 정부의 다양한 형태의 개입 및 규제가 증가하는 현 국제사회의 실정을 감안할 때, 민간주체 간 정당한 거래 및 의사 결정과정을 단지 해당국 정부가 연관되어 있다는 이유만으로 보조금 협정 위반을 구성하는 불법 보조금으로 결

---

[72] U.S.-DRAMs(AB), paras. 110, 111 참조.
[73] 이러한 점은 'direction'의 해석과 관련한 항소기구의 해석에서 명확히 드러난다. 즉, 항소기구는 command라는 의미가 direction에 분명 포함되는 것이지만 회원국 정부는 command 이외의 다른 방법으로도 direction을 행사하는 상황도 있을 수 있음을 언급하며 패널의 '좁은' 해석을 배척하고 있다. Id., para. 111 참조[A 'command' (the word used by the Panel) is certainly one way in which a government can exercise authority over a private body in the sense foreseen by Article 1.1(a)(1)(iv), but governments are likely to have other means at their disposal to exercise authority over a private body(밑줄; 필자 강조)].

정한다면 선의의 정부 개입 및 정책도 규제를 받는 부당한 결과가 초래될 것이다. 그리고 그러한 부당한 결정의 위험성은 무엇보다 구조적으로 경제 및 금융분야에 대한 정부의 직접적인 규제와 개입이 활성화 되어 있는 개발도상국의 경우 더욱 증폭된다고 할 수 있을 것이다.[74] 이러한 부작용을 가급적 최소화하기 위해서는 '위임 및 지시'에 대한 해석은 엄격히 이루어져야 한다.

그럼 어떻게 엄격히 해석하여야 할 것인가? 일단 간단한 원칙을 제시한다면 위임·지시 보조금 확인에는 민간주체로부터의 ―즉 시혜 민간주체로부터의― 자금지원 및 경제적 혜택 부여가 정부로부터의 자금지원 및 경제적 혜택 부여로 간주될 수 있을 정도로 정부와 해당 민간주체 간 밀접한 연관성이 요구된다고 보아야 할 것이다. 여기에서 말하는 밀접한 연관성은 시혜 민간주체의 '외관상' 상업적 행위가 정부의 행위로 간주될 수 있을 정도로 밀접한 상호 연관성을 요구하는 것으로 해석되어야 할 것이다. 이는 일반적인 관련성 또는 추상적 인과관계의 존재를 넘어 양자가 서로 동일시 될 수 있을 정도의 직접적 상호 연관성으로 이해되어야 한다.

---

[74] 장기간에 걸쳐 탄탄한 토대를 구축한 선진국의 경제·금융체제하에서는 민간 경제부분에 대한 정부 및 공공부분의 개입이 제한적일 것이나, 개발도상국이나 후진국의 경우 민간 경제부분에 대한 정부의 개입은 더욱 광범위하고 직접적으로 이루어지는 것이 일반적이라고 하겠다. 이러한 정부의 적극적인 개입은 단시간에 경제개발 달성을 위한 필요조건의 하나라고도 할 수 있는 바, 이는 1960년대 이후 정부의 주도적 역할을 통해 급속한 경제개발을 달성한 한국의 사례를 보더라도 확인이 된다. Edward M. Graham, *Reforming Korea's Industrial Conglomerates*, Institute for International Economics (2003), 제2~4장 참조. 즉, 한국의 경우, 산업 및 무역정책 수단으로서의 보조금 정책은 지난 40년간의 경제개발 정책의 주축을 이루어 왔고 국내적으로 보조금 정책에 상당히 호의적인 정치경제구조가 형성되어 있다. 안덕근, 『보조금 협정 연구』, *supra* 제2장 제1절 note 1, p.4 참조. 사실 선진국의 경우에도 정부 당국은 민간 금융기관에 대하여 광범위한 규제를 실시하고 있다. 이는 가장 선진적인 금융제도를 보유하고 있는 미국의 경우도 마찬가지이다. William A. Lovett, *Banking and Financial Institutions Law in a Nutshell*, West Group, 5th ed. (2001) Chapter Ⅲ (Banking Market Regulation) 참조.

이러한 원칙을 구체적 사례에 적용하면 다음과 같은 경우를 상정할 수 있다. 예를 들어, 시혜 민간주체가 수혜 민간주체와 특정한 민간거래를 결정하는 과정에서 정부의 관여 및 관심을 하나의 평가 요소로 고려하였다는 사실만으로 해당 민간거래를 정부에 의한 '위임 및 지시'에 해당하는 위장된 보조금 지급 조치로 전환시킬 수는 없다고 하겠다. 다시 말해 보조금 협정 제1.1조 (a)(1)항 (iv)호는 시혜 민간주체가 수익 극대화 이외에 여타 공공적 요소(예를 들어 정부의 관여, 관심 또는 국가 경제적 파장 등)를 고려한 행위 그 자체를 부당한 것으로 간주하여 불법 보조금 제공의 근거로 삼는 것을 허용하는 것은 아니다. 왜냐하면 공공적 요소에 대한 고려가 시혜 민간주체의 의사 결정과정에도 분명 영향을 끼쳤을 것이지만, 이와 함께 여타 상업적 요소도 아울러 고려된 경우, 그러한 공공적 요소가 시혜 민간주체 의사 결정의 결정적 기초를 구성하였다고 단정 지을 근거는 없기 때문이다. 이 경우 시혜 민간주체의 의사 결정과정이 마치 정부의 의사 결정과정과 동일시 될 수 있을 정도로 시혜 민간주체 행위와 정부 행위 간 밀접성 내지 직접적 연관성이 존재한다고 주장하기는 곤란할 것이다. 오로지 그러한 예외적인 경우에 한해 보조금 협정 제1.1조 (a)(1)항 (iv)호는 위임·지시 보조금으로 규제하고 있다고 새겨야 할 것이다.

III. 문맥을 고려한 해석

비엔나 협약 제31조 2항은 문맥에 따른 해석은 조약의 본문, 전문, 부속서 및 조약 체결과 관련하여 당사국 간 합의에 기초하여 이루어진다고 규정하고 있다. 보조금 협정의 경우 전문이 존재하지 않고 부속서에도 위임·지시 보조금과 관련된 내용이 포함되어 있지 않으며 또 이 문제와 관련한 조약 체결 시 당사국 간 합의나 문서가 존재하지 않으므로 결국 문맥에 관한 고찰은 보조금 협정 여타 조항의 고찰에 국한될 수밖에 없을 것이다. 따라서 아래에서는 보조금 협정 여타 조항에 대한 검토를 통해 문맥을 고려한 해석을 실시한다.

1. 보조금 조치에 대한 개별적 검토

이와 관련, 먼저 보조금 협정 제1.1조 (a)(1)항은 보조금의 정의와 관련, 한정적 열거 형태를 채택하고 있음에 주목하여야 한다. 보조금 협정에 따르면 특정 정부 조치가 보조금 협정이 나열하는 세 가지 형태의 직접 보조금에 해당하지 않는 경우, 제1.1조 (a)(1)항 (iv)호에 규정된 위임ㆍ지시 보조금에 해당하는 경우가 보조금 확인을 위한 유일한 방법이다. 따라서 세 가지 형태의 직접 보조금에 해당하지 않고 위임ㆍ지시 보조금에도 해당하지 않은 경우, 실제 해당국의 특정기업이 경제적 혜택을 향유하였다고 하더라도 현 보조금 협정 체제하에서는 최소한 정부에 의한 재정적 기여를 구성하지 않으며 따라서 보조금 협정의 규제대상인 보조금에 해당되지 않는다.

보조금 협정 제1.1조 (a)(1)항 (iv)호의 규정은 '위임 및 지시'를 판단함에 있어 정부, 시혜 민간주체 및 수혜 민간주체 3자의 관계가 위임ㆍ지시 보조금 지급으로 주장되는 각종 프로그램별로 개별적이고 구체적으로 입증될 것을 요구하고 있다.[75] 즉, 위임ㆍ지시 보조금으로 주장되는 정부 정책 또는 프로그램들은 개별적으로 ① 정부의 재정적 기여, ② 경제적 혜택의 존재, ③ 특정성의 존재 여부가 각각 확인되어야 한다. 이는 모든 형태의 보조금에 공히 적용되는 '정부의 재정적 기여'에 대한 기준을 제시하고 있는 보조금 협정 제 1.1조 (a)항을 보더라도 확인된다. 동조는

---

75) 보조금 협정 제1.1조 (a)(1)항 (iv)호 참조.

"… there is a financial contribution … where …"이라고 규정하고 있는 바, 이는 기본적으로 '단일의' 정부 조치를 개별적인 보조금 심의의 대상으로 상정하고 있음을 보여준다. 다시 말해 관치금융 제도를 통한 보조금 지급 시스템의 상시 가동과 같은 일반적 결정은 보조금 협정상 기본적으로 허용되지 않는다고 하여야 할 것이다.

여기에서 제1.1조 (a)항이 단수(singular)의 용어를 채택하고 있음은 법적 의미가 있는 것으로 보아야 한다. WTO 협정의 해석에 있어 특정 단어가 단수인지 혹은 복수(plural)인지 여부는 독자적 의미를 내포하며 항소기구도 특정 조항에 사용된 용어가 단수인지 복수인지 여부에 때로는 중요한 의미를 부여한다.76) 마찬가지로 조약 해석의 중요한 기준인 통상적 의미에 따른 해석에는 해당 단어가 단수 혹은 복수인지의 여부도 마찬가지로 중요한 요소이다.77) 유사한 맥락에서 Aust는 비엔나 협약 제31조를 해석함에 있어서 해당 조항의 제목이 단수('General Rule of Interpretation')라는 이유로 해당 조항은 하나의 원칙만을 제시하고 있다고 주장하기도 한다.78)

2. 적절한 상계조치

한편 보조금 협정 제4.10조 및 4.11조, 그리고 각주 9와 10은 일방

---

76) 예를 들어 항소기구는 비엔나 협약 제31조 (1)항의 '대상과 목적'이 특정 조약 전체를 의미하고 있음을 강조하기 위하여 동 조항이 단수(singular) 용어를 사용하고 있음을 언급하고 있다. *EC-Chicken Classification(AB)*, para. 139 참조.
77) 예를 들어 유럽연합의 경우에도 최근 미국과의 관세규정 분쟁에서 제출한 법률의견서(Submission)에서 GATT 1994의 제X:3(b)조가 세관당국의 결정에 대한 사법심사를 담당할 기관을 하나의 법원이나 하나의 절차(a tribunal or a procedure)가 아닌 복수의 법원이나 절차(tribunals or procedures)를 규정하고 있음을 중요한 근거로 내세우고 있다. *European Communities-Selected Customs Matters*, WT/DS315/8['*EC-Customs Matters(Panel)*']의 유럽연합의 제1차 법률의견서(First Written Submission), para. 454 참조.
78) Anthony Aust, *Modern Treaty Law and Practice*, 제3장 제1절 각주 8, p.186 참조.

WTO 회원국이 교부한 금지 보조금에 대한 구제조치(remedies)로서 타방 WTO 회원국이 채택하는 대응조치의 적절한 외연을 제시하고 있다. 동 조항은 다음과 같이 규정하고 있다.

제4.10조

　분쟁해결기구의 권고가 패널 보고서 또는 항소기구 보고서가 채택된 날부터 기산되는 패널이 정한 기간 내에 이행되지 아니한 경우, 분쟁해결기구가 컨센서스로 제소국의 대응조치 요청을 거절하는 경우를 제외하고는 제소국에게 적절한 대응조치를 취하는 것을 승인한다.[79]

제4.11조

　분쟁 당사국이 분쟁해결양해 제22조 6항에 따라 중재를 요구하는 경우, 중재자는 대응조치가 적절한지 여부를 결정한다.[80]

각주 9, 10

　이 표현은 이 규정에 따라 다루어지는 보조금이 금지된다는 사실에 비추어 불균형적인 대응조치를 허락하는 것을 의미하지는 아니한다.[81]

---

79) DSU의 원문은 다음과 같다.

　　　Article 4.10

　　In the event the recommendation of the DSB is not followed within the time-period specified by the panel, which shall commence from the date of adoption of the panel's report or the Appellate Body's report, the DSB shall grant authorization to the complaining Member to take *appropriate countermeasures*, unless the DSB decides by consensus to reject the request(이탤릭체; 필자 강조).

80) DSU의 원문은 다음과 같다.

　　　Article 4.11

　　In the event a party to the dispute requests arbitration under paragraph 6 of Article 22 of the Dispute Settlement Understanding('DSU'), the arbitrator shall determine whether the countermeasures are *appropriate*(이탤릭체; 필자 강조).

81) DSU의 원문은 다음과 같다.

　　　Footnotes 9, 10

즉, 이 조항들의 의미는 타방 회원국이 채택하는 이러한 대응조치가 문제 된 금지 보조금 조치에 비추어 이에 대처하기 위해 적절한 수준까지만 인정된다는 것이다.[82] 비록 동 조항들은 금지 보조금과 관련된 규정이지만 여기에 포함된 조항들은 여타 보조금 및 상계관세 조사 일반에도 적용된다고 새겨야 할 것이다. 보조금 협정에서 가장 비난 가능성이 높은 — 따라서 심지어 속성(expedited) 분쟁해결제도까지 도입하고 있는 — 금지 보조금 분야에서 비례성 원칙을 염두에 둔 대응조치 원칙을 채택하고 있다면 비난 가능성이 상대적으로 낮은 여타 보조금 분야에서도 이러한 원칙은 당연히 적용되는 것으로 새기는 것이 합리적이기 때문이다.

이러한 적절한 대응조치 채택 원칙은 보조금 협정의 여타 조항에서도 도출할 수 있다. 예를 들어 조치가능 보조금에 대한 구제조치에 관한 보조금 협정 제7.9조와 허용 보조금에 관한 제9.4조[83]는 다음과 같이 규정

This expression is not meant to allow countermeasures that are *disproportionate* in light of the fact that the subsidies dealt with under these provisions are prohibited(이탤릭체; 필자 강조).

82) 이러한 의미는 '적절한 대응 조치(appropriate countermeasures)'의 사전적 의미를 살펴보더라도 확인된다. 영어 단어 'appropriate'의 사전적 의미는 '어떠한 목적에 적합 또는 부합하는(something which is especially suitable or fitting)' 것이며 또한 여기에서 사용된 영어 단어 'suitable'의 의미는 '어떠한 목적 및 상황에 부합하는(fitted for or appropriate to a purpose, occasion)' 또는 '어떠한 목적에 부합하기 위해 적응된(adapted to a use or purpose)'이란 의미를 내포하고 있다. 한편 영어 단어 'fitting'의 의미는 '어떤 상황에 적절한(of a kind appropriate to the situation)'이고, 영어 단어 'countermeasure'의 사전적 의미는 '어떠한 위험이나 위협 등에 대항하기 위하여 취해진 조치(an action taken to counteract a danger, threat, etc.)로 정의되어 있다. 여기에 사용된 '대항하다(counteract)'라는 의미는 '어떠한 행위나 효과를 무력화하거나 또는 반대되는 조치로서 그 달성을 방해하거나 극복하는 것(hinder or defeat by contrary action; neutralize the action or effect of)'이라고 정의되어 있다. *U.S.-FSC*(22.6), paras. 5.4, 5.9[*Webster's New Encyclopaedic Dictionary* (1994) 및 *The New Shorter Oxford English Dictionary* (1993) 재인용].

83) 허용 보조금(non-actionable subsidies)에 관한 조항은 1999년 12월 31일자로 효력을 상실하였으나 제9.4조의 취지는 동일한 원칙을 보여주고 있다.

하고 있다.

제7조 구제

7.9 분쟁해결기구가 패널 보고서 또는 상소기구 보고서를 채택한 날부터 6월 이내에 회원국이 부정적 효과를 제거하기 위한 적절한 조치를 취하지 아니하거나 보조금을 철폐하지 아니하고 또한 보상에 관한 합의가 없는 경우 분쟁해결기구는 컨센서스에 의하여 대응조치 요청을 거절하기로 결정하지 아니하는 한 [패널 및 항소기구에 의해] 존재하는 것으로 판정된 부정적 효과의 정도와 성격에 상응하는 대응조치를 제소 회원국이 취하도록 승인한다.84)

제9조 협의 및 승인된 구제

9.4 사안이 보조금 위원회에 회부되는 경우, 위원회는 즉시 관련 사실 및 제1항에 언급된 효과의 증거를 검토한다. 위원회는 그러한 효과가 존재한다고 결정하는 경우, 보조금 지급 국가에게 이러한 효과를 제거할 수 있는 방법으로 당해 계획을 수정하도록 권고할 수 있다. 위원회는 제3항에 따라 사안이 위원회에 회부된 날로부터 120일 이내에 자신의 결론을 제시한다. 위원회의 권고가 6월 이내에 이행되지 아니할 경우, 위원회는 존재한다고 판정된 효과의 성격과 정도에 상응하는 적절한 대응조치를 요청 회원국이 취하도록 승인한다.85)

---

84) DSU의 원문은 다음과 같다.

    Article 7: Remedies

    7.9 In the event the Member has not taken appropriate steps to remove the adverse effects of the subsidy or withdraw the subsidy within six months from the date when the DSB adopts the panel report or the Appellate Body report, and in the absence of agreement on compensation, the DSB shall grant authorization to the complaining Member to take countermeasures, *commensurate with the degree and nature of the adverse effects* determined to exist, unless the DSB decides by consensus to reject the request(이탤릭체; 필자 강조).

85) DSU의 원문은 다음과 같이 규정하고 있다.

    Article 9: Consultations and Authorized Remedies

    9.4 Where a matter is referred to the Committee, the Committee shall immediately review the facts involved and the evidence of the effects referred to in paragraph 1. If the Committee determines that such effects exist, it may

동 조항들 역시 보조금 협정은 보조금에 대항하는 대응조치의 규모나 방법이 문제가 된 보조금 조치의 구체적 특성과 규모에 적합한 방법으로 채택되어야 한다는 원칙을 포함하고 있음을 입증하고 있다. 이 원칙에 따르면 설사 보조금 협정의 위반을 구성하는 보조금이 존재하고 특정의 대응조치가 분명 이러한 불법 보조금에 대항하는 성격의 조치라고 하더라도 그러한 조치가 지나치게 광범위하거나 비대칭적일 경우 그러한 대응조치는 허용되지 않는다고 새겨야 할 것이다.[86] 동 조항이 대응조치를 실시하는 국가가 보조금 지급에 따른 피해와 이에 부합하는 대응조치를 도출하기 위한 엄격한 산술적 접근까지 요구하는 것은 아니라고 하더라도 보조금 피해와 대응조치간의 전체적인 비례성은 요구하고 있다고 보아야 한다.[87]

3. 증거기준

한편 상계관세 조사의 개시(initiation)와 연관된 보조금 협정 제11.2조와 11.3조는 충분한 증거가 제시되고 조사당국이 그러한 증거의 정확성에 대한 기본적인 신뢰가 있는 경우에 한해 상계관세 조사 개시를 인정하고 있다. 동 조항은 다음과 같이 규정하고 있다.

제11조 조사개시 및 후속조사
  11.2 제1항의 신청은 (가) 보조금과 가능한 경우 그 금액, (나) 이 협정에 의

---

recommend to the subsidizing Member to modify this programme in such a way as to remove these effects. The Committee shall present its conclusions within 120 days from the date when the matter is referred to it under paragraph 3. In the event the recommendation is not followed within six months, the Committee shall authorize the requesting Member to take *appropriate countermeasures commensurate with the nature and degree of the effects* determined to exist(이탤릭체; 필자 강조).

86) *U.S.-FSC*(22.6), para. 5.62 참조.
87) *Id.*

하여 해석되는 1994년도 GATT 제6조의 의미에 따른 피해, 및 (다) 보조금을 받은 수입품과 주장된 피해와의 인과관계의 존재에 대한 충분한 증거를 포함한다. 관련된 증거에 의하여 입증되지 아니하는 단순한 주장은 이 항의 조건을 충분히 충족시키는 것으로 간주되지 아니한다. 동 신청은 신청자가 합리적으로 입수 가능한 다음에 관한 정보를 포함한다. …
3) 당해 보조금의 존재, 금액 및 성격에 관한 증거

11.3 조사당국은 증거가 조사 개시를 정당화하기에 충분한지 여부를 결정하기 위하여 신청서에 제시된 증거의 정확성과 적정성에 대하여 검토한다.[88]

상계관세 조사 개시에 요구되는 기준보다 조사 진행과 조사를 마무리하는 최종판정에 요구되는 기준은 최소한 동일하거나 더 엄격하다고 새겨야 한다면, 동 조항은 상계관세 조사에 있어 보조금 존재의 확인이 단순한 추측이나 추론이 아닌 구체적 증거에 기초하여 이루어져야 함을 나타내고 있다. 그리고 이러한 해석은 보조금 협정 제12.5조에서도 재확인되고 있다. 동 조항은 다음과 같이 규정하고 있다.

제12조 증거

12.5 제12.7조에 규정된 경우를 제외하고는 조사당국은 조사기간 중 이해

---

[88] 보조금 협정 제11.2조와 11.3조는 다음과 같이 규정하고 있다.

Article 11: Initiation and Subsequent Investigation

11.2 An application under paragraph 1 shall include *sufficient* evidence of the existence of … a subsidy … Simple assertion, unsubstantiated by relevant evidence, cannot be considered sufficient to meet the requirements of this paragraph. The application shall contain such information as is reasonably available to the applicant on the following …

(iii) evidence with regard to the existence, amount and nature of the subsidy in question …

11.3 The authorities shall review the *accuracy and adequacy* of the evidence provided in the application to determine whether the evidence is sufficient to justify the initiation of an investigation(이탤릭체; 필자 강조).

관계 당사국 및 이해관계자에 의해 제공되고 추후 조사당국이 내리는 최종판정의 기초를 제공하는 정보의 정확성에 관하여 스스로 만족할 수 있어야 한다.[89]

또한 비록 특정성(specificity)과 직접 관련된 조항이기는 하지만 보조금 협정 제2.4조도 '위임 및 지시' 확인을 포함한 보조금 협정 전반에 걸쳐 적용될 증거기준의 원칙을 선언한 것으로 판단할 수 있다. 동 조항은 다음과 같이 규정하고 있다.

> 2.4 이 조의 규정에 따른 특정성에 대한 판정은 명확한 증거에 기초하여 명백히 입증되어야 한다.[90]

보조금 협정에 포함된 이러한 조항들은 총체적으로 보조금 및 상계관세 조사에 있어 조사당국 및 패널이 합리적 증거기준을 적용한 객관적인 방법을 채택할 것을 규정하고 있다고 할 수 있겠다.

4. 선의와 형평에 의한 조사

그 다음으로 보조금 협정 전체를 통괄하고 있는 선의와 형평에 따른 보조금 및 상계관세 조사 원칙을 들 수 있다. 예를 들어 '특정성' 확인과 연

---

[89] 보조금 협정 제12.5조는 다음과 같이 규정하고 있다.

   Article 12: Evidence

   12.5 Except in circumstances provided for in paragraph 7, the authorities shall during the course of an investigation satisfy themselves as to the *accuracy* of the information supplied by interested Members or interested parties upon which their findings are based(이탤릭체; 필자 강조).

[90] 보조금 협정 제2.4조는 다음과 같이 규정하고 있다.

   Article 2: Specificity

   2.4 Any determination of specificity under the provisions of this Article shall be clearly substantiated on the basis of *positive evidence*(이탤릭체; 필자 강조).

관련 보조금 협정의 주석(Footnote) 2는 보조금 및 상계관세 조사 시 특정성 존재 여부를 판단함에 있어 관련기업에 부당한 피해나 차별을 초래하지 않는 '객관적'인 방법으로 각종 기준 및 상황을 분석하도록 요구하고 있다.91) 또한 위에서 이미 지적한 바와 같이 금지 보조금으로 인한 구제절차와 관련, 보조금 협정 각주 9와 10은 기본적으로 상계관세 조치가 주장된 보조금의 정도에 합리적으로 상응하는 방법으로 채택, 시행되어야 한다는 점을 보여주고 있다.92) 현지실사(on-the-spot verification)와 관련하여 조사국과 피조사국 간 선의에 기초한 협의 의무를 규정한 보조금 협정 제12.6조,93) 그리고 피조사국 정부와 기업이 보조금 및 상계관련 조사와 관련된 답변을 제공함에 있어 경험하게 되는 특별한 애로사항을 조사당국이 고려하도록 한 보조금 협정 제12.11조 역시 모두 동일한 취지를 내포하고 있다고 할 수 있을 것이다. 이러한 조항들을 총체적으로 고려할 경우, 보조금 협정에서 예정하고 있는 보조금 및 상계관세 조사는 조사당

---

91) 보조금 협정 Footnote 2는 다음과 같이 규정하고 있다.

Objective criteria or conditions, as used herein, mean criteria or conditions *which are neutral, which do not favour certain enterprises over others*, and which are economic in nature and horizontal in application, such as number of employees or size of enterprise(이탤릭체; 필자 강조).

92) 한편 보조금 협정의 각주 9와 10은 다음과 같이 규정하고 있다.

This expression *is not meant to allow countermeasures that are disproportionate* in light of the fact that the subsidies dealt with under these provisions are prohibited(이탤릭체; 필자 강조).

93) 또한 현지실사와 관련한 보조금 협정 제12.6조의 규정은 다음과 같다.

Article 12: Evidence

12.6 The investigating authorities may carry out investigations in the territory of other Members as required, *provided that they have notified in good time the Member in question and unless that Member objects* to the investigation. Further, the investigating authorities may carry out investigations on the premises of a firm and may examine the records of a firm if *(a)* the firm so *agrees* and *(b)* the Member in question is *notified and does not object*(이탤릭체; 필자 강조).

국의 자의적 조사권의 행사가 아닌 피조사국과 기업의 제반 정황을 고려하여 형평에 기초한 조사를 해야한다는 것을 나타내고 있다고 할 수 있을 것이다.

선의와 형평에 의한 조사 원칙은 특히 위임・지시 보조금 분야에서 중요한 의미가 있다. 이러한 보조금 지급 형태는 사실 민간주체가 외관상의 자율성에도 불구, 사실은 정부의 또 다른 자아(alter ego)로서 그 대리인 역할을 수행하는 것이라는 점에서 각국 회사법에서 다루는 '회사 위장막 제거(piercing corporate veil)' 상황과 유사하다. '회사 위장막 제거' 원칙이란 회사의 형식적인 독자적 의사결정이 사실은 회사라는 위장막하에 주주 개인의 이해관계 증진을 위해 내려졌고, 회사는 개인의 이해관계 보호를 위한 대리인에 불과한 경우 회사를 실제 조종하고 있는 주주 개인에 대해 법적 책임을 물을 수 있다는 원칙이다.[94] 법원이 어떠한 경우에 이러한 '회사 위장막 제거' 원칙을 적용할 것인가에 관해서는 일관된 원칙을 제시할 수 없고 당해 사안에 비추어 정의(justice), 공평(fairness), 및 형평(equity)을 고려하여 결정하는 것이 원칙이다. 이 역시 선의 및 형평 원칙을 표방하고 있다고 할 수 있을 것이다. 그렇다면 동일하거나 최소한 유사 원칙이 위임・지시 보조금 분야에 적용되지 않을 이유는 없다고 할 것이다.[95]

5. 이용가능한 정보 원식 적용의 한계

보조금 협정 제12.11조는 상계관세 조사에 있어 피조사국 기업이 요청된 자료 제공에 곤란을 겪는 경우 이에 대하여 적절히 고려할 의무를 조사당국에 부과하고 있다. 동 조항은 다음과 같이 규정하고 있다.

---

94) Robert W. Hamilton, *The Law of Corporations in a Nutshell*, West Group, 5th ed. (2000), Chapter 6 참조.
95) *Id.*, p.141 참조.

12.11 조사당국은 이해 당사자, 특히 소규모 기업이 요청된 정보를 제공하는데 있어서 겪는 애로사항을 적절히 고려하며, 가능한 모든 지원을 제공한다.96)

정부와 시혜 민간주체 간 접촉에 대한 고찰을 그 본질로 하는 위임·지시 보조금 조사의 속성상 수혜 민간주체 입장에서 그와 관련된 자료를 획득하거나 이를 조사당국에 제출하는 것은 용이한 일이 아니다.97) 그런데 대부분의 경우 수혜 민간주체가 위임·지시 보조금 조사의 주된 대상으로 가장 광범위한 자료제출 의무를 부담하게 된다. 따라서 동 민간주체 입장에서는 기본적으로 자료제공에 한계를 보유하고 있을 수밖에 없다. 그렇다면 조사당국은 수혜 민간주체가 직면하는 이러한 애로사항에 대하

---

96) 보조금 협정 제12.11조는 다음과 같이 규정하고 있다.

    Article 12: Evidence

    12.11 The authorities shall *take due account of any difficulties* experienced by interested parties, in particular small companies, in supplying information requested, and shall provide any assistance practicable(이탤릭체; 필자 강조).

97) 위임·지시 보조금 조사의 포괄성으로 말미암아 조사당국은 피조사국 정부 및 기업에 대하여 광범위한 자료 제출을 요구하고 피조사국 정부 및 기업이 이러한 요청을 100% 수용할 수 없는 상황이 발생함에 따라 이용가능한 정보 원칙 적용과 관련한 분쟁이 발생하고 있다. 예를 들어 최근 한국산 반도체 상계관세 조사에서 유럽연합 조사당국은 한국 정부가 '경제장관간담회'와 관련된 내용을 제출하지 않았음을 이유로 조사에 대한 비협조로 간주, 보조금 협정 제12.7조에 따른 '이용가능한 정보' 원칙을 적용하였다. 이에 따라 유럽연합은 한국 정부의 답변을 배척하고 한국에 부정적인 정황증거를 대신 채택하였다. 한국 정부는 동 조사에 성실히 협조하였으며 자료 제공을 고의로 회피한 것이 아니라는 점을 강조하며 이용가능한 정보 원칙 적용이 부당함을 주장하였다. 한국 정부의 주장은 정부 전 부처의 관계 문서를 검토할 것을 요구하는 조사당국의 요구는 불합리하며 피조사국 정부는 합리적 범위 내에서 자료제출 의무의 부담함을 주장하였다. *EC-DRAMs(Panel)*, paras. 7.38 7.79 7.80, 유럽연합의 제1차 법률의견서(First Written Submission), para. 304 참조. 동일한 문제가 현재 진행 중인 미국 상무부와 일본 정부의 한국산 반도체 상계관세 부과 제1차 연례재심에서도 제기되었다. 미국 상무부 한국산 반도체 상계관세 1차 연례재심 예비판정, 제2장 제3절 각주 3, pp.54, 528 ; 일본 정부 한국산 반도체 상계관세 조사 중요사실, 제2장 제3절 각주 2, paras. 80-81 각각 참조.

여 고려하여야 할 의무를 보조금 협정 제12.11조가 부과하고 있다고 할 수 있을 것이다. 그리고 소규모 기업을 특별히 지칭하고 있는 것은 단순한 예시적 열거라는 점을 고려하면 이러한 원칙은 위임·지시 보조금의 또 다른 조사대상인 정부 및 대기업에 대해서도 마찬가지로 적용된다고 할 수 있을 것이다.

따라서 동 조항은 위임·지시 보조금 조사에 있어서 조사당국의 피조사국 정부 및 수혜 민간주체에 대한 빈번한 '이용가능한 정보(facts available)' 원칙의 적용을 억제하는 의미를 내포하고 있다고 볼 수 있을 것이다. 보조금 협정 제12.7조는 이용가능한 정보 원칙을 다음과 같이 규정하고 있다.

> 12.7 이해관계 회원국 또는 이해 당사자가 합리적인 기간 내에 필요한 정보에의 접근을 거부하거나 또는 동 정보를 제공하지 아니하는 경우 또는 조사를 심각하게 방해하는 경우, 입수가능한 사실에 기초하여 긍정적 또는 부정적인 예비 및 최종판정이 내려질 수 있다.[98]

따라서 제12.11조는 제12.7조에 따른 이용가능한 정보 원칙의 남용을 견제하기 위해 도입된 조항으로 위임·지시 보조금에서도 적절히 활용되어야 함을 보여준다.

6. 각국 경제적 특성의 존중

WTO 보조금 협정도 비록 간접적이지만 상계관세 조사에 있어 피조사

---

98) 보조금 협정 제12.7조의 원문은 다음과 같다.

    Article 12: Evidence

    12.7 In cases in which any interested Member or party refuses access to, or otherwise does not provide, necessary information within reasonable period or significantly impedes the investigation, preliminary and final determinations, affirmative or negative, may be made *on the basis of facts available*(이탤릭체; 필자 강조).

국 정부와 관련기업의 조치를 그 해당국의 문화적, 환경적 관점에서 판단하여야 한다는 점을 나타내고 있다.99) 예를 들어, 보조금 협정 제14조는 보조금 판정의 핵심요소 중의 하나인 경제적 혜택 결정에 있어 조사당국으로 하여금 피조사국 기업에 대출이나 투자를 결정한 금융지원 또는 민간주체들이 상업적 타당성 있는 결정을 하였는가를 심의하도록 규정하고 있고, 그러한 심의에 있어 상업적 타당성 판단의 근거는 다름 아닌 해당 피조사국의 시장상황을 고려하도록 되어 있다. 보조금 협정 제14조는 다음과 같이 규정하고 있다.

제14조 수혜자에 대한 혜택을 기준으로 한 보조금액의 계산

제5부의 목적상, 제1조 제1항에 따라 수혜자에게 주어진 경제적 혜택을 계산하기 위하여 조사당국이 사용하는 모든 방법은 관련 회원국의 국내법령에 규정되며, 각 개별사안에 대한 이들의 적용은 투명해야 하고 적절히 설명되어야 한다. 또한 이러한 방법은 다음의 지침에 부합되어야 한다.

가. 정부의 자본투입은 그러한 투자결정이 동 회원국 영토 내의 민간 투자가의 통상적인 투자관행에 불합치하는 것으로 판단되지 아니하는 한 혜택을 부여하는 것으로 간주되지 아니한다.

나. 정부에 의한 대출은 대출을 받은 기업이 정부대출에 대하여 지불하는 금액과 동 기업이 실제로 시장에서 조달할 수 있는 비교가능한 상업적 대출에 대하여 지불하는 금액 간 차이가 없는 한 혜택을 부여하는 것으로 간주되지 아니한다. 이 경우 이러한 두 금액 간의 차이가 혜택을 구성한다.

라. 정부에 의한 상품 또는 서비스의 제공 또는 상품의 구매는 이러한 제공이 적절한 수준이하의 보상을 받고 이루어지거나, 구매가 적절한 수준이상의 보상에 의해 이루어지지 아니하는 한 혜택을 부여하는 것으로 간주되지 아니한다. 보상의 적정성은 당해 상품 또는 서비스에 대한 제공 또는 구매 국가에서의 지배적인 시장여건(가격 · 품질 · 획득가능성 · 시장성 · 수송 및 다른 구매 또는 판매조건을 포함한다)과 관련되어 결정된다.100)

---

99) *Japan-Measures Affecting Consumer Photographic Film and Paper*, WT/DS44/R (22 April 1998) [*Japan-Film(Panel)*], paras. 10.38-10.40, 10.46, 10.90, 각주 9 참조.

위와 같이 보조금 협정 제14조는 경제적 혜택의 산정에 있어 그 '시장비교기준(market benchmark)'으로 피조사국의 시장상황을 기본적으로 상정하고 있다. 이 조항은 제목에서 나타나 있다시피 정부에 의한 재정적 기여 또는 이의 한 양태인 '위임 및 지시' 문제가 아닌 경제적 혜택과 직접적으로 관련된 조항이지만, 경제적 혜택의 정도를 산출함에 있어 상황별로 상업적 타당성의 준거기준이 무엇이 되는가를 나타내고 있으므로, 그러한 기준은 정부에 의한 재정적 기여의 '위임 및 지시' 검토에 있어서도 특정 조치의 상업적 타당성을 검토하는데 적절한 기준을 제시한다고 볼 수 있을 것이다.

나아가 시장의 현실을 고려하더라도 제14조의 규정은 타당하다고 하여야 할 것이다. 왜냐하면, 특정 국가의 금융시장에서 적절한 상업적 고려로 인정되는 기준이 반드시 다른 국가의 금융시장 상황에도 그대로 적용되는

---

100) 보조금 협정 원문은 다음과 같이 규정하고 있다.

    Article 14: Calculation of the Amount of a Subsidy in Terms of the Benefit to the Recipient

    For the purpose of Part V, any method used by the investigating authority to calculate the benefit ··· shall be consistent with the following guidelines :

    (a) government provision of equity capital shall not be considered as conferring a benefit, unless the investment decision can be regarded as inconsistent with the *usual investment practice* ··· *in the territory of that Member* ;

    (b) a loan by a government shall not be considered as conferring a benefit, unless there is a difference between the amount that the firm ··· pays on the government loan and the amount the firm would pay on a comparable commercial loan which *the firm could actually obtain on the market* ··· ;

    (d) the provision of goods or services or purchase of goods by a government shall not be considered as conferring a benefit unless the provision is made for less than adequate remuneration, or the purchase is made for more than adequate remuneration. The adequacy of remuneration shall be determined *in relation to prevailing market conditions for the good or service in question in the country of provision or purchase* (including price, quality, availability, marketability, transportation and other conditions of purchase or sale) (이탤릭체; 필자 강조)

것은 아니기 때문이다. 예를 들어 미국 맨해튼의 월 스트리트에서 합리적인 의사결정 기준이 동일한 날짜의 한국 금융시장에서 반드시 적용되어야 한다고 할 수는 없을 것이다. 그럼에도 불구하고 일부 조사당국이 자국의 특정기준 준수를 강요하는 사례가 발생하고 있는 바, 그러한 기준적용을 정당화할 수 있는 특단의 사정이 없는 한 그 타당성은 의문스럽다 하겠다.[101]

이 부분에 관한 최근의 결정인 *U.S.-Lumber CVD Final(AB)*에서 항소기구는 보조금 조사에 있어 피조사국 시장 이외의 시장을 경제적 혜택의 시장 비교기준으로 활용할 가능성 자체는 인정하고 있다. 즉, 동 결정에서 항소기구는 피조사국 시장상황이 정부의 관여로 인하여 영향을 받은 경우 제3국의 시장을 대신 활용할 수 있다는 결정을 내린 바 있다. 그러나 이 결정에서 항소기구는 조사당국이 그러한 제3국의 시장상황을 기준으로 활용하는 데 엄격한 기준을 제시하고 있다. 즉, 항소기구는 그러한 제3국 기준 사용의 전제조건으로 첫 번째, 정부의 관여로 인하여 피조사국 민간시장에서 해당 상품의 가격이 왜곡되어 있으며, 두 번째, 대체 수단으로 채택한 기준이 당해 피조사국의 시장상황과 연관되어 있거나, 동 시장상황을 인용하고 있을 것을 요구하고 있다.[102] 결국, *U.S.-Lumber CVD Final(AB)*에서 내린 항소기구 결정은 조사당국이 임의로 피조사국 이외의

---

101) 예를 들어 미국의 경우, 합리적인 투자자 또는 대출자가 문제가 된 기업에 투자 또는 대출을 하였을지 여부를 결정함에 있어서 자국의 신용평가회사인 Moody's사가 작성한 자료를 토대로 결정을 하도록 상무부령(Regulation)은 규정하고 있다. 따라서 미국 상무부는 상계관세 조사에 있어 該當企業의 대출공여 타당성(creditworthiness) 및 주식구매 타당성(equityworthiness) 판단에 있어 피조사국 시장 기준이 아닌 자국의 Moody's 기준을 기본적으로 적용하는 것을 예정하고 있다. 미국 상무부령 19 C.F.R. Section 351.505 및 351.507 각각 참조. 비록 동사의 평가자료가 국제 금융계에서 광범위하게 인용되고 있기는 하나, 그러한 자료의 일방적 인용이 보조금 협정에 합치하는지는 의문이다. 신용평가회사의 이러한 평가자료가 외국에 존재하는 피조사국 정부 및 기업의 상황 및 외국에 존재하는 민간 투자가와 상업은행의 결정의 합리성을 획일적으로 판단하는 결정적인 증거로 활용되는 것은 보조금 협정 제14조에 위배될 소지가 있다.

102) *U.S.-Lumber CVD Final(AB)*, paras. 96, 101-103, 167 참조.

기준을 사용할 수 있다는 것이 아니라 피조사국 기준이 신뢰할 수 없는 경우에 국한하여 그 피조사국의 시장과 연계성이 인정된 기준에 한해 대체기준의 사용을 예외적으로 인정하고 있는 것이다. 다만 그러한 기초위에서 동 사건의 항소기구는 미국 상무부가 피조사국인 캐나다 시장 대신 채택한 미국 시장의 경제적 혜택 시장 비교기준이 이러한 요건을 충족하는지에 관해서는 자료 부족을 이유로 판단을 유보하였다.[103] 즉, 피조사국의 고유한 시장상황 존중의 필요성은 동 결정의 항소기구에 의해서도 여전히 강조되고 있는 것임에 주목하여야 한다.

두 번째로는 보조금 협정 전체를 통괄하고 있는 선의와 형평에 따른 보조금 및 상계관세 조사의 원칙을 들 수 있다.[104] 국가마다 금융시장 상황

---

103) *Id.*, para. 168 참조.
104) 보조금 협정 전반에 걸쳐 이러한 취지는 산재하고 있다. 예를 들어, 특정성 요건 판단기준과 관련하여 보조금 협정의 각주 2는 다음과 같이 규정하고 있다.

> Objective criteria or conditions, as used herein, mean criteria or conditions *which are neutral, which do not favour certain enterprises over others*, and which are economic in nature and horizontal in application, such as number of employees or size of enterprise(이탤릭체; 필자 강조).

한편 금지 보조금과 관련하여 보조금 협정 각주 9와 10은 다음과 같이 규정하고 있다.

> This expression *is not meant to allow countermeasures that are disproportionate* in light of the fact that the subsidies dealt with under these provisions are prohibited(이탤릭체; 필자 강조).

또한, 현지실사와 관련한 보조금 협정 제12.6조의 규정은 다음과 같다.

> The investigating authorities may carry out investigations in the territory of other Members as required, *provided that they have notified in good time the Member in question and unless that Member objects* to the investigation. Further, the investigating authorities may carry out investigations on the premises of a firm and may examine the records of a firm if *(a)* the firm so *agrees* and *(b)* the Member in question is *notified and does not object*(이탤릭체; 필자 강조).

또한 조사당국의 증거수집과 관련, 보조금 협정 제12.11조는 다음과 같이 규정하고 있다.

과 정책 목표 및 실제 집행과정이 상이하다는 점이 공지의 사실인 만큼, 형평과 선의에 따른 조사원칙은 상계관세 및 보조금 조사가 피조사국 특유의 경제정책 및 금융시장 상황을 충분히 고려하여 이루어져야 한다는 점을 요구한다고 할 수 있다. 특정 회원국의 기준을 일방적으로 적용하여 판단하는 것은 형평성을 침해할 뿐 아니라 보조금 협정 위반도 구성한다고 볼 수 있을 것이다. 심지어 연방국가의 경우를 예로 들더라도, 각 지방정부의 다양한 정책이 연방정부의 단계에서 조화를 이룬다는 것은 상당히 어려운 것이 현실이다.105) 이러한 상황에서 국제사회에서 각 국가정책의 완벽한 조화를 도모한다는 것은 지난한 작업이다.106) 따라서 피조사국의 구체적 상황을 염두에 둔 '위임 및 지시' 결정은 형평과 선의에 의한 조사원칙의 준수를 위해서도 긴요하다.

피조사국의 구체적 경제상황을 고려한 보조금 및 상계관세 조사 원칙은 보조금 협정 제2.1, 27.2, 29.1 및 29.2조를 살펴보더라도 알 수 있다. 먼저 특정성과 관련된 내용을 규율하는 보조금 협정 제2.1조는 다음과 같이 규정하고 있다.

> The authorities shall *take due account of any difficulties experienced by interested parties*, in particular small companies, in supplying information requested, and shall provide any assistance practicable(이탤릭체; 필자 강조).

> 이러한 조항들을 총체적으로 고려할 경우, 보조금 협정에서 예정하고 있는 보조금 및 상계관세 조사는 조사당국의 자의적 조사권 행사가 아닌 피조사국의 관련 제반 정황을 고려한 형평성에 기초한 조사임을 알 수 있다. M. Jean Anderson & Gregory Husisian, *The Subsidies Agreement*, 제2장 제1절 각주 8, p.321 참조[보조금 협정의 운용은 적법절차(due process)와 투명성(transparency)에 따라 이루어 져야 함을 언급].

105) Peter S. Watson, Joseph E. Flynn & Chad C. Conwell, *Completing the World Trading System*, Kluwer Law International (1999), p.261 참조.
106) 한 전문가는 국제시장에서 모든 관련 국가들에 대한 국내조치의 완벽한 조화를 기대하는 것은 불가능하다고 지적하였다. *Id.*

2.1 제1조 제1항에 정의된 보조금이 공여 당국의 관할 내에 있는 특정 기업이나 산업 또는 기업군이나 산업군(본 협정에서 '특정 기업'이라고 지칭됨)에 대해 특정성을 구성하는지 여부를 결정함에 있어 아래의 원칙이 적용된다.107)

(c) … [사실상 특정성을 확인함에 있어] 조사당국은 보조금 공여국 영역 내에서의 경제활동의 다변화 정도에 대한 정당한 고려하여야 한다.

따라서 특정성 판단에 있어 각국의 특별한 경제상황을 고려하여야 한다고 규정하는 동 조항은 피제소국 및 피조사국의 상황을 염두에 둔 보조금 및 상계관세 조사의 실시를 규정하고 있다고 볼 수 있다. 동일한 맥락에서 보조금 협정은 다른 부속협정과 비교하여 광범위한 개발도상국 예외조항을 제27조에서 규정하고 있다. 예를 들어 제27.2조는 개발도상국에 대해서는 수출 보조금 금지 규정 적용을 면제 또는 일정기간 적용을 유예하는 내용을 다음과 같이 규정하고 있다.

27.2 제3조 제1항 가호의 금지는 다음 국가의 경우 적용되지 아니한다.
　가. 부속서 7에 언급된 개발도상국
　나. 제4항의 규정을 준수하는 조건으로 WTO 협정의 발효일로부터 8년의 기간 동안 여타 개발도상국108)

---

107) 보조금 협정 제2.1조는 다음과 같이 규정하고 있다.

    2.1 In order to determine whether a subsidy, as defined in paragraph 1 of Article 1, is specific to an enterprise or industry or group of enterprises or industries (referred to in this Agreement as "certain enterprises") within the jurisdiction of the granting authority, the following principles shall apply : …

        (c) … In applying this subparagraph, account shall be taken of the extent of diversification of *economic activities within the jurisdiction of the granting authority* … (이탤릭체; 필자 강조)

108) 보조금 협정 제27.2조는 다음과 같이 규정하고 있다.

    27.2 The prohibition of paragraph 1(a) of Article 3 shall not apply to :
        (a) developing country Members referred to in Annex Ⅶ ;
        (b) other developing country Members for a period of eight years from the

역시 보조금 협정 제29조는 비시장경제체제 회원국이 시장경제체제로 전환하는 기간 동안에 보조금 협정의 일정한 조항의 적용을 배제하고 그러한 전환기에 필요한 정책을 채택할 권리를 다음과 같이 부여하고 있다.

> 29.1 중앙계획경제로부터 시장·자유기업경제로의 전환과정에 있는 회원국은 이러한 전환에 필요한 계획과 조치를 적용할 수 있다.
>
> 29.2 이러한 회원국의 경우, 제3조의 범위에 해당하고 제3항에 따라 통보된 보조금 계획은 WTO 협정 발효일로부터 7년의 기간 내에 단계적으로 폐지하거나 또는 제3조에 합치시켜야 한다. 이러한 경우 제4조가 적용되지 아니한다.[109]

특정성 존재 여부에 대한 고찰, 개발도상국에 대한 특별한 고려 및 비시장경제체제 국가에 대한 특수한 상황을 인정하는 상기 조항은 종합적으로 보조금 및 상계관세 조사가 피조사국 또는 피제소국의 특별한 경제적 상황을 고려한 바탕위에서 진행되어야 한다는 원칙을 지지하고 있다고 볼 수 있을 것이다.

7. 보조금 철회 및 구체적 보조금 조치 필요

한편 보조금 협정 제4.7조는 금지 보조금이 확인된 경우 패널이 이의

---

date of entry into force of the WTO Agreement, subject to compliance with the provisions in paragraph 4.

109) 보조금 협정 제29조는 다음과 같이 규정하고 있다.

29.1 Members in the process of transformation from a centrally-planned into a market, free enterprise economy may apply programmes and measures necessary for such a transformation.

29.2 For such Members, subsidy programmes falling within the scope of Article 3 ⋯ shall be phased out or brought into conformity with Article 3 within a period of seven years from the date of entry into force of the WTO Agreement. In such a case, Article 4 shall not apply.

철회를 권고할 수 있음을 다음과 같이 규정하고 있다.

> 4.7 당해 조치가 금지 보조금으로 판정되는 경우, 패널은 보조금 공여국에게 지체없이 보조금을 철폐하도록 권고한다. 이와 관련 패널은 자신의 권고에 그 조치의 철폐기간을 명시한다.110)

한편 조치가능 보조금의 구제수단과 관련한 보조금 협정 제7.8조는 보조금 교부국이 보조금 지급으로 야기된 심각한 피해를 제거하거나 또는 보조금을 철회할 것을 규정하고 있다. 동 조항은 다음과 같이 규정하고 있다.

> 7.8 보조금이 제5조의 의미 내에서 다른 회원국의 이익에 부정적 효과를 초래하였다는 판정이 내려진 패널 보고서 또는 상소기구 보고서가 채택된 경우, 보조금을 지급하거나 유지하는 회원국은 이러한 부정적 효과를 제거하기 위하여 적절한 조치를 취하거나 보조금을 철폐한다.111)

마찬가지로 상계관세의 부과와 관련하여 보조금 협정 제19.1조는 교부된 보조금이 철회되지 않을 경우 자국 산업에 실질적 피해를 입은 국가는 상계관세를 부과할 권리를 다음과 같이 인정하고 있다.

---

110) 보조금 협정 제4.7조는 다음과 같이 규정하고 있다.

   Article 4: Remedies

   4.7 If the measure in question is found to be a prohibited subsidy, the panel shall recommend that the subsidizing Member *withdraw the subsidy without delay* (이탤릭체; 필자 강조).

111) 보조금 협정 제 7.8조는 다음과 같이 규정하고 있다.

   Article 7: Remedies

   7.8 Where a panel report or an Appellate Body report is adopted in which it is determined that any subsidy has resulted in adverse effects to the interests of another Member within the meaning of Article 5, the Member granting or maintaining such subsidy shall take appropriate steps to *remove* the adverse effects or shall *withdraw* the subsidy(이탤릭체; 필자 강조).

19.1 협의의 종결을 위한 합리적인 노력이 이루어진 후에 회원국이 보조금의 존재 및 금액에 대하여 최종판정을 하고, 보조금의 효과를 통해 동 보조금을 받은 수입품이 피해를 초래한다고 최종판정한 경우, 동 회원국은 보조금이 철회되지 아니하는 한 이 조의 규정에 따라 상계관세를 부과할 수 있다.[112]

이러한 조항들은 보조금 및 상계관세 조사의 궁극적 목적의 하나가 문제된 '보조금의 철회'라는 점을 보여주고 있다. 그렇다면 보조금 및 상계관세 조사 또는 제소의 궁극적 결과물은 －예를 들어 조사당국의 상계관세 부과를 위한 최종판정이나 또는 WTO 분쟁해결기구의 보조금 심리 결과 금지 보조금 또는 조치가능 보조금의 존재를 인정하는 결정－ 그러한 철회를 가능하게 하는 내용의 결정을 포함하여야 할 것이다. 다시 말해서 '무슨 조치를 어떻게 철폐 또는 변경'할 것인지에 관한 지침을 줄 수 있도록 그러한 판정 또는 결정은 충분한 구체성과 명확성을 보유하여야 한다. 또한 만약 복수의 조치가 문제가 된 경우라면 그러한 구체성과 명확성은 개별 조치에 따라 독립적으로 보장되어야 할 것이다.

Australia-Automotive Leather(21.5)(Panel) 사건에서 패널은 그러한 보조금의 철회가 때로는 지급 받은 보조금의 '전액상환(repayment in full)'을 포함할 수도 있음을 확인하였다. 동 사건에서 문제가 되었던 조치와 같이 '일회성 수출 보조금(one-time export subsidy)'인 경우에 그러한 전액상환 조치가 인정되지 않는다면 많은 국가들이 이러한 일회성 수출 보조금 교부 후 그러한 조치를 단지 철회하는 방식으로 보조금 협정을 회피할 수 있을 것이라는 점을 패널은 지적하고 있다.[113] 비록 동 사건은 금지 보조

---

112) 보조금 협정 제19.1조는 다음과 같이 규정하고 있다.
    Article 19: Imposition and Collection of Countervailing Duties
    19.1 If, after reasonable efforts have been made to complete consultations, a Member makes a final determination of the existence and amount of the subsidy and that, through the effects of the subsidy, the subsidized imports are causing injury, it may impose a countervailing duty in accordance with the provisions of this Article *unless the subsidy or subsidies are withdrawn*(이탤릭체; 필자 강조).

금과 직접 관련된 것이었으나 동 결정의 논리가 여타 일반 보조금에 동일하게 적용되지 말아야 할 이유는 없다. 특히 구체적인 정부 프로그램이 존재하지 않고 단지 추상적인 개념에 의존하고 있는 위임·지시 보조금의 경우에는 그 '일회성'이 강하고, 또 정부의 '위장된' 조치를 통한 보조금 협정 회피 시도에 대한 대응책이라는 점을 고려한다면, 일단 위임·지시 보조금이 존재하는 것으로 확인된 경우 그 구제수단은 때로 '전액상환'과 같은 직접적인 방안이 채택될 수도 있을 것이다. 이러한 가능성은 위임·지시 보조금과 관련된 결정 및 판정이 결국 구체성, 명확성 및 개별성에 기초하여야 함을 역시 보여주고 있다.

한편 각 회원국에 대하여 보조금 조치 현황에 관한 자료제출 의무를 부과하고 있는 보조금 협정 제25조도 이 문제에 관하여 시사점을 제공하고 있다. 동 조항은 다음과 같이 규정하고 있다.

제25조 통보

25.2 회원국은 자국 영토 내에서 부여되거나 유지되고 제2조에서 규정하는 특정성을 보유하는 제1조 제1항에 정의된 모든 보조금을 보조금위원회에 통보한다.

25.3 통보의 내용은 다른 회원국이 무역효과를 평가하고 통보된 보조금 계획의 운영을 이해할 수 있도록 충분히 구체적이어야 한다. 이와 관련하여 또한 보조금에 관한 질문서의 내용과 형식을 저해함이 없이, 회원국은 자국 통보서에 다음의 정보가 포함되도록 보장한다.
  (1) 보조금의 형태(즉 무상지원, 대출, 조세감면 등)
  (2) 상품 단위당 보조금 또는 이것이 불가능한 경우에는 동 보조금을 위한 예산 총액 또는 연간 예산액(가능한 경우 전년도의 단위당 평균 보조금 표시)
  (3) 정책목표 및 보조금의 목적
  (4) 보조금의 존속기간 및 보조금에 부과된 여타 시한

---

113) *Australia-Subsidies Provided to Producers and Exporters of Automotive Leather, Recourse to Article 21.5 of the DSU by the United States*, WT/DS126/RW(11 January 2000) ['*Australia-Automotive Leather(21.5)*'], para. 6.35 참조.

(5) 보조금의 무역효과 산정을 가능하게 하는 통계자료[114]

　보조금 협정 제25.2조는 분명히 보조금 협정 제1조에서 정의된 바에 따른 '모든 형태의 보조금(any subsidy)'을 WTO에 통보하도록 규정하고 있다. 따라서 보조금 협정 제1.1조 (a)(1)항 (ⅰ)호에서 (ⅳ)호에 해당하는 모든 형태의 보조금이 통보대상이 된다는 의미이다. 또한 제25.3조는 그러한 통보에 포함되어야 할 내용을 구체적으로 명시하고 있다. 따라서 제1.1조 (a)(1)항 (ⅳ)호상 '위임 및 지시'에 해당되는 보조금도 이 통보대상에 해당되게 되고 그 내용을 구체적으로 상술하여 WTO에 제출하여야 한다. 물론 '위장된' 보조금 조치에 대한 대응을 주목적으로 하는 위임·지시 보조금 조항의 특성상 회원국이 현실적으로 그러한 통보를 할 개연성은 없지만, 동 조항의 취지는 그러한 통보대상이 되는 위임·지시 보조금도 최소한 기본적인 구체성, 명확성 및 개별성을 요구하고 있다고 새겨야 할 것이다. 구체성, 명확성 및 개별성이 결여된 조치의 경우 WTO 회원국이 이를 보조금 협정 제1.1조 (a)(1)항에 해당되는 보조금으로 파악하고 이

---

[114] 보조금 협정 제25조는 다음과 같이 규정하고 있다.

　Article 25: Notifications

　25.2 Members shall *notify any subsidy as defined in paragraph 1 of Article 1*, which is specific within the meaning of Article 2, granted or maintained within their territories(이탤릭체; 필자 강조).

　25.3 The content of notifications should be *sufficiently specific to enable other Members to evaluate the trade effects* and to understand the operation of notified subsidy programmes. In this connection, and without prejudice to the contents and form of the questionnaire on subsidies, Members shall ensure that their notifications contain the following information:

  (ⅰ) form of a subsidy…;
  (ⅱ) *subsidy per unit* or, in cases where this is not possible, the total amount or the annual amount budgeted for that subsidy …;
  (ⅲ) policy objective and/or purpose of a subsidy;
  (ⅳ) duration of a subsidy and/or any other time-limits attached to it;
  (ⅴ) *statistical data* permitting an assessment of the trade effects of a subsidy.

에 따라 제25.3조의 내용을 포함하여 제25.2조에 의거, WTO에 통보하리라고 기대할 수는 없을 것이기 때문이다.

또한 보조금 협정 제32.5조는 WTO 협정이 발효하는 시점까지 모든 국내법령과 행정절차를 보조금 협정의 요건에 부합하도록 개정할 의무를 회원국에 부과하고 있으며 제32.6조는 보조금 협정과 연관되는 각국의 법령과 이의 운용상의 변경을 즉시 WTO 보조금 위원회에 통보할 의무를 회원국에 부과하고 있다.

> 제32조 기타 최종 조항
> 32.5 각 회원국은 WTO 협정이 자국에 대하여 발효하기 전에 국내법령, 규정 및 행정절차가 당해 회원국에 적용될 수 있는 이 협정의 규정에 합치되도록 보장하기 위하여 일반적 또는 특정한 성격의 필요한 모든 조치를 취한다.
> 32.6 각 회원국은 이 협정과 관련되는 자국의 국내법령과 규정의 모든 변경 및 이러한 법률과 규정 시행의 모든 변경을 보조금 위원회에 통보한다.[115]

위에서 살펴본 바와 같이 이러한 국내법령의 보조금 협정 합치를 위한 개정 의무 및 변경의 통보 의무는 '위임 및 지시' 조항에도 동일하게 적용되며 ─비록 현실적으로는 WTO 회원국이 '위임 및 지시' 조항과 연관된 국내 법령과 그 변경을 통보할 개연성은 희박하나─ 따라서 위임·지시 보조금의 경우에도 기본적으로 구체성, 명확성 및 개별성을 전제조건으로

---

[115] DSU 제32조는 다음과 같이 규정하고 있다.

Article 32: Other Final Provisions

32.5 Each Member shall take all necessary steps, of a general or particular character, to ensure, not later than the date of entry into force of the WTO Agreement for it, the *conformity of its laws, regulations and administrative procedures with the provisions of this Agreement* as they may apply to the Member in question.

32.6 Each Member shall inform the Committee of *any changes in its laws and regulations relevant to this Agreement* and in the administration of such laws and regulations(이탤릭체; 필자 강조).

하고 있음을 알 수 있다.

8. 정부의 다양한 시장개입 인정

한편 보조금 협정 제8.1조에 첨부된 각주 23은 정부의 다양한 시장개입 현실을 인정하며 다음과 같이 언급하고 있다.

> 각주 23
> 다양한 목적을 위한 정부의 지원이 회원국에 의하여 광범위하게 제공되고 있으며, 이러한 지원이 이 조의 규정에 의한 허용 보조금에 해당되지 않을 수도 있다는 단순한 사실 자체가 회원국이 이러한 지원을 제공하는 능력을 제한하지 않는다.[116]

각주 23은 보조금 협정의 취지는 모든 형태의 정부 보조금 지급 조치를 제한하기 위한 것이 아니라 보조금 협정 제1.1조 (a)(1)항에 명문으로 규정된 보조금의 정의에 포함되는 조치만 규제된다는 원칙을 구현하고 있다. 보조금 협정은 WTO 회원국의 다양한 시장개입 및 조정기능 행사를 인정하는 바탕위에 기초하고 있음을 알 수 있다.[117]

9. 명시적 증거의 객관적 평가

반덤핑 조사와 상계관세 조사에 있어서 덤핑 및 보조금의 존재와 함께

---

116) 보조금 협정 각주 23의 원문은 다음과 같다.
   23. It is recognized that *government assistance for various purposes is widely provided by Members* and that the mere fact that such assistance may not qualify for non-actionable treatment under the provisions of this Article does not in itself restrict the ability of Members to provide such assistance(이탤릭체; 필자 강조).
117) Peter S. Watson, Joseph E. Flynn & Chad C. Conwell, *Completing the World Trading System*, supra note 105, p.259 참조.

조사국의 동종물품(like product)을 생산하는 산업에 실질적 피해(material injury)를 야기하는 경우에만 반덤핑관세 및 상계관세를 부과할 수 있게 된다.[118] 따라서 보조금 조사의 경우 실질적 산업피해의 존재 여부를 검토함에 있어서 조사당국은 보조금을 지급받았다고 주장되는 수입 물품들이 조사국 내 관련 산업에 야기한 물량효과(volume effect), 가격효과(price effect), 및 관련 산업에 대한 전체적 효과(overall impact on domestic industry)를 총괄적으로 검토하게 된다. 이 과정에서 조사당국은 명시적 증거(positive evidence)에 의거하여 이에 대한 객관적 평가(objective assessment)를 통해 산업피해 존재 여부를 결정할 의무를 부담하고 있다. 이러한 산업피해 관련 조사원칙이 대부분 동일한 조사당국에 의하여 진행되는 보조금 조사에 적용되지 말아야 할 이유는 없다.

한편으로는 보조금 협정상 상계관세 부과의 경우, 실질적 피해 조사에 있어 중요한 원칙중 하나인 '비귀속(non-atrribution)' 원칙에 따라 보조금 지급에 따른 부정적 효과는 여타 요인에 의한 부정적 효과와는 정확하게 구별되어야 한다.[119] 이는 '위임 및 지시'의 확인에 따른 보조금 존재의 결정도 추상적이거나 모호한 결정이 아닌 여타 보조금 존재 결정의 경우와 마찬가지로 보조금의 성격, 범위 및 효과가 구체적으로 특정되어야 한다는 점을 간접적으로 보여주고 있다고 할 수 있을 것이다. '위임 및 지시'의 결과 '위장된' 보조금이 지급된 것으로 주장되는 경우라 하더라도 그 성격과 범위가 구체석으로 확정되지 않는다면 이를 통해 보조금 협정 제15조 상의 '비귀속(non-attribution) 원칙'을 준수하는 것은 사실상 불가능하기 때문이다.

---

118) 보조금 협정 제15 조 및 反덤핑 협정 제3조 참조.
119) 보조금 협정 제15.5 및 15.6조 참조.

10. 재정적 기여와 경제적 혜택 요건의 구별

보조금 협정 제1조는 정부에 의한 재정적 기여 요건과 경제적 혜택 요건을 보조금의 구성요소로서 각각 규정하고 있다.[120] 양 요건의 이와 같은 독자성은 WTO 항소기구가 확인한 바이기도 하다.[121]

'위임 및 지시'의 판단에 있어 관련 민간주체의 상업 거래에 대한 상업적 합리성 판단이 보조금 구성에 관한 별도의 구성요소인 경제적 혜택의 존재 여부 고찰에서의 상업적 합리성 판단과 혼동되는 경향이 있다. 이러한 접근법은 보조금 협정의 독립된 요건인 '정부에 의한 재정적 기여'라는 요건을 사실상 무의미하게 만들 소지가 있다.[122] 예를 들어 *U.S.-DRAMs(AB)* 항소기구의 결정은 '위임 및 지시'의 정황증거로서 상업적 합리성을 판단하는 조사당국의 재량권을 대폭 인정하였다. 이는 경제적 혜택의 요건으로부터 정부에 의한 재정적 기여 요건을 검토한 것으로 독자적 요건으로서의 정부에 의한 재정적 기여 요건을 사실상 무력화시키는 효과가 있다. 이는 경제적 혜택에 초점을 맞추어 보조금을 확인할 것을 주장하였던 우루과이 라운드 교섭 시 미국의 주장이 사실상 16년 만에 수용된 것이라고 볼 수도 있을 것이다.[123]

양 요건의 이러한 혼동은 위임·지시 보조금에 관한 적절한 분석을 실시하는 것을 더욱 복잡하게 하고 있을 뿐 아니라[124] 현 보조금 협정의 문

---

120) 보조금 협정 제1조 참조.
121) *Brazil-Export Financing Programme for Aircraft*, WT/DS46/AB/R (20 August 1999) ['*Brazil-Aircraft(AB)*'], para. 157 참조.
122) *U.S.-Export Restraints(Panel)*, para. 8.38 참조. 사실 우루과이 라운드 협상에서 미국은 보조금 결정의 핵심은 '정부에 의한 재정적 기여'가 아닌 '경제적 혜택'과 '특정성'의 존재임을 강력히 주장한 바 있다. 우루과이 라운드 보조금 협정 채택 협상 과정에서 제출된 미국의 제안서, MTN.GNG/NG10/W/29 (22 November 1989) para. II.1(a) 참조.
123) *Id.*

맥을 벗어나는 것이다. 또한 미국 상무부도 양 요건이 별도로 존재하는 보조금의 독립적 요소로서 각각 확인되어야 한다는 점을 인정하고 있음은 이와 같은 혼동을 미국 국내법도 기본적으로 인정하고 있지 않는다는 사실을 방증하고 있다.125)

11. 서비스 부문 보조금 문제와의 연관성

현 보조금 협정은 오로지 상품 교역에만 국한되어 있다. WTO 회원국 정부가 자국 상품 생산업자들에 대한 보조금 제공이 상품 교역의 왜곡효과를 가져온다면, 서비스 부문에 대한 보조금 제공 및 부당한 지원 정책 역시 관련된 국제 서비스 교역의 왜곡효과를 가져오리라는 것은 쉽게 짐

---

124) Marc Benitah는 이 분야에 관한 최초의 WTO 선례인 *U.S.-Export Restraints(Panel)* 패널도 '위임 및 지시' 문제와 '경제적 혜택' 문제를 분명히 구별하지 않은 듯하다고 지적하고 있다. 동인은 특히 동 패널 판정의 다음 부분을 지적하고 있다.

> We believe that, under such an approach, any government market intervention that involved a reallocation of resources which created a benefit would be viewed as involving "subsidisation" in the broad sense used by the United States, and thus as satisfying the financial contribution requirement.

Benitah는 이러한 분석은 경제적 혜택으로부터 재정적 기여를 도출하는 우를 범하는 것으로 양자를 별도로 규정하고 있는 보조금 협정의 취지에 부합하지 않는 것이라며 지적하고 있다. 그는 일단 재정적 기여를 확인한 다음 그러한 기여로부터 경제적 혜택이 부여되었는지를 순차적으로 분석하여야 한다고 언급한다. Marc Benitah, *The Law of Subsidies under the GATT/WTO System*, 제2장 제2절 각주 4, pp.222~223 참조.

125) 그러나 '위임 및 지시'에 관하여 미국 상무부도 이는 정부의 재정적 기여에 관한 문제에 국한되며 경제적 혜택 문제와는 구별되는 개념임을 확인하고 있다. 즉, 미국 상무부는 '위임 및 지시'에 관한 미국의 국내법 근거 조항인 1930년 관세법 제771조 (5)항 (B)호는 정부가 재정적 기여를 위하여 '위임 및 지시'를 실시하였는지에 대한 고찰이며, 그러한 재정적 기여의 결과 경제적 혜택도 아울러 전달되도록 '위임 및 지시'를 실시하였는가에 관한 고찰은 아니라는 것이다. 미국 상무부 캐나다산 밀 상계관세 조사 최종판정, 제2장 제2절 각주 1, Comment 3 참조.

작할 수 있다. 서비스 공급자에 있어서도 상품 제조업자와 동일하게 다양한 형태의 보조금이 지급될 수 있기 때문이다. 예를 들어 각국은 기본통신 서비스, 금융 서비스, 운송 서비스 등과 같은 주요한 서비스 산업에 대해 국가정책상 다양한 형태의 보조금을 지급하고 있다. 특히 점증하는 서비스 교역의 규모와 그 중요성을 감안하고[126] 특히 서비스 교역의 급증세를 보이고 있는 국가들이 보조금에 대한 규율의 강화를 주장하고 있는 선진국들이라는 점을 고려하면,[127] 서비스 교역에 있어서 보조금 문제가 대두되는 것은 단지 시간문제라고 볼 수도 있을 것이다.

특히 서비스 교역 분야와 관련하여서는 상품 교역 분야와 비교하여 정부의 정당한 개입과 부당한 지원의 구별이 더욱 곤란하여지는 측면이 있다. 왜냐하면 공익 및 국민생활 전반과 직접적인 연관을 갖는 서비스 분야의 특성상 각국 정부는 다양한 방법과 조치를 통해 직·간접적으로 서비스 산업 분야를 규제·규율하고 있기 때문이다. 나아가 규제·규율 정책뿐만 아니라 각국의 정책적 목표에 따라 다양한 방법으로 서비스 분야에 대한 직·간접적 지원을 실시하기도 한다.[128] 따라서 서비스 부분에서

---

[126] 서비스 분야의 중요성의 점증에 대해서는 이론의 여지가 없다. 국내 경제 체제 내에서의 서비스 산업의 중요성도 점증하고 있는 바, 선진국의 경우 국내총생산의 60%를 이미 서비스 분야가 차지하고 있는 실정이다. Public Services International, *The WTO and the General Agreement on Trade in Services: What is at Stake for Public Health?*, PSI, Ferney-Voltaire, France (1999), p.5 ; 동 기관 웹사이트<www.world-psi.org> 참조(2005.11.20 방문).

[127] 선진국의 경우에도 경제체제가 발전할수록 서비스 분야의 중요성은 증가하는 추세를 보이고 있다. 미국의 경우 서비스 산업은 국내경제의 4/5를 차지하는 것으로 보고되고 있다. Robert Vastine, *Statement before the Senate Finance Committee Subcommittee on International Trade* (October 21, 1999). 미국의 경우 1900년에는 서비스 부문이 총 수출액에서 차지하는 비율이 2%에 불과하였으나 1960년에는 17%, 1998년에는 29%로 증가하고 있는 바, '국제화'가 진행될수록 서비스 분야의 수출이 증가하고 있다. U.S. Council of Economic Advisors, *Economic Report of the President 2000*, p.203 참조.

[128] 예를 들어 한국의 경우, 현재 법조인 양성은 사법연수원을 통해 일괄적으로 이루어

과연 정당한 정부의 지원과 규제 및 금지대상인 보조금 지급의 구분은 어떻게 이루어지는지에 관한 복잡한 문제가 대두되게 될 것이다. 즉, 각국의 주권적 고려가 보다 직접적으로 이루어지는 서비스 부분의 특성을 감안한다면, 보조금 협정을 채택하여 서비스 분야에 대한 보조금을 규제하는 경우 불합리한 보조금 결정에 따른 문제점과 분쟁의 소지는 더욱 증폭될 것이다.

현재 서비스 분야 보조금 문제와 관련하여 그 문제점과 향후 교섭을 진행하기로 한 방침규정만이 현행 서비스 협정[General Agreement on Trade in Services('GATS')]에 존재하고 있다. GATS 제15조는 다음과 같이 규정하고 있다.

제15조 보조금
1. 회원국은 특정 상황에서 보조금이 서비스 무역을 왜곡하는 효과를 가질 수 있음을 인정한다. 회원국은 이러한 무역왜곡 효과를 방지하기 위하여 필요한 다자간 규율을 발전시켜 나가기 위한 협상을 개시한다. 그 협상은 또한 상계조치의 적절성 문제를 취급한다. 이러한 협상은 개발도상국의 개발계획과 관련한 보조금의 역할을 인정하며, 또한 이 분야에서의 융통성에 대한 회원국, 특히 개발도상국의 필요를 고려한다. 이러한 협상의 목적상 회원국은 자국의 국내 서비스 공급자에게 제공하는 서비스 무역과 관련된 모든 보조금에 대한 정보를 교환한다.
2. 다른 회원국의 보조금에 의해 부정적인 영향을 받고 있다고 간주되는 모든 회원국은 이러한 사안에 관해 동 회원국에게 협의를 요청할 수 있다. 이러한 요청에 대해서는 호의적인 고려가 부여된다.[129]

지며, 사법연수원 운영은 전적으로 정부의 재정적 및 행정적 지원을 통해 이루어지고 있다. 즉, 정부가 법률 서비스 인력 양성과 교육에 직접 나서고 있으므로 법률시장 개방으로 법률 서비스 교역이 더욱 활발하게 이루어지고 서비스 분야에 관한 보조금 체제가 합의에 이를 경우 WTO 회원국들이 한국의 법조인 양성체제가 정부의 부당한 보조금 지급에 의해 운영되고 있다고 주장할 개연성이 다분하다.
129) GATS 제15조 원문은 다음과 같이 규정하고 있다.

Article XV: Subsidies

이와 같이 GATS 제15조는 이러한 서비스 분야 보조금의 서비스 무역 왜곡 효과를 인정하고 이를 규율하기 위한 다자간 규범 제정 필요성을 적시하고 있다.130) 살피건대, 상기 조항의 취지는 크게 세 가지로 나누어 볼 수 있다. 첫째, 서비스 분야에 있어서도 보조금의 왜곡 효과가 충분히 존재할 수 있다는 것, 둘째, 서비스 분야에 관한 보조금 문제와 관련한 다자간 협정의 체결을 위한 교섭을 진행하여야 한다는 것, 셋째, 심지어 그 이전이라도 일방 WTO 회원국의 보조금 지급으로 부당한 피해를 본 타방 회원국은 보조금 지급 회원국과 교섭을 요청할 수도 있다는 것이다. 즉, 이 조항의 취지는 결국 서비스 분야에 있어서도 보조금 문제의 해결을 위한 국제규범의 도입이 필요하다는 국제적 공감대를 확인하는 것이다.131) 특히 이 조항은 본 논문에서 살펴보는 '위임 및 지시'와 연관된 문제에 관해 다음과 같은 몇 가지 시사점을 제공하여 준다.

먼저, 제15조 1항 후단의 "이러한 교섭에 있어 개발도상국의 정당한 개발 프로그램과 관련된 보조금의 역할과 이 분야에서의 융통성있는 정책 운용을 위한 각 회원국의 필요성을 고려하여야 한다"는 규정이다. 물론

> 1. Members recognize that, in certain circumstances, subsidies may have distortive effects on trade in services. Members shall enter into negotiations with a view to developing the necessary multilateral disciplines to avoid such trade-distortive effects ··· Such negotiations shall recognize the role of subsidies in relation to the development programmes of developing countries and take into account the needs of Members, particularly developing country Members, for flexibility in this area ···.
> 2. Any Member which considers that it is adversely affected by a subsidy of another Member may request consultations with that Member on such matters. Such requests shall be accorded sympathetic consideration.

130) 최승환, 『국제경제법』, 제3장 제1절 각주 21, p.412 참조. 정당한 정부 활동과 무역왜곡적인 보조금 지급의 경계선이 불분명하다는 본질적 문제점으로 인해 보조금 분야는 국제무역 규범 분야에서 논란이 끊이지 않는 분야이다. John Jackson et. al, *Legal Problems of International economic Law*, 제2장 제5절 각주 6, p.767 참조.
131) Richard B. Self, *General Agreement on Trade in Services*, World Bank (2003), p.536 참조.

이 조항은 개발도상국에 대한 '특별 및 차별대우(special and differential treatment)'를 규정한 조항이라고 볼 수도 있겠지만, 한편으로 서비스 부분 규율에 대한 정부의 광범위한 개입 및 규제의 필요성을 감안할 때, 관련 협정의 채택을 위한 다자간 교섭 시 합리성과 현실성을 구비한 조항들이 채택되어 정당한 정부의 서비스 분야에 대한 규제가 보조금 규범에 의해 제약받지 않도록 하여야 한다는 취지의 훈시 규정이라고 볼 수도 있을 것이다. 이러한 규정의 취지는 다소 대상과 범위의 구체적 차이는 존재할지 몰라도 상품 교역과 관련된 보조금 협정에도 중요한 시사점을 제공하고 있다.

그러나 서비스 분야 규율의 복잡다기성과 국내 정책과의 직접 연관성을 고려한다면 서비스 분야에서 국가들 간 이해관계 충돌의 개연성은 상품 분야보다 더욱 높다고 하겠다.[132] 그렇다면 먼저 상품 교역 분야에서의 가능한 한 명확한 기준의 설정을 통해 추후 서비스 분야의 규범을 창출할 수 있도록 유도할 수 있을 것이다. 이 부분에 관하여 현재 WTO에서 회원국 간 교섭이 진행 중인 바,[133] 상품분야 보조금 협정과 마찬가지로 서비스 분야에서도 정부의 정당한 개입과 부당한 개입의 경계선을 타당하게 획정하는 작업이 역시 그 내용의 핵심을 이루어야 할 것이다.

---

132) 최승환, 『국제경제법』, 제3장 제1절 각주 21, p.413 참조.
133) 예를 들어, 2004년 3월 24~25일긴 개최된 GATS 서비스 이사회(Council for Trade in Services) 정례회의에서 회원국들은 서비스 분야에 대한 보조금의 정의, 교역 왜곡적 요소의 추출, 서비스 형태별 보조금 규율의 적용 여부 등에 대해 다양한 의견을 제시하였다. 즉, 대만은 서비스 보조금에 대한 유용한 정의가 현재는 없는 상태이며, 특히 국제 교역에 장애를 초래하는 서비스 보조금에 초점을 맞추는 것이 중요하다고 강조하였는가 하면, 스위스는 모든 형태의 서비스 관련 보조금에 대해 상계관세 부과가능성을 검토할 필요성을 제기하였고, 홍콩은 상품 분야 보조금 규율에 관한 서비스 분야의 적용을 제안하였으며, 한국은 서비스 공급 형태가 매우 다양하고 복잡하므로 서비스 보조금의 정의에 대한 보다 면밀한 분석과 연구가 선행되어야 할 필요성을 지적한바 있다. 외교통상부, GATS 서비스 이사회 결과 보고서 (2004.3.27) ; TN/S/W/19 (31 March 2004) 참조.

GATS 제15조에서 예정하고 있는 서비스 분야에 적용될 보조금 규범에 대한 협상이 완료되지 않아 이 분야에 적용될 구속력 있는 법 규범은 아직 미비한 상태이지만 서비스 분야에 제공된 보조금에 대해서도 간접적인 규율의 가능성은 존재한다. 바로 서비스 분야에 제공된 보조금이 상품 교역에 영향을 미치는 경우 현 보조금 협정에 의해 규율될 수 있기 때문이다.[134] 예를 들어 WTO 회원국 정부가 국내 서비스 산업 보호를 위하여 관련 서비스 공급자(예를 들어 회계법인)에게 보조금을 부여하고 이러한 서비스 공급자로부터 상품 생산자가 서비스를 염가로 구매하여 전체적으로 상품 생산비용을 낮춘 상황에서 해외로 해당 상품을 수출한다면 이는 그 상품에 대한 일종의 '원자재 보조금(upstream subsidies)'으로 간주되어 상계관세 부과가 가능할 수도 있을 것이다.

특히 서비스 교역 분야는 국내에서 활동하는 외국 서비스 공급자에 대한 국내법상 또는 관행상 처우 문제가 그 핵심이므로 이 분야에 적용될 다양한 국내법령 및 국제법 규정과 관련된다.[135] 따라서 향후 GATS 개정을 위한 교섭 과정에서 동 협정 제15조가 의미하는 보조금에 해당되어 규율대상이 될 정부 조치와 그렇지 않은 타당한 정부 조치를 구별하기 위한 적절한 기준점이 제시되지 않는다면 모든 형태의 외국인 차별 조치가 자국 서비스 공급업자를 우대하기 위한 보조금 조치로 간주될 가능성도 있다. 상품 교역 부분과 마찬가지로 서비스 교역에서도 보다 명확한 보조금의 정의가 필요한 이유이다.

이상에서 살펴본 바와 같이 보조금 협정의 제반 조항들의 문맥을 고려하면 위임·지시 보조금 조사에 있어서도 일정한 내재적 기준이 존재함

---

134) *European Communities-Regime for the Import, Sale and Distribution of Bananas*, WT/DS27/AB/R (25 September 1997), para. 221 참조.
135) 1992년 기준으로 한국에 체류하는 외국인의 차별적 대우에 관한 국내 법령 및 조치에 관하여는 정인섭, "외국인의 국제법상 지위에 관한 연구: 정주 외국인의 경우를 중심으로", 서울대 박사학위논문 (1992.2), 제5장 참조.

을 알 수 있다. 이를 간단히 정리하면, 문제가 된 정부 조치의 구체성, 정부 조치 검토 방법의 개별성, 증거수집 및 평가의 객관성, 그리고 국가별 경제체제의 다양성으로 요약할 수 있을 것이다.

IV. 효과적 해석

비엔나 협약이 명시적으로 언급하고 있지는 않지만 묵시적으로 포함된 것으로 간주되고 있는 해석 원칙 중 하나는 효과적 해석 원칙(principle of effectiveness)이다. 이 원칙은 조약상 용어의 해석은 조약의 목적이 가급적 효과적으로 달성될 수 있는 방향으로 이루어져야 하고, 특정 조항을 해석함에 있어 그 조항이나 해당 조약의 여타 조항이 무의미하거나 효력을 상실하는 방향으로 해석되어서는 안 된다는 것을 의미한다. 이 원칙은 비록 비엔나 협약에 명문으로 포함되어 있지는 않지만 제31조의 '선의(good faith)'에 대한 언급이나 '대상과 목적(object and purpose)'에 대한 언급이 이러한 효과적 해석 원칙을 포함하는 것으로 이해되고 있다.[136] 이러한 효과적 해석 원칙도 WTO 협정 해석에서 채택되고 있다. 먼저 DSU 제3.5조는 다음과 같이 규정하고 있다.

> 대상협정의 분쟁해결 규정 및 양자 협의 시 공식적으로 제기된 사안에 대한 모든 해결책은 그 대상협정과 합치되어야 하며, 그 협정에 따라 회원국에게 발생하는 이익을 무효화 또는 침해하거나 그 협정의 목적 달성을 저해하여서는 아니 된다.[137]

---

136) Ian Sinclair, *The Vienna Convention on the Law of Treaties, supra* 제1절 note 8, p.118.
137) DSU 제3.5조는 다음과 같이 규정하고 있다.
All solutions to matters formally raised under the consultation and dispute settlement provisions of the covered agreements, including arbitration awards, shall be consistent with those agreements and shall not nullify or impair benefits

대상협정상 회원국에 부여되는 이익의 침해 금지와 협정의 목적 달성 고려에 관한 분쟁해결기구의 일반적 의무를 규정하고 있는 동 조항은 효과적 해석 원칙을 구현하고 있는 것으로 볼 수 있다. 효과적 해석 원칙은 항소기구에 의해서도 확인되고 있다. 예를 들어 U.S.-Shrimp(AB) 사건에서 항소기구는 GATT 1994의 제20조 (g)항의 '고갈가능한 자원(exhaustible natural resources)'이라는 용어가 비생물·광물자원뿐만 아니라 생물자원도 포함하는 것으로 해석하는 것이 조약의 효과적 적용을 위해 필요하다는 이유로 효과적 해석 원칙을 적용한 바 있으며,[138] 다른 사건에서도 역시 이를 확인한 바 있다.[139] 따라서 위임·지시 보조금 조항을 포함한 보조금 협정의 제반 조항의 해석에도 이 원칙을 적용하여 특정 조항의 해석이 여타 조항을 사실상 무의미하게 하거나 보조금 협정의 목적을 무력화시키는 방향으로 해석되어서는 안 될 것이다.

적절히 통제되지 않은 위임·지시 보조금 조항의 적용은 상기 문맥적 고찰에서 언급된 보조금 협정의 제반 조항들을 사실상 무의미하게 한다. 예를 들어 증거력에 관한 적절한 사전 검토 절차 없는 정황증거의 무제한적인 수용은 보조금 협정 제11조 및 12조의 증거기준을 무력화시킬 것이다. 따라서 보조금 협정 여타 조항의 존재 의의를 사실상 무력화시키는 정도로 위임·지시 보조금의 적용범위를 확장시키는 것은 효과적 해석 원칙에 대한 위배도 아울러 구성한다.

또한 위임·지시 보조금 조항의 무분별한 확장은 보조금 협정 목적의 효과적 달성도 저해한다. 동 조항의 비합리적인 확장은 정부의 정당한 정책 조정기능과 위장된 보조금 지급 조치 간의 경계선을 모호하게 하여 이

---

    accruing to any Member under those agreements, *nor impede the attainment of any objective of those agreements*(이탤릭체; 필자 강조).
138) *U.S.-Shrimp(AB)*, para. 131 참조.
139) *U.S.-Gasoline(AB)*, p.23 ; *U.S.-Byrd Amendment(AB)*, para. 271 ; *Japan-Alcoholic Beverage II(AB)*, pp.12, 18 ; *U.S.-Underwear(AB)*, pp.13, 16 참조.

분야에 있어 WTO 회원국의 예측 가능성을 감소시킨다.140) 이와 같이 예측 가능성이 제한된 법적 규범은 규범 위반 행위에 대한 억제력에서도 제한될 수밖에 없다.141) 규범 위반 행위에 대한 예측 가능성이 부재한 상황에서 WTO 회원국이 이러한 규범에 위반되는 행위를 자제하거나 회피하고자 하는 유인이 줄어들기 때문이다. 이는 WTO 회원국에 의한 국제교역에 왜곡을 초래하는 보조금 지급 조치를 줄이고자 하는 보조금 협정의 목적과도 상치하는 결과이다.

또한 이러한 예측 가능성의 부재는 결국 WTO 협정 자체의 목적에도 반하는 결과를 초래할 것이다. 특히 위임·지시 보조금의 비합리적 확장은 WTO 분쟁해결제도 권위의 장기적 후퇴를 가져올 것이다. '위장'된 보조금 지급 조치를 제외한다면 위임·지시 보조금에 해당되는 WTO 회원국의 조치들은 보조금 협정 합치성에 관한 해당국의 선의에 기초하여 실시되는 경우가 많다. 그러나 이렇게 된다면 이러한 선의의 조치에 대한 평가와 징계가 —설사 그러한 평가와 징계가 법리상 정당하다고 하더라도— 지속적으로 발생한다면 WTO 체제 자체에 대한 신뢰의 상실로 이어질 것이다.142) 따라서 조약의 효과적 해석 원칙에 따른 위임·지시 보

---

140) 최근 한국을 상대로 한 보조금 및 상계관세 분쟁의 증가로 인해 최근 정부 정책 검토에 있어 보조금 협정 위반에 대한 경각심이 높아져 가고 있다. 예를 들어, 산업자원부 및 정보통신부 주도로 진행 중인 '차세대 성장 동력 사업'의 보조금 협정 위반 가능성이 최근 과학기술부 국정감사에서 제기된 바 있다. 연합뉴스, "차세대 성장동력사업 WTO 제소 가능성" (2005.9.22) ; Korea Herald, *Strategic Industries May Face WTO Suit* (2005. 9.22) 참조. 이러한 정책은 직접 보조금 분쟁으로 비화될 수도 있을 것이며 때로는 위임·지시 보조금 분쟁으로 비화될 수도 있을 것이다. 그러나 '위임 및 지시' 문제와 관련하여서 현 항소기구 법리하에서는 특정 정부 조치가 추후 어떠한 파급효과를 초래할 지가 불분명한 상태이므로 이에 대하여 합리적인 사전 대비를 하는 것이 사실상 불가능하다. 유일한 방법은 그러한 정책을 포기하는 것이나 이는 정부의 역할 포기를 의미하는 것이므로 비현실적임은 물론이다. 위임·지시 보조금의 법리 확립과 예측 가능성 제고가 필요한 이유이다.
141) Warren F. Schwartz & Alan O. Sykes, *The Economic Structure of Renegotiation and Dispute Resolution in the WTO/GATT System*, supra note 23, p.25 참조.

조금 조항의 해석은 보조금 협정 여타 조항의 취지를 몰각시키지 않고 또 위반 여부에 관한 예측 가능성을 충분히 보장하는 방법으로 이루어져야 함을 요구하고 있다.

V. 조약 체결 준비문서의 검토

비엔나 협약 제32조는 통상적 의미에 따른 해석이 충분한 지침을 제공하지 않을 경우 이에 대한 보충적 수단으로 해당 조약 체결 준비문서(preparatory work, *Travaux Preparatoires*)의 활용을 규정하고 있다. 이에 따라 WTO 패널과 항소기구의 심리과정에서도 통상적 의미를 통해 체약 당사국의 명확한 의도 확인이 용이하지 않은 경우 교섭기록(negotiating history) 및 입법기록(drafting history)과 같은 조약 체결 준비문서가 널리 활용되고 있다.[143] 특히 우루과이 라운드 협상에서 새로이 도입된 협정이나 조항의 경우 이러한 조약 체결 준비문서가 보다 광범위하게 인용되고 있다.[144]

우루과이 라운드 협상 시 보조금 협정 체결을 위한 교섭 기록은 다음과 같은 점을 확인하여 준다. 먼저 보조금 협정의 기본목표는 회원국 정부가 불법적인 보조금 조치를 채택, 시행하는 것을 규제하기 위한 보조금에 관

---

142) *Id.*
143) 안덕근, "WTO 분쟁해결과 'Preparatory Work' 자료의 운용에 관한 고찰",『통상법률』통권 제30호 (1999.12), pp.58~60 참조. 조약 체결 준비문서에 대한 보충적 검토는 GATT 체제하의 패널에서도 동일하게 이루어졌다. 서용현, "WTO 분쟁해결제도의 운용현황(하): WTO 발족후의 경험을 중심으로",『통상법률』통권 제13호 (1997.2), p.150 참조.
144) 안덕근, "WTO 분쟁해결과 'Preparatory Work' 자료의 운용에 관한 고찰", *supra* note 143, p.58 ; 서용현, "WTO 분쟁해결제도의 운용현황(하): WTO 발족 후의 경험을 중심으로", *supra* note 143, p.152 참조.

한 규율 강화와, 보조금에 대한 대응조치가 보호무역주의의 도구로 활용되는 것을 저지하기 위한 상계조치에 대한 규율 강화라는 두 상충하는 목표에 대한 균형(equilibrium)의 추구였다는 점이다.145) 보조금 협정 도입 협상이 처음 시작된 시점부터 이 분야에 관한 실무적 교섭이 끝난 시점까지 이 목표는 지속적으로 유지되었다.146)

---

145) 보조금 협정 체결의 기본 목표로서 보조금 교부국과 이에 대항하여 상계관세를 부과하는 국가들 간 이해관계의 균형을 도모하고자 하는 노력은 교섭 초창기 기록에서부터 일관되게 발견된다. 보조금 협정 채택을 지원하기 위해 사무국이 작성한 최초의 체크 리스트에도 이 문제는 다음과 같이 잘 표현되어 있다.

> Any review, in the context of the *Uruguay Round, of the provisions on subsidies and countervailing duties should aim to restore the equilibrium of rights and obligations in terms of equivalent disciplines regarding subsidies on the one hand and countervailing measures on the other* by reinforcing the rules governing countervailing measures.
>
> It is necessary to negotiate on *improved subsidies and countervailing duty disciplines together. The existing rules have to be examined and improved as a whole*. Note by the Secretariat, Checklist of Issues for Negotiation, MTN.GNG/NG10/W/9 (September 7, 1987), pp.3~4(이탤릭체; 필자 강조).

146) 따라서 상충하는 이해관계에 관한 이러한 균형의 추구가 보조금 협정 개정 협상의 주요 목표이며, 구체적인 세부사항교섭에 들어가기에 앞서 이러한 기본 목표에 관한 검토가 먼저 필요하다는 점 역시 교섭 당사국들에 의해 지적되었다. Note by the Secretariat, MTN.GNG/NG10/W/10 (22 October 1987), p.2 ; Note by the Secretariat, MTN.GNG/NG10/W/4 (10 November 1987), p.1 참조. 그 이후 교섭 과정에서도 이러한 목표의 추구는 지속적으로 확인되고 있다. Communication from Columbia, MTN.GNG/NG10/W/13 (9 November 1987), p.1 ; Canadian Statement to Negotiating Group on Subsidies and Countervailable Measures, MTN.GNG/NG10/W/18 (10 February 1988), p.3 ; Note by the Secretariat, MTN.GNG/NG10/7 (8 June 1988), pp.2~3 ; Note by the secretariat, Issues Proposed for Negotiations, MTN.GNG/ NG10/W/10/Rev.2 (28 November 1988), p.2 ; Note by the Secretariat, Checklist of Issues for Negotiation, MTN.GNG/NG10/W/9/Rev.4 (12 December 1988), p.4 ; Communication from the European Communities, MTN.GNG/NG10/W/31 (27 November 1989), p.1 참조. 나아가 보조금 협정 교섭 과정에서 상충하는 이해관계의 적절한 균형점이 파괴되었다고 판단될 경우에는 이에 관한 교섭 당사국의 지적이 곧바로 뒤따랐던 것으로 보인다. 가령, Note by the Secretariat, MTN.GNG/NG10/11 (10 May 1989), p.1 참조. 이와 같은 보조금 규율과 상계관

그 다음으로 일관되게 유지된 목표는 보조금의 정의 규정 도입을 통해 그간 GATT 보조금 코드 체제하에서의 혼란상을 극복하는 것이었다. 보조금 협정 제정 협상에 참여한 모든 국가들은 GATT 보조금 코드가 보조금의 정의에 관하여 명확한 지침을 제공하지 못함에 따라 불법 보조금과 합법적인 정책 수단을 구별하기 위한 예측 가능성을 제공하지 못하고 있다는 점에 일치된 의견을 제시하였다.[147]

이러한 기본적 목표하에서 다양한 보조금 관련 사안들이 검토되었다. 보조금의 정의 문제와 관련 특히 간접 보조금의 규제 문제에 관하여 국가

세 규율 간 균형의 확보라는 차원에서 심지어 부당한 상계관세 부과를 억제하기 위해 자의적이며 근거가 희박한 상계관세 조사의 경우에는 조사당국에 피조사국 정부와 기업의 변호사 비용을 부담시키자는 제안도 있었음이 흥미롭다. Note by the Secretariat, MTN.GNG/NG10/16 (20 March 1990), p.1 참조. 이 역시 GATT 보조금 코드 당시의 부당한 상계관세의 남용을 억제하기 위한 필요성이 보조금 협정 개정 협상에서 교섭 당사국의 주요 관심 사항 중 하나였음을 보여주는 방증이라고 하겠다. 그러나 이러한 균형점 추구 과정에서 보조금 교부에 대하여 광범위한 규제 권한을 보유하고자 하는 미국은 보조금 조사에서 피조사국이 완전히 입증책임을 부담하여야 한다는 점을 주장하기도 하였다. 즉, WTO 제소에 있어 피조사국은 조사당국의 상계관세 조사 및 부과 조치가 보조금 협정에 부합하지 않음을 입증하여야 한다는 주장이다. Submission by the United States, MTN.GNG/NG10/W/29 (22 November 1989), p.7 참조.

147) Communication from the EEC, MTN.GNG/NG10/W/7 (11 June 1987), p.1 ; Communication from Japan, MTN.GNG/NG10/W/8 (12 August 1987), p.1 ; Communication from the Nordic Countries, MTN.GNG/NG10/W/12 (23 October 1987), p.1 ; Communication from Colombia, MTN.GNG/NG10/W/13 (9 November 1987), p.1 ; Canadian Statement to Negotiating Group on Subsidies and Countervailable Measures, MTN.GNG/NG10/W/18 (10 February 1988), p.2 ; Jamaican Statement to the Negotiating Group on Subsidies and Countervailing Measures, MTN.GNG/NG10/W/19 (11 March 1988), p.1 ; Note by the Secretariat, MTN.GNG/NG10/9 (11 October 1988), p.1 ; Communication from the Brazil, MTN.GNG/NG10/W/24 (10 November 1988), p.3 ; Note by the Secretariat, Checklist of Issues for Negotiation, MTN.GNG/NG10/W/9/Rev.4 (12 December 1988), pp.5~7 ; Note by the Secretariat, MTN.GNG/NG10/10 (22 November 1988), p.1 참조.

제3장 위임 및 지시의 법적 의미 155

간 입장 차이가 노정되었다. 기본적으로 간접 보조금과 정당한 정부 정책 수단의 활용 간에 분명 경계선이 존재한다는 원칙적인 부분에 대해서 모든 국가들의 의견이 일치되었다. 예를 들어 보조금 협정의 규제대상이 될 부당한 보조금 지급 조치와 정책 수단으로서의 정당한 유인책(incentive) 제공은 구별되어야 한다는 것이다.148) 그러나 구체적인 경계선의 확인에 있어서, 미국은 간접 보조금 조치에 관하여 광범위한 규제를 주장한 반면, 개발도상국의 경우에는 간접 보조금의 광범위한 확장에 대한 경계심을 표출하였다. 간접 보조금 사안 중에서 특히 WTO 회원국 정부의 자국 내 특정산업 지원정책(industrial targeting)과 자원 보조금(natural resources subsidy)이 주요 사안으로 다루어져 국가들 간 심도있는 의견 교환이 있었다.149)

---

148) 보조금 협정 채택을 위한 교섭 개시시에 작성된 체크 리스트에는 간접 보조금 관련 요소가 다수 발견 된다. 무엇보다 보조금과 유인정책(incentive)은 분명 구별되어야 함을 언급하고 있으며, 구조조정 보조금의 경우에도 산업의 효율성 증진을 위하여 실시되는 경우에는 허용되어야 한다는 점, 그리고 원자재 보조금의 경우에도 특정 산업 분야가 아닌 광범위한 사용자에게 허용되어 있는 경우에는 허용되어야 한다는 점이 체크 리스트에 지적되어 있음에 주목 할 필요가 있다. Communication from the EEC, MTN.GNG/NG10/W/7 (11 June 1987), p.3 ; Note by the Secretariat, Checklist of Issues for Negotiation, MTN.GNG/NG10/W/9 (7 September 1987), pp.5, 9, 16 ; Note by the Secretariat, MTN.GNG/NG10/W/10 (22 October 1987), p.2 참조. 따라서 교섭 당사국들은 간접 보조금의 규제에는 동의하면서도 이에 관하여 어떠한 경계선이 존재하여야 한다는 점을 아울러 인식하고 있었던 것으로 판난된다.

149) 미국은 보조금 협정의 개정에 있어 '특정산업 지원정책(industrial targeting)'이 심각한 폐해를 초래하고 있음을 지적하며 이에 관하여 규제가 필요함을 주장하였다. 미국은 정당한 정부 정책과 보조금에 해당하는 특정산업 지원정책 간의 경계선이 존재한다는 점을 인정하였으나 그 구체적인 위치에 관한 설명은 제시하지 못하였다. Communication from the United States, MTN.GNG/NG10/W/20 (15 June 1988), p.4 참조. 여기에 대하여 한국 정부가 그러한 특정산업 지원정책의 보조금 규율에의 포함은 금지되는 보조금과 허용되는 보조금의 구별을 곤란하게 하여 결국 규율 불가능 상황을 초래할 것임을 지적하였다. Communication from Korea, MTN.GNG/NG10/W/11 (22 October 1987), p.4 참조. 보조금과 정부 유인정책 간에는 구별이 존재하여야 한다는 점, 단순한 가격차별 정책은 보조금에 해당되어

그러나 위임·지시 보조금 문제에 관하여는 민간주체가 정부의 위임 및 지시를 통해 정부의 역할을 대신하는 경우에도 보조금에 해당된다는 기본적인 내용만 합의된 이후, 이에 관한 구체적인 논의는 부재하였던 것으로 보인다.150) 결국 위장 보조금으로서의 위임·지시 보조금 문제에 관한

서는 아니 된다는 점, 그리고 구조조정 보조금과 광범위한 활용이 가능한 원자재 보조금은 허용되어야 한다는 점은 1988년 사무국 보고서에서 다시 나타나고 있다. Note by the Secretariat, Checklist of Issues for Negotiation, MTN.GNG/NG10/W/9/Rev.4 (12 December 1988), pp.8~9 참조. 보조금 협정 개정 교섭 후반기인 1990년에 들어서도 간접 보조금 문제, 특히 특정산업 지원정책의 보조금 해당 여부는 지속적으로 논란이 되었다. Note by the Secretariat, MTN.GNG/NG10/20 (3 July 1990), p.1 참조. 그러나 이 문제에 관하여 교섭 당사국 간 최종적인 합의에 이른 것으로 보이지는 않으며 다만 의장은 1990년 11월에 동 협의의 종료를 선언하고 남은 문제는 각국 고위층의 정치적 결단에 남겨둔다고 언급하였다.

150) 1987년 8월 12일의 의장 보고서에서 위임·지시 보조금에 관한 문제가 처음으로 등장하였다. Report by the Secretariat, MTN.GNG/NG10/23 (12 August 1987), p.2 참조. 이 과정에서 이 문제에 관한 특별한 논의내용은 교섭기록에서 발견되고 있지 않으며 또한 초안에 포함된 내용도 다음과 같이 현 보조금 협정의 제1.1조 (a)(1)항 (iv)조와 동일하다.

a government makes payments to a funding mechanism, or entrusts or directs a private body to carry out one or more of the type of functions illustrated in (i) to (iii) above, which would normally be vested in the government and the practice, in no real sense, differs from practices normally followed by governments;

이 문구는 다시 1990년 7월 18일 의장 초안[Report by the Chairman to the GNG, MTN.GNG/NG10/W/38 (18 July 1990), p.3 참조]과 1990년 11월 6일의 의장 초안[Draft by the Chairman, MTN/GNG/NG10/W/38/Rev.3 (6 November 1990), p.1 참조]에서 그대로 반복되고 있다. 이는 보조금 협정 교섭 과정에서 위임·지시 보조금에 관한 심도 깊은 토의나 논의는 부재하였음을 보여주는 방증이라고 판단된다. 다만, 이와 관련하여 1988년 12월의 사무국 보고서에서는 보조금 또는 '실질적으로 이와 유사한 정부 지원 조치(substantially equivalent forms of government assistance)'라고 하여 민간부분이 개입된 조치라고 하더라도 실질적으로 정부 지원조치와 동일한 경우에는 보조금 협정의 규율대상이 된다는 점이 언급되고 있다. Note by the Secretariat, Checklist of Issues for Negotiation, MTN.GNG/NG10/W/9/Rev.4 (12 December 1988), p.5 참조. 이는 비록 위임·지시 보조금에

일반적 논의에 국한되었던 것으로 생각된다.[151]

따라서 위임·지시 보조금의 확인 작업에 있어 우루과이 라운드 시 교섭기록에서는 당해 문제에 관한 특별한 지침을 제공하여 주는 구체적인 협의 내용을 찾아보기 힘들며, 결국 보조금 협정 교섭의 기본적 골격을 제시하였던 교섭 기본목표로부터 '위임 및 지시' 조항 해석의 지침을 도출하여야만 할 것이다. 그리고 그러한 지침은 위에서 이미 고찰하였다시피 ① 보조금에 대한 규율 강화와 상계조치에 대한 규율 강화라는 상충하는 이해관계에 관한 균형점의 확보와 ② 보조금의 명확한 정의를 통한 회원국 간 동 분야에 있어 예측 가능성의 제고로 정리된다.

우루과이 라운드에서의 이러한 노력의 결과 보조금의 정의에 관하여 상당한 진전을 이룬 것은 사실이나 그 본질적 문제는 여전히 남아 있는 상황이다.[152] 이를 감안하면 위임·지시 보조금 문제에 관해 현재 패널 및 항소기구의 결정이 다소 혼선을 노정하고 있는 것도 충분히 이해할 만하다.

대한 직접적인 언급은 아니나 동 보조금과 연관된 내용이라고 할 수 있겠다. '실질적으로 정부 지원 조치와 동일'이라는 용어를 사용한 것으로 보아 민간주체의 행위라도 사실상 정부의 행위에 갈음할 수 있는 정도의 기준을 교섭 당사국들은 검토하였던 것으로 판단된다. 또한, 한국 정부는 위임·지시 보조금과 관련된 부분인지는 명확히 하지 않았으나 민간주체 간의 거래는 보조금으로 취급되어서는 아니된다는 원칙을 주장하였다. Communication from the Republic of Korea, MTN. GNG/NG10/W/34 (18 January 1990), p.2 참조. 한국 정부의 이러한 언급은 이미 그 당시에 진행 중이던 위임·지시 보조금의 기본적 문제점을 막연하게나마 인식하고 있었던 것으로 판단된다.

151) 이러한 '위장'된 보조금 지급 조치를 확인하고 이에 대하여 보조금 협정의 규율을 확장시키는 것은 우루과이 라운드 협상에 있어 미국의 주요 목표의 하나였다. M. Jean Anderson & Gregory Husisian, 제2장 제1절 각주 8, p.301 참조.

152) Jackson et. al, *Legal Problems of International Economic Law*, 제2장 제5절 각주 6, p.767 참조.

VI. 소 결

　결론적으로 '위임 및 지시' 조항에 대한 다양한 해석 원칙의 적용은 다음의 세 가지 사실을 보여준다. 먼저 '위임 및 지시' 조항의 적용은 예외적 상황을 상정하고 도입되었다는 점이다. 따라서 이러한 예외적 조항의 적용은 엄격하게 이루어져야 하며 어떠한 경우에도 일반적 보조금의 경우 보다 느슨하게 또는 광범위하게 해석·적용될 수는 없다. 마지막 현 보조금 협정상 '위임 및 지시'의 확인은 집단적, 추상적, 맥락적 분석이 아닌 개별적, 구체적, 실증적 분석을 전제로 하고 있다는 점이다. 따라서 막연한 '위임 및 지시' 행위의 존재에 대한 추정은 현 보조금 협정이 허용하는 바가 아니라고 하겠다. 다음으로 위임·지시 보조금의 해석과 적용에 있어서는 보조금 협정 전반을 관통하고 있는 기본원칙을 염두에 두어야 한다. 그러한 기본원칙은 보조금 교부국과 이에 대항하는 상계관세 부과국 또는 WTO 제소국 간 상충하는 이해관계의 균형을 이루는 방향으로 관련 조항의 해석과 적용이 이루어져야 한다는 것이다. 특히 국가 간 이해관계가 첨예하게 대립하는 위임·지시 보조금의 경우, 이러한 균형점 확보의 필요성은 더욱 요구된다.

제3절 위임 및 지시 관련 분쟁해결기구 선례

WTO 분쟁해결기구 보고서에 영미법상의 선례구속 원칙이 인정되지는 않으나 GATT·WTO 분쟁해결 패널 및 항소기구가 채택한 보고서는 후속사건의 해결에 중요한 지침이 되었으며 실제로 이러한 선례는 항상 후속 보고서에서 인용되고 있다.[1] 따라서 실제 효력에 있어서는 선례구속의 원칙이 인정된 것과 큰 차이를 보이지 않으므로[2] '위임 및 지시' 문제와 관련하여서도 분쟁해결기구의 선례를 검토할 필요가 있다.

'위임 및 지시'의 법적 의미와 관련한 WTO 선례는 *U.S.-Export Restraints (Panel)*, *U.S.-DRAMs(Panel)*, *EC-DRAMs(Panel)*, 및 *Korean-Shipbuilding(Panel)* 패널의 결정에서 찾아 볼 수 있다. 최근 내려진 *U.S.-DRAMs(AB)* 사건의 항소심리에서 항소기구는 기존 패널의 해석에 상당한 변경을 가하였다. 따라서 WTO 선례는 이 문제에 관한 유일한 항소기구 결정인 *U.S.-DRAMs(AB)* 사건을 기준으로 그 전과 후로 나누어 살펴보는 것이 적절할 것이다.

I. *U.S.-DRAMs* 항소기구 결정 이전

위에서 살펴본 바와 같이 '위임 및 지시'의 예외적·제한적 성격은 이

---

1) Raj Bhala, *The Myth About Stare Decisis and International Trade Law*, American University International Law Review, Vol. 14 (1999), p.255 ; *Japan-Alcoholic Beverages II(AB)*, pp.13~14 참조. 따라서 일단 내려진 패널 및 항소기구 결정은 관련된 후속 사건의 결정에 중요한 영향을 미치게 된다.
2) 서철원, "WTO체제에서의 무역과 환경보호에 관한 연구", 서울대 박사학위논문 (1993), p.39 참조.

문제에 관한 최초의 선례라고 할 수 있는 U.S.-Export Restraints(Panel)에서 WTO 패널이 이미 지적한 바 있다. 동 패널은 '위임 및 지시'에 관해 기본적으로 세 가지 요건의 충족이 필요한 것으로 설명하였다. 첫째, 시혜 민간주체를 향한 정부로부터의 명백하고 적극적인 행위가 존재하는가. 둘째, 그러한 정부 행위의 대상이 된 시혜 민간주체가 특정될 수 있는가. 셋째, 그러한 정부 행위의 궁극적 목표가 특정의 임무나 의무를 수행하기 위한 것인가 하는 것이 그것이다.3) 이와 같이 U.S.-Export Restraints(Panel) 패널은 보조금 협정 제1.1조 (a)(1)항 (iv)호상 'entrustment or direction'이 막연한 추상적 개념이 아닌 정부가 특정인에 대해 특정업무의 수행을 구체적으로 '위임 및 지시'를 하는 경우를 상정하고 있음을 확인하였다. 이러한 법적 의미 확인에 기초하여 동 패널은 보조금 협정 제1.1조 (a)(1)항 (iv)호상 '위임 및 지시'는 엄격히 제한된 적용범위를 기본적으로 상정하고 있음을 확인하였다.4)

---

3) 이 부분에 관한 U.S.-Export Restraints(Panel) 사건 패널 결정의 원문은 다음과 같다.

It follows from the ordinary meanings of the two words "entrust" and "direct" that the action of the government must contain a notion of delegation(in the case of entrustment) or command(in the case of direction). To our minds, both the act of entrusting and that of directing therefore necessarily carry with them the following three elements: (i) an explicit and affirmative action, be it delegation or command; (ii) addressed to a particular party; and (iii) the object of which action is a particular task or duty. In other words, the

ordinary meanings of the verbs "entrust" and "direct" comprise these elements— *something* is necessarily delegated, and it is necessarily delegated to someone and, by the same token, *someone* is necessarily commanded, and he is necessarily commanded *to do something.* We therefore do not believe that either entrustment or direction could be said to have occurred until all of these three elements are present(강조는 원문으로부터 인용), *Id.*, para. 8.29

4) 따라서 U.S.-Export Restraint(Panel)의 입장을 기본적으로 따른 U.S.-DRAMs(Panel) 패널의 경우 하이닉스 채무재조정이 보조금 협정 제1.1 (a)(1)조 (iv)호상 정부에 의한 '위임 및 지시'에 해당하는 것으로 보기 힘들다는 취지의 결론에 도달한 것은 어떤 측면에서는 당연하다고 할 수 있다. 이 사건에서 한국 정부에 의한 개입 및 관여

이러한 입장은 U.S.-DRAMs(Panel) 패널에서도 거듭 확인되었다.5) 동 패널은 분쟁의 핵심인 '위임 및 지시'의 법적 의미를 범위가 한정된 구체적인 개념으로 파악하였다. 즉, 영어의 '위임(entrustment)'은 '권한이양(delegation)'이라는 개념으로, '지시(direction)'는 '명령(command)'이라는 개념으로 각각 판단하였던 것이다. 왜냐하면 패널은 이러한 해석이 'entrustment' 또는 'direction'에 대한 사전적 의미의 가장 주된 내용으로 판단하였기 때문이다. 영어 단어로서 'delegation'과 'command'는 기본적으로 정부의 적극적 또는 공격적 행위, 상대방인 민간주체의 수동적 또는 방어적 수용, 정부와 민간주체 간 수직적 상하관계의 존재 등을 그 핵심으로 포함하고 있다. 이러한 판단은 '위임 및 지시' 조항의 구체화를 시도한다는 점에서 유사한 문제에 관한 유일한 선례인 U.S.-Export Restraints(Panel) 패널의 입장과 대동소이하다.

이러한 법적 의미 파악에 기초하여 패널은 미국 상무부가 제시한 모든 직접증거 및 정황증거를 고려하더라도 하이닉스 채권단에 대한 한국 정부의 '일반적'인 '위임 및 지시'를 인정하기에는 부족하다고 결정함으로써6) 동 사건에서 한국의 입장을 기본적으로 지지하였다. 그러나 동 패널은 미국 상무부의 조사방법을 받아들여 '위임 및 지시' 요건을 판단하는 중요한 기준으로 한국 정부의 채권은행에 대한 지분소유에 주목하여, 관련 채권은행을 한국 정부에 의해 소유·지배되는 공공기관[Group A 채

의 사례는 입증되었지만 정부의 민간기관에 대한 위탁(delegation)이나 명령(command) 에 해당하는 '명시적이며 적극적인 행위'가 존재한다고 보기는 힘들었으며, 또한 설사 정부의 시장개입에도 불구하고 그 시장 내의 참여자가 자유선택권을 행사할 여지가 존재하였다고 판단되었기 때문이다. 장승화, "기업구조조정과 WTO 허용보조금", 제2장 제1절 각주 28, pp.98~99 참조.

5) U.S.-DRAMs(Panel), paras. 8.29-8.30, 8.44 참조.
6) 이와 관련 패널은 미국 상무부가 제시된 자료로 단일 보조금 프로그램의 일반적 확인을 지지할 만한 충분한 증거가 존재하였다고 결정할 수는 없었다는 결론에 도달하였다. U.S.-DRAMs(Panel), para. 7.177 참조.

권기관 : 산업은행, 기업은행, 농협 및 수협], 한국 정부에 의해 소유·지배되는 민간 금융기관[Group B 채권기관 : 한빛은행, 조흥은행, 서울은행, 외환은행, 제일은행, 평화은행, 광주은행, 경남은행 및 기타 금융회사] 및 기타 민간금융기관[Group C 채권기관 : 시티은행, 국민은행, 신한은행, 한미은행, 하나은행, 주택은행 및 부산은행]으로 삼분하여 '위임 및 지시' 여부를 각각 검토하였다.7) 항소심리에서 항소기구 역시 이러한 분류방식을 기본적으로 수용하여 쟁점별 심리를 진행하였다.8) 이러한 분석을 거쳐 동 패널은 일부 채권은행에 대하여 '위임 및 지시'에 해당될 수 있는 한국 정부의 행위를 보여주는 증거가 존재하지만 ―예를 들어 한국 정부의 제일은행에 대한 압력 등― 이로부터 모든 채권은행에 대한 '위임 및 지시'라는 일반적 명제를 끌어낸 미국 상무부의 결정은 정당화되지 못한다고 확인하였다. 동 패널의 이러한 결정은 미국의 '위임 및 지시' 조사방법론을 기본적으로 인정하였지만 미국이 제시한 증거는 그러한 조사방법론도 충족시키지 못하였다는 것으로 결국 한국의 입장을 대폭 수용한 것이다.

한국 정부의 조선업계에 대한 위임·지시 보조금 교부를 다룬 *Korea-Shipbuilding(Panel)* 패널도 유사한 결정을 내린 바 있다.9) 동 분쟁에서도 보조금 협정의 제반 이슈에 관한 폭넓은 검토가 이루어졌으며, 패널은 한국에서 1997년 이후 광범위하게 이루어진 채무재조정 문제에 관하여 한국의 입장을 수용, 위임·지시 보조금의 존재를 부인하였다. 특히 보조금 협정 제1조상의 '위임 및 지시'의 기준은 특정 정부 행위나 조치에 따른 결과적 혜택이 특정 민간기업에 부여되는지 여부가 아닌, 최소한 정부로부터 어떤 형태이든 '적극적인 행위를 요구'하고 있음을 확인하였다. 즉, 보조금 협정상 정부에 의한 재정적 기여의 판단에 있어서 정부의 적극적

---

7) *U.S.-DRAMs(Panel)*, para. 7.8 참조.
8) *U.S.-DRAMs(AB)*, para. 131 참조 ; 박영덕, "WTO 하이닉스 분쟁과 IT R&D 통상전략", 『정보통신정책』 제17권 17호, p.10 참조.
9) *Korea-Shipbuilding(Panel)*, para. 7.407 참조.

조치(action)가 중요한 기준이며 민간주체의 반응(reaction)은 중요한 것이 아니라는 점을 지적하였다. 이 결정 역시 기본적으로 *U.S.-Export Restraints (Panel)*의 맥락에 기초하고 있다.

*EC-DRAMs(Panel)*은 다소 상이한 사건배경으로 인하여 한국과 유럽연합이 각각 일부승소를 한 것으로 종결되었으나[10] 동 사건을 담당한 패널도 *U.S.-Export Restraints(Panel)* 이래의 위임·지시 보조금의 결정에 관한 입장을 기본적으로 변경시킨 것은 아니다.[11] 동 사건에서 유럽연합의 위임·지시 보조금 결정이 일부 지지된 이유는 유럽연합이 일부 적용한 보조금협정 제12.7조상의 '이용가능한 정보' 원칙이 패널에 의해 수용되었기 때문이다.

II. *U.S.-DRAMs* 항소기구 결정

그러나 *U.S.-DRAMs(AB)*를 담당한 WTO 항소기구는 이러한 기존의 해석에 대하여 중대한 수정을 가하였다.[12] 먼저 주의하여야 할 것은 *U.S.-DRAMs(AB)* 사건에서 항소기구도 보조금 협정의 예외적 성격, 나아가 위임·지시 보조금의 제한적 성격, 그리고 이에 따른 위임·지시 보조금 판정에 대한 적절한 제한의 필요성 자체는 인정하고 있다는 사실이다. 즉, 최소한 형식적으로는 동 사건에서 항소기구 입장이 기존의 위임·지시 보조금 관련 사건의 패널 입장을 근본적으로 배척하는 것은 아니라고 할 것

---

10) 동 패널 결정에서 한국과 유럽연합은 각각 일부 승소를 기록하였으며 각각 항소를 포기하여 패널 보고서가 최종 채택되었다. *EC-DRAMs(Panel)*, paras. 7.110, 7.146, 7.215, 7.232, 7.235, 7.267 ; WTO 분쟁해결기록(WT/DS299/R 관련), WTO 웹사이트<http://www.wto.org/english/tratop_e/dispu_e/cases_e/ds299_e.htm> 참조 (2005. 11.20 방문).
11) *EC-DRAMs(Panel)*, paras. 7.48-7.63 참조.
12) *U.S.-DRAMs(AB)*, paras. 102-116, 136-140, 150-152 참조.

이다. 예를 들어 항소기구는 수차례에 걸쳐 '위임 및 지시'는, 나아가 항소기구가 새로이 해석한 '위임 및 지시'의 법적 의미인 '책임부여' 및 '권한 행사'라는 기준은 정부에 의한 단순한 장려 및 권고를 넘어서는 것임을 확인하고 있다.13) 다만 동일한 기본원칙을 위임·지시 보조금 사건에 구체적으로 적용하는 방법론을 모색하는 과정에서 U.S.-DRAMs(AB) 항소기구는 기존의 패널들과 상이한 입장을 취하고 있다고 보는 것이 보다 정확할 것이다.

일단 동 사건에서 항소기구 심리는 U.S.-Export Restraints(Panel)와 U.S.-DRAM(Panel) 사건의 '위임 및 지시'에 관한 법적 의미를 재정립하는 데서 출발하였다. 위에서 언급한 바와 같이 '위임 및 지시'와 관련, 두 사건의 패널은 'entrustment or direction'이라는 단어가 'delegation or command'를 각각 의미하는 것으로 해석한 후 이에 기초하여 분석을 진행하였다.14) 그러나 항소기구는 이러한 패널의 해석이 '위임 및 지시'를 너무 좁게 해석한 것이며,15) 보다 적절한 기준은 일국 정부가 보조금 협정상 정부에 의한 재정적 기여를 달성하기 위하여 어떠한 책임을 민간주체에 부여하였는지, 혹은 정부가 민간주체에 대해 자신의 권한을 행사하였는지 여부임을 확인하였다.16)

---

13) *Id.*, para. 114 참조. 이러한 사실은 세이프 가드 협정(Agreement on Safeguards) 제 11.3조가 명시적으로 'encourage' 또는 'support'라는 용어를 사용하고 있는 것과 대비하여 보더라도 확인된다. 동 조항은 다음과 같이 규정하고 있다.

> Members shall not *encourage or support* the adoption or maintenance by public and private enterprises of non-governmental measures equivalent to those referred to in paragraph 1 (이탤릭체; 필자 강조).

만약 이와 같은 'encourage' 및 'support'의 의미를 포함하고자 의도하였다면 보조금 협정 교섭 당사국들도 분명 동 단어들을 사용하였을 것이라고 추정할 수 있을 것이다. 따라서 보조금 협정에서 말하는 'entrustment or direction'이라는 용어는 'encouragement' 및 'support'와는 구별되는 개념으로 채택된 것이라고 보아야 할 것이다.

14) *U.S.-DRAMs(Panel)*, para. 7.31 ; *U.S.-Export Restraints(Panel)*, para. 8.29 참조.
15) *U.S.-DRAMs(AB)*, para. 111. 참조.

항소기구가 채택한 이러한 새로운 개념정립은 '위임 및 지시'와 관련된 조사당국의 입증책임을 상당히 경감시켜주는 결과를 가지고 왔다. '위임 (entrustment)'을 '권한이양(delegation)'으로, '지시(direction)'를 '명령(command)' 으로 각각 제한적으로 판단한 패널의 해석보다 이를 '추상화'하여 단순히 정부가 민간주체에 대하여 어떠한 책임을 부여하였는가(entrustment의 경우) 또는 정부가 민간주체에 대하여 자신이 보유한 권한을 행사하였는가 (direction의 경우)라는 의미라고 파악한 항소기구의 해석은 조사당국의 재량을 대폭 강화시켜 주는 것이기 때문이다. 이러한 항소기구 결정에 따라 미국 상무부로서는 구체적인 권한이양이나 명령의 존재를 입증하지 않더라도 한국 정부가 민간은행에 대하여 책임을 부여하였다는 점 그리고 한국 정부가 민간은행에 대하여 자신이 가진 권한을 행사하였다는 점을 보여줌에 따라 '위임 및 지시'를 보다 용이하게 입증할 수 있게 되었다.

'위임 및 지시'의 법적 의미에 관한 항소기구의 이러한 탄력적인 해석의 도입은 아래에서 언급하는 관련 사안의 '총체적 접근 방법(totality of facts)', '정황증거(circumstantial evidence)로부터의 추론(inference)의 적극적 활용', '조사당국의 조사방법론에 대한 엄격한 존중(deference)'과 전체적으로 결합하여 위임·지시 보조금 조사에 있어 조사당국의 입장을 적극적으로 지지하는 항소기구 결정의 근저를 이루고 있는 것으로 보인다. 이러한 점을 기초로 하여 동 분쟁에서 항소기구가 미국의 입장을 수용하는 결정을 내리게 된 것은 어떠한 측면에서는 당연한 귀결이라고 할 수 있을 것이다. 지금까지 위임·지시 보조금에 관한 WTO 패널 및 항소기구의 선례를 간략히 정리하면 다음과 같다.

① *U.S.-Export Restraints*(*Panel*, 2001.6) : 'Entrustment or Direction'의 기준으로 명백하고 적극적인 정부의 행위(explicit and affirmative government action), 특정한 민간주체에 대한 위임 및 지시(entrustment or direction to a particular

---

16) *Id.*, para. 113. 참조.

party), 특정 임무수행을 위한 위임 및 지시(to carry out a particular duty or task)가 요구됨을 확인하였다. 또한 전체적으로 각 위임·지시 보조금 정책의 개별사안별 접근(case-by-case approach)방식을 채택하였다.

② *U.S.-DRAMs(Panel,* 2004.12), *EC-DRAMs(Panel,* 2005.4), *Korea-Shipbuilding(Panel,* 2004. 12) : 기본적으로 *U.S.-Export Restraints(Panel)*의 결정을 수용하였으나 *U.S.-Export Restraints(Panel)*의 요건 중 첫 번째 요건을 일부 수정하였다. 즉, '위임 및 지시'의 존재를 위해서는 적극적인(affirmative) 정부 행위가 필요하나 이것이 반드시 명백할(explicit) 필요는 없으며, 다만 이러한 정부 행위는 특정 민간주체에 대하여 특정 임무수행을 위임하거나 지시하여야 한다고 결정하였다. 이 사건에서도 역시 전체적으로 개별사안별 접근(case-by-case approach)방식이 채택되었다.

③ *U.S.-DRAMs(AB,* 2005.6) : '위임 및 지시'의 법적 의미와 관련, 기존의 접근방법은 지나치게 좁다는 점을 지적하며, 기존 패널의 입장을 일부 수정하였다. 즉, 위임(entrustment)은 정부가 민간주체에 대하여 책임을 부여하였는가(whether a government gives responsibility to a private body)의 문제이며 지시(direction)는 정부가 민간주체에 대하여 자신의 권한을 행사하였는가(whether a government exercises its authority over a private body)를 의미하는 것으로 각각 개념을 재정립하였다. 항소기구는 또한 개별사안별 접근방법 대신 사안의 총체적 분석(totality of facts)에 따른 소위 용광로식 접근방식을 취하고 있다.

III. 항소기구 분석에 관한 평가

U.S.-DRAMs(AB) 사건에서 항소기구의 '위임 및 지시' 분석 내용을 전체적으로 검토하여 보면 동 결정이 앞에서 살펴본 '위임 및 지시' 조항의 문맥, 목적 및 대상을 고려한 통상적 의미와 반드시 합치하는지 의문이다. 특히 보조금 협정의 대상 및 목적은 항소기구 스스로도 확인하고 있듯이 보조금 지급 조치를 규제하기 위한 규범의 도입을 강조하는 국가(예를 들어 *U.S.-DRAMs*에서 미국)와 이러한 보조금으로 인한 상계관세 부과에 있어 적용될 규범의 도입을 주장하는 국가(이 사건에서 한국)간 상충하는

입장의 적절한 균형점을 찾는 것이다.[17] 그러나 동 사건에서 항소기구 결정이 그러한 균형유지를 적절히 이행하고 있는 지는 의문이다. 바로 동 항소기구 결정은 위임·지시 보조금 조사를 담당하는 조사당국의 재량권을 지나치게 강화한 측면이 있는 것으로 보이기 때문이다.

또한 '위임 및 지시' 조항의 대상 및 목적에 초점을 맞추어 금번 결정을 살펴보더라도 U.S.-DRAMs(AB) 사건에서 항소기구 결정은 역시 문제점을 노정한다. 위임·지시 보조금 규제조항의 도입 취지 내지 목적도 결국 보조금 협정 제1.1조 (a)(1)항 (ⅰ)~(ⅲ)호에 규정된 직접 보조금 지급이 위장된 방법으로 이루어지는 것을 방지하고자 하는 것이다. 항소기구 스스로도 위임·지시 보조금 규정을 보조금 협정의 일종의 우회금지(anti-circumvention) 규정이라고 언급하고 있는 것은 동 조항의 이러한 취지를 입증하고 있다.[18] 그런데 U.S.-DRAMs(AB) 사건에서 항소기구의 결정은

---

17) U.S.-DRAMs(AB), para. 115. 참조. 항소기구는 이러한 해석이 보조금 협정의 대상 및 목적에 부합한다는 점을 지적하였다. 즉, 이러한 해석은 보조금 활용에 대하여 규율을 강화하고자 했던 회원국과 상계관세 부과에 대하여 규율을 강화하고자 했던 회원국 간 이해관계의 균형을 반영한다는 것이다. 따라서 동 조 제(ⅳ)호를 해석함에 있어 이러한 비교형량 원칙이 고려되어야 함을 항소기구는 지적하였다.
18) U.S.-Lumber CVDs Final(AB), paras. 52, 64, 100 참조. 나아가 한국 정부가 다른 WTO 회원국에 대하여 '위임 및 지시'를 이유로 한 보조금 조사를 실시하는 경우도 상정하기 어렵지 않다. 특히 중국 상품의 한국 시장에서의 점유율 급증과 중국 정부의 민산 부문에 대한 직접적인 통제를 감안하면 한국이 중국에 대하여 위임·지시 보조금을 이유로 한 상계관세 조사를 시작하거나 WTO에 제소하는 경우가 머지않은 장래에 현실화될 수 있을 것으로 판단된다. 간접 보조금이라는 광범위한 정의 규정을 포함하고 있는 우리 국내법의 규정에 의거하더라도 다양한 형태의 간접 보조금, 위장 보조금 및 위임·지시 보조금을 처벌할 기본적 근거는 마련되어 있다고 볼 수 있다. 그러나 문제는 위임·지시 보조금을 확인하고 상계관세를 부과하는 일련의 절차와 관련한 구체적 규정이 아직 미흡하다는 점이다. 특히 위임·지시 보조금 조사에는 다양하고 복잡한 조사 방법이 동원되므로 실제 구체적 조사에 직면하여 조사방법을 확정하여 나갈 경우 절차적 공정성 등을 이유로 한 피조사국의 반발을 초래할 수밖에 없을 것이다. 현재 진행 중인 일본 정부의 한국산 반도체에 대한 상계관세 조사는 그러한 문제점을 단적으로 보여준다. 한국 정부, 대한민국산 DRAM에

이러한 우회금지 목적달성을 넘어서는 지나치게 광범위하고 포괄적인 위임·지시 보조금 인정 근거를 도입한 것으로 판단된다. 이 역시 위임·지시 보조금의 기본 취지에는 반드시 부합하지 않는 결론이다. 결국 *U.S.-DRAMs (AB)*의 결정이 의도하는 바와 같이 현 보조금 협정의 기본적 규율 범위를 넘어선 광범위한 취지의 위임·지시 보조금 규정 채택을 위해서는 WTO 당사국의 명시적 합의가 필요하다고 새겨야 할 것이다.19) 이러한 명시적 합의가 부재한 상황에서 내려진 항소기구의 이러한 취지의 결정은 그 정당성이 의심될 수밖에 없을 것이다.

특히 항소기구의 결정이 보조금 협정 제1.1조 (a)(1)항 (iv)호상 '위임 및 지시'의 판단에 있어 보조금 협정이 규제하고자 하는 불법 보조금과

대한 관세정률법 제7조 제6항에서 규정하는 조사(2004년 8월 4일자 재무성 고시 제352호)에 관련된 최종결정의 기초가 되는 중요한 사실에 대한 한국 정부의 반론서(2005.11.21, "일본 상계관세 조사 한국 정부 반론서"), pp.4~10 참조. 최근의 일본의 경험은 한국도 관세법 시행령 및 시행규칙에 위임·지시 보조금과 직접적으로 연관되는 조항, 나아가 보조금 및 상계관세 조사에 전반적으로 적용되는 조항에 대한 조속한 도입과 세분화가 필요함을 보여준다. 이러한 법령의 정비는 교역 상대국과의 위임·지시 보조금 분쟁 발생 시 불필요한 분쟁의 소지를 줄이고 또 피조사국의 WTO 제소 시 한국 정부의 결정에 대한 정당성을 강화할 수 있는 토대가 될 것이다. 사실 1994년 우루과이 라운드 협상 타결 시 이러한 국내 법령 정비 문제가 제기된 바 있다. 최승환, "UR 상품무역협정",『국제법 평론』통권 제2호 (1994), p.60 참조. 그러나 아직 보조금 및 상계관세 조사를 위한 규범 및 가이드라인은 상당히 미흡한 실정이며 특히 간접 보조금 및 위임·지시 보조금의 경우에는 아무런 실질적 지침이 존재하지 않는 형편이다. 따라서 보조금 협정과 관련된 복잡한 분쟁의 발생이 예견되는 현 시점에서 이러한 법령의 구체화 및 체계화는 더욱 절실하다고 하겠다.

19) James P. Durling & Simon N. Lester, *Original Meaning and the Film Dispute: The Drafting History, Textual Evolution, and Application of the Non-Violation Nullification or Impairment Remedy*, George Washington Journal of International Law & Economics, Vol. 32 (1999), p.269 참조[필자는 *Japan-Film* 패널이 결정한 바와 같은 광범위한 비위반제소(NVNI)의 근거를 위해서는 WTO 회원국의 명시적 합의가 필요하다는 점을 지적하며 그러한 명시적 합의가 부재한 상황에서 동 사건 패널이 사실상 그러한 취지의 결정을 내린 것은 법적 오류(legally flawed)임을 지적].

WTO 회원국이 자국의 산업과 시장에 대한 규율과 영향력 행사를 도모하기 위한 '일반적 행정재량(general administrative discretion)'과의 경계를 '불분명(blurring the line)'하게 할 것이라는 일부 국가의 지적은 충분히 경청할 만하다.[20] 미국이 주장하는 바와 같은, 그리고 항소기구가 수용한 '위임 및 지시'의 광범위한 해석은 보조금 협정을 국제무역의 공정한 경쟁을 지원하기 위한 협정이 아닌 보호무역주의의 도구로 변화시킬 가능성이 농후하기 때문이다.[21]

어찌되었든 동 사건은 일련의 위임·지시 보조금 사건에 있어서 항소기구가 결정을 내린 유일한 사건이라는 점에서 향후 관련 법리의 발달과 해석에 중요한 시사점을 제공하여 주고 있다.[22] 보조금 협정상 추상적으로 규정되어 있는 '위임 및 지시'의 구체적 요건이 무엇인지, 나아가 WTO 회원국의 정당한 시장 개입과 불법적인 보조금 지급의 경계선이 무엇인지에 관하여 항소기구가 본격적인 고찰을 실시하였다는 점에 동 결정의 의의가 있는 것으로 보인다. 특히 동 사건에서 항소기구가 위임·지시 보조금의 예외적 및 제한적 성격을 언급하고 왜곡된 위임·지시 보조금 적용의 위험성을 언급하고 있는 것은 중요한 의미가 있는 것으로 향후 관련 법리 발전에 중요한 지침이 될 것으로 판단된다.

그러나 U.S.-DRAMs(AB)의 결정은 일부 사안에 관하여서 기존 패널이 확인한 법리 및 결정 내용을 더욱 발전시킨 측면도 있는 반면 전체적으로 위임·지시 보조금의 분석방법에 대한 구체적 기준 제시 대신 추상적·맥락적 접근 방법을 용인함으로써 전반적으로 위임·지시 보조금 결정 기준에 관한 예측 가능성을 매몰시킨 측면이 있는 것으로 보인다. 이러한

---

20) U.S.-DRAMs(AB), 대만의 제3자 참여 법률의견서(Third Party Submission), para. 3 참조.
21) U.S.-DRAMs, 한국의 피항소인 법률의견서(Appellee's Submission), para. 52 참조.
22) 물론 WTO 패널이나 항소기구의 결정이 반드시 타당한 것이라고 단정 지을 수는 없을 것이나 이 문제에 관한 기본적 패러다임의 수립을 도모하거나 관련된 문제점을 검토하기 위한 적절한 논의의 출발점을 제시하여 줄 수는 있을 것이다.

측면에서는 기존의 네 패널이 발전시킨 법리를 오히려 원점으로 회귀시킨 측면도 없지 않다. 특히 현 WTO 분쟁해결체제의 기본 문제점인 재심·환송(remand) 제도의 미흡으로 인하여[23] *U.S-DRAMs(AB)* 결정에서

---

[23] 현 WTO 분쟁해결체제에서 항소기구는 패널의 결정에 관하여 세 가지 판단을 내릴 수 있다. 즉, 패널 결정에 법리적·절차적 하자가 없는 경우에는 이를 인용할 수 있고(to uphold), 패널 결정 자체에는 동의하나 결론도출을 위한 논리전개(reasoning)에 이의가 있는 경우 이를 수정할 수 있으며(to modify), 패널 결정에 법리적 또는 절차적 하자가 있어 이에 동의하지 않는 경우에는 이를 파기할 수 있다(to reverse). DSU 제17.13조 ; 박영덕, "WTO 하이닉스 분쟁과 IT R&D 통상전략", *supra* note 8, p.11 참조. 즉, 현 WTO 체제는 항소기구에 대하여 패널에 대한 파기·환송(remand) 권한을 인정하지 않고 있다. Raj Bhala & Lucienne Attard, "*Austin's Ghost and DSU Reform*", The International Lawyer, Vol. 37, No. 3 (Fall 2003), pp.651~659 참조. 금번 항소기구 결정의 핵심은 '위임 및 지시'에 관한 패널의 기준 설정이 잘못되었다는 것이며 이에 대해 항소기구가 자신이 해석한 보조금 협정 제1.1조(a)(1)항 (iv)조의 취지에 따라 새로운 기준을 설정하여 제시한 것으로 요약할 수 있다. 문제는 이러한 새로운 기준에 비추어 미국의 한국산 반도체에 대한 보조금 확인 및 상계관세 부과 조치를 검토하였을 경우 과연 동 조치들이 여전히 이러한 새로운 기준을 충족하고 있는가에 대한 핵심적인 문제에 관해서는 항소기구의 결정이 부재하다는 것이다. 즉, 현 WTO 분쟁해결절차상 항소기구의 패널 결정에 관한 파기(to reverse)만이 인정될 뿐 파기·환송(to reverse and remand)은 불가능하므로 금번 항소기구의 결정이 제시한 새로운 기준에 따라 하이닉스 반도체 채무재조정을 검토하는 경우 과연 '위임 및 지시'가 존재하는지는 여전히 불분명한 상황이다. *U.S.-DRAMs(AB)*, paras. 157, 198 참조. 즉, *U.S.-DRAMs(AB)* 사건은 WTO 분쟁해결절차에서 파기·환송 제도 도입의 필요성을 다시 한번 방증하고 있다. 국내법원의 경우 이러한 문제는 상급법원이 재심을 위해 파기·환송함으로써 하급심 법원으로 하여금 새로운 기준에 따라 심리하도록 명령을 내림으로써 종국적 해결을 도모할 수 있었을 것이나 현재의 WTO 분쟁해결절차에서는 그러한 제도가 부재한 실정이다. 따라서 현재의 시스템하에서는 이러한 새로운 기준에 비추어 미국 상무부의 보조금 확인 및 상계관세 부과조치의 타당성 확인을 위해서 새로운 WTO 사건을 시작하는 수밖에 없다. 두 국가의 3여 년의 소모전 끝에 이와 같이 다시 원점으로 회귀하는 결정이 나온 것은 문제라고 하지 않을 수 없다. 앞으로 DDA협상을 통해 파기·환송 제도가 도입되면 이러한 문제는 해결될 수 있을 것으로 보인다. 현재와 같이 항소기구로부터 패널로의 재심을 위한 환송 제도가 미흡한 현실에서는 본 논문 제4~6장에서 제시하는 바와 같이 가급적 명확한 규정의 도입으로 위임·지시 보조금 분쟁의 최종적

항소기구가 확인한 위임·지시 보조금의 구체적 범위가 과연 무엇인가 하는 문제는 여전히 불분명하다.24) 미흡한 부분에 대해서는 향후 유사한 분쟁의 해결과정을 통해 점진적인 법리발전을 기대하여 볼 수밖에 없을 것이다.

해결을 도모할 필요성이 더욱 절실하다. 한편, '위임 및 지시' 부분의 불분명한 결정과 마찬가지 맥락에서 U.S.-DRAMs(AB) 사건에 대한 항소기구의 결정은 한국 정부가 역시 주안점을 두었던 경제적 혜택 및 특정성에 관해서도 명확한 기준을 제시하지 못하였다. 패널은 정부에 의한 재정적 기여 요건이 입증되지 않은 것으로 결정하여 미국 상무부의 상계관세 부과조치가 부당하다고 판단함으로써 경제적 혜택 및 특정성 요건에 관해서는 소송경제(judicial economy) 원칙을 적용하여 결정을 회피하였으며, 항소기구는 패널이 심리한 바 없는 사항에 관하여 독자적으로 심리하는 것을 역시 거부하였기 때문이다. U.S.-DRAMs(Panel), paras. 7.190-7.191, 7.206-7.208 ; U.S.-DRAMs(AB), paras. 205-208 ; 박영덕, "WTO 하이닉스 분쟁과 IT R&D 통상전략", supra note 8, p.12 참조. 이러한 항소기구의 원심 패널로의 파기·환송 권한의 결여는 현 WTO 분쟁해결절차상 패널심리에서의 소송경제 원칙의 광범위한 용인과 연계되어 불명확한 판결을 양산하여 다자간 국제통상 문제의 유일한 해결기구로서 WTO의 위상에 상당한 문제점을 노정하고 있는 실정이다. 이에 관한 일반적 주장으로는 David Palmeter, The WTO Appellate Body Needs Remand Authority, Journal of World Trade. Vol. 32 (February 1998) ; 안덕근, "WTO 분쟁해결제도 운영, 평가 및 과제", 『무역구제』 통권 제1호 (2001.1), pp.76~77 참조. 특히 복잡한 사실관계와 방대한 기록을 수반하는 위임·지시 보조금 분쟁에서는 이러한 문제점들이 더욱 증폭되는 경향이 있다.

24) 항소기구 결정 내용의 불명확성에 대한 우려는 U.S-DRAMs(AB) 항소기구 보고서 채택을 위한 DSB 회의에서 발표한 한국 정부의 발표문에 잘 나타나 있다. 한국 정부 U.S-DRAMs(AB) 항소기구 보고서 채택회의 진술, 제2장 제3절 각주 19, p.10 참조.

제4절 위임·지시 보조금 고찰을 위한 패러다임의 필요성

WTO 회원국 대부분의 경제활동은 국제적 파급효과를 수반한다.[1] 또한 이러한 파급효과는 해당국 정부가 전혀 의도 또는 예측하지 못한 단순한 결과적 부산물인 경우도 빈번하다.[2] 따라서 정부에 의한 시혜 민간주체의 '위임 및 지시' 존재 여부를 살펴봄에 있어 가장 애매한 요소는 바로 정부의 정당한 업무집행과 부당한 정부개입의 경계선이 무엇인가 하는 문제이다. 정부의 개입이 명백히 드러나고 금융권이 오로지 정부의 압력에 굴복하여 대출결정을 한 것과 같은 극단적인 경우에 정부의 정당한 업

---

1) 경제 영역의 국제화와 관련, 가령 John H. Jackson 교수는 "모든 정치는 지역적이고 모든 경제는 국제적이다"라고 언급한 바 있다. John H. Jackson, *The Jurisprudence of GATT and WTO*, Cambridge University Press (2000), p.133 ; Peter F. Drucker, *Trade Lessons from the World Economy*, Foreign Affairs (1999) p.99 ; 최승환, "공정성 개념이 국제통상법 발전에 미친 영향", 제2장 제5절 각주 24, p.443 ; Geza Feketekuty, *The New Trade Agenda*, Group of Thirty Original Paper No. 40 (1992), p.4 ; Alan V. Deardorff, *The Economics of Government Market Intervention and Its International Dimension, New Directions in International Economic Law: Essays in Honour of John H. Jackson*, Marco Bronckers & Reinhard Quick eds., Kluwer Law International (2000), pp.79~82 참조.
2) 예를 들어 국내기업과 해당국 정부 간 상대적으로 밀접한 양자관계의 내재적 속성에 따라 동 정부가 가급적이면 자국 국내기업에 유리한 경제 및 재정정책을 채택할 가능성은 항상 존재한다. 가령 모든 조건이 동일한 경우 특정 국가의 시장상황 및 對정부관계에 보다 익숙한 국내기업이 외국기업에 비해 자국 정부에 보다 효과적인 정책 영향력을 행사할 수 있고, 이를 통해 자국시장 또는 해외시장에서 자신에게 유리한 정부 정책을 유도함으로써 경쟁기업에 비해 우위를 점하는 측면도 있다. Peter S. Watson, Joseph E. Flynn & Chad C. Conwell, *Completing the World Trading System*, 제3장 제2절 각주 105, p.259 참조.

무집행과 상관없는 부당한 개입이라는 것을 쉽게 알 수 있을 것이다. 그러나 문제는 대부분의 구체적 사안이 쉽게 판단하기 곤란한 경계선상에 위치하는 경우가 많다는 것이다. 이것이 문제에 관한 보다 명확한 법적 기준이 필요한 이유이다. 현재와 같이 추상적이고 모호한 '위임 및 지시' 개념으로는 이의 부당한 확대적용을 통한 불합리한 통상규제를 양산할 수밖에 없는 상황이다. 즉, 현재의 법리로는 다양한 형태의 정부개입에 대한 선별작업 없이 일괄적으로 또는 자의적으로 위임·지시 보조금 확인이 이루어질 가능성이 상존한다.

*U.S.-DRAMs(AB)*의 항소기구 입장은 그 기본적 의의에도 불구하고 이와 같은 문제점들을 적절히 다룰 수 있는 위임·지시 보조금 운용에 관한 적절한 지침을 제공하는 데 실패한 것으로 판단된다. 조사당국에 대한 광범위한 재량권의 인정, 정황증거의 광범위한 인정, 그리고 총체적 접근법의 인정 등으로 인하여 '위임 및 지시' 조항의 적용과 관련된 구체적 기준이 사실상 철폐되었으며 이에 따라 동 조항 운영 및 적용에 관한 WTO 회원국의 예측 가능성이 사실상 매몰되었기 때문이다. 위임·지시 보조금 공세를 우려하는 WTO 회원국은 자국의 다양한 정책수립과 시행이 불법 보조금에 해당하는지에 관해 항상 부담을 갖게 될 것이다. 무역규범의 신뢰도와 효과성을 제고하는 것이 WTO 분쟁해결절차의 주요 임무임을 고려하면 이러한 예측 가능성의 부재는 심각한 문제이다.[3]

그 자체로 의미가 명확하게 정의되지 않은 WTO 설립협정 및 여타 부속협정 조항을 분쟁해결기구가 적절한 기준 없이 광범위하게 적용할 경우 그에 따라 내려진 결정의 정당성은 의심받지 않을 수 없다.[4] Hudec 교

---

[3] Steven P. Croley & John H. Jackson, *WTO Dispute Panel Deference to National Government Decisions: The Misplaced Analogy to the U.S. Chevron Standard-Of-Review Doctrine, International Trade Law and GATT/WTO Dispute Settlement System*, E. U. Petersmann ed., Kluwer Law International (1997), p.210 참조.

[4] David M. Driesen, *The Trade and Environment Debate*, 제3장 제2절 각주 28, pp.279~345 참조[필자는 WTO 협정에서 광범위하게 사용되는 '차별(discrimination)'이라는

수가 언급하였다시피 WTO 분쟁해결기구 결정의 정당성은 내려진 결정의 준수를 강제할 수 있는 '공동체 압력(community pressure)'을 이끌어 낼 수 있는 '객관적 법적 확인(objective legal ruling)'에 존재하는데,[5] WTO 분쟁해결기구의 결정이 적절한 기준제시에 실패하고 회원국들에 대해 유사한 자국 조치에 관한 WTO 설립협정 및 부속협정과의 합치성에 대해 지속적 의문을 갖게 하는 것이라면 그러한 결정의 정당성은 훼손될 수밖에 없을 것이다.

특히 앞에서 살펴보았다시피 각국 국내법은 이 문제에 관하여 구체적인 규범을 도입하고 있지 않고 조사당국의 광범위한 재량권 행사의 대상으로 남겨 놓고 있는 상황이다. 조사당국의 결정에 대해 WTO 패널이 어느 정도 존중(deference)하여야 하는가에 관한 문제에 대해 국제통상 규범의 안정적 운영의 필요성과 회원국 주권의 보장 필요성 중 어느 한쪽에 치우치지 않는 양자간의 균형을 도모하는 것이 필요하다.[6] 이런 관점에서 판단한다면 조사당국의 재량권을 광범위하게 보장하고 있는 *U.S.-DRAMs (AB)* 항소기구의 결정은 비판의 여지가 있는 것으로 보인다. 항소기구가 정한 위임·지시 보조금 요건으로부터 안전하기 위해서는 회원국의 경제 및 금융제도 운용에 획기적 변화가 필요하다. 가령, 정부와 민간부문 특히 금융부문과의 관계는 사실상 단절되어야만 할 것이다.[7] 근거가 명확하지

용어의 명확한 기준이 결여된 해석과 적용 상황에 대해 비판].
5) Robert E. Hudec, *GATT Legal Restraints on the Use of Trade Measures Against Foreign Environmental Practices*, 2 Fair Trade and Harmonization, Jagdish Bhagwati & Robert E. Hudec eds., The MIT Press (1996), p.114 참조.
6) Steven P. Croley & John H. Jackson, *WTO Dispute Panel Deference to National Government Decisions: The Misplaced Analogy to the U.S. Chevron Standard-Of-Review Doctrine*, *supra* note 3, pp.208~209 참조.
7) 한국의 경우에도 '위임 및 지시'에 관한 이러한 낮은 기준은 한국 정부와 기업을 상시적인 보조금 조사 및 소송의 위험에 노출시킬 것이다. 1997년 금융위기 이후 대규모의 금융개혁 조치가 채택됨으로써 '형식'면에서는 상당한 성과를 이루었으나 금융규제의 '실질'에서 개선할 점이 아직 상당히 남아 있다는 것이 일반적인 평가이

않거나 비공식적인 민관접촉은 '위임 및 지시'의 정황증거로 판단될 가능성이 상존하기 때문이다. 또한 이러한 위임·지시 보조금 확인 체제하에서 보조금 분쟁을 차단하기 위해서는 정부와 민간부문만의 독자적 노력으로는 부족하며 상호간 관계단절을 위한 정부와 민간부문의 총체적인 대응이 필요하다.[8] 이러한 기준이 대부분의 국가 특히 정부와 민간부문 간 밀접한 연관성에 기초하고 있는 개발도상국의 경우 달성이 용이하지 않음은 물론이다.[9] 현재 법리하에서는 이러한 기준에 미달하는 경우 일방 WTO 회원국은 타방 회원국으로부터 정당한 수입의 억제를 도모하기 위한 보호무역주의의 수단으로 위임·지시 보조금 조항을 활용할 개연성이 존재하고, 이는 결국 통상분쟁의 증가로 이어질 것이다.[10]

다. 송옥렬, "우리나라 금융규제의 국제화에 관한 소고", 『국제기준과 법의 지배』, *supra* 제2장 제3절 note 23, p.109 참조. 그렇다면 현재와 같이 느슨한 기준의 위임·지시 보조금 체제하에서는 다양한 품목과 조치에 관해 정부에 의한 '위임 및 지시'가 인정될 가능성은 항상 존재한다. 이러한 상계관세 조사 가능성을 결정적으로 회피하기 위한 방법은 결국 다수의 학자들이 주장하는 바와 같이 정부가 보유하고 있는 은행지분을 매각하는 등 정부와 민간부문과의 관계를 획기적으로 단절하는 방법일 것이다. Edward M. Graham, *Reforming Korea's Industrial Conglomerates*, 제3장 제2절 각주 74, p.153 ; Barry Eichengreen, *Financial Crises and What To Do About Them*, Oxford University Press (2002) pp.17~23 참조. 그러나 이러한 정부 지분 매각은 시간이 소요되며 단기간에 처리될 수 있는 사안이 아니므로 그러한 전환기간 동안에는 보조금 조사와 상계관세 부과의 위험에 처하게 될 것이다. Responses of the Government of Korea to the Department of Commerce's Supplemental Questionnaire in the First Administrative Review of the Affirmative Countervailing Duties: *DRAMs from Korea* (May 3, 2005, "미국 상무부 한국산 반도체 상계관세 부과 1차 연례재심 한국 정부 답변서"), pp.25~28 참조.
8) 강문성·김정곤, "WTO 하이닉스 보조금분쟁 패소 판정의 내용과 향후 과제", KIEP 『세계경제』 (2005.8), pp.31~32 참조.
9) 개발도상국은 구조적으로 보조금 소송에 취약하다. 예를 들어 1977년부터 1998년까지 유럽연합(유럽공동체)이 부과한 상계관세 조치는 모두 개발도상국에 대한 것이었다. Stefano Inama & Edwin Vermulst, *Customs and Trade Laws of the European Community*, Kluwer Law International (1999), p.207 참조.
10) 미국, 유럽연합 및 일본이 반도체, 조선 및 철강 분야에서 한국과의 위임·지시 보조

신뢰할 만한 위임・지시 보조금 규범의 미비로 인한 혼란은 향후 유사한 보조금 분쟁의 급증을 초래할 것이다.11) 현 보조금 협정은 1979년 GATT 보조금 코드와는 비교할 수 없을 정도로 보조금 규율을 위한 국제 규범을 강화하였다. 그러나 한편으로는 보조금 협정의 안정적인 운용을 위한 핵심적 요소에 대한 정의 및 기준의 미비로 인하여 각국의 자의적인 적용과 이에 따른 분쟁이 지속적으로 발생하고 있다.12) 이러한 문제점은 위임・지시 보조금의 경우에 더욱 심각하다. 이러한 상황하에서 위임・지시 보조금 고찰에 신뢰할 만한 기준을 제시할 수 있는 기본적 분석틀(framework)이 필요하다고 하겠다.

위에서 살펴본 '위임 및 지시' 조항의 문맥, 목적 및 대상을 고려한 통

금을 통한 통상마찰을 제기하는 이면에는 규범적인 측면뿐만 아니라 경쟁국가의 기업을 견제하고자 하는 측면도 존재한다는 점이 지적되고 있다. 개별적 위임・지시 보조금 소송의 합리성 및 타당성 여부는 차치하고서라도 일단 이들 소송이 한국이 선도적 역할을 수행하고 있는 분야에서 빈발하고 있다는 점은 위임・지시 보조금 조사 및 소송의 보호무역주의적 활용 가능성을 적절히 보여주고 있다. 물론 무역규범이 보호무역의 도구로 사용되는 것은 보조금 및 상계관세 관련 국내법뿐만이 아니며 대표적인 불공정 무역 대처 규범인 반덤핑 조치도 국내시장 보호의 효과를 위하여 사용되는 경우도 빈번하다. Brazil, Chile, Colombia, Costa Rica, Hong Kong, China, Japan, Korea, Norway, Singapore, Switzerland, the Separate Customs Territory of Taiwan, Penghu, Kinmen and Matsu, and Thailand, "*Senior Official's Statement*", TN/RL/W/171 (15 February 2005), p.1 참조.

11) M. Jean Anderson & Gregory Husisian, *The Subsidie Agreement, supra* 제2장 제1절 note 8, p.305 참조(필자는 보조금에 대한 명확한 정의의 부재는 미국 내에서 끊임없는 통상 분쟁을 야기하였고 국제적으로는 보조금 규제 규범의 약화를 초래하였음을 주장).

12) 강문성・박순찬・송유철・윤미경・이근, "한중일 무역규범의 비교분석과 FTA에 대한 시사점", 제2장 제1절 각주 1, p.119 참조. 상대적으로 精緻한 규범을 도입하고 있는 반덤핑 협정 분야에서도 조사당국의 자의적 규정 해석 및 적용은 동 협정 운용에 있어서 가장 큰 문제로 지적되고 있다. Richard H. Clarida, *Dumping: In Theory, in Policy, and in Practice, Fair Trade and Harmonization: Prerequisites for Free Trade*, Jagdish N. Bhagwati & Robert E. Hudec eds. The MIT Press (1996), pp.376~381 참조. 그렇다면 규정 자체가 보다 추상적인 성격을 띠고 있는 보조금 협정에서는 조사당국에 의한 그러한 자의적 운용의 위험성이 더욱 증대된다고 할 수 있을 것이다.

상적 의미와 보조금 협정과 WTO 협정 전체의 목적 및 대상에 기초하여 이 문제 고찰을 위한 새로운 분석의 패러다임을 도입하여야 할 것이다. 그러한 패러다임의 핵심은 다음의 사항을 보장하는 것이어야 한다. 먼저 모든 형태의 정부 행위가 아닌 일정한 요건을 보유한 정부 조치만이 '위임 및 지시'를 구성한다는 인식위에 구체성이 존재하는 조치와 그렇지 못한 경우를 구별할 수 있는 기준을 제시하여야 하고, 문제가 된 정부 조치의 '위임 및 지시' 해당 여부를 개별적으로 검토하는 것을 보장할 수 있어야 하며, 정부 및 관련 민간주체로 이루어지는 다양한 참여자 일방이 아닌 모든 참여자의 의사 결정과정에 대한 입체적 고려를 가능케 해야 한다. 그리고 이러한 분석 과정에서 신뢰성이 검증된 자료를 통한 객관적 입증을 용이하게 하는 패러다임이 필요하다.

현 보조금 협정 체제하에서 이러한 패러다임의 실제 적용은 동 협정이 허용하는 범위 내 '위임 및 지시' 조항의 구체적 구성요건을 확인, 제시하는 것이 현실적인 방법일 것이다. 이 분야에 관한 새로운 협정과 이에 따른 규정의 도입이 있기 전에는 현재 존재하는 조항에 대해 앞에서 살펴본 국제법상 조약 해석 원칙에 따라 정확하게 해석하여 적용원칙을 도출하는 것이 유일한 대안일 것이다. 위에서 살펴본 바와 같이 국제법상 해석 원칙에 따른 '위임 및 지시' 조항의 해석은 동 조항 적용에 있어 일정한 제한사항을 부과하고 있다. 이러한 제한 사항을 구체적으로 이행하는 방법은 결국 '위임 및 지시' 조항의 해석 및 적용에 있어 동 조항에 포함된 구체적 구성요건을 확인하고 개별적인 조사에 있어서도 그러한 확인작업을 거치도록 의무를 부과하는 것이 될 것이다.[13] 따라서 다음 장에서는

---

13) 예를 들어 국제사법재판소는 국제사법재판소 규정(Statute of the International Court of Justice) 제61조에서 규정하고 있는 재심청구(an application for revision of judgment)의 허용여부를 평가함에 있어 동 조항의 예외적 성격을 감안하여 해당 조항이 포함하고 있는 기준을 각 구성요건별로 세분화하여 검토하는 방법을 채택하고 있다. *Application for Revision of the Judgement of 11 September 1992 in the Case Concerning the Land, Island and Maritime Frontier Dispute* (El Salvador v. Honduras, Nicaragua

이에 기초하여 위임·지시 보조금의 확인을 위한 구성요건을 살펴보도록 한다.

Intervening), December 18, 2003, General List No. 127 (2003), paras. 17~20 ; Malcom N. Shaw, Case Review: *Application for Revision of the Judgement of 11 September 1992 in the Case Concerning the Land, Island and Maritime Frontier Dispute (El Salvador v. Honduras, Nicaragua Intervening)*, *Judgment of December 18, 2003*, International & Comparative Law Quarterly, Vol. 54, British Institute of International and Comparative Law (October 2005), C. A Two-Stage Process ; *Application for Revision of the Judgment of 11 July 1996 in the Case concerning Application of the Convention on the Prevention and Punishment of the Crime of Genocide (Bosnia and Herzegovina v. Yugoslavia)*, Preliminary Objections, Judgement of 3 February 2003, para. 17 참조. 한편, 항소기구도 '덤핑 행위에 대한 구체적인 조치'의 정당한 의미 파악을 위해서는 먼저 '덤핑 행위'의 존재를 위한 각 구성요건의 파악의 필요성을 언급한 바 있다.

> In our view, the ordinary meaning of the phrase "specific action against dumping" of exports within the meaning of Article 18.1 is action that is taken in response to situations presenting the *constituent elements* of "dumping". "Specific action against dumping" of exports must, at a minimum, encompass action that may be taken only when the *constituent elements* of "dumping" are present(이탤릭체 ; 필자 강조). *U.S.-Byrd Amendement (AB)*, para. 238 참조.

따라서 예외적 성격과 제한적 적용 필요성을 보유하는 위임·지시 보조금의 보다 정확한 의미 확인과 그 적용범위 도출을 위해서도 위임·지시 보조금의 존재를 위한 각 구성요건의 확인으로부터 출발하는 것이 필요하다고 할 것이다.

제4장 보조금 협정상 위임·지시 보조금 구성요건

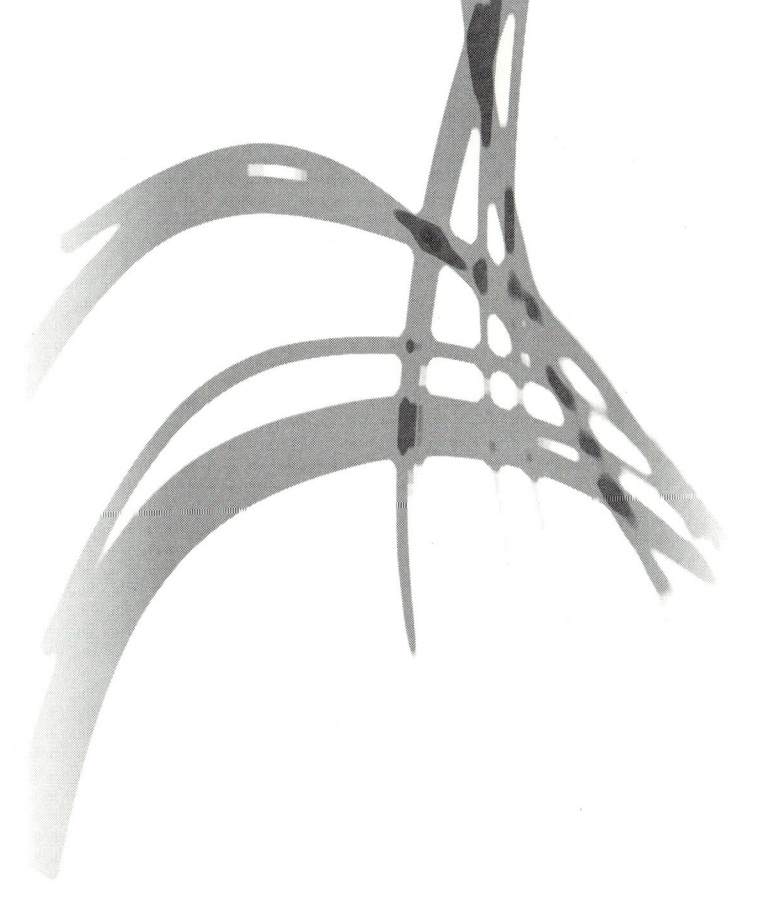

위에서 살펴본 새로운 패러다임의 필요성을 염두에 두고 보조금 협정 제1.1조 (a)(1)항 (iv)호의 위임·지시 보조금의 구성 요건을 보다 구체적으로 검토하면 다음의 세 가지 요건으로 나누어 살펴 볼 수 있을 것이다. 제3장에서 검토한 타당한 해석 원칙을 구체적 상황에 적용하는 현실적인 방법은 현 보조금 협정 제1.1조 (a)(1)항 (iv)호의 의미를 현실적인 관점에서 검토하여 동 조항 속에 포함된 구성요건을 확인하는 것이다. 정부에 의한 '위임 및 지시'가 현실에서 구체적으로 적용되는 상황을 검토하면 세 가지 구성요소가 포함되어 있음을 알 수 있다. 먼저, 정부 측면이다. 이는 WTO 회원국 정부가 특정 기업 및 산업 지원을 위한 의도를 형성하고 이러한 의도가 외부적으로 표출되는 상황이다. 객관적 매개물이 존재하는 직접 보조금의 경우와 달리 위임·지시 보조금은 정부의 의도에 대한 본격적인 검토가 불가피하다. 직접증거 및 정황증거에 대한 분석을 통하여 정부가 이러한 의도를 형성하였고 그러한 의도가 외부로 구체적으로 표출되었음이 확인되어야 한다. 둘째, 민간부문 측면이다. 정부의 '위임 및 지시'의 대상이 된 민간부문이 이러한 정부 측면의 조치에 대하여 어떠한 반응을 보였으며 실제 의사결정 과정에 정부의 '위임 및 지시'가 반영되었는지, 반영되었다면 어떻게 반영되었는지에 대한 분석이다. 역시 직접증거 및 정황증거에 대한 분석을 통하여 이를 입증할 수 있을 것이다. 셋째, 정부의 '위임 및 지시' 조치 측면이다. 이는 정부의 '위임 및 지시'가 민간부문에 과연 전달되었는지, 전달되었다면 어떠한 방법과 형태를 통하여 행해졌는지에 대한 검토이다. 정부의 의도가 유효하게 전달되지 않은 상황에서 민간부문의 결정이 설사 정부 의도와 유사하다고 하여 이를 '위임 및 지시'로 결정하기는 곤란하기 때문이다. 이 역시 직접증거 및 정황증거에 대한 분석을 통하여 입증될 수 있을 것이다. 보조금 협정 제1.1조 (a)(1)항 (iv)호가 규정하는 위임·지시 보조금의 존재를 확인하기 위해서는 이러한 세 가지 구성요건의 존재가 공히 확인되어야 할 것이다. 이 과정에서 특정 요건 확인에 사용된 증거가 다른 요건의 확인에 역시 활용될 수 있음은 물론이다. 각각의 요건에 관하여 아래에서 하나씩 논하기로 한다.

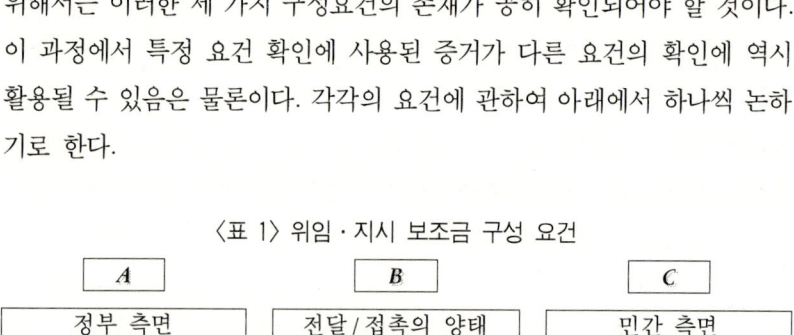

〈표 1〉 위임·지시 보조금 구성 요건

다시 말해 이 문제의 해결을 위해서는 막연한 추상적인 개념의 정부에 의한 '위임 및 지시'가 아닌 특정의 정부 조치에 대하여 위와 같은 세 가지 구성요건별 검토를 실시하는 것이 필요하다. 이러한 구성 요건의 개별적 검토를 통한 구체적 분석으로 '위임 및 지시'의 존재를 확인하여야 한다. 하나의 요소에 대한 평면적 고찰이 아닌 세 가지 구성 요건을 종합적으로 고려하여야 한다는 측면에서 이를 '입체적' 분석이라고 할 수도 있을 것이다. 이러한 구성요건별 개별적, 구체적, 입체적 분석의 타당성 내지 필요성은 다음과 같다.

첫째, 위에서 살펴본 대로 보조금 협정 제1.1조 (a)(1)항 (iv)호 문안의 통상적 의미(ordinary meaning)가 그러한 구체적 분석을 요구하고 있음을 그 이유로 들 수 있다.[1] 보조금 협정 해당 조항 문안의 구체성, 문맥의 한정성 및 취지의 국한성은 이와 같은 개별적, 입체적 분석을 요구한다.

둘째, 그러한 엄격한 해석이 이루어지지 않을 경우 그 현실적인 부작용 또한 고려해 보아야 한다. 엄격한 해석이 이루어 지지 않을 경우 WTO 회원국 정부의 일반적 정책 및 방침 결정이 보조금 협정 제1.1조 (a)(1)항 (iv)호 위반을 구성하는 '위임 및 지시'로 간주되어 보조금 지급행위로 낙인찍히게 됨은 위에서 살펴보았다. 보조금 협정 제1.1조 (a)(1)항 (iv)호는 일반적인 보조금 지급 양태와 그 근본적 성격을 완전히 달리하는 것으로, 순수 민간주체 간의 거래를 예외적인 경우에 한하여 정부의 직접적인 관여를 이유로 보조금 여부를 결정하는 상황에 관한 것이다. 모든 법규 해석의 기본 원칙과 마찬가지로 예외조항에 대한 해석은 기본적으로 엄격히 이루어져야 한다.[2] 이러한 엄격한 해석을 위해서도 위에 제시된 3단계 분석 방법이 필요하다고 하겠다.

셋째, 보편적 상식에 기초하더라도 이러한 접근의 타당성을 확인할 수 있다. 생각하건대 현실 생활에서 막연한 추상적 의미의 '위임 및 지시'란 존재할 수 없다. 실제 상황에서 일방의 타방에 대한 '위임 및 지시'라는 것은 위의 3단계의 개별적 상황의 독립적인 존재를 의미한다. 즉, 세 가지 구성 요소 중 하나라도 존재하지 않는 경우 현실적으로 '위임 및 지시'가 존재하는 것은 상정하기 힘들다. 예를 들어 개인 간의 거래관계에 있어서도 막연히 일방이 타방을 도와주어야겠다는 '희망'이 '위임 및 지시'로 변화되지는 않는다. 이러한 희망이 먼저 '의욕'으로 전이되고 그러한 '의욕'이 다시 '대리인'으로 활동할 상대방에게 정확하게 전달되고 그리고 그 결과 그러한 상대방이 이에 따라 의욕대로 행동하는 것이 전체적으로 '위

---

1) 전체적으로 본 논문 제3장 제2절 참조.
2) *Id.* ; Karl Larenz, *Methodenlehre der Rechtswissenschaft*, 제3장 제2절 각주 71, pp. 355~356 참조.

임 및 지시'의 존재를 위한 당연한 전제 조건으로 요구된다. 이들 중 하나의 요소라도 부재하는 경우, 예를 들면 그러한 '의욕'이 존재하지 않는다든가, '전달'이 제대로 이루어지지 않았다든가, 또는 전달을 받은 상대방이 제대로 '반응'을 하지 않았다든가 하는 경우에는 기본적으로 '위임 및 지시'의 시도는 있었지만 '위임 및 지시'가 궁극적으로는 존재하지 않는 것이 된다. 이러한 보편적인 상식은 특별한 반증이 없는 한 보조금 협정 제1.1조 (a)(1)항 (iv)호의 해석에도 그대로 적용되지 말아야 할 이유가 없다. 위에서 제안한 3단계 구성요건별 구체적, 입체적 분석은 이러한 보편적 상식에 부합한다.

 넷째, 이러한 구체적, 입체적 분석을 통한 '위임 및 지시' 조항의 구체화·명확화는 정책적 차원에서도 바람직하다. 그러한 입체적 분석을 통한 '위임 및 지시' 조항의 구체화는 불필요한 통상 분쟁을 감소시킬 것이기 때문이다. 이 문제에 대한 규범의 제시가 불분명할 경우 국가의 일반적인 정책 및 경제·재정 체제가 타국의 심의 대상에 오르게 되고 이에 따른 양자간 또는 다자간 통상 분쟁의 증가는 명약관화하다고 하겠다. 3단계 구성 요건별 접근은 그러한 불필요한 분쟁을 상당 부분 감소시킬 수 있을 것이다. 이러한 내용들을 염두에 두고 위의 구성 요건을 아래에서 개별적으로 검토하도록 한다.

제1절 정부 측면에서의 검토

보조금 협정에서 규율하는 보조금은 '정부'가 제공하는 일정한 재정적 기여를 의미한다. 정부와 아무런 관련 없이 이루어지는 재정적 기여, 즉 사적 보조금(private subsidy)은 보조금 협정의 규율대상이 아니다.[1] 따라서 모든 보조금 검토의 출발점은 '정부'에 의한 조치의 존재 여부, 즉 '정부 측면'이어야 한다. 위임·지시 보조금과 관련, 정부 측면에서는 다음과 같은 요소들을 살펴볼 수 있다.

Ⅰ. 정부의 의도에 대한 분석 필요성

1. 정부 의도의 표출로서의 위임 및 지시

일반적으로 WTO 관련 협정의 적용에 있어 회원국의 '의도'가 고려되지는 않는다. 기본적으로 관련 협정에 의해 규율되는 구체적인 행위 및 조치가 존재하는가 하는 '객관적 사실'만이 문제가 되지 해당국이 어떠한 '의도'로 그러한 조치를 취하였는가는 중요한 것이 아니기 때문이다. 여타 WTO 협정과 마찬가지로 기본적으로 보조금 협정도 관련 국가의 의사가 본질적인 보조금 확인의 기본 요소의 하나는 아니다. 즉 객관적인 구성 요소의 존재(정부로부터의 재정적 기여의 존재, 경제적 혜택의 존재, 특정성의 존재)가 객관적으로 확인될 경우 보조금의 존재가 결정되는 것

---

1) 김성준, "WTO법의 형성과 전망: 반덤핑, 보조금, 세이프가드", 제2장 제1절 각주 1, p.455 참조.

이며, 국가가 보조금을 지급할 의도가 있었는지 여부가 고려 대상 중 하나가 되는 것은 아니다.[2] 보조금 협정에서의 '정부에 의한 재정적 기여' 문제에 있어서도 정부로부터 재정적 기여라는 객관적 사실이 존재하는지 여부를 확인하는 것이 본질이며 해당국 정부가 어떠한 의도로 그러한 조치를 취하였는지를 검토하는 것은 아니다.[3] 예를 들어 무상자금 공여(grant)의 경우 그 행위 자체로서 보조금을 구성하는 것이며 정부가 어떠한 의도를 가지고 그러한 자금 공여를 결정하였는지는 보조금 협정에서 고려되지 않는다.

설사 정부 의도의 확인이 가능하다고 하더라도 그러한 의도의 존재만으로 보조금을 구성한다는 결론에 도달하는 것이 허용되지 않는다는 점은 캐나다 정부의 항공기 제조업체에 대한 수출보조금을 검토한 *Canada-Aircraft(AB)* 사건에서 항소기구도 '단순한 기대 또는 인식'만으로 보조금이 존재하지는 않는다고 결정함으로써 이미 확인한 바 있다.[4] 즉, 단순한 수출 증대의 기대·전망과 같은 정부의 의도는 보조금을 확인하는데 충분하지 않으며 그러한 의도의 직접적인 표출로서의 조치가 존재하여야 한다는 점을 시사하고 있다. 또한 *U.S.-1916 Act(Panel)* 패널은 미국 통상법(즉, 1916 Act)상 '의도'에 기초한 '실질적 피해'의 판정은 GATT 1994의

---

2) 보조금 협정 제1조, 제2조 각각 참조. 보조금의 구성요건에 관한 이 조항들은 해당 요건의 객관적 존재를 요구하고 있을 뿐이며 회원국 정부의 '의도'를 요건으로 규정하고 있지는 않다.
3) 보조금 협정 제1.1조 참조.
4) 동 사건에서 단순한 정부의 기대심리만으로 수출 보조금을 확인할 수 없다는 취지의 항소기구 결정의 원문은 다음과 같다.

> *It does not suffice to demonstrate solely that a government granting a subsidy anticipated that exports would result*, and elaborated that, while [a] subsidy may well be granted in the knowledge, or with the anticipation, that exports will result ··· *that alone is not sufficient*, because that alone is not proof that the granting of the subsidy is tied to the anticipation of exportation(이탤릭체; 필자 강조). *Canada Measures Affecting the Export of Civilian Aircraft(AB)*, WT/DS70/AB/R, (20 August 1999) ['*Canada-Aircraft(AB)*'], paras. 171-172.

제6조에 위배된다고 결정한 바 있다.5) 또한 정부의 의도 보유와 함께 그러한 의도의 외적 표출이 중요하다는 점은 *Korea-Shipbuilding(Panel)* 패널 역시 확인한 바 있다. 동 패널은 유럽연합이 제시한 정황증거는 한국 정부가 금융기관에 영향을 미칠 수 있는 권한을 보유하고 있다는 점을 보여줄 뿐 한국 정부가 실제로 이러한 권한을 '행사(exercise)'하였다는 점을 보여주지는 않으므로 이러한 증거를 기초로 하여 '위임 및 지시' 결정을 내릴 수는 없다고 결정한 바 있다.6) 즉, 유럽연합이 제출한 자료는 한국 정부가 특정의 의도를 보유하고 있음을 입증할지는 몰라도 그러한 의도가 구체적으로 '표출'되어 행사되었는지를 입증하는 것은 아니라는 것이다.7)

이를 현실적인 상황에 적용하면 다음과 같은 사실을 알 수 있다. WTO 회원국 정부가 자국의 주요 산업 및 기업에 대해 지원 의지를 갖는 것 자체가 WTO 보조금 협정 위반을 구성하는 것은 아니라는 점이다.8) 정부가

---

5) 동 사건에서 반덤핑 조사 시 실질적 산업피해의 확인에 있어 사실상 수출기업의 '의도'를 고려하도록 한 미국 1916년 반덤핑법의 WTO 불합치를 확인하는 항소기구 결정의 원문은 다음과 같다.

> We note that Article VI:1 of the GATT 1994 requires the establishment of material injury or a threat thereof. The 1916 Act does not expressly refer to material injury or threat of material injury or material retardation of the establishment of a domestic industry but *to the intent of destroying or injuring an industry in the United States*, or of preventing the establishment of an industry in the United States … However, identifying an intent may not always require a finding of actual injury or actual threat of injury … [E]vidence of predatory pricing and prospects of recoupment are necessary, in addition to a statement of aggressive policy in an internal corporate document …. For that reason we find that the 1916 Act, to the extent that it provides for the identification of an intent by the defendant rather than for the injury requirements of Article VI is not compatible with Article VI:1 of the GATT 1994(이탤릭체; 필자 강조). *United States-Anti-Dumping Act of 1916*, WT/DS136,162/R (26 September 2000) ['*U.S.-1916 Act(Panel)*'], paras. 6.179-6.181.

6) *Korea-Shipbuilding(Panel)*, para. 7.392 참조. 한국조선공업협회, 『블루오션을 창출하는 한국조선: 20여년의 통상분규 극복』, 제2장 제3절 각주 8, p.188 참조.

7) *Id.*

자국의 주요 산업에 대해 관심을 기울이고 이의 발전을 위해 노력하는 것은 일견 정부의 정당한 업무영역에 속하는 것이라고 주장할 수 있을 것이다.9) 이러한 점은 한국산 반도체 및 한국 조선 보조금 분쟁에서 문제가 되었던 기업구조조정이나 산업지원정책에 있어서도 크게 다르지 않다. 기업구조조정이나 산업지원과 관련된 제도와 정책은 일국의 산업정책이나 발전전략을 구체적으로 실행하는 수단의 하나이다. 따라서 자국 시장이 자원배분의 효율성을 완벽하게 보장하지 않는 한 정부의 이러한 정책 수립과 이행의 필요성이 존재하며, 실제로 WTO 회원국들은 다양한 형태로 기업구조조정 및 산업지원과 관련된 제도와 정책을 운용하고 있는 것이 현실이다.10) 보조금 협정 위반의 문제가 발생하는 경우는 이러한 의도에 기초하여 보조금 협정에서 금지하는 특정의 정책 및 조치가 정부에 의하여 구체적으로 '채택'되어 '실시'되는 경우이다.

직접 보조금의 경우 정부의 의도와 단절하여 객관적 행위만을 평가하여 이에 대한 보조금 협정 위반 여부를 용이하게 평가할 수 있다. 예를 들어 WTO 회원국 정부가 자국의 항공기 제조산업의 육성과 이의 발전을 위한 의도를 갖거나 항공기 수출산업 지원을 위한 의도를 갖는 것 자체가 문제가 되는 것은 아니지만 이러한 의도에 기초하여 정부가 자국의 항공기 제조산업 육성을 위해 자금지원을 실시하는 경우11) 또는 해외 수출활동 지원을 위한 세금 감면 조치를 취하는 경우12)에 그러한 조치는 각각

---

8) *Korea-Shipbuilding(Panel)*, para. 7.375 참조.
9) *Id.*, paras. 7.362-7.363, 7.375 참조.
10) 산업연구원, "기업구조조정 및 산업정책과 국제통상규범과의 조화," 제2장 제3절 각주 10, p.96 참조.
11) *Canada-Aircraft(AB)*, paras. 207-219 ; *Brazil-Aircraft(AB)*, paras. 142-164 ; United States, Request for the Establishment of a Panel by the United States, *European Communities and Certain Member States-Measures Affecting Trade in Large Civil Aircraft*, WT/DS316/2 (3 June 2005) ; European Communities, Request for the Establishment of a Panel by the European Communities, *United States-Measures Affecting Trade in Large Civil Aircraft*, WT/DS317/2 (3 June 2005) 참조.

보조금 협정의 관련 규정을 위반하게 될 것이다. 이러한 경우, 국가가 이러한 의도를 실행하기 위하여 국가가 자신의 권한에 포함된 조치(예를 들어 자국의 관련 법령에 따라 허용된)를 실시하더라도 그러한 조치가 보조금 협정 위반을 구성함에는 의문의 여지가 없을 것이다.[13]

이와는 달리, 보조금 협정 제1.1조 (a)(1)항 (iv)호상 '위임 및 지시'의 경우는 상이한 상황에 기초하고 있다. 정부에 의한 재정적 기여의 한 양태로서 '위임 및 지시'의 경우, 정부의 의도가 완전히 배제된 순수한 객관적인 의미의 '위임 및 지시'가 존재하는 경우는 상정하기 힘들며 또한 의도의 보유와 이의 객관적 표출을 객관적으로 구별하기도 용이하지 않다. '위임 및 지시'는 그 자체가 국가 또는 정부의 의도와 불가분의 일체를 이루고 있기 때문이다. 즉, '위임 및 지시' 조사의 핵심은 정당한 정부 정책과 부당한 정부 개입의 구별을 시도하는 것이며, 이러한 정당한 정부 정책과 부당한 정부 개입의 구별 문제는 결국은 국가의 의도에 대한 본격적인 분석 또는 조사로 귀결되기 때문이다. 따라서 '위임 및 지시'의 분석에 있어서는 해당 회원국 정부의 의도에 대한 본격적인 검토가 불가피하다. 결국 위임·지시 보조금 고찰에 있어 정부 측면에서 불가피하게 살펴보아야 할 핵심적 요소는 정부의 의도와 관련된 문제이다.[14]

그러나 위임·지시 보조금의 고찰이 정부의 의도와 밀접한 연관이 있다고 하더라도 그러한 의도의 외부적 표출 요건을 경시하여서는 안 될 것이다. 의도가 정부 내부에만 머물 경우에는 처음부터 '위임 및 지시'의 문

---

12) *U.S.-FSC(AB)*, paras. 177-180 참조.
13) Peter Malanczuk, *Akehurst's Modern Introduction to International Law* (7th revised ed. 1997), Routledge, p.64 ; *Free Zones of Upper Savoy and District of Gex*, P.C.I.J, Series A/B, No. 46 (1932), p.167 참조.
14) Joel P. Trachtman, *International Regulatory Competition, Externalization, and Jurisdiction*, 제2장 제2절 각주 16, pp.47~82 참조[필자는 간접 보조금의 한 형태라고 할 수 있는 규제완화 보조금(regulatory subsidies)의 적법성 여부는 결국 입법자의 '의도'를 살펴보는 방법밖에 없음을 지적].

제가 생길 여지가 없다. 이러한 의도가 외부로 표출이 되어야 '위임 및 지시'의 완성을 위한 연쇄작용이 개시되기 때문이다. 즉, 특정 산업 육성 및 기업 지원을 위한 정부 정책 및 방침의 존재 자체가 보조금 협정 제1.1조 (a)(1)항 (iv)호상 '위임 및 지시'로 간주되는 것은 아니며, 동 조항의 적용은 이러한 방침에 기초한 '위임 및 지시'를 위해 해당국 정부의 의도가 형성되고 이에 따라 '위임 및 지시'가 구체적으로 외부로 표출되는 경우에 한정된다. 여기에 미치지 못하는 단순한 정부의 희망사항 또는 방침은 정부가 구체적인 의도를 보유하고 있었음을 입증하여 줄 수는 있을 것이나, 객관적 수단을 통한 이의 외부적 표출이 부재하는 경우 '위임 및 지시'를 위한 고찰에서 유의미한 정부 측면의 개시는 아직 발생하지 않은 것이다. 이는 마치 일국 정부가 자국의 주요 기업에 추후에 무상지원금을 지급하기 위하여 여유 자금을 사전에 순차적으로 비축하는 경우에 비유할 만하다. 그러한 예비적 비축을 이유로 이를 무상지원금 지급과 동일시하여 보조금 지급으로 결정할 수는 없을 것이다. 그러한 여유자금의 축적이 궁극적인 자금제공의 전 단계 또는 준비작업에 해당하는 것은 물론이나 그 자체가 보조금 협정의 위반을 구성하는 '정부에 의한 재정적 기여'를 구성하지는 않기 때문이다. 이 단계에서는 정부가 아무리 강한 산업 및 기업 지원 '의도'를 보유하고 있다고 하더라도 보조금 협정 위반의 문제는 아직 발생하지 않는다. 오로지 궁극적인 자금의 실제적 지원만이 ―즉, 정부 국고로부터 민간주체의 계좌에 입금이 이루어지는 순간에― 보조금 협정 제1.1조 (a)(1)항 (i)호의 위반이 발생하게 될 것이다. '위임 및 지시'를 위한 전단계로서 정부의 의도 형성 자체를 불법적인 것으로 판단하여 징계하는 조치의 불합리성은 이러한 가상적 사례와 비교하여 보아도 입증된다. 특히 위에서 살펴본 바와 같이 위임·지시 보조금 조항은 일반적 보조금 지급 형태에 대한 예외적 상황을 규정한 것으로 최소한 일반적인 형태의 보조금 지급 형태에 대해 적용되는 범위를 초과하여 적용될 수는 없다는 점을 고려한다면, 일반적 보조금을 의도를 이유로 처벌할 수 없다면 위임·지시 보조금의 경우도 의도를 이유로 처벌할 수 없는 것으로 새겨야 할 것이다.[15]

그러나 최근 위임·지시 보조금을 검토한 각 회원국 조사당국의 상계관세 부과 판정 및 WTO 패널·항소기구 결정은 정부의 의도 형성 부분에만 과도하게 초점을 맞춘 측면이 있다. 위에서 지적한 바와 같이 위임·지시 보조금 고찰에서 정부의 의도는 중요한 요소이다. 그러나 의도 자체만으로는 '위임 및 지시' 확인을 위한 정부 측면의 요건을 완성하기 위한 충분조건은 아니다. 그러나 일련의 최근 결정들은 정부의 특정 의도를 집중 부각하고 구체적 사안에서 이러한 의도의 외적 표출 여부에 대한 고찰은 경시하거나 추정하는 데 그치고 있다.[16] 이러한 입장은 타당하지 않다. 이를 고려하면 대부분의 경우 정부의 의도에 대한 추정을 가능하게 해주는 것에 그치는 정황증거에 대한 맹목적 의존이 '위임 및 지시' 조항의 본래 취지를 몰각시킬 수 있음을 알 수 있다.[17] 정부의 의도가 어떠한 방식으로 표출되었는지를 종합적으로 보여주는 정황증거는 그 증거력이 충분할 것이나 의도의 추정에만 그치는 정황증거의 증거력은 의심될 수밖에 없다.

결론적으로 '위임 및 지시' 문제는 자금의 이동과 같은 어떠한 객관적 상황을 상정하고 있는 것이 아니라 특정한 정부 의도의 존재 여부에 대한

---

15) 본 논문 제3장 제2절 Ⅱ. 4. 참조.
16) 예를 들어 미국 상무부 한국산 반도체 상계관세 부과 최종판정, *supra* 제3장 제4절 note 7, pp.47~61(특히 "GOK Policy Toward Hynix", "GOK Pattern of Practice" 항목) ; 일본 정부 한국산 반도체 상계관세 부과 중요사실, 제2장 제3절 각주 2, paras. 35-41, 193-204 269-275, 328-337 참조. 이러한 상황을 특히 *Korea-Shipbuilding(Panel)* 패널의 결정과 비교하여 보면 그 문제점이 드러난다. 즉, 동 패널이 지적한 바와 같이 결국 '위임 및 지시' 문제의 핵심은 정부의 의도 보유가 아니라 그러한 의도가 실제로 행사(exercise)되었는가 하는 것이기 때문이다. *Korea-Shipbuilding(Panel)*, para. 7.392 참조.
17) 전체적으로 본 논문 제5장 제2절 ; *Korea-Shipbuilding(Panel)*, paras. 7.392-7.393 참조.

확인과 이 의도의 외부적 표출 여부를 동시에 상정하고 있다는 점에 주목하여야 한다. 즉, 직접 보조금의 경우 정부의 의도는 상대적으로 중요하지 않으며 그 객관적 표출만이 핵심적 고찰대상이나, 위임·지시 보조금의 경우 정부가 일정한 정책 또는 조치를 취함에 있어 그 근본적인 의도 존재 여부와 그 의도가 외부적으로 어떻게 표출되었는지에 대한 동시 고찰이 필요하다. 이러한 위임·지시 보조금의 특성을 염두에 두고 보조금 협정 제1.1조 (a)(1)항 (iv)호의 '위임 및 지시' 고찰에 있어 정부의 의도 분석과 관련하여 다음과 같은 구체적 측면을 살펴볼 수 있다.

2. 외국 정부의 의도 고찰의 난관

'위임 및 지시' 고찰에 있어 의도가 중요한 고려 요소임에도 불구하고 그러한 의도의 객관적 표출 역시 핵심적 요소임은 위에서 살펴보았다. 의도는 특정한 정부 조치의 객관적 표출을 해석하고 검증하는 한도에서는 중요한 의미가 있지만 그러한 의도가 객관적 표출 요건을 대체하는 것으로 해석되는 것은 현 보조금 협정의 규정상 허용되지 않는다고 보아야 한다.

정부 조치의 객관적 표출을 해석하고 검증하는 범위에서 해당 정부의 의도를 검토하는 경우에도 적지 않은 문제점이 수반된다. WTO 분쟁해결기구 또는 상계관세 조사에 임하는 조사당국이 문제의 '위임 및 지시' 조치와 연관된 피제소국 및 피조사국 정부의 '의도'를 파악하는 것은 용이한 작업이 아니기 때문이다.[18] 특히 이러한 작업이 다양한 정책 목표를

---

[18] 이러한 점은 국내 사법절차에서도 확인된다. 국내법원에서 진행되는 행정소송 과정에서 재판부가 문제된 행정부의 특정 조치의 합법성·타당성을 검토하는 과정에서 행정부의 '의도'를 판단하는 것이 곤란하다는 점에 관해서는 *United States v. O'brien*, 391 U.S. 367 (1968), p.383~384 ; John Hart Ely, *Legislative and Administrative Motivation in Constitutional Law*, Yale Law Journal, Vol. 79 (1970), pp.1212~1214, 1279 ; Winkfield F. Twyman, *Beyond Purpose: Addressing State Discrimination in Interstate Commerce*, South Carolina Law Review, Vol. 46 (1995), pp.426~427 참조.

아우르는 '복합적인 의도(mixed motives)'와 연관될 경우에 그 어려움은 배가된다.19) 복합적인 의도의 경우에는 보조금 협정의 위배를 구성하는 부당한 지원 의도 이외에 다양한 정당한 정부 정책 목표도 아울러 고려된 상황이므로 정부의 의도를 전체적으로 어떻게 성격 규명할 것인지 자체가 불명확하기 때문이다. 이러한 복합적인 의도와 연관된 사안에서 WTO 분쟁해결기구 또는 조사당국이 외국정부의 의도와 관련된 결정을 독자적으로 내리게 된다면 이는 해당국의 반발을 초래할 개연성이 농후하다.20) 해당국의 반발이 존재하지 않는 경우는 아마도 순수한 의미의 위장 보조금 상황뿐일 것이다. 특히 이러한 정부 의도의 파악은 결국 아래에서 살펴보는 정황증거에 의존하여 진행되는 것이 일반적이며, 이 경우 정황증거에 내재하는 문제점으로 인하여 당사국간 이러한 해당국 정부의 '의도'를 둘러싼 분쟁이 지속될 것이다.21) 외국정부가 조사 과정에서 또는 WTO 분쟁해결절차 과정 제출하는 공식적인 답변서 또는 진술서를 통해 자신의 의도가 무엇이었는지에 관하여 설명을 제시하는 경우, 이러한 공식적인 답변을 무시하고 정황증거를 택하여 정부의 의도를 조사당국이 '추정'하는 것이 타당한 것인가에 관해서는 의문이 있다. 이 경우 역시 순수한 의미의 위장 보조금 상황이 아니라면 해당국의 반발은 자명하다.

결국 여타 WTO 협정 또는 보조금 협정의 다른 조항과 달리 '위임 및 지시' 분석에 있어 조사당국은 외국정부의 의도를 본격적으로 검토하여 이를 근거로 이러한 의도에서 연유한 일국의 정책에 대한 WTO 합치성을 판단하게 된다는 데 기본적 어려움이 존재한다.22) 일국의 사법부는 타국

---

19) David M. Driesen, *The Trade and Environment Debate*, 제3장 제2절 각주 28, pp.354~355 참조.
20) *Id.*, p.355 참조.
21) 정황증거로 인한 위임·지시 보조금 분쟁의 증가 및 격화에 관하여는 본 논문 제5장 제2절 참조.
22) 최근 한국산 반도체 상계관세 분쟁에서 미국, 유럽연합 및 일본은 한국 정부의 '경제장관간담회'를 한국 정부의 은밀한 정책 결정 수단 및 기구로 판단하였다. 이들 회원

정부가 자국 영역 내에서 채택·집행하는 공공정책 자체에 대한 타당성 여부를 판단하는 것도 소위 '국가행위(act of state doctrine) 이론'으로 제한을 받고 있는 실정임을 고려하면[23] 여기에서 한걸음 더 나아가 그러한 정책 결정의 근간을 이루는 정부의 의도를 확인하여 이를 기초로 준사법절차와 사법절차에서 해당 정책의 관련 국제협정과의 합치성 여부를 판단한다는 것은 분명 여러 측면에서 문제의 소지가 있다.

3. 의도의 입증 문제

그 다음으로 제기되는 문제는 이러한 정부의 의도를 어떻게 입증할 것

국의 조사당국은 동 간담회에서 한국 정부의 하이닉스 반도체에 대한 지원 의도가 구체화되고, 집행방법이 결정되었다고 확인하였다. 한국 정부는 조사과정에서 그러한 의도의 형성을 부인하고 하이닉스 반도체에 대한 관심은 모든 회원국 정부가 보유하는 바와 같은 주요 경제현안에 대한 일반적 성격의 관심이었음을 설명하였으나 이러한 설명은 조사당국에 의해 배척되었고 대신 정황증거가 채택되었다. 만약 한국 정부의 설명이 사실이라면 이는 위임·지시 보조금 조사에 내재하는 본질적 문제점을 노정하고 있다. 즉, 위임·지시 보조금 조사에 있어 회원국 조사당국은 피조사국 정부의 실제 의도 확인과 관련, 피조사국 정부의 공식 답변을 무시하고 이를 독자적으로 결정하는 상황도 얼마든지 발생할 수 있음을 보여주고 있는 것이다. 미국 상무부 한국산 반도체 상계관세 부과 최종판정, 제3장 제4절 각주 7, footnotes 17, 20, 26 ; *Council Regulation (EC) No 1480/2003 Imposing A Definitive Countervailing Duty and Collecting Definitely The Provisional Duty Imposed On Imports Of Certain Electronic Microcircuits Known As DRAMS(Dynamic Random Access Memories) Originating In the Republic of Korea* [OJ L 212 (2003.8.22, "유럽연합 한국산 반도체 상계관세 조사 최종판정")], paras. 16, 17, 46, 48, 67, 68, 85, 94-98, 113-135 ; 일본 정부 한국산 상계관세 조사 중요사실, 제2장 제3절 각주 2, paras. 116-123, 193-204, 269-275, 328-337 각각 참조. 자국 정부의 정책 결정과정, 정책목표 및 의도에 관하여 타국 정부가 사실과 다른 평가를 내리고 이에 기초하여 통상장벽을 설치한다면 그러한 평가의 대상이 된 해당국 정부 입장에서는 WTO 제소 등 가능한 모든 법적 수단을 강구할 수밖에 없을 것이다.

23) 예를 들어 *Banco Nacional de Cuba v. Sabbatino*, 376 U.S. 398 (1964) 참조.

인가 하는 점이다. 원칙적으로 이러한 정부의 의도는 객관적 자료나 증거를 통해 입증되어야 한다. 그 내재적 속성으로 인해 이러한 의도는 해당 정부가 특정정책을 채택함에 있어서 발표한 제반 문서 및 공식 발표내용 등과 같은 직접증거 이외에 해당 정책의 입법 배경을 유추할 수 있는 정황증거 등을 통해 파악할 수 있을 것이다. 이러한 정황증거는 주로 언론보도 등을 통하여 나타난다. 이러한 직접증거 및 정황증거의 총합으로 정부의 의도를 입증 또는 추정하는 것이다.

  정부 의도의 입증 및 추정과 관련하여 다음과 같은 사례를 들 수 있다. 현재 한국 정부는 IT 산업 지원을 위한 다양한 정책을 대내외적으로 적극 홍보하고 있다.[24] 또한 정부의 금융 및 경제분야 담당자들은 IT 산업 분야의 다양한 이슈에 관하여 정부의 공식적 또는 개인적인 의견을 개진하고 있다.[25] 이러한 활동은 외관상 정당한 정부의 업무 영역이며 또한 적

---

24) 예를 들어 정보통신부 2005년 중점추진 과제는 IT 분야에서의 한국 정부의 목표와 역할이 상세히 기술되어 있다. 정보통신부 웹사이트 <http://www.mic.go.kr/index.jsp> (2005.12.15 방문) 참조. 또한 산업자원부 2005년 연두 업무보고에는 신성장 동력사업 지원 등 주요 추진 업무가 상세히 기술되어 있어 한국 정부의 주요 관심사항과 지원방안이 비교적 상세히 외부에 제시되어 있다. 이러한 설명자료는 위임·지시 보조금 조사에서 항상 원용될 가능성이 존재한다. 산업자원부 웹사이트 <http://www.mocie.go.kr/index.jsp> (2005.12.15 방문) 참조. 이러한 자료에 기초하여 보조금 조사를 진행하는 사례로는 Government of Korea, Responses to the Third Supplemental Questionnaire of the Department of Commerce, *First Administrative Review of the Countervailing Duty Order on Dynamic Random Access Memory Semiconductors from the Republic of Korea*, C-580-851, Answers to Questions 35-45 ; 미국 상무부의 한국산 반도체 상계관세 부과 최종판정, 제3장 제4절 각주 7, Comment 27 참조. 또한 미국 상무부는 현재 진행 중인 한국산 반도체 상계관세 부과 제2차 연례재심에서 정보통신부가 추진하는 IT 산업 육성 정책을 상계관세 부과 가능 프로그램으로 추가 지정하고 조사를 진행하고 있다. 미국 상무부 한국산 반도체 상계관세 2차 연례재심 질문서, 제2장 제3절 각주 3, Parts E (Operation G-7/Han Program), F (21st Century Frontier R&D Program) 각각 참조.

25) 미국, 유럽연합 및 일본과의 한국산 반도체 상계관세 분쟁에서 각 회원국 조사당국은 한국 정부 금융정책 당국자의 발언내용 및 어휘선택을 중요한 정황증거로 간주하

극적 홍보활동 역시 현대국가 정부의 주요한 업무 중 하나이다. 그러나 이러한 언급·발표내용은 '위임 및 지시' 분야에서 독자적인 법적 의미를 내포한다. 바로 이러한 직접증거 및 정황증거는 교역 상대국에 의해 수집되어26) 향후 개시될지도 모를 IT 연관 분야에서의 보조금 및 상계관세 조사 시 정부의 의도를 입증하기 위해 적극 활용되는 것이다. 이미 한국을 상대로 현재 진행 중인 일부 보조금 조사에서 이러한 신규 산업정책에 관한 질문과 조사가 이루어지고 있는 상황이다.27) 과거와 달리 인터넷 등으로 정보의 대량, 신속 전달이 가능해진 현재에는 정부의 의사 결정과정을 외부로부터 완벽히 차단하는 것은 사실상 불가능하며 정부의 의사결정 과정을 보여주는 다양한 편린들이 위임·지시 보조금 조사에서 활용되고 있는 것이 현실이다. 정부 입장에서도 이러한 정보의 확산을 차단하는 것은 사실상 불가능하며 오히려 그러한 정부의 노력이 역으로 정경유착 및 관치금융을 도모하는 정부 의도의 정황증거로 인정되는 상황이 발생하고 있다.28) 따라서 WTO 회원국 입장에서는 정부 정책 수립의 정확한 의도

여 위임·지시 보조금 확인에 결정적 증거로 활용하였다. 이는 정부 당국자의 공식적 또는 비공식적 언급내용은 위임·지시 보조금 분쟁에서의 정황증거라는 연결고리를 통해 최종판정에 중요한 파급효과를 가져온다는 점을 보여주고 있다. 미국 상무부 한국산 반도체 상계관세 부과 최종판정, 제3장 제4절 note 7, pp.50~61 ; 유럽연합 한국산 반도체 상계관세 조사 최종판정, 제4장 제1절 각주 22, paras. 55, 91-94 ; 일본 정부 한국산 상계관세 조사 중요사실, 제2장 제3절 각주 2, paras. 36-41 ; 박영덕, "WTO 하이닉스 분쟁과 IT R&D 통상전략", 제3장 제3절 각주 8, p.19 참조.

26) 가령, 전체적으로 일본 정부 한국산 반도체 상계관세 조사 중요사실 *supra* 제2장 제3절 note 2 참조. 동 결정문에서 일본 정부는 청원자가 제출한 수백 건의 언론보도 중 101건의 언론보도를 인용하며 결론을 도출하고 있다.
27) 미국 상무부의 한국산 반도체 상계관세 2차 연례재심 질문서, 제2장 제3절 각주 3, Parts E (Operation G-7/Han Program), F (21st Century Frontier R&D Program) 참조.
28) 미국 상무부 한국산 반도체 상계관세 1차 연례재심 예비판정, 제2장 제3절 각주 3, pp.54, 528-54, 534 참조.

가 직접증거 및 정황증거에 반영되도록 상시적인 노력을 경주하는 것이 위임·지시 보조금 대비 맥락에서 추후 정부 의도의 입증 문제와 관련하여 중요한 측면이 있다.29) 피조사국 정부의 의도에 대한 입증문제와 관련하여 고려되는 또 다른 사례는 피조사국 정부의 관련 법규가 효과적으로 집행되었는가 하는 점이다. 문제가 된 사안에 적용 가능한 법규가 존재함에도 불구하고 적용이 유예된 경우 이는 정부가 특정 민간주체의 활동을 지원하기 위한 의도를 실현하기 위한 조치로 인정되기도 한다.30) 이 역시 정부의 의도를 입증할 수 있는 중요한 정황증거의 하나이다.

특히 직접증거 및 정황증거를 통한 정부 의도의 입증 문제에 있어 염두에 두어야 할 점은 여기에서 입증의 대상인 정부의 의도는 '위임 및 지시'에 관한 의도이며 정부가 보유하고 있을 지도 모르는 다른 형태의 -예를 들어 단순한 정부의 희망사항 및 권고사항을 형성하고자 하는- 의도는 아니라는 점이다. 정부가 단순히 정책 희망사항 및 권고사항을 형성하고자 하는 의도는 본질적으로 '위임 및 지시' 조치를 위한 의도로 간주될 수 없다. 물론 희망사항 및 권고사항을 형성하는 정부의 의도가 궁극적으로 '위임 및 지시'를 위한 정부 의도의 존재를 보여주는 정황증거로 활용될 수는 있을 것이다. 그러나 이 경우 아래에서 지적하는 바와 같이 정황증거의 활용에 관한 기본적 기준을 충족하여야 할 것이다.31)

---

29) 예를 들어, 위임·지시 보조금을 이유로 한 상계관세 조사과정에서 특정 언론보도의 정확성을 한국 정부가 부인하는 경우 조사당국은 보도 당시 한국 정부의 적극적인 반론권 행사 등이 없었다는 이유로 한국 정부의 주장을 배척한 사례가 있다. 일본 정부의 한국산 반도체 상계관세 조사 중요사실, 제2장 제3절 각주 2, paras. 81, 197, 273, 335 참조.
30) 금융분야에 관한 규제정책의 도입 이외에도 旣 도입된 정책의 실효성 있는 집행이 더욱 중요함은 많은 학자들이 지적하고 있다. 송옥렬, "우리나라 금융규제의 국제화에 관한 소고", 『국제기준과 법의 지배』, 제2장 제3절 각주 23, p.109 ; 오영호, 『미국 통상정책과 대응전략』, 제2장 제1절 각주 1, p.350 참조. 이러한 주장은 금융제도의 국제화라는 그 본래의 목적 이외에도 위임·지시 보조금 조사에 대한 장기적 대응으로서의 측면도 아울러 보유한다.

4. 의도의 분석과 보조금 협정의 대상 및 목적

위임·지시 보조금 고찰에 있어 특정 조치를 채택, 실시하는 WTO 회원국 정부의 '의도'에 대한 분석의 필요성은 보조금 협정의 대상 및 목적을 고려하여도 분명해진다. 위에서 검토한 바와 같이 보조금 협정 또는 여타의 WTO 부속협정이 정부의 정책 희망사항이나 의견 개진을 일체 불법시하여 징계를 하자는 것은 아니다. 마찬가지 맥락에서 보조금 협정이 모든 형태의 민관접촉을 일체 금지하는 것이 아니라는 점도 분명하다. 그렇다면 위임·지시 보조금의 고찰에 있어서도 다양한 민관접촉을 허용 가능한 접촉과 이를 넘어서는, 따라서 '위임 및 지시'를 구성하는 접촉으로 크게 나누어야만 한다. 이 과정에서 '위임 및 지시'를 구성하는 접촉의 객관적 성격이 명백할 경우, 그 자체가 정부의 의도를 입증하여 주는 직접증거 또는 중요한 정황증거로 인용될 수 있다. 통상의 경우에는 ─또는 '위장된' 보조금 지급의 경우에는─ 이와 같은 '위임 및 지시'의 명백한 표출은 드러나지 않을 것이고 결국 그 객관적 형태는 허용 가능한 접촉이든 '위임 및 지시'를 위한 접촉이든 동일한 모습을 띠게 될 것이다. 이와 같이 접촉이라는 객관적 사실이 동일한 대부분의 경우에 양자의 구별을 위해서는 그러한 객관적 표출의 내부적 측면, 즉 의도 및 동기에 대한 고찰을 할 수밖에 없게 된다. 따라서 통상적인 위임·지시 보조금 고찰에 있어서는 정부의 '의도'에 대한 분석을 배제할 수 없다고 보아야 할 것이다. 그리고 이러한 고찰은 보조금 협정의 대상 및 목적과 합치하는 해석 및 적용을 위해서도 필요하다고 하여야 할 것이다.

정책적인 관점에서도 자국 주요 기업 및 산업에 대한 무관심 및 무대책을 요구하는 통상 규범은 설사 존재한다고 하더라도 현실과의 괴리로 인

---

31) 본 논문 제5장 제2절 참조.

해 장기간 안정적으로 유지되기 힘들 것이다. 만약 그러한 규정이 있다면 이는 사실상 정부의 정당한 역할 수행을 포기할 것을 강요하는 것과 동일할 것이기 때문이다. 마찬가지로 그러한 금지 규정이 포함된 것으로 보조금 협정을 해석하는 것, 또는 추후 보조금 협정 개정을 통해 그러한 금지 규정을 추가적으로 삽입하는 것은[32] 구체적 사건에 있어 조사당국에 대한 입증책임의 부담을 경감시킴으로써 위장 보조금의 성격을 띠는 일부 위임·지시 보조금에 대한 확인 및 징계가 용이해지는 '得'은 있을지 모르나, 그 외의 다양한 형태의 정당한 정부 개입도 아울러 보조금에 해당하는 것으로 결정함으로써 발생하는 '失'은 더욱 심각할 것이다. 보조금 협정 제1.1조 (a)(1)항 (iv)호의 취지는 오로지 자국 산업 및 기업에 대한 '위임 및 지시'를 위해 WTO 회원국 정부가 자국 민간주체를 동원하고자 하는 '의도'를 갖고 이를 구체적인 '위임 및 지시' 조치의 실행으로 외적으로 표출하는 경우를 규제하자는 것이다.

II. 제한된 범위 내 정부의 시장 개입 필요성

정부는 소비자, 공급자 그리고 규제자라는 다양한 형태로 자국 시장에 개입한다.[33] 정부는 다양한 수단을 통해 재원을 조성하고 이러한 재원은

---

[32] DDA 규범협상(Rules Negotiations)에서 보조금 협정 개정을 위한 논의가 현재 진행 중이므로 다양한 제안이 반영될 수 있을 것이다. 2005년 12월 13~18일간 홍콩에서 개최된 제6차 각료회의(Ministerial Conference)에서도 반덤핑 협정 및 보조금 협정 개정을 위한 교섭의 현 상황이 검토되었다. Negotiating Group on Rules, *Report by the Chairman to the Trade Negotiations Committee*, TN/RL/15 (15 November 2005) ; World Trade Organization, Official Documents of the Hong Kong Ministerial, WTO 웹사이트 <http://www.wto.org/english/thewto_e/minist_e/min05_e/ official_docs_e.htm> (2005.12.20 방문) 참조. 현재 진행 중인 DDA 규범협상의 현황에 관해서는 WTO 웹사이트 <http://www.wto.org/english/tratop_e/rulesneg_e/rulesneg_e.htm> (2005.12.20 방문) 참조.

국가 운영의 다양한 목적-특히 경제적 위기 상황이 감지된 경우에-을 위해 사용한다.34) 정부의 이러한 활동은 특히 개발도상국의 경우에 더욱 중요하다.35) 오늘날의 대부분의 선진국들은 경제발전 단계에서 유치산업 (infant industry)보호나 수출 보조금 지원과 같이 현재 보조금 협정에서 금지되는 무역 및 산업정책을 적극적으로 채택하여 왔다.36) 이들 국가들은 이러한 목적을 달성하기 위하여 다양한 보조금 제도와 메커니즘-예를 들어 심지어 공공 부문과 민간부문 사이의 협력을 장려하기 위한 제도적 장치 등-을 채택하였다.37)

다양한 형태의 정부의 일반적인 시장 개입 및 특정산업 지원정책(industrial targeting)과 이에 따른 산업 및 기업의 혜택 향유와 수출시장에서의 경쟁력 강화를 보조금 및 상계관세 조사의 대상으로 삼을 것인가 하는 문제는 1980년대 초반 급증하는 일본 수출품에 위협을 느낀 미국에서 처음으로 제기되었다.38) 그리고 이미 그 당시에도 정당한 정부의 시장 개입과 부당한 개입 간의 경계선이 애매모호하다는 점이 지적되었다.39) 자국 상품에

---

33) Peter S. Watson, Joseph E. Flynn & Chad C. Conwell, 제3장 제2절 각주 105, p.259 참조.
34) Terrence P. Stewart, Patrick J. McDonough & Marta M. Prado, *Opportunities in the WTO for Increased Liberalization of Goods: Making Sure the Rules Work for All and That Special Needs Are Addressed*, 제2장 제1절 각주 11, pp.652~690 참조. 경제적 위기 상황에서 정부 및 중앙은행의 자국 금융시장 개입 필요성 및 적합성에 관해서는 일반적으로 Mario Giovanoli & Gregor Heinrich, *International Bank Insolvencies: A Central Bank Perspective*, Kluwer Law International (1999) 참조.
35) 보조금 협정 제27.1조는 다음과 같이 규정하고 있다.

  Article 27: Special and Differential Treatment of Developing Country Members

  27.1. Members recognize that subsidies may play an *important role in economic development programmes of developing country Members*(이탤릭체; 필자 강조).
36) 장하준, 『사다리 걷어차기(Kicking Away the Ladder)』, 도서출판 부키 (2004), pp.21~22, 45 참조.
37) *Id.*, pp.45~47 참조.
38) Daniel K. Tarullo, *Foreword: The Structure of U.S.-Japan Trade Relations*, 제2장 제2절 각주 17, pp.343~347 참조.

대한 경쟁력 강화를 위해 지급되는 직접 보조금은 확인과 검증이 용이하여 이에 대한 규제에는 특별한 문제점이 없지만, 특정 산업에 대한 지원 의도 없이 또는 지원 의도가 있더라도 여타의 다양한 국가 정책적 목적과 혼합하여 정부의 시장 개입이 이루어지는 경우 과연 이것이 보조금 – 간접 보조금이든 위임・지시 보조금이든 – 을 구성하는지는 쉽게 결정할 수 있는 문제가 아니다.[40]

어떠한 형태의 보조금 공격으로부터 완전히 자유롭기 위해서는 WTO 회원국 정부는 어떤 형태로도 민간 영역에 개입하거나 또는 영향을 주는 상황을 회피하여야만 한다. 그러나 어떤 형태의 정부 개입도 존재하지 않고 완전히 사적인 주체에 의해서만 통제 운영되는 국가 운영체제 또는 경

---

39) Id. ; Joel P. Trachtman, *International Regulatory Competition, Externalization, and Jurisdiction*, 제2장 제2절 각주 16, pp.47~50 참조.

40) *Id.*, pp.47, 81~82 참조. 규제대상인 보조금과 허용되는 정부의 정당한 경제정책의 구별이 곤란하다는 점을 보여주는 사례로 '투자 인센티브' 제도를 살펴볼 수 있다. 외국인 투자기업의 설립 및 영업활동을 지원하기 위해 투자 유치국(host country) 정부가 법령, 정책 등을 통하여 실시하는 조치를 투자 인센티브라고 한다. 이러한 투자 인센티브도 경우에 따라서는 보조금 협정의 규율을 받을 수 있다. 김인숙, "WTO 체제하에서의 외국인직접투자(FDI) 보호에 관한 연구", 서울대 박사학위논문 (2003), p.196 참조. 이와 같이 투자 인센티브를 통해 투자 유치국에 설립된 생산시설로부터 생산된 제품이 해외로 수출될 경우 이러한 상품에 대해 보조금 및 상계관세 조사가 따를 수 있기 때문이다. 즉, 외국인 투자기업이 한국에 설립한 생산시설로부터 생산된 상품이 수출될 경우 그러한 상품은 투자기업의 국적이 아닌 한국산 상품으로 취급되며, 한국 정부의 투자 인센티브는 한국산 제품 생산을 지원하기 위하여 제공된 정부의 지원 정책으로 간주될 것이다. 따라서 투자 인센티브라고 호칭되는 경우라고 하더라도 경우에 따라서는 보조금 협정이 규제하는 보조금에 해당될 수 있음은 물론이다. 그러나 모든 형태의 투자 인센티브가 보조금으로 취급되어 교역 상대국으로부터 비난을 받거나 상계조치의 대상이 되는 것은 물론 아니다. 이러한 사실은 보조금과 정부의 정당한 정책수행 양자의 구별을 위해 신뢰할 만한 기준이 필요하다는 점을 역시 보여주고 있다. 특정 정부 조치가 때로는 보조금과 투자 인센티브의 양면적 성격을 동시에 보유할 수 있음에 관하여는 전체적으로 *Indonesia-Certain Measures Affecting the Automobile Industry*, WT/DS54, 55, 59, 64/R (23 July 1998) ['*Indonesia-Autos(Panel)*'] 참조.

제체제는 현실에서는 존재하지 않는다. 실제에 있어서는 모든 분야에 걸쳐 다양한 형태의 정부 개입이 존재하는 것이 현실이다. 그렇다면 과연 이러한 모든 형태의 정부 개입이 비난 받아야 할 부당한 조치인가? 그렇다고 할 수는 없을 것이다. 사실 경제주체의 활동이 점차 복잡 多岐化됨에 따라 오히려 정부 개입의 필요성이 더욱 증대되는 것이 지금의 현실이라고 하겠다. 금융시장, 환율시장, 공정경쟁 보장 등 다양한 경제활동을 규율하기 위하여 정부의 적절한 개입과 조정이 절실히 필요하기 때문이다.41) 이와 같은 적절한 정부 개입의 타당성과 필요성을 인정하는 것이 '위임 및 지시' 문제의 논의에 있어서도 그 출발점이 되어야 한다. 민간부문 및 민간기업에 대한 일체의 정부 개입을 금지하는 것이 보조금 협정의 기본 취지인 것으로 이해되는 한, 이 분야에 대한 국제 분쟁은 증가할 수 밖에 없을 것이며 부당한 보조금 협정의 적용 사례는 빈발할 것이다.

경제적 위기에 봉착한 자국 기업에 대한 정부의 적극적인 개입과 지원

---

41) 오히려 WTO 회원국 정부의 적절한 시장개입은 단순한 선택사항이 아니라 때로는 각국의 헌법과 법률에 의해 요구되는 경우도 있다. 예를 들어 한국의 경우 헌법 119조, 123조, 125조 및 127조는 다음과 같이 규정하며 특정한 상황에 있어 정부의 민간부문에 대한 적극적인 개입을 요구하고 있다.

 제119조
  ② 국가는 균형 있는 국민경제의 성장 및 안정과 적정한 소득의 분배를 유지하고, 시장의 지배와 경제력의 남용을 방지하며, 경제주체 간의 조화를 통한 경제의 민주화를 위하여 경제에 관한 규제와 조정을 할 수 있다.
 제123조
  ① 국가는 농업 및 어업을 보호·육성하기 위하여 농·어촌종합개발과 그 지원 등 필요한 계획을 수립·시행하여야 한다.
  ② 국가는 지역 간의 균형 있는 발전을 위하여 지역경제를 육성할 의무를 진다.
  ③ 국가는 중소기업을 보호·육성하여야 한다.
 제125조
 국가는 대외무역을 육성하며, 이를 규제·조정할 수 있다.
 제127조
  ① 국가는 과학기술의 혁신과 정보 및 인력의 개발을 통하여 국민경제의 발전에 노력하여야 한다.

정책 모색은 외국 정부의 경우도 마찬가지이다. 지난 1980년대 위기에 처한 자동차 제조업체 크라이슬러社에 대하여 미국 정부 주도로 채무재조정이 실시된 사례가 있고[42] 현재 미국·유럽연합 간 항공기 보조금 분쟁에서도 알 수 있듯이 양국 정부는 보잉社 및 에어버스社가 경제적 난관에 처할 경우 이들에 대한 다양한 형태의 보조금 정책을 실시해오고 있다.[43] 동일한 맥락에서 미국의 경우도 민간은행이 정부와의 모든 접촉을 차단한 채 독자적으로 은행업을 영위하고 있다고 보장할 근거는 존재하지 않는다. 예를 들어 지난 1990년대 초 미국 정부는 Savings & Loan 은행의 부실화를 막기 위해 천문학적 규모의 공적 자금을 투입한 적이 있고 투입 금액의 대부분이 아직 회수되지 않은 것으로 알려지고 있다.[44] 일본의 경우에도 자국의 주요 기업에 대한 다양한 보조금 정책을 영위하여 오고 있으며,[45] 또한 1999년 채무불이행 위험에 처한 가네마쓰(兼松) 종합상사를 주채권 은행인 도쿄 미쓰비시 은행이 거액의 채무재조정을 통해 회생시킨 사례도 있다.[46] 이러한 조치들 중 과연 어떠한 것이 현 보조금 협정에 위반되는지 판단할 자료는 존재하지 않지만 최소한 주요 산업 및 기업에 대해 각국 정부는 지속적인 관심을 갖고 있으며 이들이 재정적 위기에 처할 경우 그 해결을 주도적으로 도모하고자 한다는 점은 알 수 있다.

살피건대, WTO 회원국이 자국 주요 기업의 재정 상황 및 영업 현황에

---

42) Richard S. Weinert, *Swapping Third World Debt*, 65 Foreign Policy (Winter 1986-1987). pp.85, 89 참조.
43) 김기수(세종연구소), "미국 및 유럽연합에 대한 통상압력과 관련한 정책대안의 모색 —하이닉스 반도체 상계관세부과에 대한 대응 방안: 한미간 전략적 이해의 조율을 중심으로", *supra* 제2장 제1절 note 5, p.95 참조.
44) *Id.*, pp.94~95 참조.
45) 가령 철강부문과 관련하여서는 미국 상무부, *Global Steel Trade* (2001), 일본편 참조.
46) 일본 상계관세 조사 한국 정부 반론서 (2005.11.21), *supra* 제3장 제3절 note 18, p.4 ; Joe Peek & Eric S. Rosengren, *Unnatural Selection: Perverse Incentives and the Misallocation of Credits in Japan*, American Economic Review (September 2005), pp.1153~1165 참조.

대하여 관심을 갖는 것은 어떻게 보면 당연한 결과이다. 오늘날 세계 경제 전쟁이 본격화되고 국경없는 무한경쟁이 이루어지는 세계시장에서 WTO 회원국이 타국 기업과 경쟁을 할 수 있는 자국 주요 기업의 경쟁력, 문제점 및 여타 제반상황에 대하여 관심을 갖는 것은 마치 주변국의 안보동향과 군비증강 동향에 관심을 갖는 것만큼이나 지극히 당연하다.47) 이러한 주요 기업이 재정적 위기에 봉착할 경우 때로는 이는 심각한 안보상 위협에 비견할 수 있는 경제적 파급효과를 유발할 것이므로 정부 입장에서는 문제의 조속한 해결방안을 본능적으로 모색하게 된다.48)

---

47) 한국법제연구원, "보조금제도 관련법제의 현황과 개선 방안: UR 협정에 따른 산업지원법제 개선과 관련하여" (1994), pp.15~18 참조.
48) 예를 들어 다음과 같은 사실이 한국산 반도체 상계관세 분쟁에서 문제가 되었다. 하이닉스 반도체에 대한 신디케이트론과 당좌대월 금융 제공을 희망하는 일부 채권은행은 이미 하이닉스 반도체에 대한 기존의 대출로 인하여 각 은행에 적용되는 '동일인 대출한도'에 도달하게 되었다. 따라서 이들 채권은행들은 추가 금융 제공을 위해 은행법 제35조에 따라 금융감독위원회의 사전승인이 필요하게 되었고 이를 위한 신청서를 제출하였다. 이에 금융감독위원회는 동 신청서를 심사하여 대출한도 초과를 승인하였다. 그런데 문제는 이러한 심사 및 승인과정에서 금융감독위원회가 하이닉스 반도체 파산 시 한국경제에 대한 전반적 파급효과를 고려하였다는 점이다. 즉, 금융감독위원회 담당자들은 하이닉스 반도체의 규모와 한국 경제에서 차지하는 비중을 감안할 때 파산에 이르도록 방치하여 두는 것은 곤란하다는 점을 지적하며 채권은행들이 신청한 대출한도의 증액을 승인하기에 이르렀다. 이와 관련된 금융감독위원회의 회의 의사록에는 다음과 같은 언급이 발견된다.

> 반도체 산업은 전략적 산업이다. 하이닉스 반도체의 LG와의 합병 이후, 하이닉스는 세계 반도체 시장의 20%, 한국 수출의 4%를 점유하고 있다. 동 회사는 24,000명을 고용하고 있고, 이 회사와 관련된 기업은 2,500개이며 이들은 150,000명을 고용하고 있다. 신디케이트론과 D/A 대출을 지원하는 것은 한국의 국제적 경쟁력을 향상시키는 것이다. 따라서 전자산업의 진흥을 위하고 하이닉스 반도체의 최상의 이익을 고려하여 금융감독위원회는 채권은행이 신청한 대출금액 상한을 승인하기로 결정한다.

분명 금융감독위원회가 하이닉스 반도체 파산 시 부정적 파급효과를 우려하여 대출한도 초과를 승인한 것으로 판단되나 한편으로 정부기관인 금융감독위원회의 이러한 고려는 합리적이며 충분히 예견 가능하다. 대부분의 WTO 회원국 정부는 자국 이러한 정부의 관심과 우려까지 불법적인 것으로 간주되어서는 안 될 것이다. 정부의 정당한 업무 수행을 제한하는 보조금 협정의 규정은 설사 그러한 규정이 명문으로 합의된다고 하더라도 국가 운영의 기본 속성과 상충하게 되어 장기적 존속이 어려울 것이다.

특히 각국의 법제도상의 차이는 특정 국가의 경우 정부의 보다 적극적인 개입을 요구한다. 가령, 한국과 미국의 기업도산(bankruptcy) 제도의 차이는 유사한 상황에서 한국 정부의 경우 미국 정부의 경우보다 적극적인 역할 수행이 요구됨을 보여준다. 즉, 미국의 경우 기업도산 절차가 신속하게 진행되고 또 도산 기업의 충격을 흡수할 수 있는 다양한 '사회적 안전망(social safety net)'이 구비되어 있는 반면 한국의 경우는 그렇지 않다.[49] 따라서 한국의 경우 주요 기업의 도산은 직접적, 장기적으로 사회·경제적 파급 효과를 야기하게 되고 여기에 대해 정부 정책 차원의 대처가 필요하게 된다.[50] 특히 1997~1998년 당시 한국 금융시장의 상황은 100조원 규모의 부실채권의 존재로 인해 금융시장 전체의 붕괴가 우려되는 상

경제와 민간시장의 장기적 안정을 항상 목표로 하고 있기 때문이다. 그러나 금융감독위원회의 이러한 언급 내용은 미국 및 유럽연합에 의해 한국 정부의 '위임 및 지시'의 정황증거로 인용되어 위임·지시 보조금의 결정적인 증거로 활용되었다. 미국 상무부의 한국산 반도체 상계관세 부과 최종판정, 제3장 제4절 각주 7, p.51 ; 유럽연합의 한국산 반도체 상계관세 부과 최종판정, 제4장 제1절 각주 22, paras. 29-36 ; 일본 정부의 한국산 반도체 상계관세 조사 중요사실, 제2장 제3절 각주 2, para. 120 참조. 물론 정부의 이러한 입장 표명은 '위임 및 지시'가 존재하였다는 정황증거로 활용되어 다른 정황증거를 강화하거나 총체적 접근법에 포함되어 다른 증거와 함께 고려될 수는 있을 것이다. 그러나 미국, 유럽연합 및 일본 조사당국의 결정과 같이 WTO 회원국 정부의 이러한 고려 자체가 '위임 및 지시'를 직접 보여주는 것으로 인정하는 것은 문제가 있다. 정황증거의 활용에 관한 적절한 기준에 관해서는 본 논문 제5장 제2절 참조.

49) Edward M. Graham, *Reforming Korea's Industrial Conglomerates*, 제3장 제2절 각주 74, pp.149~152 참조.
50) *Id.* ; 1997년 외환위기 이후 급증한 부실기업으로 인해 야기된 전반적 문제점 및 이러한 문제점 해결을 위한 정부차원의 노력에 관해서는 금융감독원, 『워크아웃 5년: 추진실적과 성과를 중심으로』(2003.4), 제1~3장 참조.

황임을 고려하면 정부의 적절한 금융시장 개입의 필요성이 특히 인정되는 상황이라고 볼 여지가 있다.[51]

Ⅲ. 정부와 민간주체 간 객관적 매개물의 존재

무상자금의 지원과 같은 직접 보조금의 경우, 정부로부터 민간업체로의 자금 이동이라는 객관적으로 확인 가능한 형태 내지 실체가 분명히 존재한다. 예를 들어 정부 담당자와 민간업체 담당자의 회동을 통해 직접적인 자금 전달이 일어날 수도 있을 것이며, 또는 정부계좌로부터 민간업체의 계좌로 송금을 하는 형태를 띨 수도 있을 것이다. 이러한 자금의 이동에는 자금의 이동이 있었다는 객관적 사실만이 보조금 협정상 의미있는 요소일 뿐이며, 왜 자금의 이동이 발생하였는지에 관한 질문은 최소한 보조금 협정에서는 무의미하다. 정부가 어떠한 의도로 해당 보조금을 민간기업에 지급하였든지 간에 그 자체로서 자금의 직접 이동(direct transfer of money)을 구성하여 정부로부터 재정적 기여를 구성하게 된다. 구체적이고 확인가능한(tangible) 물적 자원이 정부로부터 민간기업으로 이동하게 되는 것이므로 그 사실 자체가 보조금 협정 제1.1조 (a)(1)항 (ⅰ)호에 따라 정부에 의한 재정적 기여에 해당하여 보조금 존재의 한 요소를 구성한다. 그러나 이러한 일반적 보조금 지급 방법과 간접적 보조금 지급 양태인 '위임 및 지시'와는 확연한 차이가 있다.

먼저 '위임 및 지시'의 경우 최소한 정부와 시혜 민간주체 간의 관계에 있어서 다른 형태의 정부에 의한 재정적 기여에서 볼 수 있는 것과 같은 객관적 요소가 대부분의 경우 존재하지 않는다. '위임 및 지시' 문제의 경우에는 정부로부터 어떤 확인가능한 또는 눈에 보이는 재화나 용역이 전

---

51) 금융감독원, 『워크아웃 5년: 추진실적과 성과를 중심으로』, *supra* note 50, p.171 참조.

달되는 것이 아니기 때문이다. 사실, 엄밀히 말하면 이 경우 전달되는 것은 재화나 용역이 아닌 정부의 '의도' 또는 '동기'이다. 따라서 굳이 객관화할 수 있는 것은 오로지 정부 의도 및 동기의 외부적 표출만이 존재할 뿐이다. 그러므로 위임·지시 보조금 고찰에 있어서는 이러한 외부적 표출에 대한 객관적 자료에 의한 입증이 중요함은 이미 지적한 바와 같다. 객관적 매개물이 존재하지 않는 위임·지시 보조금의 특성상 정부 의도 및 동기가 객관적 방법으로 외부에 대해 표출되고, 이것이 해당 민간주체에 유효하게 전달되었는가에 대한 분석이 긴요하다.

정부의 '의도' 및 '동기'가 민간주체에 적절한 객관적 방법과 수단으로 유효하게 전달되었는지 여부에 대한 분석이 필요한 이유는 설사 정부의 '의도' 및 '동기'가 존재하고, 그것이 외부적 표출로 이어진 경우라고 하더라도 피위임 및 피지시 민간주체에 도달하지 않은 경우라면 그 '의도' 및 '동기'가 결국 전달되지 않은 것이 된다. 이러한 경우에 위임·지시 보조금을 인정하는 것은 마치 직접 보조금 맥락에서 자금 전달이 이루어 졌는가에 관한 고찰을 경시 또는 무시하는 것과 유사하다. 직접 보조금 맥락에서 정부가 어떠한 강력한 산업 및 기업 지원 의도를 갖고 보조금 정책을 실시하였다고 하더라도 해당 보조금이 특정 산업에 포함된 기업군 및 특정 기업의 계좌에 입금이 되지 않았다면 보조금 문제는 원천적으로 발생하지 않는다.

IV. 국제기구의 권고에 따른 조치에 대한 특별 고려

한편, WTO 회원국이 특정한 국제기구의 권고에 따라 또는 국제기구와의 합의하에 시행한 조치가 다른 국제기구에 의해 비난 받거나 부정적 평가를 받게 된다면 이러한 회원국은 곤란한 입장에 직면하게 될 것이다. 현재 진행되는 세계 여러 나라의 구조조정은 각국이 경제위기를 맞이하여 국제통화기금[International Monetary Fund('IMF')]이나 국제부흥개발은행[International Bank for Reconstruction and Development('IBRD' 또는 'World Bank')]과의 협의에 따라 이들 기구로부터 포괄적인 지침을 받아 경제위기의 타개책으로 시행된 경우가 많다.52) 특히 IMF의 조치 결정에는 미국이 직접적으로 관여하는 경우가 빈번하다.53) 즉, IMF는 외환위기에 처한 국가들에 대해 구제금융을 제공하면서 해당국 금융체제를 국제적 기준에 부합하게 개선할 것을 흔히 요구한다.54)

---

52) 장승화, "기업구조조정과 WTO 허용보조금", 제2장 제1절 각주 28, p.112 참조.
53) Kenneth W. Dam, *The Rules of the Global Game: A New Look at U.S. International Economic Policymaking*, The University of Chicago Press (2001), p.218 참조. IMF 의사 결정과정에서 유럽연합 전체가 15%의 표결권을 갖고 있는데 반하여 미국은 단일국가로서 18%의 투표권을 갖고 있으며 거부권을 행사할 수 있다. 이영준·신성수, "IMF 협정상 待期性借款約定에 의한 특별인출권(SDR) 제도의 국제법적 고찰: 1990년대 이후 IMF의 국가별 구제금융실태를 중심으로", 『국제법학회논총』 제44권 제2호 (1999.12), p.173 참조.
54) 이와 관련 다음과 같은 언급을 참조할 수 있다. Lawrence L.C. Lee, *The Basle Accords as Soft Law: Strengthening International Banking Supervision*, Virginia Journal of International Law, Vol. 39, No. 1 (Fall 1998), pp.1~8("As a bank's bank, the IMF facilitates the expansion of influence of the Basle Accords through loan agreements and bailout packages.") ; 한국 정부 *U.S-DRAMs(AB)* 항소기구 보고서 채택회의 진술, 제2장 제3절 각주 19, p.5 ("The IMF was closely involved in the recapitalization of the financial sector that was necessary to keep the Korean economy from collapsing") ; Kirsten Storin Doty, *Economic Legal Reform as a Necessary Means for Eastern European Transition into the Twenty-First Century*, The International Lawyer, Vol. 33, No. 1 (Spring 1999), pp.189, 219 참조 ("International Lending Institutions such as the IMF and the World Bank often condition loans on bankruptcy reform"). IMF가 긴급구제금융 지원의 조건으로 피구제국의 경제개혁 조치, 특히 금융제도 개혁을 요구하는 것은 IMF와 태국 정부 간 긴급구제금융지원 합의(1997.8.20), IMF와 인도네시아 간 긴급구제금융지원 합의(1998.10.31), IMF와 한국 간 긴급구제금융지원 합의(1997.12.3)에서 각각 확인할 수 있다. 이영준·신성수, "IMF 협정

이러한 상황에서 관련 국제기구와의 협의에 따라 입안, 시행된 일국 정부의 금융개혁 정책 또는 위기타개 정책을 정부에 의한 개입 여부에만 초점을 맞추어 보조금 협정에 위배되는 위임·지시 보조금의 정황증거로 활용하게 되면 이는 보조금 협정 및 WTO 체제 자체에 대한 회의감의 확산을 초래하게 될 것이다. 사실 여타 국제기구와의 불협화음은 단순한 정책 운용상의 부작용 문제뿐 아니라 WTO 체제의 근본정신에 불합치한다고 볼 여지도 있다. 즉, WTO 설립협정 자체가 세계 경제정책 운용의 일관성을 제고하기 위하여 특히 IMF 및 World Bank와 WTO 간의 협조체제 구축을 강조하고 있는 것이다.[55] 이와 관련 WTO 설립협정 제Ⅲ조 제5항은 WTO의 본질적 기능 가운데 하나로 다음과 같이 규정하고 있음을 상기할 필요가 있다:

제3조 5항
세계무역기구는 세계경제 정책결정에 있어서의 일관성 제고를 위하여 적절히 국제통화기금과 국제부흥개발은행 및 관련 산하기구들과 협력한다.[56]

즉, WTO 설립협정은 IMF와의 협조 의무를 WTO에 부과하고 있다.[57]

상 待期性借款約定에 의한 특별인출권(SDR) 제도의 국제법적 고찰: 1990년대 이후 IMF의 국가별 구제금융실태를 중심으로", *supra* note 53, pp.183~188 참조.
55) Wolfgang Benedek, *Relations of the WTO with Other International Organizations and NGOs*, International Economic Law with Human Face, Fiedl Weiss, Erik Denters & Paul de Waart eds., Kluwer Law International (1998), pp.483~486 참조.
56) WTO 설립협정의 원문은 다음과 같다.

    Article Ⅲ. Functions of the WTO

    5. With a view to achieving greater coherence in global economic policy-making, the WTO shall cooperate, as appropriate, with the International Monetary Fund and with the International Bank for Reconstruction and Development and its affiliated agencies.
57) 장승화, "기업구조조정과 WTO 허용보조금", 제2장 제1절 각주 28, pp.112~113 ; Ralph H. Folsom, Michael W. Gordon & John A Spanogle, *International Trade and*

이러한 상황에서 회원국 조사당국이나 패널이 IMF 및 World Bank와의 협의에 따른 정책 운용 상황을 '위임 및 지시'의 정황증거로 판단하는 것은 분명히 문제가 있다. 한국의 경우에도 동일한 상황이 적용된다. 1997년 외환위기에 빠진 한국에 대한 외환 자금지원을 결정하며 IMF는 금융분야 등 주요 분야에서 한국의 개혁조치를 요구하였다.[58] 특히 금융분야 개혁과 관련, IMF는 단순히 일반적인 개혁조치를 긴급 자금지원의 전제조건으로 제시하는데 그치지 않고 금융개혁 조치 도입 및 시행에 있어 한국 정부와 지속적인 협의 채널을 구축하는 등 직접적으로 관여하였다.[59] 이에 따라 1998년 IMF 금융지원과 연동되어 한국 정부는 광범위한 산업 및 기업구조조정정책을 채택하였으며 이의 운용 과정에서 일부 기업과 산업이 혜택을 향유하게 되었고, 이러한 혜택이 결국 주요 교역 상대국의 보조금 및 상계

Economic Relations in a Nutshell, West Publishing Co., 3rd ed. (2004), p.43 참조.
58) 긴급구제금융 지원의 반대급부로 IMF는 한국 정부에 대해 네 분야에서의 개혁을 요구하였다. 금융분야(financial sector), 산업분야(industrial sector), 국영기업의 민영화(privatization of state-owned enterprises), 및 노동시장 개혁(labor market reform)이 그것이며, 그 중에서도 가장 중요하게 취급된 것은 금융분야 개혁이었다. Edward M. Graham, *Reforming Korea's Industrial Conglomerates*, 제3장 제2절 각주 74, p.109 ; Barry Eichengreen, *Financial Crises and What To Do About Them*, 제3장 제4절 각주 7, p.109 ; Donald Kirk, *Korean Crisis: Unraveling of the Miracle in the IMF Era*, Palgrave (2001), pp.17~40 ; 금융감독원, 『워크아웃 5년: 추진실적과 성과를 중심으로』, *supra* note 50, p.18 참조.
59) 금융감독원, 『워크아웃 5년: 추진실적과 성과를 중심으로』, *supra* note 50, pp.18~20 참조. 특히 문제가 되었던 부실기업 및 금융기관에 대한 워크아웃 제도 도입과 관련하여서는 이 분야에 전문성을 보유하고 있는 것으로 국제적으로 평가된 영국은행(Bank of England)의 워크아웃 담당관인 Michael Smith의 자문을 거쳐 '런던방식(London Approach)'인 국제적으로 통칭되는 워크아웃 프로그램을 채택하기에 이르렀다. 이와 같이 일련의 당시 정황은 구조조정 프로그램이 한국 정부의 독자적 선택이었다기보다 국제기구 및 전문가와의 협의에 따른 산물이었음을 보여준다. 이와 같은 국제적 협의의 결과물에 대해서는 보조금 협정 위반 여부 평가 시 또는 여타 부속협정 위반 여부 평가 시 적절한 고려가 필요하다는 것이 WTO 설립협정 제3조 5항의 취지라고 할 수 있을 것이다.

관세 조사대상이 되었다.[60]

이와 관련 다음의 사례를 검토할 수 있다. 한국산 반도체 상계관세 분쟁에서 미국 및 유럽연합이 한국 정부에 의해 '위임 및 지시'의 확인을 위한 정황증거로서 특히 활용한 것이 바로 한국 정부의 일부 민간은행에 대한 소유지분이 높았다는 점이었다. 특히 양국 조사당국은 모두 정부의 지분이 높을수록 '위임 및 지시'의 가능성은 높으나 그렇다고 하여 이것이 '위임 및 지시'를 결정하는 절대적 기준은 아니라고 확인하면서,[61] 그러한 높은 정부 지분 소유가 정부의 권한 행사의 개연성을 보여주는 정황증거를 구성한다는 논리로 궁극적으로는 '위임 및 지시'의 증거로써 정부의 민간은행 지분소유를 적극 활용하였다. 정부 소유 지분을 '위임 및 지시'의 정황증거로 활용하는 것은 최근 진행되고 있는 미국 상무부의 한국산 반도체 상계관세 부과 제1차 연례재심에서도 그대로 이어지고 있다. 미국 상무부는 2002년 12월 채무재조정이 한국 정부 입장에서 획기적으로 용이하게 진행할 수 있었는 바, 그 이유는 한국 정부가 통제하는 은행들이 구조조정촉진법에 의거 총 채권단의 80퍼센트 이상을 차지하여 의사결정을 사실상 지배하였기 때문이라고 주장하였다. 그리고 이러한 결론을 이끌어 내는 과정에서 역시 정황증거를 대거 언급하고 있다. 예를 들어 미국 상무부는 예비 판정에서 다음의 사실을 언급하고 있다.

> 한국 정부는 질문서 답변에서 정부가 예금보험공사를 통해 대주주의 지위를 차지하고 있는 은행의 경우 '중요사항'에 관하여 주주의 일원으로서 권한을 행사하였다고 답변하였는 바, 우리는 이를 토대로 한국 정부는 자신이 대주주인 은행에 대하여 충분한 권한을 행사할 수 있었을 것이라는 사실이 추정된다고 결정하였다.[62]

---

60) 안덕근, 『보조금 협정 연구』, 제2장 제1절 각주 1, p.4 참조.
61) 최승환, 『EU보조금 규칙 및 상계관세사례연구』, 제2장 제3절 각주 3, p.25 참조.
62) 미국 상무부 한국산 반도체 상계관세 1차 연례재심 예비판정, 제2장 제3절 각주 3, pp.54, 530 참조.

한편 미국 상무부는 이와 관련, 다음의 언론보도를 인용하였다.

- 2002년 5월 21일 매일경제신문은 "한국 정부의 주주로서의 권한 행사는 상업적 고려에 의해 이루어 진다기보다 정치적 고려에 의해 이루어진다"고 보도.63)
- 2002년 9월 2일자 Korea Times는 이필상 고려대 교수가 "공적자금 투입 및 금감위를 통한 금융기관 장악으로 금융부분의 건전성은 요원하다"고 언급하였음을 보도.64)
- 2003년 2월 18일자 경향신문은 한국 정부가 하이닉스 생존을 위해 금융기관에 지시하거나 압력(arm-twisting)을 행사하여 왔음을 보도.65)
- 2003년 3월 31일 매일경제신문은 한 시중 은행 임원을 인용하며 "채무재조정 문제를 처리할 때 정부는 항상 전화 통화를 시도하며 그 이유는 문서로 시행할 경우 책임 소재가 대두될 것이기 때문"이라고 언급하였음을 보도.66)
- 미국 상무부는 우리은행이 미국 증권위원회에 제출한 Form 20-F의 내용을 상세하게 언급하며 특히 그 제출시기가 2002년 12월 채무재조정과 근접하여 있음을 강조.67)
- 미국 상무부는 국민은행과 우리은행이 2002년 6월 미국 증권거래위원회에 제출한 투자자 설명자료(prospectus)가 동 문서의 2002년 12월 채무재조정과의 시간적 근접성으로 인해 동 채무재조정 과정에서 한국 정부의 압력행사를 입증한다고 주장하였으며, 특히 우리은행의 경우 정부 지배 은행이며, 국민은행은 순수 민간은행임을 지적하며 정부의 금융시장 지배가 광범위한 스펙트럼으로 이루어지고 있다는 것을 보여주고 있음을 주장.68)

그러나 중요한 점은 이러한 정부 지분의 존재가 사실 IMF의 구조조정 프로그램에 따라 금융지원에 대한 한국 정부의 지분이 일시적으로 높아져 있

---

63) Id.
64) Id.
65) Id.
66) Id.
67) Id., pp.54, 531 참조.
68) Id., pp.54, 532 참조.

었기 때문이라는 점이다. 따라서 이러한 국제기구와의 협의에 의거, 소유하게 된 정부지분을 이유로 '위임 및 지시'를 확인하는 것은 그 결정의 정당성을 의심하게 한다. 물론 정부 지분소유를 활용하여 '위임 및 지시'를 행사하였다면 그 자체가 보조금 협정의 위반을 구성함은 재론의 여지가 없으나, 단순한 지분소유 자체를 '위임 및 지시'의 정황증거로 간주하여 이를 통해 위임·지시 보조금의 존재를 확인하는 것은 부당하다고 하여야 할 것이다. IMF와 합의하에 진행된 조치에 대한 위임·지시 보조금 공세의 문제점을 인식하고 한국 정부는 2003년 12월 17일 WTO 무역 및 부채금융작업반회의에서 IMF 프로그램에 따라 진행된 정부의 금융기관 소유지분 증가 및 기업구조조정 조치가 분쟁해결절차에 의해 훼손될 우려가 있다는 내용의 보고서를 IMF와 공동으로 제출한 바 있다.[69]

　WTO 설립협정의 전문 및 제Ⅲ조 제5항의 취지와 피조사국의 특별한 경제적 상황에 대한 고려를 요구하는 보조금 협정의 취지를 감안할 때 IMF, OECD 등 관련 국제기구와의 협의에 따라 이루어진 정부 조치의 경우, 이에 대한 '위임 및 지시'의 판단은 특히 제한적으로 이루어져야 한다고 보아야 할 것이다.[70]

---

69) 강문성·김정곤, "WTO 하이닉스 보조금분쟁 패소 판정의 내용과 향후 과제", 제3장 제4절 각주 8, p.28 참조.
70) WTO 설립협정 제3조 5항 ; 본 논문 제3장 제2절 Ⅲ. 6. 참조.

제2절 조치 측면에서의 검토

3단계 구성 요건 중 두 번째 요건 분석의 핵심은 '위임 및 지시'가 어떤 형태로 누구에 대하여 이루어지는가에 관한 것이다. 정부에 의한 재정적 기여의 특별한 형태로서 '위임 및 지시'의 구체적 범위를 검토함에 있어 항상 염두에 두어야 할 점은 '위임 및 지시'를 통한 보조금 지급을 주장하는 타국 정부 또는 청원기업(petitioner)[1]이 주장하는 '위임 및 지시'의 구체적 대상이 누구인가 하는 점이다. 설사 특정사안에 있어 구체적인 임무 수행을 내용으로 하는 정부로부터 민간주체에 대한 직접적인 명령 또는 위임이 있고, 동 민간주체가 그러한 명령 또는 위임을 궁극적으로 실시하는 경우라고 하더라도 그러한 위임 및 지시가 '누구'에게로 향하여 있는가 하는 것은 별개의 문제이다. 따라서 위임·지시 보조금 논의에 있어

---

[1] 보조금 협정에 따른 상계관세 조사의 경우, 회원국 조사당국에 의한 직권개시(self-initiation)도 이론적으로는 가능하나 대부분의 경우 회원국 관련 기업 및 산업의 청원(petition)에 의하여 조사가 개시된다. 보조금 협정 제11.6조 ; 미국 상무부령 351.201 ; *U.S.-DRAMs(Panel)* para. 2.2 참조. 가령 미국의 경우 2000년 이후 반덤핑 및 상계관세 조사에서 상무부에 의하여 직권조사가 실시된 경우는 한 차례도 없었다. 미국 상무부 수입 규제국(Import Administration) 2000~2005년간 반덤핑 및 상계관세 조사 현황 자료, 상무부 웹페이지 <http://ia.ita.doc.gov/stats/inv-initiations-2000-2005.html> (2005.12.20 방문) 참조. 상계관세 조사에서 미국 상무부가 직권개시를 실시한 것은 캐나다산 연목재에 대한 조사가 마지막이었던 것으로 보인다. *Self-Initiation of Countervailing Duty Investigation: Certain Softwood Lumber Products from Canada*, 56 Fed. Reg. 56,055, 56,058 (October 31, 1991) 참조. 현재 직권개시는 일반적인 조사가 아닌 주로 상황변화 재심(change of circumstances review)이나 일몰재심(sunset review)과 같은 예외적인 경우에 한하여 고려되는 것으로 판단된다. 가령, *Large Newspaper Printing Presses and Components Thereof, Whether Assembled or Unassembled, from Japan: Initiation of Changed Circumstances Review* 70 Fed. Reg. 24,514 (May 10, 2005) 참조.

'누구'의 문제를 고찰하는 것은 중요하다. 모든 민간기관이 '시혜 민간주체'가 될 수 있는 것은 아니기 때문이다. 그러므로 시혜 민간주체가 될 수 없는 단체나 기관에 대해 '위임 및 지시'를 따지는 것은 무의미하다.

이와 관련, U.S.-DRAMs 패널 및 항소기구가 '위임 및 지시' 확인에 있어 명시적 정부 행위(explicit government action)가 요구되지 않는다고 결정한 것은 일응 타당하다.[2] 문제는 명시적 정부행위인지 혹은 묵시적 정부행위인지 여부가 아니라 이 논문에서 언급한 위임 · 지시 보조금의 구성 요건에 해당하는 정부 조치가 존재하는지에 관한 판단이 되어야 하기 때문이다. 즉, 묵시적 행위라고 하더라도 아래와 같은 정부 조치의 기본요건이 충족되는 경우라면 '위임 및 지시'를 창출하는 조치를 구성할 수도 있기 때문이다.

I. 위임 및 지시 대상의 한정

이와 관련하여, 첫 번째로 '위임 및 지시'의 대상은 '민간주체(a private body)'여야 한다. 보조금 협정 제1.1조 (a)(1)항 (iv)호의 '위임 및 지시'는 정부로부터 '민간주체'에 대한 '위임 및 지시'를 규율하는 데 국한된다. 다시 말해 정부가 여타 정부기관(government agency)이나 공적기관(public body)에 '위임 및 지시'를 실시하는 경우, 아무리 그러한 '위임 및 지시'가 직접적이고 강압적이라고 하더라도 보조금 협정 제1.1조 (a)(1)항 (iv)호의 규율대상은 아니다.[3] 예를 들면, 중앙정부가 지방정부에 '위임 및 지시'를

---

2) *U.S.-DRAMs(Panel)*, para. 7.42 ; *U.S-DRAMs(AB)* para. 118 참조.
3) 이와 관련 *Korea-Shipbuilding(Panel)*도 동일한 맥락의 결정을 내린 바 있다. 즉 이 사건에서 유럽연합이 보조금이라고 주장한 선적 전 금융[Pre-Shipment Loan (PSL)]제도와 사전금융 지급보증[Advance Payment Refund Guarantee(APRG)]제도 그리고 채권은행을 통한 채무재조정은 수출입은행(KEXIM)이나 산업은행(KDB) 등 소위

하는 경우, 또는 정부가 국책은행에 '위임 및 지시'를 하는 경우는 '위임

국책은행과 제일은행 등 외환위기 극복 과정에서 정부가 지분을 소유하게 된 민간은행이 공동으로 제공한 금융이었다. 따라서 동 사건에서 핵심 분쟁 중의 하나는 이들 국책은행이 보조금 협정 제1.1조 (a)(1)항에서 말하는 '공공기관(public body)'에 해당하느냐 하는 점이었다. 보조금 협정 제1.1조 (a)(1)항은 다음과 같이 규정하고 있다.

> For the purpose of this Agreement, a subsidy shall be deemed to exist if: (a)(1) there is a financial contribution by a government or any public body within the territory of a Member (referred to in this Agreement as "government") …

먼저 유럽연합은 국책은행을 제외한 한국 정부가 지분을 소유하는 민간은행에 대해서 '공공기관(public body)' 주장을 하지 않고 보조금 협정 제1.1조 (a)(1)항 (iv)호에 의하여 정부에 의한 '위임 및 지시'를 받은 민간주체에 해당한다고 주장하였다. 그 다음 유럽연합은 수출입은행의 경우 (가) 한국수출입은행법이라는 법령에 의하여 설립·운영되고 이 법에 의해 정부가 동 은행의 의사결정을 통제하고 있다는 점, (나) 공공목적을 수행하는 기관이라는 점, (다) 국고로부터 자금지원을 받는다는 점을 근거로 '공공기관'에 해당한다는 주장을 전개하였고, 동일한 논리로 산업은행 등 다른 국책은행과 자산관리공사 등도 모두 보조금 협정상 '공공기관'에 해당한다고 주장하였다. 이에 대해 한국은 '공공기관'이라 함은 그 설립의 준거법이나 재원이 아니라 기능(function) 또는 권한(authority)의 성격에 따라 결정되는 것이며, 이런 관점에서 본다면 어느 기관이 공적지위에서 활동하거나 정부기능을 수행하는 경우에만(acts in an official capacity or is engaged in governmental functions) '공공기관' 해당한다는 반론을 제기하였다. 한국은 위 주장의 근거 중 하나로서 UN 국제법 위원회 (United Nations International Law Commission) 의 '국가책임에 관한 규정(Articles on State Responsibility)' 제5조를 원용하였다. 제5조는 어느 기관이 '국가의 법률에 의하여 정부의 권한을 행사하도록 수권된 경우(empowered by the law of the State to exercise elements of the governmental authority)', 이를 공공기관으로 보고 그 행위를 국가의 행위로 간주하고 있기 때문이다. *Korea-Shipbuilding(Panel)*, para. 7.39 ; James Crawford & United Nations International Law Commission, *The International Law Commission's Articles' on State Responsibility: Introduction. Texts and Commentaries*, Cambridge Univ. Press (2002) 참조. 동 사건 패널은 유럽연합과 한국의 주장을 기본적으로 모두 배척하였다. 즉, 패널은 먼저 유럽연합이 제시한 '준거법 및 재원' 기준과 관련하여서 공공목적을 위해 활동하는 자선단체, 민영화법에 의한 국영기업의 민영화의 사례 등을 예로 들면서 유럽연합이 제시한 '공공목적'이나 '공법에 의한 설립 여부' 등은 공공기관을 판가름하는 결정적 요소가 아니라고 판단하여 유럽연합이 제시한 기준을 배척하였다. 한편, 한국이 제시한 '정부기능 또는 권한' 기준도 특정 기관이 상업적인 조건으로 기능을 수행하는지 여부에 따라 공공기관을 판단하는

및 지시'가 명백히 존재함에도 보조금 협정 제1.1조 (a)(1)항 (iv)호의 적용을 받는 것은 아니라고 할 것이다. 따라서 이러한 지방정부 또는 국책은행으로부터 결과적으로 재정적 혜택을 받은 민간기업의 경우 제1.1조 (a)(1)항 (i)호에서 규정하는 정부로부터의 직접적인 자금 지원(grant)에는 해당될 수 있을지도 모르나[4] 위임·지시 보조금과 관련한 제1.1조 (a)(1)항 (iv)호와는 관련이 없다고 하겠다.

두 번째로 '위임 및 지시'의 대상은 구체적인 민간주체로 한정되어야 한다. 하나의 민간주체이든 혹은 일단의 민간주체이든 정부로부터 '위임 및 지시'의 대상이 된 민간주체의 범위는 구체적으로 확정이 되어야만 한다. 이는 '위임 및 지시'라는 용어의 본래의 의미를 고려할 때 당연한 결과라고 할 것이다. '누구에 대한' 위임 또는 '누구에 대한' 지시인지에 대한 확정이 없는 '위임 및 지시'는 현실적으로 존재하기 힘들기 때문이다. 따라서 '위임 및 지시'의 대상이 구체화되지 않은 막연한 대상 ― 예를 들

것으로 사실상 '경제적 혜택(benefit)' 판단기준을 '재정적 기여(financial contribution)' 분석에 적용하는 것으로서 받아들일 수 없다고 결정 하였다. 대신 패널은 보조금 협정 제1.1조의 공공기관이 정부(또는 다른 공공기관)가 '통제 또는 지배'하는 기관을 말한다고 하여 '정부통제(control by the government)'를 '공공기관'의 판단기준으로 채택하였다. *Id.*, paras. 7.44-7.56 참조. 이러한 기준에 입각하여 패널은 이 사건에 관련된 수출입은행, 산업은행, 기업은행, 자산관리공사 등이 모두 '공공기관'에 해당한다고 판단하였다. *Id.*, paras. 7.351-7.357 참조. 생각하건대 이러한 패널의 '정부통제' 기준은 상당히 추상적인 개념으로 사실 '위임 및 지시' 기준과 어떻게 구별되는지도 분명하지 않으며 경우에 따라서 혼동되어 사용될 가능성도 농후하다. 오히려 유럽연합이나 한국이 주장하였던 기준이 공공기관 판단에 관하여 보다 구체적이며 예측 가능한 기준을 제시하고 있지 않다고 판단된다.
4) 특정 국책은행이 공공기관(public body)을 구성하는지 여부는 각 은행별로 검토될 문제이며 논란의 여지가 있으나, 만약 공공기관임을 인정하는 경우 이러한 은행으로부터의 대출은 정부의 직접적인 재정적 기여를 구성하게 되며 위임·지시 보조금과는 무관하게 될 것이다. *EC-DRAMs(Panel)*, paras. 7.48-7.49 참조. 한편, 국책은행의 독자성을 강조, 민간은행과 동일하게 취급할 경우, 민간은행에 대하여 적용되는 '위임 및 지시'의 기준이 국책은행에 대해서도 아울러 적용될 수 있을 것이다.

어 민간은행 전체, 혹은 금융권 전체 – 에 대한 '위임 및 지시'는 특단의 사정이 없는 한5) 기본적으로 부인되어야 한다.

    Korea-Shipbuilding(Panel) 사건에서도 유사한 문제가 심의된 바 있다. 동 사건에서 한국정부나 공공기관이 민간 금융지원에 대해 조선산업에 보조금을 제공하도록 위임하거나 지시했다는 직접적인 증거는 부재하였다. 따라서 유럽연합은 과거 관치금융이 광범위하게 채택되었던 한국 금융산업 구조, 1997년 외환위기 상황에서 민간 금융지원들이 재정난에 봉착하여 정부의 영향력을 고려할 수밖에 없었던 상황 등을 정황증거로 제시하면서 국내 민간은행들에 대한 한국 정부의 '위임 및 지시'가 인정된다고 주장하였다.6) 한편 한국은 위 *U.S.-Export Restraints(Panel)* 패널의 기준을 원용하여, 유럽연합은 정부의 '위임 및 지시'가 존재하였다는 명백하고 적극적인 정부조치(explicit and affirmative action)의 존재를 제시하지 못하였다고 반박하였다.7) 이에 대해 유럽연합은 '위임 및 지시'는 명시적 행위(explicit action)에 의할 필요가 없고, 따라서 반드시 개별 민간기관이나 개별 행위별로 '위임 및 지시' 행위의 존재를 입증할 필요는 없다고 주장하였다.8)

    이러한 주장에 대하여 동 사건 패널은 *U.S.-Export Restraint(Panel)* 사건의 패널 판정보다는 다소 유연한 입장을 취하였다. 동 패널은 우선 WTO 회원국이 책임을 부담하는 것이 해당 회원국의 행위(acts)에 있는 것이며 정부 행위에 대한 단순한 반응(reactions) 또는 그 행위의 결과(consequences) – 단순히 우연적인 것일 수도 있는 – 에 있는 것은 아니므로 보조금 협정 제1.1항의 '위임 및 지시'는 최소한 정부의 '적극적인 행위(affirmative action)'일

---

5) 예를 들어, 민간은행 전체 또는 금융권 전체에 존재하는 개별 개체수가 극히 적어 사실상 개별 민간은행에 대한 '지시 및 위임'과 동일시 할 수 있는 경우 등을 생각할 수 있을 것이다.
6) *Korea-Shipbuilding(Panel)*, para. 7.373 참조.
7) *Id.*, paras. 7.361, 7.365 참조.
8) *Id.*, para. 7.365 참조.

것이 요구된다고 판단하였다.9) 그렇다고 그러한 '위임 및 지시'가 반드시 명시적(explicit) 행위에 의할 필요는 없다고 보았던 것이다.10) 또한 *U.S.-Export Restraints(Panel)* 패널이 제시한 두 번째 요건(즉, '위임 및 지시'의 대상인 특정 상대방의 존재)과 세 번째 요건(즉, '위임 및 지시'의 대상이 되는 특정 행위의 존재)은 첫 번째 요건[즉, 정부에 의한 명시적 행위(affirmative action)의 존재]의 또 다른 측면에 불과하다고 판단하였다.11) 결국 이 사건 패널은 '위임 및 지시'의 존재 여부를 판단하는 결정적인 기준이 이에 대한 '정부의 적극적 행위'의 존재여부라고 본 것이다.12)

그러나 '위임 및 지시의 대상이 되는 특정 상대방의 존재가 필요하다는 요건'과 '위임 및 지시의 대상이 되는 특정 정부 행위의 존재'라는 요건은 '정부의 적극적 행위' 요건의 또 다른 측면에 불과하다는 *Korea- Shipbuilding (Panel)* 패널의 판단은13) 잘못된 법리해석에 기초하고 있는 것으로 보인다. 이러한 패널의 해석에 따르면 '위임 및 지시'의 상대방이나 대상행위가 특정되지 않더라도 '위임 및 지시'의 존재를 곧바로 부인할 수는 없게 될 것이다.14) 상대방과 대상행위가 특정되지 않는 정부의 '위임 및 지시'는 이론적으로는 가능할 지도 모르나 현실 상황에서는 상정하기 어렵다. 상대방과 대상행위가 특정되지 않은 정부의 '위임 및 지시'는 오히려 정부의 희망사항 피력에 보다 근접하여 있을 것이다. '위임 및 지시'가 반드시 '명백한(explicit)' 정부 조치를 요구하지는 않는다는 취지의 동 패널의 전체적인 접근 방법은 합리적이라고 평가할 만하나 '위임 및 지시'의 구체적

---

9) *Id.*, para. 7.70 참조.
10) *Id.*, para. 7.370, footnote 209 참조.
11) *Id.*, para. 7.371 참조. 본 장에서 지적하는 바와 같이 보조금 협정상 '위임 및 지시'는 정부 측면, 민간부문 측면 및 조치 측면이 각각 독자적 존재의의가 있으며 별도로 검토되어야 한다. 동 패널의 결정은 이와 같은 각 구성요건의 독자적 성격을 무시하는 것으로 문제가 있다고 하겠다.
12) *Id.*
13) *Id.*
14) *Id.*

적용범위의 평가 및 확정에는 상당히 미흡한 기준을 제시하고 있다. 동 패널의 결정은 지나치게 소극적이며 동 조항의 정확한 파급효과를 파악하지 못하고 있는 것으로 비판될 여지가 있다. *Korea-Shipbuilding(Panel)* 사건의 패널 결정을 따를 경우, 조사당국의 재량행위 범위를 지나치게 확장하거나 또는 보조금 소송 제소국이 자의적 결정으로 WTO에서 보조금 소송을 제기할 수 있는 상황을 조장하는 결과가 초래될 수 있다.

II. 위임 및 지시의 대상 업무

위의 3단계 구성요소 분석의 두 번째 요건에서 또한 살펴보아야 하는 중요한 내용은 '위임 및 지시'의 대상이 되는 조치의 구체적 성격이다. 다시 말해 어떠한 양태로 '위임 및 지시'가 이루어지는가 하는 것에 관한 문제이다. 즉, 보조금 협정 제1.1조 (a)(1)항 (iv)호에서 말하는 '위임 및 지시'는 과연 한국이 주장하듯이 구체적인 임무 수행을 위한(to carry out specific task) 민간주체의 '위임 및 지시'의 형태로 나타나야 하는 것인가, 아니면 미국 및 유럽연합이 주장하는 바와 같이 보다 일반적인 임무 수행을 위한(to carry out a more general task, such as public policy objective) '위임 및 지시'도 가능한 것인가에 관한 문제이다.[15]

위에서도 살펴본 바와 같이 보조금 협정 제1.1조 (a)(1)항 (iv)호의 규정은 정부의 행위에 대한 규제이다. 동 조항은 시혜 민간주체가 수혜 민간주체를 위한 의사결정에 있어 정부의 정책에 부합하는 방향으로 자발적인 협조를 하는 경우, 또는 정부가 그러한 시혜 민간주체에 단순한 의견개진이나 제안을 하는 것까지 '위임 및 지시'로 보아 불법 보조금 지급으

---

15) *U.S.-DRAMs(AB)*, para. 77, 유럽연합의 항소기구 제3자 참여 법률의견서(Third Party Submission), para. 10 참조.

로 규제하려는 것은 아니다. 동 조항은 특정의 예외적인 상황에 있어 민간주체 간 상업거래를 정부의 행위와 '동일시' 할 수 있을 것인지 내지 정부의 행위로 '전환'시킬 수 있을 것인지에 관한 것이다. '위임 및 지시'의 대상 업무에 관해서는 이러한 '동일시' 및 '전환' 기준이 적절한 원칙을 제공하여 줄 수 있을 것으로 보인다.

보조금 협정 제1.1조 (a)(1)항 (iv)호의 규정의 핵심은 정부의 행위(action by a government)에 있는 것이며 정부의 특정 조치에 대한 민간주체의 반응(reaction by a private entity)에 있는 것이 아니다.[16] *U.S.-Export Restraints (Panel)* 에서 패널도 "정부에 의한 재정적 기여의 존재는 정부의 행위에 대한 언급을 통해 입증되어야 한다(… the existence of a financial contribution by a government must be proven by a reference to the action by the government …)"[17]고 확인하며 이 점을 강조하고 있다. 시혜 민간주체나 수혜 민간주체의 반응(reaction)은 정부의 행위(action)를 보여주는 정황증거일 수는 있어도 그 자체가 직접적인 정부의 행위 요건을 입증하는 것은 아니라고 새겨야 한다.[18]

또한 *U.S.-Export Restraints(Panel)* 패널은 '정부의 행위' 요건과 관련하여 동일한 정부의 행위라고 할지라도 정부의 정당한 시장 개입과 보조금 협정의 규제 대상인 '위임 및 지시'를 구성하는 민간부분에의 개입은 분명히 구별되어야 함을 강조하고 있다.[19] 다시 말해 설사 외관상 동일하거나 유사한 정부의 행위라고 하더라도 그 실질을 분석하여 그러한 행위가 '위임 및 지시'에 해당하는지를 구체적으로 판단하여야 한다는 것이다.[20] 마찬가지 맥락에서 특정의 정부 행위로부터 마치 '위임 및 지시'가 존재하였을 경우와 동일하거나 유사한 결과가 초래되었다고 하더라도 그러한

---

16) *Id.*, para. 121 참조.
17) *U.S.-Export Restraints(Panel)*, para. 8.34 참조.
18) *U.S.-DRAMs(Panel)*, footnote 136 참조.
19) *U.S.-Export Restraints(Panel)*, para. 8.31 ; *U.S.-DRAMs(AB)*, para. 115 참조.
20) *U.S.-Export Restraints(Panel)*, para. 8.34 참조.

결과 자체가 그러한 정부 행위를 '위임 및 지시'로 전환시키지는 않는다는 점도 아울러 설시하고 있다.[21]

일단 전체적으로 U.S.-Export Restraints(Panel) 패널의 결정은 정부의 다양한 형태의 시장 개입의 현실과 이에 따른 정부의 의도한 또는 의도하지 않은 다양한 효과 및 영향의 존재를 고려한 합리적 결정이라고 할 수 있을 것이다. 무엇보다 동 패널의 결정은 '결과(result)'나 '효과(effect)'를 '위임 및 지시'의 기준으로서 부정하였다는데 그 기본적 의의가 있다고 할 수 있다.[22] 그리고 일반적인 경제정책의 선택 및 실시, 경제상황에 대한 정부의 일반적인 의향 표명 및 시장에 대한 정부의 일반적 개입 등은 보조금 협정의 규율 대상인 '위임 및 지시'의 영역에는 포함되지 않음을 확인하고 있다고 할 것이다.[23] 단순한 유인책의 제공이 특정 조치의 실시를 반드시 요구하는 것이 아님은 항소기구가 다른 사건의 심리에서도 이미 확인한 바 있다.[24] 그러나 U.S.-Export Restraints(Panel) 패널의 결정은 여러 가지 측면에서 미흡한 기준을 제시하고 있는 것도 사실이다.

먼저, 정부가 특정 민간주체 또는 산업에 대한 혜택을 부여하는 경제정책이나 방침을 수립하고 이에 따라 시혜 민간주체에 대해 특정 조치를 권고, 요청하는 경우는 어떠한가? 물론 이러한 권고나 요청은 일반적인 경제 정책 입안 및 집행에 비해 보다 직접적인 시장 개입의 성격을 띤다고 할 수 있을 것인 바, 이러한 경우도 보조금 협정에서 의미하는 '위임 및 지시'에 해당되는 것인가 하는 점이 문제이다. 정부의 특정 기업 및 산업

---

21) *Id.*, paras. 8.33-8.36 참조.
22) *Id.*, para. 8.41 참조.
23) *Id.*, para. 8.44 참조.
24) *U.S.-Byrd Amendment(AB)*, para. 293 참조("The fact that a measure provides an 'incentive' to act in a certain way, does not mean that it 'in effect mandates' or 'requires' a certain form of action.") (이탤릭체; 필자 강조). 항소기구는 동 사건에서 미국의 버드 수정법(CDSOA)이 반드시 특정의 조치를 '요구'하는 것은 아니라는 이유로 동 법률이 반덤핑 협정 및 보조금 협정에 대한 'as such' 위반을 구성하지는 않는다고 결정하였다.

을 위한 경제정책이나 조치가 존재하고 이에 따라 이루어진 시혜 민간주체와 수혜 민간주체 간 모든 형태의 거래행위가 보조금 협정 제1.1조 (a)(1)항 (iv)호에서 의미하는 '위임 및 지시'에 해당되지는 않는다는 점은 위에서도 간단히 살펴보았다. 3단계 분석틀의 두 번째 요건과 관련된 분석에 있어 동 조항의 규정을 좀 더 살펴보면 다음과 같다.

보조금 협정 제1.1조 (a)(1)항 (iv)호는 시혜 민간주체의 수혜 민간주체에 대한 경제적 혜택 부여가 정부에 의한 재정적 기여 행위로 간주되는 상황은 '그러한 행위가 실질적인 의미에서 정부의 통상적인 업무 수행에 사실상 해당하는 경우(the practice in no real sense differs from practices normally followed by governments)'라고 명백히 한정하고 있다.[25] 다시 말해 당해 시혜 민간주체가 정부의 '실질적 대리인'으로 정부의 통상적인 업무를 수행하여 타 민간기업에 대해 재정적 기여를 제공하는 경우로 한정하고 있는 것이다.[26]

이 단서는 중요한 의미를 내포하고 있다. 이 조항에 따르면 민간주체가 자신의 통상적인 업무내용에 포함되는 사항을 수행하고 그러한 업무가 정부의 통상적인 업무내용과는 무관한 경우, 이러한 민간주체의 업무 수행은 설사 수혜 민간기업에 대한 경제적 혜택 부여를 수반한다고 하더라도 보조금 협정 제1.1조 (a)(1)항 (iv)호상의 '위임 및 지시'를 원칙적으로 구성하지 않는다는 것이다.[27] 예를 들어, 민간 상업은행이 민간기업에 대한 자금대출을 실시하는 경우, 그러한 대출행위는 민간 상업은행 업무의 본질에 속하는 것이며 통상적으로 정부에 의해 수행되는 업무는 아니라 할 것이다. 따라서 이 경우 시혜 민간주체의 본래 업무 수행이 정부 업무 수행을 위한 불가분의 구성요소를 형성하는 것과 같은 특단의 사정이 없는 한 '위임 및 지시'의 존재는 부정되어야 할 것이다.

---

25) 보조금 협정 제1.1조 (a)(1)항 (iv)호 참조.
26) *Id.*
27) *U.S.-Export Restraints(Panel)*, paras. 8.56-8.58 참조.

따라서 민간주체가 본연의 통상적 업무에 속하는 일을 수행하고 이러한 통상적 임무 수행이 '위임 및 지시'에 해당하는지가 문제가 되는 경우, 통상적인 정부 업무의 대행을 기본적으로 상정하고 있는 보조금 협정 제1.1조 (a)(1)항 (iv)호의 규정에 따라 일응 '위임 및 지시'는 존재하지 아니한 것으로 추정되어야 한다.[28] 대신 그러한 민간주체의 통상적인 업무수행이 정부의 '위임 및 지시'를 구성한다고 주장하는 측이 구체적인 증거로 '위임 및 지시'의 존재를 입증할 입증책임을 부담한다고 새겨야 할 것이다. 이와 같이 민간주체의 본래 업무 수행이 정부의 통상적인 업무에 해당되지 않으나 특정 사건에 있어 정부의 '위임 및 지시'를 구성하는 것은 특단의 경우이며, 이 경우 정부의 당해 민간주체에 대한 '위임 및 지시'는 이를 주장하는 측에 의해 구체적, 직접적으로 입증되어야 한다고 새겨야 할 것이다.

III. 정부의 본연 임무의 종사

이와 같이, 보조금 협정 제1.1조 (a)(1)항 (iv)호상 '위임 및 지시' 조항은 민간주체(즉, 시혜 민간주체가 수혜 민간주체를 위하여)가 '본질적으로 정부의 영역에 속하는 업무를 대행'하는 것으로 새기게 되면, 정부가 본래 자신의 영역에 속하는 업무를 수행하는 경우는 원천적으로 여기에서 말하는 '위임 및 지시'와 직접적인 관련이 없음을 확인하게 된다. 다시 말해, 관련 국내법 규정에 따라 정당한 절차를 거쳐 이루어진 정부의 정책 판단에 따라 이루어진 조치가 특정 기업이나 산업에 혜택을 주었다는 이유만으로 정부의 특정기업이나 산업에 대한 부당한 '위임 및 지시'로 간주될 수는 없다는 점이다. 이 경우 경제적 혜택은 존재하나 정부에 의한

---

28) *Id.*

재정적 기여는 부정될 것이다.

  가령, 특정 민간주체와 관련된 제반 인허가 문제를 예로 들 경우 정부가 법령에 규정된 조항에 따라 해당 민간주체의 자격요건을 심의하고 충족 여부를 검토하여 이에 따라 인허가 결정이 이루어졌다면, 이는 본질적으로 정부 소관 업무에 관하여 정부의 독자적 검토와 판단에 따라 조치가 이루어진 것이므로 민간주체에 대한 '위임 및 지시'와 분명 구별되는 개념이라고 할 것이다. 예를 들어, 한국 정부의 금융감독위원회는 은행법 제35조와 시행령 제20-3조에 따라 은행이 제출한 동일인 한도 초과 대출 신청을 심의하여 이를 승인할 권한을 갖고 있다.[29] 이러한 금융감독위원회의 심의 및 허가 결정과 관련, 동 결정으로 인해 초과대출 승인 신청을 한 민간은행으로부터 특정 민간기업에 대한 추가 대출이 가능하게 되었으며, 따라서 해당 민간기업은 정상적 상황이었으면 획득하지 못하였을 대출을 정부의 개입으로 인해 동 은행으로부터 획득하게 되었으므로 이러한 정부의 승인은 보조금 협정상 '위임 및 지시'를 구성한다고 주장하는 것은 논리의 비약이라고 볼 수 있을 것이다.[30] 정부가 허용된 법규범에 따라 국내법상 허용된 조치를 취하는 것은 그 본연의 임무이며 민간주체에 대한 '위임 및 지시'를 구성하지는 않는다고 하여야 한다.[31] 나아가,

---

[29] 한국의 은행법 제35조는 개별 금융기관에 대하여 다음과 같은 대출한도를 부과하고 있다. 즉 각 금융기관은 대통령령이 정하는 바에 따라 신용위험을 공유하는 개인 및 법인(재벌그룹)에게 당해 금융기관 자기자본의 25/100를 초과하여, 또한 동일한 개인 및 법인에 대해서는 20/100의 범위를 초과하여 대출(신용공여)을 할 수 없다. 그러나 은행법 시행령 제20-3조의 규정에 따라 금융감독위원회의 승인이 있는 경우에는 예외적으로 이러한 법정 한도를 초과할 수 있다.

[30] 가령, 일본 정부 한국산 반도체 상계관세 부과 중요사실, 제2장 제3절 각주 2, paras. 118, 120 참조.

[31] 하이닉스 반도체, 대한민국산 DRAM에 대한 관세정률법 제7조 제6항에서 규정하는 조사(2004년 8월 4일자 재무성 고시 제352호)에 관련된 최종결정의 기초가 되는 중요한 사실에 대한 하이닉스 반도체의 반론서 (2005.11.21, "일본 상계관세 조사 하이닉스 반론서"), pp.24~25 참조.

위에서도 살펴본 바와 같이 보조금 협정에서 예정하고 있는 '위임 및 지시'에 관한 보조금 및 상계관세 조사의 핵심은 해당 외국 정부의 '조치(즉 action by the government)'에 있는 것이지 그 조치가 궁극적으로 어떠한 결과를 가져왔는가 하는 것에 있는 것은 아니라고 할 것이기 때문이다.[32] U.S.-Export Restraints(Panel) 패널이 이러한 '결과주의' 또는 '효과주의'를 부인하는 입장을 견지하였음은 이미 지적하였고,[33] 이러한 기본원칙은 U.S.-DRAM(AB) 사건에서 항소기구에 의해서도 견지되고 있다.[34]

정부 기관이 객관적인 기준에 의해 심의를 하여 결정을 한 경우, 이러한 정부의 조치로 설사 어느 특정 기업에 궁극적 혜택이 부여되었다고 하더라도 그 자체가 정부로부터 해당 금융지원에 대한 '위임 및 지시'를 구성하지는 않는다. 나아가 설사 정부의 의사 결정 과정에서 특정 기업 또는 산업 지원을 위한 목적이 주요한 고려 요소였다고 하더라도 그러한 의도 보유 사실 자체가 정부로부터 민간주체에 대한 '위임 및 지시'를 구성하지는 않는다. 왜냐하면, 그러한 정부의 주관적 의도가 행위의 구체성, 대상의 특정성, 시혜 민간주체의 자발적 선택 부재 등 객관적 요소로 표현되어 3단계 구성요건의 제반 내용들을 공히 충족하여야 '위임 및 지시'가 존재하는 것으로 보아야 하기 때문이다. 물론 정부의 인허가 과정과 관련되어 특정 산업 및 기업 지원을 보여주는 특별한 상황이 존재하는 경우, 그러한 인허가 조치 자체도 경우에 따라서는 '위임 및 지시' 확인을 위한 정황증거로 고려될 수는 있을 것이다. 그러나 이 경우에도 본 논문 제5장에서 지적하는 정황증거의 인용을 위한 기본적 기준을 먼저 충족하

---

32) *U.S.-DRAMs(AB)*, para. 114 ; *U.S.-Export Restraints(Panel)*, paras. 8.41 참조. 물론 정부의 위임 및 지시가 인정이 되어 정부에 의한 재정적 기여(financial contribution by a government)가 확인이 된 경우 실제 어느 정도의 경제적 혜택(benefit)이 부여가 되었는지에 대한 별도의 복잡한 계산 절차를 거치게 된다. 보조금 협정 제14조 ; 미국 상무부령 19 C.F.R. 351 Subpart E 참조.
33) *U.S.-Export Restraints(Panel)*, para. 8.41 참조.
34) *U.S.-DRAMs(AB)*, para. 114 참조.

여야 한다.

현실적으로도 정부의 정당한 권한 행사의 궁극적인 혜택이 특정 기업에 귀속된다고 하여, 또는 정부의 특정 기업을 고려한 조치가 존재한다고 하여 그 사실만으로 이를 정부의 '위임 및 지시'라고 판단한다면 정부 경제 운용 정책의 상당한 부분이 이에 해당한다고 할 수 있을 것이다.[35] 이 경우, '위임 및 지시'에 관한 보조금 협정 제1.1조 (a)(1)항 (iv)호의 규정은 형해화될 것이고, 위임·지시 보조금과 관련된 보조금 및 상계관세 조사는 사실상 두 번째, 세 번째 요건인 경제적 혜택(benefit)과 특정성(specificity)의 존재 여부만이 문제될 것이기 때문이다.[36]

---

35) U.S.-Export Restraints(Panel), paras. 8.56-8.58 참조.
36) 이러한 해석은 경제적 혜택과 특정성을 규정하고 있는 보조금 협정 제1조 및 제2조의 규정에 대한 직접적 위반을 구성할 것이다. 또한 이러한 취지의 해석은 보조금 협정 주요 조항의 효력을 사실상 무력화하는 것으로 조약 해석 원칙 중 효과적 해석 원칙에도 위배될 것이다.

제3절 민간 측면에서의 검토

Ⅰ. 의사 결정 과정상 자발적 선택 가능성 여부

3단계 구성요건 분석의 세 번째 요건은 최종적으로 '위임 및 지시'의 대상이 된 시혜 민간주체가 어떠한 반응을 보이는가 하는 문제를 다루고 있다. 정부의 일방적 '위임 및 지시' 여부와 상관없이 시혜 민간주체가 자신의 의사 결정 과정에서 실질적 선택권을 보유하고 있었는지 여부도 보조금 협정 제1.1조 (a)(1)항 (iv)호상의 '위임 및 지시' 결정에 있어 핵심적 구성요소이다. 결론적으로 '위임 및 지시'의 존재를 주장하는 측은 정부로부터 압력을 받은 민간주체가 자신의 업무 수행에 있어 통상적인 재량권을 행사할 수 없었을 정도로 정부로부터 직접적이고 구체적인 업무 위임과 지시가 있었다는 점을 입증하여야 할 것이다.

한미 반도체 상계관세 분쟁의 패널과 항소기구도 유사한 입장을 채택하고 있다. 동 사건 패널은 모든 형태의 정부 개입 및 시장 관여가 보조금 협정에서 규제하는 위임·지시 보조금에 해당하는 것은 아니라는 점을 강조하였으며 항소기구도 이러한 점을 역시 인정하였다. 항소기구가 보조금 구성요소의 하나로서 '정부의 재정적 기여'와 관련, 오로지 정부로의 귀속(attributable)이 인정되는 경우에만 이에 해당한다고 언급한 것은 타당하다.[1] 이는 '정부에 의한 재정적 기여'의 한 형태로서 '위임 및 지시'

---

[1] 이와 관련 항소기구는 정부 또는 공공기관에 의한 '재정적 기여'가 보조금 협정상 '보조금' 판정의 필수적 요소임을 동 협정 제1.1조 (a)(1)항이 명확히 하고 있음을 지적하고 있다. 재정적 기여가 존재하지 않고는 어떠한 상품도 보조금 교부 품목, 또는 상계관세 부과 대상 품목으로 판정되지 않음을 항소기구는 확인하고 있다. 항소기구 언급의 원문은 다음과 같다.

도 결국 정부로의 귀속 여부가 그 핵심이 되어야 함을 나타내고 있다. 이러한 접근방법을 통해 항소기구는 보조금 협정에 의해 규율되는 '위임 및 지시'는 오로지 민간주체가 정부의 대리인(proxy)으로서 보조금 협정 제1.1조 (a)(1)항 (ⅰ)~(ⅲ)호에 해당하는 행위를 정부가 대신하여 실시하는 경우에만 해당하며, 모든 형태의 정부 개입 행위가 반드시 '위임 및 지시'를 구성하는 것은 아니라는 기본원칙을 도출하였다.[2]

Article 1.1(a)(1) makes clear that a "financial contribution" by a government or public body is *an essential component* of a "subsidy" under the SCM Agreement. No product may be found to be subsidized under Article 1.1(a)(1), nor may it be countervailed, in the absence of a financial contribution. Furthermore, situations involving exclusively private conduct — that is, conduct that is not in *some way attributable to a government or public body* — cannot constitute a "financial contribution" for purposes of determining the existence of a subsidy under the SCM Agreement(이탤릭체; 필자 강조). *U.S.-DRAMs(AB)*, para. 107.

특히 여기에서 항소기구도 정부에 의한 재정적 기여를 구성하기 위해서는 반드시 특정 조치가 어떤 식으로든 정부로 '귀속'되어야 한다는 점을 지적하고 있음에 주목할 필요가 있다. 여기에서 '귀속'의 의미는 단순한 인과관계의 존재가 아닌 해당 조치가 정부에 의하여 입안되어진, 다시 말해 외형적 형태에도 불구하고 사실상 정부의 조치로 간주되어야 할 정도에 이르는 것이라고 해석될 수 있다. 항소기구의 이러한 '귀속' 기준을 실제 사안에 엄격히 적용한다면 본 장에서 주장하는 정부 측면, 민간부문 측면 및 조치 측면의 구성요건을 각각 검토하는 접근방법과 결국 유사한 결과를 얻을 수도 있을 것으로 판단된다. 항소기구 결정의 문제점은 이러한 원칙적 기준제시가 결국 정황증거의 비규범적 활용과 총체적 접근법의 광범위한 인용으로 궁극적으로는 몰각되어 버린다는데 있다고 하겠다. 본 논문 제5장 제2절 참조.

2) *U.S.-DRAMs(AB)*, para. 114 참조. 그러나 이러한 정부의 시장개입 필요성에 관한 원칙적 의견 일치에도 불구하고, 구체적인 사안에 있어 특정 시장개입 형태가 보조금 협정에 의해 허용되는가 하는 문제에 관해서는 회원국 간 상당한 시각차가 존재하는 것으로 보인다. 가령, 기업구조조정의 경우, 미국, 유럽연합 등 선진국들은 무역자유화에 따른 도태기업의 구조조정이 기본적으로 해당 기업 및 관련 산업의 책임이며 정부가 금융지원 등 적극적인 형태로 그러한 구조조정에 개입하는 것을 부정적으로 바라보는 반면, 개발도상국들은 이러한 무역자유화에 의한 피해는 가급적이면 정부의 적극적 주도하에 국내산업 구조조정 지원책으로 해결되어야 한다는 입장을 택하고 있다. 안덕근, "세이프가드 구제조치로서 구조조정지원 활용가능성에 관한 연

대리인이라는 개념은 '다른 사람을 대신하여 행동하는 것이 허락된 사람'으로 새길 수 있음을 고려하면,[3] 시혜 민간주체의 행위는 기본적으로 정부를 대신한 수혜 민간주체를 위한 조치로 이해될 수 있을 것이다. 항소기구의 이러한 기본 개념 정립은 타당하고 또한 중요하다.[4] 사실 이런 기본 원칙만 놓고 본다면 U.S.-DRAMs(AB) 사건의 항소기구는 유사한 내용을 다루었던 U.S.-Export Restraints(Panel)와 U.S.-DRAMs(Panel) 패널과 사실상 동일한 입장을 취하고 있는 것으로 보인다.[5]

정부의 단순한 권고 및 요청이 있었다는 사실, 또는 나아가 정부로부터 심대한 압력이 있었다는 사실이 입증되고 또 이러한 사항이 시혜 민간주체의 의사결정 과정에 있어 고려되었다는 점이 입증된다고 하더라도, 그 자체만으로는 보조금 협정 제1.1조 (a)(1)항 (iv)호상 동 민간주체에 대한 정부 '위임 및 지시'가 입증되지 않는다. 즉, 정부의 요청, 권고 및 압력사항이 민간주체의 의사결정상 여러 고려사유 중 하나에 불과한 경우 당해 민간주체는 의사 결정 과정에서 재량권을 보유한 것이라고 할 수 있을 것이고, 이러한 자발적 재량권의 행사로 특정한 의사 결정에 이른 경우에는 설사 그 내용이 정부의 요청사항을 수용하는 것이라 하더라도 여기에

구", 『무역구제』 통권 제9호 (2003.1), p.73 참조.
[3] Black's Law Dictionary에는 'proxy'라는 단어는 '다른 사람을 위하여 행동할 수 있도록 허가된 자'라고 정의되어 있다(One who is authorized to act as a substitute for another). Black's Law Dictionary, 제3장 제2절 각주 11, p.512 참조. 즉, 'proxy'라는 단어 자체도 단순히 누군가의 이익을 위하여 행동하는 자라는 소극적 개념이 아닌 특정인을 대신하여 그 특정인의 업무를 수행하는 자라는 적극적 역할 수행 개념이 내포되어 있는 것이다.
[4] U.S.-DRAMs(AB), paras. 108, 115-116 참조.
[5] Id., 항소기구는 결국 위임·지시 보조금에서 중요한 것이 정부가 민간주체를 자신의 대리인(proxy)으로 사용하였는가 하는 실질적인 측면이며 그 명칭이나 외양 등 형식적인 측면이 중요한 것이 아니라고 강조하고 있다. 항소기구가 확인한 대리인 활용의 실질적 측면이 존재하는지 확인하기 위해서 결국 본 장에서 설명한 바와 같은 구성요건별 검토가 필수적이다. 위임 업무의 구체적인 범위와 내용이 확정되지 않은 대리인이라는 개념을 상정하기 어렵기 때문이다.

'위임 및 지시'가 존재한다고 볼 수는 없다.[6] 정부의 요청사항 및 권고사항이 민간주체 의사결정에 유일한 사유, 또는 최소한 결정적인 사유였다는 사실이 입증되어야 할 것이다.[7]

나아가 동 민간주체가 타 민간주체와 관련된 의사결정과정에 있어(예를 들어 민간은행의 기업에 대한 대출결정 등) 자발적으로 국가경제의 전체적 고려 또는 거시 경제적 검토를 한 경우에도 그 사실 자체가 동 민간주체의 궁극적 의사결정을 정부의 부당한 '위임 및 지시'의 산물로 볼 수는 없을 것이다. 이 경우에도 정부의 구체적인 '위임 및 지시'가 존재하였고, 그 결과 해당 민간주체의 국가경제 전체적 고려가 의사결정의 유일한 사유, 또는 최소한 결정적 이유였다는 점이 입증되어야 '위임 및 지시'가 확인될 수 있을 것이다. 그 이유는 바로 그러한 경우에만 동 민간주체가 마치 정부기관인 것처럼 행동 및 의사결정을 하였다고 볼 수 있을 것이기 때문이다.

더구나 각국 민간은행의 일반적인 대출 결정 과정의 현실을 고려하면 이러한 접근의 타당성이 증명된다. 예를 들면, 여러 은행들의 경우 구체적 사안에서 대출 결정을 내림에 있어 여러 일반적인 요소(기업의 상환능력, 관련 업계의 장단기 전망, 해당 기업과의 기존 거래 내역 등)와 함께 해당 기업이나 산업에 대한 국가경제적 비중을 동시에 고려하는 경우가 대부분이기 때문이다.[8] 이러한 현실에도 불구하고 일부 국가의 ― 예를 들어

---

6) 일본 상계관세 조사 하이닉스 반론서, 제4장 제2절 각주 31, p.41 참조.
7) Id.
8) 예를 들어 한국산 반도체에 대한 상계관세 조사 시 미국 상무부는 최종판정에서 한국 외환은행의 하이닉스 반도체 관련 채무재조정 심의 시 고려한 다음과 같은 사실을 언급하고 있다.

Information examined at verification also indicates that the KEB took into account economic and social policy considerations(*i.e.*, non-commercial considerations) in concluding to participate in the May and October restructuring of Hynix. 미국 상무부 한국산 반도체 상계관세 부과 최종판정, 제3장 제4절 각주 7, p.56.

미국 상무부는 이러한 비경제적 고려 자체가 상업적 합리성의 부재를 입증하는 것이

한국산 반도체 상계관세 조사에서 미국 상무부 및 유럽연합의 경우― 기본 입장은 해당 기업 및 산업의 국가 경제적 비중이나 도산 시 경제 전체적 파급효과에 대한 고려 자체가 민간 금융지원의 상업적 판단으로는 적절하지 않은 것이며 정부의 '위임 및 지시'를 입증하는 정황증거로 활용 가능하다는 입장이다.[9] 그러나 이러한 주장은 현실을 도외시한 입장이라 아니할 수 없다.

WTO 회원국의 주요 금융지원 입장에서는 특정 기업이나 산업이 국가 경제 전체에서 차지하는 비중에 대한 언급은 어떤 측면에서는 당연한 것이라고 할 수 있을 것이다.[10] 예를 들면 금융 선진국인 미국의 금융지원의 경우에도 미국 내 주요 기업에 대한 여신 제공에 있어 당해 기업의 미국 내 위상과 경제 전반에 있어서의 중요도를 고려하는 것은 어떠한 측면에서는 당연하다고도 할 수 있을 것이다.[11] 결국 그 금융지원도 미국 경

라고 판정하였다. *Id.*

9) *Id.*, pp.56~58 ; 유럽연합의 한국산 반도체 상계관세 조사 최종판정, 제4장 제1절 각주 22, para. 54 ; 일본 정부의 한국산 반도체 상계관세 부과 중요사실, 제2장 제3절 각주 2, para. 236 참조.

10) 가령, 우리은행, 대한민국산 DRAM에 대한 관세정률법 제7조 제6항에서 규정하는 조사(2004년 8월 4일자 재무성 고시 제352호)에 관련된 최종결정의 기초가 되는 중요한 사실에 대한 우리은행의 반론서(2005.11.21, "일본 상계관세 조사 우리은행 반론서"), pp.1~2 ; National Agricultural Cooperatives Federation, 대한민국산 DRAM에 대한 관세정률법 제7조 제6항에서 규정하는 조사(2004년 8월 4일자 재무성 고시 제352호)에 관련된 최종결정의 기초가 되는 중요한 사실에 대한 National Agricultural Cooperatives Federation의 반론서 (2005.11.21, "일본 상계관세 조사 NACF 반론서"), pp.3~4 참조.

11) 미국 정부도 9·11 사태 이후 증가하는 테러 위협과 이에 대한 대응 조치 실시로 인한 운용비용 상승으로 인해 경제적 위기에 빠진 자국의 항공산업에 대한 구제를 위하여 대규모 자금 지원을 범 정부 차원에서 협의, 실시한 바 있다. Susana Dokupil, *Rethinking the Airline Bailout,* National Security White Papers, Federalist Society (2003), 동 협회 웹 사이트 <http://www.fed-soc.org/Publications/Terrorism/airlinebailout.htm> (2005.12.20 방문) ; CNN, *Congress Approves $15 Billion Airline Bailouts* (September 24, 2001) 참조. 미국 정부는 또한 연쇄적 부도사태에 직면한 자국의 저축 / 대부 회사

제의 안정과 장기적 발전이 자신의 영업의 안정적 운용 및 이를 통한 안정적 수익 창출과 직·간접적으로 연관되므로, 이와 같은 거시 경제적 고려는 한편으로는 가장 상업적으로 타당한 고려라고 하지 않을 수 없다.12) 개별 은행도 결국 전체 경제 활동의 한 참여자로서 충분히 그러한 문제에 대해 고려 할 실익(stake)이 있다고 해야 할 것이기 때문이다.13) 결국 문제는 이러한 '공공적 사항'에 대한 고려가 민간은행이 당연히 실시하여야 할 여타 순수 상업적 고려를 무시할 정도의 압도적 비중을 차지하여 민간 은행으로서의 정상적인 자발적 의사 결정이 불가능하였는가, 아니면 이러한 '공공적 사항'에 대한 고려가 여러 요소 중 하나에 불과하였으며 따라서 제반 요소의 총체적 고려를 통한 자발적 의사 결정이 가능하였는가에 관한 실질적 판단이 이루어져야 한다는 점이다. 오로지 국가 경제적 파급 효과를 언급하였다는 사실만으로 이러한 검토를 반대 해석하여 그렇다면 상업적 판단은 실시하지 않은 것 같이 일도양단식의 판단하는 것은 지나친 단순화이며,14) 이와 같이 확인된 '위임 및 지시'는 보조금 협정의 위배

    (Savings & Loan Companies)에 대해 금융시장 안정화 차원에서 30여 년에 걸쳐 320억 불에 달하는 대규모 지원정책을 실시한 바 있다. 전체적으로 Bert Ely, Savings and Loan Crisis, The Concise Encyclopedia of Economics, <http://www.econlib.org> (2005. 12.20 방문) ; Mark Zepezauer & Arthur Naiman, *Take the Rich Off Welfare*, <http://www.thirdworldtraveler.com/coporate_welfare/s&d_bailout.html> (2005.12.20 방문) 참조. 또한 미국 정부는 자국의 주요 자동차 생산업체인 Chrysler사의 부도를 방지하기 위하여 1979~1980년간 연방 정부 차원에서 대규모 금융지원을 실시한 바 있다. Jerry White, *Two Decades After the Chrysler Bailout: U.S. Auto Workers Face New Assault* (February 14, 2001), <http://www.wsws.org/articles/2001/feb2001/chry-f14> (2005.12.20 방문) 참조.

12) 일본 은행들이 주요 의사 결정과정에서 일본 거시 경제 상황에 대한 고려를 실시하는 현실에 관하여는 전체적으로 Curtis J. Milhaupt, *A Relational Theory of Japanese Corporate Governance: Contract, Culture, and the Rule of Law*, Harvard International Law Journal, Vol. 37, No. 1 (Winter 1996) 참조.
13) *Id*.
14) 미국 상무부의 한국산 반도체 상계관세 부과 최종판정, 제3장 제4절 각주 7, pp.56~58 ; 유럽연합의 한국산 반도체 상계관세 조사 최종판정, 제4장 제1절 각주 22,

를 구성할 가능성이 높다고 보아야 할 것이다.

결론적으로 정부 업무의 실질적 대행이라는 요건을 충족시키기 위해서는 '위임 및 지시'의 대상이라고 주장되는 민간주체가 독자적인 재량권을 행사할 여지가 전혀 없거나 사실상 무의미할 정도로 구체적인 업무의 수행을 정부로부터 위임 내지 명령받아야만 한다. 의미 있는 재량권 행사의 여지가 있는 경우, 정부의 희망, 정책, 권고 및 압력사항이 민간주체에 의해 고려되었다고 하더라도 그러한 사항이 최종 의사결정의 하나의 관련 요소로서만 고려된 경우, 당해 민간주체는 여전히 본질적으로 민간주체 고유의 업무를 수행하는 것이지 정부의 고유 업무를 대행하는 것은 아니다.

II. 복합적 요소의 상호작용에 의한 의사 결정

의사 결정에 궁극적 영향을 미친 여러 요소 중 A라는 요소가 단지 하나의 요소에 불과한 경우, 이 요소가 甲이라는 결정을 이끌어낸 이유라고 단정 지을 수 있을 것인가? 특단의 사정이 존재하지 않는 한 그러한 단순한 결론은 부인되어야 할 것이다. A 요소가 존재하지 않더라도 여타 요소들의 총체적인 효과로 인해 시혜 민간주체가 여전히 甲이라는 결정을 내렸을 가능성을 배제할 수 없기 때문이다. 따라서 이 경우 최소한 A 요소와 甲 결정 사이에 '직접적'인 인과관계의 존재가 필요하다고 하겠다. 이러한 직접적인 인과관계의 입증방법으로는 'But For' 테스트를 적용하는 것도 합리적인 방법 중 하나라고 판단된다. 다시 말해 A 요소가 없었더라면 甲이라는 결정이 존재하지 않았을 것이라는 정도 또는 그 이상의 직접적인 인과관계가 필요할 것이다. A 요소를 정부에 의한 '위임 및 지시'로

---

para. 54 ; 일본 정부의 한국산 반도체 상계관세 부과 중요사실, 제2장 제3절 각주 2, para. 236 참조.

간주하여 'But For' 테스트를 충족하는 경우 그러한 '위임 및 지시'의 효과가 비록 다른 요소와 혼합되어 있다고 하더라도 甲이라는 결정을 이끌어내는 직접적인 근거를 제공하였다고 조사당국이나 패널은 일응 판단할 수 있을 것이기 때문이다.

이러한 점은 GATT 체제하의 보조금 협정과 관련하여 제기된 분쟁에서도 이미 검토된 바 있다.[15] 동 분쟁에서는 순수한 민간은행에 의한 채무면제가 보조금으로 간주될 수 있느냐 하는 문제가 제기되었다. 이에 대해 패널은 정부의 개입이 민간은행의 상업적 판단에 중요한 역할을 담당하였다는 단순한 사실 자체만으로 해당 민간은행의 조치를 정부의 간접적인 보조금으로 간주하는 근거가 될 수 없으며, 그러한 정부의 조치가 민간은행으로 하여금 상업적 이익의 고려하에 자율적으로(acting on the basis of their assessment of their commercial interests) 추가적인 지원을 결정하도록 하는 요소 중 하나로 작용한 경우에는 보조금이 존재한다고 볼 수 없다고 결정한 바 있다.[16] 즉, 정부의 개입에도 불구하고 그러한 개입이 민간주체 의사 결정의 압도적 이유가 아닌 경우라면 그러한 개입 사실 자체가 민간주체 결정의 상업적 합리성을 침해하는 것은 아니므로 보조금 지급으로 연결되지는 않는다는 것이다. 비록 동 패널보고서는 GATT 체약국들에 의해 채택되지 못하였으나 현재 문제가 된 요소들이 그 당시에도 이미 검토가 되었다는 점을 알 수 있다.[17]

---

15) *U.S.-Imposition of Countervailing Duties of Certain Hot-Rolled Lead and Bismuth Carbon Steel Products Originating in France, Germany and the United Kingdom(AB)*, SCM/185 (15 November 1994).
16) *Id.*, para. 400 참조.
17) 안덕근, 『보조금 협정 연구』, 제2장 제1절 각주 1, p.25 참조.

III. 실패로 귀결된 위임 및 지시

정부의 시혜 민간주체에 대한 압력 행사와 이에 따른 시혜 민간주체의 다양한 요소에 대한 고려 문제와 관련하여 대두되는 문제의 하나로 실패로 귀결된 '위임 및 지시'의 경우이다. 즉, '위임 및 지시'의 대상이 된 민간주체가 이러한 '위임 및 지시'를 거부함으로써 정부의 압력행사에도 불구하고 '위임 및 지시'가 실패로 종결되었을 경우 이를 어떻게 평가하여야 하는가에 관한 문제이다.

이 문제에 관하여 기본적으로 *U.S.-DRAMs* 사건의 패널 및 항소기구는 '위임 및 지시'의 성공 및 실패 여부가 위임·지시 보조금의 확인에 있어 핵심적인 요소가 아닌 것으로 보고 있는 듯하다.[18] 실패로 귀결된

---

18) *U.S.-DRAMs(Panel)*, paras. 7.175-7.177 ; *U.S.-DRAM(AB)*, paras. 123-125 참조. 패널은 한국 정부의 제일은행에 대한 압력행사와 관련, 한국 정부가 실시한 묵시적 위협은 당 은행에 대한 한국 정부의 '위임 및 지시'를 확인하는 데 충분한 자료를 제시한다고 결정하였다. 패널의 언급은 다음과 같다.

> We note that the DOC referred to a newspaper article in which Mr. Lee, reportedly an executive vice president and chief credit officer at the KFB, stated that the FSS had expressed "extreme displeasure" towards the KFB's failure to participate in the Fast Track Programme. That same article quoted an FSS official as saying that he had "strongly urged" the KFB to participate, and also warned the KFB that "by not complying, it may be putting itself at a risk of losing its clients." … In our view, these quotes, and in particular the implied threat that there would be an adverse impact on KFB's relationship with its clients if it did not cede to the wishes of the GOK, are *sufficient for an objective and impartial investigating authority to properly find government entrustment or direction in respect of KFB*(이탤릭체; 필자 강조). *Id.*, para. 7.117.

즉, 패널은 한국 정부가 주장했던 실패한 '위임 및 지시' 논리에 대하여 일단 하이닉스 반도체 지원을 위한 한국 정부의 일반적 정책이 존재하였는지 여부에 대한 확인에 초점을 맞추고 있는 상황에서는 민간주체의 반응(reaction of the private entities) 보다는 한국 정부의 행위(acts of the GOK)가 훨씬 중요한 비중을 차지한다고 언급

'위임 및 지시'라고 하더라도 그것이 정부 정책의 일단을 보여주는 중요한 단서를 구성한다는 측면에서 '위임 및 지시'의 증거 자료로 활용할 수 있다는 패널 및 항소기구의 결정은 일단 동 사건의 맥락을 고려하면 타당한 것으로 판단된다.[19] 즉, 그러한 실패 사례가 여타 '위임 및 지시'가 성공한 사례의 상황을 분석하는데 도움을 주는 정황증거로서의 역할은 충분히 인정할 수 있다. 그러나 이러한 패널 및 항소기구의 결정으로부터 실패한 '위임 및 지시'도 보조금 협정 제1.1조 (a)(1)항 (ⅰ)호상 '위임 및 지시'를 구성할 수 있다는 일반론을 도출하는 것은 문제가 있는 것으로 보인다.[20]

하며, 비록 실패로 귀결된 '위임 및 지시'라고 하더라도 주요 정황증거로 활용될 수 있음을 언급하며 한국 정부 주장을 배척하였다. *Id.*, footnote 49 참조.

19) 일단 한국은 제일은행에 대한 이러한 압력 행사의 증거가 여타 정황증거의 경우와 마찬가지로 '위임 및 지시'를 입증하기에 부족하다는 점을 역시 지적하였다. *U.S.-DRAMs(Panel)*, para. 7.108 참조. 반대로 미국은 제일은행에 대한 이러한 정황증거는 '위임 및 지시'를 입증하기에는 충분하다는 것이었다. *Id.*, para. 7.109 참조. 이는 정황증거의 일반적 논의에 따라 결정될 문제이다. 본 논문 제5장 제2절 참조. 이와 달리 여기에서 제기된 문제는 일단 압력행사의 증거가 충분한 것으로 전제를 하더라도 그것이 결국 실패로 귀결된 경우에는 '위임 및 지시'를 인정하여야 할 것인가 하는 문제이다.

20) 이와 관련, 이 문제를 언급함에 있어 항소기구가 불필요한 설명을 부연함으로써 혼란의 소지를 초래한 것으로 보인다. 먼저 항소기구는 '위임 및 지시'의 성공적 이행이 결국 위임·지시 보조금의 핵심적 요소임을 확인하고 있다. *U.S.-DRAM(AB)*, para. 125 참조. 그러나 항소기구는 경우에 따라서 이러한 성공적 이행이 존재하지 않는 '위임 및 지시'도 일단은 존재할 수 있음을 인정하는 양면적인 태도를 취하며 다음과 같이 언급하고 있다.

> [Failure by the private body to carry out the task entrusted or directed] does not, however, on its own mean that the private body was not entrusted or directed. Depending on the circumstances, a private body may decide not to carry out a function with which it was so entrusted or directed, despite the possible negative consequences that may follow. *U.S.-DRAM(AB)*, para. 124.

추측하건대 항소기구의 설명은 민간주체의 반응을 염두에 두지 않고 오로지 정부의 행위라는 측면에서만 바라본 단순히 문언적인 의미의 '위임 및 지시'를 언급하고 있

이러한 일반론의 문제점은 WTO 협정 위반 여부가 회원국이 보유한 특정한 의도라기보다는 그러한 의도의 결과로 인한 구체적인 행위 및 조치를 통해 비로소 인정된다는 점을 고려하더라도 확인된다. 이 역시 수출국의 한 회사가 덤핑 판매의 의도를 갖고 덤핑 판매를 시도하였으나 결국 여러 가지 이유로 그러한 덤핑 판매가 실패한 경우, 그러한 의도 또는 시도를 이유로 반덤핑 관세를 부과할 수 없는 것과 유사하다. 마찬가지로 WTO 회원국이 불법 보조금 지급 의도를 보유하고 이를 시도하였다고 하더라도 결국 실패로 끝난 경우, 불법 보조금 존재 여부 판단에 있어 중요한 것은 보조금 지급이 이루어지지 않았다는 점이다. 단지 그러한 지급 의도만을 이유로 타 회원국이 해당국 수출품에 상계관세를 부과하거나 조치 가능 보조금으로 WTO에 제소할 수는 없다. 무엇보다도 반덤핑 조사나 보조금 조사는 오로지 불공정 무역(unfair trade)에 대한 대처를 목표로 하는 것이며, 단순한 시도 및 의도만으로 불공정 무역이 발생한다고 볼 수는 없을 것이기 때문이다. *U.S.-Corrosion Resistant Steel Sunset Review(AB)*에서 항소기구가 명백한 정부의 작위 또는 부작위만이 WTO 분쟁해결기구로 회부될 수 있다고 밝힌 것도 그러한 의도의 구체적 실현 – 작위의 형태이든 부작위의 형태이든 – 의 중요성을 강조한 것으로서 이러한 입장을 지지하는 논거로 볼 수 있을 것이다.21) 이러한 점을 고려할 때 실패한 '위임 및 지시' 관련 문제도 이를 금번 사건의 구체적 맥락 속에서 이해하지 않고 보조금 협정상 위임ㆍ지시 보조금을 구성한다는 일반적 명제를 도출

는 듯하나, 보조금 협정 제1.1조 (a)(1)항 (iv)호상의 '위임 및 지시'는 정부의 행위(action)와 민간주체의 반작용(reaction)이 총체적으로 결합되어 나타나는 '법률적 개념'으로 파악한다면 이러한 항소기구의 부연 설명은 적절하지 않은 것으로 판단된다. '위임 및 지시'는 정부와 시혜 민간주체의 유기적 일체성을 상정하는 개념인데 후자가 참여를 거부하는 경우 '위임 및 지시'가 존재한다고 볼 수는 없기 때문이다.

21) *United States-Sunset Reviews of Anti-dumping Duties on Corrosion-Resistant Carbon Steel Flat Products from Japan*, WT/DS244/AB/R (9 January 2004) ['U.S.-Corrosion Resistant Steel Sunset Review(AB)'] para. 81 참조.

하는 것은 성급한 결론이 아닌가 생각된다.

동 사건에서 이 문제는 제일은행(KFB)의 산업은행 회사채 신속인수제도(KDB Fast Track Program)의 참여 거부와 관련되어 제기되었다. 패널 심리에서 미국의 입장은 비록 동 은행이 결국 회사채 신속인수 제도에 참여하지 않기로 결정하였으나 그러한 결정 과정에서 한국 정부로부터 다양한 압력을 받았으며 그러한 압력은 한국 정부의 '위임 및 지시'를 구성한다고 주장한 반면, 한국의 입장은 설사 미국의 사실관계 주장이 정확하다고 하더라도(즉, 정부의 제일은행에 대한 압력 또는 위협이 존재하였다고 하더라도) 동 은행이 결국 참여하지 않기로 결정한 것은 실패한 '위임 및 지시'이며 이 경우 '위임 및 지시'의 존재 자체가 부인되어야 한다고 주장하였다.[22] 다시 말해, 한국의 주장은 '위임 및 지시'는 내재적으로 그와 같이 '위임 및 지시'된 내용이 성공적으로 이행(be carried out)되는 것을 전제조건으로 한다는 것이다.[23] 이 문제와 관련하여 패널은 비록 제일은행의 회사채 신속인수 제도의 불참 문제는 확인이 되었지만 이러한 '압력'은 여타 채무재조정 단계에서 제일은행에 대한 한국 정부의 '위임 및 지시'를 설명하는 증거로써 사용 가능한 것으로 인정하였으며, 항소기구는 이러한 패널 결정을 승인하였다.[24]

생각하건대, 비록 패널과 항소기구는 한국의 입장과 결론적으로 배치되는 결정을 도출하였지만 한국이 주장하였던 원칙과 기본적으로 상충되는 것은 아니라고 할 수 있을 것이다. 다시 말해, 패널과 항소기구는 제일은행의 회사채 신속인수제도 참여와 관련된 한국 정부의 압력이 비록 그 건에 관하여는 제일은행의 거부로 인하여 실패하였으나 제일은행이 참여한 다른 채무재조정 조치와 관련하여서는 정부의 압력이 존재하였고 또한

---

22) U.S.-DRAMs(Panel), paras. 7.108-7.109 ; U.S.-DRAM(AB), para. 123 참조.
23) U.S.-DRAM(AB), 한국의 항소인 법률 의견서(Appellant's Submission), paras. 18, 29 참조.
24) Id., para. 126 ; U.S.-DRAMs(Panel), para. 7.117 참조.

성공하였다는 점을 보여주고 있다는 것이다.25) 즉, 부분적으로는 실패한 사례일지 모르나 전체적인 맥락에서는 제일은행에 대하여 성공한 '위임 및 지시'를 나타내는 것이라고 볼 수 있다는 것이다.26) 이 역시 동 사건 패널과 항소기구가 인정한 총체적 분석 방법의 적용 - 또한 나아가 항소기구가 인정한 미국 상무부의 단일 보조금 조치(single subsidy program) 주장의 인정 - 의 구체적 결과가 아닌가 생각된다.

특히 이 문제는 향후 금융관계 법령 입안 시 가급적 구체적인 조항의 도입 필요성을 보여주고 있다. 미국, 유럽연합 및 일본이 '위임 및 지시'의 주요 정황증거로 인정을 한 사례 중 하나는 금융 정책 분야 공무원에 대한 국무총리 훈령이었다.27) 동 훈령은 금융분야 공무원의 민간은행에의 개별 영업행위에 대한 금지를 그 취지로 하고 있다.28) 다만 이에 대한 예외로 금융당국은 금융시장 안정 목적을 위하여 민간은행에 대해 필요한 요청을 실시할 수 있고, 정부가 주식을 보유하고 있는 은행에 대해서는 주주로서의 권리를 행사할 수 있다는 점이 포함되어 있다.29) 외국 조사당국은 이러한 예외에 초점을 두고 동 훈령이 정부에 의한 민간은행에의 개입을 제도적으로 보장한 정황증거로 판정하였다.30) 조사당국이 이러한 정

---

25) Id.
26) Id.
27) 국무총리 훈령 제408호(2000.11) 참조. 이와 관련하여서는 미국 상무부의 한국산 반도체 상계관세 조사 최종판정, 제2장 제2절 각주 1, p.35 ; 유럽연합의 한국산 반도체 상계관세 조사 최종판정, 제4장 제1절 각주 22, para. 66 ; 일본 정부의 한국산 반도체 상계관세 조사 중요사실, 제2장 제3절 각주 2, para. 78 참조.
28) 국무총리 훈령 제408호, supra note 27, 제1조 참조.
29) Id., 제5~6조 참조.
30) 미국 상무부의 한국산 반도체 상계관세 조사 최종판정, 제2장 제2절 각주 1, p.35 ; 유럽연합의 한국산 반도체 상계관세 조사 최종판정, 제4장 제1절 각주 22, para. 66 ; 일본 정부의 한국산 반도체 상계관세 조사 중요사실, 제2장 제3절 각주 2, para. 78 참조. 이에 대하여 한국 측은 이러한 해석이 동 훈령 제1조에 규정된 목적을 고려하지 않은 오류를 범하고 있음을 지적하였다. 일본 상계관세 조사 한국 정부 반론서, 제3장 제3절 각주 18, p.20 ; 일본 상계관세 조사 하이닉스 반론서, 제4장 제2절

황증거에 광범위하게 의존할 수 있음은 U.S.-DRAMs(AB) 항소기구에서 획기적으로 인정된 바 있다. 이러한 상황에서 정부 개입의 예외적 상황이 보다 구체적으로 기술되어 있었다면 한국 측의 입장이 지지될 수도 있었을 것이다. 그러나 현 훈령에 포함된 관련 조항은 추상적으로 규정되어 정부에 의한 개입의 도구로 판단될 여지도 없지 않았다. 즉, 실제 훈령의 취지는 정부의 민간부문에의 개입을 금지하는 것이라고 하더라도 그 규정의 모호성으로 인해 정황증거라는 연결고리를 통한 반대 해석을 가능하게 한 것이다. 실패한 '위임 및 지시'의 경우도 이러한 반대 해석을 통해 동 사안에서의 '위임 및 지시'의 실패에도 불구하고 다른 경우에는 성공하였던 것으로 판단될 여지를 제공한 것이다. 그러므로 향후 이와 유사한 내용의 법령 도입 시에는 이러한 점을 충분히 고려하여야 할 것이다. 어찌되었든 궁극적 결론만 놓고 본다면 패널과 항소기구의 결정은 성공한 '위임 및 지시'만이 위임·지시 보조금의 대상이 된다는 한국의 주장과 반드시 상치되는 것은 아니라고 볼 수 있을 것이다. 전체적으로 일단 금번 사건에서 이 문제와 관련된 패널과 항소기구의 기본입장은 타당하다고 판단된다.

각주 31, p.20 참조.

제4절 구성요건 분석에 따른 항소기구 결정의 평가

 U.S.-DRAMs(AB) 사건에서 항소기구의 결정은 위임·지시 보조금의 판정에 관하여 일층 정리된 의견을 항소기구가 최초로 제시하였다는 점에서 이 분야의 법리 발전에 중요한 공헌을 할 것으로 보인다. 항소기구의 기준은 향후 위임·지시 보조금과 관련하여 발생하는 각종 통상분쟁에 최소한의 법적 기준을 제공하는 역할을 수행할 것으로 판단된다. 그러나 한편으로는 위에서 지적하였다시피 여러 측면에서 아쉬움이 남는 결정이기도 하다. 현재 항소기구 결정을 기계적으로 받아들여 이를 일반화하여 적용한다면 '위임 및 지시'를 통한 보조금 확인과 관련하여 일종의 판도라의 상자를 연 것으로 볼 수도 있을 것이기 때문이다. 항소기구가 제시한 새로운 '느슨한', '위임 및 지시' 확인 기준을 통해 조사당국은 보다 용이하게 '위임 및 지시'를 확인하고 위임·지시 보조금 판정을 이끌어 낼 수 있을 것이다. 따라서 이러한 문제가 증폭될 경우 때로는 WTO 회원국 정부의 정당한 시장 개입 및 정책 집행도 위임·지시 보조금 판정과 상계관세 부과의 대상이 될 수 있다는 점에서 우려를 자아내고 있다.[1]

 사실 이러한 '느슨한' 기준은 미국 정부의 지속적인 입장이기도 하다. '위임 및 지시' 규정을 느슨한 형태로 해석, 적용하여 보다 폭넓은 보조금 규제를 가하고자 하는 미국 정부의 입장은 위임·지시 보조금 문제에 관한 내용을 담고 있는 미국 상무부 상계관세 조사 규정 발표에 포함된 서문(Preamble)에서도 알 수 있다.[2] 즉, 위임·지시 보조금을 언급하는 부분

---

[1] 국회통일외교통상위원회, "미국 및 유럽연합의 對韓 통상압력과 관련한 정책대안의 모색", 하이닉스 반도체 상계관세 부과에 대한 대응 방안: 한미간 전략적 이해의 조율을 중심으로, 제2장 제1절 각주 5, p.73 참조.

[2] 미국 상무부 상계관세 조사규정 최종 공포문, 제2장 제5절 각주 16, p.65,349 참조.

에서 미국 상무부는 수혜 민간주체를 위한 목적을 가진 정부의 시혜 민간주체에 대한 '유인책(inducement)'도 '위임 및 지시'에 포함되는 것으로 판단한다고 공표하였던 것이다.3) 이러한 입장을 따를 경우, 다양한 형태의 정부 정책도 '위임 및 지시'에 해당되는 것으로 판정 받을 수 있음은 다시 언급할 필요가 없을 것이다.

그러나 제3장과 본 장에서 살펴보았다시피 위임·지시 보조금의 접근에 있어서는 그 전체 구성요건에 대한 개별적, 구체적, 입체적 검토가 필요하다. 각각의 구성요건이 구체적 검토를 통하여 개별적으로 확인되고 또한 이러한 요건이 입체적으로 상호 연관되어 공히 존재하는 것으로 인정되는 경우 '위임 및 지시'가 존재하는 것으로 판정할 수 있을 것이다. 그러나 이와 관련 U.S.-DRAMs(AB) 항소기구는 오로지 정부 측면의 '권한의 행사'만이 위임·지시 보조금의 핵심인 것으로 판단하고 있는 듯하다.4) 동 사건에서 항소기구의 입장은 '위임 및 지시'의 확인에 있어 그 초점이 정부의 '위임 및 지시' 측면에만 국한되는 것이며 '위임 및 지시'의 대상인 민간주체 측면 그리고 '위임 및 지시'의 전달 방법에 관한 고찰은 중요하지 않다는 입장인 것으로 보인다.5) 이러한 '단편적' 또는 '평면적' 접근의 부당성은 제3장과 본 장에서 이미 지적한 바 있다. 분명 정부 측면이 '위임 및 지시' 검토에서 중요한 요건이기는 하나 그것만으로 모든 고찰이 종료되는 것은 아니다.

항소기구가 이러한 결론에 이르게 된 기본 원인은 미국 상무부의 조사 방식을 사실상 그대로 인정하였기 때문이다.6) 미국 상무부는 정부 측면의

---

3) *Id.*, p.65,350 참조("We believe the phrase 'entrusts or directs' could encompass government actions that provide inducements, other than upstream subsidies, to a private party to provide a benefit to another party.")
4) 가령, *U.S.-DRAMs(AB)*, para. 124 참조.
5) *Id.*, paras. 110-113 참조. '위임 및 지시'에 관한 항소기구의 분석은 전적으로 정부 측면에만 집중되어 있으며 민간부문 측면 및 조치 측면은 고려되지 않고 있다.
6) *Id.*, paras. 151-152, 190 참조.

조치와 행동에 초점을 맞추어 위임·지시 보조금 조사를 진행하였고 이에 따라 보조금의 존재를 인정하였다.[7] 사실관계의 부족으로 인해 항소기구가 이러한 개별 구성요건에 대한 검토와 결론을 도출하기는 곤란하였을 것이나[8] 최소한 미국 상무부의 조사는 위임·지시 보조금의 일부분만을 조망한 것으로 보조금 협정 제1.1조 (a)(1)항 (iv)조에 위배되는 것으로써 결정할 수도 있었을 것이다. 물론 U.S.-DRAMs(Panel)에서 제시된 사실관계를 검토하면 이 논문에서 제시하는 구성요건에 관한 이러한 개별적 검토를 미국 상무부가 실시하였다고 하더라도 동 조사당국은 위임·지시 보조금의 존재에 관해 동일한 결론에 도달하게 될 충분한 근거가 있었던 것으로 볼 수도 있을 것이다. 그러나 문제는 미국 상무부는 그러한 분석을 실시하지 않았다는 점과 항소기구는 조사당국의 이러한 결정에 대하여 면밀한 분석을 생략한 채 전체적으로 수용하였다는 점이다.

---

[7] 미국 상무부 한국산 반도체 상계관세 조사 최종판정, 제2장 제2절 각주 1, pp.38~61 참조.
[8] U.S.-DRAMs(AB), para. 208 참조.

제5장 위임·지시 보조금 관련 법적 문제

제3장과 제4장에서는 보조금 협정상 '위임 및 지시'의 확인을 위한 올바른 접근방법을 고찰하였다. 이와 같이 확인된 접근방법이 구체적 위임·지시 보조금 조사에 적용된다면 이 영역에 존재하는 현재의 혼란은 상당 부분 해소될 수 있을 것이다. 그러나 위임·지시 보조금 조사의 실제에 있어서는 동 조항의 해석과 관련한 기본적 문제점 이외에도 이로부터 파생된 다양한 법적 문제들이 제기된다. 위임·지시 보조금이 피조사국 정부 정책과 조치에 대한 추상적이고 광범위한 조사를 그 기본 속성으로 하고 있기 때문이다. 본 장에서는 이러한 다양한 법적 문제들 중 위임·지시 보조금 조사에 있어 특히 중요하게 대두되는 문제들에 대한 검토를 실시하도록 한다. 본 장에서는 위임·지시 보조금 조사에 있어 상업적 합리성 문제, 정황증거 활용 문제, 총체적 접근법 활용 문제 및 입증책임 문제를 살펴보도록 한다.

제1절 상업적 합리성 문제

위임·지시 보조금 조사에 있어 시혜 민간주체가 수혜 민간주체에 대해 취한 조치가 상업적 합리성을 결여하였다는 점이 해당국 정부에 의한 '위임 및 지시'의 존재를 입증하는 정황증거의 하나로서 중요한 위치를 차지하고 있다. 주어진 상황에서 상업적 합리성을 준수하는 대출자 또는 투자자라면 문제가 된 대출이나 투자를 실시하지 않았을 것이므로 시혜 민간주체의 대출이나 투자는 자국 정부의 압력행사의 결과로밖에 파악할 수 없다는 논리이다.

이러한 논리는 한국산 반도체 상계관세 분쟁과 조선 보조금 소송에서도 각국 조사당국과 제소국 입장의 핵심적 부분을 차지하여 오고 있다. 현재 진행 중인 미국 상무부의 한국산 반도체 상계관세 부과 제1차 연례재심과 일본 정부의 한국산 반도체 상계관세 조사에서도 이러한 논리는 중요한 위치를 차지하고 있다. 이미 여러 절차를 거치며 폭넓은 분쟁의 대상이 되었던 2000~2001년 하이닉스 반도체 채무재조정 조치에 더하여 미국 상무부의 연례재심과 일본 정부의 조사는 동 회사의 2002년 12월 채무재조정을 최초로 다루고 있다. 2002년 12월 채무재조정 조치에서 한국 정부에 의한 '위임 및 지시'를 입증하는 중요한 단서로 양국의 조사당국은 2002년 12월 당시에도 하이닉스 반도체는 '합리적 투자자의 주식 매입 부적격(unequityworthiness)' 상태와 '합리적 대출자의 대출 부적격(uncreditworthiness)' 상태였음을 지적하고 합리적인 민간은행은 그러한 채무재조정에 참여하지 않았을 것이라는 점을 확인하였다. 이러한 확인으로부터 이들 조사당국은 2002년 12월 채무재조정 조치에서도 한국 정부의 '위임 및 지시'의 존재를 결정하였던 것이다.[1] 상업적 합리성의 부재를

정부에 의한 '위임 및 지시'의 중요한 정황증거로 파악한 결과이다.[2]

보조금 조사에서 상업적 합리성의 존재 여부는 주로 보조금의 또 다른 요건인 경제적 혜택의 존재와 그 범위의 산출에서 문제가 된다. 그러나 최근 조사의 실제 사례를 보면 위임·지시 보조금 고찰에서 상업적 합리성 문제가 경제적 혜택의 존재 또는 범위 문제뿐 아니라 정부에 의한 재정적 기여 요건으로서의 '위임 및 지시'의 확인에 있어서도 중요한 위치를 차지하고 있음을 보여주고 있다.[3] 결국 위임·지시 보조금 조사에 있어 상업적 합리성 문제는 경제적 혜택 요건과 정부에 의한 재정적 기여 요건, 양자의 확인에 공히 활용되는 중요한 고려요소이다.[4] 이 점은 보조금 협정상 여타 보조금과 구별되는 위임·지시 보조금의 특징 중 하나이다. 그러나 이와 같이 위임·지시 보조금 조사에서 중요한 위치를 차지하

---

1) 미국 상무부의 한국산 반도체 상계관세 1차 연례재심 예비판정, 제2장 제3절 각주 3, p.54, 533 ; 일본 정부의 한국산 반도체 상계관세 조사 중요사실, 제2장 제3절 각주 2, para. 327 참조.

2) *Id.*, 가령, 일본 정부의 경우 "통상의 상업적 관점에서 2002년 12월 시점에, 하이닉스 반도체에 대하여 투자나 대출을 실시하는 투자가는 존재하지 않았을 것이므로 외적 압력이 있었다고 평가하는 것이 합리적이다"라는 결론을 도출하고 있다. 일본 정부의 한국산 반도체 상계관세 조사 중요사실, 제2장 제3절 각주 2, paras. 367-369 참조.

3) 가령, 미국 상무부의 한국산 반도체 상계관세 조사 최종판정, 제2장 제2절 각주 1, pp.6~11 ; 일본 정부의 한국산 반도체 상계관세 조사 중요사실, 제2장 제3절 각주 2, paras. 366-374 ; 미국 상무부의 한국산 반도체 상계관세 1차 연례재심 예비판정, 제2장 제3절 각주 3, p.54, 524~54, 528 참조. 즉, 이들 조사당국은 상업적 합리성의 부재 문제를 경제적 혜택 부분뿐 아니라 정부에 의한 재정적 기여의 한 형태로서 '위임 및 지시' 확인을 위한 정황증거로도 동시에 활용하고 있다. 정황증거의 광범위한 인용을 허용하는 *U.S-DRAMs(AB)* 항소기구의 결정을 따를 경우 상업적 합리성의 부재는 분명 '위임 및 지시'를 위한 중요한 정황증거 중 하나이다. *Id.*, paras. 154, 157-158 참조.

4) 미국 상무부의 한국산 반도체 상계관세 조사 최종판정, 제2장 제2절 각주 1, pp.6~11 ; 일본 정부의 한국산 반도체 상계관세 조사 중요사실, 제2장 제3절 각주 2, paras. 366-374 ; 미국 상무부의 한국산 반도체 상계관세 1차 연례재심 예비판정, 제2장 제3절 각주 3, pp.54, 524~54, 528 참조.

는 상업적 합리성 판단이 특별한 기준 없이 조사당국의 독자적 판단에 맡겨져 있어 구체적 결정과 관련, 당사국 간 지속적인 분쟁이 발생하고 있으며 상업적 합리성 여부에 기초한 위임·지시 보조금 결정 자체의 정당성도 의심받는 상황이다.

Ⅰ. 상업적 합리성의 재검토

현재 각국 조사당국이 채택하고 있는 상업적 합리성 평가 기준의 가장 큰 맹점은 일도양단식의 흑백논리로 복잡한 민간기업에 대한 영업상의 결정을 획일적으로 판단하고자 시도하고 있다는 점이다. 기본적으로 산업적 합리성의 기준은 시대마다 국가마다 그리고 민간주체마다 상이한 것이 원칙이다. 상업적 합리성이라는 개념 자체가 상대적이며 주관적이기 때문이다.5) 상당한 위험이 수반된 투자 결정에 있어 어떤 민간주체는 이를 무모한 투자로 간주하는 반면, 다른 민간주체는 이를 수익을 극대화할 수 있는 공격적인 투자의 기회로 판단할 수도 있기 때문이다. 따라서 상업적 합리성에 관하여 제3자가 일반적 판단을 시도한다는 것 자체가 상업적 합리성의 속성에 반하는 측면이 없지 않다.6)

그러나 상업적 합리성 여부가 위임·지시 보조금 조사에 있어 중요한 고려요소의 하나인 이상 이에 관하여 조사당국이나 WTO 패널이 관련 민간주체의 주장만을 무비판적으로 수용할 수는 없으며, 나름대로의 독자적

---

5) 이는 동일한 상황하에서도 각 투자자와 대출자가 서로 상이한 결정을 내리고 있는 사실을 보더라도 알 수 있다. 예를 들어 2001년 10월 채무재조정의 경우 17개의 주요 채권은행은 각각 다른 형태의 결정을 내리고 있다. 일본 정부의 한국산 반도체 상계관세 조사 중요사실, 제2장 제3절 각주 2, para. 257 참조.
6) 가령, 일본 정부는 자신의 판단으로 국제적 회계실사 전문기관인 도이치 은행 (Deutsche Bank)이 작성한 보고서를 신뢰할 수 없는 것으로 평가절하하고 있다. *Id.*, para. 345 참조.

판단기준을 수립하여 주어진 상황에 대한 평가를 실시할 수밖에 없다. 따라서 설사 관련 민간주체가 상업적 합리성을 주장하더라도 제시된 증거가 이를 뒷받침하지 못하는 경우, 이를 심리하는 조사당국이나 패널은 상업적 합리성의 부재를 결정하여야 할 것이다. 하지만 조사당국과 패널이 실시하는 이러한 평가에 대해 무제한적인 재량권이 허용된 것은 아니다. 즉, 보조금 협정은 상업적 합리성 판단에 있어 조사당국이나 WTO 패널이 추상적 평가가 아닌 현실적 평가를 실시할 것을 요구하고 있다.[7] 관련 민간주체가 자신이 속한 시장과 주어진 상황에서 그러한 조치를 취하는 것이 상업적으로 타당한지 여부가 평가되어야 한다는 것이다.[8] 따라서 조사당국과 WTO 패널은 최대한 관련된 시장과 민간주체의 현실적 상황을 반영하여 상업적 합리성 평가를 실시하여야만 한다.[9] 민간주체 의사 결정의 상업적 합리성을 검토하는 과정에서 그 초점은 '과연 문제가 된 조치가 현실적인 측면에서 합리성을 보유하고 있는가' 하는 실질적인 문제에 맞춰져야 한다. 이러한 보조금 협정의 제한에도 불구하고 특히 현재 회원국 조사당국이 적용하고 있는 상업적 합리성 판단은 추상적 판단으로 흐르는 경향이 있다.

1. 상업적 합리성 판단시 현실성 결여

위임·지시 보조금 고찰에서 제기되는 상업적 합리성 개념은 어떠한 형태의 정부 개입도 배제된 상황을 의미하는가? 여기에 대한 대답은 부정적이다. 정부 개입이 완전히 배제되고 순수하게 민간주체들로만 이루어진 시장상황은 현실에서 존재하지 않기 때문이다.[10] 그렇다면 사실상 정부

---

7) 보조금 협정 제14조 ; U.S.-Lumber CVD Final(AB), paras. 96, 101-103, 167 참조.
8) Id.
9) Id.
10) 금융정책에만 국한하여 살펴보더라도 WTO 회원국 정부가 자국 금융시장에 개입하

개입을 배제하는 요건을 부과하는 상업적 합리성 기준은 현실과 유리된 것이라고 하여야 할 것이다. 현실과 유리된 상업적 합리성 기준에 근거하여 내려진 위임·지시 보조금 결정은 설득력을 가질 수 없을 것이다.

또한 상업적 합리성을 추구하는 민간주체는 항상 단기 수익 극대화에만 관심을 갖는 것인가? 이 문제에 대해서도 획일적인 답변을 제공하기는 곤란하다. 민간주체의 입장에서 단기간의 이익 회수 극대화가 가장 큰 상업적인 고려일 경우도 있을 것이나, 때로는 장기적 차원에서의 이익 극대화 도모가 상업적으로 타당할 경우도 있을 수 있기 때문이다. 예를 들어 다음의 상황을 생각하여 볼 수 있다. 경제적 난관에 처한 기업에 대하여 채권을 보유하는 은행의 경우 동 채무기업을 조속히 청산절차에 회부하여 일부 손실을 감수하고서라도 잔여 채권에 대한 회수를 시도하는 것이 대부분의 경우 상업적 합리성을 보유하는 결정일 것이다. 그러나 상황에

여야 하는 정당한 사유는 다양하게 존재한다. George P. Gilligan, *Regulating the Financial Services Sector*, Kluwer Law International (1999), p.21 참조. 참고로 아래의 통계는 다양한 직책의 한국 정부의 금융정책 담당자들이 금융정책과 관련한 직무상 발언을 실시하고 있음을 보여주고 있다. 이러한 통계는 여타 WTO 회원국 정부의 경우에도 정도의 차이는 있을지언정 큰 차이는 없을 것이다. 때로는 상충되는 이러한 빈번한 언급 중 일부를 추출하여 '위임 및 지시'의 확인을 위한 법적 의미를 부여하는 것은 논란의 소지가 있다. 이와 관련하여 보다 심각한 문제는 조사당국에 의하여 정황증거로 제시되는 상당수의 자료가 이러한 언급내용 자체도 아니며 그러한 언급내용을 전달자가 재차 평가한 자료라는 점이다.

한국 정부 담당자의 금융정책 발언 통계(1998.4~2005.12)

발언자	재경부 장관	재경부 당국자	금감 위원장	청와대 수석	청와대 정책실장	산자부 장관	건교부 장관	기예처 장관	경제 보좌관	합계
합계	112	81	10	7	1	4	1	2	1	219
인상	4	8					1	1		14
인하	27	16	1	4				1	1	50
유지	81	57	9	3	1	4				155

배상근, "정책금리 결정의 정치경제적 분석: 주요 정책담당자들의 의견개진이 미치는 효과 및 정책 함의", 2006 경제학 공동학술대회 발표문, 한국경제연구원 (2006.2.16), p.16 참조.

따라서는 동 채무자에 대해 추가 지원을 실시하여 회생을 시도한 후, 장기적인 채권 회수를 도모하는 것이 채권회수율을 높여 상업적 합리성에 더욱 부합하는 경우도 상정하여 볼 수 있을 것이다.[11] 따라서 동일한 채무자의 재정위기에 대해서도 채권은행들은 정반대의 결정을 내릴 수도 있으며, 때로는 양자 공히 상업적 합리성을 보유한 결정으로 인정될 수도 있게 된다.[12] 이러한 상황을 감안한다면 단순히 어떤 기업의 재무상황이 악화되어 있고 그 정도의 재무상황이라면 보통의 경우 투자나 대출을 기대하기 난망하다는 취지의 단순한 논리에만 기초하여 상업적 합리성 여부를 판단하는 것은 위험한 접근방법이라고 하겠다.[13] 일반적 투자 성향의 맹목적·기계적 적용을 통해 얻을 수 있는 것은 주어진 상황의 상업적 합리성에 대한 조사당국의 추상적 판단에 불과할 것이다. 복잡다기한 민간주체의 의사결정을 추상적 판단에만 의존하는 경우 시장의 실제 상황을 적절히 반영하지 못하는 결과를 초래할 것이며, 이에 따라 내려진 상업적 합리성 결정은 역시 현실과 유리될 수밖에 없다. 이러한 결정이 설득력을 가질 수는 없을 것이다.

한국산 반도체 상계관세 분쟁에서 미국, 유럽연합 및 일본이 채택한 상업적 합리성 기준을 보면 이와 같은 현실성 결여의 문제점을 찾아 볼 수 있다. 이들 국가 조사당국 결정의 핵심은 상업적으로 합리적인 은행 및 투자자가 하이닉스 반도체에 대한 대출 및 투자를 하지 않았을 것이므로

---

11) 외환은행, 대한민국산 DRAM에 대한 관세정률법 제7조 제6항에서 규정하는 조사 (2004년 8월 4일자 재무성 고시 제352호)에 관련된 최종결정의 기초가 되는 중요한 사실에 대한 하이닉스 반도체의 반론서(2005.11.21, "일본 상계관세 조사 외환은행 반론서"), pp.7~11 참조.
12) 일본 정부의 한국산 반도체 상계관세 조사 중요사실, 제2장 제3절 각주 2, para. 257 ; *U.S-DRAMs(AB)*, paras. 35, 60, 134, 169 참조.
13) 어떤 현상의 일부분만 검증하여 이로부터 모든 상황에 적용되는 일반 원칙을 도출하는 것은 '지나친 일반화의 오류(hasty generalization)'라고 불리 우는 논증 방법의 오류 중 하나이다. Irving M. Copi, 『논리학 입문(Introduction to Logic)』, 제3장 제1절 각주 1, pp.122~123 참조.

이러한 기업에 대한 대출 및 투자 등을 포함하는 채무재조정은 한국 정부의 '위임 및 지시' 이외에는 설명할 수 없다는 것이다.[14] 그러나 이들 조사당국은 이러한 결정을 내리는 과정에서 해당 채권자와 투자자들이 처한 상황에 대한 현실적인 분석이 미흡한 것으로 판단된다. 예컨대, 이미 채권을 보유한 기존의 채권자 및 투자자들은 의사결정 과정에서 신규 채권자 및 투자자들과는 고려요소가 상이하다는 점 또는 반도체 산업의 특성은 장기적 이익 극대화 추구를 요구하고 있다는 점과 같은 현실적인 측면을 이들 조사당국이 충분히 평가하지 못하고 있는 것으로 판단된다.[15] 이러한 현실적인 측면을 충분히 고려한 상업적 합리성 평가가 이루어졌다면 조사당국 결정의 보조금 협정상 정당성은 더욱 확보되었을 것이다.

현재 회원국 조사당국이 채택하고 있는 상업적 합리성 기준에서 흔히 발견되는 또 다른 문제점은 이 기준들이 민간주체의 위험을 수반한 거래행위를 적절히 평가하는데 한계가 있다는 점이다.[16] 위험이 수반되는 거래행위에 대해서는 그 상업적 합리성을 부인하고자 하는 것이 회원국 조사당국의 일반적 성향인 것으로 판단된다. 그러나 상업적 합리성 평가의 현실성을 진정 제고하기 위해서는 실제 시장에서 활동하는 민간주체가 때로는 위험이 수반되는 결정을 선택하는 경우도 있음을 조사당국이 인식하는 것이다.[17] 조사당국은 문제가 된 민간주체 거래행위의 상업적 합

---

14) 미국 상무부의 한국산 반도체 상계관세 부과 최종판정, 제2장 제2절 각주 1, pp.6~11 및 Comment 5(Hynix Creditworthiness) ; 미국 상무부의 한국산 반도체 상계관세 1차 연례재심 예비판정, 제2장 제3절 각주 3, pp.54, 533 ; 일본 정부의 한국산 반도체 상계관세 조사 중요사실, 제2장 제3절 각주 2, para. 327 ; 유럽연합의 한국산 반도체 상계관세 조사 최종판정, 제4장 제1절 각주 22, paras. 105-112 참조.
15) 경제학에서는 이를 매몰비용(sunk cost)개념이라고 한다. Joseph E. Stiglitz, *Principle of Micro Economics*, North & Company Inc, 1st. ed. (1993), pp.44~45 참조.
16) 민간주체의 사업운영에 있어 위험을 수반하는 행위의 결정과 관리에 관하여 일반적으로 *Risk Behaviour and Risk Management in Business Life*, Kluwer International Law, Bo Green ed. (2000) 참조.
17) 일본 상계관세 조사 한국 정부 반론서, 제3장 제3절 각주 18, pp.30~32 참조.

리성을 부인하여야 하는 특단의 사정이 존재하지 않는 한, 그러한 결정에 내포된 투자 및 대출 위험만으로 상업적 합리성을 부인하는 것은 타당하지 않다.[18] 극단적으로 민간주체는 외부인의 판단으로 무모한 사업상 결정이라고 하더라도 내부적으로 적절한 검토과정을 거친다면 그러한 결정은 회원국 조사당국에 의해 존중되어야 할 것이다.[19] 높은 실패 가능성에도 불구하고 일단 성공할 경우 얻게 될 보다 높은 경제적 수익을 고려하여 이러한 대출이나 투자가 이루어진다는 점에서 오히려 이러한 모험적 투자는 때로는 상업적 합리성 판단의 최첨단이라고 볼 여지도 없지 않다.[20] 손실의 위험이 높은 만큼 성공하였을 경우 그에 상응 또는 능가하는 수준의 투자 및 대출회수가 가능하다면 민간주체는 그러한 선택을 실시할 자유가 보장되어야 한다. 이러한 관점에서 오로지 투자·대출의 위험성 부분에만 초점을 맞추어 회원국 조사당국이 상업적 합리성을 평가하는 것은 시장의 현실을 부정하는 오류를 범할 가능성이 농후하다.[21]

물론 위장 보조금을 지급하기 위한 목적으로 민간주체가 동원되었음이 명백하거나 또는 민간주체의 모험적 투자 성향을 감안하더라도 시장에서의 현실과 부합되지 않는 무모한 거래행위의 경우에는 상업적 합리성이

---

18) 때로는 상업적으로 위험도가 따르는 의사 결정도 상업적 합리성을 수반하는 경우가 있음은 물론이며 경제 개혁 조치가 이러한 위험이 수반되는 조치를 선택하지 못하도록 강요하는 것이어서는 안 된다. Edward M. Graham, *Reforming Korea's Industrial Conglomerates*, 제3장 제2절 각주 74, p.149.
19) *Id.* ; 일본 상계관세 조사 한국 정부 반론서, 제3장 제3절 각주 18, pp.30~32 ; 일본 상계관세 조사 외환은행 반론서, *supra* note 11, pp.13~14 참조; 조흥은행, 대한민국산 DRAM에 대한 관세정률법 제7조 제6항에서 규정하는 조사(2004년 8월 4일자 재무성 고시 제352호)에 관련된 최종결정의 기초가 되는 중요한 사실에 대한 하이닉스 반도체의 반론서(2005.11.21, "일본 상계관세 조사 조흥은행 반론서"), pp.4~5 참조.
20) *Id.*
21) 가령, 일본 상계관세 조사 한국 정부 반론서, 제3장 제3절 각주 18, pp.30~32와 일본 정부 한국산 반도체 상계관세 조사 중요사실, 제2장 제3절 각주 2, para. 345 비교.

부인되어야 한다. 가령, 통상적으로 실시되는 내부적 검토절차가 생략되었거나 부재한 경우 또는 검토 절차를 형식적으로는 완료하였으나 실질적으로 무의미한 것으로 판명되는 경우, 조사당국은 그러한 결정에 있어 상업적 합리성의 부재를 확인할 수 있을 것이다. 그러나 위에서 지적한 대로 단지 민간주체 판단의 기초에 대한 불명확성, 투자·대출의 위험성, 통상적 투자자·대출자의 결정과의 상이성 등과 같은 소극적인 판단을 해당 거래의 상업적 기초를 부인하는 근거로 활용하는 것은 급변하는 금융시장 및 다양한 각국 경제체제의 현실을 외면하는 결과를 초래하게 된다.[22]

더욱이 조사당국의 상업적 합리성 판단에는 내재적인 한계가 있다. 상업적 합리성을 부인하기 위하여 조사당국이 제시하는 이러한 증거―가령, 합리적인 투자자 및 대출자는 그러한 기업에 투자·대출하지 않았을 것임을 주장하기 위해 제출되는 증거―는 결국 정황증거이다.[23] 따라서 아래에서 지적된 정황증거의 기본적인 문제점은[24] 상업적 합리성 결정에도 마찬가지로 적용된다. 결국 설사 어떠한 결정이 상업적으로 비합리적이었다고 가정하더라도 그러한 사실 자체가 회원국 정부로부터의 '위임 및 지시'를 직접 입증하는 것은 아니다.[25] 정부 개입이 전혀 존재하지 않는 순

---

22) 일본 상계관세 조사 외환은행 반론서, *supra* note 11, pp.7~8 참조.
23) 위임·지시 보조금 조사에서 WTO 회원국 정부에 의한 '위임 및 지시' 존재에 대한 입증은 직접증거(direct evidence) 또는 간접증거(indirect evidence)를 통해 이루어 질 수 있다. 직접증거의 확보가 곤란한 위임·지시 보조금의 특성상 그 입증은 주로 간접증거에 의존하게 된다. 간접증거는 흔히 정황증거(circumstantial evidence)라는 용어와 혼용되고 있다. 그러나 직접증거 이외에 위임·지시 보조금 조사에서 인용되는 다양한 자료는 '위임 및 지시'를 간접적으로 입증하여 주는 자료에만 국한된 것이 아니라 이를 포함하여 '위임 및 지시'가 존재하였다고 믿을 만한 제반 정황을 보여주는 다양한 문건과 자료를 포괄적으로 포함하므로 정황증거라는 용어가 보다 적합한 것으로 보인다. 따라서 이 논문에서는 간접증거 대신 정황증거로 용어를 통일하여 사용함을 밝혀 둔다.
24) 본 논문 제5장 제2절 참조.
25) 이와 같이 상업적 합리성의 개념이 사실은 정부에 의한 재정적 기여의 한 특별한 형태로서 '위임 및 지시'를 직접 입증하여 주는 것이 아니며 양자는 서로 독자적으

수 민간주체들도 여러 가지 이유로 비합리적 결정을 내리는 경우는 현실에서 찾아보기 어렵지 않기 때문이다. 이 경우 민간주체가 상업적으로 지극히 비합리적인 결정을 내리더라도 이는 정부의 '위임 및 지시'와 무관하다. 특정의 사업상의 결정에 상업적으로 비합리적인 혐의가 존재한다는 사실이 분명 해당 민간주체가 그러한 결정을 내리게 된 진정한 배경에 대해 의문을 갖게 하는 중요한 단서이다. 그러나 이 역시 하나의 정황증거에 불과한 것으로 단순히 이러한 하나의 정황증거로부터 다른 정황증거 및 직접증거의 보강없이 곧바로 상업적 합리성의 부재를 도출하고, 다시 이로부터 '위임 및 지시'의 존재를 확인하는 결론에 이르는 것은 위임·지시 보조금의 실제에서 심각한 문제점을 초래한다. 위임·지시 보조금 조사에서 가장 핵심적인 결정인 상업적 합리성 문제를 이와 같이 하나의 정황증거로서 획일적으로 판단하는 것은 정황증거 남용의 결정적 사례라고 볼 수 있을 것이기 때문이다. 이는 결국 정황증거를 통해 복잡한 현실의 지나친 일반화내지 추상화를 도모하는 것으로서 현실을 정확히 반영하지 못하며 그 결정의 정당성은 공격받을 수밖에 없다.

결론적으로 위에서 살펴본 이러한 점은 상업적 합리성의 판단에 있어서 추상적 개념의 획일적 적용이 아닌 민간주체의 입장에서 현실적 고찰이 필요하다는 점을 보여준다. 보조금 협정 또는 각 WTO 회원국의 보조금 및 상계관세 관련 국내법 규정하에서 어느 정도의 현실적 고찰이 과연

로 존재하는 별개의 개념이라는 점은 미국 상무부도 인정하고 있다. United States Department of Commerce, *Final Results of Redetermination Pursuant to Remand, Hynix Semiconductor, Inc. v. United States*, Court No. 03-00651, Slip. Op. 05-106 (Ct. Int'l Trade) (August 26, 2005) (November 15, 2005) ("미국 상무부 한국산 반도체 상계관세 재심 결정"), p.21 ; 미국 상무부의 상계관세 조사규정 최종 공포문, *supra* 제2장 제5절 note 16, p.65,350 참조. 미국 상무부가 하이닉스 반도체 채무재조정에 참여한 채권은행단의 결정에 상업적 합리성이 결여되어 있다는 점을 한국 정부의 '위임 및 지시' 확인의 핵심적 정황증거로 활용한 점을 감안하면 상업적 합리성과 '위임 및 지시'의 별개성을 강조하는 이러한 입장은 흥미롭다.

필요한지 여부를 획일적으로 판단하기는 곤란할 것이나26) 최소한 가능한 범위 내에서 현실을 적절히 반영한 융통성 있는 상업적 합리성 개념의 도출 및 적용이 위임·지시 보조금의 정당성 확보를 위해 요구된다는 점은 분명하다.

2. 상업적 합리성 판단의 구체적 문제점

위에서 살펴본 바와 같이 위임·지시 보조금 조사에서 조사당국에 의해 현재 적용되고 있는 상업적 합리성 기준의 근본적 문제점이 대부분의 경우 현실성을 결여한 추상적 잣대에 의존하여 평가가 이루어진다는 점이다. 이러한 기본적 문제점을 염두에 두고 아래에서는 현재 적용되고 있는 상업적 합리성 기준의 문제점을 보다 구체적으로 살펴보도록 한다.

1) 서구 중심의 합리성 기준

동서양 간 현격한 문화적 상이성으로 인해 민간주체의 상업 거래 참여와 이러한 거래에 대한 법규범의 적용에 있어서도 양 문화권 간 상당한 상이성을 발견할 수 있다.27) 국제화의 진전에 따라 이러한 차이점은 점차로 줄어들고 있는 추세이나 동양 문화권에서 민간주체 간 상업 거래의 형성은 여전히 서구의 방식과는 상이한 양태로 전개되고 있는 것이 현실이다.28)

---

26) 이러한 기준 설정 문제는 다른 분야에서도 마찬가지로 대두된다. 예를 들어 환경 보호기준과 관련하여서도 어느 정도의 보호기준 설정이 최적의 보호 기준인가를 결정하는 것은 결코 쉬운 일이 아니다. Seung Wha Chang, *WTO Discipline on Fisheries Subsidies: A Historic Step Towards Sustainability?*, 제2장 제1절 각주 7, p.895 참조("it is never a simple task to set the 'optimum' level of environmental standards in any case").

27) Philip J. McConnaughay, *Rethinking the Role of Law and Contracts in East-West Commercial Relationships*, Virginia Journal of International Law, Vol. 41, No. 2 (Winter 2001), pp.427~428 참조.

이러한 상황에도 불구, 위임·지시 보조금 조사를 실시하는 조사당국은 상업적 합리성 판단에 있어 서구식 기준을 획일적으로 활용하고자 하는 경향을 보여주고 있다.29) 이러한 서구식 기준의 편향된 적용은 비서구권에 속한 피조사국 시장 상황을 정확히 반영하지 못함으로써 위에서 살펴본 바와 같이 현실성에 토대를 둔 상업적 합리성 판단이 불가능하게 되어, 상업적 합리성의 '정확성' 측면에 대한 문제점 이외에도, 상이한 문화적·사회적 배경으로 인해 상업적 합리성 평가의 기준이 반드시 동일하지 않은 비서구권 국가에 대하여 서구식 기준을 사실상 강요함으로써 위

---

28) 예를 들어 Arthur von Mehren 교수는 일본에서의 민간거래의 특성에 대하여 상세한 설명을 제공하고 있다. 즉, 일본에서도 성문화된 계약과 같은 법적 형식을 사용하려는 경향이 점차 증가하고 있음에도 불구하고, 일본 내 계약 당사자들은 이러한 형식적인 법적 문서보다 상호간 지속적인 관계의 유지에 여전히 관심을 기울인다는 것이다. Arthur T. von Mehren, *Some Reflections on Japanese Law*, 71 Harvard Law Review (1958), pp.1486~1494 참조. 이러한 그의 언급은 최근의 문서에 의해서도 여전히 유효한 것으로 입증되고 있다. 가령 전체적으로 Curtis J. Milhaupt, *A Relational Theory of Japanese Corporate Governance: Contract, Culture, and the Rule of Law*, 제4장 제3절 각주 12 참조.
29) 예를 들어 대출 부적격(uncreditworthiness) 기업에 적용될 기준 이자율(benchmark interest rate)을 산출함에 있어 항상 미국 신용평가 회사인 무디스(Moody's)사 자료를 활용하도록 한 미국 상무부령 19 CFR 351·505 (a)(3) (iii) 참조. 따라서 미국의 경우에는 피조사국이 이와 관련하여 제출하는 자료의 신뢰성 여부에 상관없이 무디스 자료를 기계적으로 활용하여 기준 이자율을 산출하도록 되어 있다. 특별한 규정이 존재하지는 않으나 일본 정부도 미국 상무부의 예를 따라 무디스 자료를 동일한 목적으로 원용하고 있다. 일본 정부의 한국산 반도체 상계관세 조사 중요사실, 제2장 제3절 각주 2, para. 91 참조. 일본 정부는 한국 신용평가 기관이 제시한 자료는 신뢰도가 의심스러워 적용하지 않았음을 설명하고 있다. *Id.*, para. 93 참조. 유럽연합의 경우 대출 부적격 개념에 따른 기준 이자율 산정 작업 없이 하이닉스 반도체 채무재조정 전체를 정부에 의한 자금의 무상공여(grant)로 파악하였다. 이 과정에서 유럽연합은 채무재조정에 참여한 채권은행의 상업적 합리성을 부인하는 근거로 스탠다드 푸어스(Standard & Poors)사의 하이닉스 반도체에 대한 신용평가 자료를 인용하고 있다. 유럽연합의 한국산 반도체 상계관세 조사 최종 판정, 제4장 제1절 각주 22, para. 103 참조.

임·지시 보조금 조사의 실제에 있어서의 '형평성' 측면의 문제점도 아울러 야기한다. 특히 비서구권 국가들이 주로 피조사국 지위에 놓이게 되는 위임·지시 보조금 조사에서 이러한 형평성 문제는 더욱 심화될 것이다. 금융 및 경제분야에서는 특히 서구에서 발달한 제반 기준이 국제적 기준으로 통용되는 경우도 적지 않으나, 그러한 경우에도 위임·지시 보조금 고찰에 있어 이를 획일적으로 채택하여 문화적 배경이 상이한 비서구권 국가들에 대해 적용하는 것은 문제가 있다. 국제적 기준의 준수 여부는 상업적 합리성 판단의 정황증거로서 중요한 고려요소의 하나이기는 하나 그 여부를 결정적으로 입증하는 증거는 아니기 때문이다. 보조금 협정 제14조가 경계하는 바는 바로 이러한 상황이라고 할 수 있을 것이다.[30] 동 조항이 경제적 혜택 평가의 맥락에서 조사당국에 대해 적용을 요구하는 것은 피조사국의 기준이지 어떤 특정한 국제적 기준이 아니다. 따라서 이러한 방식으로 진행되는 WTO 회원국 조사당국의 조사방식 그리고 이를 규정하는 국내법은 경우에 따라서 '그 자체로서(as such)' 보조금 협정의 위반을 구성할 가능성도 없지 않다.[31] 그렇다면 조사당국의 이러한 조사 방식을 인용하는 취지의 패널 결정도 보조금 협정 위반의 법적 오류를 구성할 것이다.

상업적 합리성 판단의 근거와 관련, 일부 조사당국은 정부의 금융시장

---

[30] 보조금 협정 제14조는 경제적 혜택의 존재 및 범위를 평가함에 있어 기본적으로 피조사국의 시장 상황에 기초하여 분석이 실시되어야 함을 규정하고 있다. U.S.-Lumber CVD Final(AB), paras. 96, 101-103, 167 참조.

[31] 가령, 미국 상무부령 19 C.F.R. 351·505 (a)(3) (iii) 참조. 동 조항은 경제적 혜택의 존재와 범위의 구체적 평가에 있어 미국의 신용평가회사인 무디스(Moody's)사가 취합한 자료를 사용하도록 규정하고 있다. 따라서 미국 상무부는 위임·지시 보조금 조사에서 무디스 자료를 적극 활용하고 있다. 미국 상무부의 한국산 반도체 상계관세 부과 최종판정, 제2장 제2절 각주 1, Creditworthiness Memo 참조. 그러나 동 조항은 미국 상무부가 '통상의 경우에(normally)' 무디스 자료를 활용하도록 한다고 규정하고 있어 의무적 규정의 존재를 요구하는 WTO 법리하에서 '법규 자체 (as such)'에 대한 제소는 용이하지 않을 수도 있다.

규제 및 민간주체의 사업상 의사결정 과정과 연관된 '국제적' 기준을 언급하는 경우가 많으나, 실제 이러한 기준은 '미국적' 기준인 경우가 흔하다. 이는 국제화가 미국화와 혼동되는 사례가 빈번하다는 점에서 그 이유를 찾아 볼 수 있을 것이다.32) 미국식 체제에만 기초하여 149개 WTO 회원국의 민간기업 및 금융기관이 채택하는 정책의 상업적 합리성 및 타당성을 획일적으로 평가하는 것은 특히 문제의 소지가 있다.33) 국제화로 내세우는 기준이 특정한 WTO 회원국의 시각을 일방적으로 반영하고 있다

---

32) Thomas L. Friedman, *The Lexus and the Olive Tree*, Anchor Books (2000), p.382 ("[Globalization and Americanization] are now all wrapped into one … [T]hat is how it is perceived in many quarters [of the world]."); Jim Chen, *Pax Mercatoria: Globalization as a Second Chance at 'Peace for Our Time'*, Fordham International Law Journal, Vol. 24, Nos. 1-2 (November/December 2000), pp.217, 230~236 참조.

33) 합리적 기업 운영 평가의 중요한 기준 중 하나인 회계기준과 관련, 미국에서 채택된 기준인 'Generally Accepted Accounting Principles(GAPP)'이 현재 미국과 교역을 하거나 미국 내에서 활동하는 외국기업들에 의해 미국 법령의 요건을 충족하기 위하여 사실상 의무적으로 활용되고 있으나, 동 기준이 반드시 해당 외국기업의 정확한 회계정보를 전달하여 주는가에 관해서는 의문이 있다. Lisa M. Brown, *U.S. GAPP SEC Requirements and GATS*, North Carolina Journal of International Law and Commercial Regulation, Vol. 28, No. 4 (Summer 2003), pp.1006, 1020 ; 장하준, 『사다리 걷어차기(Kicking Away the Ladder)』, 제4장 제1절 각주 36, p.258 참조. 일부 학자는 이와 같은 국제 회계기준의 비조화가 현재 기업의 국제적 운영에 상당한 장애로 작용하고 있으며 이의 국제적 조화가 필요하다는 점을 강조하고 있다. 따라서 현 단계에서 아직 각 개별 국가는 회계기준에 관한 한 독자적인 원칙을 따르고 있으며 이는 사실상 서로 다른 언어를 사용하고 있는 것(to essentially speak a different language)에 비유할 수 있다는 것이다. Marc I. Steinberg, *International Securities Law: A Contemporary and Comparative Analysis*, Kluwer Law International (1999), p.149 참조. 그러나 일본 정부의 한국산 반도체 상계관세 조사에 있어서도 일본 정부는 기준 이자율 산정의 누적 채무불이행(default) 비율을 계산함에 있어 한국의 신용평가회사 자료가 아닌 스탠다드 푸어스(Standard & Poors)사의 자료를 인용하였다. 일본 정부의 한국산 반도체 상계관세 조사 중요사실, 제2장 제3절 각주 2, paras. 91, 100 참조. 이 문제 역시 한국 시장 자료의 부정확성에 관한 충분한 사전검토가 부재하였다면 보조금 협정 제14조의 피조사국 국내 자료 활용 원칙에 위배될 가능성이 있다. *U.S.- Lumber CVD Final(AB)*, paras. 96, 101-103, 167 참조.

면 위에서 살펴본 바와 같은 서구 중심적 상업적 합리성 기준 적용의 문제점을 더욱 첨예화시킬 우려가 있기 때문이다.[34]

나아가 동서양 간 문화적·사회적 상이성에 더하여 서구 사회 내부에서도 민간부문에 대한 정부의 정당한 개입의 정도에 관하여 미국과 유럽 국가간에 입장 차이가 존재한다는 점은 주목을 요한다. 기본적으로 금융시장 규제의 경우 과연 정부의 '규제(regulation)'가 무엇을 의미하는지에 관해 명확한 정의를 내리는 것부터 용이하지 않다.[35] 보다 구체적으로 민간부문 측면에서 기업운영의 목표에 관하여 서구국가 간에도 상이한 입장이 제시되고 있다. 즉, 기업의 이익 창출을 지상 목표로 하고 있는 영미식 기업문화와 이익 창출 이외에 국가 및 공익을 고려한 다양한 사회적 가치의 진흥을 동시에 도모하고자 하는 유럽·일본식 기업문화 간에는 상당한 차이가 존재한다.

이러한 문제점은 최근 위임·지시 보조금 조사에서 문제가 된 채무재조정 맥락에서도 마찬가지로 발견된다. 경제위기 발생으로 야기된 주요 기업의 도산 및 파산에 대해 각국 정부는 지속적인 관심을 기울여 오고 있으며, 이에 수반되는 사회 각 계층의 상충하는 요구를 효과적으로 조정할 수 있는 제도가 필요하다는 점을 인식하고 있다.[36] 그러나 구체적으로 어떠한 제도가 최선의 정책인지에 관해서는 아직 의견이 분분한 형편이

---

34) 사실 WTO 회원국 간 상이한 기본적 가치관(values)을 어떻게 조화시킬 것인가 하는 문제는 WTO 체제 전체와 연관된 문제이다. Patrick A. Messerlin, *The WTO's New Horizon, From GATT to the WTO: The Multilateral Trading System in the New Millennium*, Kluwer Law International, World Trade Organization (2000), pp.95~96 참조. 이러한 양자간 입장 차이에 관하여는 일반적으로 *International Regulatory Competition and Coordination: Perspectives on Economic Regulation in Europe and the United States*, Joseph McCahery William W. Bratton, Sol Picciotto & Colin Scott, eds., Clarendon Press Oxford (1996) 참조.

35) George P. Gilligan, *Regulating the Financial Services Sector*, supra note 10, pp.36~40 참조.

36) *Id.*, p.165 참조.

다. 그래서 예를 들어 같은 서구권 보호를 중심으로 발전한 영국식 제도, 고용자 보호에 중심을 둔 프랑스식 제도 등 각국마다 상이한 접근 방법을 채택하고 있는 것이다.[37] 이와 같이 회원국 간 통일된 입장 정립이 아직 이루어지지 않아 각국의 독자적 정책 수립 및 시행이 필요한 영역에서 조사당국은 피조사국 민간주체의 결정을 가급적 존중하여야만 한다. 여기에서 특정의 방식만이 상업적 합리성을 보유하며, 이에 근거하여 외국 정부가 거시경제 파급효과 최소화를 위하여 도입하는 도산·파산·채무재조정 절차를 상업적 합리성이 존재하지 않는 정부의 부당한 시장개입으로 간주하는 단순한 접근은 타당하지 않다. 이러한 접근법은 보조금 협정 제14조 위반의 소지가 있음은 위에서 지적하였다.[38] 이는 WTO 협정의 기

---

[37] 세계 각국은 부실기업 처리를 위하여 도산/파산 및 기업구조조정 제도를 자국의 상황에 맞게 다양한 방법으로 실시하고 있다.

국가별 도산/파산 제도 및 구조조정제도 현황

	도산/파산	구조조정 추진
미국	도산법 Chapter 7	- Chapter 11 - 채권금융기관과 채무기업 간 채무조정에 관한 사전합의제도
영국	도산법중 파산제도	- 도산법중 수탁관리인제도, 법정관리제도, 자발적 협약제도 - London Approach
독일	통합 도산법중 파산제도	- 통합도산법중 화의제도 - 채권금융회사 간 자율적인 구조조정 약정제도(Bank Pool Contract)
일본	파산법	- 민사재생법 - 회사갱생법 - 산업활력재생특별조치법 - 사적정리에 관한 가이드라인(은행연합회)
한국	통합 도산법중 파산제도	- 통합도산법 중 기업회생제도 - 기업구조조정촉진법 - 채권금융기관 간 기업구조조정협약

금융감독위원회, 『각국의 청산제도 및 구조조정제도 비교』(2005), p.38 참조.

[38] Government of Korea, *Responses to Countervailing Duty Questionnaire, Countervailing Duty Investigation: Dynamic Random Access Memory Semiconductors from the Republic of*

본 정신에도 배치된다. WTO는 특정 방식의 경제체제를 다른 방식의 경제체제에 우선하는 것으로 결정하는 취지의 결정을 내리는 것은 자제하여야 한다.[39]

WTO 패널이 149개 회원국 중 특정 경제체제를 선호하거나 또는 이러한 기초위에서 진행된 조사당국의 결정을 용인하게 된다면 이는 WTO 협정 위반 문제뿐 아니라 국제법상 보장된 경제운영에 관한 각국의 주권을 침해할 소지도 있다. 국제법상 기본 원칙중 하나인 주권평등의 원칙과 국내문제 불간섭 원칙은 적절한 절차를 거쳐 국제화되지 않은 타국의 국내문제에 대한 외국의 독자적 평가 및 이에 기초한 조치의 채택을 제한하고 있다.

위에서 지적한 이러한 점들은 위임·지시 보조금 조사에서 서구식 기준 또는 특정 회원국의 기준을 적용하여 상업적 합리성을 판단하는 것은 때로는 그 결정의 정확성과 형평성에 의문을 제기할 뿐 아니라, 그 법적 정당성도 문제가 된다는 점을 보여준다. 그러나 현재 조사당국의 상업적 합리성 평가는 이러한 점에 대한 문제의식이 부족한 것으로 판단된다.

2) 외국 정부의 상업적 합리성 판단의 한계

상업적 합리성 판단의 구체적 문제점으로서 다음으로 들 수 있는 것은

Korea, C-580-851 (27 January 2003, "미국 상무부의 한국산 반도체 상계관세 조사 한국 정부 답변서"), p.56 참조.

39) Thomas Cottier & Petros Mavoidis, *Conclusion: The Reach of International Trade Law, State Trading in the Twenty-First Century*, The University of Michigan Press, Cottier & Mavoidis eds. (1998), pp.395~397 참조. 특히 현 WTO 체제하에서 무역 강대국의 경우 WTO 협정에 구현된 무역 규범을 위반하여 일방적 무역 제한 조치를 부과하고자 시도할 개연성이 더 높다는 점이 지적되고 있다. Patricia Hansen, *Transparency, Standards of Review, and the Use of Trade measures to Protect the Global Environment*, Virginia Journal of International Law, Vol. 39 (1999), p.1,045 참조. 이는 무역 강대국의 경제체제 및 이해관계를 선호하는 취지의 WTO 패널 및 조사당국의 결정이 후속 조사에서 악용될 소지가 있음을 보여준다.

그 판단의 주체가 다름 아닌 외국 정부의 조사당국이라는 점이다. 점차 다양화·복잡화되어가는 민간부문에서의 금융거래 및 경제관계 특성을 감안할 때, 어떤 특정 국가의 민간부문 의사결정의 절차적·실질적 합리성에 관하여 외국 정부기관이 그 타당성 또는 합리성을 검토하는 것은 용이한 작업이 아닐 것이다. 가령 금융분야의 전문성이 부족하고 또한 거래 당시 관련 민간주체가 직면하고 있는 제반 상황에 대한 정확한 정보 역시 결핍된 상황에서 외국 정부기관이 단지 자신의 입장에서 —또는 객관적인 제3자의 입장에서— 동일한 상황에 직면하였더라면 다른 선택을 하였을 것이라는 취지의 결정은 결국 민간주체의 사업상 결정에 대한 '사후 재검토(second-guessing)'에 불과하다. 전문성을 보유하지 않은 외국 조사관 또는 조사당국의 사후 재검토는 피조사국 정부나 관련 민간주체에 대해 설득력을 갖기 어려울 것이다. 이는 의심스러울 경우에 조사당국은 외국 민간주체의 상업적 합리성에 대한 판단을 가급적 존중하는 것이 타당함을 보여준다. 동일한 결론은 위임·지시 보조금을 심리하는 WTO 패널에 대해서도 적용될 것이다.

외국에 소재하는 민간주체의 사업상 의사결정에 대한 WTO 회원국 조사당국의 상업적 합리성 판단에 대한 위험성에 관하여 다음의 사실은 중요한 시사점을 제공하고 있다. 먼저 세계 주요국의 국내법원은 자국 행정부가 취한 조치에 대한 사법심사(judicial review)를 실시함에 있어서 소위 '실질적 증거(substantial evidence)' 기준 또는 이에 준하는 기준을 적용하여 담당 판사가 행정부의 결정에 동의하는지 여부가 아닌, 단지 행정부의 그러한 결정이 일반적 합리성을 담보하고 있는지 여부만 판단한다.[40] 또한 구체적 사안에 있어 담당 판사가 설사 다른 의견을 갖는다 하더라도 그 의견이 해당 분야에 있어 광범위한 경험과 전문성에 기초한 행정부의

---

40) 가령, *Pierce v. Underwood*, 487 U.S. 552, 565 (1988) ; *Edison Co. v. NLRB*, 305 U.S. 197, 229 (1938) ; 장태주, 『행정법 개론』 증보판, 현암사 (2005), pp.676~677 참조.

결정을 대체하는 것은 부적절하기 때문이다. 그렇다면 일국의 국내법원도 자국 행정부의 전문성을 인정하여 명백한 법규 위반이 입증되지 않은 경우 가급적 행정부의 결정을 존중하는 것이 일반적 추세라면, 위임·지시 보조금 조사를 담당하는 WTO 회원국 조사당국 조사관이 외국 행정부가 입안·시행한 제반 정책에 관하여 그 합리성을 판단하거나 이를 사후적으로 검토하는 것에는 기본적인 위험성이 내재되어 있음을 지적할 수 있을 것이다.

상업적 합리성 판정에 있어 외국 정부의 조치뿐 아니라 외국의 민간주체의 의사결정에 대한 조사당국의 평가 또한 이루어진다는 점도 조사당국의 신중한 접근의 필요성을 보여준다. 역시 주요국의 국내법원은 민간주체가 사업상 의사결정의 상업적 합리성을 가급적 존중하고자 하는 태도를 취하고 있다.41) 그 기본적 이유는 역시 민간주체의 의사결정에 대한

---

41) 미국 법원의 일관된 입장도 사업자 전문 판단 존중 원칙(business judgment rule)을 받아들이고 있다. 즉, 민간기업의 경영진이 어떠한 사업상의 의사 결정을 내림에 있어 관련 사실의 충분한 고려를 통해 어느 정도의 합리성을 가진 결정을 내린 경우, 법원은 이러한 상업상의 의사 결정의 타당성/부당성 여부를 사후판단의 안목(hindsight)에서 판단하지 않는다는 원칙이 그것이다. *Joy v. North*, 692 F.2d 880 (2nd Cir. 1982) ; *Smith v. Van Gorkom*, 488 A. 2d 858 (Del. 1985) ; *Aronson v. Lewis*, 473 A. 2d 805 (Del. 1984). 즉, 전문적인 분야에서 민간주체의 판단에 대한 절차적 하자 등이 존재하지 않는 경우, 이를 심리하는 법원은 그 결정의 실질적 내용의 합리성에 대한 평가를 가급적 자제하여야 한다는 것이다. Robert W. Hamilton, *The Law of Corporations in a Nutshell*, 제3장 제2절 각주 94, p.455 참조. 이러한 원칙은 '경영판단의 법칙'이란 이름으로 우리나라 상법에도 존재한다. 동 법칙은 이사 또는 임원이 성실하게 그리고 자신의 독자적이고 합리적인 판단에 의해 회사에 최선의 이익이라고 생각되는 방법으로 임무를 수행하였다면, 법원은 그 판단의 잘못을 탓할 수 없다는 이론이다. 이철송, 『회사법』 제12판, 박영사 (2005) pp.599~600 참조. 이와 관련 우리 법원의 태도도 마찬가지이다. 우리 법원은 금융기관의 임원의 대출결정에 대해 경영판단의 법칙 적용과 관련하여 다음과 같이 판시한 바 있다.

> 금융기관의 임원이 한 대출이 결과적으로 회수곤란 또는 회수불능으로 되었다고 하더라도 그것만으로 선량한 관리자로서의 주의의무 내지 충실의무를 위반한 것으로 단정할 수 없고 … 의사결정 과정에 현저한 불합리가 없는 한, 그 임원의

'사후 재검토'가 야기할 문제점 때문이다. 위임·지시 보조금 조사의 상업적 합리성 판단을 실시하는 과정에서 조사당국은 사실상 피조사국 민간주체의 의사결정에 대한 사후 재검토를 실시하는 상황이다. 그렇다면 각국 국내법이 민간주체의 전문적 의사결정을 가급적 존중하고자 하는 논리는 위임·지시 보조금 조사에서도 동일하게 적용되어야 할 것이다. 오히려 위임·지시 보조금 조사에서는 그러한 원칙의 엄격한 적용이 필요하다고 주장할 근거도 있다. 왜냐하면 이 경우 조사당국은 자국이 아닌 외국에 존재하는 ㅡ따라서 문화적·환경적 배경이 상이한ㅡ 민간주체의 의사결정을 심사·평가하는 상황으로 조사당국의 비전문성이 더욱 현저하기 때문이다. 가령, 한국 정부가 미국 민간주체의 사업상 결정의 합리성 및 타당성 여부를, 또는 반대로 미국 정부가 한국 민간주체의 사업상 결정의 합리성 및 타당성 여부를 각각 심의하는 것이 위임·지시 보조금 조사에서 발생하는 상황이다. 미국 민간주체의 운영에 실제 중요한 영향을 미치는 제반 상황에 관해 제한된 정보만 갖고 있는 한국 정부가 과연 미국 민간주체의 의사결정에 대한 타당성을 적절히 판단할 능력을 보유하고 있는지 또는 반대로 미국 정부가 한국 민간주체에 대해 그러한 판단을 내릴 정보와 능력을 보유하고 있는지는 심히 의문이다. 나아가 설사 조사당국이 특정한 결정을 내린다고 하더라도 피조사국 민간주체가 그러한 결정에 쉽게 승복하지 않을 개연성이 농후하다.

이와 관련, 한국산 반도체 상계조사 분쟁은 외국 조사당국의 해외 민간주체의 의사 결정 과정에 대한 사후 재검토의 한계성을 적절히 제시하고 있다. 하이닉스 반도체 채무재조정의 상업적 합리성에 관한 미국 정부의 주장을 간단히 요약하면 '어떠한 상업적 근거도 결여한 조치(utter lack of

---

경영판단은 허용되는 재량의 범위 내의 것으로서 … 임무를 해태하였는지의 여부는 … 대출조건과 내용, 규모, 변제계획, 담보의 유무와 내용, 채무자의 재산 및 경영 상황, 성장 가능성 등 여러 가지 상황에 비추어 종합적으로 판정하여야 한다. 대법원 2002.6.14 판결, 2001다52407.

any commercial basis for assisting Hynix)'라는 것이다.[42] 그리고 이러한 미국 정부의 상업적 합리성 부재결정이 한국 정부에 의한 채권금융기관의 '위임 및 지시' 확인을 위한 정황증거로서 궁극적으로 위임·지시 보조금 판정의 기초를 제공하였다. 그러나 하이닉스 반도체의 경우 채무재조정의 추진과 이에 따른 영업상황의 호전으로 이후 주가가 대폭 상승함에 따라,[43] 채무재조정에 의거하여 하이닉스 반도체 주식으로 채무상환을 받은 일부 채권금융기관의 경우 당시 채무재조정 대신 기업청산을 선택하였을 경우보다 높은 채권회수율을 보이고 있다. 이러한 상황이라면 이들 채권금융기관들의 채무재조정 당시 선택의 상업적 합리성을 부인하는 조사당국의 결정에 대해 회의감을 드는 것이 일면 당연하다.[44] 물론 채무재조정의 결과 그러한 영업 정상화가 이루어졌으므로 현재의 영업결과를 이유로 채무재조정 당시의 상업적 합리성을 평가하여서는 아니 된다는 주장도 사실이나,[45] 이와 같은 상황에서 조사당국 결정의 타당성에 관하여 심각한 의문이 제기되는 것도 역시 사실이다.

하이닉스 반도체 채무재조정의 위임·지시 보조금 해당 여부는 차치하고 동 분쟁은 위에서 지적한 바와 같이 WTO 회원국 조사당국이 외국 민간주체 선택의 상업적 합리성을 판단하고자 하는 경우 발생하는 내재적 한계를 적절히 보여주고 있다. 특히 정부 관료로 이루어진 외국 조사당국

---

42) U.S.-DRAMs(AB), 미국의 항소인 법률의견서(Appellant's Submission), para. 79 참조.
43) 예를 들어 2001년 10월 채무재조정 당시 주당 380여 원에 불과하던 하이닉스 반도체의 주가는 채무재조정 이후 반도체 경기가 회복되면서 2005년 12월 15일 현재 29,550원선으로 상승하였다. <http://www.hynix.xom/eng/04_ir/02_stock_01.jsp> 참조. 이에 따라 출자전환으로 하이닉스 주식을 보유하게 된 채권은행들은 채권의 실현과 함께 상당한 이익을 현시하였다. 가령, 일본 상계관세 조사 외환은행 반론서, *supra* note 11, pp.13~14 참조.
44) Newsweek는 2001년 거의 파산상태에 직면하였다가 2004년 20억 불의 흑자를 기록한 하이닉스 반도체를 한국 채무재조정의 가장 성공적인 사례로 언급하고 있다. B. J. Lee, *Rolling In the Dough*, Newsweek (May 23, 2005), p.33 참조.
45) 일본 정부, 한국산 반도체 상계관세 조사 중요사실에 관한 한일 양자협의 시 진술 (2005.12.1, 동경) 참조.

이 고도의 전문성을 보유한 금융기관 및 회계법인의 평가 보고서에 대해 구체적 직접증거가 부재한 상황에서 정황증거에만 기초하여 그 내용 및 결론의 정당성을 부인하는 것은 그 결정의 정당성에 의문을 초래할 수밖에 없음을 입증하고 있다.[46]

그러나 이러한 전문성이 부족한 조사당국의 사후 재검토 시도는 현재도 계속되고 있다. 현재 진행 중인 한국산 반도체 상계관세 조사에서 일본 정부는 이미 실제 영업실적으로 현실화된 상업적 합리성에 대해서도 이를 일괄적으로 부인하는 입장을 취하고 있다.[47] 일본 정부는 하이닉스 반도체의 채권금융기관이 실시한 2001년 10월 채무재조정을 지원한 미국계 아더 앤더슨(Arthur Andersen) 회계법인과 2002년 12월 채무재조정을 지원한 독일계 도이치 은행(Deutsche Bank) 보고서를 "내용면에서 살펴볼 경우 경험 있는 금융기관이 대출 제공에 있어 상업적 판단의 근거로 활용하기에는 충분하지 못하다"는 이유로 자료의 정당성을 부인하고 따라서 이에 기초한 채무재조정의 상업적 합리성을 부인하고 있다.[48] 일본 정부 입장의 보조금 협정 합치여부에 앞서 국제적 자문기관의 결정을 명확한

---

[46] 전문 회계법인의 보고서를 조사당국이 상업적 합리성을 결여한 것으로 결정하는 경우 설사 조사당국의 위임·지시 보조금 확인 결정이 결과적으로 정확하였다고 하더라도 최소한 상업적 합리성의 부인에 관한 부분에서는 객관적 설득력이 떨어질 것이다. 일본 정부 한국산 반도체 상계관세 조사 중요사실, 제2장 제3절 각주 2, paras. 276, 345 ; 미국 상무부의 한국산 반도체 상계관세 1차 연례재심 예비판정, 제2장 제3절 각주 3, pp.54, 526 참조.

[47] 한국 정부는 최근 진행 중인 일본 정부의 한국산 반도체 상계관세 조사에 있어 보조금 협정 제2.4, 11.3, 12.5, 및 15.1조는 상계관세 조사를 객관적 자료에 의한 공정한 평가를 통해 진행할 것을 규정하고 있고, 또 제14조는 피조사국의 경제상황과 시장상황을 구체적으로 고려하도록 하고 있는 바, 하이닉스 반도체 채무재조정의 경우와 같이 그 상업적 합리성이 결과적·경험적으로 입증된 경우, 그에 대한 적절한 존중(deference)이 필요하다는 점을 강조하고 있다. 일본 반도체 상계관세 조사 한국 정부 반론문, 제2장 제5절 각주 38, pp.31~32 참조.

[48] 일본 정부 한국산 반도체 상계관세 조사 중요사실, 제2장 제3절 각주 2, para. 345 참조.

반박근거 없이 경시하는 조사당국의 평가는 자의적이라는 비판에 직면할 수밖에 없을 것이다.[49]

이와 관련, U.S.-DRAMs(AB) 사건에서 항소기구가 조사당국의 위임·지시 보조금 확인 결정에 대한 패널의 사후 재검토 시도에 대해서는 엄준히 비판하면서[50] 외국의 다양한 민간 금융지원을 포함하는 복잡한 금융거래에 대한 조사당국의 사후 재검토 시도에 관해서 이를 조사당국의 재량권 범위 내에 포함되는 것으로 평가하는 것은 균형감을 상실한 것으로 비판받아야 할 것이다. WTO 패널의 심리 기준(standard of review)은 패널이 조사당국 결정을 원점에서(de novo) 재검토하는 것을 허용하고 있지 않음은 물론이다.[51] 반면, WTO 회원국 조사당국의 외국 정부 및 민간주체의 조치에 대한 사후 재검토를 금지하는 명문의 조항이 존재하지는 않는다. 그러나 이로부터 조사당국이 피조사국 정부 및 민간주체의 의사결정에 대한 사후 재검토를 무제한적으로 실시할 수 있다는 결론을 도출하여서는 아니 된다. 보조금 협정에도 조사당국의 무제한적인 사후 재검토를 제한하는 다수의 조항이 발견되고 있다. 조사당국에 대하여 외국 민간주체의 입장에서 상업적 합리성 문제를 판단하도록 규정하고 있는 보조금 협정 제14조가 그 예이다.

민간주체의 의사 결정 과정에 포함되는 제반 요소에 대한 통상법적 검토의 곤란성은 GATT 초창기부터 지속적으로 제기되어 왔다. 예를 들어

---

49) 미국 상무부가 2002년 12월 채무재조정 조치의 상업적 합리성 평가에 있어 회계실사 전문기관인 도이치 은행 보고서를 '통상의 금융 전문가의 지혜에 상치되는 것(running counter to the prevailing wisdom)'으로 부인한 것도 동일한 비판이 가능하다. 미국 상무부의 한국산 반도체 상계관세 1차 연례재심 예비판정, 제2장 제3절 각주 3, pp.54, 526 참조.
50) *U.S.-DRAMs(AB)*, paras. 189-190 참조.
51) *United States-Definitive Safeguard Measures on Imports of Certain Steel Products*, WT/DS248, 249, 251, 252, 253, 254, 258, 259/AB/R (10 December 2003) ['*U.S.-Steel Safeguards(AB)*'], para. 299 ; *Argentina-Safeguard Measures on Imports of Footwear*, WT/DS121/AB/R(12 January 2000) ['*Argentina-Footwear(AB)*'], para. 121 참조.

1958년에 개최된 전문가 회의에서 각국의 경쟁정책(competition policy)에 대한 GATT XXIII조의 비위반 제소(Non-Violation Nullification or Impairment) 조항 적용 문제가 검토된 바 있다.[52] 이 당시 상당수의 전문가들은 비위반 제소 조항 적용의 자제를 주장함에 있어 "적절한 조사 수단이 부재한 상황에서 민간기업 활동에 대한 정확하고 포괄적인 정보를 획득하는 것이 불가능함"을 지적하며 동 조항을 "기업활동에 적용하는 데 있어서는 관계국들의 컨센서스와 이 분야에서 경험의 축적이 필요함"을 언급하였다.[53] 각 회원국의 경쟁정책과 통상협정과의 교차점에서도 결국 문제의 핵심은 '정당한 국내 경쟁정책의 실시가 어떠한 상황과 조건하에서 국제통상을 저해하는 부당한 규제를 구성하는가'에 관한 고찰이라는 점을 고려하면 전문가들의 이러한 인식은 위임·지시 보조금의 경우에도 마찬가지로 적용될 수 있다.[54] 민간주체 의사결정과정에 대한 획일적인 결정의 한계와 문제점에 관한 그 당시의 인식은 현재에도 유효하다. 오히려 민간주체의 의사결정에 영향을 미치는 요소가 복잡화·다양화 되어가고 있다는 점에서 그 한계와 문제점도 더욱 증폭되고 있다고 할 수 있을 것이다.

3) 개발도상국에 대한 부정적 영향

위임·지시 보조금의 부당한 확대 적용은 특정 WTO 회원국이 아닌 모

---

52) GATT BISD, 9S/170 참조.
53) 동 언급의 원문은 다음과 같다.

··· the impossibility of obtaining accurate and complete information on private commercial activities in international trade without ··· adequate powers of investigation. The necessary consensus among countries upon which such an agreement could be based did not yet exist, and countries did not yet have sufficient experience of action in this field to devise an effective control procedure. *Id.*, p.171 참조.

54) 김대원, "Jurisdictional Development of Non-Violation Complaints of GATT Article XXIII:1(b): A Synopsis", 『통상법률』 통권 제55호 (2004.2), p.64 참조.

든 회원국들에 대하여 장기적인 차원에서 부정적 파급효과를 야기할 수 있는 문제이다. 그러나 특히 이러한 부정적 파급효과는 개발도상국의 경우 현저하게 드러난다. 개발도상국의 경우 구조적으로 정부 개입의 정도, 빈도 및 범위가 선진국에 비해 두드러지기 때문이다.[55] 국가주도의 경제개발 정책과 보다 직접적인 정부의 민간부문에 대한 규제·관여 정책을 일반적으로 채택하고 있는 개발도상국의 특성상 낮은 수준의 '위임 및 지시' 기준을 통한 보조금의 확인은 상당 부분의 정부조치가 이에 포함되는 것으로 결정될 가능성이 상대적으로 농후하다. 특히 개발도상국의 경우 선진국과는 달리, 특정 금융지원의 부실이 전체 금융지원의 동반 부실을 초래할 수 있는 구조적 취약성으로 인해 정부가 민간 금융지원의 활동에 보다 적극적으로 개입하여 온 것이 현실이다.[56] 따라서 보조금 협정 제1.1조 (a)(1)항 (iv)호상 '위임 및 지시' 조항의 느슨한 해석과 적용은 개발도상국에 대하여 상대적으로 심각한 부정적 파급 효과를 초래하게 된다.[57]

---

55) 예를 들어, 아시아 지역 주요 수출국가의 정부들이 채택, 실시하는 자국 수출산업 지원 정책을 위해서는 일반적으로 Yoshi Kodama, *Asia Pacific Economic Integration and the GATT/WTO Regime*, Kluwer Law International (2000). Chapter 4 참조.
56) Peter S. Watson, Joseph E. Flynn & Chad C. Conwell, *Completing the World Trading System*, 제3장 제2절 각주 105, p.275 참조.
57) 이러한 논리는 선진국의 일부 개발 낙후 지역 및 지방 정부에도 유사하게 적용된다. 개발도상국의 경제개발에 보조금이 중요한 역할을 담당하고 있는 것과 동일하게 선진국 내에서도 상대적으로 개발이 낙후된 지역은 보조금 정책을 적극적으로 실시하고 있다. 가령, 장기간의 경기침체를 극복하고자 미국 알라바마州는 세계 주요 자동차 회사를 유치하기 위해 대규모의 세금감면 및 지원 프로그램을 제공하고 있다. 알라바마州 정부는 1993년 독일의 다이믈러 벤츠사의 자동차 생산시설 투자 계획에 대하여 2억 5천만 불, 1998년 일본의 혼다사에 대해서는 1억 9,800만 불, 그리고 2002년 한국의 현대 자동차에 대해서는 1억 1,800만 불에 해당하는 세금감면과 여타 보상을 약속하였다. 이들 외국 자동차 생산업체가 알라바마州를 선택한 결과 업체 근로자 급여만으로 연간 30억 불의 소득 창출 효과가 발생하는 등 알라바마州는 현재 '남부의 디트로이트'로 불리고 있다. Micheline Maynard, 최 원석 譯, 『디트로이트의 종말(The End of Detroit)』, 인디북 (2003), pp.254, 260, 263, 268, 281 ; 연합뉴스, 현대차 미 현지화 전략 순항(2005.12.18) 참조. 일웅 정부에 의한 재정적

이러한 상황에서 개발도상국 정부의 정책집행 및 경제개발은 난관에 부딪히게 될 것이며 지속적으로 위임・지시 보조금 분쟁의 당사자가 될 것임을 예측하는 것은 어렵지 않다. 국가 경제 및 재정 시스템이 이미 완비된 선진국의 경우 민간부문에 대한 정부의 개입과 규율의 필요성은 상대적으로 적을 것이나, 아직 그러한 단계에 이르지 못한 개발도상국의 경우 필수적인 정책 수행에 대한 통상법상 제약은 심각한 문제점을 야기할 수 있다.58) 이미 일부 학자는 정부의 적극적 지원으로 경제개발을 이룩한 선진국의 역사적 현실을 지적하며 개발도상국의 적극적인 산업, 무역, 기술, IT 정책 실행을 제약하는 현재의 WTO 체제가 개발도상국에게 구조적으로 불평등한 측면을 갖고 있음을 주장하고 있다.59) 이러한 상황에 있

기여, 경제적 혜택 및 특정성이 모두 존재하는 이러한 지원정책은 보조금 협정이나 미국 통상법상 보조금에 해당하는 것으로 판단될 가능성이 농후하다. 이러한 사례는 보조금 교부 정책이 정도의 차이는 있을지언정 선・후진국 구별 없이 경제개발에 있어 중요한 수단임을 방증하고 있다. 미국 알라바마州의 경우와 같은 직접적 보조금 교부정책도 있을 것이나 지방 정부를 통한 간접 보조금 일반 또는 위임・지시 보조금 교부의 가능성도 항상 열려 있다고 볼 수 있다

58) 특히 아시아 지역의 국가들은 다른 지역의 국가들과 상이한 문화적 특성을 보유하고 있다. 예를 들어 인권 차원에서의 아시아 지역의 특이성에 관하여는 이상면, "인권의 보편성과 아시아적 인권의 특수성", 『사회과학연구』, 서강대 사회과학연구소 (1995), pp.283~290 참조. 따라서 아시아 지역 국가에서는 정부의 역할과 타당한 민관관계에 관하여 서구 국가들과 상이한 철학 및 원칙이 일반적으로 통용된다. 이러한 상황이라면 서구식 상업적 합리주의의 기계적 적용이 아시아 국가에서의 상업적 합리주의를 반드시 대변한다고 할 수는 없을 것이다. WTO 협정의 운용에 있어서 회원국의 협정 의무 위반을 판단함에 있어 이와 같은 국가별 문화적, 정치적 상이성이 원칙적으로 고려되어서는 아니 될 것이다. 다만 보조금 협정과 같이 상업적 합리성에 관한 회원국 개별 검토를 예정하고 있는 점이 확인되는 경우라면 이러한 상이한 기준을 고려한 바탕 위에서 평가가 이루어져야 할 것이다. 보조금 협정 제14조 참조.
59) 장하준, 『사다리 걷어차기(Kicking Away the Ladder)』, 제4장 제1절 각주 36, pp.232~233 참조. 일부 학자는 한국, 중국, 인도 등 아시아 신흥공업국의 성공적인 경제개발은 이들 국가들의 주요 발전 단계에서는 WTO, IMF 등에 의한 통상/금융규범이 현재와 같이 강력히 개발도상국의 경제활동을 제약하지 않았기 때문임을 지적하고

어, 선진국에서 오랜 기간에 걸쳐 발전·채택되어온 제도(가령, 특정 분야의 국제적 기준)를 개발도상국에게도 동일하게 적용하여 이들 국가 제도의 질적 수준을 단기간 내에 향상시킬 것을 요구하는 것은 비현실적이다.[60] 이런 비현실적 요구에 기초한 통상규제가 지속된다면 개발도상국의 반발도 증가할 것이다.

개발도상국 중 특히 비시장경제체제에서 시장경제체제로 전환하는 단계에 위치한 국가들의 경우[61] 느슨한 위임·지시 보조금 기준의 적용은 심

있다. Dani Rodrik, *Trading in Illusions*, Foreign Policy, Carnegie Endowment for International Peace (March/April 2001), p.59 참조.

60) 장하준, 『사다리 걷어차기(Kicking Away the Ladder)』, 제4장 제1절 각주 36, p.242~253 참조. 이러한 사실을 염두에 두고 결국 보조금 협정의 기본 목적을 정리하면 다음과 같다. 구체적인 보조금 및 상계관세 조사 사건에 있어 이를 담당하는 WTO 회원국 조사당국 또는 WTO 패널 및 항소기구는 당해 사건과 관련된 제반 사정을 종합적으로 고려하여 관련 당사국 간 대립하는 이해관계의 적절한 균형을 달성할 수 있는 결론을 도출하여야 한다는 점이다. 본 논문 제3장 제2절 II. 2. 2) 참조. 물론 불공정 무역행위에 해당되는 것으로 의심되는 외국산 수입품에 대해 진행되는 상계관세 조사의 경우, 수입 회원국 조사당국의 보호무역주의적 성격을 완전히 배제하기는 힘들 것이다. 따라서 경계선에 위치한 경우 또는 애매한 사안의 경우, 수입 회원국 조사당국이 수입규제의 수단으로 결국 상계관세 부과를 택할 가능성이 존재할 것이다. 그러나 최소한 이러한 상계관세 부과 조치에 대하여 심리를 실시하거나 금지 보조금 및 조치가능 보조금으로 제소된 사건을 심리하는 WTO 패널 및 항소기구는 이러한 보조금 협정의 기본 목적에 의거, 관련 분쟁의 해결을 도모하여야 할 것이다. 기계적인 원칙의 적용 대신 각 구체적 사안에서 분쟁 당사국의 이해관계를 종합적으로 반영한 결과의 도출을 도모한다는 차원에서 이는 한편으로 여타 국제협정에서 발견되는 '형평의 원칙(equitable principle)'의 WTO 체제에 대한 적용이라고 볼 여지도 있다. 예를 들어 1982년 유엔 해양법 협약은 배타적 경제수역과 대륙붕에 관한 해양법상 경계획정과 관련하여 형평의 원칙을 제시하고 있다. 이 원칙의 취지는 '일방국이 모든 것을 차지하는(winner take all)' 방식 대신 당사국간 상충하는 이해관계의 도모를 통해 가장 공평한 결과를 도출하자는 것이다. Sang-Myon Rhee, *Equitable Solutions to the Maritime Boundary Dispute Between the United States and Canada in the Gulf of Maine*, American Society of International Law, Vol. 75, No. 3 (July 1981), pp.267~268 ; 1982년 유엔해양법 협약 제74조 1항 및 제83조 1항 참조.

각한 문제를 야기한다. 중국, 베트남, 구소련 구성 공화국의 경우 광범위한 국영기업 운영 등으로 사실상 정부와 민간부문의 구분이 용이하지 않다.62) 사회주의권 국가의 이와 같은 특별한 상황은 보조금 문제 전반에 걸쳐 이들 국가들에 대하여 문제를 야기할 것이지만, 특히 위임·지시 보조금의 경우는 더 특별한 문제를 야기할 것이다. 먼저 이들 국가의 국영기업이 점차 민영화되고 있으나 시장경제체제 국가, 특히 선진국 수준의 순수 민간운영 체제로 전환하기까지는 상당한 시간이 소요된다. 민영화 작업완료에 소요되는 기간 동안 이들 국가들의 국영기업은 위임·지시 보조금 조사의 대상이 될 것이다. 또한 궁극적으로 이러한 국영기업의 형식적 민영화가 완성되는 경우에도 이들 기업과 해당국 정부와의 직·간접적 연관성이 즉시 정리되어 서구식 기준이 충족될 것을 기대하기는 곤란하다.63) 그렇다면 이는 위임·지시 보조금의 확인으로 이어질 개연성

---

61) 이러한 국가들은 체제전환형 경제(economy in transition)라고 불린다. 보조금 협정 제29조 참조.
62) 국영기업[State-Owned Enterprises('SOE')]은 사회주의권 국가들의 경제에 있어 중요한 위치를 차지하고 있다. 예를 들어 베트남의 경우 국영기업은 2004년 기준으로 베트남 총 고정자본의 75%와 총 국내투자의 20%를 차지하고 있으며, 대략 국가예산의 40%가 국영기업 운영으로부터 충당되고 있다. 강신일, "Challenge on SOEs in Vietnam", 한-베트남 지식공유사업(Knowledge Sharing Project for the Socialist Republic of Vietnam) 발표문, 재정경제부·KDI 국제정책대학원 (2004.10.4), p.16 참조.
63) 이들 사회주의권 국가들은 WTO에 신규 가입하였거나 가입하고자 하는 국가들로서, 이들 국가들의 WTO 협정하에서의 구체적 권리·의무는 가입 의정서(accession protocol)에 따라서 결정된다. 따라서 보조금 협정의 규정을 그대로 적용할 것인지 또는 특별한 유예 조건이나 기간을 인정할 것인지는 가입 국가별로 구체적 협상 결과에 달려 있다. 예를 들어, *Protocol on the Accession of the People's Republic of China*, WT/L/432 (23 November 2001) 참조. 특히 중국 가입 의정서의 Annex 5A는 보조금에 관하여 광범위한 내용과 중국에 대한 특별 규정을 포함하고 있다. 향후 신규 가입국이나 기존 회원국 입장에서 위임·지시 보조금의 본질적 문제를 충분히 인식하고 있다면, 이 부분에 관한 적절한 유예 또는 예외 조항을 삽입함으로써 사회주의권 국가들과 이 문제에 대해 향후 불필요한 분쟁의 소지를 최소화할 수 있을

이 농후하다.[64] 특히 이들 국가들에 있어서 경제체제 개혁의 핵심 중 하나는 은행법과 도산·파산법인 바,[65] 최근 한국산 반도체 및 조선 보조금 분쟁에서 보았다시피 이들 법령은 위임·지시 보조금 공방에 있어 핵심적 위치를 차지하고 있다. 따라서 비시장경제체제 국가의 이러한 국내법들이 어떻게 정비되고 운용되느냐에 따라 이들 국가들의 위임·지시 보조금에 대한 구체적 취약성이 결정될 것이다.

보조금 협정 제1.1조 (a)(1)항 (iv)호상 '위임 및 지시'의 부당한 확대로 인한 피해자가 주로 개발도상국이라고 한다면 이는 보조금 협정의 '대상 및 목적' 그리고 '문맥'과 합치하지 않음은 앞에서 지적하였다.[66]

II. 상업적 합리성 판단의 고려 요소

위에서 현재 조사당국에 의해 적용되고 있는 상업적 합리성 기준의 일반적·구체적 문제점을 각각 살펴보았다. 그렇다면 이러한 문제점을 극복하고 위임·지시 보조금 조사에서 상업적 합리성을 적절히 평가하기 위해 고려하여야 할 구체적 요소는 무엇인가? 이 문제 역시 일반화된 답변을 제

것으로 본다.

64) 베트남의 경우 현재 WTO 가입 준비 작업으로 국영기업에 대한 민영화 작업이 급속히 추진 중이다. Central Institute for Economic Management of Vietnam, 『Vietnam's Economy on 2004』, Science and Technics Publishing House (2005), pp.76~80 참조. 이러한 민영화 작업에도 불구하고 베트남 국영기업은 WTO 가입 후 보조금 분쟁을 초래할 개연성이 높다. 졸고, "*Integration into the World Trading System: How to Facilitate Vietnam's Preparation for Entry into the WTO*", 한-베트남 지식공유사업 (Knowledge Sharing Project for the Socialist Republic of Vietnam) 발표문, 재정경제부·KDI 국제정책대학원 (2004.10.4), p.25 참조.

65) Kirsten Storin Doty, *Economic Legal Reform as a Necessary Means for Eastern European Transition into the Twenty-First Century*, 제4장 제1절 각주 54, pp.189, 209~221 참조.

66) 본 논문 제3장 제2절 Ⅲ. 참조.

시하기는 곤란할 것이나, 일단 다음 사항을 고려할 수 있을 것이다.

1. 피조사국의 구체적 상황

조사당국이 고려하여야 할 가장 중요한 요소는 상업적 합리성 판단의 현실성을 확보하기 위한 피조사국의 구체적 상황이다. 현 WTO 체제는 회원국에 대해 특정한 경제·금융체제 또는 정책을 채택하도록 강요하고 있지 않다.[67] 전 세계 모든 국가와 사회는, 또 동일한 국가와 사회라고 하더라도 각 시대별로 국내 경제·금융시장의 구체적 상황은 천양지차이다. 민간주체의 상업적 합리성 문제는 그러한 거래 관계가 발생한 경제체제 및 시장상황과 유리되어 판단될 수 없으며 반드시 관련 국가(즉, 피조사국 또는 피제소국)의 경제체제 및 시장상황에 기초하여 판단되어야 한다. 가령 관련 국가에 특별한 상황이나 고유의 업무처리 환경이 존재한다면 이에 대한 충분한 고려가 필요하다. 조사당국이 외국의 그러한 관행을 용인할 필요는 없으나 상업적 합리성 판단에 있어 최소한의 충분한 고려는 해야 할 것이다. 따라서 상업적 합리성을 평가하는 회원국 조사당국이 자국 또는 특정의 기준만을 정당한 업무처리의 기준으로 확인하고, 이와 다르거나 또는 이러한 기준에 미치지 못하는 경우 그 자체로서 상업적 합리성을 결여한 조치로 보아 정부의 '위임 및 지시'의 성황증거로 설정하는 것이 문제라고 하겠다.[68] 이는 보조금 조사에 있어 기본적으로 피조사국의 시장상황에 따를 것을 규정하고 있는 보조금 협정 제14조의 기본취지

---

67) *U.S.-FSC(AB)*, para. 90 참조.
68) 사실 이러한 경향은 미국 통상 정책 전반에서 나타나는 문제라는 지적도 있다. William A. Lovett, Alfred E. Eckes Jr. & Richard L. Brinkman, *U.S. Trade Policy: History, Theory, and the WTO*, 2nd ed. M.E. Sharpe (2003), p.150 참조(An aspect of U.S. foreign policy that has been vexing, troubling and alienating to many nations, including those well disposed to Americans, is a tendency to self-righteous and self-centered moralism … "Be like us" is the implicit message).

에도 위반된다. WTO 선례도 비록 간접적이긴 하지만 상계관세 조사에 있어 피조사국 정부와 기업의 조치를 그 해당국의 문화적·환경적 관점에서 판단해야 한다는 점을 적시하고 있다.69) 따라서 이러한 문화적 상이성 문제가 특히 현저하게 대두되는 위임·지시 보조금 조사의 상업적 합리성 판단에 있어 회원국 조사당국 및 WTO 패널은 피조사국의 구체적 상황을 충분히 고려할 필요가 있다. A국에서의 상업적 합리성이 B국의 그것과 반드시 일치한다고 볼 수는 없을 것이기 때문이다.

상업적 합리성 판단에 있어 특히 한국이 경험하였던 1997년 외환위기와 같은 극단적 경제위기 상황에 처한 일부 국가의 경우, 단순한 일반적 단기 이익 극대화 논리만으로는 민간주체 의사결정 과정의 상업적 합리성을 충분히 설명하기 곤란한 측면도 있다.70) 예를 들어, 경제위기 상황에 직면하여 주요 민간은행의 경우 자국 경제 및 사회의 주요 구성원으로서 특정 대출 결정시 전체 경제체제의 장기적 안정 필요성을 고려사항에 포함하는 것도 어떤 측면에서는 '합리적'이라고 볼 여지도 있을 것이다.71) 이들 은행은 장기적 국내 경제체제 안정의 가장 직접적인 수혜자라

---

69) *Japan-Film(Panel)*, paras. 10.43-10.46 ; *Japan-Restrictions on Imports of Certain Agricultural Products*, BISD 35S/163 (22 March 1988), p.242 참조. 특히 일본의 문화적 특성과 그에 따른 통상정책적 효과에 관해서는 일반적으로 Gary R. Saxonhouse, *A Short Summary of the Long History of Unfair Trade Allegations against Japan* ; John McMillan, *Why Does Japan Resist Foreign Market-Opening Pressure?*, Fair Trade and Harmonization: Prerequisites for Free Trade, Jagdish N. Bhagwati & Robert E. Hudec eds., The MIT Press (1996), pp.515∼541 참조.

70) 산업연구원, "기업구조조정 및 산업정책과 국제통상규범과의 조화", 제2장 제3절 각주 8, p.68 참조.

71) 따라서 이러한 고려 자체를 비상업적으로 평가하여 '위임 및 지시'의 정황증거로 간주하는 것은 적절하지 않다. 예를 들어 미국 상무부의 한국산 반도체 상계관세 부과 최종판정, 제2장 제2절 각주 1, pp.6∼11, 56, Comment 5(Hynix Creditworthiness) ; 미국 상무부의 한국산 반도체 상계관세 1차 연례재심 예비판정, 제2장 제3절 각주 3, pp.54, 533 ; 일본 정부의 한국산 반도체 상계관세 조사 중요사실, 제2장 제3절 각주 2, para. 327 ; 유럽연합의 한국산 반도체 상계관세 조사 최종판정, 제4장 제1절 각

고 할 수 있기 때문이다. 이러한 점은 특히 상업은행의 공익적 측면을 중시하는 국가들에 있어 현저하게 나타난다.[72] 가령, 일본의 경우 경제적 위기에 봉착한 기업에 대한 일본 상업은행의 대출 결정에 있어서 서구적 관점에서는 비합리적이라고도 볼 수 있는 고려가 이루어진다. 즉, 그러한 기업의 '주요 거래은행(main bank)'은 단순한 채권·채무자 관계를 넘어선 전반적인 '상호관계의 유대성'을 고려하여 규모나 조건면에서 적극적인 대출을 실시하는 것이 일반적 관행이다.[73]

일본의 이러한 상황은 일본과 유사한 경제·사회 규율 체제를 갖고 있

주 22, paras. 105-112 참조.
72) 예를 들어 개별 일본 기업의 '주요 거래 은행(main bank)'인 일본 상업은행은 해당 기업이 재정적 위기 상황에 봉착하게 될 경우 동 기업을 청산하기보다 가급적 이를 회생시키기 위하여 노력하여야 한다는 묵시적인 공감대가 정부부문 및 민간부문에서 존재하고 있다. Curtis J. Milhaupt, *A Relational Theory of Japanese Corporate Governance: Contract, Culture, and the Rule of Law*, 제4장 제3절 각주 12, pp.3, 22 참조. 이는 최소한 아시아권에서 민간 상업은행이 단순히 영리 극대화 목적이 아닌 사회 경제적 역할 수행이 기대되고 있음을 보여주는 사례이다. 이러한 맥락에서 일본 정부가 상업은행에 대하여 위기에 처한 기업에 대출을 제공할 것을 요청하는 것은 일본의 이러한 특성을 감안하면 놀라운 일이 아니다. James Sterngold, *No Letup in Japanese Bank Crisis*, New York Times (October 1, 1994), p.41 참조.
73) Curtis J. Milhaupt, *A Relational Theory of Japanese Corporate Governance: Contract, Culture, and the Rule of Law*, 제4장 제3절 각주 12, pp.3, 22~25 참조. 필자는 일본 금융권에 고유한 제도의 하나인 '주요거래 은행(main bank)'제도에 대해 동 제도가 일본 특유의 기업 운영 문화를 보여주는 '사회관계 중심적' 규율의 사례라고 설명하고 있다. 일본의 '주요거래 은행'은 해당 기업에 대해 가장 대출이 많은 은행이며 동 기업 운영과 생존의 지원을 위해 다양한 지원책을 모색하는 것이 관행이라고 설명하고 있다. 한 전문가는 이러한 점은 일본 정부 차원에서도 발현되고 있음을 지적한다. 일본 정부는 통상 분쟁이 발생하는 경우에도 가급적 상대방과의 타협을 통한 해결을 도모하며 법적인 해결을 회피하고자 한다. 이 점에서 미국과는 상당한 차이가 있다는 것이다. Yuji Iwasawa, *WTO Dispute Settlement and Japan*, New Directions in International Economic Law: Essays in Honour of John H. Jackson, Kluwer Law International, Marco Bronckers & Reinhard Quick eds. (2000), p.474 참조.

는 한국에도 적용된다. 특히 일본의 주요 거래은행 제도는 한국에서도 시행되고 있다. 한국 기업의 주요 거래은행인 민간은행은 해당 기업의 재정위기 타개를 위해 적극적 역할을 수행하는 경우가 빈번하다. 하이닉스 반도체의 경우 외환은행, 그리고 대우조선의 경우 제일은행이 주요 거래은행으로서 그러한 역할을 담당하였다. 이러한 주요 거래은행 제도의 사회·경제적 역할에 대한 이해가 부족한 외국 조사당국은 이를 정부 주도 관치금융의 효과적 시행을 위한 보조수단으로 인식하는 경향이 있다. 물론 경우에 따라서는 주요 거래은행이 정부의 '위임 및 지시'를 위한 창구로 활용되는 경우도 있을 것이다. 그리고 한국의 주요 거래은행이 한국 정부를 위하여 그러한 창구역할을 수행하였는가에 대한 논란에 대해서도 명확한 해답을 제시하기 곤란하다. 그러나 최소한 조사당국이나 WTO 패널은 위임·지시 보조금 고찰에 있어 이러한 피조사국 경제·사회제도의 구체적 상황을 충분히 고려하여야 하지만, 조사당국이나 패널의 결정에는 이러한 부분에 대한 언급이 사실상 부재한 실정이다. 보조금 협정 제14조가 이를 요구하고 있음은 앞에서 살펴본 바와 같다.

이러한 맥락에서 *Korea-Shipbuilding(Panel)* 패널이 이러한 점을 고려, '위임 및 지시'의 분석에 있어 조사당국이 피조사국의 상황을 고려할 필요성을 지적하고 있는 것은 적절하다. 즉 동 결정은 전반적으로 1997년 이후 한국형 채무재조정 조치에 대한 평가를 내리며, 한국에서의 채무재조정 조치는 재정난에 봉착하였으나 장기적으로 회생 가능성을 보유한 기업에 대해 채권단이 선별 지원하는 제도를 도입했다는 점에서 미국 국내법상 Chapter 11 절차의 한국적 실시로 볼 수 있다는 점을 평가하였다. 특히 패널은 한국법에 따른 법정관리 절차 및 회사정리 절차에서 기인하는 문제점(가령 소요기간의 장기화 등)을 감안하면 경우에 따라서 한국 내 채권은행이 채무재조정 조치 실시를 선호할 수도 있다는 한국적 상황을 고려하였다. 즉, 한국 내 채무재조정은 한국시장의 여러 상황을 종합적으로 고려한 채권자들의 채무회수 및 이윤 극대화를 위한 합리적 또는 차선책 (second best option)의 선택으로 판단될 수도 있다는 점을 동 패널은 평가하였다. 또한 동 패널은 채권은행이 채무기업의 채무재조정 및 도산 절차 회부 여부를 검토함에 있어 적용하는 상업적 합리성의 판단은 동 기업의 정상적인 운영상황에서 일반적 상업적 합리성 판단과 반드시 동일하지 않다는 점을 지적하였다.[74] 이러한 *Korea-Shipbuilding(Panel)* 패널의 결정은 피조사국의 구체적 상황에 기초한 위임·지시 보조금 조사의 필요성을 효과적으로 제시하고 있는 것으로 평가된다.

특히 흥미로운 것은 *Japan-Film(Panel)* 사건에서 미국은 일본 정부 및 사회 내에 존재하는 보이지 않는 무역제한 조치의 시정을 주장하며 패널이 일본의 특별한 사회·문화적 배경을 고려하여야 한다고 주장한 바 있다는 점이다.[75] 즉, 정부와 민간부문의 밀접한 관련 속에서 기업 운영이 이루어지는 일본 사회 고유의 특징으로 인해 외국 기업은 일본 시장 진입에 심각한 애로를 겪게 되고 이것은 외국 기업에 대해서 수출 장벽으로 작용한다는 점을 미국은 주장하였다.[76] 각국의 문화적·사회적 특성이 무역 장벽을 구성할 수도 있다는 미국의 논리는 한편으로 민간거래의 상업적 합리성 판단에도 각국의 문화적·사회적 특성이 유사하게 고려되어야 함을 방증하고 있다.

---

74) *Korea-Shipbuilding(Panel)*의 이러한 결정을 위해서는 *Id.*, paras. 7.365-7.407 ; G. Eric Brunstad, Jr., *Bankruptcy and the Problems of Economic Futility: A Theory on the Unique Role of Bankruptcy Law*, The Business Lawyer, Vol. 55, No. 2 (Feb. 2000), pp.499, 590 참조.
75) *Japan-Film(Panel)*, paras. 10.46, 10.360 참조.
76) 이 사건에서 미국은 지속적으로 "일본의 상황은 다르다(Japan is different)"라는 입장을 견지하며 일본 정부 및 민간 분야의 특성에 초점을 맞추고자 노력하였다. James P. Durling & Simon N. Lester, *Original Meaning and the Film Dispute: The Drafting History, Textual Evolution, and Application of the Non-Violation Nullification or Impairment Remedy*, 제3장 제3절 각주 19, p.263 참조.

2. 민간주체 간 상이한 이해관계

기본적으로 각 민간주체는 특정한 거래행위의 참여 여부를 독자적으로 결정한다. 가령 甲 회사에 대한 대출여부 결정에 있어 A와 B 은행은 각각 별도의 검토 및 결정 과정을 거치게 된다. 따라서 위임·지시 보조금 조사에서 제기되는 상업적 합리성은 개별적 검토가 그 본질적 속성이다.

그러므로 상업적 합리성 판단에 있어 현실성을 제고하기 위해 조사당국이 고려해야 할 점은 고찰대상인 거래행위에 다양한 민간주체가 동시에 참여하는 경우, 이들 각 민간주체의 상업적 합리성 판단의 기준이 내부적으로도 반드시 동일하지 않다는 점이다. A 은행 입장에서는 상업적 합리성이 결여된 조치도 특별한 정보를 보유하고, 상이한 상황에 처한 B 은행에게는 상업적 합리성이 인정되는 조치일 가능성도 있게 되는 것이다. 따라서 조사당국은 조사과정에서 답변서, 현지실사(on-site verification) 등을 통해 특정 민간주체의 고유한 상황이 적시된 경우 이를 반영한 상업적 합리성 판단을 실시하여야 한다. 경우에 따라서는 복수의 민간주체가 관여하고 있더라도 사실상 동일한 조건과 환경에 따라 해당 거래행위에 참여하는 경우라면 몇몇 민간주체에 대한 표본조사(sampling)를 통하여 상업적 합리성을 판단할 수도 있을 것이다. 그러나 하나의 민간주체에 대해서도 동 거래행위에 참여하는 의도와 목적이 여타 민간주체와 상이하다는 점이 확인된 경우에는 이러한 표본조사 방법을 통한 상업적 합리성의 집단적 평가가 인정될 수 없을 것이다.

이러한 결론은 보조금 조사에서 '정부에 의한 재정적 기여'와 함께 검토되는 별도의 요건인 '경제적 혜택'의 평가에 있어 적용되는 '시장기준(market benchmark)'을 고려하더라도 지지된다. 시장기준은 복수의 민간주체에 의해 제공될 수도 있으나 단일의 민간주체에 의해 제공되는 경우도 있을 수 있다. 따라서 다수의 민간주체가 참여하는 거래의 경우에도 하나의 민간주체에 대한 상업적 합리성만 인정되면 그 민간주체가 시장기준을 제공하여 다른 민간주체로부터 부여되는 경제적 혜택을 零으로 만들게 된다. 이 경우 정부에 의한 '위임 및 지시' 여부와 상관없이 '경제적 혜택' 요건의 부재로 인해 보조금은 존재하지 않게 된다.

이를 위임・지시 보조금의 실제에 적용하여 보면 다음과 같다. 위임・지시 보조금의 대표적 사례인 채무재조정의 경우를 예로 들면, 재정난에 처한 특정기업의 채무재조정에 참여하는 채권은행들은 다양한 배경과 이해관계를 갖고 있다. 예를 들어 Korea-Shipbuilding(Panel) 사건에서 문제가 된 한국 조선업체 채무재조정에는 국내뿐 아니라 해외 채권금융기관들도 포함되어 있다. 그런데 동 채무재조정에 접근하는 해외 채권금융기관들의 태도는 국내 채권금융지원들과는 반드시 동일하지는 않았다. 즉 국내 채권금융기관의 경우 기업의 존속가치(on-going concern value)가 청산가치(liquidation value)보다 크고 회생가능성이 있다고 인정되면 채무재조정을 통한 중장기적 채권회수 극대화 방안을 선호하는데 비해, 해외 채권금융기관은 해당 기업의 중장기적 채권회수보다 외환위기에 처한 한국시장에서의 채권을 조속히 정리하는 방안을 선호하였던 것이다. 일견 상충하는 것으로 보이는 이러한 입장 차이에도 불구하고 양 입장 공히 상업적 합리성을 인정할 수 있음에 주목하여야 한다. 즉, 국내에 기반을 두고 있는 국내 채권자들은 국내경제와 자본시장이 위기라 하더라도 가급적 이를 정상화시키는 데 일조하여 중장기적으로 채권회수를 시도하고자하는 입장을 취할 가능성이 높다. 그렇다면 해당 기업의 청산을 통해 경제 전반 및 자본시장에 충격을 가중시키기 보다는 일단 현 상황유지에 초점을 둔 채무재조정 조치가 이들에게 보다 상업적으로 합리적인 것으로 판단될 것이다. 한편 한국시장에 진출한 해외 채권자들은 불안요소가 가중되고 있는 한국에서의 투자 자본을 회수하여 위험을 최소화하고 보다 안정적인 제3국 시장에 투자하고자 시도하는 것이 상업적으로 합리적인 결정으로 간주될 것이다. 따라서 표면적으로는 일부 채권자들의 경우 채무재조정 실시, 그리고 여타 채권자들의 경우는 기업청산 실시로 상호 의견이 대립되는 것으로 보이지만, 이를 상세히 검토하면 양자 공히 상업적 합리성을 보유하고 있음을 알 수 있다. 이러한 상황에서 일부 채권금융기관의 결정(예를 들어 해외 채권은행들의 결정)을 기준으로 전체 채권금융기관에 적용될 상업적 합리성을 평가하는 것은 상당히 위험하다는 점을 알 수 있다.

그러나 동 사건 패널 심리에서 유럽연합은 조선업체 채무재조정 조치의 상업적 합리성을 해외 채권자 또는 해외 투자자의 행동을 기준으로 판단하여야 한다고 주장하였다.[77] 유럽연합의 주장은 국내 금융지원들이 한국 정부의 압력에 따라 상업적 원칙에 반하여 채무재조정에 참여하였으므로 이들의 행동은 상업적 합리성의 기준이 될 수 없으나, 해외 채권자들은 한국 정부의 영향을 받지 않고 행동하였으므로 상업적 합리성 판단의 기준이 될 수 있다는 것이다.[78] 유럽연합의 주장도 형식적 논리로는 일리가 있다. 정부의 영향을 받은 것으로 결정된 민간주체와 정부의 영향을 받지 않은 것으로 결정된 민간주체를 구별하여 후자의 경우를 상업적 합리성 기준으로 인정하고 이에 반하는 전자에 대해서는 상업적 합리성을 부인할 수 있다는 단순한 구별에 기초하고 있기 때문이다. 그러나 이러한 단순한 논리에는 세 가지의 기본적 흠결이 있다. 먼저, 각 개별 채권자별로 크게는 국내 채권자와 해외 채권자간에 상업적 합리성 판단의 기준이 상이할 수도 있다는 점을 전혀 고려하지 않고 있다는 점이다.[79] 둘째, 유럽연합이 주장하는 바와 같이 정부의 압력 자체가 상업적 합리성을 부인하는 것이 아니라는 점이다. 민간주체는 정부의 압력에도 불구하고 상업적 합리성을 보유한 결정을 내릴 수도 있으며 정부의 압력이 부재하

---

77) *Korea-Shipbuilding(Panel)*, para. 7.429 참조.
78) *Id.*
79) 가령 입장이 유사한 것으로 간주되는 국내 채권은행의 경우에도 동일한 조치에 대하여 상이한 입장을 견지하고 있다. 일본 정부의 한국산 반도체 상계관세 조사 중요사실, 제2장 제3절 각주 2, para. 257. 참조.

더라도 상업적 합리성이 결여된 결정을 내릴 수 있기 때문이다. 셋째, 이러한 논리 전개는 순환논리(bootstrapping)의 오류를 범하고 있다. 상업적 합리성 여부를 검토하고 이를 정황증거로 활용하여 정부의 '위임 및 지시'를 밝히고자 하는 것이 위임·지시 보조금 조사의 골격인 바, 유럽연합의 주장은 정부의 압력이 존재하였으므로 상업적 합리성이 부인된다는 결론을 도출하고 다시 이로부터 상업적 합리성이 부재하므로 정부의 '위임 및 지시'가 존재하였다라고 주장하는 것이다.

비록 이와 같은 구체적 검토를 실시하지는 않았으나 *Korea-Shipbuilding (Panel)* 패널은 국내 채권금융지원과 해외 채권금융기관들이 채무재조정에 대해 상반된 태도를 보인 이유를 설명하는 다양한 증거가 혼재하고 있음을 들어 한국 정부에 의한 '위임 및 지시'를 주장하는 유럽연합의 주장을 기각하였다.[80] 이러한 패널의 결정은 다양한 민간주체가 연관되는 경우 때로는 각 민간주체들이 상업적 합리성에 관하여 상이한 입장을 보유하는 상황도 상정가능하며 이 중 일부의 입장만을 전체적 상업적 합리성 판단의 기준으로 채택하는 위험성을 지적하고 있는 것으로 이해할 수 있을 것이다.[81]

따라서 위임·지시 보조금 조사를 실시하는 WTO 회원국 조사당국은 관련 민간주체의 다양한 이해관계와 입장을 인식하고, 상업적 합리성 검토에 있어 원칙적으로 각 민간주체에 대한 개별적 검토를 실시하여야만 한다. 또한 다수의 민간주체가 관련되어 모든 민간주체에 대한 개별적 검토가 현실적으로 곤란하더라도 적절한 기준에 따라 몇몇 그룹으로 나누어 각 그룹별로 상업적 합리성을 검토하는 등 개별성 보장을 위한 타협책을 모색하여야 할 것이다. 이러한 개별적 검토는 피조사국 시장 상황을 보다 정확하게 반영할 수 있다는 점에서 상업적 합리성의 '시장 합치성'을 규정하고 있는 보조금 협정 제14조가 요구하는 바이기도 하다.[82]

---

80) *Korea-Shipbuilding(Panel)*, paras. 7.429-7.434 참조.
81) *Id.*, para. 7.434 참조.

3. 채무재조정 조치의 특이성

위에서 살펴본 민간주체의 상업적 합리성의 개별적 검토 필요성과 동일한 선상에서, 조사당국이나 WTO 패널이 채무재조정과 연관된 상업적 합리성 판단에 있어 특히 고려하여야 할 요소가 있다. 바로 채무재조정이 특정 기업에 대하여 이미 채권을 보유한 채권금융기관들에 의해 실시된다는 점이다. 이 금융기관들은 이미 해당기업에 대하여 상당한 대출을 실시하였고 이제 이 기업이 재정적 난관에 봉착하여 채무회수가 불투명해지게 된 것이다. 이러한 '특별한' 상황에 처한 금융기관의 의사결정 과정은 동일한 기업에 대하여 동일한 시점에서 동일한 금액의 '신규대출'을 검토하는 금융지원의 의사결정과는 상당한 차이가 있다. 신규대출을 검토하는 금융기관과 달리 이미 상당한 채권액을 보유한 금융지원의 경우 해당 민간주체의 사업을 지원하여 정상화시키는 것이 기존의 채무회수에 유리할 것으로 판단하여 추가대출, 채무감면, 채무만기연장 등을 내용으로 하는 채무재조정 조치가 자신의 이익에 장기적으로 부합하는 것으로 판단할 개연성이 커지게 되기 때문이다.

즉, 경제적 난관에 봉착한 기업에 대한 채권금융기관의 채무재조정은 단순한 신규대출 또는 신규출자의 경우와 구별되는 별도의 상업적 합리성 고려에 기초하고 있다. 여기에서 채권금융기관은 채무재조정을 통해 추가로 제공하는 대출, 만기연장, 부채감면, 또는 출자만을 고려하는 것이 아니라 해당 기업에 이미 제공된 대출 및 출자의 회수가능성을 아울러 고려하게 되는 것이다.[83] 만일 채권금융기관이 해당 기업은 생존 가능성이

---

[82] *U.S.-Lumber CVD Final(AB)*, paras. 96, 101-103, 167 참조.
[83] 예를 들어, 외환은행, 일본 정부 한국산 반도체 상계관세 조사에 대한 답변서(2004. 11.23, "일본 정부 한국산 반도체 상계관세 조사 외환은행 답변서"), 질문 V.4.(11) 에 대한 답변 ; 조흥은행, 일본 정부 한국산 반도체 상계관세 조사에 대한 답변서 (2004.11.23, "일본 정부 한국산 반도체 상계관세 조사에 대한 조흥은행 답변서"),

없어 기존 대출 및 출자에 대한 회수가능성이 전혀 존재하지 않는다고 판단한다면 이러한 채권은 이제 회수가 불가능한 소위 '매몰비용(sunk cost)'에 해당할 것이며 합리적 경제주체라면 이를 무시하고 해당 기업에 대하여 최초로 신규대출을 검토하는 은행과 마찬가지로 현 시점에서의 대출 및 출자의 상업적 합리성에만 관심을 갖게 될 것이다.[84] 그러나 채무기업이 현재 경제적 난관에 처했다 하더라도 장차 회생 가능성이 있는 것으로 채권금융기관이 판단하는 경우 불명확하기는 하지만 기존 대출 및 출자에 대한 회수 가능성은 여전히 존재하는 것이므로 이는 매몰비용에 해당되지 않는다.[85] 그렇다면 이 경우 채권금융기관 입장에서는 기존 대출 및 출자의 회수 가능성과 추가로 제공되는 대출 및 출자가 초래할 추가 위험성을 동시에 고려하여 어떠한 선택이 자신의 이익 극대화를 가능하게 하여 줄 것인지에 대해 검토하게 될 것이다. 이러한 검토 결과 기존 채무조건의 일부 변경이나 추가자금 지원을 포함하는 채무재조정 결정에 이르게 된다면 이러한 조치는 해당 금융기관 입장에서 때로는 상업적 합리성이 충분히 존재하는 것으로 인정되어야 할 것이다. 결국 단순히 신규 대출자·투자자의 입장에서만 판단하여 대출 및 투자 적격성이 부재하다는 단순한 논리의 적용은 기존 대출자·투자자의 대출 및 투자 적격성을 반드시 입증하여 주지는 않는다고 보아야 할 것이다.[86]

채무재조정에 적용되는 또 다른 특징은 대부분의 경우 문제가 된 상업적 합리성을 비교할 대상이 부재하다는 점이다. 보조금의 경제적 혜택 판

질문 Ⅳ. 2에 대한 답변 ; 한국 정부, 일본 정부 한국산 반도체 상계관세조사에 대한 답변서(2004.11.27, "일본 정부 한국산 반도체 상계관세 조사 한국 정부 답변서"), 질문 Ⅳ. 17에 대한 답변 참조.
84) Joseph E. Stiglitz, *Principle of Micro Economics*, supra note 15, pp.44~45 참조.
85) Id.
86) 일본 상계관세 조사에 대한 한국 정부 반론서, 제3장 제3절 각주 18, pp.25~26 ; 산업연구원, 『기업구조조정 및 산업정책과 국제통상규범과의 조화』, 제2장 제3절 각주 8, p.75 참조.

단에 있어 WTO 선례가 확인한 기준은 정부에 의한 재정적 기여의 수혜자 관점에서 "그 수혜자가 일반시장에서 획득할 수 있는 조건보다 유리한 조건으로 재정적 기여를 제공 받았는가" 하는 것이다.[87] 이를 통상 '시장비교기준(market benchmark)'이라고 부른다. 관련 시장에서 타당한 비교기준을 구하여 이와 비교를 통해 문제가 된 조치의 상업적 합리성을 평가하고 만약 상업적 합리성이 존재하지 않을 경우 그 정도를 경제적 혜택으로 산출하는 것이다. 그러나 이러한 시장 비교기준을 채무재조정에 그대로 적용하기는 곤란한 점이 있다.[88] 즉, 기본적으로 채무재조정이 거래되는 시장이 존재하는 것은 아니기 때문이다. 채무재조정은 시장에서 통상적으로 발생하는 거래행위가 아니며 그 성격상 각 개별사안별로 채무기업의 자산현황, 부채현황, 향후 영업전망, 회생가능성을 종합적으로 감안하여 구체적인 조건을 정하는 것이므로, 그 조치의 타당성 및 가치평가에 적용될 일반적 기준을 발견하는 것이 곤란한 경우가 대부분이다. 이는 결국 채무재조정 맥락에서 대부분의 경우 상업적 합리성은 다른 객관적 기준과의 '비교'가 아닌 그 '자체'의 상업적 합리성 검토에서 구해야만 함을 보여준다.

요약하면, 채권 금융지원들의 채무재조정이 그 당시 상황에서 부실채권의 회수를 극대화하고 손실을 장기적으로 최소화하기 위한 결정이었는지, 아니면 무모한 사업상 결정이었는지 여부가 채무재조정의 상업적 합리성 판단의 중요한 기준이 되어야 한다. 이러한 상황에서 *Korea-Shipbuilding(Panel)* 패널이 상업적 합리성 기준을 채무재조정 그 자체의 맥락에서 파악하고자 노력한 것은 적절한 접근 방법이라고 평가할 만하다.

---

[87] *Canada-Aircraft(AB)*, paras. 155-161 참조.
[88] 한국조선공업협회, 『블루오션을 창출하는 한국조선: 20여년의 통상분규 극복』, 제2장 제3절 각주 8, p.189 참조.

4. 해당 산업의 특성 고려

위임·지시 보조금 고찰에 있어 현실성에 기초한 상업적 합리성 평가를 위해 관련 민간주체가 참여하는 산업의 고유한 특성이 존재하는 경우, 조사당국은 그러한 특성을 역시 고려해야 한다. 동일한 국가 영역 내에서도 A 산업에서의 상업적 합리성 판단 기준과 B 산업에서의 상업적 합리성 판단기준이 항상 동일하다고 볼 수는 없을 것이기 때문이다. 따라서 동일한 시점에 있어 피조사국의 A 산업에서 상업적 합리성을 결여한 것으로 판단되는 조치가 B 산업에서는 상업적 합리성을 보유한 것으로 간주될 가능성이 있다.

이를 최근 분쟁의 대상이 된 반도체 산업 맥락에서 살펴보면 다음과 같다. 반도체 산업은 3~5년 주기의 기복이 심한 경기 순환현상(소위 boom-bust cycle)을 따르고 있다.[89] 이에 따라 반도체 업체는 심각한 침체기와 과도한 활황기를 주기적으로 반복하고 있다.[90] 이는 침체에 처한 반도체 생산기업과 이들 기업에 자금을 대출해주는 금융지원이 여타 기업 및 금융지원과는 상이한 판단 기준을 갖고 있을 가능성이 있음을 보여준다. 즉, 2~3년간의 침체기를 극복하면 다시 2~3년간의 호황을 통해 침체기의 손실을 즉시 만회할 수 있다는 기대감이 존재함에 따라 채권금융기관 입장에서는 채무재조정을 통한 반도체 기업의 생존을 도모할 실익이 여타 산업 및 기업보다 높게 된다. *Korea-Shipbuilding(Panel)* 패널 역시 조선산업에서 발견되는 이러한 특성을 지적하였다. 즉 상업적 합리성 판단과 관련, 조선산업의 특성을 고려한 상업적 합리성 판단이 이루어져야 함을 지적

---

89) United States International Trade Commission, *DRAM and DRAM Modules from Korea*, Investigation No. 701-TA-431(Final), Publication No. 3316 (August 2003) "USITC 한국산 반도체 산업피해 최종 판정", p.16 ; *U.S.-DRAMs(Panel)*, paras. 7.277-7.279, 7.283 참조.
90) USITC 한국산 반도체 산업피해 최종 판정, *supra* note 89, pp.16~18 참조.

하며, 위임·지시 보조금 정황증거의 하나로서 상업적 합리성 판단을 실시함에 있어 산업적·기업적 특성을 감안한 검토가 이루어 져야 한다는 점을 지적하였다.

따라서 조사당국은 산업별 특성을 감안한 상업적 합리성 판단을 실시하여야 한다. 피조사국 시장상황에 기초한 상업적 합리성 평가를 요구하는 보조금 협정 제14조의 취지는 추상적 시장이 아닌 해당 산업이 포함된 구체적 시장을 고려하라는 것이므로, 만일 일반적인 시장과 구별되는 고유의 특징이 해당 시장에 존재한다면 이를 고려한 상업적 합리성 판단이 이루어져야 한다.

제5장 위임·지시 보조금 관련 법적 문제 291

제2절 위임·지시 보조금 조사와 정황증거

소송 절차에서 제시되는 증거는 직접증거(direct evidence)와 정황증거(circumstantial evidence)로 나눌 수 있다.[1] 국제재판에서도 국내법상의 증거법 원칙을 활용하는 것이 일반적이므로[2] WTO 분쟁해결절차에서의 증거인용 및 기각과 관련하여서도 국내법상의 일반원칙에 의존하는 것이 통례이다. 이러한 증거인용 문제와 관련하여 위임·지시 보조금 조사에서 특히 대두되는 핵심적인 문제는 다양한 정황증거를[3] 어떻게 다룰 것인가 하는 점이다. 실제 위임·지시 보조금 조사는 대부분 정황증거를 중심으로 진행되므로 정황증거의 취급문제는 '위임 및 지시' 조사의 실제에 있어 중요한 의미를 지닌다. 이 절에서는 정황증거와 관련된 문제를 검토한다.

---

1) 직접증거는 그 진실성이 인정될 경우 주장된 사실을 궁극적으로 해결해 줄 수 있는 증거인 반면에 정황증거는 그 진실성이 인정되더라도 주장된 사실을 궁극적으로 해결해 주지는 못하며 추가적인 추론이 적용되어야만 주장하는 바를 입증할 수 있다는 점에서 차이가 있다. Charles T. McCormick, John W. Strong & Kenneth S. Broun, *McCormick on Evidence*, West Group, 4th ed. (1992), p.339 ; 이시윤, 『민사소송법』 신보정판, 박영사 (1992), p.540 참조.
2) Ian Brownlie, *Principles of Public International Law*, Oxford University Press(1997), p.18 ; Bin Cheng, *General Principles of Law as Applied by International Court and Tribunals*, Cambridge University Press (1993), p.303 참조.
3) WTO 분쟁해결절차에서 정황증거(circumstantial evidence)는 간접증거(indirect evidence) 라는 용어와 혼재되어 사용되고 있다. *Japan-Measures Affecting Importation of Apples*, WT/DS245/R, 15 July 2003['*Japan-Apples(AB)*'], paras. 8.90, 8.98 및 *Canada-Aircraft (AB)*, para. 202와 *U.S.-DRAMs(AB)*, paras. 140, 151 비교. 본 논문에서는 위임·지시 보조금에 보다 타당한 개념으로 판단되는 정황증거로써 총칭하기로 한다. 제5장 1절 각주 23 참조.

I. 정황증거 활용의 사례

위임·지시 보조금 조사는 정황증거를 그 기초로 하여 진행된다. '위임 및 지시' 문제에 관한 가장 최근 분석이라고 볼 수 있는 미국 상무부의 한국산 반도체 상계관세 부과 제1차 연례재심에서도 정황증거가 광범위하게 인용되고 있다. 미국 상무부는 결국 원심조사의 경우와 동일한 방법을 채택하여 다양한 언론 보도 및 보고서를 정황증거로 제시하고 한국 정부의 하이닉스 반도체 구제를 위한 정책(policy)이 있었다는 것을 보여주고자 시도하고 있다. 동 연례재심에서 미국 상무부가 의존하고 있는 정황증거는 다음과 같다.

- 한국 정부가 도이치 은행(Deutsche Bank)이 하이닉스 반도체 채권금융기관 협의회에 제출한 하이닉스 채무재조정 관련 실사 보고서(due diligence report)의 수정을 요구하였다. 한국 언론 보도[4]
- 2002년 5월 1일자 매일경제신문은 전윤철 경제 부총리가 "정부는 하이닉스 처리 방안과 관련하여 곧 입장을 확정하겠다"고 언급하였음을 보도[5]
- 2002년 5월 5일자 한국경제신문은 전윤철 경제 부총리가 "정부는 하이닉스 채권단이 하이닉스 처리방안과 관련하여 조속히 입장을 정리하도록 요청하고 있다"고 언급하였음을 보도[6]
- 2002년 5월 5일자 코리아 헤럴드는 전윤철 경제 부총리가 "하이닉스 채권단과 금융감독위원회는 경제에 부정적 영향을 미치는 것을 최소화하기 위하여 하이닉스-마이크론 합병안 인준 실패에 대한 신속한 해결책을 모색하여야 할 것"이라고 언급하였으며, 또 정부는 이와 관련 금융정책조정위원회를 개최 예정임을 보도[7]

---

[4] 미국 상무부 한국산 반도체 상계관세 1차 연례재심 예비판정, 제2장 제3절 각주 3, p.54,526 참조.
[5] *Id.*, p.54,529 참조.
[6] *Id.*
[7] *Id.*

- 2002년 6월 12일자 파이낸셜 뉴스는 청주 하이닉스 공장을 방문 중인 자민련 김종필 총재가 노조원들에 대해서 경제 부총리가 "최소한 향후 6개월 동안 한국 정부는 하이닉스를 매각하지 않을 것임을 자신에게 약속하였다"고 언급하였음을 보도8)
- 재경부는 2002년 7월 25일자 국회 보고서에서 "현재 진행 중인 실사 보고서(due diligence report)의 결과가 나오는 대로 하이닉스 구조조정 계획을 수립하겠다"고 언급9)
- 2002년 11월 대선을 앞둔 한나라당은 보고서를 통해 집권 민주당이 공적 자금을 방만하게 집행하였다고 주장하고 하이닉스 반도체를 사례로 제시10)
- 2002년 12월 9일자 영국계 Financial Times지는 "Pressure Builds on Seoul Over Hynix"라는 제하의 보도에서 "하이닉스의 고용 규모와 경제에서 차지하는 비중을 고려하면 선거를 목전에 둔 한국 정부는 동 회사의 파산을 수용할 수 없을 것"임을 보도11)
- 2003년 1월 9일자 동아일보는 김대중 대통령 및 전윤철 경제 부총리가 참석한 경제장관회의에서 "한보철강과 하이닉스를 포함한 부실기업의 처리를 조속히 완료하기 위한 계획을 수립"하였음을 보도12)

상기 언론보도는 제반 정황증거의 일부분에 불과하며 이러한 언론보도의 조합을 통해 미국 상무부는 한국 정부가 하이닉스 반도체 지원을 위한 정책을 입안·실시하였으며 그 구체적 형태로 민간은행에 대한 '위임 및 지시'를 행사하였음을 확인하였던 것이다. 이러한 언론보도가 하이닉스 반도체 문제에 대한 한국 정부의 지속적인 관심과 우려를 보여주는 것은 분명하다. 그러나 이러한 우려와 관심으로부터 보조금 협정 제1.1조 (a)(1)항 (iv)호상 '위임 및 지시'를 도출할 수 있는가 하는 점은 의문이다. 왜냐하면 첫째, 한국 정부는 이러한 언론보도의 진실성 자체에 대하여 심각한

---

8) *Id*.
9) *Id*.
10) *Id*.
11) *Id*.
12) *Id*.

의문을 제기하고 있으며, 둘째, 이러한 언론보도 내용이 설사 사실이라고 하더라도 결국 이 자료가 보여주는 것은 한국 정부의 하이닉스 처리방향에 대한 관심과 경제적 파급효과에 대한 우려이지 앞에서 살펴본 '위임 및 지시'의 구체적 요건의 충족 여부를 입증하는 것은 아니기 때문이다. 일단 이러한 점을 염두에 두고 정황증거의 문제점과 운용기준에 대하여 아래에서 살펴보도록 한다.

II. 정황증거 활용의 필요성

WTO 회원국이 타방 회원국이 소유하고 있는 문서와 자료의 획득에 어려움을 겪는다는 점은 통상분쟁에서 흔히 대두되는 문제이다.[13] 이러한 문제점은 정부의 행위 및 조치를 그 대상으로 하는, 즉 정부 문서와 자료에 상당부분 의존하는 보조금 및 상계관세 분쟁에서 특히 현저하게 대두된다. 왜냐하면 WTO 회원국 정부의 정책결정 및 운용과정을 외국 조사당국이 파악하기란 쉬운 일이 아니기 때문이다. 특히 위임·지시 보조금 조사에서는 이러한 문제가 극명하게 증폭된다. 왜냐하면 '위임 및 지시'의 구체적 형태는 정부의 공식적 조치가 부재한 상황에서 흔히 정부 관계자와 민간주체 담당자 간 직·간접 접촉이나 의견교환의 모습을 띠게 되는 것이 통례이므로 외부인이 관련 자료에 접근하거나 구체적 내용을 파악하는 것이 용이하지 않기 때문이다.[14] 특히 문제의 행위는 외국 영역

---

13) Timothy M. Reif & Viji Rangaswami, *Joltin' Joe Has Left and Gone Away —Embracing Change: The Way Forward for U.S. Trade Policy and the WTO*, Law and Policy in International Business, Vol. 32, No. 2 (Winter 2001), p.439 참조(필자는 Japan-Film 사건에서 일본 정부의 관련 자료 제공 거부에 따라 제소국인 미국 정부가 소송과정에서 직면한 현실적인 어려움을 언급).

14) *U.S.-DRAMs(AB)* 사건에서 미국은 위임·지시 보조금과 관련된 정보의 비밀성 내지 비접근성을 언급하며 정황증거 활용의 필요성을 강조하고 있다. 즉 미국의 주장

내에서 외국 정부 주도하에 이루어진 것이므로 조사당국이 직접증거를 통해 이를 확인하는 것은 때로는 불가능에 가깝다.15)

또한 실제 외국 정부가 수혜 민간주체를 위해 시혜 민간주체게 '위임 및 지시'를 실시하였다고 하더라도 상계관세 조사의 가능성을 인지하고 있는 동 외국 정부는 가급적 그러한 사실을 은폐하거나 교역 상대국의 관심을 끌지 않기 위한 다양한 방안을 강구할 것이다. 즉, 위장 보조금으로서의 위임·지시 보조금의 기본적 속성을 고려하면 동 보조금을 심리하는 조사당국이나 WTO 패널이 이에 관한 직접증거를 획득하는 것은 비현실적이라고 하여야 할 것이다.16) 따라서 위임·지시 보조금을 담당하는 조사당국 및 WTO 패널은 획득 가능한 정황증거를 활용하는 것이 유일한 현실적인 대안이다.17) 보조금 조사 전반에 있어 정황증거는 중요한 위치를 차지하고 있으나 특히 위임·지시 보조금 조사에서 그 중요성은 더욱 부각된다.18) 위임·지시 보조금의 이러한 특성을 언급하며 각국 조사당국 및 WTO 패널은 정황증거를 적극 활용하고 있으며 이들의 심리과정에서 정황증거가 중요한 위치를 차지하고 있음은 항소기구도 명시적으로 인정하고 있는 바이다.19)

사실 *U.S-DRAMs(Panel)* 패널과 동 사건의 항소심을 담당한 항소기구는

은 '위임 및 지시'와 연관된 자료를 해당국 정부가 비밀로 처리할 것이므로 외부인이 획득하기 곤란하다는 것이다. 따라서 조사당국에 대하여 정황증거를 적절히 평가할 권한을 인정하지 않는 것은 위임·지시 보조금 조사에 있어서 사실상 조사당국이 충족 불가능한 기준을 도입하는 것과 동일하다는 것이다. *U.S.-DRAMs(AB)*, para. 24 ; 미국 상무부의 한국산 반도체 상계관세 1차 연례재심 예비판정, 제2장 제3절 각주 3, p.54,534 참조.

15) *Id.*
16) *Id.*
17) *Id.*
18) *Id.* ; *U.S.-DRAMs(Panel)*, para. 120 ; *Argentina-Textile and Apparel(Panel)*, para. 6.122 ; *Canada-Aircraft(Panel)*, para. 7.111 ; *Canada-Aircraft(AB)*, para. 198 참조.
19) *U.S.-DRAMs(AB)*, para. 150, 각주 277 참조.

비록 최종적으로는 상이한 결론에 도달하였으나 그 출발점인 위임·지시 보조금 조사에서 정황증거의 중요성에 대해서는 의견의 일치를 보이고 있다. 동 사건 패널은 위임·지시 보조금 조사에서 정황증거의 중요성에도 불구하고 동 사건에 있어 미국의 광범위한 정황증거 수집 및 의존에 대해 상당히 부정적인 입장을 표명하였다.[20] 동 패널은 미국이 제출한 정황증거를 고려하더라도 하이닉스 반도체의 단계별 채무재조정 각각에 있어 한국 정부의 '위임 및 지시'가 있었다는 결론을 도출할 수는 없다는 이유로 미국 정부 상계관세 부과의 보조금 협정 불합치 결정에 도달하였다.[21] 항소기구 심리에서 미국은 이러한 패널 결정은 조사당국이 광범위한 정황증거로부터 추론을 이끌어 낼 여지를 봉쇄하고 있으며 보조금 협정 제1.1조 (a)(1)항 (iv)호의 기본 취지에 위배된다고 주장하였다.[22] 결국 항소기구는 미국의 이러한 주장을 대폭 수용하였으며 패널이 정황증거를 분석함에 있어 특히 간과한 것은 이러한 정황증거의 총체적 고려가 도출하는 추론이라는 점을 지적하였다.[23] 그리고 일단 조사당국이 정황증거의 총체적 고려를 통해 '위임 및 지시'를 확인한 경우, 이를 심리하는 패널의 의무는 이러한 다양한 정황증거의 상호작용(interaction)으로부터 그러한 '위임 및 지시'라는 추론이 도출되는지를 평가하는 것이라고 설시하였다.[24] 결국 WTO 선례도 위임·지시 보조금 조사에 있어 정황증거 고려의 필요성에 관해서는 일관된 입장을 표명하고 있다고 하겠다.

---

20) *U.S.-DRAMs(Panel)*, paras. 7.46 7.51, 7.56, 7.77 참조.
21) *Id.*, paras. 7.177-7.178 참조.
22) *U.S.-DRAMs(AB)*, 미국의 항소인 법률의견서(Appellant's Submission), paras. 74-85 참조.
23) *U.S.-DRAMs(AB)*, para. 154 참조. 전체적으로 본 논문 제5장 제3절 참조.
24) *Id.*, para. 157 참조.

III. 필요성 논거의 한계

그러나 정황증거 활용의 필요성 논리가 정황증거의 무비판적인 인용을 허용하는 것으로 이해되어서는 안 될 것이다. 필요성 논리가 조사당국이나 WTO 패널에 대해 정황증거 활용에 관한 백지위임(carte blanche)을 부여하는 것으로 해석되는 경우, 이는 논리학에서 말하는 '성급한 일반화의 오류'에 해당할 것이다.[25] 필요성 논리에 매몰되어 정황증거를 맹목적으로 수용할 경우 이는 위임·지시 보조금 조사의 기본틀을 변경시킬 수도 있음에 주목해야 한다.[26]

위임·지시 보조금 문제에 접근함에 있어 먼저 염두에 두어야 할 사항은 이 문제가 본질적으로 그 입증이 용이하지 않은 영역이라는 점이다. 위에서 지적한 바와 같이 보조금 협정상 '위임 및 지시'는 민간주체 간 거래를 특별한 경우에 한해 정부에 의한 재정적 기여에 준하는 것으로 간주할 수 있는 예외적 규정이다. 이러한 특별한 상황에 대한 입증이 일반적 보조금의 경우보다 용이하지 않은 것은 일면 당연하다. 또한 위임·지시 보조금을 포함한 위장 보조금의 존재를 입증하는 것은 언제나 용이하지는 않을 것이다. 따라서 위임·지시 보조금 조사에 있어 조사당국이 자료 확보와 입증에 있어 실무상 어려움을 겪는다는 것은 그 속성상 당연한 귀결이라고 보아야 할 것이다.

이를 고려하면 위임·지시 보조금을 담당하는 조사당국이 그 실무적 난관에만 초점을 맞추어 이러한 형태의 보조금에 대해서 보조금 조사의 기본적 원칙이 완화되어 적용될 수 있음을 주장하는 것은 본말이 전도된 주장이라고 할 수 있다. 이는 결국 예외적 상황에 대하여 오히려 일반적

---

25) Irving M. Copi, 민찬홍 譯, 『논리학 입문(Introduction to Logic)』, 제3장 제1절 각주 1, pp.122~123 참조.
26) 일반적으로 본 논문 제5장 제3절 참조.

인 경우보다 용이하게 조사기준을 적용하는 것이기 때문이다. 분명 위임·지시 보조금 조사에 수반되는 실무적 난관이 존재하며 이러한 난관이 보조금 협정 운용에 있어 충분히 고려되어야 하지만 이를 이유로 위임·지시 보조금 조사에 있어 여타 보조금 조사에서 적용되는 원칙을 배제 내지 완화하는 것은 부당하다. 일반적인 보조금의 경우보다 한층 강화된 조사원칙을 적용하지는 않더라도 최소한 동일한 수준의 원칙이 적용되어야 할 것이다. 가령, 조사상의 실무적 난점이 '위임 및 지시'를 입증해야 하는 조사당국의 의무와 입증 방법의 근본적 변경을 가져오지는 않는다. 그러므로 '위임 및 지시'의 존재 여부와 관련, 조사상 현실적 필요성으로 인하여 정황증거를 적극 활용하더라도 그러한 정황증거는 증거법과 입증책임에 따라 구체적·실질적으로 입증되어 한다고 새겨야 한다.

한편으로 정황증거 활용 필요성을 과도하게 강조하는 주장은 역으로 보조금 협정 제1.1조 (a)(1)항 (iv)조상 '위임 및 지시' 결정이 내포하는 본질적 위험요소를 방증하고 있다. 바로 위임·지시 보조금 조사는 일반적으로 접근이 어려운 교역 상대국의 극히 내부적이며 때로는 비밀스러운 정책 결정과정을 그 대상으로 하고 있는 것이다.[27] 결국 이 문제는 컵의 물이 절반이 차 있는지 혹은 비어 있는지에 관한 관찰자의 관점 차이와 유사하다. 이러한 관점의 차이의 해결을 위해서는 단순한 자구 해석 보다는 결국 원점으로 돌아가 보조금 협정의 기본 취지를 확인한 바탕위에 위임·지시 보조금 조사를 위한 방법을 모색해 보아야 할 것이다.

---

27) 예를 들어 미국 상무부는 동 사건의 제1차 및 제2차 연례재심에 있어 한국 정부의 청와대, 재정경제부, 산업자원부, 금융감독위원회 등 모든 부처에서 하이닉스 문제가 언급된 모든 회의 자료를 제출할 것을 요청한 바 있다. United States Department of Commerce, *Countervailing Duty Questionnaire, Countervailing Duty Administrative Review: Dynamic Random Access Memory Semiconductors from the Republic of Korea*, C-580-851 (3 May 2005, "미국 상무부 한국산 반도체 상계관세 1차 연례재심 질문서"), pp.22~28 ; 미국 상무부 한국산 반도체 상계관세 2차 연례재심 질문서, 제2장 제3절 각주 3, p.25 참조.

현실적 필요성을 이유로 정황증거 취급에 특별한 대우를 부여하는 것이 설득력을 갖지 못하는 또 다른 이유는 위임·지시 보조금의 경우에도 조사당국이 실무적 부담을 경감시킬 방법은 여전히 존재한다는 점이다. 조사당국이 '위임 및 지시'의 엄격한 기준을 인식하고 청원서에 포함된 위임·지시 보조금 혐의내용이 이에 미달하는 경우 상계관세 조사의 개시를 기각할 수 있으며 또 기각하여야 하기 때문이다. 보조금 협정 제11.2조와 11.3조는 바로 이러한 경우를 상정하고 도입되었다.[28] 따라서 빈약한 청원자료를 기초로 개시된 위임·지시 보조금 조사에서 조사당국이 실무적 난점을 이유로 정황증거에 과도하게 의존하는 조사방법의 타당성은 심히 의문이라고 하겠다.

결국, 위임·지시 보조금 조사에서 정황증거는 분명 중요한 위치를 차지하고 있으며 또 적극 활용되어야 하는 것은 사실이나 그 취급에 있어 일반 증거법상 원칙과 기준은 여기에서도 최소한 동일하게 적용되어야 함을 알 수 있다. 또한 이를 담당하는 조사당국도 입증책임이 완화되거나 면제되지 않으며 일반적인 보조금의 경우와 동일한 입증책임을 부담한다.

IV. 정황증거의 내재적 한계

위임·지시 보조금 조사에서 차지하는 중요성에도 불구하고 정황증거에는 근본적 한계와 문제점이 내재하고 있다. 이러한 한계와 문제점에 대

---

[28] 보조금 협정 제11.2조, 11.3조 참조. 보조금 협정 제11.2조는 상계관세 조사를 신청하는 국내 청원자는 보조금의 존재에 관하여 충분한 증거(sufficient evidence)를 제출하여야 하며 단순한 주장이나 확인되지 않은 사실(simple assertion, unsubstantiated by relevant evidence)은 충분한 증거에 해당될 수 없음을 명시하고 있다. 그리고 동 협정 제11.3조는 조사당국은 제출된 자료의 정확성에 관하여 충분한 검증을 실시하도록 규정하고 있다.

한 면밀한 검토와 분석이 선행하지 않을 경우 정황증거에 기초한 위임·지시 보조금 조사는 피조사국 또는 피제소국에게 결정적으로 불리한 결론을 도출할 가능성이 농후하다.

1. 신뢰성 문제

먼저 정황증거의 핵심적인 문제점으로 들 수 있는 것은 항상 그 신뢰성에 기본적 의문이 존재한다는 것이다. 정황증거의 신뢰성에 관하여 의문이 제기되는 주된 이유는 제시된 증거의 정확성 내지 신빙성 확인이 대부분의 경우 불가능하기 때문이다.[29]

정황증거의 대표적 사례인 언론보도의 경우 이 문제점을 쉽게 확인할 수 있다. 예를 들어 신문기사의 경우, 보도내용이 취재원의 언급을 정확히 기술하였는지 또는 취재원의 정확한 발언의도가 무엇이었는지를 파악하는 것은 신문기사를 작성한 기자와 취재원을 다시 대질하여 제3자가 평가하기 전에는 불가능하다. 특히 위임·지시 보조금 조사에서 다루어지는 금융권에 대한 압력행사와 같이 추상적 성격을 띠고 또 주관적 관념에 따라 좌우되는 내용을 분석함에 있어서는 언론보도의 이러한 문제점이 더욱 증폭된다. 특히 경제 및 금융시장 운용에 있어 현대국가 정부의 광범위한 관여와 각종 정부정책에 대한 이해 당사자의 증가는 동일한 현상에 대해서도 다양한 평가를 초래하고 이러한 평가가 때로는 상이한 맥락으로 언론보도에 반영되고 있기에 화자 또는 보도자의 주관성 문제는 앞으

---

29) 혹자는 정황증거란 용어에 포함된 '정황적(circumstantial)'이란 단어 자체가 정황증거의 본질적 취약성을 보여주고 있다고 주장한다. 즉, '정황적'이란 설사 제시된 증거의 진실성이 인정이 된다고 하더라도 그로부터 주장자가 주장하는 사실이 직접적으로 입증되지 않는다는 의미이다. Christopher B. Mueller & Laird C. Kirkpatrick, *Evidence under the Rules*, Aspen Law & Business, 4th ed. (2000), pp.60~61 참조. 정황증거의 인용 문제와 반드시 동일한 것은 아니지만 대부분 국가의 국내 소송절차에서 적용되는 전문증거(hearsay) 배제 원칙도 이와 유사한 고려에 기초하고 있다.

로 더욱 두드러질 것이다. 그러나 조사당국이 실제 조사에 있어 이러한 세부적 분석 작업을 거치지는 않기 때문에 정황증거의 정확성 검증은 사실상 불가능하다고 하여야 할 것이다.

그리고 특정 보도내용과 배치되는 내용을 포함하는 언론보도가 존재하는 경우도 마찬가지다. 예를 들어 '위임 및 지시'를 나타내는 특정 언론보도가 있다고 하더라도 그에 뒤이어 관련 정부기관으로부터 이에 대한 정정·반박 보도 요청이 있거나 또는 다른 언론매체에 상충하는 내용의 보도가 존재한다면 '위임 및 지시'를 나타낸다고 주장하는 언론보도의 정확성에는 의문이 제기될 수밖에 없다.30) 결국 이 경우에도 이들 중 어떠한 보도내용이 보다 사실에 근접하고 있는지에 관한 조사당국의 실질적 검토 없이는 그 정확성을 담보할 수 없을 것이나, 실제 이러한 작업은 이루어지지 않기 때문에 그 정확성을 담보하는 것 역시 불가능하다.

정확성 검증이 사실상 불가능하다는 점은 정황증거의 내재적 속성에서도 유래한다. 설사 언론보도의 내용이 진실이라고 가정하더라도 대부분의 경우, 그러한 보도가 입증하는 것은 해당국 정부의 '희망사항' 또는 '의도'에 불과한 것이 대부분이다. 특히 위장 보조금으로서의 위임·지시 보조금을 감안하면 정부 담당자가 이러한 '위장'을 포기하고 언론과의 인터뷰를 통하여 직접적인 압력행사 증거를 제공하는 경우를 찾아보기는 힘들 것이다. 결국 대부분의 언론보도는 정부가 특정한 방향의 정책구상을 갖고 있음을 보여주는 것에 그치고 정부의 구체적 행위 내용은 담고 있지 않은 경우가 많다. 그렇다면 이러한 언론보도로부터 과연 그러한 정부의 정책구상이 현실적으로 실시되었는지 여부를 확인하는 것은 불가능하다.31) 조사당

---

30) *Hynix v. United States*, pp.31~36 ; Statement of the Government of Korea and Hynix, United States Commerce Department Public Hearing held on January 10, 2006, *DRAMs from Korea*(First Administrative Review), pp.2~10 참조.
31) '위임 및 지시'에 따른 정부 개입 여부를 입증하는데 있어 미국 상무부의 기본적 입장은 정부 개입의 구체적 증거를 제시할 필요가 없다는 것이며 여러 정황증거에 의해 충분히 입증이 가능하다는 것이다. 이에 관해 전반적으로 *U.S.-DRAMs(Panel)*

국이 별도의 증거를 통한 추가검토를 실시하지 않는 한, 이러한 정황증거의 정확성에 대한 검증은 역시 사실상 불가능하다.

정황증거의 정확성과 관련된 문제점은 이미 Nicaragua 사건[32]에서 국제사법재판소가 지적한 바 있다. 동 사건에서 국제사법재판소는 다음과 같이 설시하였다.

> [양 당사국에 의해] 다수의 문서가 신문기사 및 단행본 발췌문의 형태로 제출되었다. 이러한 문서가 청국국[니카라과]에 의해 제출되었든 혹은 현재 소송에 불참하고 있는 피청구국[미국]이 소송 참여 당시 피청구국에 의해 제출되었든 당 재판소는 이러한 문서를 평가함에 있어 조심스럽게 접근하고 있다: 비록 외관상 높은 수준의 객관성을 충족하는 것으로 보인다고 하더라도, 당 재판소는 이러한 문서는 사실관계를 증명할 수 있는 증거로 간주하지 않는다(the Court regards them not as evidence capable of proving facts). 다만 이러한 문서는 특정한 경우에 있어 다른 증거자료에 추가하여 어떠한 사실의 존재를 보충적으로 입증하는데 기여할 수 있는 설명적 자료(illustrative material)로 취급한다(이탤릭체; 필자 강조).[33]

사건에서 미국 정부의 제1차 법률 의견서(First Written Submission, 2004.4.19) 및 제2차 법률 의견서(Second Written Submission, 2004. 7.9) 각각 참조. 이에 반해 한국 측은 구체적 증거 부재를 미국 상무부의 한국산 반도체 상계관세 조사의 핵심적인 문제점으로 지적하고 있다. 한국 측 주장에 대해서는 일반적으로 한국 정부의 같은 날짜의 제1차 법률 의견서 및 제2차 법률 의견서 각각 참조 ; *U.S.-DRAMs (AB)*, paras. 21-54 참조.

32) *Military and Paramilitary Activities in and against Nicaragua*(Nicaragua v. Unite States), I.C.J. Report 14 (27 June 1986, 'Nicaragua Case').
33) 국제사법재판소의 동 언급의 원문은 다음과 같다.

> A large number of documents have been supplied in the form of reports in press articles, and some also in the form of extracts from books. Whether these were produced by the applicant State, or by the absent Party before it ceased to appear in the proceedings, *the Court has been careful to treat them with great caution*: even if they seem to meet high standards of objectivity, the Court regards them not as *evidence capable of proving facts, but as material which can nevertheless contribute, in some circumstances, to corroborating the existence of a fact, i.e.* as illustrative material additional to other sources of evidence(이탤릭체; 필자 강조). *Nicaragua* Case, para. 62.

동 판결의 취지는 결국 국가 간 분쟁해결을 도모하는 국제소송에서 신문보도에 근거한 주장을 제기하는데 수반되는 위험성을 지적하고자 하는 것이다. 즉, 국제사법재판소는 특정 언론보도 및 보고서 등과 같은 정황증거는 그 자체만으로 국제소송에서 거증사실을 직접 입증하는 것으로 간주될 수 없고, 다만 이러한 입증에 기여하는 보충적 성격을 가지는 것으로 설명하고 있다. 따라서 신문기사 등 언론보도에만 의존한 중요 사실관계의 확인은 국제사법재판소도 이미 경계하고 있음을 알 수 있다. 동일한 맥락에서 국제사법재판소는 사실관계의 진술이 아닌 개인의 추상적인 의견 개진에 대해서도 조심스러운 접근이 필요함을 강조하며 다음과 같이 설시하고 있다.

> 당 재판소는 사실관계의 진술이 아닌 간접적으로 인지하게 된 사실에 관해 해당 사실의 존재 가능성에 대한 단순한 의견 표현에 불과한 관계인의 증언은 증거로 간주하지 않아 왔다. 이러한 유형의 진술은 *지극히 주관적이고 따라서 증거의 지위를 차지할 수 없기 때문이다.* 증인이 표출하는 의견은 어떠한 가능성에 관한 개인적이며 주관적인 평가에 지나지 않고 그러한 평가가 사실에 부합하는지 여부는 여전히 미확정인 상태로 남아 있다; 이러한 의견은 *다른 자료와 결합하여 당 재판소가 특정의 사실관계의 존재를 결정하는데 도움을 줄 수는 있을 것이나 그 자체로서 증거로 인정되어서는 아니 된다.* 이는 증인의 직접 경험이 아닌 전문증거의 전달에 불과한 경우도 마찬가지이다(이탤릭체; 필자 강조).34)

---

34) 이에 관한 국제사법재판소 결정의 원문은 다음과 같다.

> The Court has not treated as evidence any part of the testimony given which was not a statement of fact, but a mere expression of opinion as to the probability or otherwise of the existence of such facts, not directly known to the witness. *Testimony of this kind, which may be highly subjective, cannot take the place of evidence.* An opinion expressed by a witness is a mere *personal and subjective evaluation* of a possibility, which has yet to be shown to correspond to the fact: it may, in conjunction with other material, assist the Court in determining a question of fact, but is not proof in itself. Nor is testimony of matters not within the direct knowledge of the witness, but known to him only from hearsay, of much weight …(이탤릭체; 필자 강조). *Nicaragua* Case, para. 68.

즉, 국제사법재판소는 사실관계의 진술과 단순한 개인의 의견 개진을 구별하여 후자의 경우 이러한 정황증거의 증거력에 대해서는 회의적 시각을 견지하고 있다. 이러한 정황증거는 오로지 다른 자료 - 예를 들어, 여타 정황증거 및 직접증거 - 와의 결합을 통해서만 재판소 심리에 활용될 수 있음을 동 재판소는 지적하고 있는 것이다.

국제소송에 관하여 권위 있는 지위를 차지하고 있는 국제사법재판소의 이러한 입장은 정황증거, 특히 언론보도의 정확성 문제를 효과적으로 보여주고 있다. 이러한 입장은 국제사법재판소와 동일하게 국가 간 소송을 담당하는 WTO 패널 및 항소기구에도 기본적으로 동일하게 적용될 수 있을 것이다. *Nicaragua* 사건에서 문제가 되었던 일국의 유엔 헌장 제2조 4항 위반 문제와 WTO 패널 및 항소기구가 심리하는 일국 조치의 보조금 협정 합치 여부 문제는 분명 실질적·절차적 측면에서 상이성이 존재하지만, 국제소송에 적용될 증거법 원칙 또는 기준은 동일하거나 유사하게 적용될 수 있을 것이다. 따라서 국제사법재판소의 언급은 WTO 패널 및 항소기구도 정황증거의 운용에 있어 정확성 결여 문제를 항상 고려하여야 함을 보여준다고 할 수 있겠다.

나아가 형식면에서 주로 언론보도의 형태를 띠는 정황증거는 내용면에서 주로 정부 공무원의 언급내용을 포함하고 있다. 정황증거로 활용되는 정부 공무원의 언급내용에 관해서도 그 부정확성을 염두에 둔 접근이 필요하다. 언론보도 등에 인용된 담당 공무원의 언급내용 취급문제와 관련, 최근 유럽연합의 비통일적 관세제도 운영과 관련하여 미국과 유럽연합 간에 진행되고 있는 WTO 분쟁을 살펴보면 흥미롭다. 현재 진행 중인 *EC-Customs Matters* 분쟁에서 유럽연합 관세제도가 비통일적으로 운영되고 있으며 따라서 GATT 1994 제10조를 위반하고 있음을 보여주는 증거로 미국은 유럽연합 고위 당국자들의 언급 내용을 제시하고 있다.[35] 이러한

---

35) *EC-Customs Matters*, 미국의 제1차 법률의견서(First Written Submission), para. 3 참조.

미국의 주장에 대하여 유럽연합의 주요 반박은 그러한 언급 내용이 주로 문맥에서 벗어나 인용된 것(taken out of context)이라는 점인 바,36) 이는 반도체 및 조선 보조금 분쟁에서 한국이 펼쳤던 주장과 사실상 동일하다.37) 동 분쟁에서 유럽연합 주장의 타당성 여부는 별론으로 하더라도 그 주장은 정부정책의 검토에 있어 해당국 공무원의 언급 내용을 취사선택하는 과정에서 발생하는 부정확성에 관한 문제점을 적절히 보여주고 있다고 할 수 있을 것이다.

특히 유럽연합의 주장은 때로는 공무원의 발언 내용과 유럽연합이 실제 채택한 조치가 다른 경우도 있다는 것으로38) 이러한 입장은 특정 공무원의 발언내용이 마치 '위임 및 지시'의 결정적인 증거인 것으로 주장한 한국산 반도체 상계관세 분쟁에서 유럽연합의 일관된 입장에 배치되는 것이다.39) '위임 및 지시'의 확인에 있어 공무원의 발언내용이 중요한 정황증거를 구성함은 사실이나 그 정확성 검증이 불가능하다는 문제점을 인식하여 해당국 정부의 공식적 입장 및 여타 관련 정황증거와 함께 종합적으로 검토되어야 한다. 현재 조사당국의 조사방법에서 나타나는 바와 같이 공무원의 발언 자체가 형사소추 절차에서 피의자의 자백과 같이 취급되는 것은 위임·지시 보조금 맥락에서 타당하지 않다.

결론적으로 위임·지시 보조금 조사를 담당하는 조사당국이나 심리를

---

36) *EC-Customs Matters*, 유럽연합의 제1차 법률의견서(First Written Submission), paras. 248, 284 참조.
37) 미국 상무부의 한국산 반도체 상계관세 조사 한국 정부 답변서, 제5장 제1절 각주 38, pp.35~40 ; 미국 상무부의 한국산 반도체 상계관세 부과 1차 연례재심 한국 정부 답변서, 제3장 제4절 각주 7, pp.28~31 ; 일본 정부의 한국산 반도체 상계관세 조사 중요사실, 제2장 제3절 각주 2, pp.17~19 ; *EC-DRAM (Panel)*, paras. 6.9, 7.24, 7.27 참조.
38) *EC-Customs Matters*, 유럽연합의 제1차 법률의견서(First Written Submission), para. 45 참조.
39) 가령, 유럽연합의 한국산 반도체 상계관세 조사 최종판정, *supra* 제4장 제1절 note 22, para. 32 참조.

담당하는 WTO 패널은 다양한 정황증거 취급에 있어 그 내재적 속성상 정확성에 관한 검증이 기본적으로 불가능하다는 점, 따라서 항상 부정확성 위험이 수반된다는 점을 인식하여야 한다. 이러한 인식에 기초하여 정황증거의 인용과 평가가 이루어져야만 보조금 결정의 공정성을 확보할 수 있을 것이다.

정황증거의 정확성 결여에 따른 문제점은 한국산 반도체 상계관세 분쟁과 조선 보조금 분쟁에서 지속적으로 제기되었다.[40] 미국 상무부의 경우 한국 정부의 채권은행단에 대한 '위임 및 지시'의 증거로 인용한 것은 대부분 신문기사, 정치인의 주장 및 한국 민간은행의 미국 증권거래위원회 제출자료[41]와 같은 정황증거이며 유럽연합의 경우에도 유사한 자료들

---

40) U.S.-DRAMs(AB), para. 45 참조.
41) 국민은행이 2002년 6월 18일 미국 증권거래위원회(United States Securities Exchange Commission)에 제출한 투자자 모집 설명자료(Prospectus)에서 언급한 내용은 한국 정부의 은행권 통제를 보여주는 결정적 증거자료로 미국 상무부에 의해 사용되었다. 그러나 그 문건에 포함된 내용은 동 은행의 향후 대출결정 과정에 있어 한국 정부의 개입 가능성에 관한 전반적 언급이며 하이닉스 반도체에 대한 정부의 구체적인 개입 여부를 보여주는 것은 아닌 바, 역시 정황증거에 불과하다고 하겠다. 동 설명자료는 다음과 같은 언급을 포함하고 있다.

> The Korean government promotes lending to certain types of borrowers as a matter of policy, which we may feel compelled to follow. The Korean Government has promoted, and, as a matter of policy, may continue to attempt to promote lending to certain types of borrowers. It generally has done this by requesting banks to participate in remedial programmes for troubled corporate borrowers and by identifying sectors of the economy it wishes to promote and making low interest loans available to banks and financial institutions who lend to borrowers in these sectors. The government has in this manner promoted low-income mortgage lending and lending to high technology companies. We expect that all loans made pursuant to government policies will be reviewed in accordance with our credit review policies. However, government policy may influence us to lend to certain sectors or in a manner in which we would not in the absence of the government policy.

즉, 국민은행 투자자 설명자료에는 "한국 정부가 특정 분야의 기업에 대한 융자를

이 정황증거로 인용되고 있다.[42] 일본 정부의 한국산 반도체 상계관세 조사에서는 이러한 자료 이외에 한국 정부의 반도체 산업에 관한 지속적인 관심 역시 '위임 및 지시'의 정황증거로 활용되고 있다.[43] 마찬가지로 조선 보조금 분쟁에서도 유럽연합은 정황증거에 집중적으로 의존하고 있다.[44] 이러한 분쟁에서 정황증거 고려의 필요성과 효용성은 부인할 수 없으나 각 조사당국이나 패널이 정확성 결여라는 정황증거의 내재적 문제점에 대한 고려가 부재한 것은 아쉬운 점이다.

정책적으로 권장하고 있어 당 은행은 경우에 따라서 이에 따라야 할 상황이 발생할 수 있다"라는 취지의 내용을 적시하고 있다. 우리은행이 2003년 9월 25일 역시 미국 증권위원회에 제출한 20-F 등록서도 동일한 취지의 내용을 담고 있다. 국민은행과 우리은행의 투자자 설명자료와 20-F 등록서는 WTO 분쟁해결절차에서 미국 정부에 의하여 집중적으로 부각되었으며 현재 진행 중인 일본 정부의 한국산 반도체에 대한 상계관세 조사에서도 '위임 및 지시'의 주요 증거로 인용되고 있다. 일본 정부의 한국산 반도체 상계관세 조사 중요사실, 제2장 제3절 각주 2, paras. 83-87 참조. 예를 들어 일본 정부는 국민은행의 투자자 설명서로부터 "한국에는 정부가 은행의 개별 영업 행위에 영향을 미치는 법적 근거가 마련되어 있다"는 결론을 도출하고 있다. Id., para. 87 참조. 동 설명서에 포함된 내용에 대하여 한국 정부는 해당 내용이 일반적인 은행 업무와 관련한 미래의 상황에 대한 책임제한(disclaimer)을 위해 삽입된 것이며 하이닉스 채무재조정과 직접 연관된 것은 아니라고 주장하면서 그 증거력 자체를 부인하고 있으나, 신문보도와 달리 투자자 설명자료에 포함된 주요 은행의 이러한 취지의 언급이 '위임 및 지시'의 중요한 정황증거임은 부인할 수 없는 것으로 보인다. 다만 이 정황증거가 어떻게 하이닉스 채무재조정에서의 '위임 및 지시'를 입증하는지에 관한 증거력에 대해 기본적 검토가 없다는 것은 문제이다. 또한 일본 은행들도 유사한 내용의 투자자 설명서를 미국 증권위원회에 제출한 사실이 있다는 점도 최소한 일본 정부의 주장에 대한 설득력을 감소시킨다. 일본 미츠비시 도쿄 파이낸셜 그룹의 미국 증권위원회 제출 투자자 설명서 (2003.2.7) p.254 참조.

42) 유럽연합 한국산 반도체 상계관세 조사 최종판정, 제4장 제1절 각주 22, para. 45 참조.

43) 일본 정부 한국산 반도체 상계관세 조사 중요사실, 제2장 제3절 각주 2, para. 35 참조.

44) *Korea-Shipbuilding(Panel)*, paras. 7.361, 7.373-7.375 참조.

2. 모순적 상황 초래

정황증거에 내재하는 문제점으로 또한 지적할 수 있는 것은 정황증거의 광범위한 적용이 때로는 다양한 '모순적 상황'을 초래한다는 점이다. 첫 번째로 '위임 및 지시'의 부재 상황이 때로는 반대로 '위임 및 지시'의 존재를 입증하는 정황증거로 활용되는 경우가 있다는 점을 들 수 있다. 현재 진행 중인 미국 상무부의 한국산 반도체 상계관세 부과 제1차 연례재심에서 이러한 문제점을 확인할 수 있다. 위에서 지적한 바와 같이 한국 정부의 '위임 및 지시'를 입증하는 것으로 미국 상무부가 제시한 자료의 대부분은 한국 정부 및 채권금융기관 담당자들의 언급을 포함하는 다양한 언론보도이다.[45] 언론보도에 의존하는 이러한 조사기법은 현재 진행 중인 연례재심에서도 그대로 재현되고 있다.[46] 그런데 제1차 연례재심 예비판정에서 미국 상무부는 언론보도에 나타난 적극적 언급내용을 정황증거로 확인함과 동시에 한편으로 적극적 언급의 부재도 정황증거로 활용될 수 있음을 암시하고 있다. 동 예비판정에서 미국 상무부는 한국 정부가 통상분쟁을 우려하여 미국과 유럽연합의 한국산 반도체 상계관세 조사가 본격화된 2002년 12월 채무재조정 당시에는 하이닉스 문제에 관하여 이해당사자 간 가급적 언급을 가급적 자제하도록 하는 '침묵정책(silence policy)'을 채택하였음을 주장하고 있다.[47] 따라서 미국 상무부는

---
45) 미국 상무부 한국산 반도체 상계관세 1차 연례재심 예비판정, 제2장 제3절 각주 3, pp.54,528~54,534 참조.
46) *Id.*, pp.54,529~54,531 ; Statement of Micron Technology, Inc., United States Commerce Department Public Hearing held on January 10, 2006, *DRAMs from Korea*, Case No. 580-851(First Administrative Review), p.6 참조. 현재 진행 중인 1차 연례재심뿐 아니라 이에 병행하여 최근 개시된 2차 연례재심에서도 정황증거가 역시 조사의 핵심을 차지하고 있다. Micron Technology, Inc.'s Comments on Questionnaire Responses of Hynix and the Government of Korea dated January 13, 2006, *DRAMs from Korea*, Case No. 580-851 (Second Administrative Review), pp.2~12 참조.

이러한 침묵정책 역시 한국 정부에 의한 '위임 및 지시'의 정황증거가 된 다는 점을 지적하고 있다.[48] 이를 정리하면 다음과 같은 모순이 발생한다. 즉, 정부관료의 언급이 존재하는 경우 그러한 언급은 정부의 '위임 및 지시'의 정황증거가 되는 것은 물론이지만, 경우에 따라서는 그러한 언급이 부재하는 경우에도 침묵정책을 통해 정부에 의한 '위임 및 지시'의 정황증거가 될 수도 있다는 점이다. 이러한 모순적 상황은 정황증거 기준이 조사당국의 관점과 입장에 따라 자의적으로 인용가능하다는 점을 보여준다.

두 번째, 조사당국은 때로는 정황증거의 부재를 이미 수집한 정황증거의 증거력 약화가 아닌 강화의 수단으로 활용하고자 하는 경향을 보인다. 가령, 한국산 반도체 상계관세 제1차 연례재심에서 미국 상무부는 한국정부가 통상 분쟁을 고려하여 하이닉스 지원을 점차 비밀스러운 방법으로 진행하였기 때문에 이러한 상황에서는 직접증거의 획득이 더욱 곤란하고 따라서 이미 수집한 정황증거의 증거력은 이에 비례하여 더욱 강화되어야 함을 확인하고 있다.[49] 위임·지시 보조금 사건에서는 피조사국 정부 및 기업의 협조가 필수적이나 제1차 연례재심처럼 이해관계자가 '침묵정책'을 채택하고 최선의 협조를 제공하지 않는 경우, 조사당국이 수집한 정황증거의 역할은 강화되어야 한다는 것이다.[50] 그러나 직접증거 또는 정황증거 확보가 곤란하므로 수집된 정황증거에 대한 의존 필요성이 특히 증대된다는 미국 상무부의 입장은[51] 결국 직접증거 및 정황증거이 부재를 이미 확보한 정황증거의 강화수단으로 활용한다는 측면에서 역시 본말이 전도된 모순적 상황이라고 하여야 한다. 이미 확보된 정황증거의

---

47) 이러한 '침묵정책'이 채택되었다는 사실 자체도 정황증거에 의해 주장되고 있다. 미국 상무부 한국산 반도체 상계관세 1차 연례재심 예비판정, 제2장 제3절 각주 3, p.54,534 참조.
48) Id.
49) Id. pp.54,534~54,535 참조.
50) Id.
51) Id.

강화는 다른 직접증거나 정황증거의 존재를 통해 입증되는 것이며 그 부재를 통해서 입증되는 것은 아니기 때문이다.[52]

　세 번째, 침묵정책 등 조사의 비협조를 이유로 既 수집된 정황증거의 증거력을 강화하고자 하는 시도는 보조금 협정 제12.7조에 위반될 소지가 있다. 한국산 반도체 상계관세 부과 제1차 연례재심에서 한국정부와 기업이 요청자료의 제공에 최선을 다하지 않았다는 미국 상무부의 주장이 타당할 수도 있다.[53] 그리고 피조사국 정부 및 기업이 고의로 자료제공을 거부하거나 조사를 방해하는 경우 이미 확보된 정황증거의 증거력이 강화되어야 한다는 지적 역시 타당하다.[54] 사실 보조금 협정 제12.7조는 바로 이러한 문제점을 다루기 위한 조항이라고 할 수 있겠다.[55] 피조사국 정부 또는 기업의 자료제출 거부에 대하여 조사당국은 보조금 협정 제12.7조에 따라 '이용가능한 정보' 원칙을 적용할 수도 있으며, 또한 이를 심리하는 WTO 패널도 '부정적 추론(adverse inference)'을 부여함으로써[56] 이러한 비협조에 대하여 징계를 부과할 수 있다.

　그런데 미국 상무부의 논리를 따르면 조사당국은 피조사국의 자료제공

---

52) 본 논문 제5장 제2절 참조.
53) 미국 상무부의 한국산 반도체 상계관세 1차 연례재심 예비판정, 제2장 제3절 각주 3, p.54,534 참조.
54) 미국 상무부는 이러한 경우 既 수집된 정황증거의 '추론가치(inferential value)'가 더욱 증가한다고 언급하고 있다. Id.
55) 보조금 협정 제12.7조 참조. 동 조항은 피조사국 정부나 기업의 비협조 또는 조사방해시 '이용가능한 정보(facts available)' 원칙을 적용할 수 있는 근거를 제공하고 있다.
56) *Canada-Aircraft(AB)*, para. 9.190 참조. 동 사건에서 항소기구는 일방 당사자가 적극적 협조를 제공하지 않아 직접증거의 획득이 곤란한 경우 심리를 담당하는 패널도 부정적 추론을 적용할 수 있음을 언급하고 있다("[I]n certain circumstances we consider that a panel may be required to make inferences on the basis of relevant facts when direct evidence is not available. This is especially true when direct evidence is not available because it is withheld by a party with sole possession of the evidence").

결여 내지 실패를 두 가지 상황으로 활용할 수 있게 된다. ① 먼저 이를 피조사국 정부 및 기업의 고의적 조사 비협조로 결정하여 보조금 협정 제12.7조에 따른 '이용가능한 정보' 원칙을 적용하거나, ② 또는 제12.7조가 규정하는 '이용가능한 정보' 원칙 활용 정도에 이르지 못하는 경우에 이를 旣 수집한 정황증거의 증거력 강화를 위한 촉매제로 활용할 수 있다.[57] 그러나 위임·지시 보조금 조사에 있어 그 핵심적 내용이 결국 정황증거에 의해 입증되는 현실을 감안한다면 후자의 경우에도 사실상 '이용가능한 정보' 원칙 적용에 준하는 결과가 때로는 발생하게 될 것이다. 자료의 고의적 미제공에 대해서는 두 가지 방식 중 하나를 선택하거나 또는 양자 공히 활용하더라도 큰 문제가 없을 것이며 오히려 이러한 중복적 적용은 위장 보조금으로서 위임·지시 보조금을 효과적으로 규제한다는 차원에서 정책적으로도 적절하다.[58] 그런데 문제는 일반적인 보조금과 구별되는 위임·지시 보조금의 특성상 순수한 의미의 '위장된' 조치로서의 '위임 및 지시'를 제외하고는 피조사국 또는 피제소국 정부 자체도 조사당국이 요청하는 자료를 보유하고 있지 않을 가능성이 높다는 점이다. 실제 '위임 및 지시'가 존재하지 않은 경우, 이를 주장하는 피조사국 및 피제소국은 그러한 취지의 결론적 진술이외에 이를 입증하는 문서나 자료를 보유하고 있지 않는 경우가 대부분이다. 따라서 때로는 피조사국 및 피제소국이 선의로 자료제공에 실패하는 상황도 발생할 수 있다. 이러한 경우에는 피조사국 정부 또는 기업이 고의로 조사의 방해를 기도하고 있는 것은 아니라는 점에서 보조금 협정 제12.7조에 따른 '이용가능한 정보' 원칙 적용기준에 미달한다고 볼 수 있을 것이다.[59] 그러나 정황증거 증거

---

[57] 미국 상무부의 한국산 반도체 상계관세 1차 연례재심 예비판정, 제2장 제3절 각주 3, p.54,529 참조.
[58] 위임·지시 보조금은 보조금 협정상의 의무를 우회하기 위한 위장 보조금이 그 기본 속성이다. *U.S.-DRAMs(AB)*, para. 13 참조.
[59] 보조금 협정 제12.7조는 명문의 내용을 포함하고 있지 않으나 피조사국 정부 및 기업이 자신이 '보유'하고 있는 자료를 어떠한 이유에서든 제출하지 않는 경우 조사당

력 강화라는 수단을 통해 사실상 동 원칙 적용의 효과를 얻을 수 있다는 점에서 이 역시 보조금 협정 제12.7조의 명시적 규정과 상충하는 모순적 상황을 초래한다.

네 번째, 정황증거의 광범위한 활용에 따른 모순적 상황은 U.S.-DRAMs (AB) 사건의 항소기구 결정 자체에서도 찾아 볼 수 있다. 항소기구가 확인한 바와 같이 보조금 협정 제1.1조 (a)(1)항에서 나타난 '정부에 의한 재정적 기여'의 핵심 요소 중 하나는 어떠한 경제적 가치(something of economic value)가 수혜 민간주체에게 전달되는 것이다.[60] 민간주체의 협조 거부 등으로 인해 실패로 귀결된 '위임 및 지시'의 경우는 결국 '정부에 의한 재정적 기여'를 구성하지 않을 것이라는 점을 강조하고 항소기구는 이 경우, 경제적 가치가 전달되지 않을 것이라는 점을 지적하고 있다.[61] 항소기구의 이러한 입장은 타당하다. 무상자금 지원이든 세금감면 혜택이든 경제적 가치를 구체화하는 어떤 객체의 이전 자체가 존재하지 않는다면 '정부에 의한 재정적 기여'가 존재하지 않음은 물론이다.

국이 '이용가능한 정보' 원칙을 활용할 수 있음을 규정하고 있는 것으로 해석하여야 한다. 동 조가 규정하고 있는 '이해관계자가 자료에 대한 접근을 거부하는 경우 또는 자료를 제공하지 않는 경우(In cases in which any interested Member or interested party refuses access to, or otherwise does not provide, necessary information …)'라는 문구의 취지는 결국 해당 이해관계자가 요청된 정보를 보유하고 있거나 그러한 정보에 대해 통제력을 행사할 수 있음을 기본 전제로 하고 있는 것으로 이해되어야 하기 때문이다. 따라서 이해관계자가 원래부터 보유하고 있지 않은 자료나 획득이 사실상 불가능한 자료에 대해 이의 제출을 요구하고 미제출시 '이용가능한 정보' 원칙을 적용하여 여타 자료(가령 청원서에 포함된 주장)를 일방적으로 채택하는 것은 제12.7조에서 허용되는 것이 아니라고 보아야 할 것이다.

60) U.S-DRAMs(AB), para. 125 참조.
61) Id., ("Failure by the private body to carry out one of the functions of the types listed in paragraphs (i) through (iii) means that nothing of economic value has been transferred from the grantor to the recipient.") ; Canada-Dairy, para. 87 참조 ("A subsidy involves a transfer of economic resources from the grantor to the recipient for less than full consideration.").

그러나 항소기구 입장의 기본적 타당성은 정황증거 활용과 위임·지시 보조금 조사에서 정황증거와 불가분의 관계에 있는 총체적 접근법을 결합하여 고찰하면 자체 모순이 존재함을 알 수 있다. 즉, 항소기구가 채택한 정황증거의 광범위한 활용과 이에 따른 총체적 접근법의 적용은 이와 같이 실패로 끝난 '위임 및 지시'의 경우에도 하나의 독립적인 정황증거를 구성하게 되고 또 이에 기초한 총체적 분석에 포함되게 된다. 그리고 이러한 총체적 분석에 따라 결국 '위임 및 지시'가 존재하는 것으로 인정이 되고 따라서 '정부에 의한 재정적 기여' 요건이 충족되었다는 결론에 이른다. 결국 기본적으로 정부에 의한 재정적 기여를 구성하지 않는 사실관계가 몇 단계의 과정을 거치며 궁극적으로 정부에 의한 재정적 기여를 입증하여 주는 상황이 발생하게 되는 것이다. 이는 항소기구의 논리가 결국 자기모순에 빠지는 결과를 초래함을 보여준다.

이와 같은 사례들은 위임·지시 보조금 조사에서 활용되는 정황증거의 내재적 한계로 인해 정황증거가 적절한 기준으로 통제되지 않을 경우 다양한 모순적 상황을 초래한다는 점을 보여주고 있다. 따라서 이러한 모순적 상황을 가급적 배제하기 위해 정황증거의 활용에 관한 적절한 기준이 필요하다.

3. 조사의 구체성·현실성 결여

정확성이 담보되지 않는다는 정황증거의 본질적 한계는 이에 기초하여 이루어지는 위임·지시 보조금 조사의 구체성 및 현실성을 궁극적으로 매몰시킬 가능성이 있다. 정황증거를 활용하는 조사당국 입장에서는 신뢰할 만한 결론 도출보다 결국 '어떠한 가능성이 있다'든지 또는 '어떠한 상황이 발생한 것으로 보는 것이 합리적이다'는 식의 추상적 결론을 도출할 수밖에 없기 때문이다.[62] 따라서 정황증거의 무비판적 활용은 보조금 협정 제1.1조 (a)(1)항 (iv)호의 검토를 '위임 및 지시'의 구체적 존재여부를 검토하는 구체적·현실적 고찰로부터 '위임 및 지시'가 존재하였던 것으로 볼 여지도 있는가에 관한 추상적·학문적 탐구로 변질시킬 개연성이 농후하다.63)

이러한 추상적·학문적 탐구의 결정적 약점은 피조사국 정부나 기업이 실제 그러한 사실이 발생하지 않았다거나 실제 일어난 사실은 그와는 상이하다는 입장을 유지할 경우 이를 극복할 방법이 없다는 점이다.64) 이 경우 조사당국이 채택할 수 있는 유일한 방법은 피조사국 정부의 답변을 전체적으로 신뢰성이 결여된 것으로써 부인하는 방법밖에 없다.65) 진정으로 위장 보조금을 지급한 경우라면 이러한 신뢰성의 부인은 적절할 것이며 이에 기초한 보조금 결정도 심각한 논란의 소지를 제공하지 않을 것이나, 그렇지 않은 경우 일방 WTO 회원국의 타방 회원국 답변의 진실성에 대한 전체적 부인은 분쟁 강도의 상승과 악순환을 초래할 것이다. 따라서 정황증거의 활용이 불가피하더라도 이러한 추상적·학문적 검토를 극복

---

62) 가령 *Korea-Shipbuilding(Panel)*, para. 7.377 ; 일본 정부의 한국산 반도체 상계관세 조사 중요사실, 제2장 제3절 각주 2, paras. 292("… 어떠한 외적 요인이 존재하였다고 보는 것이 합리적이다"), 296("정부의 위탁 및 지시에 해당한다고 평가하는 것이 적절하다") 참조. 조사당국 스스로 결론의 정확성에 관하여 유보적 태도를 취하는 이러한 언급은 법 원칙(보조금 협정과 이를 구현한 국내법)의 적용에 따른 객관적 조사의 결과라고 평가하기 곤란하다.
63) 이와 관련 한국 정부는 DSB 회의에서 다음과 같이 문제점을 지적하였다.

> Moreover, to say that there can be entrustment or direction in some sort of void where there is no financial contribution is an academic exercise of the most sterile sort. The overall legal issue is whether Article 1.1(a)(1)(iv) has been correctly applied, not just a small piece of it viewed in isolation. 한국 정부 *U.S-DRAMs(AB)* 항소기구 보고서 채택회의 진술, 제2장 제3절 각주 19, p.3.

64) 미국 상무부의 한국산 반도체 상계관세 조사 한국 정부 답변서, 제5장 제1절 각주 38, p.25 참조.
65) 미국 상무부의 한국산 반도체 상계관세 부과 최종판정, 제2장 제2절 각주 1, p.44 참조.

하고 구체적·현실적 요소가 구비되어야만 이러한 분쟁의 심화 및 악순환의 소지를 줄일 수 있을 것이다.

 *Korea-Shipbuilding(Panel)*에서 패널의 결정은 이러한 추상적인 '가능성'과 구체적인 '현실' 사이의 괴리를 잘 보여주고 있다.[66] 동 사건에서 유럽연합은 조선업계를 위한 한국 정부의 금융권에 대한 '위임 및 지시'를 보여주는 다양한 정황증거를 제시하였다.[67] 이러한 정황증거를 검토한 패널은 유럽연합이 제시한 것은 결국 한국 정부의 '위임 및 지시'가 실시될 수 있었다는 '가능성'만을 보여주는 것이며 실제 그러한 가능성이 구체적으로 이행되었는지에 관한 입증은 없다는 결론에 도달하였던 것이다.[68] 이 문제를 검토하면서 패널은 먼저 정부의 '위임 및 지시'가 정부의 시장개입과는 구별됨을 강조하는데서 출발하였다.[69] 정부의 시장개입은 주어진 상황과 시장 내 다양한 참여자들의 자유의사 결정에 의하여 특정한 결과를 초래할 수도 있고 아닐 수도 있으므로 보조금 협정에서 말하는 '위임 및 지시'와 구별된다는 것이다.[70] 이러한 관점에서 동 패널은 유럽연합의 정황증거는 한국 정부가 금융지원에 영향을 미칠 수 있는 권한이 있다는 것

---

[66] *Korea-Shipbuilding(Panel)*, paras. 7.373-7.407 참조.
[67] 동 분쟁에서 유럽연합이 제시한 주요 정황증거는 다음과 같다. 먼저 유럽연합은 국내 금융지원들이 조선산업의 구조조정 절차에 참여할 때, 그들 스스로가 재무적으로 취약하여 정부의 자금지원에 의존하고 있었으므로 정부의 지시를 따를 수밖에 없는 처지였다는 점을 지적하였다. 유럽연합은 또한 IMF와의 의향서(LOI)에서 한국 정부는 기업구조조정에 있어 역할을 수행하지 않는 은행에 대해서는 공적자금을 투입하지 않는다고 명시한 바 있으며, 워크아웃협약(CRA) 체결단계에서 한국 정부는 금융지원의 기업구조조정 참여를 강요하였다는 점도 아울러 강조하였다. 또한 유럽연합은 국무총리령 408호에서 정부가 은행에 지시를 내릴 수 있는 근거가 존재하며, 대우중공업의 채권은행인 국민은행이 미국 증권거래 위원회에 제출한 투자자 설명 자료에서 한국 정부가 은행의 대출결정에 영향을 미칠 수 있음을 밝힌 점을 아울러 지적하였다. *Id.*
[68] *Id.*
[69] *Id.*
[70] *Id.*

을 보여줄 뿐 한국 정부가 실제로 이러한 권한을 행사했다는 점을 입증하지 못하는 것이므로, 이러한 증거에 기하여 민간 금융지원에 대한 '위임 및 지시'를 인정할 수 없다고 판시하였던 것이다.[71] 추상적 가능성과 구체적 현실 간에 존재하는 괴리를 인정하는 패널의 이러한 입장은 타당하다. 그렇지 않다면 결국 가능성을 이유로 보조금을 확인하고 그에 따라 상계관세 등의 제재조치를 취하는 상황을 초래할 것이기 때문이다.

그러나 한국산 반도체 상계관세 분쟁에서 이를 담당하는 각국 조사당국은 가능성과 현실 간 괴리의 개연성에 관한 의미 있는 분석을 생략하고 양자를 사실상 동일선상에 놓고 파악하고 있는 것으로 보인다. 이러한 조사방법은 피조사국인 한국의 반발을 지속적으로 초래하고 있다. 반도체 상계관세 분쟁이 5년째에 접어드는 현재에도 해결되기 보다는 오히려 분쟁의 강도가 상승곡선을 보이는 기저에는 이러한 원인도 작용하고 있는 것으로 판단된다. 이는 구체적·현실적 고찰이 결여된 위임·지시 보조금 조사는 대부분의 경우 분쟁의 해결보다 지속적 발생을 초래하게 될 것임을 방증하고 있다.

따라서 위임·지시 보조금 조사의 효과적인 수행과 이로 인해 야기되는 국가 간 분쟁의 효율적 관리를 위해서도 정황증거 활용에 있어 구체적·현실적 조사의 필요성이 인정된다. 보조금 협정은 보조금 지급으로 인해 국제무역 체제에 왜곡을 가져오는 구체적·현실적 상황에 대한 대처를 그 목적으로 한다는 점에서 이러한 추상적·학문적 탐구는 지양되어야 할 것이다.

V. 정황증거의 증거력 검증 필요성

위임·지시 보조금 조사에 있어 정황증거의 필요성을 인정한다고 하더

---

71) *Id.*

라도 이로부터 어떤 형태의 정황증거도 항상 인용될 수 있다는 원칙을 도출할 수 있을 것인가? 이 질문에 대한 답은 부정적이다. 위에서 살펴본 정황증거의 내재적 문제점은 정황증거의 활용에 있어 조심스러운 접근이 필요함을 보여주고 있다. 국제사법재판소가 각 사건의 구체적 상황과 사실관계에 기초하여 각 사안별로(ad hoc basis) 제시된 정황증거의 인용가능성(admissibility), 적합성(suitability) 및 증거 가치(probative value)에 관해 검토하는 것도 이러한 맥락이다.72)

사실 증거력에 관한 기본적 검증은 직접증거 또는 정황증거 여부와 상관없이 소송절차에 있어 증거 활용의 기본 원칙이라고 할 수 있다.73) 따라서 개별적 심의 시 증거력 자체가 의심되는 부분의 총합을 통해 전체적인 조망을 하고 이를 통해 '위임 및 지시'를 보여주려는 시도는 기본적으로 위험요소를 내포하고 있다. 흠결 있는 부분으로 이루어진 전체는 특별한 사정이 없는 한 흠결이 있을 수밖에 없을 것이다. 흠결 있는 부분들이

---

72) Keith Highet, *Evidence, the Court, and the Nicaragua Case*, The American Journal of International Law, American Society of International Law, Vol. 81, No. 1 (1987), p.17 참조.

73) I. H. Dennis, *The Law of Evidence*, Sweet & Maxwell, 2nd ed. (2002), p.370 ; 주진열, "WTO 협정상 생명공학제품 리스크 규제의 합법성 요건: 과학적 증거 요건을 중심으로", 제3장 제2절 각주 57, p.201 ; 이시윤, 『민사소송법』, *supra* note 1, p.540 참조. 모든 증거의 인용에 있어 그 연관성(relevance)을 먼저 검토하도록 한 미국의 연방증거규칙(Federal Rules of Evidence) 제401조와 402조도 이러한 취지에 기초하고 있다고 할 수 있다. 동 규정은 다음과 같다.

> Rule 401. Definition of "Relevant Evidence"
> "Relevant evidence" means evidence having any tendency to make the existence of any fact … more probable or less probable than it would be without the evidence.
>
> Rule 402. Relevant Evidence Generally Admissible; Irrelevant Evidence Inadmissible
> All relevant evidence is admissible … Evidence which is not relevant is not admissible.
>
> Christopher B. Mueller & Laird C. Kirkpatrick, *Federal Rules of Evidence: with Advisory Committee Notes and Legislative History*, *supra* note 29, pp.71~72 참조.

결합하여 보여 줄 수 있는 것은 왜곡되거나 부정확한 윤곽선에 불과할 것이기 때문이다. 또한 경우에 따라서는 조사당국이 유리한 간접증거를 취사선택하여 일정한 윤곽선을 의도적으로 창출할 가능성도 존재한다는 점을 감안하면 이와 같이 흠결 있는 부분에 의한 전체적 조망은 경계되어야 한다.[74] 따라서 정황증거라고 하더라도 신뢰성에 관한 기본적 검증이 이루어진 경우에 한해서[75] '위임 및 지시' 조사시 고려되어야 한다. 그러나 U.S-DRAMs(AB) 사건에서 미국의 주장과 같이 정황증거의 총체적 고려 (totality of facts)라는 개념에 매몰되어 개개 정황증거의 증거력 검토를 일반적으로 생략하는 경우 이는 증거법 원칙에 대한 중대한 위반을 구성한다.[76] 이 경우 조사당국에 의한 정황증거의 맹목적 고려와 취사선택이 가능하여 지기 때문이다. 따라서 항소기구가 U.S-DRAMs(AB) 사건에서 증거의 총체적 내용(totality of evidence)에 대한 검토가 이루어진다고 하더라도 개별 증거에 대한 독립된 평가가 필요하다고 언급한 것은 적절한 지적이라고 하겠다.[77] 그러나 항소기구는 미국 상무부가 정황증거에 대한 이러한 독립된 평가를 실시하였는지에 대하여 침묵을 지키고 있다.[78] 이 문제에 관한 항소기구의 상세한 분석이 결여된 것은 아쉬운 점이라고 하겠다.

---

74) 최근 미국 상무부의 한국산 반도체 상계관세 부과사건에 대해 사법심사를 실시중인 미국 연방무역법원은 바로 이러한 이유로 상계관세 부과 결정을 재심하도록 명령하며 동 결정을 상무부에 환송하였다. *Hynix v. United States*, pp.31~36 참조.
75) 이와 관련 '위임 및 지시' 조사에서 제출되는 정황증거의 상당 부분은 신문 등 언론 보도라는 점을 감안하면 이는 기본적으로 선서(oath) 및 확인서(affidavit) 등 정확성 담보를 위한 공식적 절차 없이 타인의 진술이 심판관에게 제출된다는 점을 볼 때, 국내법에서 지칭하는 전문증거에 해당한다고 볼 수 있다. 이러한 전문증거는 기본적으로 증거능력이 인정되지 않으나 예외적으로 '신용성의 정황적 보장(circumstantial guarantee of trustworthiness)'과 '필요성(necessity)'이 인정되는 경우 그 증거능력이 인정된다. *Id.*, p.185 ; 이재상, 『형사소송법』 제5판, 박영사 (1996), pp.508~509 참조.
76) *U.S.-DRAMs(AB)*, 미국의 항소국 진술서(Appellant's Submission), para. 58 참조.
77) *U.S.-DRAMs(AB)*, para. 145 참조.
78) *Id.*, para. 198 참조.

이와 같이 개별 정황증거의 증거력 평가 필요성을 고려할 경우 사실 향후 위임·지시 보조금 및 상계관세 조사의 주된 대상이 될 개발도상국 입장에서 개별 증거의 심리에 있어 U.S.-DRAMs(AB) 사건에서 제시된 '압도적 증거력(probative and compelling)' 기준을 적극 강조하는 것은 타당하다.[79] 아래에서는 증거력에 관한 국제법원, 항소기구 및 국내법원의 입장을 각각 살펴보도록 한다.

1. 여타 국제법원의 경우

다른 국제법원의 사례에 대한 검토는 이 문제에 있어 시사점을 제공한다. 국내소송과 마찬가지로 국제소송에서도 증거법 원칙은 재판의 공정성 보장에 있어 핵심적인 위치를 차지하고 있다.[80] 국제법정에서는 국내법정에 비하여 보다 완화된 증거법 원칙이 적용되어 재판부가 제시된 증거 및 자료를 통한 자유심증 형성을 통하여 결론을 도출하는 것이 보다 자유롭다는 점도 사실이다.[81] 그러나 이는 재판부에 제출된 모든 자료가 항상 동일한 증거력을 보유한다는 것은 아니며, 다양한 자료들에 대한 증거력 평가는 재판부에 의하여 각 사안별로 개별적인 검토에 따라 이루어진다.[82] 즉, 국제법원은 기본적으로 각 증거의 인용 시 제반 상황을 고려하

---

79) *U.S.-DRAMs(AB)*, 중국의 항소기구 제3자 참여 진술서(Third Party Submission), para. 25 참조.
80) Thomas M. Franck, *Fairness in International Law and Institutions*, Clarendon Press (1995), pp.335~338 참조.
81) Shabtai Rosenne, *The Law and Practice of the International Court*, 2nd ed. (1985), p.557 참조. 예를 들어 Corfu Channel 사건에서 국제사법재판소는 영국 군함이 불법적으로 획득한 증거에 대해서도 인용 가능한(admissible)것으로 결정한 바 있다. *The Corfu Channel Case(United Kingdom v. Albania)*, I.C.J. Reports 1949 ('*Corfu Channel Case*'), pp.32~36 참조.
82) 예를 들어 Corfu Channel 사건에서 국제사법재판소는 전문증거(hearsay evidence)에 관하여 이를 인용하면서도 그 증거력은 낮은 것으로 평가한 바 있다. *Corfu Channel*

여 증거력에 관한 평가를 실시하고 있다.

여타 국제법원에서 채택하는 증거법 원칙은 특별한 사정이 없는 한 WTO 분쟁해결절차에도 유추 적용될 수 있을 것이다. 증거법 원칙에 관한 명문의 규정이 부재한 WTO 협정의 성격상[83] 패널 및 항소기구는 이러한 국제법원의 증거법 원칙을 차용하기 때문이다.[84] 그렇다면 위임·지시 보조금을 검토하는 WTO 패널 및 항소기구는 다른 국제법원과 마찬가지로 제시된 정황증거의 개별적 증거력에 대한 기본적인 검증 작업을 거쳐야 하며 이와 같은 검증 작업을 거쳐 증거력이 확인된 정황증거만을 위임·지시 보조금 검토 시 포함시켜야 하는 것으로 새겨야 할 것이다. 분쟁 당사자에 의해 다양한 자료와 정보가 제출되는 위임·지시 보조금 분쟁에 있어 이러한 증거력 검증 작업은 특히 중요하다.

국제법원에서의 증거법 원칙은 직접적으로 패널과 항소기구 심리에만 영향을 미칠 것이나 보조금 협정의 구체적 조항과의 연결을 통해 조사당국에 대해서도 적용될 원칙을 제시할 수도 있을 것이다. 예를 들어 보조금 및 상계관세 조사에 있어 조사당국이 획득된 자료의 정확한 검토를 실시할 의무를 부과하고 있는 보조금 협정 제2.4조, 제11.3조, 제12.5조, 및

Case, pp.16~17 참조. 또한 *Barcelona Traction* 사건에서 Jessup 판사는 별도의견 (separate opinion)에서 당사국이 자료제출을 거부하거나 협조하지 않은 경우, 그러한 자료에 해당 당사국에 대한 불리한 내용이 포함되어 있을 거라고 추론할 수 있음을 지적하였다. *Case Concerning The Barcelona Traction, Light and Power Company, Limited* (Belgium v. Spain), I.C.J Reports 1970, p.215, para. 97 ; *D. V. Sandifer, Evidence Before International Tribunals*, University Press of Virginia, Revised Version (1975), p.153 참조.

83) *U.S.-DRAMs(AB)*, para. 138 ; *Indonesia-Autos(Panel)*, para. 14.234 참조.
84) *Canada-Aircraft(AB)*, para. 202, 각주 128 참조. 또한 항소기구는 반덤핑 협정 제6조와 이에 대칭하는 보조금 협정 제12조가 반덤핑 조사와 상계관세 조사 전반에 걸쳐 적용되는 증거법 원칙(evidentiary rules)을 나타내고 있다고 확인하고 있다. *Mexico-Definitive Anti-Dumping Measures on Beef and Rice*, WT/DS295/ AB/R (29 November 2005), para. 292 ; *European Communities-Anti-Dumping Duties on Malleable Cast Iron Tube or Pipe Fittings from Brazil*, WT/DS219/AB/R (22 July 2003), para. 138 참조.

제15.1조와 연관한 법리 해석을 통해 패널 및 항소기구는 조사당국이 위임·지시 보조금 조사 시 준수하여야 할 증거법 원칙을 부과할 수도 있을 것으로 본다.[85]

2. 항소기구의 입장

한국 정부의 조선업체에 대한 위임·지시 보조금 지급을 심리한 *Korea-Shipbuilding(Panel)* 패널은 정황증거에 의해 '위임 및 지시'를 입증하는 것도 법률적으로 불가능하지는 않지만, 문제는 그러한 증거가 '충분하고 압도적인 증거력(probative and compelling)'을 보유하는가 하는 점이라고 지적하였다.[86] 위임·지시 보조금 맥락에서 정황증거의 중요성을 인정하면서도 동시에 이러한 정황증거가 종합적으로 '위임 및 지시'의 존재를 충분하고 압도적으로 보여주는지 여부에 대한 분석이 필요하다는 동 패널의 입장은 타당하다. 그러나 동 패널이 확인한 증거기준은 개개의 정황증거의 인용기준을 제시한 것은 아니다.

위임·지시 보조금에 적용될 증거기준 일반에 관하여 *U.S-DRAMs* 사건의 패널과 항소기구도 언급하고 있다. 그러나 동 분쟁에서 나타난 증거기준에 대한 언급 역시 제시된 증거가 '전체적'으로 '위임 및 지시'를 보여주는가에 관련된 문제였으며 개개의 정황증거의 인용기준을 제시한 것은 아니다. 다만 동 패널과 항소기구 결정은 *Korea-Shipbuilding(Panel)* 결정에 비하여 이 문제에 관해 보다 상세한 논의를 포함하고 있는 바, 이로부터

---

85) 보조금 협정 제2.4조, 제11.3조, 제12.5조, 및 제15.1조 참조. 제2.4조는 특정성 검토와 관련, 제11.3조는 조치가능 보조금과 관련, 제12.5조는 상계관세 조사와 관련, 그리고 제15.1조는 상계관세 조사 시 산업피해 결정과 관련하여 조사당국이 자료의 정확한 평가와 검토를 실시할 의무를 부과하고 있다. 이와 같이 보조금 및 상계관세 조사 전반에 걸쳐 적용되는 자료의 정확한 평가 의무는 정황증거의 증거력에 대한 기본적 검토도 아울러 포함한다고 볼 수 있을 것이다.

86) *Korea-Shipbuilding(Panel)*, paras. 7.372-7.373 참조.

적절한 시사점을 도출할 수는 있을 것이다. U.S-DRAMs(Panel) 패널은 '위임 및 지시'의 확인과 관련하여, 어떤 민간주체에 대해서 무엇이 '위임 및 지시' 되었는지에 관해 조사당국의 '극히 상세한(in great detail)' 소명이 반드시 있을 필요는 없으며,[87] 또한 '명백한(explicit)' 정부 행위에 의해 '위임 및 지시'가 이루어져야 하는 것도 아니지만,[88] 최소한 조사당국은 '위임 및 지시'를 보여준다고 주장되는 증거에 대한 '충분하고 압도적인 증거력' 기준을 적용하여야 한다고 결정하였다.[89] 즉, 패널은 제시된 증거 -정황증거를 포함하여-의 총합이 '충분하고 압도적으로', '위임 및 지시'를 보여주고 있는가 하는 점을 증거기준의 핵심으로 파악한 것이다. 이에 대해 미국은 이러한 기준은 보조금 협정에 위배되는 것이라고 주장하였다. 특히 미국은 법률분쟁에서 증거가 보유하는 본질적 속성을 감안하면 '충분한(probative) 증거력'이라는 것은 당연히 요구되는 기준이나, '압도적(compelling) 증거력'이라는 기준은 보조금 협정이나 DSU 어디에서도 찾아 볼 수 없는 바, 이를 언급한 것은 패널의 법적 오류임을 지적하였다.[90] 이에 대해 한국은 '압도적 증거력'이라는 용어는 단지 증거의 가치(quality of evidence)를 언급한 것으로 미국의 주장과 같이 새로운 기준을 패널이 삽입한 것은 아니라는 입장을 전개하였다.[91]

---

87) U.S.-DRAMs(Panel), para. 7.35 참조.
88) Id., para. 7.42 참조.
89) 이와 관련 패널은 '위임 및 지시'의 증거는 항상 증거력과 압도성을 보유하여야 함을 다음과 같이 지적하였다.

> That being said, the evidence of entrustment or direction must *in all cases be probative and compelling*. Thus, whatever the nature or form of the affirmative acts of delegation or command at issue, the evidence must demonstrate that each private entity allegedly providing, or participating in, a financial contribution was entrusted or directed by the government to do so(이탤릭체; 필자 강조). Id., para. 7.35.

90) U.S.-DRAMs(AB), 미국의 항소인 진술서(Appellant's Submission), paras. 48-49 참조.
91) U.S.-DRAMs(AB), 한국의 피항소인 진술서(Appellee's Submission), para. 82 참조.

이에 대해 항소기구는 기본적으로 '충분하고 압도적인 증거력 기준'은 미국이 주장하는 바와 같이 오로지 유일의 결론만 이끌어 낼 수 있는 정도가 아닌 단지 제시된 증거가 '위임 및 지시'를 '보여주는(demonstrate)' 것을 요구하는 정도로만 해석되는 한 패널의 결정은 타당하다고 인정하였다.[92] 즉, 항소기구는 증거력에 관한 기준 자체는 그대로 존치하되 동 기준이 실질적으로 요구하는 정도는 낮춘 것으로 평가된다.

그러나 이러한 항소기구 입장은 동 결정 여타 부분에서의 언급과 모순되는 측면이 있다. 즉, 미국 상무부의 '단일 보조금 조치' 접근 방법을 인정하면서 항소기구는 패널의 올바른 심리란 "개별적인 증거가 미국 상무부에 의해 제시된 3단계 요건[93]을 각각 지지하고 있는가" 하는 점에 초점을 맞추어야 한다고 지적하였다.[94] 이는 결국, 개별 정황증거가 '위임 및 지시'를 보여주는지 여부가 아닌 그러한 개별 정황증거가 피조사국 정부의 정책목표를 보여주는지 여부에 대한 패널의 검토를 요청하는 것이다. 그러나 이러한 정황증거가 '보여주는(demonstrate)' 것은 정부의 정책목표에 불과하며 정부의 구체적인 '위임 및 지시' 조치의 존재는 아니라는 점을 감안하면 항소기구가 채택한 이러한 접근방법은 스스로 선언한 낮은 정도의 '충분하고 압도적인 증거력 기준'에도 위배되는 것이 아닌가 하는 비판이 가능하다.

사실 U.S.-DRAMs(AB) 사건의 항소기구 결정문에서 개별 정황증거의 증거력 평가 필요성에 관해 시사점을 제공하는 언급을 발견할 수 있다.

---

92) U.S.-DRAMs(AB), para. 140 참조.
93) 미국 상무부는 다음의 분석 방법을 채택하였다. (1) 한국 정부는 하이닉스의 채무재조정을 지원하고 이를 통해 동 회사의 몰락을 회피하기 위한 정책을 갖고 있었는가?, (2) 한국 정부는 이러한 정책을 이행하기 위하여 하이닉스 채권단에 대해 통제를 실시하거나 영향력을 행사하였는가?, (3) 한국 정부는 때로는 통제 / 영향력을 행사하여 채권단이 하이닉스 채무재조정을 지속적으로 지원하도록 하기 위하여 압력이나 강박을 행사하였는가? 미국 상무부의 한국산 반도체 상계관세 부과 최종판정, 제2장 제2절 각주 1, pp.47~60 참조.
94) U.S.-DRAMs(AB), para. 152 참조.

'위임 및 지시'의 확인을 위한 정황증거 활용과 관련, 항소기구는 '엄밀히 말해 '위임 및 지시'를 순수한 사실관계에 관한 확인이라기보다 '증명된 일련의 사실에 기초한 법적 평가(legal assessment)'라는 점을 지적하고 있다.[95] 항소기구의 이러한 언급은 정황증거의 활용과 관련하여 세 가지 요소를 함축하고 있다. 먼저, 정황증거의 평가는 '위임 및 지시'와 연관된 것으로 보이는 단순한 사실의 나열과 이로부터 자의적인 평가 도출이 아닌 보조금 협정상 보조금 구성 요건의 하나인 '정부에 의한 재정적 기여'의 특별한 형태인 '위임 및 지시'의 존재 여부에 관한 '법적 평가'라는 점이다. 따라서 '위임 및 지시'의 고찰이 '법적 평가'인 한 그러한 평가의 타당성과 정당성을 위해서는 개별 정황증거에 대한 최소한의 증거 기준 충족여부에 대한 검토가 필요하다고 하여야 한다. 둘째, 동일한 맥락에서 '법적 평가'의 정당성과 타당성을 담보하기 위해서는 반대상황을 표명하는 정황증거(counter-evidence)에 대한 균형적인 검토도 아울러 요구된다. 셋째, '입증된 사실관계(proven set of facts)'라는 항소기구의 언급이 나타내고 있듯이 최소한의 진실성(veracity)이 검증된 정황증거만이 위임·지시 보조금 고찰에 포함되어야 함을 또한 알 수 있다. 따라서 이러한 요소를 고려한 바탕위에서 정황증거의 활용 및 인용 범위에 관한 기준이 설정되어야 할 것이다. 그렇다면 조사당국이 채택한 개별적 정황증거에 대한 구체적 검증 없이 패널이 이를 그대로 수용할 것을 선언하고 있는 U.S.-DRAMs(AB) 항소기구의 입장은 결국 이러한 세 가지 요소의 논리와 상충되는 자기모순으로 비판받아야 할 것이다.[96]

어쨌든 U.S.-DRAM(AB) 사건에서 항소기구가 위임·지시 보조금에 적

---

95) *U.S.-DRAMs(AB)*, footnote 277, para. 150 참조("Moreover, strictly speaking, entrustment or direction is not a pure fact. It is, rather, a legal assessment based on a proven set of facts").
96) *Id.*, para. 150 참조("In our view, having accepted an investigating authority's approach, a panel normally should examine the probative value of a piece of evidence in a similar manner to that followed by the investigating authority").

용될 '전체적'인 증거기준에 관한 평가와 별도로 '개별적' 정황증거의 증거력 검증 필요성 및 인용 기준에 관한 일반적 지침을 제공하지 않은 것은 동 결정의 중대한 흠결로 보인다. 기존의 패널 결정에서도 위임·지시 보조금 조사에서 개별적 증거력 검증 문제가 검토되지 않았음을 고려하면[97] WTO 패널 및 항소기구가 정황증거의 문제점과 적절한 활용방안 모색 필요성에 대하여 아직 충분히 인식하지 못하고 있다는 방증이라고 할 수 있을 것이다. 특히 정황증거가 위임·지시 보조금에서 차지하는 중요성을 감안하면 개별 정황증거의 활용에 관한 적절한 기준의 미제시는 위임·지시 보조금 전반에 있어 무규범성과 혼란을 초래할 수밖에 없을 것이다. 항소기구가 명확한 법리를 제공하였더라면 향후 이 문제를 담당하는 조사당국 및 패널에 대해 중요한 지침을 제공하여 줄 수 있었을 것이다. 따라서 금번 항소기구의 결정은 정황증거의 내재적 위험요소에 대한 충분한 검토 없이 구체적 검증절차를 생략한 정황증거의 일반적인 활용을 허용한 점에서 비판받아야 한다.[98] 기본적인 검증 작업이 결여된 정황증거의 남용은 *U.S.-Wool Shirts and Blouses(AB)* 사건에서 항소기구가 경계하였던 '단순한 주장(mere assertion)'에 의한 당사자의 주장 사항의 입증 시도와 유사한 성격을 띤다고 하겠다.[99]

---

[97] *Korea-Shipbuilding(Panel)*, para. 7.373 참조. 동 패널은 정황증거의 개별적 검토가 아닌 전체로서의 정황증거가 '위임 및 지시'를 보여주는가에 관해 초점을 맞추고 있다.
[98] 이러한 점들을 고려하면 사실 패널이 제시한 압도적 증거력 기준(probative and compelling standard)도 미국이 주장하듯이 보조금 협정에 포함되지 않은 새로운 기준을 일방적으로 제시하였다기보다는 이와 같이 제시된 증거, 특히 정황증거의 가치(quality of evidence)에 관한 기본 원칙을 제시한 것이라고 보는 것이 정확할 것이다.
[99] *United States-Measure Affecting Imports of Woven Wool Shirts and Blouses from India*, WT/DS33/AB/R [23 May 1997, '*U.S.-Wool Shirts and Blouses(AB)*'], para. 14 참조 ("We find it difficult, indeed, to see how any system of judicial settlement could work if it incorporated the proposition that the *mere assertion* of a claim might amount to proof.")(이탤릭체; 필자 강조).

3. 국내법원의 입장

미국 상무부가 주장하고 있는 느슨한 정황증거 인용 및 활용 기준이 동일한 상계관세 부과 사건을 사법심사의 일환으로서 심리하고 있는 미국 연방무역법원(United States Court of International Trade)의 판결에 의해 부인되고 있음은 홍미롭다. 즉, 미국 연방무역법원은 미국 상무부가 위임·지시 보조금 지급을 이유로 하이닉스 반도체에 대해 부과한 상계관세와 관련한 사법심사에서 "미국 상무부는 모든 형태의 증거를 총괄적으로 고려한 후, 그러한 증거가 위임·지시 보조금 지급을 입증하고 있는지를 확인"하여야 함을 지적하고 있다.[100] 동 연방무역법원은 '단일 보조금 조치'와 '정황증거의 총체적 검토'라는 미국 상무부의 분석틀 자체는 인정을 하였으나 한국 정부에 의한 '위임 및 지시'의 존재를 부인하는 반대증거(counter-evidence)도 상당 부분 기록이 존재함에도 불구, 미국 상무부가 이를 충분히 고려하지 않고 '위임 및 지시'의 존재를 긍정하는 내용의 직접증거 및 정황증거를 집중적으로 인용한 것은 문제라고 지적하며 이를 다시 상무부로 환송(remand)하여 재심을 명령하였다.[101] 연방무역법원의 재심·환송에 대해 미국 상무부는 다시 증거를 보충하여 흠결을 보완하고 상계관세 부과 결정의 논리를 설명하였으며[102] 동 법원은 이에 대해 다시 심리를 실시 중이므로 미국 내 사법심사 결과에 대한 최종적인 평가는 아

---

100) *Hynix. v. United States*, pp.31~36 참조.
101) *Id.*, p.38. 참조. 이와 관련 *U.S-DRAMs(Panel)*의 패널도 동일한 취지의 說示를 하고 있음은 홍미롭다. 패널은 미국 상무부는 일부 채권은행이 문제된 하이닉스 채무재조정 조치에 참여하지 않았던 점을 간과하였다고 지적하였다. 동일한 '위임 및 지시'의 대상이었다면 일부은행의 이러한 불참은 설명이 되지 않는다는 취지이다. 결국 이는 조사당국에 의한 정황증거의 취사선택의 문제를 지적한 것이다. *U.S.-DRAM(Panel)*, para. 7.63 참조.
102) 미국 상무부의 한국산 반도체 상계관세 재심 결정, 제5장 제1절 각주 25, pp.19~22 참조.

직은 시기상조이다. 그러나 동 재심·환송 결정은 위임·지시 보조금에서 정황증거의 자의적 취사선택이 야기하는 문제가 행정부의 결정을 가급적 존중하는 미국 국내법상의 증거기준에도[103] 미치지 못하고 있음을 지적한 것으로 주목된다.

결국 미국 연방무역법원의 입장에 따르면 정황증거의 활용에 있어 중요한 것은 단순한 증거의 존재가 아니라 각 개별 증거의 실질적 가치(quality of evidence)의 충분한 고려 여부라는 것이다. 동 법원의 결정 역시 항소기구 결정과 마찬가지로 조사당국에 의한 정황증거의 종합적 고려와 연관된 것이며 개별 정황증거의 증거력 평가 기준에 대하여 직접적으로 언급을 한 것은 아니다. 그러나 조사당국이 정황증거를 평가함에 있어 양 당사자가 제시하는 정황증거를 공평하게 검토하여야 한다는 입장의 이면에는 결국 제시된 각각의 정황증거의 독자적 증거가치에 대한 개별적 평가가 필요하다는 전제가 깔려있다고 볼 수 있겠다. 이는 결국 최소한 특정한 상황에서 조사당국은 개별적 정황증거의 증거력을 평가하여야 할 필요성도 있음을 의미하는 것으로 해석될 수 있을 것이다. 특히 행정당국의 재량을 존중하는 국내법원에서 정황증거에 관한 조심스러운 접근의 필요성을 제시하고 있는 것은 개별적 정황증거의 증거력 평가의 필요성을 방증하고 있다고 하겠다.

---

[103] 미국 법원이 사법심사 과정에서 행정부의 결정을 평가하는 기준은 소위 '실질적 증거(substantial evidence)' 기준이다. 즉, 행정부의 의사결정이 실질적 증거를 통해 합리적으로 지지되고 법령에 명백히 위배되지 않는 한 설사 법원이 이에 관하여 다른 의견을 보유하고 있더라도 행정부의 결정을 가급적 존중하여야 한다는 원칙이다. 19 U.S.C. § 1516a(b)(1)(B)(i) ; *Pierce v. Underwood*, 487 U.S. 552, 565 (1988) ; *Edison Co. v. NLRB*, 305 U.S. 197, 229 (1938). 상계관세 부과 결정도 행정부인 연방 상무부가 부과하는 행정조치이므로 이를 심리하는 연방무역법원은 동일한 원칙을 적용한다. *Hynix. v. United States*, pp.9~10 참조.

VI. 해결책 검토

위에서도 지적한 바와 같이 정황증거 문제는 보조금 분쟁에서 특히 현저하다. 보조금 분쟁은 타국의 국가정책 및 조치에 대한 심리를 수반함에 따라 조사당국이 외국인 피조사국 정부의 내부의사 결정과정의 직접증거를 확보하기 곤란하다는 현실적 측면을 주장하는 국가들과 또 한편으로 직접증거 또는 사실관계가 확인된 정황증거만이 고려대상에 포함되어야 한다고 주장하는 국가들 간 의견 대립이 필연적이기 때문이다. 특히 위임·지시 보조금의 경우, 민관 간 복잡한 상호작용 및 미묘한 상관관계를 다루고 있기에 이러한 문제는 더욱 증폭된다. 위임·지시 보조금 관련 WTO 분쟁해결절차에서, 그리고 각국 조사당국의 보조금 및 상계관세 조사과정에서 정황증거를 어떻게 수집할 것인가, 정황증거를 어떻게 평가할 것인가, 그리고 정황증거에 어떠한 법적인 의미를 부여할 것인가 하는 점은 중요한 문제이며 그 중요성은 앞으로도 증대할 것이다.

결국 위임·지시 보조금 고찰에 있어 정황증거의 활용 필요성에 대해 특별한 이론이 없다는 점을 고려할 때 문제의 핵심은 그러한 증거의 활용 내지 인용 방법에 관한 기준이라고 하겠다. 따라서 위임·지시 보조금 고찰에 있어 정황증거의 활용 기준에 대한 검토는 그 필요성과 문제점을 동시에 고려한 기초 위에서 이루어 져야 한다. 이는 또한 조사국과 피조사국 간 이해관계의 적절한 균형점을 추구하는 시도라는 점에서 보조금 협정의 대상 및 목적과도 부합한다.

이와 관련, 다음과 같은 해결책을 검토할 수 있을 것이다. 위임·지시 보조금 조사에서 정황증거의 대폭 인용을 허용하되 다만 제시된 정황증거는 최소한의 증거력 검토작업을 거치도록 규정하거나 요구하는 것이다. 증거력 검토작업은 특별한 것이 아니라 단지 제시된 정황증거가 다른 직접증거나 여타 정황증거에 의하여 그 기본적 진실성이 담보되는지 여부에 대한 기본적 평가작업으로 개념 정립을 할 수 있을 것이다. 지나치게 엄격한 증거력 평가기준의 적용은 사실상 정황증거의 활용을 봉쇄하여 조사당국의 이해관계에 부정적 영향을 미칠 수도 있을 것이나, 기본적 진실성 확인 작업은 조사당국에도 큰 부담을 지우지 않는 합리적 절충안으로 판단된다. 이러한 기본적 진실성 검토작업이 위임·지시 보조금 조사에서 정황증거의 개별적 증거력 평가작업이라고 할 수 있을 것이다. 그러므로 경우에 따라서는 정황증거만으로 위임·지시 보조금 확인에 이르는 상황도 가능할 것이다. 증거력 평가작업을 거친 정황증거를 통해 '위임 및 지시'를 충분히 확인할 수 있을 것이기 때문이다.

제3절 위임 · 지시 보조금 조사와 총체적 접근법

위임 · 지시 보조금 조사에서 정황증거 문제와 불가분의 관계에 있는 것은 소위 관련 정황증거의 총괄적인 고려를 통해 문제가 된 사안에서 '위임 및 지시'를 추론하는 소위 '총체적 접근법(totality of facts)'이다. 상기 제2절에서의 논의가 개별적 정황증거와 관련된 문제라면 여기에서 다루는 문제는 그 다음 단계로 이루어지는 이러한 개별적 정황증거의 총합과 관련된 문제이다. 이 방법을 이용하는 조사당국은 정황증거의 나열을 통한 특정 사안에서의 '위임 및 지시'의 구체적 입증이 아닌 정부, 시혜 민간주체 및 수혜 민간주체 3자 간 관계의 전체적 맥락을 보여줌으로써 동 사안에서 '위임 및 지시'가 존재하였을 것이라는 추론을 도출하게 된다.[1] 조사당국이 정황증거의 융합을 통해 피조사국 정부의 특정 산업 및 기업 지원을 위한 일반적인 정책 또는 전체적인 전후 맥락을 확인하고 이를 통해 특정의 보조금 조사에서 '위임 및 지시'를 입증할 수 있다면 개개 조치에 대한 개별적 검토의 경우보다 '위임 및 지시'의 확인은 결정적으로 용이하게 될 것이다.[2]

가령, 정황증거를 나열함으로써 조사당국이 피조사국의 관치금융 제도 또는 경제체제의 일반적 특성 확인을 통해 문제가 된 수혜 민간주체를 위한 '위임 및 지시'도 존재하였다고 추정하는 방법을 도입하게 되면,[3] 구체적 사안에서 조사당국이 '위임 및 지시'를 입증할 책임은 사실상 면제되는 상황이 발생한다. 이 경우 조사당국은 문제가 된 개별 조치에 있어

---

1) 미국 상무부의 한국산 반도체 상계관세 부과 최종판정, 제2장 제2절 각주 1, pp.19~24 참조.
2) *U.S.-DRAMs(AB)*, 미국의 항소인 법률의견서(Appellant's Submission), para. 25 참조.
3) *Id.*

보조금 협정이 요구하는 구성요건 －즉, 정부에 의한 재정적 기여 요건－ 존재 여부의 결정을 생략하고도 피조사국 경제체제내 관치금융의 일반적 존재를 근거로 당해 조사에서도 '위임 및 지시'의 존재를 추정할 수 있게 되기 때문이다. 이와 같이 총체적 접근법은 추론과 불가분의 관계를 이루고 있다. 결국 정황증거, 총체적 접근법, 그리고 추론은 위임·지시 보조금 조사에 있어 일종의 삼위일체를 형성하고 있다.

I. 총체적 접근법의 필요성

상기 제2절에서 살펴본 위임·지시 보조금을 조사하는 조사당국의 정황증거 활용 필요성은 총체적 접근법의 필요성도 마찬가지로 입증할 수 있다. 외국 정부의 은밀한 정책 결정 및 시행과정을 그 대상으로 하고 있는 위임·지시 보조금의 특성상 타방 WTO 회원국 조사당국이 개별적 사안에서 '위임 및 지시'를 입증하기란 쉬운 일이 아니다. 따라서 때로는 위임·지시 보조금 조사에 있어 문제가 된 '위임 및 지시'의 개별적 입증 대신 정황증거의 융합을 통해 총체적으로 '위임 및 지시'의 흔적을 추적하는 것이 유일한 방안일 수도 있다.

제2절에서 논의된 기본적 증기력 검증 필요성이 제시된 정황증거가 개별적으로 '위임 및 지시'를 보여주어야 한다는 것을 의미하는 것은 아니다. 개별 정황증거의 기본적 증거력 검증은 다름 아닌 최소한의 진실성 담보 차원에 국한됨은 위에서 지적하였다.[4] 단편적인 정황증거가 개별적으로 위임·지시 보조금의 구성요건을 충족하는 경우는 찾아보기 힘들 것이고, 현실에 있어서도 정부에 의한 '위임 및 지시'란 민관 간 일회성 접촉보다는 단편적 접촉의 연속선상에서 전체적으로 형성될 것이기 때문

---

4) 본 논문 제5장 제2절 참조.

이다. 또한 각각의 정황증거가 개별적으로 '위임 및 지시'의 구성요건을 충족하여야 하는 것으로 새길 경우, 이는 사실상 정황증거의 활용을 배척하는 효과를 발생시킨다. 앞에서 살펴 본 바와 같이 위임·지시 보조금 조사에서 차지하는 정황증거의 필요성과 중요성을 감안한다면 이와 같이 정황증거를 사실상 배제하는 결론은 타당하지 않다고 하여야 할 것이다.[5] 그러므로 정황증거의 활용과 총체적 접근법은 불가분의 관계에 있음을 다시 한번 상기할 필요가 있다.

이러한 점을 종합적으로 고려하면 위임·지시 보조금 분석에 있어 정황증거의 총체적 접근법을 적용하여야 할 필요성은 충분히 인정된다. 이를 감안하면 개별적 정황증거의 '위임 및 지시' 요건 입증문제 여부에 관한 분석을 시도한 U.S.-DRAMs(Panel) 패널의 방법론을 배척하는 취지의 항소기구 입장은 기본적으로 타당하다고 할 수 있을 것이다.[6] 개별적 정황증거가 독자적으로 '위임 및 지시'를 입증하여 주는 상황은 극히 드물 것이기 때문이다.

II. 총체적 접근법의 한계

정황증거 자체와 마찬가지로 총체적 접근법도 그 필요성에도 불구하고 중요한 내재적 한계가 존재한다. 보조금 협정 관련 조항과의 상충문제와 추론의 적용에 따른 기본적인 정확성의 결여 위험성이 그것이다.

---

5) 이러한 점은 항소기구에 의해서도 확인되고 있다. U.S.-DRAMs(AB), para. 150 참조.
6) Id., paras. 146-148 참조.

1. 보조금 협정 규정과의 상충

　제3장에서 살펴본 조약해석의 국제법 원칙에 기초한 위임·지시 보조금 조항의 고찰과 이에 기초한 제4장에서의 구성요건별 고찰은 위임·지시 보조금의 핵심 속성 중 하나가 문제된 조치의 개별성임을 확인하였다. 그렇다면 구체적 사안의 개별적 입증이 아닌 전체적 맥락 확인에 치중하는 총체적 접근법은 기본적으로 이러한 속성과 부합하지 않는다고 하여야 할 것이다.[7]

　따라서 조사당국이 정황증거의 나열을 통해 피조사국 정부 정책과 방침의 전체적인 맥락을 확인하고 이를 통해 구체적 사건에 있어서 피조사국 정부에 의한 '위임 및 지시'를 확인하는 총체적 접근법은 특정 민간주체에 대해 특정 사안에 있어서 구체적인 정부의 '위임 및 지시'를 요구하는 보조금 협정 제1.1조 (a)(1)항 (iv)호의 규정에 대한 위반을 구성할 가능성이 있다.[8] 총체적 접근법의 현실적 필요성에도 불구하고 보조금 협정 제1.1조 (a)(1)항 (iv)호와의 상충 가능성은 이러한 방법론의 사용에 있어 적절한 기준이 필요함을 보여준다. 예를 들어, 총체적 접근법으로 '위임 및 지시'를 확인하더라도 이로부터의 막연한 추론이 아닌, 최소한 조사대상이 된 특정 사안에서 '위임 및 지시'를 구체적으로 보여줄 수 있는 조사당국의 소명 필요성 등을 고려할 수 있을 것이다. 조사당국에 대한 이러한 의무부과는 정황증거 자체의 구체성·현실성 결여라는 내재적 문제점을 극복하기 위하여 필요한 조치이기도 하다.[9]

---

7) 예를 들어 미국 상무부의 한국산 반도체 상계관세 조사 최종판정, 제2장 제2절 각주 1, pp.12~24 ; 일본 정부의 한국산 반도체 상계관세 조사 중요사실, 제2장 제3절 각주 2, paras. 36-87 참조.

8) *Id.*

9) 본 논문 제5장 제2절 Ⅲ. 3. 참조.

2. 정확성 문제

정황증거의 광범위한 활용을 통한 총체적 접근법은 궁극적으로 조사당국의 '추론'으로 귀결된다. 정황증거의 총합이 제시하는 전체적 맥락은 최선의 경우라고 하더라도 조사당국에 대해 특정 프로그램에 있어서는 아마도 피조사국 정부가 이러한 방향으로 행동하였을 것이라는 '추정'밖에 제공할 수 없기 때문이다. 추정을 통해 보조금 협정상 핵심 구성요건의 하나인 '정부에 의한 재정적 기여' 요건으로서 '위임 및 지시'의 존재를 확인하는 경우, 이에 기초한 위임·지시 보조금 결정은 항상 부정확성의 위험에 노출될 것이다. 증거법칙에 관한 영미법의 기본 원칙 역시 일반적 상황을 나타내는 정황증거로부터 구체적 사안에서의 행위에 대한 입증을 기본적으로 허용하지 않고 있으며, 그 기저에는 정황증거의 정확성에 대한 의구심이 있다는 점도 정황증거 활용에 관한 적절한 제한의 필요성을 보여주고 있다고 하겠다.[10] 특히 피조사국 정부 및 기업이 그 부

---

10) 영미법상 증거법칙의 기본 원칙 중 하나는 특정인의 일반적 성향을 보여주는 증거(character evidence)로부터 문제가 된 구체적인 사안에서의 작위 또는 부작위를 입증하는 것을 허용하지 않는 다는 것이다. 예를 들어 Federal Rules of Evidence 제404조 (a)항은 다음과 같이 규정하고 있다.

    Rule 404. Character Evidence Not Admissible To Prove Conduct

    (a) Character evidence generally. — Evidence of a person's character or a trait of character is not admissible for the purpose of proving action in conformity therewith on a particular occasion …

Christopher B. Mueller & Laird C. Kirkpatrick, *Federal Rules of Evidence: with Advisory Committee Notes and Legislative History*, 제5장 제2절 각주 29, p.77 참조. 따라서 위임·지시 보조금 맥락에서 조사당국이 의존하는 '일반적 상황'으로부터 '구체적 상황'의 추론은 사실 영미법상의 증거법칙이 금지하고 있는 방법이다. 물론 WTO 분쟁해결절차에서의 증거법칙이 영미법상의 증거법칙과 반드시 동일한 원칙을 준수하고 있다고 볼 수는 없을 것이나 WTO 분쟁해결절차에 영미법상의 소송절차가 광범위하게 계수된 점을 감안한다면 이와 같이 증거법칙의 기본 원칙에 위배

정확성을 지적할 경우, 조사당국은 이에 대한 유일한 대응방법은 피조사국 답변의 신뢰성에 대한 전체적 부인이 유일한 방법이라는 측면에서 무규범적인 추정의 적용은 위임·지시 보조금 분쟁의 해결보다 증폭을 초래할 소지가 더욱 크다.[11]

총체적 접근법에 따른 결론의 정확성 결여 문제점은 정황증거 자체의 정확성 결여 문제점과 밀접하게 연관되어 있다.[12] 총체적 접근법이란 바로 정황증거 활용의 연장선상에 위치하기 때문이다. 정황증거의 총합을 통해 추론을 도출하는 총체적 접근법은 정황증거 자체의 정확성 결여와 추론에 따른 정확성 결여가 복합적으로 작용한다. 이러한 중첩적인 정확성 결여 위험성은 조사당국이 채택하는 총체적 접근법의 내재적 한계를 적절히 보여주고 있다.

III. 일반적 상황의 구체적 사안 적용 시 문제점

이와 같은 총체적 접근법의 내재적 한계를 염두에 두고 이러한 접근법의 구체적 적용례인 관치금융 상황을 살펴보도록 한다. 이는 조사당국이 특정 국가의 금융제도 일반관행 및 정부와 금융지원 간 일반 관계에 대한 결정을 근거로 관치금융을 확인하고, 이로부터 특정 위임·지시 보조금 조사에 있어 정부에 의한 관치금융이 존재하였을 것이라 유추한 후, '위임 및 지시'를 확인하는 상황을 의미한다. 여기에서 조사당국은 특정 위임·지시 보조금 조사에서 관치금융이 존재하였는가 여부에 대한 결정

되는 방식으로 위임·지시 보조금 소송이 진행되는 것에 관한 기본적인 문제점을 제시하여 줄 수 있을 것으로 본다.
11) 가령, 미국 상무부의 한국산 반도체 상계관세 조사 한국 정부 답변서, 제5장 제1절 각주 38, p.35 참조.
12) 본 논문 제5장 제2절 III. 1. 참조.

없이 수집된 단편적인 관치금융 입증자료의 나열을 통해 피조사국 경제 체제 전반에 있어 관치금융의 존재를 인정하고, 이를 통해 현재 조사가 진행 중인 조치에 대해서도 동일한 상황이 발생하였을 것으로 추정하는 것이다. 그 결과 사실상 조사당국은 피조사국 내의 모든 거래 관계에 대하여 '위임 및 지시'가 존재하는 것으로 결정할 형식적 근거를 확보하게 되는 것이다. 이는 결국 보조금 협정상 보조금 구성의 3대 요건 중 가장 중요한 요소인 정부에 의한 재정적 기여 요건이 사실상 자동적으로 확인됨을 의미한다. 이러한 접근법이 보조금 협정의 관련 규정에 상치됨은 이미 지적한 바이다.[13]

관치금융 제도의 상시적 존재와 같은 총체적인 보조금 지급체제의 존재라는 일반적 결정은 보조금 협정상 존재하지 않는다. 이 문제는 조사당국에 의해 수집된 정황증거가 '위임 및 지시'의 일반적 존재를 지지하는지 여부를 둘러싼 증거의 충분성 문제가 아니라, 보조금 협정상 '위임 및 지시' 법리는 이와 같은 일반적 확인을 원천적으로 봉쇄하고 있다고 해석해야 할 것이다.[14] 따라서 특정 국가에 대한 관치금융 제도의 존재 자체

---

13) 보조금 협정 제1조의 기본적 취지는 구체적 정부 조치가 개별적으로 그리고 독립적으로 보조금 요건에 해당하는지 여부가 決定되어야 한다는 것이다. 보조금 협정 제1.1조 (a)(1)항은 "… there is a financial contribution … where …"이라고 규정하는 등 (i)호에서 (iv)호까지 모두 단수형으로 규정하여 기본적으로 單一의 정부조치를 심의대상으로 상정하고 있음을 보여주고 있다. 보조금 협정 제1.1조 (a)(1)항 참조.
14) U.S.-DRAMs(Panel) 패널은 미국 상무부가 제시한 증거로 상무부가 채택한 '일반적 확인'이 지지되지 않는다고 판정하였다. 즉, 미국 상무부가 확인한 바와 같이 하이닉스 반도체 구제를 위한 한국 정부의 정책이 존재하였고 또한 일부 민간은행에 대한 영향력 행사의 수단을 한국 정부가 보유하고 있었다고 하더라도 이러한 일반적 확인으로부터 구체적으로 특정 민간은행에 대하여 '위임 및 지시'가 존재하였는지는 입증되지 않는다는 것이다. Id., para. 7.177. 패널의 이러한 입장은 결론적으로는 한국에 유리한 결론을 도출하였으나 역으로 충분한 증거만 수집된다면 '위임 및 지시'의 일반적 확인도 이론적으로 가능하다는 취지인 바, '위임 및 지시'의 법적 개념은 이러한 일반적 확인을 원천적으로 배척하고 있다는 점에서 패널의 이러한 해석은 배척되어야 할 것이다.

가 －설사 그러한 관치금융체제가 실제 존재한다고 하더라도－ 특정 보조금 및 상계관세 조사에서 민간주체에 대한 위임·지시 보조금 지급을 입증하지는 않는다고 할 것이다.

이러한 접근법은 실질적으로 표본추출(sampling)을 통한 조사방법과 유사하다. 예를 들어, A 은행에 대한 '위임 및 지시' 사례를 관치금융 또는 정책금융의 정황증거로 활용하여 B 은행에 대한 '위임 및 지시'를 확인하는 것은 결국 '정황증거'라는 매개물을 통해 몇몇 은행에 대한 '위임 및 지시'를 여타 은행에 대한 '위임 및 지시'로 인정하는 결과를 초래하므로 사실상 표본조사에 의한 보조금 조사이다. 이는 A 기업에 정부가 무상 지원금을 지급하였으므로 B 기업에도 동일한 무상 지원금을 지급하였을 것이라고 판단하여 B 기업에 대하여 상계관세를 부과하는 상황에 비교할 수 있다. 그러한 조치가 부당함은 물론이다.

생각하건대, '위임 및 지시' 확인에 있어서 정황증거의 총체적 고려를 통하여 피조사국 정부의 일반적 정책의 존재를 파악하는 것은 때때로 필요하고 또 타당하다. 이러한 맥락에서 때로는 일반적인 관치금융의 존재도 구체적 사안에서 그러한 관치금융이 실시되었을 개연성을 보여주는 중요한 정황증거임은 분명하다. 그러나 이러한 정황증거도 여타 정황증거와 면밀히 비교하여 해당 조치의 구체적 상황을 추적하기 위한 자료로 활용되고 또 이러한 고찰의 결과 동 조치에서의 구체적인 관치금융 확인으로 이어져야만 한다. 일반적 관치금융의 확인으로부터 해당 조치에서 관치금융의 존재를 맹목적으로 도출하는 것은 보조금 협정에 배치될 뿐 아니라 부당한 표본조사에 해당할 것이다.

IV. *U.S.-DRAMs* 항소기구의 총체적 접근법에 대한 검토

1. 단일 보조금 조치 문제

보조금 협정 제1.1조 (a)(1)항 (iv)호상의 '위임 및 지시'의 법적 의미에 대한 검토와 함께 일단 그렇게 개념 정립이 된 '위임 및 지시'를 어떻게 입증할 것인가 하는 방법론을 둘러싼 한국과 미국의 입장차이는 *U.S.-DRAMs* 사건의 또 다른 주요쟁점 중 하나였다. 동 사건 패널 절차에서 한국은 개별 정황증거가 독자적으로 '위임 및 지시'를 구성하는지 여부에 대한 검토가 필요하다고 주장한 반면, 미국은 개별 정황증거의 총체적 고려를 통해 어떠한 정부 정책이나 실행을 확인하고 이러한 정책이나 관행으로부터 '위임 및 지시'를 도출할 수 있는지 검토하여야 한다고 주장함으로써 양국 간 현저한 입장차이가 존재하였다.[15] 패널은 '위임 및 지시'의 법적 의미를 제한적으로 파악한 자신의 해석에 기초하여 대체로 한국의 주장을 수용, 기본적으로 개별 증거별로 한국 정부에 의한 '위임 및 지시'를 입증하고 있는지 별도로 검토하였고, 미국은 이러한 패널의 분석은 보조금 협정 제1.1조 (a)(1)항 (iv)호상의 '위임 및 지시' 성립 요건을 잘못 해석한 것이라고 항소기구 심리에서 주장하였다.[16]

먼저 분명한 점은 동 분쟁에서 패널과 항소기구는 공히 미국 상무부가

---

15) 미국 상무부는 한국산 반도체에 대한 상계관세 부과 최종판정에서 이와 같이 정황증거의 총체적 고려를 통해 '위임 및 지시'를 확인하는 방법을 동원하였다. 예를 들어 미국 상무부의 한국산 반도체 상계관세 조사 최종판정, 제2장 제2절 각주 1, pp.12~24 참조. 일본 정부도 미국 상무부의 방법론을 그대로 답습하고 있다. 일본 정부의 한국산 반도체 상계관세 조사 중요사실, 제2장 제3절 각주 2, paras. 36-87 참조.
16) *U.S.-DRAMs(AB)*, 미국의 항소인 법률의견서(Appellant's Submission), para. 144 참조.

위임·지시 보조금 조사에서 채택한 총체적 접근법의 타당성을 원칙적으로 인정하였다는 것이다.17) 즉, 패널 및 항소기구는 사실상 미국 상무부가 채택한 위임·지시 보조금 조사 진행과 관련된 분석의 방법론 자체는 용인한 것이다.18) 이러한 분석 방법에 기초하여 미국 상무부는 한국 정부와 하이닉스 반도체에 대한 상계관세 조사에서 1년여 기간 동안 5차례에

---

17) U.S.-DRAMs(AB), para. 114 참조.
18) 미국 상무부가 동 상계관세 조사에서 '위임 및 지시'의 확인을 위해 채택한 방법은 추상적이며 일반적이다. 미국 상무부는 구체적인 사안별로 '위임 및 지시'를 조사, 확인하기보다는 피조사국 정부의 정책(policy)을 먼저 확인하고 그 다음 그 정부가 그러한 정책을 달성하기 위하여 민간주체에 대해서 권한을 행사하거나 민간주체에 대하여 책임을 부여하였는가를 확인하여 이로부터 곧바로 '위임 및 지시'의 존재를 통한 보조금 확인과 이에 따르는 상계관세를 부과하는 방법이다. 이에 따라 미국 상무부는 최종 판정에서 다음과 같은 논리적 전개를 채택하였다.

   (1) 한국 정부는 하이닉스의 채무재조정을 지원하고 이를 통해 동 회사의 몰락을 회피하기 위한 정책을 갖고 있었는가?([Whether] the GOK maintained a policy of supporting Hynix's financial restructuring and thereby avoiding the firm's collapse)
   (2) 한국 정부는 이러한 정책을 이행하기 위하여 하이닉스 채권단에 대해 통제를 실시하거나 영향력을 행사하였는가?([W]hether the GOK exercised the control or influence over Hynix's creditors necessary to implement this policy)
   (3) 한국 정부는 때로는 통제/영향력을 행사하여 채권단이 하이닉스 채무재조정을 지속적으로 지원하도록 하기 위하여 압력이나 강박을 행사하였는가? ([W]hether the GOK at times used this control/influence to pressure or coerce Hynix's creditors to continue supporting the financial restructuring of the firm)

미국 상무부는 이 세 가지 질문에 대하여 긍정적 답변을 먼저 이끌어낸 후, 모든 하이닉스 채무재조정 조치와 모든 채권은행들에 대한 일반적인 '위임 및 지시'를 확인하였다. 미국 반도체 상계관세 조사 최종 판정, 제2장 제2절 각주 1, pp.49~61 참조.
패널도 이러한 분석틀 자체에 대해 문제를 삼지는 않은 것으로 보이며(비록 이러한 분석틀의 금번 사건에서의 구체적 적용 형태인 '단일 보조금 접근법(single subsidy program)' 주장은 충분한 증거 부족을 이유로 결국 배척하였지만) 항소기구도 이러한 분석 방법을 '중간확인 단계(intermediate step)'를 통한 단계적 '위임 및 지시' 확인 방법이라고 언급함으로써 이를 용인하는 입장을 취하고 있는 것으로 보인다. U.S.-DRAMs(AB), para. 152 참조.

걸쳐 채권단에 의해 이루어진 다양한 방법의 채무재조정 조치 전체를 단일의 조치로 보고 분석을 진행하였다.[19] 미국 상무부의 총체적 접근법의 분석틀이 한국산 반도체 상계관세 조사에서 구체적으로는 '단일 보조금 조치(single subsidy program)' 결정으로 표출된 것이다.

이에 대해 동 분쟁 패널은 비록 위임·지시 보조금 조사에 있어 총체적 분석의 방법론 자체는 용인하였으나, 그것이 이 사건에서 구체적으로 적용되어 나타난 미국 상무부의 '단일 보조금 조치' 구성 주장은 입증자료의 부족으로 타당성을 결여한 것으로 배척하였다.[20] 그러나 항소기구는 총체적 접근법뿐 아니라 이의 구체적 실현인 미국 상무부의 단일 보조금 조치 접근 방법도 사실상 인정하였다. 항소기구의 이러한 입장은 항소기구 판정에서 결과적으로 미국의 입장이 대폭 수용되는데 중요한 기초를 제공하였다.

생각하건대, 위에서 지적한 바와 같이 위임·지시 보조금 조사에 있어 관련 요소의 총체적 고려가 현실적으로 중요한 의미를 지니는 것은 분명하다. 그러나 총체적 접근법 채택에 대한 이러한 현실적 타당성에도 불구하고 한편으로 이러한 접근법의 일반적 수용은 조치의 개별적 검토를 기본적으로 요구하는 보조금 협정 제1.1조 (a)(1)항 (iv)호에 배치되는 속성을 포함한다는 점도 이미 지적되었다. 사실 패널 및 항소기구 결정의 면밀한 검토는 위임·지시 보조금 조사에 있어 총체적 접근법의 일반적 또는 맹목적 수용을 패널 및 항소기구 역시 경계하고 있음을 보여준다. 가령 동

---

[19] 이러한 단일 보조금 접근법은 2000~2001년간 이루어진 5개 채무재조정 조치 이외에 2002년 12월에 실시된 새로운 채무재조정 조치에도 그대로 적용되고 있다. 즉, 미국 상무부는 2002년 12월 채무재조정 조치도 기존의 보조금 지급의 동일한 연장선상에 있는 것으로 파악하고 있는 것이다. 미국 상무부의 한국산 반도체 상계관세 1차 연례재심 예비판정, 제2장 제3절 각주 3, pp.54,528~54,535 참조.
[20] 미국 상무부의 단일 보조금 접근법을 패널은 증거 불충분을 이유로 부인하였으며 특히 그러한 단일 보조금을 인정하기에는 많은 상이성과 문제점(irregularities and shortcomings)이 존재함을 지적하였다. *U.S.-DRAMs(Panel)*, paras. 7.155, 7.177 참조.

분쟁 패널은 이러한 총체적 분석의 타당성을 인정하면서도 아울러 개별 정황증거의 증거력에 관한 독립된 검토가 필요하다는 점을 지적하였다.[21] 항소기구도 개별 정황증거의 증거력 검토에 관한 패널의 이러한 입장 자체에 대해서는 그 타당성을 인정하였다.[22] 다만 항소기구는 패널이 이러한 개별 정황증거의 증거력 검토와 관련하여 실시한 분석 방법에 문제가 있었음을 지적하고 있다. 다시 말해 패널은 각 개별 정황증거가 독자적으로 '위임 및 지시'를 입증하는지를 분석한 것으로 보이는 바, 항소기구는 패널의 이러한 분석 방법이 타당하지 않고 증거력을 갖춘 개별 정황증거를 전체적으로 고려하였을 때 미국 상무부가 주장하는 바가 지지되는지 여부에 대한 분석이 이루어져야 한다는 것이다.[23] 정황증거를 통해 입증하고자 하는 구체적 입증대상의 차이점은 차치하고 일단 항소기구도 개별 정황증거의 증거력 검토에 대해서는 공감하고 있음을 알 수 있다. 사실 조사당국이 개별 정황증거의 증거력 검토만 제대로 실시한다면 총체적 접근법의 문제점도 상당 부분 해소될 수 있다. 이 과정에서는 기본적으로 진실성이 담보된 정황증거와 반대사실을 표명하는 반대증거가 종합적으로 고려될 수 있게 되기 때문이다. 따라서 이러한 과정을 거친 총체적 접근법은 위임·지시 보조금 조사에 있어 필요하며 맹목적·일반적 총체적 고려와는 분명 구별되어야 한다. 이러한 점을 염두에 두고 항소기구가 이 문제를 보다 심도있게 검토하였더라면 총체적 접근법 활용에 관한 기본적 규범을 제시할 수 있었을 것이나, 항소기구 결정에 이러한 사항이 누락된 것은 아쉬운 점이다.

총체적 접근법의 정당화를 위하여 항소기구는 대신 조사당국의 재량권

---

21) *Id.*, para. 7.45 참조("[I]n order to follow the [totality of evidence] approach, it was required to assess the probative valued of *each* evidentiary factor *separately*", 이탤릭체; 필자 강조).
22) *U.S.-DRAMs(AB)*, para. 145 참조.
23) *Id.*, paras. 146-149 참조.

강화에 초점을 맞추고 있다. 항소기구는 또한 조사당국인 미국 상무부도 자신의 최종 판정에서 특정의 개별 정황증거가 독립적으로 '위임 및 지시'를 구성한다고 결정한 바 없음을 지적하며, 일단 조사당국의 기본적 조사방법을[24] 수용하기로 결정한 이상 패널은 조사당국이 채택하였던 것과 유사한 방법으로 각 개별증거의 증거력을 검토하는 것이 타당하다고 언급하였다.[25] 금번 사건처럼 정황증거를 종합적으로 고려하였을 경우 '위임 및 지시'가 확인되는 지를 검토하는 사안에 있어서, 특히 조사당국이 실시한 조사방법의 수용을 통한 총체적 고려가 더욱 타당하다는 점을 항소기구는 지적하고 있다.[26] 나아가 항소기구는 위임·지시 보조금 조사에 있어 패널은 조사당국의 결정을 가급적 존중하여야 한다는 점을 강조하고 있다. 즉 각 패널은 조사당국 입장에서 관찰하였을 때 위임·지시 보조금 결정이 합리적이었는지 여부를 판단하는데 국한되어야 하며 패널 스스로 새로운 심사(de novo evaluation)를 실시하여서는 안 된다는 점을 항소기구는 거듭 확인하고 있다.[27] 항소기구에 따르면 패널의 올바른 역할은 주어진 자료와 방법론이 조사당국의 위임·지시 보조금 확인 결정을 합리적으로 지지하는지를 결정하는 것이며, "그러한 증거와 방법론이 과연 '위임 및 지시'를 구성하는지를 자신이 스스로 결정하여서는 아니 된다"는 것이다.[28]

결국 항소기구는 위임·지시 보조금 조사에서 패널이 조사당국의 조사방법을 가급적 존중하여야 하며 조사당국의 프리즘을 통해서만 제시된 증거의 평가를 실시하여야 한다는 것이다. 이는 위임·지시 보조금 조사에 있어 조사당국의 재량과 입지를 크게 강화시키고 패널의 역할을 대폭 축소시키는 입장이라고 할 수 있을 것이다. 그리고 이러한 맥락에서 항소

---

24) 즉, 각주 713의 미국 상무부가 채택한 3단계 조사 방법론 참조.
25) *U.S.-DRAMs(AB)*, paras. 149-150 참조.
26) *Id.*, para. 150 참조.
27) *Id.*, para. 151 참조.
28) *Id.*, paras. 152-188 참조.

기구는 미국 상무부의 총체적 접근법과 그 구체적 발현인 단일 보조금 조치를 인정하기에 이른 것이다. 조사당국의 재량권을 과도하게 강화하는 것은 조사국과 피조사국의 상충하는 이해관계의 균형을 도모하는 보조금 협정의 기본정신에 배치됨은 이미 앞에서 지적한 바이다.[29]

2. 추론 적용 문제

또한 한국산 반도체 상계관세 조사에서 미국 상무부는 정황증거의 총체적 고려에 기초한 '추론'에 광범위하게 의존하고 있으며[30] 이를 심의한 *U.S.-DRAMs(AB)* 항소기구는 이러한 추론의 적용을 적극 지지하고 있다.[31] 항소기구가 비록 미국 상무부의 조사 방법을 단순히 용인하는 형태를 취하고 있지만 항소기구의 입장은 위임·지시 보조금 조사에 있어 추론에 의한 조사가 타당하다는 기본전제에 기초하고 있는 것으로 판단된다. 이와 관련 항소기구는 다음과 같이 언급하였다:

> 우리의 판단으로는 조사당국이 정황증거의 총체적 검토에 의존하여 조사를 진행하는 경우 이를 심리하는 패널은 각 정황증거의 개별적 검토로는 정당화 될 수 없는 추론이 이러한 정황증거의 총체적 맥락에서 각종 증거의 상호작용을 통해서는 정당화되는지 여부에 관해 고려할 의무를 부담한다.[32]

즉, 항소기구는 위임·지시 보조금을 고찰하는 패널에 대해 정황증거의 총체적 고려로부터 도출되는 '추론'으로부터 '위임 및 지시' 결정이 정당화되는지 여부를 검토하도록 하는 의무를 부과하고 있다. 항소기구의

---

29) 본 논문 제3장 제2절 참조.
30) 미국 상무부의 한국산 반도체 상계관세 부과 최종판정, 제2장 제2절 각주 1, p.17 참조.
31) *U.S.-DRAMs(AB)*, paras. 153-158 참조.
32) *Id.*, para. 157.

이러한 입장은 상당히 이례적이다. 덤핑행위, 보조금 지급 등 불공정 무역 행위(unfair trade practice) 조사와 관련된 WTO 협정상 여타 부분에서는 이와 같이 조사당국의 '추론'을 통한 결정 의무를 부과하는 예를 찾아보기 힘들다. 결국 항소기구의 논리전개 과정은 다음과 같다. ① '위임 및 지시' 고찰에 임하는 조사당국은 직접증거의 확보가 곤란하므로, ② 정황증거에 대한 의존이 필요하고, 또 ③ 개별적 정황증거가 '위임 및 지시'를 보여주는 경우는 드물기에 이에 대한 총체적 고려가 필요하며, ④ 이러한 정황증거의 총체적 고려로부터 '위임 및 지시'의 존재가 도출될 수 있는지 '추론'할 수 있다는 것이다. 결국 추론 원칙 적용 논리의 출발점은 직접증거 확보의 곤란성임을 알 수 있다.

사실 이러한 논리를 따른다면 보조금 협정 제1.1조 (a)(1)항 (i)~(iii)호가 규정하고 있는 직접 보조금 또는 '위임 및 지시' 형태 이외의 다양한 간접 보조금의 경우에도 직접증거의 확보가 여러 가지 이유로 여의치 않은 경우에는 이러한 추론의 원칙을 동일하게 적용하여야 할 것이다.[33] 반덤핑 조사의 경우도 마찬가지이다. 이 경우 정황증거에 기초한 덤핑의 존재 및 그에 따른 반덤핑 마진의 결정, 또는 정황증거에 기초한 정부에 의한 자금 지원 및 그에 따른 상계관세 부과 등도 논리적으로 가능하게 될 것이다. 그러한 조사 방법이 보조금 협정상 허용되지 않는다는 점은 분명하다.[34]

또한 이러한 추론 원칙은 DSU 제11조가 규정하고 있는 패널의 기능과도 반드시 부합하는 것은 아니다. 동 조항은 다음과 같이 규정하고 있다.

제11조 패널의 기능

패널의 기능은 분쟁해결기구가 본 양해 및 부속협정에 따른 책임을 수행하는 것을 지원하는 것이다. 따라서 패널은 분쟁의 사실부분에 대한 객

---

[33] 보조금 협정 제1.1조 (a)(1)항 (i)호에서 (iv)호에 규정된 네 가지 형태의 보조금을 달리 취급한다는 취지의 규정은 찾아 볼 수 없으며 따라서 열거된 네 가지 형태의 보조금은 기본적으로 동일하게 취급되어야 한다.
[34] 反덤핑 협정 제6조 및 보조금 협정 제12조 참조.

관적인 평가, 관련 부속협정의 적용 가능성 및 그 협정과의 합치성을 포함하여 자신에게 회부된 사안에 대한 객관적 평가를 내려야 하며, 분쟁해결기구가 부속협정에 규정되어 있는 권고를 행하거나 판정을 내리는 데 도움을 주기 위한 그 밖의 조사결과를 작성하여야 한다. 패널은 분쟁당사자와 정기적으로 협의하고 분쟁당사자에게 상호 만족할 만한 해결책을 찾기 위해 적절한 기회를 제공하여야 한다.35)

즉, DSU는 관련 사실관계에 기초한 단순한 '추론'이 아닌 그러한 사실관계에 대한 객관적 평가와 관련 부속협정의 적용 가능성 및 합치성을 검토하도록 하는 의무를 패널에 부과하고 있다. 동일한 맥락에서 항소기구 역시 보조금 조사에 있어 모든 관련 사실관계의 객관적이고 공정한 평가가 조사당국의 결정을 정당히 지지하고 있는가 하는 점이 보조금 조사에 있어 보조금 협정이 부과한 심리기준임을 확인한 바 있다.36)

---

35) 동 조항의 원문은 다음과 같다.

    Article 11: Function of Panels

    The function of panels is to assist the DSB in discharging its responsibilities under this Understanding and the covered agreements. Accordingly, a panel should make an objective assessment of the matter before it, including an *objective assessment of the facts of the case and the applicability* of and conformity with the relevant covered agreements, and make such other findings as will assist the DSB in making the recommendations or in giving the rulings provided for in the covered agreements. Panels should consult regularly with the parties to the dispute and give them adequate opportunity to develop a mutually satisfactory solution(이탤릭체; 필자 강조).

36) *U.S.-Lamb(AB)* 사건에서 항소기구는 세이프 가드 협정 제4.2조 (a)항에 규정된 '심각한 산업피해' 요소의 존재여부를 평가함에 있어 패널이 채택하여야 할 타당한 심리기준을 제시하며 DSU 제11조가 규정하고 있는 '객관적 평가(objective assessment)'의 의미를 해석한 바 있다. 항소기구에 따르면 패널이 '객관적 평가'를 실시하기 위해서는 조사당국의 결정이 합리적이며 충분한지에 대한 검토가 필요하며, 또 이러한 합리성 및 충분성 검토는 담당 패널이 조사당국의 결정을 비판적인 시각으로 심도 깊게 분석할 경우에만 가능하다는 것이다. 즉, 조사당국의 결정에 대한 사실상의 맹목적 존중은 DSU 제11조의 '객관적 평가' 의무에 대한 위반을 구성한다는 것이다. 항소기구의 언급은 다음과 같다.

특히 위임·지시 보조금 조사에 임하는 조사당국이 자국 국내업체에 유리한 결정을 내리는 일반적인 성향을 감안한다면,37) 이러한 추론 원칙은 사실상 '부정적 추론(adverse inference)' 원칙의 적용과 큰 차이가 없게 된다. 반덤핑 및 상계관세 조사에서 이러한 부정적 추론 원칙의 적용은 피조사국 정부나 기업이 고의로 조사를 방해하거나 협조하지 않은 경우에 허용되는 일종의 징계조치라는 점을 고려한다면38) 위임·지시 보조금 조사에 있어서 추론의 광범위한 적용은 피조사국에 대해 '위임 및 지시' 조사의 대상이 된 사실 그 자체로부터 사실상의 징계조치를 부과하는 부당한 결과를 초래하게 된다.

특히 위에서 살펴 본 바와 같은 위임·지시 보조금의 예외적 성격을 감안한다면 일반적인 보조금 조사의 경우 보다 오히려 추론의 적용을 제한적으로 운용하는 것이 보조금 협정의 대상 및 목적 그리고 '위임 및 지시' 조항의 취지에 부합한다고 하여야 할 것이다. 그렇다면 '위임 및 지시'의 고찰에 있어 추론의 적용은 최소한 일반적 보조금의 경우와 동일한 수준에서 인정되어야 할 것이다. '위임 및 지시'의 확인에 있어서만 추론을 보다 광범위하게 적용하여야 할 특별한 이유는 없으며 오히려 그 반대의 경우가 타당하다고 하여야 할 것이다.

[I]n our view, in examining a claim under Article 4.2(a), a panel can assess whether the competent authorities' explanation for its determination is reasoned and adequate only if the panel critically examines that explanation, in depth, and in the light of the facts before the panel. *Id*. para. 106.

한편, 동 조항에 포함된 '객관적 평가'의 의미는 사실상 동일한 어휘를 포함하고 있는 보조금 협정 제15.1조('objective examination')의 해석에도 동일하게 적용될 수 있을 것이다.

37) 예를 들어, 자국 국내 생산업자의 이익 보호에 최우선 순위를 두고 있는 미국 상무성의 임무에 관하여 <http://ia.ita.doc.gov/> (Mission and Structure of the Department of Commerce) 참조.
38) 反덤핑 협정 제6.8조 및 보조금 협정 제12.7조 참조.

V. 총체적 접근법의 재정립

위임·지시 보조금 조사에서 총체적 접근법은 분명 중요한 역할을 담당한다. 그러나 위에서 살펴본 바와 같이 결국 총체적 접근법은 추론에 기초한 보조금 조사이며 따라서 여기에는 근원적 문제점이 내재하고 있다. 그러나 항소기구 결정은 위임·지시 보조금 조사에 있어 총체적 접근법의 용인 필요성에 대해서만 언급하는데 그치며 타당한 활용 범위에 관한 적절한 기준은 제시하지 못하고 있다. 따라서 이 부분에 적용할 적절한 기준의 모색이 필요하다.

이와 관련 다음과 같은 기준을 검토할 수 있을 것이다. 먼저 총체적 접근법을 통해 달성하고자 하는 목표가 단순한 '추론'이 아니라 '입증'의 문제임을 확인하는 것이다. 따라서 이 문제 고찰에 적용될 타당한 명제는 "정황증거의 총체적 고려로부터 '위임 및 지시'의 존재가 '추론'되는지 여부"가 아니라 "정황증거의 총체적 고려로부터 '위임 및 지시'의 존재가 '입증'되는지 여부"가 되어야 한다. 입증의 원칙이 추론의 원칙보다 조사당국에 대하여 보다 높은 수준의 소명요건을 부여함은 물론이다. 즉, 정황증거의 총체적 접근법은 그대로 인정하되, 이로부터 문제가 된 구체적 사안에서의 '위임 및 지시'가 추정되는지를 넘어 그러한 '위임 및 지시'의 존재가 입증되는지 여부에 대한 검토가 필요하다고 새기면 총체적 접근법의 내재적 한계를 상당 부분 극복할 수 있을 것이다.

물론 이러한 입증요건은 '위임 및 지시'의 확인에 있어 100%나 이에 가까운 신뢰도를 요구하는 것은 아니다. 설사 그러한 요건을 부과하더라도 조사당국이 이를 충족하는 것은 사실상 불가능하며 이는 보조금 조사에서 조사국과 피조사국 간 이해관계의 균형을 전적으로 후자에 유리한 방향으로 전환시킬 것이며, 이 역시 보조금 협정의 대상 및 목적에 위배된다. 여기에 적용될 적절한 입증요건은 최소 51%의 신뢰도를 요구하는 주요국의 일반 국내법상의 요건과 크게 다를 이유가 없다. 따라서 총체적 접근법을 통한 정황증거의 분석 결과 '위임 및 지시'의 부존재 보다 존재 가능성이 더욱 인정되는지 여부에 대한 고찰이면 충분할 것이다. 이를 제4장에서 제시한 패러다임에 적용하면 결국 총체적 접근법을 통한 입증요건은 "정황증거의 총체적 고려가 '위임 및 지시'의 각 구성요건의 존재를 합리적으로(more probable than not) 지지"하는지 여부를 묻는 질문으로 재정립할 수 있겠다. 즉 정황증거의 총체적 고려를 통해 위임·지시 보조금 조사에서 다투어지는 사실이 -예를 들어 정부의 구체적 압력 행사가 - 존재할 확률이 존재하지 않을 확률보다 더욱 우세한 것으로 입증되어야 할 것이다.[39] 현재 항소기구 선례에서는 총체적 접근으로 도출되는 결론의 입증 기준에 관한 분명한 언급이 부재한 바, 이러한 기준 설정은 향후 총체적 접근법의 안정적 운용에 기여할 것으로 판단된다.

---

[39] 이러한 기준은 대부분의 국가의 민사소송 절차에서 '우세한 증명(preponderance of evidence)' 원칙으로 나타난다. 즉, 주장된 사실이 진실일 확률이 최소한 51% 또는 그 이상이 되어야 한다는 것이다. Christopher B. Mueller & Laird C. Kirkpatrick, "*Evidence under the Rules*", *supra* 제2절 note 29, pp.118~119 ; Charles T. McCormick, John W. Strong & Kenneth S. Broun, *McCormick on Evidence*, 제5장 제2절 각주 1, p.575 참조. 한편 보다 엄격한 증거 기준을 요구하는 형사소송 절차에서 대부분의 국가는 '합리적 의심의 여지가 없는 증명(proof beyond reasonable doubt)' 원칙을 채택하고 있다. *In re Winship*, 397 U.S. 358 (1970) ; 이재상, 『형사소송법』, 제5장 제2절 각주 75, p.452 ; Charles T. McCormick, John W. Strong & Kenneth S. Broun, *McCormick on Evidence*, 제5장 제2절 각주 1, p.577 참조.

제4절 위임 및 지시 입증책임

 총체적 접근법과 실무적으로 직접적 연관을 갖는 부분은 '위임 및 지시'에 대한 입증책임을 누가 부담하는가 하는 문제이다. 즉, 보조금 협정 제1.1조 (a)(1)항 (iv)호상 '위임 및 지시'에 관한 상기의 고찰이 실질적 의미를 갖기 위해서는 위임·지시 보조금의 실제 조사에 있어 어느 당사자가 이러한 요건에 대한 입증책임을 부담하는지에 대한 검토가 긴요하다. 정부와 민간주체 간 다양한 형태의 접촉을 외부적 시각에서 평가하고자 시도하는 위임·지시 보조금은 그 추상적 성격으로 인하여 객관적 수단을 통한 확인이 용이하지 않은 경우가 대부분이며 따라서 누가 입증책임을 부담하는지 여부에 따라 동일한 사실관계를 놓고도 결론이 달라질 수 있기 때문이다.

 보조금 협정을 포함한 WTO 협정 운용에 있어 기본적으로 입증책임은 WTO 분쟁해결절차에서는 제소국이, 그리고 상계관세 조사에서는 조사당국이 적극적으로 부담하는 것이 원칙이다. WTO 분쟁해결절차에서는 패널심리를 통해 입증책임이 비교적 공정하게 분배되는 것으로 판단되나 조사당국이 광범위한 재량권을 갖는 상계관세 조사에서는 상황이 판이하다. 조사당국의 상계관세 조사에 있어 회원국 국내법령이 입증책임을 부당하게 경감시키거나 또는 피조사국 정부 및 기업에 전가시킨다면 그러한 국내법령은 '그 자체로서(as such)' WTO 협정에 부합하지 않는다고 하여야 할 것이다. 대부분 회원국의 국내법령은 입증책임의 경감 또는 전가를 명시적으로 규정하고 있지는 않는 듯 하며, 결국 이 문제의 핵심은 개개의 불공정 무역행위 조사에 있어(as applied) WTO 회원국의 조사당국이 '사실상' 입증책임을 전가하고 있는 것은 아닌지의 문제로 귀결될 것이다.

보조금 협정에 있어서도 이 원칙은 그대로 적용된다. 보조금 구성의 모든 요소와 나아가 실질적 산업피해(material injury)의 모든 구성요소를 조사당국이 객관적 증거를 통해 적극적으로 입증하는 것이 보조금 협정에서 규정하는 상계관세 조사의 기본 골격이다. 따라서 '위임 및 지시' 문제와 관련하여서도 이러한 제반 요소에 관해 조사당국이 기본적으로 적극적인 입증을 완수하는 경우에 위임·지시 보조금의 확인과 상계관세 부과가 허용된다. 그러므로 조사당국은 '위임 및 지시'의 입증책임을 경감하거나 또는 이를 피조사국 정부 및 기업에 전가할 수는 없다.

사실 '위임 및 지시' 문제가 조사당국이 이를 쉽게 입증·확인할 수 있는 내용이 아니라는 점은 정황증거의 필요성 부분에서 충분히 논의되었다. 외국정부 내 정책결정의 기본의도, 방향, 고려사항, 민간기업과의 의견교환 등은 조사당국이 쉽게 파악 또는 확인할 수 있는 것이 아님은 분명하다. 하지만 명문의 규정이나 회원국 간 별도의 합의가 부재한 상황에서 이러한 현실적인 어려움이 입증책임의 임의적 경감이나 전가를 항상 정당화하여 줄 수는 없다. 이는 마치 국내 행정조사절차나 사법절차에서 조사 담당관이나 원고가 입증책임 완수의 현실적 곤란을 이유로 이를 상대방에게 임의적으로 전가할 수 없는 것과 마찬가지이다. 오히려 '위임 및 지시' 문제의 예외적 성격 그리고 타국에 대한 주권침해 개연성 등을 고려할 때, 입증책임을 더욱 강화하는 것이 입법정책적으로 바람직하다고 할 것이다. 입증책임을 완수하지 못한 보조금 제소나 상계관세 조사는 그 자체로서 큰 흠결이며 즉시 각하되거나 종결되어야만 한다.

'위임 및 지시'에 관한 입증을 위한 대체방안으로 주로 대두되는 것이 바로 위에서 살펴 본 추론의 적용이다. 그러나 위에서 지적한 바와 같이 위임·지시 보조금 조사에서 적용되는 추론은 막연한 추정의 원칙이 아니라 입증의 원칙으로 파악되어야 하며, 적절한 입증기준을 충족하는 경우에만 —예를 들어, '위임 및 지시' 각 구성요건의 존재가 합리적으로(more probable than not) 지지되는 경우— 동 기준을 충족한 것으로 간주될 수 있을 것이다. 그렇다면 입증책임을 부담하는 제소국이나 조사당국은 바로 이러한 입증기준을 스스로 충족한 경우에 한해 입증책임을 완수한 것으로 볼 수 있겠다. 입증책임과 관련, 조사당국에 의한 상계관세 조사절차에서의 입증책임과 WTO 분쟁해결절차에서의 입증책임을 구별하여 살펴볼 필요가 있다.

I. 조사당국의 조사과정에서의 입증책임

1. 보조금 협정의 기본취지

조사당국의 상계관세 조사절차에서 조사당국은 입증책임을 부담한다. 조사당국의 덤핑판매 보조금 교부 주장에 대하여 피조사국 정부와 기업이 이의 부존재를 입증하는 것이 아니라 조사당국이 그 존재를 입증하는 것이다. 따라서 '위임 및 지시'의 존재에 관한 입증책임도 조사당국이 이를 부담하여야 한다.

보조금 협정 제1조, 2조 4조, 7조 및 14조는 규제대상 보조금 또는 상계조치대상 보조금의 구성요소와 경제적 혜택의 범위를 결정함에 있어 적용될 기본체제를 제공하고 있다. 동 조항의 문언은 조사당국이 보조금 구성요소의 존재와 경제적 혜택의 존재·범위에 관한 입증책임을 부담하는 것이 원칙임을 보여주고 있다.[1] 다시 말해 조사당국은 보조금 부존재의 입증책임을 피조사국 정부 또는 기업에 전가하여서는 아니 되며 그 존재를 적극적으로 입증할 것을 보조금 협정은 요구하고 있다.[2]

보조금 협정상 이러한 입증책임 원칙 준수는 '위임 및 지시' 결정과 같

---

1) 보조금 협정 제1조, 2조, 14조 및 15조 참조.
2) *Id.*

이 절대적 기준이 결여된, 따라서 조사당국에 상당한 재량권이 부여된 상황에서는 특히 중요하다. 그 이유는 조사당국이 독자적으로 입증책임을 완수하는 것이 곤란하다는 이유로 피조사국에 대해 그 해당 요소의 부존재를 입증할 것을 요구하고 이러한 입증이 불충분하다고 판단될 경우 해당 요소의 존재가 입증된 것으로 확인하는 부작용이 위임·지시 보조금 조사에서는 빈번히 발생하기 때문이다.3) 따라서 위임·지시 보조금 조사에서는 특히 이러한 보조금 협정상 입증책임의 확인과 준수가 요구된다.

2. 입증책임의 전환

현행 보조금 협정은 위임·지시 보조금을 포함한 모든 형태의 보조금 조사에 있어 조사당국의 입증책임을 명백히 의도하고 있으나4) 이에 관한 구체적 규정의 불비와 현실적 문제점으로 인해 실제 조사과정에서는 반드시 그 원칙이 준수되지 않고 있는 실정이다. 상계관세 조사를 담당하는 조사당국은 조사과정에서의 광범위한 재량권 행사와 소위 '이용가능한 정보(facts available)' 원칙 적용의 위협을 통해 입증책임을 사실상 피조사국 정부나 기업에 부담시키는 경우가 흔하다.5) 피조사국 정부나 기업이 준비

---

3) 이와 같이 어떠한 내용이 부재하다는 것을 입증하지 못하였다는 사실로부터 그 반대의 상황이 존재하는 것이 입증되었다는 주장은 논리학에서 흔히 '무지로부터의 논증(Argumentum ad Ignorantiam)'으로 언급되는 것으로 일반적인 논증 과정에서 일방 주장자가 흔히 범하는 오류의 하나이다. "Irving M. Copi, 민찬홍 譯,『논리학 입문(Introduction to Logic)』, 제3장 제1절 각주 1, pp.114~115 참조.

4) 조사당국의 입증 책임은 주요국의 입법례를 보아도 마찬가지이다. 예를 들어 미국의 경우에도 피조사국 정부로부터의 재정적 지원, 경제적 혜택, 및 특정성 존재로 이루어지는 불법 보조금의 구성요건은 미국 상무부가 그 입증책임을 지도록 규정하고 있는 것이 통상법의 기본 얼개이다. 다시 말해 미국도 피조사국 정부나 기업이 보조금 구성요건중 하나 또는 전부가 부재함을 증명하는 것이 아니라 자국 조사당국이 그 존재를 입증하는 것을 원칙으로 삼고 있는 것이다. 미국 1930년 관세법, Sections 701-710 참조.

하여 제출한 자료에 대한 수용여부는 조사당국의 재량에 의존하므로 동 원칙의 남용소지는 항상 존재하며 이에 따른 문제점도 오랫동안 지적되어 왔다. 특히 위임·지시 보조금의 경우와 같이 조사당국이 단시일 내에 광범위한 자료 제출을 요구하는 경우, 피조사국 정부나 기업입장에서는 이러한 요구조건을 완벽히 수용하는 것이 불가능한 경우가 적지 않다. 이유 여하를 막론하고 일단 질문서 요청 수준에 미흡한 자료 제공은 조사당국의 재량행사에 따라 '이용가능한 정보' 원칙에 따른 일방적 결정의 가능성을 항상 내포하고 있으므로 위임·지시 보조금 조사에 있어 이는 피조사국 정부나 기업에 대한 중대한 위협사항이라고 하지 않을 수 없다.[6]

---

5) 조사당국은 상계관세 조사과정에서 '이용가능한 정보(facts available)' 원칙[보조금 협정 제12.7조는 'Best Information Available(BIA)'라고도 칭한다]의 적용을 남용하는 추세이다. 특히, 미국과 유럽연합 조사당국은 한국 정부와 기업에 대하여 광범위하거나 추상적인 자료를 요구한 이후 자료제출이 이루어지지 않을 경우 동 조항의 적용 가능성을 언급하는 등 지속적 위협수단으로 활용하고 있다. 손기윤, "WTO 보조금 협정의 개선방향과 뉴 라운드 : 국내정책과의 조화", 제2장 제4절 각주 9, p.16 참조. 실제 *EC-DRAMs(Panel)* 분쟁에서 WTO 패널은 유럽연합이 이용가능한 자료에 기초하여 사실관계를 부정적으로 유추한 것은 보조금 협정 제12.7조에 위배되지 않는다고 판정한 바 있다. 동 분쟁에서 패널은 유럽연합의 이용가능한 정보 원칙에 근거한 2001년 10월 채무재조정의 보조금 판정, 수출보험공사의 수출보증 제공의 보조금 판정, 산업은행의 회사채 신속인수 프로그램의 보조금 판정을 각각 인정하였다. *Id.*, 현재 진행 중인 일본 정부의 한국산 반도체 상계관세 조사에서도 일본 정부는 이용가능한 정보 원칙을 활용하고 있다. 일본 정부는 경제적 혜택의 계산에 있어 기준 이자율 및 투자 합리성 판단 기준(benchmark)으로 활용 가능하며 따라서 보조금의 존재를 궁극적으로 부인할 수도 있는 시티은행을 조사에서의 미협조를 이유로 동 은행이 제출한 답변서를 거부하고 이에 대하여 이용가능한 정보 원칙을 적용하였다. 일본 정부의 한국산 반도체 상계관세 조사 중요사실, 제2장 제3절 각주 2, para. 15 참조. 이러한 이용가능한 정보 원칙 적용에 대하여 한국 정부는 그 부당성을 지적하고 있다. 일본 상계관세 조사에 대한 한국 정부 반론서, 제3장 제3절 각주 18, p.4 참조.
6) 이용가능한 정보 원칙 활용과 관련, 보조금 협정에 그 운용지침에 관한 구체적인 언급은 존재하고 있지 않다. 이에 따라 이 문제는 DDA 협상의 주요 의제 중 하나이다. 가령, 브라질과 호주는 반덤핑 협정의 부속서 II는 이용가능한 사실의 사용지침을 설

이러한 입증책임의 사실상 전환은 실제 여러 가지 형태로 나타날 수 있다. 예를 들어, 미국 상무부는 2003년 한국산 반도체에 대한 상계관세 원심조사에서 일부 주요 사안에 대하여 정황증거에 기초한 자신들의 기본 명제를 제시한 후, 이에 대한 한국 측의 반박이 부재하거나 미흡하다고 판단되면 그러한 명제를 사실로 확인하는 방식의 조사를 진행하였다. 즉, 상계관세 조사 과정에서 미국 상무부는 이전의 한국산 철강제품 관련 상계관세 조사 내용을 언급하며 1998년까지 한국에서 정부 주도의 관치금융이 이루어 진 것으로 이미 결정을 하였음을 고지하고, 한국 정부의 공식 의견과 반박을 요청하였고, 이에 대해 한국 정부에서 특별한 반응이 없자 이를 원용하며 철강산업과 마찬가지로 반도체산업에 대해서도 한국 정부가 일단 1998년까지는 정책적 지원을 한 것으로 기계적으로 결정하고 1998년 이후의 기간에 있어 정부의 지원 여부에 상계관세 조사의 초점을 맞추었다.

1998년 이전 상황에 대한 판단여부가 2003년 한국산 반도체 상계관세 조사에 있어 중요한 법적 지위를 차지하고 있다면 반도체 부문에 관한 1998년 이전 상황에 대한 입증은 미국 상무부가 적극적으로 실시하여야 할 것이다. 만약 제한된 인력과 촉박한 조사일정 등 실무적 장벽으로 인해 이와 같이 과거로 거슬러 올라가 본격적 조사를 실시하는 것이 여의치

정하고 있으므로 보조금 협정에서도 이의 준용이 필요하다고 주장한다. TN/RL/W/19, TN/RL/W/37 (7 October 2002) 참조. 현재 DDA 협상에서는 특히 반덤핑 협정 개정과 관련된 측면에서 이용가능한 정보 원칙에 관한 논의가 전개되고 있으나, 反덤핑 협정과 보조금 협정의 평행적 성격에 비추어 반덤핑 맥락에서의 이러한 협의의 결과는 보조금 협정에도 결국 동일하게 적용될 것이다. 특히 현재 반덤핑 협정의 개정을 적극 주장하는 소위 'Friends Group' 국가들도 이용가능한 정보 원칙의 문제점을 진단하고 새로운 기준을 제시하여 동 원칙에 대한 조사당국의 남용 가능성을 억제하기 위하여 노력하고 있다. Brazil, Chile, Colombia, Costa Rica, Hong Kong, China, Japan, Korea, Norway, Singapore, Switzerland, the Separate Customs Territory of Taiwan, Penghu, Kinmen and Matsu, and Thailand, *Proposal on Facts Available*, TN/RL/W/93 (2 May 2003), TN/RL/GEN/20 (15 December 2004) 참조.

않다면 그 부분에 대한 조사는 오히려 중단하여야 할 것이지 이에 대한 부존재 및 부작위의 입증부담을 한국 측에 전가하는 것은 적절하지 않다고 하여야 할 것이다.

설사 미국 상무부가 이 기간에 대한 이해 당사자(한국 정부를 포함하여)의 공식 의견 제출을 요청하였다 하더라도 대부분의 경우 피조사국 정부나 기업은 그와 같이 5~10년 전의 상황으로 거슬러 올라가 조사가 진행되는 경우 관련 문제에 대한 전면적 반박을 하지 않는 것이 보통이다. 이는 조사당국만큼이나 피조사국 정부나 기업에게도 상당한 실무적 부담을 초래하기 때문이다. 문제는 바로 여기에서 발생한다. 미국이 현재 원용하는 그 이전의 한국산 철강제품 상계관세 조사에서 이루어진 한국 정부의 관치금융에 대한 판단도 5~6년 전 당해 상계관세 조사에서 해당 기업과 한국 정부가 소송전략상 또는 실무적 제약으로 충분한 대응을 생략하여 그 이전 사건의 판단내용이 '자동적'으로 채택된 것이 대부분이기 때문이다. 다시 말해, 지금까지 원용되는 1998년 이전 상황에 대한 결정내용은 사실상 1980년대 및 1990년대 초반 사건들에서 유래한 것들이 반복적으로 확인되고 있다. 물론 적극적으로 반증을 들어 반박을 하지 않은 한국 측에도 상당한 귀책사유가 있으나 위임·지시 보조금과 관련된 입증책임을 사실상 피조사국에 일방적으로 전가하는 방식의 미국 상무부의 조사방법은 현 보조금 협정에 비추어 문제의 소지가 많은 것으로 판단된다.

원심조사에 이어 현재 진행 중인 미국 상무부의 한국산 반도체 상계관세 제1차 연례재심에서 이러한 비협조 문제와 '이용가능한 정보' 원칙 적용 문제가 다시 제기되고 있음은 이 문제가 위임·지시 보조금 분쟁에서 항상 제기될 가능성이 있다는 점을 보여 주고 있다.[7] 제1차 연례재심 예비판정에서 미국 상무부는 한국 정부의 불성실한 답변 제공이 금번 연례재심 진행의 장벽으로 작용하였다는 취지의 언급을 지속적으로 하고 있

---

7) Statement of Micron Technology, Inc., 제5장 제2절 각주 46 참조.

다.[8] 예를 들어, 동 예비판정에서 미국 상무부는 2000년 1월 1일부터 2003년 12월 31일까지 개최된 모든 형태의 한국 정부 내 회의에서 하이닉스 반도체 관련 내용이 언급된 경우 그러한 회의의 개최 장소, 일시, 토의내용 등을 확인하여 영문으로 번역한 후 제출하라는 요청에 대해 한국 정부가 성실한 답변을 제출하지 않았음을 지적하고 있다.[9] 그리고 이러한 미국 상무부의 주장은 최종판정에서 한국 정부의 '위임 및 지시'를 확인할 수 있는 중요한 위협수단이 되고 있다.[10]

그러나 한국 정부의 불성실 답변에 관한 미국 상무부의 주장은 상무부가 송부한 연례재심 조사 질문서에 포함된 질문·요청의 실질적 내용을 고려하면 그 근거가 상당히 희박해진다. 즉, 미국 상무부는 한국 정부에 대한 질문서에서 추상적이고 일반적인 내용의 질문·요청을 제시하여 한국 정부가 정확한 답변을 제공하는 것을 사실상 불가능하게 만든 측면이 없지 않다.[11] 물론 위임·지시 보조금 조사에 있어 피조사국 정부와 기업

---

8) 미국 상무부의 한국산 반도체 상계관세 1차 연례재심 예비판정, 제2장 제3절 각주 3, p.54,528 참조.
9) *Id.*, p.54,534 참조.
10) 이에 따라 한국 정부는 이러한 비협조 주장이 논리의 비약이거나 사실과 다름을 집중적으로 주장하고 있다. Statement of the Government of Korea and Hynix, 제5장 제2절 각주 30 참조.
11) 예를 들어, 최근의 미국 상무부의 한국산 반도체 상계관세 부과 제1차 연례재심과 관련하여 미국 상무부가 한국 정부에 제시한 다음의 질문은 이러한 문제점을 보여준다. 먼저 2005년 5월 3일자 제1차 추가 질문서 29번은 다음과 같이 2000~2003년 4년간에 걸쳐 한국 정부가 개최한 모든 회의 중 하이닉스 문제가 언급된 회의에 관한 일체의 자료 제출을 요구하고 있다:

> Please identify each meeting of Korean economic Ministers, Vice or Ministry officials, Blue House officials, FSS/FCS officials, Korea Development Bank Officials, Korean agencies or other Korean governmental entity from January 1, 2000 through December 31, 2003 at which the subject of Hynix' financial condition or restructuring was discussed. For each such meeting, provide; a list of meeting dates; a description of the topics discussed … ; meeting minutes, notes, agendas …,

의 협조가 필수적이라는 미국 상무부의 주장은 총론적으로 타당하다.[12] 그러나 위임·지시 보조금의 그러한 특성이 외국 정부가 현실적으로 수용 불가능한 대규모의 자료요청으로 이어지거나, 이에 미흡한 답변 제공

> 한편 동일자 질문서의 32번은 다음과 같이 한국 정부와 채권은행 간의 협의 내용에 관한 일체의 자료를 요청하고 있다:
>
>> Please list all meetings between the GOK or GOK entity and any Hynix creditor or Creditors'Council member with regard to Hynix' financial condition or restructurings during the period January 1, 2000 through December 31, 2003. For each such meeting, please provide the following: the name, title, and agency of the GOK official who was present or participated in the meeting; a description of the topics discussed, presentations made, and the actions taken by the Council or creditors … ; all meeting minutes and notes, agendas, resolutions, attendance records, voting records, approval documents, applications, or any other documents generated for purposes of that meeting.
>
> 역시 동일자 질문서의 35번은 하이닉스와 관련된 협의와 관련된 이메일, 전화 통화 기록, 팩스 통신 기록 등을 제출하도록 요청하고 있다.
>
>> Please discuss and document any meetings, communications(including, but not limited to, faxes, phone calls, etc.), and interactions between the GOK and Hynix, the Creditors' Council, or the Restructuring Committee with regard to Hynix' financial restructuring or financial condition during the period January 1, 2000 through the end of the POR. Your discussion and documentation should include the name and position of the GOK official involved … and detailed description of the topics discussed and actions taken; all meeting minutes and notes(translated into English); and all agendas, resolutions, attendance records, voting records, approval documents, applications, or any other related documents (also translated into English).

[12] 피조사국 정부가 자료를 제공하지 않는 경우, 위임·지시 보조금 조사에 있어 조사 당국은 현실적으로 조사를 진행할 자료를 획득할 수 없음은 현재 진행 중인 미국 상무부의 한국산 반도체 상계관세 부과 1차 연례재심의 예비판정에서 다시 언급되고 있다. 미국 반도체 상계관세 1차 연례재심 예비판정, 제2장 제3절 각주 3 참조("In indirect subsidy cases, the most direct evidence of entrustment or direction usually will be held by governments and foreign interested parties, who may wish to conceal their actions. Such evidence therefore is often very difficult for outside parties to obtain").

을 외국 정부의 비협조로 판단하여 외국 정부에 의해 旣 제공된 답변 및 자료도 진실성을 결여한 것으로 백안시할 수 있다는 원칙으로 오용되어서는 안 될 것이다.13)

　이러한 입증책임의 사실상 전환 문제는 상계관세 조사 실제에 있어 상당히 중요한 의미를 내포하고 있다. 왜냐하면 대부분의 경우 어느 당사자가 보조금 구성요건 중 하나가 부재함을 증명하는 것은 쉬운 일이 아니기 때문이다. 일반적으로 어떤 현상이 존재한다는 것보다 그것이 부재한다는 것을 증명하는 것이 현실적으로 더 어렵다는 것은 쉽게 경험할 수 있는 일이다. 이러한 어려움은 특히 정부에 의한 재정적 기여의 특별한 형태인 '위임 및 지시'에 있어서 더욱 가중된다. 이 경우 직접 보조금 교부의 경우와는 달리 명제의 추상성과 일반성으로 말미암아 일방 당사자가 그러한 정부의 '위임 및 지시'가 존재하지 않았음을 객관적으로 증명하는 것은 지난하기 때문이다. 예를 들어, 특정의 상계관세 조사에서 청원 외국기업이 청원서에서 한국 정부의 금융권에 대한 압력행사를 통한 '위임 및 지시'를 주장하는 경우, 한국 정부는 그러한 압력행사가 존재하지 않았다는 취지의 단순한 결론적 답변(conclusory remarks)이외에 이를 객관적으로 증명하는 것은 현실적으로 불가능에 가깝기 때문이다.

　따라서 입증책임의 사실상 전환은 위임·지시 보조금 결정의 정당성을 확보하기 위한 조사당국의 부당한 조치라고 하여야 할 것이다. 입증책임의 부당한 전가는 현행 보조금 협정 체제하에서도 그 자체만으로 협정 위반을 구성하는 조치일 것이나, 이 문제를 보다 명확히 해결하기 위해 WTO 분쟁해결기구를 통한 법리의 발달이나 또는 보조금 협정 개정 시 명문규정의 추가가 적절한 방법이라고 판단된다.

---

13) *Id.*, ([Foreign governments] may wish to conceal their actions [in indirect subsidy investigations]).

3. 입증책임 전환의 법적 근거

조사당국은 흔히 다음과 같은 입증책임 전환의 정당화 사유를 내세우고 있다. 즉, 상계관세 조사는 외국 정부의 정책이나 프로그램을 광범위하게 포함하는 것이 상례이므로 이에 대하여 조사당국이 구체적 입증책임은 부담할 수 있으나 보조금 구성요건을 입증하는 것은 실무적으로 곤란하다는 것이다. 조사당국의 이러한 실무적 곤란성 지적은 원칙적으로 타당하다. 특히 상계관세 조사에서는 흔히 조사기간(Period of Investigation: POI)이 직전 연도의 1월부터 12월까지로 채택되나 실제에 있어 일부 주요 프로그램에 대해서는 그 이전 상당기간을 거슬러 올라가 조사를 실시하므로 상계관세 조사는 반덤핑이나 여타 무역구제 조사에 비해 조사당국에 상당한 실무적 부담을 초래한다.[14] 특히 상계관세 조사는 반덤핑 조

---

[14] 이러한 문제가 발생하는 직접적인 이유는 소위 말하는 비정기적 보조금(non-recurring subsidy) 문제 때문이다. 제2장 제3절 각주 26 참조. 미국 상무부령 19 CFR 351.524 (b)에 따라 비정기적 보조금은 관련 산업에 적용되는 자산의 평균사용연한(Average Useful Life, AUL)에 걸쳐 그 혜택이 분배되게 된다. 이 조항에 따라 당사자의 특별한 이의제기가 없는 한, 미국 상무부는 AUL 기간으로 미국 국세청 감가상각 기준표 (1977 Class Life Asset Depreciation Range System)에 규정된 기간을 사용하도록 되어 있다. 보조금 조사에 있어 통상 당사자들은 국세청 기준표를 사용하는데 이의를 제기하지 않는 것이 보통이다. 국세청 기준표가 자신의 상황을 정확히 반영하지 않는다는 것을 입증하는 것이 쉽지 않기 때문이다. 예를 들어 반도체 산업의 경우 AUL 기간은 5년으로 규정되어 있다. 다시 말해 반도체 산업의 경우 보조금 지급에 따라 혜택이 주어진 것으로 결정이 되면 5년간 나누어서 그 혜택이 계산되게 되는 것이다. 가령, 미국 반도체 상계관세 조사 최종판정, 제2장 제2절 각주 1, p.150 ; 일본 정부의 한국산 반도체 상계관세 조사 중요사실, 제2장 제3절 각주 2, para. 138 참조. 같은 이치로 이미 과거에 혜택이 주어졌다고 하더라도 조사기간에 혜택이 잔존하고 있는 것으로 판단될 수도 있는 것이다. 예를 들어, 97년 프로그램이 보조금 지급을 가져온 경우, 설사 그 프로그램은 곧바로 폐지되었다 하더라도 그 효과는 5년차인 2001년까지 보조금 지급의 효과를 초래하고 있는 것으로 보게 되는 것이다. 따라서 이 경우 미국 상무부는 1997년으로 거슬러 올라가 상계관세 조사를 실

사에 비해 주로 단기간에 이루어지는 관계로 그 어려움이 배가되는 측면도 있다.[15]

그러나 현실적 난관만으로 부당한 입증책임 전환을 정당화시킬 수는 없다. 만일 조사당국이 특정 보조금 조사에 있어 이와 같은 현실적 부담을 인식하고 있다면 스스로 조사범위 축소 및 조사방법 효율화 등 사전정지 작업을 시도할 필요가 있다. 보조금 협정도 그러한 사전정지 작업을 예상하고 있고 또 그러한 제도를 마련하고 있음에 주목하여야 한다. 바로 조사개시(initiation) 여부 결정 단계이다.[16] 이 단계에서 조사당국은 청원서에 포함된 주장 내용을 면밀히 검토, 신빙성이 떨어지는 주장이나 사실에 대해서는 조사대상에서 제외하도록 하는 의무를 부과하고 있다.[17] 조사당국이 이를 적절히 활용하면 비핵심적 사항이나 직접적 연관이 없는 내용이 조사대상에 포함되어 불필요한 시간과 자원의 낭비를 초래하는 것을 사전에 방지할 수 있을 것이다.[18] 또한 덤핑 등 불공정 무역에 대항

시하여야 한다. 미국 반도체 상계관세 조사 최종판정, 제2장 제2절 각주 1, Subsidies Valuation Information 참조.

15) 예를 들어 미국의 경우 反덤핑 조사는 청원일로부터 235일에서 345일 사이에 상무부 최종판정이 채택되도록 규정되어 있는 반면, 상계관세 조사는 160일에서 225일 사이에 최종판정이 발표되도록 상무부령은 규정하고 있다. 19 CFR 351.201 참조.

16) WTO 보조금 협정도 제11조에서 유사한 규정을 두고 있다.

17) 미국 1930년 관세법 702조 (c)항 (1)호 (A)에서 상무부는 청원서가 접수된 후 공식 조사를 개시함에 앞서 상계관세 부과의 제반 요건이 충족됨을 청원기업이 주장하고 있는지 그리고 합리적으로 획득 가능한 정보를 포함하고 있는지 확인하도록 하고 있다. 동 조항의 원문은 다음과 같다.

"… [A]dministering authority shall … determine whether the petition alleges the elements necessary for the imposition of a duty under section 701(a) and contains information reasonably available to the petitioner supporting the allegation."

다시 말해 청원기업은 보조금 구성요건에 대한 주장(즉, 정부에 의한 재정적 지원, 경제적 혜택, 및 특정성)뿐 아니라 합리적인 노력으로 입수가능한 증빙자료를 동시에 첨부하도록 규정하고 있는 것이다.

18) 예를 들어, 한국산 반도체에 대한 상계관세 조사에서 미국 상무부가 삼성전자에 대한 한국 정부 지원문제를 조사대상에 포함하여 각종 조사를 진행한 것이 대표적인

제5장 위임·지시 보조금 관련 법적 문제   361

하기 위한 통상구제 조사에 있어 '절차적 공정성(due process)'이 중요하다는 점을 고려하면,[19] 위임·지시 보조금 조사에 있어 피조사국 정부 및 기업이 불합리한 입증책임 부담을 부과하는 것은 이러한 기본원칙에 위배될 가능성도 역시 존재한다.

이와 같이 현실적 난관만을 이유로 입증책임 전환을 정당화하는 것은 보조금 협정의 관련 조항에도 배치되는 것으로 그 법적 근거는 희박한 것으로 보인다. 따라서 조사당국이 위임·지시 보조금에서 당면하는 현실적 난관을 인정하더라도 그 해소나 경감은 보조금 협정의 기본체제 내에서 시도되어야 할 것이다.

사례다. 미국 상무부의 한국산 반도체 상계관세 부과 최종판정, 제2장 제2절 각주 1, p.12 ; USITC 한국산 반도체 산업피해 최종 판정, 제5장 제1절 각주 89, p.20 참조. 조사를 시작한 미국 상무부나 미국의 청원기업인 마이크론사나 금번 조사의 핵심은 하이닉스 반도체에 대한 한국 민간은행들의 채무재조정임이 공지의 사실임에도 불구하고 미국 상무부는 삼성전자도 조사대상으로 포함, 광범위한 조사를 실시한 것이다. 청원기업인 마이크론 입장에서 삼성전자를 포함시킨 것은 소송전략상 충분히 이해할 수 있는 일이다. 한국의 또 다른 경쟁기업인 삼성전자에 상계관세 조사 대응의 부담을 주고, 또 USITC의 산업피해 판정에서 한국산 물량을 획기적으로 증가시킬 수 있기 때문이다. 문제는 청원서에 삼성전자를 포함하였다 하더라도 상무부가 자국 관련법에 따라 주어진 재량권을 행사하여 삼성전자와 관련된 부분은 충분히 조사대상에서 제외할 수도 있었다는 점이다. 삼성전자를 조사대상에 포함함으로써 동 회사에 대해서도 상당한 정도의 조사를 실시하여야 했고 결국 불필요한 상계관세 조사에 수반되는 업무 부담을 상무부가 자초한 것이라고 볼 수 있을 것이다. 이러한 점을 고려하면 위임·지시 보조금 조사에서 조사당국이 실무적 난관을 이유로 입증책임 경감 또는 완화를 주장하는 것은 설득력이 떨어지는 것으로 판단된다.
19) 반덤핑 협정 제6.1조, 6.2조, 6.4조 참조 Judith Czako, Johann Human & Jorge Miranda, *Handbook on Anti-Dumping Investigations*, 제1장 Ⅲ 각주 4, p.1 참조.

II. WTO 분쟁해결절차에서의 입증책임

위임・지시 보조금 조사에서 대두되는 입증책임의 또 다른 측면으로서 WTO 분쟁해결절차에서의 입증책임 문제가 있다. WTO 분쟁해결절차에서 그 입증책임은 제소국이 부담하는 것이 원칙이다. 항소기구도 입증책임은 특정한 법적 주장을 전개하는 당사자가 부담하는 것이 원칙이고 이 당사자가 '일응 추정(prima facie)' 원칙을 충족하면 상대방은 이에 대한 반박의 입증책임을 부담하게 된다는 점을 확인한 바 있다.[20]

그러나 위임・지시 보조금 맥락에서 이러한 원칙의 기계적 적용은 다음과 같은 문제점을 초래한다. WTO 회원국인 A국이 부과한 상계관세 조치에 대해 이에 불복하는 타방 회원국 B가 A국의 상계관세 조치를 WTO 분쟁해결기구에 제소하는 경우, 제소국은 B국이 될 것이므로 제소국 입증책임 부담원칙에 따르면 B국이 A국의 상계관세 조치가 부당하다는 점을, 다시 말해 A국의 보조금 판정 조치가 부당하다는 점을 입증해야 한다. 이는 결국 위임・지시 보조금 맥락에서는 B국이 제소국의 입장에서 스스로 그러한 '위임 및 지시'가 부재하였다는 점을 입증하여야 한다는 결론에 도달하게 된다. 그런데 이러한 '부재'의 입증은 결국 제소국인 B국의 관련 당국 및 관헌의 진술이나 답변에 의존할 수밖에 없다. 어떤 사실의 부재에 대한 객관적 입증에는 기본적 제약이 있기 때문이다. 물론 여타 보

---

[20] 입증책임 문제와 관련 *U.S.-Wool Shirts and Blouses(AB)* 사건에서 항소기구는 다음과 같이 언급하고 있다.

> It is a generally-accepted canon of evidence in civil law, common law, and in fact, most jurisdiction, that the burden of proof rests upon the party, ⋯ who asserts the affirmative of a particular claim. If that party adduces evidence sufficient to raise a presumption that what is claimed is true, the burden then shifts to the other party, who will fail unless it adduces sufficient evidence to rebut the presumption. *Id.*, para. 14.

충자료를 첨부할 수도 있을 것이나 기본적으로 '위임 및 지시'에 해당되는 정책을 실시한 적이 없다는 정부 당국의 결론적 진술이 대부분을 차지한다. 따라서 위임ㆍ지시 보조금을 심의하는 WTO 분쟁해결절차에서는 이러한 결론적 진술에 의한 부인으로도 제소국이 입증책임을 일단 충족한 것으로 간주하는 것이 타당하다고 하겠다.21) 이러한 결론적 진술에 대하여 피제소국(즉, 상계관세 부과국인 A국)이 관련 자료와 증거를 제시함으로써 '위임 및 지시'가 존재하였다는 반증을 제기할 수 있을 것이다.

한편 '위임 및 지시'를 통한 금지 보조금 및 조치가능 보조금을 이유로 한 WTO 제소의 경우에는 제소국 입증책임 원칙을 그대로 적용하여도 무방할 것이다. 왜냐하면 이 경우에는 위임ㆍ지시 보조금을 교부하였다고 주장되는 국가는 피제소국이 될 것이고 제소국이 이러한 보조금의 존재를 입증하여야 하는 상황이므로 제소국이 '위임 및 지시'의 존재를 적극적으로 입증하여야 하기 때문이다.

이러한 관점에서 본다면 U.S.-DRAM 패널 및 항소기구 심리에서 미국이 한국에 대하여 전적으로 입증책임을 완수하도록 요구한 것은 타당하지 않음을 알 수 있다. 즉, 항소기구 심리에 있어 미국과 유럽연합은 '위임 및 지시'의 부재에 관하여 제소국인 한국이 패널 절차에서 입증책임을 부담하여야 하나 패널은 이를 사실상 미국에 전가함으로써 법적 오류를 범하였다는 주장을 제기하였다.22) 따라서 두 국가는 '위임 및 지시'에 관

---

21) '위임 및 지시'의 부존재는 결론적 진술인 경우가 대부분이나 이에 대하여 조사당국은 피조사국 정부가 '위임 및 지시' 부존재에 관한 적극적인 반증을 제출하지 못한 경우, '위임 및 지시'가 존재하는 것으로 인정을 하는 경우가 있다. 가령, 일본 정부의 한국산 반도체 상계관세 조사 중요사실, 제2장 제3절 각주 2, para. 335 참조. 위임ㆍ지시 보조금 조사에서 제출되는 WTO 회원국 정부의 이러한 공식적 답변에 대하여 그 진실성을 의심할 만한 결정적 이유가 존재하지 않는 한 조사당국은 그 진실성을 인정하여야 한다. 주권국가가 제출한 자료의 신뢰성에 대한 의심은 가급적 회피되어야 하기 때문이다. 서용현, "WTO 분쟁해결제도의 운용현황", 제3장 제2절 각주 143, p.152 참조.
22) *U.S.-DRAMs(AB)*, 미국의 항소인 법률의견서(Appellant's Submission), para. 87 참조.

련된 특정 사안에 대하여 -예를 들어 하이닉스 지원을 위한 한국 정부內 관련 부처 회의와 관련하여- 미국이 '위임 및 지시'의 존재를 입증하여야 하는 것이 아니라 제소국인 한국이 그러한 '위임 및 지시'의 부재를 적극적으로 입증하여 무죄증거(exculpatory evidence)를 제출하여야 하나 패널이 이를 무시함에 따라 패널 결정에 오류가 있다고 주장한 것이다.[23]

미국과 유럽연합의 주장은 형식적으로는 일견 타당해 보여도 면밀히 검토하면 그 문제점이 드러난다. 결국 이들 국가의 주장은 위임·지시 보조금의 본질에 대한 미흡한 이해에 기초한 것이 아닌가 판단된다. 피조사국 정부 입장에서 본다면 위임·지시 보조금에 관한 조사의 핵심은 정부의 행위(action)에 대한 입증이 아니라 그러한 행위의 부재(inaction)에 관한 입증문제인 바, 이를 피조사국 정부가 단지 제소국이라는 이유로 입증책임을 전부 부담하게 한다면 불공평한 결과가 초래될 것이다. 대부분의 경우에 어떤 현상의 부재를 입증하는 것은 정부 당국자의 단순한 진술 이외에는 특별한 방안이 없으며 따라서 동 사건에서도 한국 정부로부터 '위임 및 지시'가 존재하지 않았다는 결론적 진술로 일단 '일응 추정'의 입증책임은 완수된 것으로 보아야 할 것이기 때문이다. 그러나 항소기구가 이 문제에 관하여 명확한 지침을 부여하지 않은 것은 아쉬운 점이다. 위임·지시 보조금 제소에서 피제소국의 실질적 입증책임에 대한 확인은 피제소국의 정황증거에 대한 과도한 의존에도 적절한 제한을 가할 수 있었을 것이다. U.S-DRAMs(AB) 사건에서 항소기구 심리는 패널이 미국 상무부의 조사방법을 존중하여야 한다는 측면에 초점을 맞춘 결과 입증책임 전환 문제에 관한 심도있는 논의가 이루어 지지 않은 것으로 보인다. 그러나 위임·지시 보조금의 특성상 입증책임 문제는 실무적으로 보조금 확인 및 관련 소송의 결과에 상당한 차이를 초래하므로 이 문제에 대한 법리의 확립이 필요하다.

이러한 법리 확립에 있어서는 다음의 사실을 고려하여야만 한다. 일방

---

23) *U.S.-DRAMs(AB)*, para. 79 참조.

회원국이 타방 회원국에 대하여 위임·지시 보조금 교부를 이유로 취한 상계관세 조치의 보조금 협정 합치성 여부를 심의하는 WTO 분쟁에서 관련 입증책임 분배에는 동 보조금의 특성을 적절히 반영한 패널의 합리적 고려가 필요하다. 따라서 위임·지시 보조금을 이유로 상계관세 부과의 대상이 된 회원국 정부가 '위임 및 지시' 부재에 관한 기본적 답변과 자료를 제공하면, 패널은 특별한 사정이 없는 한 제소국의 '일응 추정' 입증책임을 완수된 것으로 보는 것이 타당하다.[24] 이에 대해서 피제소국이 ㅡ즉 상계관세 조치 부과국이ㅡ '위임 및 지시'가 존재하였다는 점을 입증하여야 할 것이다. 따라서 제소국·피제소국 여부에 따른 기계적인 입증책임 분배 원칙을 지양하고 문제가 된 특정 사건의 구체적 맥락에 기초하여 입증책임 문제가 검토되어야 한다.[25] 항소기구도 이러한 점을 기본적으로 확인하고 있음에 주목하여야 한다.[26]

---

[24] *prima facie* 기준의 충족에는 획일적 기준이 있는 것이 아니라 사건의 성격마다 그 기준은 상이하다. World Trade Organization, *A Handbook on the WTO Dispute Settlement System: A WTO Secretariat Publication Prepared for Publication by the Legal Affairs Division and the Appellate Body*, 제3장 제2절 각주 56, pp.105~106 참조. 따라서 위임·지시 보조금의 prima facie 기준 충족 여부를 평가하는 데 있어서도 문제가 된 분쟁, 즉 구체적 '위임 및 지시' 분쟁의 특성을 고려하여야 한다.
[25] *Id.*, p.105 참조.
[26] 이와 관련 항소기구는 다음과 같이 언급하였다.

> It is, thus, hardly surprising that various international tribunals, including the International Court of Justice, have generally and consistently accepted and applied the rule that the party who asserts a fact, whether the claimant or the respondent, is responsible for providing proof thereof ··· *the nature and scope of evidence required to establish a prima facie case will necessarily vary from measure to measure, provision to provision, and case to case*(이탤릭체; 필자 강조). *U.S.-Wool Shirts and Blouses(AB)*, p.14.

> It is important to distinguish, on the one hand, the principle that the complainant must establish a prima facie case of inconsistency with a provision of a covered agreement from, on the other hand, the principle that the party that asserts a fact is responsible for providing proof thereof ···. In fact, *the two principles are distinct*(이탤릭체; 필자 강조). *Japan-Apples(AB)*, para. 157.

제6장 위임·지시 보조금 조항의 개선 및 개정

보조금 협정 제1.1조 (a)(1)항 (iv)호의 해석만으로 위임·지시 보조금과 관련된 제반 문제점과 규범의 부재를 궁극적으로 해결하기에는 한계가 있다. 따라서 보다 근본적인 해결책은 위임·지시 보조금과 관련된 제반 문제점을 인식하고 이를 해결하기 위한 명확하고 구체적인 조항을 보조금 협정에 삽입하는 것이다. 보조금 협정에 구체적 조항이 명시적으로 포함되기 전에는 WTO 회원국이 위임·지시 보조금 조사를 보호무역주의 수단으로 활용할 개연성이 항상 존재하므로 명시적 조항의 삽입을 통해 이러한 개연성을 가급적 차단하는 것이 필요하다.[1] 보조금 교부란 불공정 무역 행위에 대한 적절한 규제를 통해 공정 무역을 도모하고자 하는 것이 보조금 협정의 존재 의의라면, 위임·지시 보조금과 관련된 부분에서도 공정 무역을 실현하기 위한 구체적·명시적 규범의 도입을 모색하여야 할 것이다.[2]

특히 보조금 협정 개정을 위한 협상이 현재 DDA에서 진행 중이므로

---

1) 최승환, "공정성 개념이 국제통상법 발전에 미친 영향", 제2장 제5절 각주 24, p.407 참조. 미국 상무부의 한국산 반도체 상계관세 조사의 기저에는 경기침체 시에 미국 반도체 기업을 구제하고, 對韓 무역수지 적자를 해소함과 동시에 미국 통상법 적용을 통해 한국의 금융관행을 변경시키겠다는 미국 정부의 의도가 깔려있다는 주장도 있다. 김석우, "미국의 통상압력과 하이닉스 반도체 : 배경과 성격", 『미국 및 유럽연합의 대한 통상압력과 관련한 정책대안의 모색』, 국회통일외교통상위원회 정책연구 03-8 (2003.9), p.68 참조.
2) 최승환, "공정성 개념이 국제통상법 발전에 미친 영향", 제2장 제5절 각주 24, pp.438~439 참조(필자는 환경, 노동 정책 등 다양한 분야에서 WTO 회원국 간 규제의 상이성이 때로는 간접 보조금 분쟁으로 연결될 가능성도 있음을 지적하고 이와 같은 새로운 영역에 대한 국제규범의 수립은 결국 공정무역 확보를 그 목적으로 하고 있음을 강조하며, 이러한 새로운 규범을 '신공정무역규범'이라고 명명하고 있다).

이러한 작업을 추진하기 위한 국제적 논의의 장은 이미 마련되어 있다. DDA에서 진행 중인 보조금 협정 개정 협의는 현재 시행중인 보조금 협정이 우루과이 라운드를 통해 괄목할만한 진전을 이루었음에도 불구, 여러모로 미흡한 면이 발견되고 있고 따라서 이에 대한 개정과 조율이 필요하다는 국제적 공감대에서 출발하고 있다. 이에 따라 현재 DDA협상에서 이 문제가 심도 있게 논의되고 있고 여러 국가가 다양한 의견을 개진하고 있다.3) 이를 염두에 두고 본 장에서는 위임·지시 보조금 관련 조항의 명확화 작업을 통해 달성하고자 하는 목표를 확인하고 이에 기초하여 구체적 모델 조항을 제시하여 보도록 한다.

---

3) 보조금 협정 분야는 그동안 일부 국가(20개국 정도)만이 제안서를 제출하는 등 반덤핑 협정 개정 협상에 비해 상대적으로 국가들의 관심도가 떨어져 있다. 각국의 기본적인 제안을 간단히 약술하면 미국은 무역왜곡적 관행으로서의 보조금 규제의 필요성을 강조하였고, 유럽연합은 보조금 협정 전반, 특히 위장 보조금(disguised subsidies), 국가통제기관(state-controlled entities) 등에 대한 구체적 개념 정립을 위한 개정 필요성을 제기하였으며, 브라질은 수출신용에 관해 개발도상국에 대한 특별고려 부여와 보조금·상계관세 조치의 절차 및 기준을 강화할 것을 요구하였고, 인도는 개발도상국 특례조항의 개정 및 강화를 제의하였으며, 베네수엘라는 개발도상국 개발목적을 위한 許容 보조금의 부활 및 개정을 지지하였다. 최승환, "도하에서 칸쿤까지: 도하개발아젠다(DDA) 뉴라운드 협상의 현황과 전망", 『국제법무연구』 제2권, 경희대 국제법무대학원 (1999), p.227 참조. 특히 미국 정부는 2003년 3월 의회에 제출한 보고서를 통해 보조금 협정의 규범 강화를 위한 DDA 협상에서의 미국 정부 입장의 기조를 확인한 바 있다. *Subsidies Enforcement Annual Report to the Congress*, Joint Report of the Office of the United States Trade Representative and the U.S. Department of Commerce (February 2003), p. ii 참조.

제1절 명확화 · 구체화 작업의 목표

 위임 · 지시 보조금 조항의 명확화 · 구체화를 위한 작업을 통해 다음과 같은 목표를 달성할 수 있을 것이다. 첫째, 조사국과 피조사국 간, 그리고 제소국과 피제소국 간 상충하는 이해관계의 적절한 조율을 달성할 수 있도록 위임 · 지시 보조금 관련 조항의 의미와 적용 범위를 명확히 규정하는 것이다. 이를 통해 이 분야에 관한 불필요한 국제 분쟁을 장기적으로 감소시킬 수 있을 것이다. 둘째, 보조금 협정에 대한 회원국의 신뢰를 회복 · 제고함으로써 장기적으로 WTO 체제의 안정을 도모하는 것이다.

Ⅰ. 회원국 간 이해관계의 조율

 위임 · 지시 보조금 분쟁에서 분쟁 당사국의 이해관계가 첨예하게 대립한다는 점은 이미 거듭 지적되었다. WTO 일방 회원국의 경제정책 목표 및 수단에 대한 타방 회원국의 평가를 포함하므로 상호간 철학과 관점의 충돌을 야기한다는 점 이외에도 일단 내려진 보조금 결정의 효과가 장기적이고 포괄적이기 때문이다. 즉, 다른 일반적 보조금 분쟁의 경우와 달리 '위임 및 지시'에 관한 결정의 효과는 비단 문제가 된 특정 보조금 또는 상계관세 분쟁에만 국한되지 않는다.

 먼저 위임 · 지시 보조금 결정의 효과는 장기적이다. 가령, 한국산 반도체 상계관세 분쟁에서 미국, 유럽연합 및 일본은 한국의 관치금융 체제를 보여주기 위한 정황증거로 심지어 한국의 1960년대 상황까지 제시하고 있다.[1] 즉, 수십 년에 걸친 각 은행과 한국 정부와의 관련성을 검토하고 있는 것이다.[2] 그리고 이러한 관치금융 체제가 1997년 이후 실시된 금융개혁 조치에도 불구하고 잔존하고 있으며, 따라서 하이닉스 채무재조정과 같은 특정 사안에서 '위임 및 지시'가 존재하였음을 지속적으로 추론할 수 있다는 것이다. 이는 위임·지시 보조금에 대한 결정이 피조사국 경제정책 및 금융제도 전반에 대한 부정적 인식을 장기적으로 확대 재생산할 수 있는 위험성을 보여주고 있는 것이다.[3] 따라서 이론적으로는 현재 내려진 위임·지시 보조금 결정은 향후 수십 년간에 걸쳐 피조사국 및 피제소국에 대하여 부정적 영향을 미칠 가능성이 존재하는 것이다. 이것이 바로 국가 간 대립이 첨예할 수밖에 없는 이유이다.

또한 위임·지시 보조금 결정의 파급효과는 포괄적이다. 동 결정은 특정 품목에 국한되지 않고 그 국가의 다양한 수출품목에 일괄적으로 적용

---

[1] 미국, 유럽연합 및 일본은 한국산 반도체 상계관세 부과 최종판정에서 Citibank와 한국 정부의 긴밀한 관계에 관하여 1960년대부터 소급하여 언급하고 있다. 즉, Citibank는 1967년 한국에서 은행 운영권을 취득한 이래 한국 정부와 친밀한 관계를 유지하여 왔다는 것이다. 한국 정부와 Citibank의 이러한 친밀한 관계는 한국 정부가 1997년의 금융위기를 극복하는 과정에서 Citibank가 주요한 역할을 수행함으로써 재차 증명되었다는 것이 이들 국가 조사당국의 설명이다. 이러한 정황증거로부터 동 은행도 그 국제적 성격에도 불구하고 한국 정부의 영향력하에 위치하였을 것으로 추정된다는 점을 이들 조사당국들은 지적하고 있다. 특히 유럽연합과 일본은 Citibank가 제공한 답변에 대하여 여러 가지 이유로 '이용가능한 정보 원칙'을 적용하여 동 은행이 제공한 자료를 심리대상에서 제외하였다. 미국 상무부의 한국산 반도체 상계관세 부과 최종판정, *supra* 제2장 제2절 note 1, p. Comment 3 ; 유럽연합의 한국산 반도체 상계관세 조사 최종판정, *supra* 제4장 제1절 note 22, para. 18 ; 일본 정부의 한국산 반도체 상계관세 조사 중요사실, *supra* 제2장 제3절 note 2, para. 377 참조. Citibank가 제시한 자료가 채택되었더라면 '위임 및 지시'의 부재에 관한 한국 입장이 강화되었음과 동시에 설사 '위임 및 지시'가 확인되는 경우라도 동 은행이 시장 벤치마크를 제공하여 경제적 혜택의 존재가 부인되어 결국 보조금의 부존재가 확인되었을 것이다.

[2] *Id.*

[3] 한국 경제에 대한 국제사회의 부정적 평가와 일단 각인된 부정적 이미지의 장기적 파급효과에 관하여 전체적으로 Donald Kirk, *Korean Crisis: Unraveling of the Miracle in the IMF Era*, Palgrave (2001) 참조.

될 가능성을 아울러 내포하고 있다.[4] 미국, 유럽연합 및 일본의 한국산 반도체 상계관세 조사에서 확인된 한국 정부의 금융지원에 대한 '위임 및 지시'는 향후 한국의 반도체 관련 산업뿐만 아니라 하이닉스 반도체와 유사한 채권은행단 주도의 채무재조정 과정을 거친 여타 한국 기업 및 관치금융의 혜택을 직·간접적으로 향유한 것으로 주장되는 다양한 한국 기업에도 동일하게 적용될 가능성이 있기 때문이다.[5] 이 역시 위임·지시 보조금 분쟁국가 간 대립이 특히 첨예할 수밖에 없는 이유이다. 이러한 국가 간 이해관계의 첨예한 대립은 현재 진행 중인 보조금 협정 개정과정

---

4) 특히 미국, 유럽연합 및 일본은 향후 한국 수출산업의 핵심인 자동차 산업, IT 산업 등에서 한국과 직접적 경쟁관계에 있는 바, 적절한 계기가 마련되면 유사한 내용의 위임·지시 보조금 분쟁을 제기할 가능성은 농후하다. 예를 들어 박정훈, "'한국 쇼크'가 일본을 깨웠다", 조선일보 (2005.12.19), A1면 참조. 특히 미국, 유럽연합 및 일본이 주장하는 하이닉스 반도체에 대한 불법 보조금 지급의 근거가 외환위기 이후 1997년 빅딜과 '현대그룹'에 대한 정부의 정책적 지원이라는 점 고려하면 한국 자동차 산업에 대해 이들 국가들이 향후 유사한 조치를 모색할 개연성이 있다. 현재 미국과 유럽시장에서 점유율을 높여가고 있는 한국 자동차 산업의 상황은 한국이 후발주자로 출발하여 점차적으로 시장 지배력을 확보한 반도체 산업과 유사한 점이 있다. 예를 들어 이기창, "한국차 미국 시장 판매 호조", 연합뉴스 (2005.10.5) 참조.

5) 가령, 미국 정부는 하이닉스 반도체 상계관세 조사에 의해 확인된 한국정부에 의한 '위임 및 지시' 논리를 한국의 여타 산업에도 적극적으로 적용할 것임을 언명하고 있다. 2004년 연례 보조금 대응조치 보고서에서 미국 정부는 한국의 제지산업에 대해서도 위임·지시 보조금 존재 여부를 면밀히 주시하고 있음을 다음과 같이 밝힌 바 있다.

> Commerce and USTR staff intensified their efforts this year to address the concerns raised by the U.S. paper industry regarding subsidies provided by the Government of Korea in support of its paper industry, specifically producers of coated free sheet printing paper (CFS). U.S. produccers claim that these subsidies have provided an unfair advantage to Korean exports that have injured the U.S. industry. The Korean Government's policy of bailing out bankrupt and inefficient paper producers is one of the practices about which the U.S. industry has complained most vociferously. *Subsidies Enforcement Annual Report to the Congress*, Joint Report of the Office of the United States Trade Representative and the U.S. Department of Commerce (February 2004), p.43.

에서 위임 · 지시 보조금에 관련된 보조금 협정 내용의 구체화 · 명확화가 시급함을 입증하고 있다.[6] 국가 간 첨예한 대립을 완화시킬 수 있는 완충장치의 도입이 필요하기 때문이다.

보조금 협정 개정 협상에서 위임 · 지시 보조금 조항의 명확화 추진 시 그 핵심 목표는 조사국과 피조사국 간 그리고 제소국과 피제소국 간 첨예한 이해관계의 대립을 완화시킬 수 있는 적절한 균형점을 확인하고 이를 실제 조사에서 구현할 수 있는 현실적 방안을 도입하는 것이다. 이는 사실 보조금 협정의 기본 정신을 위임 · 지시 보조금 맥락에서 구체화시키는 작업이기도 하다. 조사국의 입장만을 강화하거나 반대로 피조사국의 입장만을 강화하는 위임 · 지시 보조금 조항은 설사 도입되더라도 장기적으로 유지되기는 곤란할 것이다. 불합리한 위임 · 지시 보조금 결정이 초

---

[6] 보조금 협정의 명확화 문제는 비단 '위임 및 지시' 문제에만 국한되지 않음은 물론이다. 예를 들어, 기업구조조정의 특별한 성격을 인정하여 이를 전체적으로 허용 보조금(non-actionable subsidies)으로 인정하고자 하는 노력도 필요할 것이다. 기업구조조정의 허용 보조금 인정 필요성에 관해서는 장승화, "기업구조조정과 WTO 허용 보조금", 제2장 제1절 각주 28, p.103 참조. 사실 우루과이 라운드 협상 시 허용 보조금에 관한 논의 과정에서 우리나라를 비롯한 유럽연합, 일본, 스칸디나비아국, 스위스 등 다수의 국가들은 기업구조조정 보조금을 허용 보조금으로 분류하자는 견해를 표명한 바 있다. Patrick J. McDonough, *Subsidies and Countervailing Measures, in The GATT Uruguay Round: A Negotiating History*(1986-1992), Vol. I: Commentary, Terence P. Stewart, ed., p.905 ; 각국의 제출 문서에 관해서는 Communication from the EEC, GATT Doc. No. MTN.GNG/NG10/W/7 (11 June 1987), p.5 ; *Elements on the Framework for Negotiations, Submission by Japan*, MTN GNG/NG10/W/27 (6 October 1989), p.5 ; Elements of the Negotiation Framework, Communication from Switzerland, GATT Doc.No. MTN.GNG/NG10/W/26 (13 September 1989), p.5 ; Elements of the Framework for Negotiations, Communications from the Republic of Korea, GATT Doc. No. MTN.GNG/NG10/W/34 (18 January 1990), p.6 각각 참조. 그러나 이러한 최초의 제안에도 불구하고 협상과정에서 구조조정 보조금은 빠지고 연구개발 및 지역, 환경 보조금만 허용 보조금으로 인정되어 1999년 12월 31일까지 존치하였다. Seung Wha Chang, *WTO Discipline on Fisheries Subsidies: A Historic Step Towards Sustainability?*, 제2장 제1절 각주 7, p.885 참조.

래하는 회원국 간 긴장과 대립은 그러한 조항의 변경을 결국 외부에서 강제할 것이기 때문이다. 따라서 위임·지시 보조금과 관련하여 -또는 이와 연관되어 있는 간접 보조금과 관련하여- 각국이 제시하는 다양한 제안 검토의 핵심은 이러한 균형이 각 제안에 적절히 반영되어 있고 또 실제 운용 시에도 이를 적절히 반영할 수 있는가 하는 점이어야 한다.

  그러한 균형점을 달성하기 위한 구체화·명확화 작업은 결국 정부의 정당한 정책 집행 및 운용이 보조금 협정의 규제 대상이 되는 상황을 회피하는 방향으로 관련 조항을 도입하는 것이다. 특히 단순한 정부 정책 선택의 결과 또는 합법적 절차에 따른 정책 집행의 결과 시혜 민간주체의 업무수행을 통해 궁극적으로 특정 기업 또는 산업에 경제적 혜택이 부여된 경우, 정부와 시혜 민간주체 간 상호접촉은 '위임 및 지시'를 구성하지 않는다는 점을 담보할 수 있는 조항의 도입이 긴요하다. 이는 위임·지시 보조금 구성요건 중 정부 측면에서의 구성요건이 결여되어 있기 때문이다. 나아가 설사 정부와 시혜 민간주체 간 상호접촉에서 수혜 민간주체를 위한 정부의 강력한 권고 및 압력이 시혜 민간주체에 대하여 실시되었다고 하더라도 시혜 민간주체의 독자적·자발적 의사 결정이 보장되어 있었다면 이 역시 '위임 및 지시'를 구성하지 않는다는 점이 담보되어야 한다. 여기에서는 민간 측면에서의 구성요건이 결여되어 있기 때문이다. 또한 정부의 압력행사가 불특정 다수에 대해 실시되는 경우에도 '위임 및 지시'를 구성하지는 않는다는 점이 확인되어야 하는 바, 여기에는 조치 측면에서의 구성요건이 결여되어 있기 때문이다. 한편으로, 이러한 구성요건을 확인함에 있어 조사당국은 적절한 기준을 통해 증거력이 검증된 정황증거의 활용과 이의 총체적 고려를 통한 상기 구성요건의 입증방법이 적극 허용되어야 할 것이다. 위임·지시 보조금의 특성상 정황증거와 총체적 접근법의 활용은 불가피하기 때문이다.

  이러한 제반 요소를 포함하는 조항의 도입은 국가 간 상충하는 이해관계의 기본적 균형을 도모할 수 있을 것이다. 이해가 상충하는 다수 회원국의 입장을 절충하여야 하는 다자간 무역 규범 협상의 특성상 어느 정도 모호한 규정의 존치는 불가피한 측면이 없지 않으나, 조사당국의 재량권 행사는 보장하되 이의 자의적 활용은 견제할 수 있는 수준의 명확화가 반드시 요구된다고 하겠다.

II. WTO 체제에 대한 신뢰 제고

WTO의 공헌에도 불구하고 상당수의 국가와 단체들은 WTO 체제의 문제점에 대하여 우려를 표명하고 있다. 이러한 상황에서 WTO 협정에서 명문의 근거 조항이 존재하지 않음에도 불구하고 각국의 정당한 정책집행 및 주권행사에 대해 타국의 직접·간접적 평가와 개입을 허용하는 부속협정 해석은 결국 WTO에 대한 회원국의 신뢰도 약화를 초래하여 장기적으로 부정적 결과를 초래할 것이다. 따라서 가급적 명확한 관련 규정을 삽입하여 불필요한 분쟁의 소지를 최소화하는 것이 WTO 체제의 장기적 안정성 도모에도 도움이 될 것이다.

어떤 측면에서는 WTO 회원국이 타방 회원국의 경제 전반에 치명적 영향을 주면서까지 보조금 협정 위반임을 들어 그러한 타방 회원국의 경제정책 또는 금융정책에 대하여 문제를 삼는 것이 WTO를 통한 다자간 무역체제의 기본정신에 반드시 부합하는가 하는 점도 의문이다.[7] 예를 들어

---

[7] 이와 관련, WTO 패널 및 항소기구는 회원국 국내정책 문제와 밀접히 연관된 부분에 있어서는 조심스러운 결정을 내리고자 하는 성향을 보여주고 있는 듯하다. WTO가 민감한 국내정책상 문제에 대하여 다소 조심스러운 결정을 내린다는 점은 미국과 유럽연합 간의 쇠고기 분쟁 사건(*EC-Hormone*)에서도 입증된다. 동 분쟁에서 표면적으로는 미국이 승소하였으나, 실질적으로는 유럽연합의 입장이 지지된 것으로 볼 수 있을 것이다. 즉 항소기구는 건강문제에 관한 수입규제와 관련하여 구체적 결과(specific result)가 아닌 엄격한 과학적 검토(rigorous scientific studies) 기준이 유럽연

WTO 체제가 세이프가드 제도 導入을 통해 특정 산업분야에서 긴급한 위기에 처해있는 회원국의 WTO 관련 의무의 일시적 일탈을 허용하고 있는 것을 볼 때, 경제정책의 본질적 영역에 대하여 타방 회원국 조사당국의 심의를 허용하는 것이 과연 타당한 것인가는 논쟁의 소지가 없지 않다.[8] 이와 관련, 위임·지시 보조금 분쟁과 같이 타국의 정책 운용 과정의 핵심을 심리대상으로 하는 분쟁에 있어서는 WTO 패널이나 항소기구가 국내법원의 '정치문제(Political Question)' 이론을 유추·적용하여 판단을 유보하자는 주장은 경청할 만하다.[9] 그러나 이 주장은 WTO 차원에서 해결하기가 적절하지 않은 분쟁에 대하여 패널이나 항소기구가 판단을 자제하는 것도 고려하여 볼 수 있을 것이라는 취지로 이해되어야 하며, 일부 학자들의 주장처럼 분쟁해결절차에서의 지나친 법리해석 중심 심리를 타파하고 정치적·외교적 고려를 강화하여 가급적 분쟁해결기구가 선진국에 대해 불리한 판정을 내리는 것을 지양하자는 제안을 지지하는 것으로 이해되어서는 안 될 것이다.[10] 오히려 WTO 협정에서 허용하는 범위 내에서는 법적 규

합의 동식물 위생협정[Agreement on Sanitary and Phytosanitary Measures('SPS')] 상의 의무를 충족하는 것으로 결정한 것이다. *EC-Hormone(AB)*, para. 263 참조. 이는 실질보다는 형식을 중시한 것으로 수입국의 재량권의 범위를 넓게 허용하여 준 것으로 볼 수 있을 것이다. 최근 미국과 유럽연합이 유럽연합의 관세제도와 관련하여 진행하고 있는 분쟁(*EC-Customs Matters*) 역시 상당한 시사점을 제공하고 있다. 유럽연합의 관세제도가 지나치게 복잡하고 해결절차가 늦어 통일적인(uniform)한 세관절차를 채택하기로 한 GATT 제10조상 의무를 위반한다는 미국의 주장에 대하여 유럽연합은 이러한 유럽연합의 세관절차 및 사법절차는 유럽연합의 고유의 특성에 기초한 주권적 사항이라는 주장을 펼치고 있는 점은 흥미롭다. *EC-Customs Matters*, 유럽연합의 제1차 법률의견서, paras. 89-95 참조. 국가의 주권행사와 통상협정과의 상관관계를 보여주는 또 다른 사례라 아니할 수 없다.
8) 장승화, "기업구조조정과 WTO 허용보조금", 제2장 제1절 각주 28, p.112 참조.
9) 이와 관련된 주장으로는 William Davey, *WTO Dispute Settlement: Segregating the Useful Political Aspects and Avoiding Over-Legalization*, New Direction in International Economic Law 291, M. Bronckers & R. Quick, eds. (2000) ; 안덕근, "WTO 분쟁해결제도 운영, 평가 및 과제", 제3장 제2절 각주 143, p.91 참조.
10) Judith Goldstein, *International Institutions and Domestic Politics: GATT, WTO, and the*

범을 더욱 강화하고 이에 대한 분쟁해결기구의 보다 강화된 사법심리주의를 통하여 적극적으로 분쟁해결을 도모하는 것이 요구된다.[11] 또한 이와 같은 절차를 거쳐 내려진 결정은 각 회원국이 준수 가능한 현실적 기준을 제시하여 줄 수 있어야 할 것이다.[12]

결국 위임·지시 보조금 조항의 명확화·구체화를 통해 WTO 협정상 근거가 불분명한 타국 정책집행 과정에 대한 조사당국의 개입을 배제할 수 있게 된다. 위임·지시 보조금 조항의 명확화·구체화 작업이 외국 정부의 정책결정 및 운용과정에 대한 조사당국의 모든 형태의 개입을 금지하는 것은 물론 아니다. 개입의 근거가 분명한 경우 – 예컨대, 위장 보조금의 성격이 분명한 경우 등 – 에는 외국 조사당국의 보조금 조사와 상계관세 부과의 근거를 보다 명확히 함으로써 오히려 정당한 개입과 심리를 강화할 수 있을 것이다. 이와 같이 국가 간 이해관계의 대립이 첨예한 위

Liberalization of International Trade, WTO as an International Organization, A.O. Krueger, ed., University of Chicago Press (1998), p.150 참조.

11) John H. Jackson, *The World Trade Organization: Constitution and Jurisprudence*, Chatham House (1998), pp.66~67, 98 ; K. M. Young, *Dispute Resolution in the Uruguay Round: Lawyers Triumph Over Diplomats*, Business Lawyer, No. 29 (Summer 1995) ; William J. Davey, *An Overview of the General Agreement on Tariffs and Trade*, Handbook of GATT Dispute Settlement, P. Pescatore, W.J. Davey, A.F. Lowenfeld, eds. Vol. 1, Transnational Juris (1993), p.72 참조.

12) 법률이 현실을 적절히 반영하지 못하는 경우, 결국 시간이 지남에 따라 그러한 법률이 유명무실하게 된다는 점은 국내법에서도 찾아 볼 수 있다. 예를 들어 1992년 당시 변호사법은 극히 예외적인 경우를 제외하고 외국 변호사의 한국 내 변호사 활동을 금지하고 있었으나 정부는 이를 수수방관하고 있었다. 정인섭, "외국인의 국제법상 지위에 관한 연구: 정주외국인의 경우를 중심으로", 제3장 제2절 각주 135, p.170 참조. 이러한 현상은 지금도 기본적으로 동일하다. 현행 변호사법은 외국 변호사의 한국 내 활동을 외국법에 관한 자문으로만 국한하고 있음에도 불구, 이들 외국 변호사들은 '외국 법률 자문관(Foreign Legal Consultant)'라는 이름으로 한국에서 사실상의 변호사 활동을 담당하고 있으나 이에 대하여 정부는 역시 특별한 조치를 취하지 않고 있다. 법무부, 법률시장 개방국들의 외국변호사 관리감독제도 (2004), p.225 참조.

임·지시 보조금 조항에 대한 명확화·구체화 작업을 통해 보조금 협정 전반은 물론 나아가 WTO 체제에 대한 회원국의 신뢰를 제고할 수 있을 것이다.

III. 위임·지시 보조금 분쟁의 감소

위임·지시 보조금 조항의 구체화·명확화를 통해 달성하고자 하는 또 하나의 중요한 목표는 이를 둘러싼 국제분쟁의 감소이다. 위임·지시 보조금 조사의 제반 측면을 고려한 분쟁 당사국간 상충하는 이해관계를 반영하는 조항의 도입은 이러한 형태의 분쟁을 완전 제거할 수는 없어도 최소한 감소에는 일조할 것이다.

이러한 관점에서 본다면 혹자가 주장하고 있듯이 U.S.-DRAMs(AB) 사건의 항소기구가 채택한 느슨한 형태의 위임·지시 보조금 확인 허용은 결국 피조사국에 대해서도 장기적으로 이득을 가져다 줄 수도 있다는 논리는 상당히 위험하다.[13] 이 주장은 결국 현재의 피조사국도 장래에는 조사국의 지위에서 유사한 방법을 통해 교역 상대국의 위임·지시 보조금에 대하여 제재를 가할 수 있을 것이라는 점을 지적하고 있다.[14] 가령, 현재 한국의 무역 경쟁국인 중국은 다양한 형태의 보조금 지급을 실시하고 있는 것으로 알려지고 있는 바,[15] 한국 정부가 중국 정부의 보조금 지급

---

13) 예를 들어 에드워드 그레이엄, "한국산 반도체 사건에 대한 의견", 중앙일보 (2005. 6.21) 참조.
14) Id.
15) 중국에 존재하는 다수의 국영기업(SOE)과 이들에 대한 정부 보조금은 중국의 교역 상대국에게 큰 불안감을 야기하고 있다. Julia Ya Qin, *WTO Regulation of Subsidies to State-Owned Enterprise (SOEs) —A Critical Appraisal of the China Accession Protocol*, 제2장 제1절 각주 20, p.863 ; Gary Hufbauer, *China as an Economic Actor on the World Stage*, An Overview, China in the World Trading System: Defining the

－특히 위임·지시 보조금 지급－에 대하여 상계관세 조사를 실시하여 중국의 對한국 수출품에 대하여 상계관세를 부과하거나 중국을 WTO에 제소할 수도 있을 것이라는 점이다.16) 이러한 주장에는 일면 일리가 있다. WTO 협정 위반을 의식하고 있는 중국 정부로서는 직접 보조금보다 가급적 간접 보조금 또는 위임·지시 보조금 지급 방법을 동원할 개연성이 농후하고 그렇다면 지금 *U.S.-DRAM(AB)* 항소기구가 제시한 낮은 기준

Principles of Engagement, F. Abbott ed., Kluwer Law International (1998), p.50 ; John H. Jackson, *The Impact of China's Accession on the WTO*, China and the World Trading System, D. Cass, B Williams & G. Baker eds., Cambridge University Press (2003), p.26 참조.

16) *Id.*, 현재 상황에서는 중국은 대부분의 국가에서 아직 비시장경제체제(Non- Market Economy)로 인정되고 있다. 이러한 비시장경제체제 지위는 이들 사회주의권 국가들에게는 '양날의 칼'로 볼 수 있다. 즉 WTO 체제하에서 명확한 근거는 존재하고 있지 않으나 비시장경제체제로 인정되는 경우 해당 국가에 대한 반덤핑 조사에서 조사당국은 대체국가(surrogate country) 조사방법 등을 통해 통상의 경우 보다 높은 반덤핑 관세를 부과할 수 있으며 이는 현재 중국을 비롯한 사회주의권 국가의 심각한 불만사항 중의 하나이다. United States Department of State, *China Not a Market-Economy Yet, Commerce Official Says* (1 October 2003, "미국 국무성 보도자료") ; Jayanthi Iyengar, *China Tries to Dump WTO Anti-Dumping Rules*, Asia Times Online (July 22, 2004) 참조. 그러나 한편으로, 이러한 비시장경제체제 지위의 긍정적 측면은 동 체제가 국가에 의한 산업통제를 기본 전제조건으로 하는 것이므로 정부의 직·간접적 시장개입은 일단 당연한 것으로 인정되어 보조금 및 상계관세 조사에서는 제외된다는 점이다. 따라서 중국에 대한 반덤핑 조사 및 반덤핑 관세 부과의 급증에도 불구, 중국에 대한 보조금 조사 및 상계관세 부과는 아직 한 건도 발생하고 있지 않다. 그러나 중국의 비시장경제체제 졸업은 단지 시간문제일 뿐이라는 것이 대체적인 관측이므로 그 경우 중국에 대한 상계관세 조사도 조만간 급증할 것으로 예상된다. 가령, APEC 정상회의에 앞서 2005년 11월 17일 개최된 韓中 정상회담에서 한국은 중국을 비시장경제체제로부터 졸업시키는 결정을 통보하였다. 연합뉴스, "중국 시장경제 지위 인정 부작용 최소화 하여야" (2005.11.17) ; 중앙일보, "하나의 공동체를 위한 도전과 변화: APEC 12일 개막" (2005.11.12) 참조. 이 경우 한국의 중국에 대한 보조금 조사도 이론적으로는 가능하게 될 것이다. 이런 관점에서 본다면 금번 항소기구의 결정을 한국이 앞으로 적극 활용할 가능성도 없지는 않다고 할 수 있을 것이다.

의 '위임 및 지시'가 한국이 보다 용이하게 보조금을 확인하고 상계관세를 부과할 근거를 제공할 수도 있을 것이기 때문이다.

그러나 이러한 조치는 결국 한국과 중국 간 또 다른 통상분쟁을 야기할 뿐이다. 위장 보조금이 아닌 선의의 조치 또는 경계선상에 위치한 조치에 대하여 한국이 위임·지시 보조금 결정을 내릴 경우 중국 정부의 반발은 예상하기 어렵지 않기 때문이다. 회원국 정부의 기본적 신뢰성 검증 성격으로 인하여 국가 간 긴장과 대립을 유발하는 위임·지시 보조금의 속성에 대해서는 이미 위에서 지적하였다. 중국은 한국이 부과한 상계관세 조치에 대해 한국 법원에 사법심사를 요청하거나 WTO에 제소하여 과거 한국이 채택한 것과 유사한 주장을 지속적으로 전개할 것이다. 이 경우 *U.S.-DRAM(AB)* 법리가 패널 혹은 항소기구 심리에서 적용되어 당해 사건에서는 한국에 유리한 결정이 나올 수도 있을 것이나[17] 결국 한국과 중국의 장기적인 분쟁 현안으로 남아 있을 가능성이 농후하다. 이러한 점은 현재 5년간에 걸쳐 다양한 포럼에서 다툼이 전개되고 있는 한국과 미국 간 반도체 상계관세 분쟁을 보더라도 확인할 수 있다.[18] 그리고 이러한 상황은 다른 회원국 간에도 크게 다르지 않을 것이다. 결국 느슨한 위임·지시 보조금 기준의 적용은 특정 분쟁에서 일방 당사국의 승패와 상관없이 지속적으로 통상 분쟁의 불씨를 제공할 가능성이 농후하다.

국가 간 이해관계가 첨예하게 대립하는 이러한 분쟁의 증가가 WTO

---

17) 박영덕, "WTO 하이닉스 분쟁과 IT R&D 통상전략", 제3장 제3절 각주 8, p.2 참조.
18) 한국과 미국 간 한국산 반도체 상계관세 분쟁의 경우, 현재 2001년 3월 최초 분쟁 발생 이후 5년째에 접어들고 있지만 WTO 패널 및 항소기구 결정과 상관없이 양측의 주장은 여전히 평행선을 달리고 있다. 예를 들어 전체적으로 미국 상무부가 최근 개시한 한국산 반도체 상계관세 부과 제2차 연례재심을 위한 질문서, *supra* 제2장 제3절 note 3 및 이에 대한 한국 정부의 답변서[Government of Korea, Responses to Countervailing Duty Questionnaire, *Countervailing Duty Administrative Review: Dynamic Random Access Memory Semiconductors from the Republic of Korea*, C-580-851 (Second Administrative Review) (December 16, 2005)] 각각 참조. 양측은 기본적으로 동일한 질문과 동일한 답변을 반복하고 있다.

체제의 안정에 부정적 영향을 초래할 것임은 예측하기 어렵지 않다. 위임·지시 보조금 조항의 명확화·구체화를 통한 예측 가능성의 제고와 신뢰할 만한 규범의 제시는 이러한 분쟁의 빈도를 줄일 수 있을 것이다. 따라서 통상 분쟁 빈도의 감소는 위임·지시 보조금 규정의 명확화·구체화에 대한 또 하나의 중요한 목표라고 하겠다.

제2절 보조금 협정 개정 관련 주요국 제안

현재 DDA 협상 과정에서 진행 중인 규범협상에서는 보조금 협정 개정과 연관된 다양한 제안들이 각국에 의해 제시, 검토되고 있다. 이러한 제안 중 위임·지시 보조금과 연관된 부분만 발췌하면 다음과 같다.

Ⅰ. 유럽연합

유럽연합은 제1조에 포함된 보조금의 정의가 대체적으로 만족스럽다는 입장이나 위장 보조금의 증가를 우려하며 보다 현실성 있는 위장 보조금의 규율 문제를 제기하고 있다. 특히 유럽연합은 특정 상품에 대해 혜택을 부여하는 목적으로 시행되는 명목상의 일반적 정부정책의 출현을 지적하며 그러한 정책의 은밀성으로 인하여 무역 왜곡 효과는 직접 보조금의 경우보다 더욱 심각함을 지적하고 있다.[1]

---

[1] 위장 보조금에 대한 규율강화를 강조하는 유럽연합 제안서 관련 부분의 원문은 다음과 같다.

  1. Definition — More operational rules for "disguised" subsidies

  The definition of a subsidy established in Article Ⅰ is, in general, satisfactory. However, clarification is required in [the following area] ⋯

  Significant amounts of financial support are increasingly granted by governments for ostensibly general activities which in fact directly benefit the production of certain products. These "disguised" subsidies can have equally severe trade-distorting effects and they are potentially much more harmful than more direct subsidies since they confer benefits in a largely non-transparent manner. The same applies to *similar financial support granted through certain government-controlled entities*(이탤릭체; 필자 강조). European Communities, *Negotiations Concerning the*

특히 유럽연합은 현재의 보조금 협정이 정부의 '위임 및 지시'를 통해 은밀한 방법으로 보조금이 지급되는 것을 적절히 규제하지 못한다는 점을 지적하고 있다. 유럽연합도 이 영역은 명확한 지침(bright-line test)이 존재하지 않는 애매모호한 영역임을 인정하고 있으며 따라서 보다 명확한 기준의 도입을 강조하고 있다.[2] 이러한 유럽연합의 입장은 위장 보조금으로서 위임·지시 보조금의 폐해와 함께 관련 조항의 구체화 필요성을 동시에 지적하고 있다는 점에서 적절하다고 평가할 만하나, 그 구체적 방법론에 대해서는 상세한 내용이 결여되어 있는 상황이다. 특히 비상업적인 방법으로 결정을 내리는 시혜 민간주체의 경우와 정부의 효과적 통제하에 있는 민간주체에 대하여 이를 위임·지시 보조금 규율대상에 포함시키자는 주장은[3] 그 추상적 성격으로 인하여 이 문제와 관련 현재 발생하고 있는 제반 문제점을 해소하거나 또는 회원국 간 이해관계의 대립을 적절히 조율하기에는 부족할 것으로 판단된다.

유럽연합은 또한 現 보조금 협정의 위임·지시 보조금 조항은 정부의 '분명하고 명백한 지시(clear and unambiguous direction)'의 경우만 보조금에 해당하는 것으로 해석될 가능성이 있으나 조사당국이 이를 입증하기는 곤란하다는 점을 강조하고 있다.[4] 이는 아마 한국과의 반도체 상계관

    WTO Agreement on Subsidies and Countervailing Measures, TN/RL/W/30 (21 November 2002), p.2.

2) 유럽연합 제안서의 원문은 다음과 같다.

    Furthermore, the terms of the current Agreement also make it extremely difficult to act against entities which may be providing the "subsidy" under the *covert direction of governments*. Current rules could be construed to only cover such actions if there is a *clear and unambiguous showing of "direction"* by the government. Such a link is often very difficult to prove. *To cover this "grey zone" in subsidy disciplines, consideration could be given to clarifying Article 1 of ASCM*, so that entities which are effectively controlled by the state and acting on non-commercial terms are covered by this provision(이탤릭체; 필자 강조). *Id.*, p.3.

3) *Id.*
4) *Id.*

세 분쟁 및 조선 보조금 분쟁의 경험에 따른 유럽연합의 입장 정립인 것으로 보인다. 이와 관련 두 가지 사항은 주목을 요한다.

먼저 '분명하고 명백한 지시'에 관한 이러한 언급은 현 보조금 협정 규정상으로도 최소한 *U.S.-DRAMs(AB)* 사건에서 항소기구가 채택한 수준보다 엄격한 수준의 '위임 및 지시' 요건이 요구된다는 점을 유럽연합도 간접적이나마 인식하고 있다는 점을 보여준다. 다음으로 본 논문에서 주장한 바에 따라 현 보조금 협정의 위임·지시 보조금 조항에 대한 해석을 실시하더라도 그 기준은 반드시 유럽연합이 우려하는 바와 같이 '분명하고 명백한 지시'를 요구하는 것은 아니라는 점이다. 증거력이 검증된 정황증거의 총체적 고려를 통해 위임·지시 보조금의 제반 구성요건이 '우세한 증거(preponderance of evidence) 기준'에 따라 충족되었는지 여부로 결정하여야 한다는 본 논문의 주장은[5] 유럽연합이 언급하는 '분명하고 명백한 지시' 입증보다는 상당히 낮은 기준이라고 하겠다.

II. 미 국

우루과이 라운드에서와 마찬가지로 미국은 보조금의 구조적인 폐해를 강조하며 이에 대한 철저한 규제를 적극 제안하고 있다.[6] 특히 집중하는 무역 왜곡적 간접 보조금의 현황을 지적하며 이의 퇴치를 위해서는 효과

---

5) 본 논문 제5장 제2절 및 제3절 참조.
6) 미국은 자원 분배의 왜곡을 초래하는 보조금의 폐해에 관하여 유구하고 광범위한 국제적 공감대가 존재함을 강조하며 다음과 같이 언급하고 있다.

　　The United States has noted in a previous submission that there is longstanding and widespread agreement that subsidies can undermine the efficient allocation and utilization of resources, the best foundation of economic growth and development … United States, *Special and Differential Treatment and the Subsidies Agreement*, TN/RL/W/33 (2 February 2002), p.3.

적인 규범 마련이 시급함을 언급하고 있다.[7] 미국은 이러한 위장 보조금이 국가의 정치 및 경제체제에 뿌리 깊이 기초하고 있어 이러한 보조금을 확인하고 제거하는 데에는 상당한 시간이 소요될 것임을 지적하고 있다.[8] 이러한 맥락에서 미국은 위임·지시 보조금 및 다양한 형태의 간접 보조금 규제에 대하여 강한 의지를 표명하고 있다.[9] 특히 미국의 제안서는 미국이 우려하는 위장 보조금의 핵심이 바로 위임·지시 보조금이라는 점을 여실히 보여주고 있다.[10]

결국 미국 제안서에 나타난 미국 정부의 보조금에 대한 우려의 핵심은 단순히 교역 상대국의 특정 보조금 정책이라기보다는 자국시장 또는 경쟁 해외시장에 영향을 미치는 교역 상대국의 정치·경제체제 자체에 내재하는 일반적 특성이라고 할 수 있겠다. 미국 정부가 이러한 입장을 견지한다면 향후 위임·지시 보조금 분야뿐 아니라 다양한 형태의 간접 보조금 영역에서도 미국과 여타 교역 상대국간 통상 분쟁은 더욱 증가할 것으로 예상된다.

---

7) 무역 왜곡적 효과를 갖는 간접 보조금 사례의 증가와 이에 대한 효과적 규제를 강조하는 미국 제안서의 원문은 다음과 같다.

   Indirect Subsidies

   In our Basic Concepts and Principles paper, we discuss the importance of addressing those national government distortive subsidies that are so entrenched or disguised within countries' political and economic systems that it will take some time to identify and implement the appropriate multilateral disciplines necessary to root all of them out. Many of these distortive practices take the form of indirect subsidies to specific companies or industries in which governments act through government-owned, government-controlled or government-directed private entities to provide financial support to companies, which would either not be available from the private sector or would not be available on the same terms(밑줄; 필자 강조). *Subsidies Disciplines Requiring Clarification and Improvement*, Communication from the United States, TN/RL/W/78 (19 March 2003), p.3.

8) *Id.*
9) *Id.*
10) *Id.*

위임・지시 보조금과 관련, 미국도 보조금 협정 제1.1조 (a)(1)항 (iv)호 상 '위임 및 지시' 조항의 명확화 필요성을 지적하고 있다.11) 예를 들어, 미국 제안서는 정부의 조치가 불명확하거나 입증자료가 부족한 경우에도 사실상 민간주체의 의사결정에 중요한 영향을 미치는 경우를 '위임 및 지시'에 해당하는 것으로 규정할 것을 제안하고 있는 바,12) 이는 한국산 반도체 상계관세 분쟁에서 정황증거 활용 기준 및 범위에 있어 한국과의 논쟁을 염두에 두고 있었던 것으로 판단된다. 결국 미국의 명확화 요구는 U.S.-DRAMs(AB) 항소기구의 입장을 보다 분명히 규정하자는 것으로 이해하면 정확할 것이다. 동 사건에서 항소기구 결정의 문제점은 이미 위에서 지적하였으므로 이를 그대로 반복하는 규정의 명확화는 오히려 혼란을 초래할 개연성이 크다.

특히 미국은 위임・지시 보조금 조사에 있어 부당한 정부 개입이 존재하였는지 여부를 결정하기 위한 기준으로 보조금 협정 제14조의 경제적 혜택의 존재 및 범위에 관한 규정을 일층 발전시켜 활용할 것을 제안하고 있다.13) 미국은 이러한 제안을 하게 된 배경이 역시 한국과의 반도체 상

---

11) 이 부분에 관한 미국 제안서의 언급 내용은 다음과 같다.

   Similarly, the "entrusts or directs" provision of Article 1.1(a)(1)(iv) needs to be examined to clarify the rules in cases where government action, though very much influencing the course of events, may not be clear or explicitly documented(밑줄; 필자 강조) Id., p.3.

12) Id.

13) 예를 들어, 기업의 채무재조정 및 도산/파산 절차에서 부당한 정부 개입이 존재하였는지 여부에 관하여 미국 제안서는 대출의 상업적 합리성에 관한 보조금 협정 제14조 (b)항을 발전시켜 기준을 마련할 것을 제안하고 있다. 미국 제안서의 원문은 다음과 같다.

   The United States has encountered these types of issues in the context of US countervailing duty proceedings, for example, in situations involving direct government intervention in bankruptcy or near bankruptcy proceedings, and industry restructuring. Perhaps one approach to determining whether there has been inappropriate government intervention in these types of situations is to

계관세 분쟁임을 간접적으로 표현하고 있다.14) 이 점 역시 보조금 구성요건 중 '정부에 의한 재정적 기여' 요건의 특별한 양태인 '위임 및 지시'의 존재를 확인함에 있어, 보조금의 또 다른 구성 요건인 '경제적 혜택'과 직접적으로 연관되는 상업적 합리성 존재 여부에 초점을 두는 미국 정부의 입장을 잘 보여주고 있다고 하겠다. 사실 이는 우루과이 라운드 보조금 협정 채택 협상 시 미국의 입장이기도 하다. 문제는 이와 같은 미국의 주장이 결국 경제적 혜택을 기준으로 하여 '위임 및 지시'를 결정하자는 것으로 자칫하면 보조금 구성의 첫 번째 요건인 정부에 의한 재정적 기여 요건을 형해화할 가능성이 있다는 점이다. 현 보조금 협정의 기본틀 자체를 변경하지 않는 한 이러한 주장은 수용되기 힘들 것으로 판단된다.

또한 보조금 협정 제14조와 관련하여 구체적인 부분으로 들어가 미국은 정부에 의한 자본투입(capital infusion) 관련 규정을 더욱 구체화·명확화 할 것을 제안하고 있다.15) 미국은 개발도상국의 경우 주식시장이 활성

---

clarify, improve and further develop the specific terms of Article 14(b) regarding the provision of government loans. Clarification and improvement in this regard could also include certain notification/transparency requirements in those instances in which a government, government-owned or—ontrolled entity, or "public body", becomes involved in assisting a financially troubled company. Members should also consider whether stronger and more expeditious disciplines are warranted in these circumstances(밑줄; 필자 강조), Id.

14) 미국은 이러한 제안을 하게 된 배경으로 재정적으로 곤란한 상황에 처한 기업에 대한 채무재조정 절차와 관련하여 최근 미국 정부가 진행하였던 상계관세 조사를 언급하고 있다. Id., 즉, 이는 한국산 반도체 상계관세 분쟁을 의미하는 것으로 이러한 사실은 동 분쟁 이전까지 미국 역시 위임·지시 보조금의 이와 같은 복잡한 내면에 관하여 충분히 인식하고 있지는 못하였음을 보여준다.

15) 이와 관련된 미국 제안서의 원문을 인용하면 다음과 같다.

Provision of Equity Capital

Under the existing terms of the Subsidies Agreement, the government provision of equity capital to a specific company or industry does not confer a benefit unless the investment decision can be regarded as inconsistent with the usual investment practice of private investors. While this standard needs clarification,

화되어 있지 않으므로 경우에 따라서는 정부에 의한 민간기업의 주식구입과 이를 통한 자본투입이 필요할 수도 있겠지만 주식시장이 발달한 선진국의 경우에는 정부가 민간기업의 주식을 구입하여 자본을 투입할 이유를 발견할 수 없다는 입장을 취하고 있다.16) 이러한 미국의 입장은 다음 두 가지 사항을 보여주고 있다.

첫째, 각국의 주식시장 및 금융시장은 상이한 발달 정도를 갖고 있어 정부 개입 여부 및 합리성을 일률적으로 판단하기는 곤란하고, 또한 동일한 맥락에서 시혜 민간주체의 의사 결정상 상업적 합리성도 일률적으로 결정하기는 곤란하다는 점을 미국 스스로도 간접적이나마 인정하고 있다는 점이다. 둘째, 미국은 기본적으로 정부의 민간부문에 대한 개입을 부정적으로 바라보고 있다는 점이다. 즉, 선진국이라고 하더라도 여러 가지 이유로 정부가 민간기업의 주식을 구입할 상황은 얼마든지 상정 가능하다는 점에서 미국의 이러한 제안은 정부의 시장개입 자체를 일단 부정적으로 평가하는 미국 입장의 일단을 보여주고 있는 것으로 평가할 수 있겠다. 이러한 점에 대해서는 정당한 정부 역할에 대하여 선진국 내에서도 이견이 있다는 점을 감안하면 미국의 주장이 국제적 공감대를 얻을지는 미지수라고 할 것이다.17)

마찬가지 맥락에서 미국은 WTO 회원국 정부가 주식시장에서 민간 투자자의 투자를 이끌어내지 못하는 기업의 주식을 구입하여 자본투입을 시도할 경우 일단 WTO 보조금 위원회(Committee on Subsidies and Countervailing

---

the more fundamental issue is: *should governments be investing in private sector companies and if so, under what circumstances?* While it could be argued that the nature of capital markets in certain lesser developed countries may lead to government investment in the private sector, what is *the justification in countries with well-developed capital markets?* In such countries, there is no basis to argue that companies with reasonable prospects of generating a market return are not able to attract commercial investment(이탤릭체; 필자 강조). *Id.*, p.4.

16) *Id.*
17) 본 논문 제5장 1절 참조.

Measures)에[18] 그 사실과 함께 왜 그러한 투자가 상업적 합리성 원칙과 합치하는지 소명하도록 요구하여야 한다고 제안하고 있다.[19] 이 역시 정부의 기업에 대한 투자를 기본적으로 백안시하는 미국 정부의 입장이 반영된 것으로 볼 수 있겠다. 생각하건대, 상업적 합리성의 개념은 국가별, 상황별로 상이하고, 정부의 경우 상업적 합리성만으로 투자를 결정하기 어려운 경우도 존재하며 또한 정부도 일반 민간 투자자와 마찬가지로 때로는 상업적 위험성이 높은 투자를 —예를 들어 고위험 고수익 배당을 위해— 결정하는 경우도 이론적으로 가능하다는 점을 감안한다면 미국이 주장하는 이러한 통보 의무는 정부의 이러한 조치의 부당성을 전제하고 있다는 측면에서 현실을 외면한 제안이 아닌가 판단된다. 또한 '해당 기업이 자본시장에서 수익을 창출하여 줄 수 없을 것이라고 결정하는 경우'라는 전제 조건은 실제 시행 과정에서 조사당국의 자의적 판단을 초래할 수밖에 없는 개념이다.[20] 문제가 된 기업이 수익을 창출할 수 있는지 없는지에 관한 판단은 다양한 이해관계자 사이에 모두 상이하다는 점은 반도체 상계관세 분쟁에서 이미 확인된 바이다. 다만, 정부의 민간기업에 대

---

18) 同 위원회의 설립근거 및 임무 범위에 관하여는 보조금 협정 제24.1조 참조.
19) 재정난에 처한 정부의 주식매입 시, 보조금 위원회 통보 의무에 관한 미국의 제안은 다음과 같다.

> If the equity markets determine that a company will not generate a market return, the actions of any government which determines otherwise should be subject to strengthened disciplines. A first step in this direction could be to require that *a government provide prior notification to the Subsidies Committee of any intended provision of equity capital*. A mandatory part of this notification might also require that a Member explain how the government investment was consistent with the usual investment practice of private investors. Additional disciplines should also be considered. Because of the nature of their capital markets, *consideration should be given to certain lesser developed countries* with respect to these requirements, except perhaps, in those sectors which have been shown to be export competitive(이탤릭체; 필자 강조). *Id.*

20) *Id.*

한 투자에 대해 WTO 보조금 위원회라는 권위 있는 주체에 먼저 통보하도록 하여 이에 관한 공론화를 거쳐 다자간 규범화를 시도하고 있다는 점은 긍정적으로 평가할 만하다.

나아가 보조금 협정 제14조 (a)항이 규정하고 있는 '통상적인 투자 관행과의 합치성' 여부 판단 요건과 관련하여 미국 제안서가 이 문구의 구체적 적용이 용이하지 않음을 지적하고 있음은 주목할 만하다.[21] 미국은 이 문구의 의미가 여러 가지 의미로 해석 가능하고 구체적 사안에 있어 이 원칙을 합리적으로 적용하는 방법이 분명하지 않음을 언급하고 있다.[22] 이는 결국 투자결정의 상업적 합리성은 상대적 성격을 보유한다는 점, 그리고 이러한 투자결정에 대해 외국 정부가 상업적 합리성 판단을 내리는 것이 최소한 용이한 작업은 아니라는 점을 방증하고 있다고 할 수 있겠다. 그리고 그 과정에서 객관적인 제3의 기관의 분석 보고서의 중요성도 아울러 언급하고 있다.[23] 한국산 반도체 상계관세 분쟁에서 미국 상무부가 이러한 문제에 관하여 취하였던 경직된 입장을 감안하면 이러한 미국의 제안은 동 분쟁에서 미국 상무부 결정의 기본 토대를 자문하는 성격을 보유하고 있다. 이 역시 한국산 반도체 상계관세 분쟁으로부터 미국 정부

---

21) 자본투입과 관련하여 미국은 통상의 투자관행의 상대적 성격에 대하여 인정을 하고 있다. 이와 관련된 미국 제안서의 원문은 다음과 같다.

> The specific provisions of Article 14(a) regarding the provision of equity capital also need to be clarified and improved. The standard "inconsistent with the usual investment practice (including for the provision of risk capital) of private investors ···" is open to a variety of very different interpretations, and it may not be clear how to apply this standard in a reasonable way to the facts of a particular equity infusion. Specifically, there are several important practical issues that can arise in analyzing equity infusions — such as the role of independent studies, the specific factors that should be considered when examining the financial health and prospects of a company, and the use of initial and secondary stock prices — which should be addressed(밑줄; 필자 강조). Id.

22) Id.
23) Id.

가 도출한 경험의 일단을 표시한 것이라고 평가할 수 있겠다.

최근 국제적 주목을 받고 있는 세계 각국의 철강산업에 대한 보조금 지급 문제와 관련하여 미국은 별도의 제안서를 제출하였다. 이는 현재 진행되고 있는 OECD에서의 철강 생산국간 교섭내용을 보조금 협정 개정안에 반영시키고자 하는 노력으로 판단된다.[24] 그리고 철강산업 보호에 노력하는 미국 정부의 전통적인 입장을 감안하면 미국 상무부가 외국 정부 및 기업에 대하여 철강분야에서의 위임·지시 보조금 조사를 실시할 가능성도 상대적으로 높은 편이다.[25] 철강산업 보조금에 있어 잉여 생산시설의

---

[24] 현재 OECD에서 회원국 및 비회원국 간 철강분야의 보조금 문제를 다루기 위한 철강 보조금 협정(Steel Subsidies Agreement) 채택 협의가 진행되고 있다. OECD, <*Communique Issued Following the High-Level Meeting on Steel*> (29 June 2004), <http://www.oecd.org/document/5/0,2340,en_2649_34221_32362885_1_1_1_1,00.html> (OECD 웹사이트, 2005.12.19 방문) 참조. 동 협의를 통해 철강 보조금 협정 채택 교섭이 진행 중이나 현재까지 진행되는 교섭은 보조금의 정의 및 특정성과 관련하여서는 현 보조금 협정의 내용을 그대로 따르기로 하고 다만 경제적 혜택이 어떠한 경우에 철강업체 또는 철강품목에 부여된 것으로 판단할 지에 관하여 상세한 규정을 도입하는데 초점을 맞추고 있다. 또한 자국 철강업체 폐쇄 및 구조조정과 연관된 지원조치의 허용 보조금 인정 등 주로 세계 철강산업의 잉여 생산능력 감축에 초점을 맞추고 있다. 따라서 현 보조금 협정상 위임·지시 보조금 또는 간접 보조금 규범의 구체화에 관하여 지침을 제공하는 내용은 찾아보기 힘들다. OECD Directorate for Science Technology and Industry, *Elements of an Agreement to Reduce or Eliminate Trade-Distorting Subsidies in Steel*, SG/STEEL (2004)4, 12 May 2005 ; OECD Directorate for Science Technology and Industry, *Steel Agreement Issues*, SG/STEEL (2004)3, 29 June 2004 참조. OECD 주관의 유사한 협의가 조선분야에서도 진행되고 있다. 그러나 여기에서도 아직 위임·지시 보조금 또는 간접 보조금에 관한 시사점을 제공하는 협의 내용은 현재로서 찾기 힘들다. 이 역시 교섭 당사국들이 보조금 협정의 구조적 문제를 다루기보다는 조선분야에 특화된 구체적 보조금 조치를 검토하는 데 주력하기 때문이다. OECD, <*OECD Partner Countries Decide on a Pause in Shipbuilding Subsidy Talks*>, 29 September 2005, http://www.oecd.org/document/35/0,2340,en_2649_34221_35420579_1_1_1_1,00.html> (OECD 웹사이트, 2005.12.19 방문) 참조.

[25] 미국의 자국 철강산업 보호의지 및 외국 철강 생산업체와 정부 지원에 대한 문제제기에 관하여는 USDOC, *Global Steel Trade*, 제4장 제1절 각주 45 참조. 구체적인 조사 사례로 이미 한국은 철강분야에서 1990년대 이래 미국 상무부의 위임·지시 보

철폐, 국영기업의 민영화를 지원하기 위한 단기적 지원, 연구・개발 활동, 그리고 환경기준 준수를 위한 지원과 같은 보조금은 허용 보조금으로 인정할 것을 미국은 제안하고 있다.26) 특히 미국은 세계 철강산업의 잉여 생산 능력을 언급하며 이러한 잉여 생산시설의 단계적 철폐를 지원하기 위한 보조금 교부가 보조금 협정의 규제 범위에서 제외되어야 함을 주장하고 있다.27) 미국은 또한 이러한 허용 지원조치를 통해 회원국이 간접

조금 조사를 받아왔으며 또 지속적인 상계관세 부과 대상이 되어 왔다. 각주 65-72 참조. 여타 국가의 철강업체에 대한 위임・지시 보조금 조사 사례로는 미국 상무부의 태국산 철강 상계관세 조사 최종판정, 제2장 제5절 각주 11 참조.

26) 철강분야에서 미국은 제련소 폐쇄로 인한 잉여/은퇴 노동력 지원, 국영기업의 민영화 지원을 위한 일시적 지원, 환경 기준 준수 지원, 기술 개발 지원은 허용 보조금으로 인정하고자 주장하고 있다. 미국 제안서의 원문은 다음과 같다.

> 5. Scope of Permitted Supports: Consideration could be given to permitting the following types of support:
> — Certain support for redundant and retired workers affected by permanent plant closures;
> — Certain time-limited aid to facilitate the privatization of state-owned facilities;
> — Certain environmental assistance;
> — Certain support for research and development

United States, *Elements of a Steel Subsidies Agreement*, TN/RL/W/95 (May 5, 2003), p.5.

27) 미국 제안서의 원문은 다음과 같다.

> U.S. Position
>
> The Unites States could consider supporting certain carefully circumscribed exceptions from the prohibition, in order to allow governments to provide limited assistance to steel firms to help absorb certain dismantlement, labour and environmental remediation costs … the United States is willing to consider an agreement which permits governments to offer limited and carefully regulated types of subsidization that would facilitate the genuine closure of such capacity. To be acceptable, these exceptions would need to be tightly structured in order to avoid the *indirect* subsidization of productive activities and to minimize further distortion of international steel markets … Violations of such terms and conditions could be subject to a subsidy payback requirement …(이탤릭체; 필자 강조). *Id.*, pp.5~6.

보조금 지급을 시도하는 경우를 차단하기 위하여 관련 요건을 엄격하게 마련할 것을 주장하고 있다. 예를 들어, 이러한 간접 보조금으로 판정된 보조금에 대해서는 지급 받은 보조금의 상환의무를 명시하는 등 규율을 강화하자는 입장이다.28) 간접 보조금이 미국 정부에 의해서는 사실상 위임·지시 보조금과 환치 가능한 개념으로 사용된다는 차원에서 이러한 주장은 주로 위임·지시 보조금을 겨냥한 것이라고 할 수 있을 것이다.

위장 보조금으로서 위임·지시 보조금에 대한 규제 강화는 시급히 요구된다는 측면에서 이러한 미국의 주장은 기본적으로 타당하다고 하겠다. 다만, 철강산업 잉여 생산시설 철폐에 관한 미국의 주장은 역설적으로 WTO 회원국이 자국 주요산업의 구조조정 - 철폐이든 혹은 재활이든 - 의 필요성 및 정당성을 입증하는 사례이기도 하다. 즉, 철강산업의 구조조정이 때로는 허용되어야 한다는 논리는 다른 주요 산업의 구조조정을 위하여 정부가 개입하는 정당성도 인정한다는 논리로 귀결될 것이기 때문이다.

한편 미국은 철강산업에서 교부되는 특정한 보조금을 허용 보조금으로 인정하자는 주장과 관련하여 독특한 입장을 취하고 있다. 즉, 이러한 허용 보조금이 반드시 상계관세 부과 대상에서 제외되는 보조금을 의미하는 것은 아니라는 입장을 취하고 있는 것이다.29) 결국 미국의 주장은 허용

---

28) *Id.*
29) 미국의 제안서의 관련 부분은 다음과 같다.

> The scope of permitted supports should be limited to only those forms of assistance which directly and genuinely facilitate capacity closure. As a result, we do not believe that subsidies provided expressly to facilitate privatization of state-owned facilities or to support research and development activity should be permitted ⋯ It bears nothing that the characterization of a subsidy as "permissible" does not, ipso facto, mean that the subsidy would also be non-countervailable under countervailing duty law or non-actionable in multilateral dispute settlement. That is a separate question to be settled ⋯ The United States believes that parties' rights to eliminate or offset the effects of distortive subsidies ⋯ is not something which can or should be readily discounted(밑줄;

보조금이라고 하더라도 상계관세 부과를 위한 요건[예를 들면 '실질적 산업피해(material injury)'] 또는 WTO 분쟁해결기구에 제소를 위한 요건[예를 들면 '심각한 손상(serious prejudice)']이 입증되는 경우라면 각각 상계관세 부과나 제소의 대상이 된다는 입장이다. 지금도 모든 보조금이 상계관세 부과나 제소의 대상이 되지 않고 오로지 교역 상대국에 대해 실질적 피해나 심각한 손상을 초래하는 경우에만 가능하다는 점에서 미국의 이러한 주장은 허용 보조금을 사실상 유명무실하게 만들 것으로 보인다. 이러한 유명무실한 조항의 도입은 보조금 협정의 명확화·구체화를 위한 보조금 협정 분야 규범협상의 기본 목표에도 상치되는 것이라고 할 수 있을 것이다.

전체적으로 미국의 제안은 자국의 경험을 토대로 하고 있어 다른 나라의 제안에 비하여 구체적 내용들을 담고 있는 것으로 평가할 수 있겠다. 그러나 위장 보조금 또는 간접 보조금에 대한 규제 필요성과 이를 위한 조사당국의 권한강화에 치중하고 있는 인상이어서 보조금 협정의 기본목표인 조사국과 피조사국, 제소국과 피제소국 간 균형점의 확보를 달성하기에는 한계가 있는 것으로 평가된다.

III. 호 주

호주는 보조금 협정 제12.7조에 규정된 '이용가능한 정보 원칙'의 보다 엄격한 적용을 위하여 반덤핑 협정 개정안에 제시된 바와 같이 동 기준의 명확화를 제안하고 있다.[30] '이용가능한 정보 원칙'의 남용 문제는 반덤

필자 강조), *Id.*
30) 호주의 제안서 중 이용가능한 정보 원칙과 관련된 부분은 다음과 같다.

Australia agrees that this is an issue that merits harmonization with the ADA. As Australia noted in document TN/RL/W/22 in regard to proposals seeking

핑 및 상계관세 조사 전체에서 공히 대두되는 문제이지만 위에서 살펴본 바와 같이 제출 자료 자체가 충분하지 못한 내재적 속성을 가진 위임·지시 보조금 맥락에서 동 원칙 적용의 가능성과 이에 수반되는 문제점은 더욱 현저하다. 따라서 위임·지시 보조금의 규범화 작업 맥락에서도 제12.7조의 명확화·구체화는 필요하다고 하겠다. 이러한 맥락에서 호주의 제안은 기본적으로 지지할 만하다. 다만 위임·지시 보조금의 구체적 맥락이 아닌 일반적인 맥락에서 '이용가능한 원칙'을 언급하고 있으므로 위임·지시 보조금에 구체적으로 적용될 수 있는 적절한 원칙의 제시에는 한계가 있을 것이다.

또한 호주는 미국의 제안서에 대해 다음과 같은 질문을 제시하였다. 먼저 호주는 민영화 과정 등을 거쳐 정부의 지시와 통제를 벗어나 상업적 기초하에서 운용되는 기업이 어떻게 보조금 협정 제1.1조 (a)(1)항 (iv)호의 위임·지시 보조금에 해당할 수 있는지를 문의하고 있다.[31] 즉, 호주

---

more stringent and clearer rules on the use of "facts available" in the ADA, Australia considers that any consideration of clarified rules under the ADA on "facts available"should also be reflected in the ASCM ⋯ Australia, *Australia's Comment on Brazil's Paper on Countervailing Measures: Illustrative Major Issues*, TN/RL/W/19, TN/RL/W/37 (December 2002), p.2.

31) 호주 제안서에서 미국에 대한 질문은 다음과 같다.

Indirect Subsidies

How would the United States consider that an entity which has been corporatized (i.e. no longer government-owned, controlled or directed) and which operates in a purely commercial fashion fall under SCM Article 1.1(a)(1)(iv)? Australia agrees that SCM Article 14 gives guidance in relation to government loans, but the threshold issue is the second limb of the definition of a subsidy finding, namely, whether it is "by a government".

Could the Unites States provide an example of countervailing duty action involving government intervention in bankruptcy proceedings and explain how this was an issue of government ownership/control? Australia, *Australia's Comments on the United States' Paper on Subsides Disciplines Requiring Clarification and Improvement*, TN/RL/W/78, TN/RL/W/89 (May 1, 2003) ('Australia's Comment'), p.2.

의 입장은 상업적 고려 원칙에 따라 움직이는 민간주체의 경우, 기본적으로 '위임 및 지시'의 대상이 될 수 없다는 취지인 것으로 판단된다. 이는 정부 측면에만 초점을 맞추어 정부로부터 압력 행사가 있었다면 이에 대한 민간주체의 반응은 사실상 무시하였던 미국의 입장과는 상충되는 입장이다. 정부 측면과 별도로 민간 측면의 반응에 대한 독자적 고려도 필요하다는 점을 강조하고 있다는 측면에서 호주의 주장은 본 논문 제4장에서 주장한 구성요건별 접근의 타당성을 지지하여 주는 것으로 볼 수도 있을 것이다.

또한 호주는 보조금 협정 제14조의 규범의 발전을 통한 '위임 및 지시' 확인을 위한 기준 채택을 제시하고 있는 미국의 제안에 대해서는 다소 조심스러운 입장을 취하고 있다.[32] 즉, '위임 및 지시'의 존재는 '정부에 의한 재정적 기여'의 한 양태이며, 따라서 이 문제를 고찰함에 있어서는 단순히 '재정적 기여' 여부만을 살펴볼 것이 아니라 '정부에 의한' 조치인지에 대한 검토가 아울러 필요하다는 것이다. 이러한 호주의 주장은 '위임 및 지시' 확인에 있어 정부 조치 측면의 독자성을 언급하고 있다는 측면에서 적절한 지적이며 역시 본 논문 제4장에서 주장한 구성요건별 접근의 타당성을 지지하는 근거로 판단된다. 호주의 주장은 또한 '위임 및 지시' 관련 문제를 검토함에 있어 추상적인 개념에 따른 접근을 지양하고 보조금 협정 제1.1조 (a)(1)항 (iv)호의 규정을 세부적으로 검토하여 구체적 접근을 모색하고 있다는 점에서 역시 본 논문 제4장에서의 접근과 유사하다.

호주는 또한 미국이 언급하고 있는 민간기업 도산·파산 절차에서의 정부개입 문제가 위임·지시 보조금과 연관된 것인지 설명하여 줄 것을 요청하고 있다.[33] 이 문제에 관하여 한국산 반도체 상계관세 분쟁이 가장 대표적인 사건이므로, 호주의 이러한 요청은 향후 보조금 협정 개정 협상에 있어 위임·지시 보조금 분야에서 이 사건이 지속적으로 논의의 기초

---

32) Id.
33) Id.

를 제공하여 줄 것임을 보여준다.

또한 호주는 미국이 제안한 회원국 정부의 민간기업 주식 매입 계획 통보 요건 도입과 관련하여 그러한 조항이 실제 어떻게 운용될 수 있는지, 또 제14조 (a)항에 따른 통상적 투자 관행과 합치 여부가 어떻게 판단될 수 있는지에 관해 구체적 설명을 제공하여 줄 것을 미국에 대하여 요청하고 있다.34) 미국의 제안이 현실과 다소 괴리되어 있다는 측면을 감안하면 호주의 이러한 요청은 타당한 것으로 보인다. 즉, 위임·지시 보조금과 연관된 조치를 회원국이 사전에 확인하고 이를 WTO 보조금 위원회에 통보한다는 것은 현실성이 결여된 측면이 있고,35) 제14조 (a)항의 구체화 문제도 결국 어떠한 기준을 채택할 것인지에 관하여 단기간에 일반적인 합의에 이르기는 곤란하다는 점을 감안한다면 호주의 지적은 합리적이다. 호주는 또한 경제적 혜택의 존재 및 산정을 위한 기준을 미국이 구체적으로 제시하여 줄 것을 요청하고 있다.36)

전체적으로 호주가 미국에 대하여 제시하는 질문은 미국 제안의 문제점을 적절히 지적하고 있는 것으로 평가된다. 한편 기초적 내용을 포함하고 있는 호주의 질문은 최근 진행된 위임·지시 보조금 분쟁과 직·간접

---

34) 위임·지시 보조금의 통보 요건과 통상적 투자관행 기준과의 합치성 검토 제안에 관한 호주의 질문은 다음과 같다.

    Provision of Equity Capital

    Given the lack of recourse to SCM Article 8.3, how would a prior notification of any intended provision of equity capital work in practice?

    The United States notes that the provisions of SCM Article 14(a) need to be clarified and improved and that the standard "inconsistent with the usual investment practice (including for the provision of risk capital) of private investors …" is open to a number of interpretations.

    Could the United States elaborate on the types of tests or standards that could be used to determine benefit? Would it consider a "but for" test to be relevant, for example? Id., p.2.

35) 전체적으로 본 논문 제3장 참조.
36) Australia's Comment, *supra* note 31, p.2 참조.

적 관련이 없는 국가들의 경우, 위임·지시 보조금의 핵심적인 문제점과 운용방향에 관한 깊은 성찰이 부족함을 아울러 보여준다. 향후 이러한 질문·답변 과정을 통해 위임·지시 보조금에 관련된 제반 문제들이 충분히 노출되고 이에 대한 국제적 협의가 진행될 수 있을 것으로 판단된다.

IV. 이집트

개발도상국으로서 이 문제에 관하여 의견서를 제출한 국가는 이집트가 유일하다. 이집트는 유럽연합이 언급한 명목상의 일반적 정책 운용을 통해 특정 산업에 혜택을 부여하는 소위 위장 보조금 정책에 대하여 이러한 상황은 사실 모든 형태의 보조금 정책에 공히 발견되는 것이라는 점을 지적하고 있다.[37] 즉, 유럽연합이 주장하는 바는 이러한 위장 보조금이 주로 간접 보조금의 형태로 흔히 발현된다는 것이나, 이집트의 주장은 이러한 위장 보조금은 간접 보조금뿐 아니라 직접 보조금 맥락에서도 동일하게 적용된다는 취지인 것으로 판단된다. 따라서, 유럽연합이 제시한 기준은 간접 보조금으로서의 위장 보조금에 관한 명확한 기준을 제시하는 것

---

37) 이집트의 제안서의 원문 중 관련 부분은 다음과 같다.

> The EC considers that significant amounts of financial support are increasingly granted by governments for ostensibly general activities, which in fact directly benefit the production of certain products ··· We understand the EC's concern but do not see how the so-called disguised subsidies could be distinguished from the other types of subsidies. Indeed, most subsidies are, by nature, destined for definite groups of beneficiaries and/or purposes although they are provided for in general public regulations. We believe that the distinction proposed by the EC is unnecessary and will neither clarify nor improve the SCM Agreement since disguised subsidies are already covered by its existing provisions ··· Egypt, *Egyptian Paper Containing Questions and Comments on the Contributions Submitted in the Framework of the Doha Negotiations on the Subsidies and Countervailing Measures Agreement*, TN/RL/W/57 (10 February 2003) p.2.

이 아니라 보조금 문제 전반에 적용되는 기준이라는 점을 이집트는 지적하고 있다.38)

그러나 정부의 재정적 기여를 통해 경제적 혜택의 이전이 객관적으로 나타나는 직접 보조금 맥락에서 위장 보조금이 발생할 수 있는 상황은 사실상의 특정성(de facto specificity) 경우가 유일할 것이다. 이는 정부가 다수의 수혜 민간주체에 직접 보조금을 지급할 수 있는 것으로 위장하고 있으나, 실제 수혜 민간주체는 특정 그룹에 한정되어 있는 경우가 사실상의 특정성 문제이기 때문이다.39) 따라서 이집트의 주장은 역시 간접 보조금, 특히 위임·지시 보조금의 고유한 문제점에 대한 인식의 결여에 기초하고 있는 것이 아닌가 판단된다.

그러나 이집트의 주장은 결국 위장 보조금 문제 접근에 있어 추상적인 수사를 극복하고 보다 구체적인 기준 확립이 필요함을 강조하고 있다는 점에서 위임·지시 보조금 요건의 규범화의 필요성을 지지하고 있다고 볼 여지도 있겠다. 이집트의 주장은 위장 보조금이라는 명목하에 간접 보조금 분야를 규율하고자 하는 일부 선진국의 시도에 조심스러운 입장을 견지하고자 하는 개발도상국의 입장을 대표하고 있는 것으로 평가할 수 있을 것이다.

V. 캐나다

캐나다는 보조금의 정의와 상계조치 부과를 통해 달성하고자 하는 기본목적을 재확인하고자 하는 취지의 제안서를 제출하였다. 먼저 보조금의 정의와 관련하여 캐나다는 보조금의 구성요건이 보조금 및 상계관세 조사과정에서 명백히 입증되어야 한다는 점을 강조하였다.40) 보조금의 정의

---

38) Id.
39) 보조금 협정 제2.1조 (c)항 참조.

로부터 구성요건을 도출하고 각 구성요건의 존재를 검토할 것을 요구하고 있다는 차원에서 캐나다의 제안은 본 논문 제4장의 논거를 지지하고 있는 것으로 활용할 수 있을 것이다.

특히 '정부에 의한 재정적 기여'의 대상이 된 민간주체와 실제 경제적 혜택을 향유하는 민간주체가 서로 다른 '보조금 혜택의 이전(pass-through)' 맥락에서 이러한 구성요건의 구체적 입증의 필요성이 증가한다는 점을 캐나다는 지적하고 있다.[41] 위임·지시 보조금 역시 다양한 민간주체의 민간부문에서의 상호거래를 그 심의 대상으로 하고 있다는 차원에서 구성요건의 구체적 입증을 요구하는 캐나다의 주장은 '위임 및 지시' 상황에도 유사하게 적용될 수 있을 것이다. 캐나다 주장의 저변에는 결국 민간주체 간 거래에 대하여 가급적 그 상업성을 인정하고 조사당국이 이에 대하여 재평가를 하는 경우에는 자신의 추상적 의견개진이 아닌 구체적인 방법으로 구성요건을 입증할 것을 요구하고 있는 것으로 이해할 수 있을 것이다. 보조금 혜택의 이전과 관련된 보조금 협정 조항의 명확화·구체화와 위임·지시 보조금 요건의 명확화·구체화는 협상과 입안과정에서 상호 시사점을 제공하여 줄 수 있을 것으로 판단된다.

한편 상계조치와 관련, 캐나다는 상계조치와 관련있는 보조금 협정 조

---

40) 캐나다 제안서의 관련 부분은 다음과 같다.

   1. DEFINITION OF SUBSIDY

   General Objective: To require that the <u>constituent elements</u> of the definition of "subsidy" in Article 1.1 of the subsidies Agreement be <u>clearly established</u> in an investigation.

   Underlying Principle: Where the recipient of the original "financial contribution" and the recipient of the resulting "benefit"are alleged to be different entities, the investigating authorities cannot assume, but rather must *definitively establish* a subsidy pass-through from the former to the latter(밑줄; 필자 강조). Canada, *Improved Disciplines Under the Agreement on Subsidies and Countervailing Measures*, TN/RL/W/112 (June 6, 2003) p.2.

41) *Id.*

항이 회원국에 의하여 통일적으로 해석, 적용되어야 할 필요가 있다는 점을 지적하고 있다.[42] 이를 위하여 보조금 조사와 이에 따른 상계관세 부과에 있어 적용될 개념과 원칙에 대한 보다 정확한 기준이 필요하다는 점을 함께 지적하고 있다.[43] 캐나다의 입장은 결국 조사당국의 광범위한 재량권이 행사되는 현 상계관세 조사 관행에 대한 국제적 규율이 필요하다는 것으로 요약할 수 있을 것이다. 캐나다의 주장은 미국 상무부의 캐나다산 軟木材(softwood lumber)에 대한 오랜 상계관세 조사로부터 획득한 경험에 기초하고 있는 것으로 판단된다.[44] 전체적으로 캐나다의 주장은 위임·지시 보조금의 구체적 기준의 도입 필요성을 지지하는 논거를 제공하고 있다고 볼 수 있겠다.

---

[42] 상계관세 관련 조항의 통일적 운용과 관련한 캐나다 제안서의 언급은 다음과 같다.

6. COUNTERVAIL

General Objective: To achieve greater convergence among Members in the manner in which the countervailing duty provisions of the Subsidies Agreement are interpreted and applied.

Underlying Principle: Greater guidance and definitional precision are required for key concepts and principles relevant to the conduct of subsidy investigations and the application of countervail measures. Id., p.4.

[43] Id.

[44] 미국과 캐나다 간 오래된 캐나다산 연목재(softwood lumber) 상계관세 분쟁에서 최근 WTO 항소기구는 캐나다 입장을 지지하였다. 2005년 12월 5일 결정에서 항소기구는 미국 상무부의 캐나다산 연목재 상계관세 연례재심에서 캐나다 연목재 생산업자들이 원목 채취업자들과 민간시장 거래(arms' length transaction)를 통해 원목을 구입한 경우, 원목재 채취업자들에 제공된 경제적 혜택이 연목재 생산업자들에게 이전되는지에 관하여 미국 상무부가 적절한 입증을 실시하지 못하였다고 결정하였다. *United States-Final Countervailing Duty Determination with Respect to Certain Softwood Lumber from Canada, Recourse by Canada to Article 21.5 of the DSU*, WT/DS257/AB/RW, 5 December 2005 ['U.S.-Lumber CVD(21.5, AB)'] ; Government of Canada, "WTO Supports Canada's Position on Softwood Lumber" (December 5, 2005), <http://news.gc.ca/cfmx/view/en/index.jsp?articleid=187479> (캐나다 정부 공식 뉴스 웹사이트, 2005. 12.19 방문) 참조.

제3절 위임 · 지시 보조금 관련 모델 조항

 이와 같이 여러 국가들이 보조금 협정 개정 협상 과정에서 위임 · 지시 보조금 문제와 관련된 제안을 제출하였다. 그러나 이러한 제안들은 위임 · 지시 보조금과 관련된 피상적인 문제 제기와 대안 제시에 국한되어 있는 것으로 보이며, 본 논문에서 제기한 바와 같은 '위임 및 지시'에 관한 본격적인 문제 제기 및 해결책 모색은 아직 미흡한 것으로 판단된다. 여러 가지 이유 중 하나로 직접 관련된 일부 국가를 제외하고는 아직 이 조항의 운용과 관련된 제반 문제점에 관한 국제적 인식이 충분히 확산되지 못한 점을 들 수 있을 것이다. 또 다른 이유로 간접 보조금적 성격으로 말미암아 이 문제에 대한 본격적인 논의가 결국 간접 보조금 전반에 관한 논의로 이어질 개연성도 있어 섣불리 상세한 제안을 제시하기에 각국이 부담을 느낄 수도 있다는 점을 들 수 있을 것이다.[1]

 그러나 현재 '위임 및 지시' 문제에 관한 명확하고 예측 가능한 규범이 불비한 상태이고 또 이러한 유형의 통상분쟁이 향후 지속적으로 증가할 것이라는 점을 고려한다면 보조금 협정에 보다 구체적이고 명확한 내용의 규정 삽입이 필요하다는 점은 다시 강조할 필요가 없을 것이다. 그리고 간접 보조금 문제 일반과 달리 이 문제에 관하여는 현 보조금 협정상 명문의 규정과 이를 적용한 패널 및 항소기구의 선례도 존재하므로 명확화 · 구체화

---

[1] 쟁점이 구체적이고 명확하여 각국의 보다 용이하게 교섭에 임할 수 있는 반덤핑 협정 개정 분야와는 달리 보조금 협정은 그 성격이 추상적이고 정부의 정당한 역할에 관하여 여러 국가 간에 기본적인 철학적 차이가 존재하며 또 특정 조항의 개정에 따른 장기적 이해득실이 분명하지 않아 많은 국가들이 조심스러운 입장을 견지하고 있다고 한다(필자가 WTO 규범협상 담당 외교통상부 담당관과 실시한 인터뷰에서 인용, 2005.9.15).

작업이 상대적으로 용이한 측면이 있음은 앞에서 지적하였다.

이와 같이 명확화의 필요성과 가능성이 존재한다면 그러한 작업을 조속히 실시하는 것이 요구된다. 해석과 적용을 둘러싸고 분쟁이 지속적으로 발생하고 있거나 또는 발생할 것으로 예측되는 분야에 있어서는 가급적 구체적인 규범에 관한 국가 간 합의를 도출하는 것이 다자간 무역체제의 원활한 작동을 가능케 하여 줄 것이기 때문이다.[2] 각국 조사당국 및 WTO 패널·항소기구가 최근 5년간 내린 10여 건의 결정은 '위임 및 지시' 분야의 제반 문제들을 충분히 노출시켰다. 따라서, 이러한 문제들을 효율적으로 다룰 수 있는 새로운 조항의 도입 또는 이에 준하는 기존 조항의 변경을 위한 기초 작업은 충분히 마련된 것으로 판단된다.

이에 기초하여 아래에서는 위임·지시 보조금과 관련된 제반 문제들을 다루는 모델 조항을 제시하여 보도록 한다. 이 조항은 본 논문에서 주장한 내용들을 종합적으로 정리하는 성격도 아울러 보유한다. 위임·지시 보조금과 직·간접적으로 연관되는 광범위한 문제의 범위를 감안하면 이 모델 조항에는 다양한 사항들이 포함될 수 있을 것이나, 대체로 다음과 같은 내용이 핵심적 위치를 차지할 것으로 보인다.

[보조금 협정 제1조 보조금의 정의 부분]

— 위임·지시 보조금 일반 조항

Members confirm that the purpose of Article 1.1(a)(1)(iv) is to regulate a situation where a Member's government utilizes a private entity, domestic or foreign, as an agent of the government in an attempt to circumvent the obligation provided in the SCM Agreement. The Article, however, shall not be construed as providing a legal basis for a Member's investigating authority to review and evaluate the appropriateness,

---

2) 최승환, "주요 분야별 평가와 전망 토론 요지", WTO 출범 1년의 평가와 향후 전망, 세미나 보고서 96-1, 외교안보연구원 (1996.5), p.179 참조.

necessity or reasonableness of the measure with general applicability adopted by the other Member in question.

— 일반적 경제·재정 정책에 미적용

Members, therefore, agree that entrustment or direction by a government mentioned in Article 1.1(a)(1)(iv) does not cover a situation where a Member's government adopts a policy or measure with general applicability for the purpose of dealing with or responding to an overall economic and/or financial situation within the Member's territory, and where there exists no reasonable ground to believe that genuine purpose of the measure is to circumvent the obligation provided in the SCM Agreement.

— 민간주체의 결과적 혜택 향유에 미적용

Entrustment or direction by a government mentioned in Article 1.1(a)(1)(iv) is not applicable to a situation where a company or industry of a Member gets benefit as a result of the Member's government's financial or economic policy or measure when such benefit is derived from a mere consequential effect of the policy or measure, provided that the underlying purpose of the policy or measure is not to circumvent relevant provisions of the SCM Agreement.

— 보조금 협정 적용 여부와 상관없이 무역 왜곡적 조치에 대한 철폐노력

Regardless of whether a policy or measure is not inconsistent with the SCM Agreement, Members agree to take all means available, including legislative and administrative measures, to eliminate practices that accord de facto benefits on private companies and industries within the Members' territories, which is believed to negatively affect interests of other Members or otherwise distort international trade.

— 정부에 의한 재정적 기여와 경제적 혜택 요건의 독자성

"Financial contribution by a government" provided in Article 1.1(a)(1), "benefit" provided in Article 1.1(b) and "specificity" provided in Article 2 of the SCM Agreement constitute separate and independent requirements from one another. An investigating authority, therefore, shall prove existence of each requirement separately and independently. There may be situations, however, where one element supports or proves the existence of another element.

[입증책임 관련 조항]

- 조사당국의 입증책임 원칙

In finding financial contribution by a government through entrustment or direction, the investigating authority shall assume the obligation to prove the existence of such entrustment or direction. The investigating authority shall not shift the burden to the government or companies of a Member being investigated, effectively requiring the latter to prove non-existence of entrustment or direction.

- 피조사국의 협조 원칙

Despite the burden of proof borne by the investigating authority, the government and company of a Member being investigated shall duly take into account the practical burden of the investigating authority in conducting investigations of entrustment or direction. The Member whose government and company are being investigated, therefore, shall assume the obligation to cooperate with the investigation of the investigating authority, bearing in mind the principles laid down in Article 12.7 of the SCM Agreement.

- 정황증거 활용 근거

Circumstantial evidence may take important position and thus be duly considered in the course of an investigation of a government's entrustment or direction. Circumstantial evidence, however, can be taken into account only if probity of such evidence is adequately corroborated by other evidence or materials so that there is reasonable basis for the investigating authority to confirm its veracity. Circumstantial evidence which may disprove the existence of government's entrustment or direction shall also be considered.

- 총체적 접근법의 근거 및 추론 활용 제한

Final determination of entrustment or direction by a government may be premised on totality of evidence, which may or may not prove existence of entrustment or direction when viewed in isolation. In reaching such determination, however, the investigating authority shall ensure that the totality of evidence proves the existence of each constituent element for entrustment or direction. The investigating authority assumes the obligation to prove the existence of each element with preponderance of evidence standard, which shows the existence of the element more probable than not. The investigating authority shall not reach a determination of entrustment or direction based on mere conjecture, allegation or inference.

[보조금 협정 제12.7조 이용가능한 정보 원칙 관련 조항]

The investigating authority reserves the right to apply the best information available principle when the government and company being investigated fail to cooperate with or otherwise hinders the investigation as provided in Article 12.7 of the SCM Agreement. The investigating authority shall duly take into account unique characteristics of entrustment or direction investigation where information and materials requested are sometimes unavailable to the government and companies of a Member being investigated.

[국제기구와 협의에 따라 진행되는 조치에 관한 특별 고려]

When a government policy or measure in question has been introduced or adopted through the consultation with or recommendation by an international organization, the determination of entrustment or direction by a government involving such a policy or measure shall be made with special care.

[국제법 원칙과의 합치성 제고]

The panel shall interpret relevant provisions of the SCM Agreement in accordance with customary rules of public international law and international agreements unless such rules and agreements have been explicitly superseded by the Members. Where the panel finds that a relevant provision of the SCM Agreement admits of more than one permissible interpretation, the panel shall adopt the measure that is consistent with applicable basic principles of public international law.

특히 사실관계 중심적인 위임·지시 보조금 조사와 관련, 예측 가능성과 통일성을 제고하기 위해서는 다음과 같이 '반박 가능한 추정(rebuttable presumption)' 규정을 도입하는 것도 검토하여 볼 수 있을 것이다. 예를 들어, 다음 두 가지 요건이 충족되는 경우 일단 위임·지시 보조금이 존재하지 않는 것으로 간주되게 된다. ① 먼저, 문제가 된 특정 조치가 보조금 협정 제1.1조 (a)(1)항 (ⅰ)~(ⅲ)호에 해당하는 정부의 직접적인 보조금 지급 조치에 해당하지 않고, ② 그리고 그러한 조치와 관련하여 상업적 합리성의 최소한의 형식적 및 실질적 기초가 마련되어 있는 경우, 위임·지시 보조금이 존재하지 않는 것으로 추정을 부여하는 것이다.

이러한 검토는 민간주체 간 거래가 상업적으로 대등한 지위에서 이루어진 거래 인가를 검토한다는 차원에서 국영기업의 민영화 과정에 있어 문제가 되어온 '보조금 혜택의 이전' 여부 결정과 관련하여 WTO 항소기구가 제시한 바 있는 '반박 가능한 추정'과 유사한 측면이 있다. 이러한 항소기구 결정의 기본골격은 보조금 협정 개정 협상 시, 캐나다가 제시한 제안에서 다시 반복되고 있다. 즉, 캐나다는 매각 또는 매매를 통한 보조금 移轉 문제의 검토에 있어 반박 가능한 추정을 부여하자는 제안을 보조금 협정 개정 협상에서 제시한 바 있다.[3] 항소기구 결정의 취지와 캐나다의 제안은 정상적 거래 관계를 통해 매각이 이루어질 경우 보조금으로 인한 경제적 혜택이 인수자에게 이전되지 않은 것으로 반박 가능한 추정을 부여하자는 취지인 바, 동일한 논리로 시혜 민간주체와 수혜 민간주체 간 정상적 거래 관계가 존재하는 것으로 판단되는 경우에는 정부에 의한 '위임 및 지시'가 존재하지 않은 것으로 반박 가능한 추정을 부여할 수도 있을 것이다.[4]

반박 가능한 추정 원칙 도입과 관련, 먼저 위에서 제시한 첫 번째 요건

---

3) WTO Negotiating Group on Rules, *Communication from Canada: Benefit Pass-Through*, JOB(04)/55 (25 May 2004), p.3 참조.
4) 본 논문 제6장 제2절 Ⅴ 참조.

은 보조금의 지급 형식을 검토함으로써 용이하게 결정할 수 있을 것이다. 두 번째 요건에서 제시한 '상업적 합리성의 형식적 및 실질적 기초' 구비 여부는 위임·지시 보조금 조사에서 문제가 된 민간주체 간 거래에 있어, 관련 민간주체의 의사 결정 과정이 통상의 의사 결정과정에서 요구되는 형식적·실질적 요건을 구비한 경우를 의미한다. 가령, 민간주체 간 거래 행위가 해당 민간주체의 내부규정이 요구하는 통상의 절차를 거친 경우라면, 일단 형식적 요건을 구비한 것으로 판단할 수 있을 것이다. 다음으로 민간주체 간 의사 결정 내용이 관련 시장상황에 기초한 대등한 위치에서의 거래임을 보여주는 최소한의 자료 제공이 있는 경우, 실질적 요건 역시 구비된 것으로 판단할 수 있을 것이다.5) 형식적 또는 실질적 요건중 하나라도 부재하는 경우에는 그러한 추정을 부여할 수 없음은 물론이다.6)

특히 실질적 요건과 관련된 검토는 사실 보조금 확인을 위한 또 다른 요소의 하나인 경제적 혜택 존재 여부 판단과 직접적으로 연관되는 문제

---

5) 시장에서의 대등한 거래관계(arms' length transaction)를 통한 거래였는지 여부는 다음과 같은 사건에서 항소기구의 평가를 기준으로 차용할 수 있을 것이다. *United States-Imposition of Countervailing Duties on Certain Hot-Rolled Lead Bismuth Carbon Steel Products Originating in the United Kingdom*, WT/DS138/AB/R [7 June 2000, 'U.S.-Lead Bars(AB)'], paras. 65-74 ; *United States-Imposition of Countervailing Duties on Certain Hot-Rolled Lead Bismuth Carbon Steel Products Originating in the United Kingdom*, WT/DS138/R [7 June 2000, 'U.S.-Lead Bars(Panel)'], para. 6.81 ; *United States-Countervailing Measures Concerning Certain Products from the European Communities*, WT/DS212/AB/R [8 January 2003, 'U.S.-CVD on EC Products'], paras. 87-127 참조. 이 결정에서 나타난 항소기구 입장의 핵심은 민간주체 간 '시장가격과 조건'에 따라 거래가 이루어진 경우, 조사당국은 기본적으로 이를 존중하여 상계관세 부과를 자제하여야 한다는 것이다.
6) 이와 같이, 필요한 절차적 요건과 최소한의 합리성 여부 기준을 충족하는 경우 민간주체의 의사결정을 가급적 존중하여 주는 원칙은 각국 회사법이 회사 경영진의 책임 판단과 관련하여 적용하고 있는 '영업 전문판단 존중 원칙(business judgment rule)'과도 유사한 측면이 있다. Robert W. Hamilton, *The Law of Corporations in a Nutshell*, 제3장 제2절 각주 94, p.455 참조. 이러한 사실은 결국 이와 같은 원칙의 도입이 회사 운영의 실제적 경험과 기본적으로 합치하는 것임을 방증하고 있다고 할 것이다.

이며 동 요건 판단 부분에서 심도 있게 다투어질 사안이다.7) 다만 여기에 서 다루고 있는 정부에 의한 재정적 기여의 한 형태로서 '위임 및 지시'의 확인 과정상 추정 원칙의 도입과 연관된 한도에서 상업적 합리성의 실질 적 요건 심리의 의미는 조사당국 또는 WTO 패널이 문제가 된 외관상의 민간거래가 최소한의 상업적 고려와 검토를 거쳐 채택되었는지 여부에 대해서 판단한다는 것이다. 예를 들어, 상업적 합리성에 관한 내부 보고서 가 작성되어 있고 해당 보고서에서 해당 거래 승인시와 미승인시 상황에 관한 비교형량과 이를 토대로 한 특정 조치 채택을 위한 결정이 내려진 경우라면, 그러한 결정의 타당성에 관한 다양한 의문이 제기되는 경우에 도 여기에서 언급하고 있는 추정 부여의 한 요소로서 최소한의 상업적 합 리성의 실질적 요건은 확인된 것으로 보아야 할 것이다.8) 상업적 합리성 의 구체적인 부분은 경제적 혜택 요건 부분에서 분쟁 당사국 간 별도의 충분한 논박의 기회가 있을 것이다.9)

---

7) 보조금 협정 제2조 및 제14조 참조.
8) 예를 들어, 한국산 반도체 상계관세 조사과정에서 제출된 아더 앤더슨 보고서(Arthur Andersen Report) 및 도이치 은행 보고서(Deutsche Bank Report)의 경우, 그 보고서 에 포함된 결론의 타당성에 대한 논란은 차치하고 최소한 이러한 실질적 요건은 충 족하는 것으로 볼 수도 있을 것이다. 미국 상무부의 한국산 반도체 상계관세 부과 최종판정, 제2장 제2절 각주 1, pp.91~92 ; *EC-DRAMs(Panel)*, para. 7.112 ; 유럽연 합의 한국산 반도체 상계관세 부과 최종판정, 제4장 제1절 각주 22, para. 136 ; 일 본 정부의 한국산 반도체 상계관세 조사 중요사실, 제2장 제3절 각주 2, paras. 278, 345 참조.
9) 보조금 협정 제2조 및 제14조 참조. 이러한 점을 감안하면 보조금 혜택의 이전과 관련된 반박 가능한 추정 원칙은 이 논문에서 제시한 반박 가능한 추정 원칙과 다음 의 두 가지 측면에서 차이가 있음을 알 수 있다. 첫째, 민영화 과정에서의 보조금 혜택 이전 여부를 심의하는 절차는 그 상업적 합리성에 대한 심도 깊은 검토이다. 즉, 제반 상황을 고려한 해당 결정의 상업적 합리성에 대한 본격적인 검토이다. 반면 에 '위임 및 지시'의 입증 책임과 관련하여 이 논문에서 제시한 추정 원칙의 한 요소 로서 상업적 합리성은 해당 조치가 일단 보조금 지급을 위한 '위장'된 조치라고는 볼 수 없을 정도의 최소한의 내부적인 합리성 검토가 행하여 졌는지를 판단하는 것 이라는 점에서 차이가 있다. 둘째, 국영기업의 민영화 과정에서의 '경제적 혜택의

민간주체 간의 상업적 거래에 대하여 일단 이러한 기본적 요건이 충족되면 여기에 대하여 위임·지시 보조금의 부재에 관한 '반박 가능한 추정'을 부여하고 이러한 형식적·실질적 요건의 외관상 구비에도 불구하고 해당국 정부가 위장된 방법으로 위임·지시 보조금을 지급하고 있다고 주장하는 국가―즉 제소국 또는 조사당국이―가 이를 입증하는 경우, 추정을 철회하고 위임·지시 보조금이 존재하는 것으로 인정하는 것으로 기준을 정립한다면 분쟁 당사국 간 입증책임의 적절한 분배를 도모할 수 있을 것으로 판단된다. 이 경우 제소국 또는 조사당국은 '위임 및 지시'의 존재를 입증할 수 있는 다양한 직접증거 및 정황증거를 동원하여 추정을 번복할 수 있을 것이다. 이러한 내용을 정리하면 다음과 같다.

[반박 가능한 추정 원칙 도입 관련]

With respect to a measure alleged to constitute entrustment or direction by the government of a Member in accordance with Article 1.1(a)(1)(iv) of the SCM Agreement, the following rules shall apply:

1. In a situation where a subsidy is not found to exist in a form illustrated in Article 1(a)(1)(i)~(iii) of the SCM Agreement and where a minimum level of commercial reasonableness, both in form and substance, is ascertained, it shall be presumed that there does not exist entrustment or direction by the government of a Member.

2. Commercial reasonableness in form shall be determined through an inquiry into whether, in the course of the decision making process of private entities concerned, applicable internal procedures have been complied with and necessary documentation have been compiled by the private entities. Commercial reasonableness in substance

이전' 여부는 보조금의 또 다른 구성요건인 경제적 혜택의 존재와 직접적으로 연관되는 부분이며 정부에 의한 재정적 기여 요건과 관련되는 '위임 및 지시'와는 직접적인 연관이 없다. 위임·지시 보조금 부분에서도 정부에 의한 재정적 기여가 확인된 다음 경제적 혜택 존재 여부에 관한 분석이 본격적으로 이루어지는 경우, 그 상업적 합리성에 관해 심도 깊은 분석이 이루어지는 것은 물론이다.

shall be determined through an inquiry into whether, in reaching a particular decision, the private entities have conducted internal evaluation of competing commercial alternatives so as to reach a particular commercial decision. The evaluation conducted by an outside independent consultant could normally satisfy the two requirements.

3. Commercial reasonableness mentioned in paragraph 2 above is distinct from a commercial reasonableness analysis in the course of proving the existence and extent of benefit in accordance with Article 14 of the SCM Agreement, which is a separate requirement from financial contribution by a government under the SCM Agreement.

4. If a Member, however, believes that a subsidy is nonetheless provided in a disguised form and thus constitutes entrustment or direction of a private entity by the government of a Member, the complaining Member may rebut the presumption by proving existence of such disguised subsidization. The ordinary evidentiary standard, including circumstantial evidence and utilization of totality of evidence approach, shall apply in this regard.

현실적인 측면에서 위임·지시 보조금의 남용 위험에 관한 보다 근본적인 해결책은 WTO 패널 및 항소기구의 결정에 대한 효과적인 집행 제도를 도입하는 것이다. 이는 패널 및 항소기구 결정 시점에서 아직 공식적인 제재조치가 존재하지 않는 WTO 보조금 제소에서 크게 문제가 되지 않을 것이나, 조사당국의 상계관세 부과 결정에 대해 피조사국이 제소국으로서 이를 WTO에 제소하는 경우에는 중요한 의미가 있다. 현재와 같이 조사당국의 상계관세 부과 조치가 패널이나 항소기구에 의해 추후에 부당한 것으로 결정되더라도 장래에 대해서만 조치를 철회하게 되는 미래지향적(prospective) 효과만 보유하는 경우, 조사당국 입장에서는 그만큼 현실적 부담 없이 보조금 존재 및 상계관세 부과 결정을 할 수 있게 된다. 이 경우 최소한 상계관세를 공식적으로 철회하는 시점까지는 국내시장 보호효과를 거둘 수 있기 때문이다.

최소한 WTO 분쟁해결기구가 보조금 협정에 위반되는 것으로 결정한 조사당국의 상계관세 부과 조치에 대해서는 기 납부한 상계관세의 환급과 같은 장치가 마련되어야 할 것이다. 여기에는 두 가지 실익이 있다. 조사당국의 부당한 상계관세 부과 결정에 따라 추가 관세를 부담하여야 했던 피조사국 수출업체에 대한 경제적 보상을 제공함으로써 실질적 정의를 구현한다는 점과 이러한 제도의 도입으로 조사당국의 경우 상계관세 조사에 있어 보다 조심스러운 접근 자세를 취할 것이라는 점이 그것이다. 따라서 최소한 이러한 환급제도를 기준이 불명확하고 논란의 소지가 항상 잠재하고 있는 위임·지시 보조금 또는 간접 보조금에만 우선 적용하는 것도 조사당국의 자의적 조사를 견제하는 현실적 대안이 될 수 있을 것이다.

[상계관세 환급 규정 도입]

When a panel or the Appellate Body, having reviewed a countervailing duty imposed by a Member as a result of alleged entrustment or direction by a government of another Member, finds imposition of such countervailing duty inconsistent with relevant provisions of the SCM Agreement, the countervailing duties collected thus far by the imposing Member shall be reimbursed to the importer of the subject merchandise with applicable interests accrued.

제7장 결론

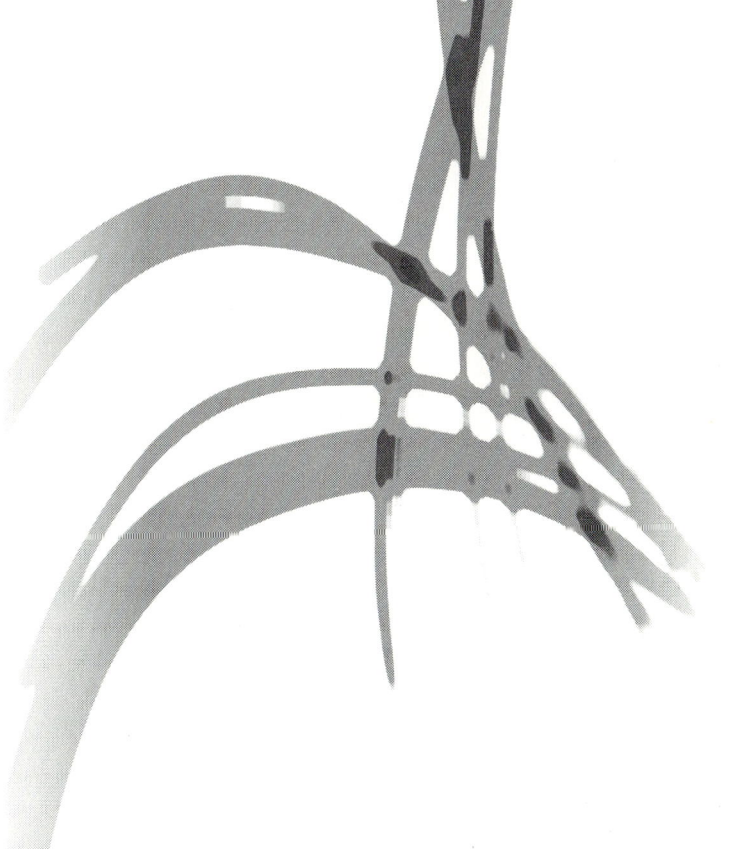

WTO 회원국 정부의 자국 산업 및 기업에 대한 보조금 지급 조치가 자원의 효율적 배분을 저해하고 시장질서를 교란하여 공정 무역을 저해한다는 점은 학술적으로도 경험적으로도 이미 충분히 입증이 되었다. 따라서 WTO 회원국 정부의 이러한 보조금 지급 조치를 확인하고 규제하기 위한 보조금 협정은 자원의 효율적 배분을 통해 국제사회의 전체적 부를 증진시키고, 또 공정 무역의 구현을 통해 안정적인 국제교역 질서를 구축하는데 있어 핵심적인 역할을 담당하고 있다. 앞으로도 WTO 회원국들은 각 정부의 보조금 지급 조치를 적절히 억제하기 위하여 보조금 협정에 포함된 규범을 강화하고 불법 보조금 규제에 대한 실효성도 아울러 제고하기 위해 노력하여야 할 것이다.

보조금 협정에 의거, 보조금 교부 조치에 대한 국제적 규제가 강화됨과 동시에 이를 회피하기 위한 각국의 노력도 점차로 정교하게 바뀌고 있다. 보조금 협정상 의무를 회피하기 위해 상당수의 국가들이 직접적인 보조금 교부를 지양하고 대신 간접적인 또는 은밀한 수단을 동원하여 자국 산업 및 기업을 위한 사실상의 보조금 지급을 도모하고 있는 것이 최근의 현실이다. 보조금의 무역왜곡 효과에 대한 국제적 공감대가 존재하는 한, 이와 같은 간접적이고 은밀한 또는 사실상의 보조금 지급 조치에 대한 국제적 규제의 필요성은 부인할 수 없을 것이다. 일반적으로 '간접 보조금'으로 통칭되는 이러한 조치는 보조금 협정 채택을 위한 우루과이 라운드 협상 시에도 충분히 예측되었으며 이의 확산 가능성에 대하여 많은 나라들이 우려를 표명한 바 있다. 보조금 협정을 회피하기 위한 간접 보조금 교부 조치와 정당한 정부 정책 집행을 과연 어떻게 구별할 것인가 하는 핵심적인 문제가 아직 미제로 남아 있기는 하나 최소한 전자에 대하여 보조금 협정에 따른 국제적 규제가 필요하다는 점에 대해서는 국제사회의 공감대가 존재하고 있다. 이 양자를 구분하는 경계선에 관한 국제사회의 충분한 토의와 이를 통한 기본적인 가이드라인의 도출이 향후 보조금 협정의 안정적·효율적 운용을 위한 핵심 과제이다.

간접 보조금 문제는 그 속성상 WTO 회원국들 간의 이해관계가 첨예하게 대립하고 정치·경제적으로 민감한 내용을 포함하고 있으므로 이에 관한 국제사회의 합의가 단기간에 도출되기는 힘들 것이다. 그러므로 DDA, OECD 등 각종 국제 포럼을 통한 장기간에 걸친 의견 조율과 WTO 분쟁해결기구 및 각종 국내법원의 선례 축적과 같은 어려운 작업이 선행되어야 한다. 그러나 간접 보조금 일반과 연관되어 있지만 현 시점에서 상대적으로 즉각적인 해결이 가능하고 또 시급한 분야가 있다. 바로 WTO 회원국 정부가 보조금 협정상의 의무를 회피하고자 자신의 영향권 하에 있는 특정 민간주체(시혜 민간주체)를 동원하여 다른 민간주체(수혜 민간주체)에 대해 경제적 혜택을 부여하고자 시도하는 상황이 그것이다. 보조금 협정 제1.1조 (a)(1)항 (iv)호는 "정부의 민간주체에 대한 '위임 및 지시(entrustment or direction)'를 통한 보조금 지급"이라는 규정을 통해 바로 이 문제를 규율하고 있다. 정부의 '직접적' 주관하에 민간부분을 경유한 '간접적' 방법으로 보조금 교부가 이루어진다는 측면에서 이러한 형태의 보조금 지급은 기존의 직접 보조금과 간접 보조금의 중간적, 혼합적 성격을 보유한다. 직접 보조금 및 간접 보조금과 구별되는 독자적 성격을 갖는다는 차원에서 이러한 형태의 보조금을 위임·지시 보조금으로 부를 수 있을 것이다. 위임·지시 보조금은 '간접 보조금적' 성격을 분명 보유하기는 하지만 간접 보조금과는 달리 현 시점에서 제반 관련 문제에 대한 분석과 규범 도출이 가능하며 또한 급증하는 국제분쟁으로 인하여 이러한 작업은 시급히 요구된다.

첫째, 간접 보조금과 달리 위임·지시 보조금 문제에 관해서는 현 단계에서 관련 문제의 즉각적인 해결 시도가 가능하다. 즉, 현 보조금 협정의 토대 위에서 위임·지시 보조금과 관련된 제반 법적 문제에 대한 분석과 이를 통한 적용 규범의 도출이 가능하다. 비록 추상적이기는 하나 이 문제에 관한 명문의 규정이 보조금 협정에 포함되어 있고 또 이 문제를 직접 다룬 WTO 패널 및 항소기구의 선례가 존재하고 있기에 간접 보조금 문제와는 달리 현 단계에서 '위임 및 지시' 문제에 관한 체계적인 접근과 분석이 가능하다.

둘째, 간접 보조금에 비해 위임·지시 보조금 문제에 관한 신뢰할 만한 국제적 해결이 더욱 시급히 요구되고 있다. 보조금 협정에 포함된 명문의 규정이 대부분의 경우 WTO 회원국 국내법에 그대로 계수된 결과, 현재 각국 조사당국은 이러한 국내법에 근거하여 위임·지시 보조금 혐의에 대해 적극적으로 상계관세 조사를 실시하는 추세이다. 위임·지시 보조금 지급을 이유로 다른 WTO 회원국을 WTO 분쟁해결기구에 제소하는 상황 또한 발생하고 있다. 그 결과 위임·지시 보조금과 관련한 국제통상 분쟁이 증가하고 있으나 WTO 회원국 간 상이한 입장을 조율하고 보조금 협정의 기본 목적을 충실히 반영하는 신뢰할 만한 법리나 원칙은 아직 미비한 실정이다. 간접 보조금에 관해서도 WTO 회원국들 간 기본적인 관점의 차이가 존재하기는 하나 위임·지시 보조금에서와 같이 회원국 간 이해관계의 정면충돌이 아직 본격적으로 표면화된 것은 아니다. 바로 이러한 이유로 간접 보조금 문제의 전반적인 검토에 앞서 현 단계에서 위임·지시 보조금 문제에 대한 해결책 모색이 시급하다. 나아가 위임·지시 보조금 문제에 대한 적절한 기준의 모색과 제시는 향후 간접 보조금 문제 일반을 다루는 데 있어서도 중요한 시사점을 제공하여 줄 수 있을 것이다.

보조금 협정상 의무를 회피하기 위한 목적으로 시도된다는 측면에서 위임·지시 보조금 교부 조치에 대해서도 간접 보조금의 경우와 마찬가지로 국제적 규제가 필요하다는 점 역시 분명하다. 오히려 정부가 막후에서 사실상 배후 조종을 실시하는 고도로 위장된 형태로 발현된다는 점에서 위임·지시 보조금은 간접 보조금에 비해 그 비난 가능성은 더욱 높다고 할 수 있을 것이다. 또한 정부가 민간주체를 동원하여 민간부문의 의사결정에 직접 관여한다는 점에서 시장 및 무역 왜곡의 효과는 더욱 심대하다고 할 수 있을 것이다. 현 WTO 체제의 안정적 운영을 위해서도 이러한 고도로 '위장'된, 그리고 '시장 파괴적'인 무역 교란 행위에 대한 강력한 제재가 필요하다. 따라서 보조금 협정 제1.1조 (a)(1)항 (iv)호의 위임·지시 보조금 규제 조항은 타당한 규정이며 그 존립근거는 충분히 존재한다.

그러나 '간접 보조금적' 성격과 '위장' 보조금으로서의 속성으로 인해 구체적인 상황에서 위임·지시 보조금을 확인하는 작업은 반드시 용이하지 않다. 이러한 현실적 난관과 보조금 협정상 위임·지시 보조금 조항의 추상성에 기초하여 이 문제를 다루는 각국의 조사당국은 현재 광범위한 재량권을 행사하고 있다. 정황증거, 이용가능한 정보 원칙, 총체적 접근법 및 추론의 활용으로 특징 지워지는 이러한 광범위한 재량권 행사는 분명 은밀히 이루어지는 위장 보조금을 효과적으로 규제할 수 있을 것이다. 그러나 이러한 재량권 행사 과정에서 동 조항에 대한 부당한 확대 또는 왜곡 적용의 위험성도 아울러 존재한다.

특히 위임·지시 보조금 조사의 핵심 요소를 차지하고 있는 정황증거의 수집·활용 과정에서 조사당국이 피조사국 정부의 경제정책, 산업정책 및 금융정책 일반을 평가하고 각 정책의 궁극적 목표를 독자적으로 결정하게 되는 상황이 빈번하게 발생하고 있다. 이러한 평가와 결정을 통해 조사당국은 피조사국 정부의 특정 산업 및 기업 지원을 위한 은밀한 의도와 그러한 의도의 구체적 집행을 추론하고 있다. 또한 요청된 정보 제공에 하자가 있는 경우, '이용가능한 정보 원칙'을 적용하여 때로는 피조사국 정부와 기업에 유리한 자료도 조사 과정에서 실격시키는 상황도 발생하고 있다. 피조사국 정부가 순수한 의미의 위장 보조금을 지급하고자 시도하였던 상황이 아니라면 이러한 상황에서 동 정부가 조사당국의 조사 방법과 결론에 대하여 강력히 반발하는 것은 일면 당연하다. 이 경우 피조사국은 조사당국이 보조금 협정 제1.1조 (a)(1)항 (iv)호에서 규정하는 '위임 및 지시'를 통한 위장 보조금에 대한 규제가 아닌 WTO 회원국 정부의 정당한 정책 결정과 운용을 불법 보조금 확인을 위한 근거로 활용하고 있음을 주장하고 있다.

특히 WTO 회원국 정부가 다양한 형태의 경제정책, 금융정책 및 산업정책을 통해 자국 시장과 경제주체를 규율하고 민간부분에 영향을 미치고 있는 현실을 감안한다면, 정황증거 검토라는 연결고리를 통한 피조사국 정부 정책에 대한 심의는 적절히 통제되지 않을 경우 사실상 국제통상에 영향을 미치는 모든 형태의 정부 정책을 보조금 공격의 대상물로 만드는 결과를 초래한다. 현 보조금 협정은 이러한 상황을 분명히 배척하고 있다. WTO 회원국이 타방 회원국의 경제정책, 금융정책 및 산업정책의 타당성과 정책목표를 평가하여 이를 이유로 상계관세 부과 등 무역 제한 조치를 취하거나 WTO 분쟁해결기구에 제소하게 된다면 WTO를 중심으로 하는 국제무역 규범의 안정성은 침해될 것이고 동 기구에 관한 회원국의 신뢰도 급격히 붕괴될 것이다.

위임·지시 보조금과 관련된 이러한 제반 문제점은 2001년 이후 현재까지 진행되고 있는 한국과 미국 간, 한국과 유럽연합 간 그리고 한국과 일본 간 한국산 반도체 상계관세 분쟁에서 여실히 노정되었다. 최근 종결된 한국과 유럽연합 간 한국 정부의 조선업계 보조금 지급과 관련한 WTO 분쟁에서도 동일한 문제가 다루어 졌다. 5년여에 걸친 이러한 일련의 분쟁에서 나타난 관련 국가 간 첨예한 입장 대립과 상충하는 주장은 위임·지시 보조금에 관한 명확한 국제규범 확립의 필요성을 절실히 보여주고 있다. 그러나 이러한 상황에도 불구하고 이 문제를 다룬 WTO 패널 및 항소기구의 결정은 '위임 및 지시' 조항에 대한 치밀한 법리적 분석을 통해 합리적이며 예측 가능한 기준을 제시하기 보다는, 위임·지시 보조금 조사에 임하는 조사당국의 조사방법론상의 광범위한 재량권을 재차 확인하는데 그치고 있다. 따라서 현재의 선례는 문제 해결을 위한 기본적 방향을 제시하고 있다기보다는 오히려 판도라의 상자만 열어두고 수습책 제시에 실패하여 향후 회원국 간 분쟁의 소지만 더욱 키워놓은 상황이다.

따라서 현 상황에서 위임·지시 보조금에 관한 타당성 있는 국제규범을 확인하기 위해서는 이를 규정하고 있는 보조금 협정 제1.1조 (a)(1)항 (iv)호의 규정으로 되돌아가 이에 관한 정확한 해석 작업을 실시하는 것이 유일한 대안이다. 그러한 해석 작업을 통해 동 조항의 정확한 법적 의미와 적용범위를 확인하고 이로부터 향후 위임·지시 보조금 조사에 적용될 원칙을 도출하여 각국 조사당국의 보조금 및 상계관세 조사와 WTO 패널 및 항소기구의 보조금 분쟁 심의 시 적용될 타당한 지침을 제공하여 줄 수 있을 것이다. 나아가 이러한 해석 작업은 현재 진행 중인 DDA 협상 과정에서 동 조항의 구체화·명확화를 위한 국제사회의 노력을 획기적으로 지원할 수 있다.

조약 해석에 관한 국제법상 기본 원칙에 따른 제1.1조 (a)(1)항 (iv)호의 해석은 동 조항의 법적 의미와 적용범위에 관해 명확한 지침을 제공하여 준다. 동 조항에 대한 문언적 해석, 문맥을 고려한 해석, 그리고 보조금 협정의 대상과 목적을 고려한 해석은 다음과 같은 중요한 사실을 보여주고 있다. 첫째, 위임·지시 보조금 조항 운용의 기본원칙은 WTO 회원국 간 상충하는 이해관계의 균형을 달성하는 것이다. 이 원칙은 보조금 협정 전반에 걸쳐 적용되는 것이지만, 다양한 국가 정책을 심의대상으로 삼는 위임·지시 보조금의 경우에는 특히 중요하다. 둘째, 보조금 협정은 자국

산업 및 기업에 영향을 미치는 모든 형태의 정부 조치를 규율하고자 하는 것이 아니라 오로지 제시된 요건을 충족하는 특정 조치에 대해 이를 국제적으로 규율하고자 하는 예외적·한정적 성격을 보유한다. 나아가 이러한 성격을 보유하는 보조금 협정 체제 내에서도 위임·지시 보조금은 다시 일반적인 보조금 지급 조치와는 구별되는 예외적인 성격을 보유한다. 이러한 '중첩적 예외성'은 위임·지시 보조금의 해석과 적용에 있어서 엄격한 접근이 요구됨을 명확히 보여주고 있다. 셋째, 위임·지시 보조금의 고찰에 있어서도 그 전제 조건은 구체적 정부 조치의 존재이며 다양한 조치가 연관될 경우에는 각 조치에 대한 개별적 검토가 실시되어야 한다. 그러나 아쉽게도 지금까지의 WTO 패널 및 항소기구 결정은 위임·지시 보조금에 관한 정확한 해석으로부터 도출되는 이러한 원칙들을 적절히 반영하는데 실패하였다.

그렇다면 현 시점에서 의미 있는 작업은 이와 같이 확인된 위임·지시 보조금 조항의 법적 의미와 적용범위를 구체적 사안에 적용할 수 있는 패러다임을 수립하는 것이다. 그러한 패러다임의 기본 목적은 위임·지시 보조금 확인을 객관화·규범화하여 조사당국의 자의적·독자적 판단을 최소화하는 데 있다. 현 상황에서, 이러한 원칙을 구체적 사안에 적용하기 위한 유일한 현실적 대안은 정부에 의한 '위임 및 지시'라는 행위의 본질적 속성을 정확히 이해하고, 이에 기초하여 '위임 및 지시'를 구성하는 세부적 구성요소를 면밀히 검토하는 것이다. 현재와 같은 추상적인 개념으로서의 정부에 의한 '위임 및 지시'라는 접근법을 따르는 경우 조사당국에 의한 자의적·독단적 평가의 위험성이 항상 수반되게 되어 보조금 협정상 '위임 및 지시' 조항의 정확한 해석과 적용이 보장될 수 없기 때문이다. 그리고 위임·지시 보조금의 혐의가 있는 구체적 조치가 존재하는 경우, 그 세부적 구성요건에 대한 면밀한 검토와 확인이 선행되어야만 조사당국의 자의적·독자적 판단의 위험성을 최소화하면서도 위장된 보조금 지급 조치로서의 정부의 민간주체에 대한 '위임 및 지시'를 효과적으로 확인할 수 있을 것이다. 나아가 구성요건에 관한 구체적, 실증적, 개별적 검토는 정당한 정부 정책집행과 부당한 위임·지시 보조금을 구별할 수 있는 적절한 경계선을 제공하여 줄 수 있을 것이다. 무엇보다도 이러한 경계선의 확인으로부터 얻을 수 있는 결정적 장점은 WTO 회원국들의 예측 가능성을 제고할 수 있다는 것이다.

보조금 협정상 위임·지시 보조금은 세 가지 구성요건을 포함하고 있다. '위임 및 지시'의 출발점인 정부 측면, '위임 및 지시'의 대상인 민간 측면, 그리고 '위임 및 지시'를 구체화하는 수단으로서의 정부조치 측면이 그것이다. 먼저 정부 측면에서는 정부가 특정 민간주체를 부당하게 지원하기 위한 '의도'를 형성하고, 그러한 의도의 외적 표출을 통해 다른 민간주체를 동원하고자 시도하였는가를, 민간 측면에서는 동원의 대상이 된 민간주체가 그러한 정부의 압력에 굴복하여 통상의 경우라면 실시하지 않을 조치를 충실히 수행하였는가를, 그리고 정부조치 측면에서는 정부의 민간부문에 대한 동원이 구체적·개별적으로 실시되었는가 하는 점을 검토하여야 한다. 이러한 세 가지 구성요소의 존재가 각각 입증될 경우에 한해 위임·지시 보조금의 존재가 인정될 수 있다.

보조금 협정이 모든 형태의 정부 지원 조치를 금지하고자 하는 것이 아닌 것처럼 위임·지시 보조금 조항도 모든 형태의 정부와 민간부문 간 접촉과 교류를 금지하고자 하는 것이 아니다. 단지 자국 통상이익에 부정적 효과를 미친다는 점에만 초점을 맞추어 외국 정부와 민간부문 간 접촉을 위임·지시 보조금 교부로 결정하여 상계관세를 부과하거나 이를 WTO 분쟁해결기구에 제소하는 것은 보호주의의 발로라는 비난을 초래할 것이다. 본 논문은 구성요건별 검토를 통해 위임·지시 보조금의 확인작업을 현 보조금 협정의 테두리 내에서 객관화하고 회원국들에 대해 예측 가능성도 제고함으로써 이 문제를 둘러싼 앞으로의 분쟁에 효과적인 법적 기준을 제시하였다.

 이 문제에 관한 궁극적 해결을 위해서는 보조금 협정에 포함된 직접 보조금과 구별되는 성격을 보유하는 위임・지시 보조금을 다루기 위한 보다 명확하고 구체적인 조항을 향후 보조금 협정 개정 시 도입하는 것이 요구된다. 현재 진행 중인 DDA 규범협상에서는 이 문제가 아직 활발히 논의되고 있지는 않으나 이 문제에 대한 적극적인 협의와 의견 도출이 시급하다. 물론 간접 보조금 문제 전반에 관한 각국의 의견 조율은 쉽지 않을 것이나, 위임・지시 보조금의 경우 현재 조항과 법리를 토대로 구체화 작업을 진행한다면 상대적으로 용이하게 개정 조항에 합의할 수 있을 것이므로 이에 관한 적극적인 노력이 요구된다.

 한편, 한국이 관련된 최근의 위임・지시 보조금 분쟁은 한국 정부에도 중요한 시사점을 제공하고 있다. 먼저, 위임・지시 보조금 분쟁은 그 성격과 파급효과 측면에서 이전의 보조금 분쟁과 여러 면에서 상이한 특성을 띠고 있다는 점을 정부 정책 결정자들은 인식하여야 한다. 위임・지시 보조금의 결정은 사실상 한국의 민관관계, 특히 정부와 금융권 간 관계에 대한 총체적 평가에 기초하여 위장 보조금의 교부를 확인하고 이에 상응하는 상계관세를 부과하는 것이다. 한국 수출기업 중 한국 민간은행으로부터 자금조달을 하지 않거나 정부와 유기적인 접촉을 실시하지 않는 기업은 찾아보기 힘들 것이다. 반도체 및 조선 분쟁에서의 WTO 회원국 조사당국의 결정 및 WTO 패널・항소기구의 결정은 한국의 여타 수출기업에 대한 유사한 형태의 위임・지시 보조금 조사 및 WTO 분쟁해결기구에의 제소도 앞으로 가능하다는 점을 여실히 보여주고 있다. 수출이 한국 경제에서 차지하는 비중을 감안하면 이러한 잠재적 통상 분쟁 소지에 대한 정부차원의 효과적 대응이 요구됨은 물론이다. 그러한 대응책 모색의 출발점은 반도체 또는 조선 등 특정 산업분야가 아닌 수출산업 전반에 영향을 미치는 위임・지시 보조금 분쟁의 본질적 속성에 대한 적절한 인식과 대처방안 모색이다.

둘째, 한국 정부의 산업정책 수립 및 집행과정에서 향후 위임·지시 보조금 분쟁으로의 발전 가능성에 대한 사전고려가 요구된다. 최근의 위임·지시 보조금 분쟁은 WTO 회원국이 한국 정부의 산업정책 입안 및 운용 현황에 대하여 여러 경로를 통해 상세히 파악하고 있음을 입증하고 있다. 특히 IT와 조선 분야 등 한국의 세계시장 점유율이 높은 분야에서 경쟁하고 있는 자국 기업을 보유한 회원국은 한국 정부의 산업정책이 특정 분야 및 기업을 지원하기 위한 의도로 입안, 시행되는 것인지 또는 그러한 의도와 상관없이 경제적 혜택이 부여되는지 면밀히 주시하고 있다. 이와 같이 축적된 자료는 필요시 정황증거라는 연결고리를 통해 위임·지시 보조금 및 상계관세 조사 과정 또는 WTO 분쟁해결절차에서 적극 활용되고 있다. 정황증거의 사실상 무제한적인 인용과 추론을 용인하는 현재 WTO 항소기구 법리에 따르면 실제 분쟁에 있어 이러한 정황증거에 기초한 상대방의 주장을 극복하는 것은 현실적으로 불가능에 가깝다. 위임·지시 보조금 분쟁에 있어 피조사국 또는 피제소국 방어의 본질은 정부에 의한 압력행사 사실의 '부존재'이기에 이러한 취지의 결론적 진술 제시 이외에 이들에게 현실적인 대안이 존재하지 않기 때문이다. 위임·지시 보조금 및 상계관세 조사를 실시하는 조사당국 또는 위임·지시 보조금 사건을 심리하는 WTO 패널은 압력행사 부존재에 관한 결론적 진술 대신 정황증거 및 이에 기초한 추론을 지지할 개연성이 높음을 최근의 분쟁은 입증하고 있다.

셋째, 위임·지시 보조금 분쟁의 핵심적 부분을 차지하고 있는 금융정책 분야에서도 한국 정부 차원의 정책과 관행의 변화가 요구된다. 최근의 위임·지시 분쟁에서 상대방은 한국 정부의 금융정책 담당자들의 발언 내용을 면밀히 추적하여 이를 역시 정황증거로 제시하였다. 이러한 정황 증거로부터 한국 정부 주도의 관치금융을 확인하고 이에 따라 특정 산업

분야에 대한 위임·지시 보조금의 교부를 결정하였던 것이다. 만약 관치금융 부재에 관한 한국 정부 주장이 사실이라면 이러한 상황은 금융정책 담당자의 발언내용 및 어휘선택이 위임·지시 보조금 분쟁에 있어 예기치 못한 파급효과를 초래한다는 점을 보여주고 있다. 통상법적 관점에서 오해의 소지를 최소화할 수 있도록 정부 담당자의 정확한 언어선택이 요구된다. 또한 위임·지시 보조금의 정황증거로 인용된 일부 언론보도 및 민간 보고서는 그 진실성이 추후에 한국 정부에 의해 부인되었음에도 불구하고, 그러한 보도 및 보고서가 배포된 당시 정부의 공식적 답변과 반박이 부재하였다는 이유로 한국의 주장은 조사당국 및 WTO 패널에 의해 배척되었다. 이 점 역시 사실과 다른 보도 및 주장에 대해 다양한 반론권을 행사하는 외국의 예를 따라 관치금융 등에 관하여 사실과 다른 보도 및 주장이 있는 경우, 이에 대한 정부 차원의 적극적 답변이나 반박이 요구된다는 점을 보여준다.

 넷째, 한국 정부 정책 결정과정의 투명성 제고가 요구된다. 최근 위임·지시 보조금 분쟁의 저변에는 한국 정부와 민간부문 간 유착관계에 대한 교역 상대국의 뿌리 깊은 불신이 깔려있다. 이러한 편견과 불신은 왜곡된 정보와 이해의 부족에서 유래하는 부분도 있으나, 한국 정부 스스로 그러한 편견과 불신을 초래한 면도 없지 않다. 특히 외국에 비해 정부 내 의사결정 과정의 투명성이 부족하기 때문이다. 과거와 달리 인터넷 등으로 정보의 대량·신속 전달이 가능해진 지금 정부의 의사 결정과정을 외부로부터 완벽히 차단하는 것은 사실상 불가능하며 오히려 그러한 정부의 노력이 정경유착 및 관치금융의 정황증거로 인정되는 상황이 발생하고 있다. 따라서 관련 법규와 상황이 허용하는 범위 내에서 정부의 경제정책, 금융정책, 산업정책 및 무역정책의 결정과정을 투명화하고 비밀자료에 해당하지 않는 부분은 적극적으로 공표하는 것이 위임·지시 보조금 대응측면에서는 타당하다.

마지막으로, 장기적으로는 한국 정부의 민간부분에 대한 개입을 가급적 최소화 그리고 규범화하는 것이 필요하다. 교역 상대국의 보조금 분쟁을 우려하여, 특히 정부 정책을 문제 삼는 위임·지시 보조금 분쟁을 우려하여 정부가 응당 실시하여야 할 정당한 업무를 포기할 수 없다는 점은 분명하다. 그러나 정부의 정당한 업무 집행에 저해가 되지 않는 범위 내에서는 주요 교역 상대국의 보호무역적 통상정책 수립의 근거를 제공하여 줄 소지는 가급적 줄여나가는 것이 현명하다. 예를 들어, 향후 유사한 기업구조 조정 과정에서 정부 개입 주장을 차단하기 위해서는 민간은행의 자율운영을 더욱 제도적으로 보장하고, 정부가 지분을 보유하고 있는 은행에 대해서는 단계적으로 그 지분을 매각하여 분쟁의 소지를 사전에 차단하여야 할 것이다. 이러한 장기적 과제는 정부 노력만으로 달성하기는 곤란하며 민간부문, 특히 금융분야의 적극적 협조가 필수적이다. 정부의 의도 내지 조치의 실질적 내용과 상관없이 민간분야에서의 흠결 있는 의사 결정 과정이 상업적 합리성의 결여로 인정되고 이것이 다시 정황증거라는 연결고리를 통해 위임·지시 보조금으로 연결되는 과정을 최근의 위임·지시 보조금 분쟁은 효과적으로 보여주고 있다. 따라서 향후 위임·지시 보조금 분쟁이 한국 기업과 통상의 장애물로 작용하지 않도록 정부와 기업 간 총체적·입체적 노력이 시급히 요구된다.

인용 WTO 사건 목록

요약인용(Short Citation)	전문인용(Full Citation)
Australia-Leather(Panel)	Panel Report, *Australia-Subsidies Provided to Producers and Exporters of Automotive Leather*, WT/DS126/R, adopted on 16 June 1999
Canada-Aircraft(Panel)	Panel Report, *Canada-Measures Affecting the Export of Civilian Aircraft*, WT/DS70/R, adopted on 20 August 1999
Canada-Aircraft(AB)	Appellate Body Report, *Canada-Measures Affecting the Export of Civilian Aircraft*, WT/DS70/AB/R, adopted on 20 August 1999
U.S.-Cotton Yarn(AB)	Appellate Body Report, *United States-Transitional Safeguard Measure on Combed Cotton Yarn from Pakistan*, WT/DS192/AB/R, adopted on 5 November 2001
U.S.-Export Restraints(Panel)	Panel Report, *United States-Measures Treating Export Restraints as Subsidies*, WT/DS194/R, adopted on 23 August 2001
U.S.-Lamb(AB)	Appellate Body Report, *United States-Safeguard Measures on Imports of Fresh, Chilled or Frozen Lamb Meat from New Zealand and Australia*, WT/DS177/AB/R, WT/DS178/AB/R, adopted on 16 May 2001
U.S.-Upland Cotton(AB)	Appellate Body Report, *United States-Subsidies on Upland Cotton*, WT/DS267/AB/R, adopted on 21 March 2005
U.S.-FSC(AB)	Appellate Body Report, *United States-Foreign Sales Corporation*, WT/DS108/AB/R, adopted on 24 February 2000
U.S.-DRAMs(AB)	Appellate Body Report, *United States-Countervailing Duty Investigation on Dynamic Random Access Memory Semiconductors (DRAMS) from Korea*, WT/DS296/AB/R, adopted on 20 July 2005
U.S.-DRAMs(Panel)	Panel Report, *United States Countervailing Duty Investigation on Dynamic Random Access Memory Semiconductors(DRAMS) from Korea*, WT/DS296/9, adopted on 28 July 2005
EC-DRAMs(Panel)	Panel Report, *European Communities-Countervailing Measures on Dynamic Random Memory Chips from Korea*, WT/DS299/R, adopted on 3 August 2005
Korea-Shipbuilding(Panel)	Panel Report, *Korea-Measures Affecting Trade in Commercial Vessels*, WT/DS273/R, adopted on 11 April 2005

요약인용(Short Citation)	전문인용(Full Citation)
Japan-Alcoholic Beverage II (AB)	Appellate Body Report, *Japan-Taxes on Alcoholic Beverages*, WT/DS8/AB/R, WT/DS10/AB/R, WT/DS11/AB/R, adopted on 4 October 1996
U.S.-Shrimp(AB)	Appellate Body Report, *United States-Import Prohibition of Certain Shrimp and Shrimp Products*, WT/DS58/AB/R, adopted on 12 October 1998
U.S.-Hot-Rolled Steel(AB)	Appellate Body Report, *United States-Anti-Dumping Measures on Certain Hot-Rolled Steel Products from Japan*, WT/DS184/AB/R, adopted on 21 July 2001
U.S.-Byrd Amendment(AB)	Appellate Body Report, *Canada-United States Continued Dumping and Subsidy Offset Act of 2000*
U.S.-Gasoline(AB)	Appellate Body Report, *United States-Standards For Reformulated And Conventional Gasoline*, WT/DS2/AB/R, adopted on 29 April 1996
EC-Chicken Classification(AB)	Appellate Body Report, *European Communities-Customs Classifications of Frozen Boneless Chicken Cuts*, WT/DS269/AB/R, WT/DS/286/AB/R, adopted on 12 September 2005
U.S.-Underwear(AB)	Appellate Body Report, *United States-Restriction on Imports of Cotton and Man-Made Fibre Underwear*, WT/DS24/AB/R, adopted on 10 February 1997
Japan-Film(Panel)	Panel Report, *Japan-Measures Affecting Consumer Photographic Film and Paper*, WT/DS44/R, adopted on 22 April 1998
Australia-Automotive Leather (Panel)	Panel Report, *Australia-Subsidies Provided to Producers and Exporters of Automotive Leather*, WT/DS126/RW 2, adopted on 1 January 2000
U.S.-CVD on EC Products(AB)	Appellate Body Report, *United States-Countervailing Measures Concerning Certain Products from the European Communities*, WT/DS212/AB/R, adopted on 8 January 2003
U.S.-Lead Bars(AB)	Appellate Body Report, *United States-Imposition of Countervailing Duties on Certain Hot-Rolled Lead and Bismuth Carbon Steel Products Originating in the United Kingdom*, WT/DS138/AB/R, adopted on 7 June 2000

요약인용(Short Citation)	전문인용(Full Citation)
U.S.-Lumber CVD(21.5, AB)	Appellate Body Report, *United States-Final Countervailing Duty Determination with Respect to Certain Softwood Lumber from Canada, Recourse by Canada to Article 21.5 of the DSU*, WT/DS257/AB/RW, adopted on 5 December 2005
EC-Aircraft(Panel)	Panel Report, *European Communities and Certain Member States-Measures Affecting Trade in Large Civil Aircraft*, WT/DS316/2, adopted 3 June 2005

인용된 법원판결 및 행정결정

〈P.C.I.J. / I.C.J. 판결〉

- P.C.I.J, *Advisory opinion upon the Frontier between Turkey and Iraq*, Series B, No. 12. (1925).
- I.C.J, *Corfu Channel* case(United Kingdom v. Albania), I.C.J Reports 1949, p.4. (1949).
- I.C.J, *Military and Paramilitary Activities in and against Nicaragua*(Nicaragua v. Unite States) I.C.J Report 1986, p.14. (1986).
- I.C.J, *Maritime Delimitation and Territorial Questions between Qatar and Bahrain*, Jurisdiction and Admissibility, I.C.J. Reports (1995).
- I.C.J, *Territorial Dispute*(Libyan Arab Jamahiriya v. Chad), Judgment, I.C.J. Reports (1994).

〈국내법원판결〉

- 대법원 2002.6.14 판결, 2001다52407.
- 서울 행정법원, 2005.9.1 판결 2004구합 5911, 덤핑방지관세부과처분취소.

〈외국 국내 법원판결〉

- *Joy v. North*, 692 F.2d 880 (2nd Cir. 1982).
- *Aronson v. Lewis*, 473 A. 2d 805 (Del. 1984).
- *Smith v. Van Gorkom*, 488 A. 2d 858 (Del. 1985).
- *Georgetown Steel Corporation v. United States*, F.2d_, (CAFC 1986).
- United States Court of International Trade, *Hynix Semiconductor, Inc., v. United States*, Slip Op. 105-106, Court No. 03-00651 (2005).

〈외국 조사당국 결정〉

1. 미 국

- USDOC, *Live Swine and Fresh, Chilled and Frozen Pork Products from Canada*, 1985 50 FR 25,097-01. (Final Affirmative Countervailing Duty Determination).
- USDOC, *Certain Softwood Lumber Products from Canada*, 57 FR 22,570 (28 May 1992).
- USDOC, *Final Affirmative Countervailing Duty Determinations and Final Negative Critical Circumstances Determinations: Certain Steel Products from Korea*, 58 FR 37,338 (9 July 1993).
- USDOC, *Countervailing Duties*, FR, 63 FR. 65,348 (25 November 1998).
- USDOC, *Final Negative Countervailing Duty Determinations: Stainless Steel Plate in Coils from the Republic of Korea*, 64 FR 15,530 (31 August 1999).
- USDOC, *Issues and Decision Memorandum in the Final Affirmative Countervailing Duty Determination: Certain Hot-Rolled Carbon Steel Products from Thailand*, C-549-818 (21 September 2001).
- USDOC, *Final Results and Partial Pescission of Countervailing Duty Administrative Review: Stainless Steel Sheet and Strip in Coils from the Republic of Korea*, 67 FR 1964, (15 January 2002).
- USDOC, *Notice of Final Affirmative Countervailing Duty Determinations: Certain Cold-Rolled Carbon Steel Flat Products from the Republic of Korea*, 67 FR 62,102 (3 October 2002).
- USDOC, *Preliminary Affirmative Countervailing Duty Determination: Dynamic Random Access Memory Semiconductors From the Republic of Korea*, C-580-851, 68 FR 16,766 (7 April 2003).
- USDOC, *Issues and Decision Memorandum for the Final Determination in the Countervailing Duty Investigation of Dynamic Random Access Memory Semiconductors from the Republic of Korea* (16 June 2003).
- USDOC, *Issues and Decision Memorandum for the Final Countervailing Duty Determinations of the Investigations of DRAMs from Korea* (18 June 2003).
- USDOC, *Final Affirmative Countervailing Duty Determination: Dynamic Random Access Memory Semiconductors from the Republic of Korea*, C-580-851, 68 FR. 37,122 (23 June

2003).
- USDOC, *Final Affirmative Countervailing Duty Determinations: Certain Cut-to-LengthCarbon-Quality Steel Plate from the Republic of Korea*, 68 FR 37,122 (24 June 2003).
- USDOC, *Notice of Amended Final Affirmative Countervailing Duty Determination: Dynamic Random Access Memory Semiconductors from the Republic of Korea*, C-580-851, 68 FR. 44,290 (28 July 2003).
- USDOC, *Issues and Decision Memorandum for the Final Countervailing Duty Determinations of the Investigations of Certain Durum Wheat and Hard Red Spring Wheat from Canada* (28 August 2003).
- USITC, *DRAM and DRAM Modules from Korea*, Investigation No. 701-TA-431 (Final), Publication No. 3316 (August 2003).
- USDOC, *Final Affirmative Countervailing Duty Determinations: Certain Durum Wheat and Hard Red Spring Wheat from Canada*, C-122-846, C-122-848, 68 FR. 52,747 (5 September 2003).
- USDOC, *Initiation of Antidumping and Countervailing Duty Administrative Reviews and Request for Revocation in Part*, 69 FR 56,745 (22 September 2004).
- USITC, *Institution of Countervailing Duty Investigation and Scheduling of a Preliminary Phase Investigation*, Investigation No. 701-TA-431(Preliminary), 67 FR 68,176 (8 November 2002).
- USITC, *Determination: DRAMs and DRAM Modules from Korea*, Investigation No. 701-TA-431(Preliminary), 67 FR 79,148.

2. 유럽연합

- European Council, Council Regulation (EC) No 977/2002 *Imposing a Definitive Countervailing Duty On Imports Of Certain Ring-Binder Mechanism(RBMs) Originating In Indonesia and Terminating the Anti-Subsidy Processing In Respect Of Imports Of Certain RBMs Originating In India* (4 June 2002).
- European Council, Council Regulation (EC) No960/2003 *Imposing a Definitive Countervailing Duty On Imports Of Recordable Compact Disks Originating In India* (2 June 2003).
- European Council, Council Regulation (EC) No 1480/2003 *Imposing a Definitive Countervailing Duty and Collecting Definitely The Provisional Duty Imposed On Imports Of*

Certain Electronic Microcircuits Known As DRAMS (Dynamic Random Access Memories) Originating In the Republic of Korea (11 August 2003).
◦ European Council, Council Regulation (EC) No 1480/2003 *Imposing A Definitive Countervailing Duty and Collecting Definitely The Provisional Duty Imposed On Imports Of Certain Electronic Microcircuits Known As DRAMS (Dynamic Random Access Memories)* Originating In the Republic of Korea, OJ L 212 (22 August 2003).

3. 일 본

◦ 일본 재무성, 대한민국산 DRAM에 대한 관세정률법 제7조 제6항에서 규정하는 조사(2004년 8월 4일자 재무성 고시 제352호)에 관련된 최종결정의 기초가 되는 중요한 사실.

약어표(Abbreviation List)

- AB : WTO Appellate Body(WTO 항소기구)
- AUL : Average Useful Life (자본재 감가상각기간)
- BIA : Best Information Available (획득가능 최선 정보, Facts Available)
- CDSOA : Continued Dumping and Subsidy Offset Act (미국 지속적 덤핑 및 보조금 대응법, Byrd Amendment)
- CFR : Code of Federal Regulation (미국 연방 법령집)
- CIT : United States Court of International Trade (미국 연방무역법원)
- CRA : Corporate Restructuring Arrangement (기업구조조정/워크아웃 협약)
- CRPA : Corporate Restructuring Promotion Act (기업구조조정촉진법)
- CVD : Countervailing Duty (상계관세)
- D/A : Document Against Acceptance (수출환어음금융제도)
- DDA : Doha Development Agenda (도하 개발 라운드)
- DRAM : Dynamic Random Access Memory Chips (DRAM 반도체)
- DSU : Dispute Settlement Understanding (분쟁해결양해사항)
- DSB : Dispute Settlement Body (WTO 분쟁해결기구)
- EC : European Communities (유럽 공동체)
- EU : European Union (유럽연합)
- FDI : Foreign Direct Investment (외국인 직접투자)
- FSC : Financial Supervisory Commission (금융감독위원회)
- FSS : Financial Supervisory Service (금융감독원)
- GAPP : Generally Accepted Accounting Principles (미국 일반회계기준)
- GATS : General Agreement on Trade in Services (서비스 무역 일반 협정)
- GATT : General Agreement on Tariffs and Trade (관세 및 무역에 관한 일반 협정)
- GDP : Gross Domestic Production (국내총생산)
- GOK : Government of Korea (한국 정부)
- IBRD : International Bank for Reconstruction and Development (국제부흥개발은행, World Bank)
- ICJ : International Court of Justice (국제사법재판소)

- IMF : International Monetary Fund (국제통화기금)
- KDB : Korea Development Bank (한국산업은행)
- KDI : Korea Development Institute (한국개발연구원)
- KDIC : Korea Depositors' Insurance Corporation (한국예금보험공사)
- KEXIM : Korea Export and Import Bank (한국수출입은행)
- KFB : Korea First Bank (한국제일은행)
- KIEP : Korea Institute for International Economic Policy (대외경제연구원)
- LOI : Letter of Intent (의향서)
- NME : Non-Market Economy (비시장경제체제)
- NVNI : Non-Violation Nullification and Impairment (비위반제소)
- OECD : Organization for Economic Cooperation and Development (경제협력개발기구)
- PCIJ : Permanent Court of International Justice (상설국제재판소)
- POI : Period of Investigation (원심 조사기간)
- POR : Period of Review (연례재심 조사기간)
- SAA : Statement of Administrative Action (우루과이라운드 이행법 행정조치 시행지침)
- SCM : Agreement on Subsidies and Countervailing Duties (WTO 보조금 협정)
- SDR : Special Drawing Right (특별인출권)
- SEC : United States Securities Exchange Commission (미국 증권거래위원회)
- SG : Safeguard (긴급수입제한조치)
- SOE : State-Owned Enterprise (국영기업)
- UR : Uruguay Round (우루과이라운드 협상)
- URAA : Uruguay Round Agreements Act (미국 우루과이라운드 협정 이행법)
- USDOC : United States Department of Commerce (미국 상무부)
- USITC : United States International Trade Commission (미국연방 무역위원회)
- USTR : United States Trade Representative (미국 무역대표부)
- WTO : World Trade Organization (세계 무역 기구)

국문초록

　149개 WTO 회원국 정부는 여러 가지 사유와 다양한 방법으로 자국 경제 및 금융제도의 제반 현안에 직·간접적으로 개입하고 여러 형태의 규제를 실시하는 것이 오늘의 현실이다. 즉, 이들 정부는 국가 전체의 공익 증진과 특히 주요 경제 이익보호를 위해 수많은 경제 및 금융정책을 수립, 시행하며 이에 기초하여 자국 민간부문을 계도, 규제하고 있다. 사실 일국 내 경제·금융체제가 점차 복잡다단해지고 국제화됨에 따라 정부에 의한 경제·금융 부문 전반에 관한 규제와 개입의 빈도 및 중요성은 점증하고 있는 실정이다.

　동일한 맥락에서 각국 정부는 자국 경제상황에 장기적으로 중요한 영향을 초래하는 국내 주요 산업 및 기업의 현황 및 향후 전망에 대하여 부단한 관심을 기울이고 있다. 특히 자국의 주요 수출기업 및 대규모 고용 기업의 실적 및 영업 상황에 대해서는 정부 관련 부서가 면밀히 주시하고 있다. 일반적 경제상황 및 주요 참여자에 대한 면밀한 감독을 통해 일국 정부는 자국 경제에 부정적 효과를 미치는 요인을 확인하게 되는 경우 그 파급효과를 최소화하기 위해 노력하는 것이 일반적이다. 금융시장에 대한 정부의 감독 및 개입도 마찬가지이다. 금융시장의 안정과 원활한 운용을 위해 정부 내 금융 감독 당국은 다양한 형태의 규제와 개입을 실시한다.

　경제 및 금융상황 전반에 관한 WTO 회원국 정부의 이러한 일반적 개입, 감독 및 규제는 원칙적으로 정당하며 이를 금지하는 국제법규는 존재하지 않는다. 국제무역 규범을 총괄하고 있는 WTO 체제도 이러한 정부의 일반적인 경제·금융 정책 수립 및 시행을 규제하고 있지는 않다. 현 WTO 체제는 오로지 WTO 협정 및 각종 부속협정에 명백히 규정된 조건에 따라 이에 위반되는 WTO 회원국 정부의 작위 또는 부작위만을 규제할 뿐이다. 특히 정부의 민간부문에 대한 개입과 정부와 민간부문의 상호작용에 관해 초점을 맞추는 경우 이 문제는 WTO 부속협정 중 보조금 및 상계조치 협정(Agreement on Subsidies and Countervailing Measures, 이하 '보조금 협정')과 직접적으로 연관된다. 보조금 협정은 WTO 회원국 정부의 자국 주요 산업 및 기업에 대한 불법적인 보조금 지급(subsidization)을 금지하고 있다. 따라서 특정 WTO 회원국 정부와 민간부문 간의 상호작용이 국제통상 분쟁으로 비화되는 경우 흔히 보조금 협정과 관련된 -또는 보조금 협정을 국내적으로 이행하는 회원국 국내법과 관련된- 분쟁으로 발전하게 된다. WTO 회원국 정부와 민간부문 간 이러한 상호작용과 접촉에 대하여 타방 회원국은 이를 당해 회원국 정부에 의한 불법적인 보조금 지급 조치로 주장하는 것이다.

 현 보조금 협정은 민간기업에 대한 정부의 직접적인 재화 및 용역 제공뿐 아니라 다른 민간주체를 통한 간접적인 재화 및 용역 제공을 정부가 주선하는 것 역시 불법 보조금을 구성하는 것으로 보고 있다. 바로 보조금 협정 제1.1조 (a)(1)항 (iv)호의 '위임 및 지시(entrustment or direction)' 규정이 그것이다. 무엇보다 동조의 존립근거는 충분히 존재한다. 점차로 대부분의 국가가 직접적인 보조금 교부를 지양하고 간접적인 방법 또는 위장된 방법을 통해 사실상의 보조금 지급을 도모하고 있는 현실을 감안하면, 일국 정부가 일정한 민간주체(시혜 민간주체)를 동원하여 여타 민간주체(수혜 민간주체)에 경제적 혜택을 부여하고 이런 민간주체가 수출을 통해 세계 무역시장을 교란할 가능성은 상존한다고 볼 수 있을 것이다. 이러한 위장된 보조금 지급 조치에 대하여 국제적 규제가 필요하다는 데는 의문의 여지가 없다.

이러한 형태의 보조금 지급은 정부가 특정 수혜 민간주체에 대하여 의도적으로 경제적 혜택을 부여한다는 점에서 직접 보조금적 성격을 보유하며, 또한 다른 민간주체를 경유하여 경제적 혜택이 전달된다는 점에서 간접 보조금적 성격도 아울러 보유한다. 따라서 이러한 형태의 보조금은 혼합적 성격을 띠는 독자적인 보조금 지급 형태이다. 따라서 정부에 의한 '위임 및 지시'를 통한 우회적인 보조금 지급은 여타 형태의 직접 보조금 지급 및 간접 보조금과 구분하기 위하여 위임·지시 보조금으로 통칭할 수도 있을 것이다.

　　위임·지시 보조금도 WTO 회원국 정부의 정책에 초점을 두며 직접적인 재화 및 용역 제공을 그 대상으로 하고 있지 않다는 점에서 일부 간접 보조금적 성격을 보유한다. 그러나 위임·지시 보조금은 정부 정책 중 특히 정부와 민간부문 간의 다양한 상호작용에 초점을 두고 이러한 특별 관계를 통한 위장 보조금 교부가 발생하였는가를 검토하는 점에서 간접 보조금 일반과 구별된다. 직접 보조금에 대신하는 간접 보조금의 증가도 현 국제통상 체제가 해결하여야 할 현안의 하나이나, 특히 위임·지시 보조금 사례와 관련 분쟁의 증가도 대처가 시급한 현안중 하나이다. 결국 WTO 회원국 정부의 진실성 자체에 대한 법적 공격의 성격을 보유하는 속성상 위임·지시 보조금은 분쟁 당사국간 첨예한 대결양상을 보일 수 밖에 없다 이러한 점들은 최근 한국산 반도체 상계관세 부과와 관련된 한미, 한-유럽연합 및 한일 간 분쟁과 造船 보조금 지급을 둘러싼 한-유럽연합 간 분쟁이 보여주고 있다.

　　보조금 협정상 위임·지시 보조금 규제 조항의 원칙적 타당성에도 불구하고, 외국 정부의 경제정책, 특히 금융정책 및 제도에 대한 심의를 포함하게 되는 그 추상적 성격으로 말미암아 동 조항은 때로는 부당하게 확대되거나 또는 왜곡되어 적용될 위험성이 상존한다. 동 조항에 대한 부당한 확대 및 왜곡은 위장 보조금으로서 위임·지시 보조금에 대한 확인 및 징계뿐만 아니라 나아가 때로는 정당한 정부 정책 운용의 결과도 위임·지시 보조금으로 결정되어 해당국의 통상이익을 침해할 가능성이 있다는 데 그 문제의 심각성이 있다. 위에서 살펴본 바와 같이 WTO 회원국 정부가 다양한 형태의 경제정책, 금융정책 및 재정정책을 채택, 운용하고 있는 현실을 감안한다면 동 조항의 이러한 부당한 확대 적용은 사실상 국제통상에 영향을 미치는 다양한 정부 정책이 위임·지시 보조금 공격의 대상물이 되는 위험성을 초래한다.

여타 보조금의 경우도 마찬가지이나 특히 위임·지시 보조금 문제의 접근에 있어 그 출발점은 보조금 협정의 기본 취지는 일국의 자국 민간부문에 대한 일체의 개입을 금지하고자 하는 것은 아님을 인식하는 것이다. 오로지 보조금 협정 규정상 요건이 충족되는 경우에만 -이 경우 보조금 협정 제1.1조 (a)(1)항 (iv)호가 제시하는 요건이 충족되는 경우에만- 보조금 협정의 규제대상인 보조금에 해당된다. 다시 말하면 국제통상 전반에 대하여 또는 교역 상대국의 특정한 통상이익에 대하여 부정적 영향을 미치는 WTO 회원국 정부의 정책 또는 조치가 존재한다고 하여 그러한 정책 또는 조치가 모두 보조금 협정에서 규제하는 불법 보조금을 구성하지는 않는다. 각 WTO 회원국 정부가 채택하는 다양한 경제정책, 재정정책 및 금융정책은 때로는 의도한 또는 의도하지 않은 효과를 발생시켜 타방 회원국의 이해관계에 영향을 미칠 수 있게 된다. 이러한 효과 발생 또는 이해관계의 침해가 곧바로 보조금 협정 위반으로 연결되는 것은 아니다. 따라서 단지 정부의 민간부문에의 개입과 이에 따른 자국 통상 이익에 부정적 효과 발생만을 보여주는 것은 위임·지시 보조금을 입증하기에 불충분하다.

간접 보조금 일반과 달리 위임·지시 보조금은 현 상황에서 그 법적 의미와 구체화 작업이 가능하다. 보조금 협정에 명문의 조항이 존재할 뿐아니라 WTO 패널 및 항소기구가 선례를 제공하여 이에 대한 분석과 논의가 가능하기 때문이다. 그 논의의 출발점은 '위임 및 지시'의 성립요건을 규정하고 있는 보조금 협정 제1.1조 (a)(1)항 (iv)호에 대해 조약 해석에 관한 국제법상 기본 원칙을 적용하여 그 결과를 검토하는 것이다. 조약 해석에 관한 국제법상 기본 원칙을 포함하고 있는 '1969년 조약법에 관한 비엔나 협약' 제31조 및 제32조에 따른 해석은 다음의 사실을 보여준다. 먼저 '위임 및 지시' 조항의 적용은 '예외적 상황'을 상정하고 도입되었다는 점이다. 따라서 이러한 예외적 조항의 적용은 엄격하게 이루어져야 하며 어떠한 경우에도 일반적 보조금의 경우보다 느슨하게 또는 광범위하게 해석, 적용될 수는 없다. 다음으로 현 보조금 협정상 '위임 및 지시'의 확인은 집단적, 추상적, 맥락적이 아닌 개별적, 구체적, 실증적 분석을 전제로 하고 있다는 점이다. 따라서 막연한 '위임 및 지시' 행위의 존재에 대한 추정은 현 보조금 협정이 허용하는 바가 아니라고 하겠다. 다음으로 위임·지시 보조금의 해석과 적용에 있어서는 보조금 협정 전반을 관통하고 있는 기본원칙을 염두에 두어야 한다. 그러한 기본 원칙은 보조금 교부국과 이에 대항하는 상계관세 부과국 또는 WTO 제소국 간의 상충하는 이해관계의 균형을 이루는 방향으로 해석과 적용이 이루어져야 한다는 것이다. 특히 국가 간 이해관계가 첨예하게 대립하는 위임·지시 보조금의 경우에는 이러한 균형점의 확보 필요성이 더욱 요구된다.

이러한 해석 원칙을 구체적 상황에 적용하는 가장 현실적인 방법은 현 보조금 협정 제1.1조 (a)(1)항 (iv)호의 의미를 현실적인 관점에서 검토하여 그 구성요건을 확인하는 것이다. 정부에 의한 '위임 및 지시'가 현실에서 구체적으로 적용되는 상황을 검토하면 이에는 세 가지 구성요소가 포함되어 있음을 알 수 있다. 먼저 정부 측면이다. 이는 WTO 회원국 정부가 특정 기업 및 산업 지원을 위한 의도를 형성하고 이러한 의도가 외부적으로 표출되는 상황이다. 객관적 매개물이 존재하는 직접 보조금과는 달리 위임·지시 보조금은 정부의 의도에 대한 본격적인 검토가 불가피하다. 직접증거 및 정황증거에 대한 분석을 통하여 정부가 이러한 의도를 형성하였고 그러한 의도가 외부로 구체적으로 표출되었음이 확인되어야 한다. 둘째, 민간부문 측면이다. 정부의 '위임 및 지시' 의 대상이 된 민간부문이 이에 어떠한 반응을 보였으며 실제 의사결정 과정에 정부의 '위임 및 지시'가 반영되었는지 또는 반영되었다면 어떻게 반영되었는지에 대한 분석이다. 역시 직접증거 및 정황증거에 대한 분석을 통하여 이를 입증할 수 있을 것이다. 세 번째, 정부의 '위임 및 지시' 조치 측면이다. 이는 정부의 '위임 및 지시'가 민간부문에 전달되었는지 그렇다면 어떻게 전달되었는지에 대한 검토이다. 정부의 의도가 유효하게 전달되지 않은 상황에서 민간부문의 결정이 설사 정부 의도와 유사하다고 하여 이를 '위임 및 지시'로 결정하기는 곤란하기 때문이다. 이 역시 직접증거 및 정황증거에 대한 분석을 통하여 입증될 수 있을 것이다. 보조금 협정 제1.1조 (a)(1)항 (iv)호가 규정하는 위임·지시 보조금의 존재를 확인하기 위해서는 이러한 세 가지 구성요건의 존재가 공히 확인되어야 한다. 이 과정에서 특정 요건 확인에 사용된 증거가 다른 요건의 확인에 역시 활용될 수 있음도 물론이다.

현재 위임·지시 보조금과 관련된 조사당국의 조사방법론 및 이를 심리하는 WTO 패널 및 항소기구 결정의 흠결중 하나는 정황증거 및 총체적 접근법에 대한 적절한 기준을 제시하지 못하고 있다는 점이다. 위장 보조금으로서의 속성과 외국 정부의 의사 결정 과정에 대한 검토라는 속성으로 인하여 위임·지시 보조금 조사에서는 정황증거의 대거 활용이 불가피하다. 정황증거의 활용은 한편으로는 이러한 정황증거를 총체적으로 조망하여 결론을 도출하는 것이 불가피함을 역시 의미한다. 그러나 정황증거 활용과 총체적 접근법의 적용은 본질적으로 독단적·자의적 결론으로 귀결될 개연성이 높다. 따라서 이에 대한 적절한 검증작업과 적용 기준이 요구된다. 그러나 현재 조사당국의 조사방법 및 WTO 패널 및 항소기구는 정황증거와 총체적 접근법의 필요성 부분에만 초점을 맞추고 있으며 이를 어떻게 규율할 것인가에 대한 기준 제시는 不在한 상황이다. 정황증거 활용과 총체적 접근법 운용에 관한 기본적 기준이 마련되어야 만 위임·지시 보조금 조사를 보다 공정히 진행할 수 있을 것이며 그 결과에 대한 추가 분쟁의 소지를 줄일 수 있을 것이다.

위임·지시 보조금 존재에 관한 부당한 결정에 따른 피해는 비단 문제가 된 특정 보조금 또는 상계관세 분쟁에만 국한되지 않는다는 것이 문제이다. 위임·지시 보조금 존재 여부를 조사하는 과정에서 조사당국은 특정 국가의 경제정책 및 금융구조 자체에 대한 일반적 심의를 하게 되는일이 빈번하고 이러한 조사과정을 거쳐 일단 내려진 결정은 피조사국에 대해 장기적·포괄적인 영향을 미치기 때문이다.

WTO 회원국 정부의 부당한 보조금 지급은 국제무역을 왜곡하여 WTO 체제하 국제무역의 기본 규범을 위반하는 것으로 규제되어야 한다는 것에는 국제적 공감대가 분명하다. 그러나 위임·지시 보조금 조사가 남용되어 WTO 회원국 정부의 정당한 경제정책이나 금융정책 집행이 부당한 시장개입이며 따라서 불법적인 정부 지원 보조금으로 결정되는 것 역시 경계되어야 한다. 최근의 한국 관련 위임·지시 보조금 분쟁은 당사국 주장의 진위 여부를 떠나 위임·지시 보조금 분쟁에서 정당한 경제정책·금융정책 및 규제와 부당한 보조금 지급의 구별이 얼마나 어려운 작업인가를 보여주고 있다.

현 보조금 협정상 '위임 및 지시' 조항의 해석 작업과 선례의 축적을 통해서도 이 문제의 해결을 시도할 수는 있으나 보다 궁극적 해결을 위해서는 위임·지시 보조금 고유의 특성과 문제점을 반영한 보다 구체적이며 현실적인 관련 규정이 보조금 협정에 포함되는 것이 필요하다고 판단된다. 현재 진행 중인 도하 개발 어젠다(Doha Development Agenda: DDA) 협상은 이러한 목적을 달성하기 위한 적절한 장을 제공할 수 있을 것이다. 현재 다소 침체 상태에 처해있는 보조금 협정 개정 협상을 활성화시켜 위임·지시 보조금 관련 규정의 명확화·구체화에 관한 국제적 합의를 도출할 수 있을 것이다. 이러한 작업은 추후 진행될 보다 어려운 작업인 간접 보조금 일반 및 서비스 분야 보조금 규제에 관해서도 적절한 시사점과 교훈을 제시하여 동 분야의 교섭에 촉매로 작용할 수 있을 것이다.

ABSTRACT

Legal Meaning of a Subsidy Through Entrustment or Direction Under the SCM Agreement

This article discusses various legal aspects of a subsidy through 'entrustment or direction' of a private entity by a government as provided in Article 1.1(a)(1)(iv) of the Agreement on Subsidies and Countervailing Measures ('SCM Agreement'). This is the situation where a WTO Member's government 'entrusts or directs' an intermediary private entity for the benefit of an ultimate recipient private entity in an effort to circumvent a subsidy allegation by other trading partners. Since WTO Members have become more cautious about 'direct' subsidization of their key industries and companies, which would be more easily found to be inconsistent with the SCM Agreement, they instead show a tendency to resort to a subsidy measure through disguised subsidization including 'entrustment or direction' of private entities. Thus this issue is expected to invite more disputes among WTO Members in the future.

A subsidy through 'entrustment or direction' possesses unique characteristics; it reserves an aspect of a direct subsidy in that the government attempts to provide a subsidy to a specific pre-intended target as opposed to an indirect subsidy where an ultimate target of the subsidy is usually not specifically ascertained. This subsidy also reserves an aspect of an indirect subsidy in that the government's financial resources do not go directly to the recipient as opposed to a direct subsidy where the government budget goes to the private entity directly. This subsidy, therefore, may be called a 'hybrid' subsidy where the ingredients of both direct and indirect subsidy co-exist. Subsequently, the interpretation and application of the subsidy through 'entrustment or direction' must be conducted taking these unique characteristics into account. Setting aside the difficult issue of dealing with and reaching agreement on indirect subsidy in general, it is not only feasible but also incumbent to analyze the entrustment / direction subsidy and to come up with accurate and workable standards in this respect. Unlike the indirect subsidy in general, there is a specific provision regulating entrustment / direction subsidy coupled with precedents from the WTO and domestic fora.

It is true that the interpretation and application of the 'entrustment or direction' provision in the SCM Agreement should be conducted in a manner that effectively catches increasing tendency of disguised and secretive subsidization attempts worldwide. However, it is also important to note that an investigating authority's investigation of an entrustment / direction subsidy be conducted fairly and reasonably so as not to overstep the appropriate boundary of the WTO regime in general and the SCM Agreement in particular. The basic rationale for such a cautious approach is that an entrustment / direction subsidy allegation and investigation could sometimes label a legitimate government policy or regulation as a mechanism for illegal subsidization, which may be subject to countervailing measures or withdrawal. This is so, because, by nature, an investigation of 'entrustment or direction' by a foreign government inevitably requires an inquiry into relevant financial or economic policies of the foreign government. As noted above, an entrustment /

direction subsidy is not an indirect subsidy per se, but it shares some elements of indirect subsidy.

Therefore, it is important to analyze the provisions of the SCM Agreement based on principles of public international law to be applied in the area of treaty interpretation, namely 1969 Vienna Convention on the Law of Treaties. Interpretation of Article 1.1(a)(1)(iv) through various interpretative methodologies prove that the entrustment or direction provision is an exceptional clause which requires restrictive, rather than broad, interpretation and application. The analysis also shows that the inquiry of 'entrustment or direction' should be individual, specific and probative, as opposed to contextual, abstract and conjectural. This analysis shows that recent decisions of WTO panels and the Appellate Body are not necessarily accurate in their interpretation and application of the provision. Nor does it seem that the decisions provide sufficiently reliable jurisprudence in this area.

Application of this interpretation in a specific subsidy investigation requires an inquiry into constituent elements of the 'entrustment or direction' provision. When practically understood, the entrustment / direction subsidy is composed of three elements; the government side where the entrustment / direction measure originates, the private side where such measure is accepted, and the government measure itself which transfers the government's entrustment / direction intent to the private side. All these elements need to exist for an investigating authority to find a subsidy through 'entrustment or direction'. This approach would more accurately implement the correct legal meaning of the provision as obtained through the above interpretation.

At the same time, in the context of an entrustment / direction subsidy investigation, it is also required to provide legal guidance in utilizing circumstantial evidence and the so-called 'totality of evidence' approach. Circumstantial evidence and the totality of evidence approach are crucial in an entrustment / direction subsidy investigation, where collecting direct evidence is virtually impossible. But, at the same time, they should not be abused as a carte blanche for the investigating authority under which it can selectively adopt certain pieces of evidence and draw inferences from these pieces of evidence to reach a pre-determined conclusion. If unbridled, the wide utilization of circumstantial evidence and the totality of evidence approach would make any entrustment / direction subsidy determination vulnerable to an attack of arbitrary and unfounded second-guessing by an investigating authority. Such being the case, one could fairly criticize the decision of the Appellate Body in *U.S.-DRAMs (AB)* as opening the door for the possible arbitrariness and unreasonableness on the part of the investigating authorities.

The fact that the entrustment / direction investigation entails acute conflict of views and philosophies among disputing parties has been proved by recent trade disputes, involving Korea, at the WTO dispute settlement procedure, domestic courts and domestic administrative procedures. Since it is expected that this kind of dispute will certainly increases in number in the near future, it is crucial to review related legal issues, particularly the appropriate meaning of 'entrustment or direction' and their scope of applicability. The clarification and elaboration of the provision will provide reliable jurisprudence and guideline so that the WTO Members can adjust their respective domestic policies and measures accordingly.

Fundamentally, the search for jurisprudence on this issue should be based on two key considerations; (i) how to balance the competing national interests between a subsidizing Member and a countervailing duty investigating Member, and (ⅱ) how to offer a guideline to distinguish a legitimate government policy or measure from a disguised subsidization through private proxies. Hopefully, the WTO Rules Negotiation Group at the current Doha Development Agenda will be able to acknowledge potential problems arising from this issue and reach agreement on the amendment of the relevant provisions of the SCM Agreement in a way that introduces an explicit and more elaborate provisions to address this particular issue.

〈참 고 문 헌〉

1. 국문참고자료

〈단행본〉

EU 통상법연구회, 『EU 통상정책과 법』, 율곡(2000).
Irving M. Copi, 민찬홍 譯, 『논리학 입문(Introduction to Logic)』, 이론과 실천 (1988).
강문성, 박순찬, 송유철, 윤미경, 이근, 『한중일 무역규범의 비교분석과 FTA에 대한 시사점』, 대외경제정책연구원(2003).
강인수, 『국제통상론』, 박영사(1998).
금융감독원, 『워크아웃 5년 추진실적과 성과를 중심으로』(2003).
금융감독위원회, 『각국의 청산제도 및 구조조정제도 비교』(2005).
김경원, 권순우 외, 『외환위기 5년, 한국경제 어떻게 변했나』, 삼성경제연구소(2003).
김대순, 『국제법론』 제10판, 삼영사(2004).
김성준, 『WTO 분쟁사례연구』, 한꿈통상법연구회(KITI)편, 한국무역협회 (1999).
김성준, 『WTO법의 形成과 展望 3. GATT(反덤핑, 補助金, 세이프가드 등)』, 삼성출판사(1996).
김정건, 『국제법』, 전정증보판, 박영사(1998).
김정균, 성재호, 『국제법』 제3개정판, 박영사(2000).
박노형, 『WTO 체제의 紛爭解決制度硏究』 개정판, 박영사(1996).
법무부, 『법률시장 개방국들의 외국변호사 관리감독제도』(2004).
법무부, 『미국 통상법연구』(1996).
법무부, 『EU 통상법연구』(1998).
법무부, 『WTO 농산물 무역분쟁 사례연구』(2003).
법무부, 『WTO 분쟁해결제도의 이행과정 연구』(2002).
법무부, 『WTO 비차별원칙의 이해와 적용 연구』(2003).

산업연구원, 『기업구조조정 및 산업정책과 국제통상규범과의 조화』(2003).
안덕근, 『보조금 협정 연구』, 국제통상법률지원단 연구총서, 법무부(2003).
오영호, 『미국 통상정책과 대응전략』, 나남출판(2004).
외교통상부, 한국무역협회, 『反덤핑 바로 알기』(2001).
외교통상부, 『외국의 통상환경』(2004).
유지열, 『미국의 反덤핑법과 실제』, 다산출판사(2002).
이병조, 이중범, 『국제법신강』 제9개정판, 일조각(2003).
이시윤, 『민사소송법』 신보정판, 박영사(1992).
이재상, 『형사소송법』 제5판, 박영사(1996).
이철송, 『회사법』 제12판, 박영사(2005).
이한기, 『국제법 강의』 신정판, 박영사(2004)
장승화, 『국제기준과 법의 지배』, 박영사(2004).
장태주, 『행정법 개론』 증보판, 현암사(2005).
장하준, 『사다리 걷어차기(Kicking Away the Ladder)』, 도서출판 부키(2004).
장효상, 『국제경제법』 법영사(1996).
정인섭, 『한국판례국제법』 제2판, 홍문사(2005).
채형복, 『EU 관세법』, 영남대(2004).
채형복, 『EU 反덤핑法』, 지산(2000).
채형복, 『EU 통상법』, 지산(2001).
최승환, 『국제경제법』 제2판, 법영사(2003).
최승환, 『EU 보조금 규칙 및 상계관세사례 연구』, 경희대 출판국(2005).
한국국제경제법학회, 『국제경제법연구』 창간호(2003.12).
한국법제연구원, "보조금제도 관련법제의 현황과 개선방안 — UR 협정에 따른 산업지원법제개선과 관련하여", 한국법제연구원(1994).
한국조선공업협회, 『블루오션을 창출하는 한국조선』(2005).

〈논 문〉

강문성, 김정곤, "WTO 하이닉스 보조금분쟁 패소 판정의 내용과 향후 과제", 대외경제정책연구원(2005).
김기수, "하이닉스 반도체 상계관세부과에 대한 대응 방안: 한미간 전략적 이해의 조율을 중심으로", 『미국 및 유럽연합의 對韓 통상압력과 관련한 정책대안의 모색』 국회통일외교통상위원회, 정책연구 03-8(2003.9).

김대원, "Jurisdictional Development of Non-Violation Complaints of GATT Article XXIII:1(b): A Synopsis", 법무부, 『통상법률』 통권 제55호(2004.2).
김두식, "한-유럽연합 조선 보조금 사건에 대한 분석", 한국국제거래법 학회 발표논문(2005.2).
김석우, "미국의 통상압력과 하이닉스 반도체 : 배경과 성격", 『미국 및 유럽연합의 대한 통상압력과 관련한 정책대안의 모색』 국회통일외교통상위원회, 정책연구 03-8(2003.9).
김인숙, "WTO 체제하에서의 외국인직접투자(FDI) 보호에 관한 연구", 서울대학교 법학박사 학위논문(2003).
김종갑, "21세기 우리나라의 산업정책과 WTO-향후 10년간의 산업정책방향과 보조금 문제를 중심으로", 국제거래법학회, 『국제거래법연구』 11집(2002).
김준동, "WTO 뉴라운드 보조금, 상계조치 관련 논의전망 및 대응방안", 법무부, 『통상법률』 통권 제37호(2001.2).
박영덕, "WTO 하이닉스 분쟁과 IT R&D 통상전략", 『정보통신정책』 제17권 제17호(2005.9).
서동우, "UR 최종협정문상의 보조금과 상계관세제도", 국제거래법학회, 『국제거래법연구』 제4집(1995).
서용현, "WTO 紛爭解決制度의 運用現況(하) : WTO 발족후의 경험을 중심으로", 법무부, 『통상법률』 통권 제13호(1997.2).
서철원, "WTO 체제에서의 무역과 환경보호에 관한 연구", 서울대 박사학위논문(1992).
손기윤, "WTO 보조금 협정의 개선방향과 뉴라운드 : 국내정책과의 조화", 법무부『통상법률』 통권 제38호(2001.4).
손기윤, "경쟁정책과 국제통상: 무역규제조치와 공정거래법의 조화", 『입법조사연구』(1997).
손기윤, "국제통상법의 협상요소 분석: WTO 反덤핑 協定과 補助金 協定을 중심으로", 한국협상학회, 『협상연구』(2003).
손기윤, "보조금과 상계관세의 경제학적 이해", 『WTO 정부보조금 및 상계관세』, 김기수 편, 세종연구소(1996).
송옥렬, "우리나라 금융규제의 국제화에 관한 소고", 『국제기준과 법의 지배』, 장승화 편저, 박영사(2004).
심영규, "GATT/WTO 법체제에서의 비차별 원칙에 관한 연구 : GATT 1994의

제1조, 제3조 및 제20조 Chapeau를 중심으로", 한양대 박사학위논문 (2003).
안덕근, WTO 紛爭解決과 "Preparatory Work" 資料의 運用에 관한 考察, 법무부, 『통상법률』 통권 제30호(1999.12).
안덕근, "SG 구제조치로서 구조조정지원 활용가능성에 관한 연구", 무역위원회, 『무역구제』 통권 제9호(2003.1).
안덕근, "WTO 분쟁해결제도 운영, 평가 및 과제", 무역위원회, 『무역구제』 통권 제 1호(2001.1).
이상면, "인권의 보편성과 아시아적 인권의 특수성", 『사회과학연구』, 서강대학교 사회과학연구소(1995).
이성덕, "WTO 협정상의 보조금 규제 – 농업협정과 보조금 및 상계조치협정의 비교", 법무부, 『통상법률』 통권 제10호(1996.8).
이영준, 신성수, "IMF 協定上 待期性借款約定에 의한 特別引出權(SDR)제도의 國際法的 考察 : 1990년대 이후 IMF의 국가별 구제금융실태를 중심으로", 『국제법학회논총』 제44권 제2호(1999.12).
이태호, "WTO 보조금사건 분석", 법무부, 『통상법률』 통권 제40호(2001.8).
이한기, "한국과 일본의 국제법 발달에 관한 약간의 비교적 고찰 – 특히 일본의 국제법 발달을 중심으로", 『국제법학회논총』 제20권(1975).
장승화, 조인영, "WTO 보조금협정상 수입대체보조금과 GATT3:4", 서울대학교 법학연구소, 서울대학교 『법학』 통권 제44권(2003).
장승화, "기업구조조정과 WTO 허용보조금", 무역위원회, 『무역구제』, 통권 제7호(2002.7).
장승화, "WTO DDA 보조금협상 방향: 수산보조금", 국제거래법학회, 『국제거래법연구』 제11집(2002).
정인섭, "외국인의 국제법상 지위에 관한 연구 : 定住 외국인의 경우를 중심으로", 서울대 박사학위논문(1992).
주진열, "WTO 협정상 생명공학제품 리스크 규제의 합법성 요건: 과학적 증거 요건을 중심으로", 서울대 박사학위논문(2004).
채형복, "EU 통상법상 보조금의 개념", 법무부, 『통상법률』 통권 제24호(1998.12).
최낙균 외, "WTO 뉴라운드 규범분야 논의동향 및 한국의 협상전략", 대외경제정책연구원, 『정책연구』 00-01(2000.12).
최승환, "공정성 개념이 국제통상법 발전에 미친 영향", 『서울국제법연구』 제6권 제2호(1999).

최승환, "도하에서 칸쿤까지: 도하개발아젠다(DDA) 뉴라운드 협상의 현황과 전망", 경희대학교 국제법무대학원, 『국제법무연구』 제2권(1999).
최승환, "WTO 체제하의 분쟁해결절차", 『국제법학회논총』 제39권 제2호(통권 제76호)(1994).
최승환, "주요 분야별 평가와 전망 토론 요지", 『WTO 출범 1년의 평가와 향후 전망』, 외교안보연구원, 세미나 보고서 96-1(1996.5).
최승환, "UR 상품무역협정", 『국제법 평론』 통권 제2호(1994.3).
최승환, "WTO 체제와 국제무역규범", 수원대학교, 『사회과학논총』 제6집 (1994)
허강무, "보조금 행정에 대한 법적통제", 전북대학교 법학연구소, 『법학연구』 (2002).

2. 영문참고자료

〈Books〉

Anthony Aust, *Modern Treaty Law and Practice*, Cambridge University Press(2000).
Claude E. Barfield, *Free Trade, Sovereignty, Democracy: The Future of the World Trade Organization*, The AEI Press(2001).
William H., Barringer, Kenneth J., Pierce, *Paying The Price For Big Steel*, American Institute For International Steel(2000).
Marc Benitah, *The Law of Subsidies under the GATT/WTO System*, Kluwer Law International(2001).
J.J. Beseler & A. N. Williams, *Antidumping and Anti-Subsidy Law : The European Communities*, Sweet & Maxwell(1986).
Black's Law Dictionary, West Group, New Pocket ed.(1996).
Ian Brownlie, *Principles of Public International Law*, Oxford University Press, 5th ed.(1998).
Bin Cheng, *General Principles of Law as Applied by International Court and Tribunals*, Cambridge University Press(1993).
Thomas Cottiern & Petros C. Mavroidis, Patrick Blatter, *The Role of The Judge in International Trade Regulation: Experience and Lessons for the WTO*, The University Of Michigan Press.(2003).

Thomas Cottier & Petros C. Mavoidis, *Conclusion: The Reach of International Trade Law, State Trading in the Twenty-First Century*, The University of Michigan Press(1998).

John Croome, *Guide to the Uruguay Round Agreements*, World Trade Organization, Kluwer Law International(1999).

Judith Czako, Johann Human & Jorge Miranda, *A Handbook on Anti-Dumping Investigations*, Cambridge University Press(2003).

Kenneth W. Dam, *The Rules of the Global Game: A New Look at U.S. International Economic Policymaking*, The Uniteversity of Chicago Press(2001).

I. H. Dennis, *The Law of Evidence*, Sweet & Maxwell, 2nd ed.(2002).

James P. Durling, *Anatomy of a Trade Dispute: A Documentary History of the Kodak-Fujifilm Dispute*, Cameron May(2000).

Barry Eichengreen, *Financial Crises and What To Do About Them*, Oxford University Press(2002).

T. O. Elias, *The Modern Law of Treaties*, Oceana Publications, Inc.(1974).

Embassy of the Socialist Republic of Vietnam in the United States, *Narrower Gaps in Vietnam's WTO Talks*(March 28, 2005).

Walter Gellhorn, Clark Byse, Peter L. Strauss, Todd Rakoff, & Roy R. Schotland, *Administrative Law: Cases and Comments*, The Foundations Press Inc., 8th ed.(1987).

George P. Gilligan, *Regulating the Financial Services Sector*, Kluwer Law International(1999).

Mario Giovanoli & Gregor Heinrich, *International Bank Insolvencies: A Central Bank Perspective*, Kluwer Law International(1999).

Judith Goldstein, *Internatioanl Institutions and Domestic Politics: GATT, WTO, and the Liberalization of International Trade, WTO as an International Organization*, University of Chicago Press(1998).

Edward M. Graham, *Reforming Korea's Industrial Conglomerate*, Institute for International Economics(2003).

Bo Green ed. *Risk Behaviour and Risk Management in Business Life*, Kluwer Academic Publishers(2000).

Geza Feketekuty, *The New Trade Agenda*, Group of Thirty(1992).

Ralph H. Folsom, Michael W. Gordon & John A Spanogle, *International Trade and Economic Relations in a Nutshell*, West Publishing Co., 3rd ed.(2004).

Thomas M. Franck, *Fairness in International Law and Institutions*, Clarendon Press(1995).
Thomas L. Frideman, *The Lexus And The Olive Tree*, Anchor Books(2000).
H. L. A. Hart, *The Concept of Law*, Oxford University Press, 2nd ed.(1994).
Patricia Hansen, "Transparency, Standards of Review, and the Use of Trade Measures to Protect the Global Environment", 39 Virginia Journal of International Law 1017(1999).
Robert W. Hamilton, *The Law of Corporations in a Nutshell*, West Group, 5th ed.(2000).
Louis Henkin et. al, *International Law: Cases and Materials*, West Publishing Co., 3rd ed.(1993).
Louis Henkin, Richard Crawford, Pugh, Oscar. Schachter & Hans. Smit, *International Law Cases And Materials*, West Publishing Co., 3rd ed.(1993).
Gary C. Hufbauer, *China as an economic Actor on the World Stage: An Overview*, China in the World Trading System: Defining the Principles of Engagement, F. Abbott(ed.), Kluwer Law International(1998).
Gary C. Hufbauer & Joanna Shelton Erb, *Subsidies in International Trade*, Institute for International Economics(1984).
Stefano Inama & Edwin Vermulst, *Customs and Trade Laws of the European Community*, Kluwer Law International(1999).
Inside U.S. Trade, *Portman Argues 2006 Deadline Should Not Lower Doha Ambition*, Vol. 23, No. 36,(September 9, 2005).
John H. Jackson, *The Impact of China's Accession on the WTO, China and the World Trading System*, Cambridge University Press(2003).

_____, *The Jurisprudence of GATT & The WTO*, Cambridge University Press.(2000).

_____, *The Uruguay Round and the Launch of the WTO: Significance & Challenges*, The World Trade Organization, Multilateral Trade Framework for the 21st Centry and U.S. Implementating Legislation. American Bar Association(1996).

_____, *The World Trade Organization: Constitution and Jurisprudence*, Chatham House(1998).

_____, *The World Trading System: Law and Policy of International Economic*

Relations, The MIT Press, 2nd ed.(1997).
John .H. Jackson, William J. Davey & Alan O. Skyes, *Legal Problems of International economic Realations*, West Publishing Company, 4th ed.(2002).
Donald Kirk, *Korean Crisis: Unraveling of the Miracle in the IMF Era*, Palgrave(2001).
Yoshi Kodama, *Asia Pacific Economic Integration and the GATT/WTO Regime*, Kluwer Law International(2000).
Karl Larenz, *Methodenlehre der Rechtswissenschaft*, Springer-Verlag(1991).
William A. Lovett, Alfred E. Eckes Jr. & Richard L. Brinkman, *U.S. Trade Policy: History, Theory, and the WTO*, M.E. Sharpe, 2nd ed.(2003).
_____, *Banking and Financial Institutions Law in a Nutshell*, West Group, 5th ed.(2001).
Peter Malanczuk, *Akehurst's Modern Introduction to International Law*, Routledge, 7th ed.(1997).
Joseph McCahery, William W. Bratton, Sol Picciotto & Colin Scott, eds., *International Regulatory Competition and Coordination: Perspectives on Economic Regulation in Europe and the United States*, Clarendon Press Oxford(1996).
Charles T McCormick, John W. Strong & Kenneth S. Broun, *McCormick on Evidence*, West Group, 4th ed.(1992).
Meeta K Mehra, Mayank Sinha & Sohini Sahu, *Trade-Related Subsidies: Bridging the North-South Divide —An Indian Perspective*, International Institute for Sustainable Development(2004).
Patrick A. Messerlin, *The WTO's New Horizon, From GATT to the WTO: The Multilateral Trading System in the New Millennium*, World Trade Organization, Kluwer Law International(2000).
Christopher B. Mueller & Laird C. Kirkpatrick, *Evidence under the Rules*, Aspen Law & Business, 4th ed.(2000).
_____, *Federal Rules of Evidence: with Advisory Committee Notes and Legislative History*, Aspen Law & Business(2000).
Matthias Oesch, *Standards of Review in WTO Dispute Resolution*, Oxford University Press(2003).
Shabtai Rosenne, *The Law and Practice of the International Court*, 2nd ed.(1985).
Ian Sinclair, *The Vienna Convention on the Law of Treaties*, Manchester University Press, 2nd ed.(1984).

Clive Stanbrook & Philip Bentley, *Dumping and Subsidies: The Law and Procedures Governing The Imposition Of Anti-Dumping and Countervailing Duties in the European Communities*, Kluwer Law International, 3rd ed.(1996).

Marc I. Steinberg, *International Securities Law: A Contemporary and Comparative Analysis*, Kluwer Law International(1999).

Joseph E. Stiglitz, *Principle of Micro Economics*, North & Company Inc., 1st ed.(1993).

The Concise Oxford Dictionary, Clarendon Press, 9th ed.(1995).

The New Shorter Oxford English Dictionary, Clarendon Press, 4th ed.(1993).

The WTO Secretariat, *Guide to the Uruguay Round Agreements*, Kluwer Law International (1999).

Robert Vastine, *Statement before the Senate Finance Committee Subcommittee on International Trade*(October 21, 1999).

Peter S. Watson, Joseph E. Flynn & Chad C. Conwell, *Completing the World Trading System*, Kluwer Law International(1999).

Burns H. Weston, Richard A. Falk & Hilary Charlesworth, *International Law And World Order*, West Publishing Co., 3rd ed.(1997).

WTO, *A Handbook on the WTO Dispute Settlement System*, Cambridge University Press.

Yearbook of the International Law Commission(1966), Vol. Ⅱ.

⟨Articles⟩

Konstantinos Adamantopoulos & Diego De Notaris, *The Future of the WTO and the Reform of the Anti-Dumping Agreement: A Legal Perspective*, Fordham International Law Journal, Vol. 24, Nos. 1-2(November/December 2000).

Wolfgang Benedek, *Relations of the WTO with Other International Organizations and NGOs*, International Economic Law with Human Face, Fiedl Weiss, Erik Denters & Paul de Waart eds., Kluwer Law International(1998).

Bhagwati & Robert E. Hudec eds., *Fair Trade and Harmonization: Prerequisites for Free Trade*, Jagdish N. The MIT Press(1996).

Raj Bhala, *The Myth About Stare Decisis and International Trade Law*, American University International Law Review, Vol. 14(1999).

Raj Bhala & Lucienne Attard, *Austin's Ghost and DSU Reform*, The International Lawyer, Vol. 37, No. 3(Fall 2003).

참고문헌 461

Sharif Bhuiyan, *Mandatory and Discretionary Legislation: The Continued Relevance of the Distinction under the WTO*, 5 Journal of International Economic Law 571(2002).

M. Bronckers & R. Quick, *What is a Countervailable Subsidy under EEC Law*, 23 Journal of World Trade. Law 6(1989).

Marco Bronckers, *Better Rules for a New Millennium: A Warning Against Undemoctatic Developments in the WTO*, 2 Journal of International economic Law 547(1999).

Richard H. Clarida, *Dumping: In Theory, in Policy, and in Practice*, Fair Trade and Harmonization: Prerequisites for Free Trade, Jagdish N. Bhagwati & Robert E. Hudec eds., The MIT Press(1996).

Lisa M. Brown, *U.S. GAPP SEC Requirements and GATS*, North Carolina Journal of International Law and Commercial Regulation, Vol. 28, No. 4(Summer 2003).

G. Eric Brunstad, Jr., *Bankruptcy and the Problems of Economic Futility: A Theory on the Unique Role of Bankruptcy Law*, The Business Lawyer, Vol. 55, No. 2(February 2000).

James Cameron, Karen Campbell & Kevin R. Gray, *Principles of International Law in the WTO Dispute Settlement Body*, International & Comparative Law Quarterly, Vol. 50(2001).

Deborah Z. Cass, *The 'constitutionalization' of International Trade Law: Judicial Norm-Generation as the Engine of Constitutinal Development in International Trade*, European Journal of International Law, Vol. 12(2001).

Seung Wha Chang, *WTO Discipline on Fisheries Subsidies: A Historic Step Towards Sustaianability?*, 6 Jounrnal of International Economic Law 879(2003).

_____, *Taming Unilateralism Under the Multilateral Trading System: Unfinished Job in the WTO Panel Ruling on U.S. Sections 301-310 of the Trade Act of 1974*, Law & Policy in International Business, Vol. 31(Summer 2000).

Jim Chen, *Pax Mercatoria: Globalization as a Second Chance at Peace for Our Time*, Fordham International Law Journal, Vol. 24 Nos. 1-2(November/December 2000).

Steven P. Croley & John H. Jackson, *WTO Dispute Procedure, Standard of Review, and Deference to National Governments*, American Journal of International Law, Vol. 90(1999).

_____, *WTO Dispute Panel Deference to National Government Decisions: The Misplaced Analogy to the U.S. Chevron Standard-Of-Review Doctrine*, International Trade Law and GATT/WTO Dispute Settlement System, E. U.

Petersmann ed., Kluwer Law International(1997).

Richard O. Cunningham, *Commentary on the First Five Years of the WTO Antidumping Agreement and Agreement on Subsidies and Countervailing Measures*, Law & Policy in International Business, Vol. 31(Summer 2000).

William J. Davey, *An Overview of the General Agreement on Tariffs and Trade; Handbook of GATT Dispute Settlement*, Transnational Juris(1993).

_____, *WTO Dispute Settlement: Segregating the Useful Political Aspects and Avoiding 'Over-Legalization'*, New Direction in International Economic Law, M. Bronckers & R. Quick, eds.(2000).

Alan V. Deardorff, *The Economics of Government Market Intervention and Its International Dimension, New Directions in International Economic Law: Essays in Honour of John H. Jackson*, Marco Bronckers & Reinhard Quick eds., Kluwer Law International(2000)

Kirsten Storin Doty, *Economic Legal Reform as a Necessary Means for Eastern European Transition into the Twenty-First Centry*, The International Lawyer, Vol. 33, No. 1(Spring 1999).

Rochelle Cooper Dreyfuss & Andreas F. Lowenfeld, *Two Achievements of the Uruguay Round: Putting TRIPS and Dispute Settlement Together*, Virginia Journal of International Law, Vol. 37(1997).

David M. Driesen, *The Trade and Environment Debate*, Virginia Journal of International Law, Vol. 41, No. 2(2001).

Jeffrey L. Dunoff, *The Death of the Trade Regime*, European Journal of International Law, Vol. 10(1999).

James P. Durling & Simon N. Lester, *Original Meaning and the Film Dispute: The Drafting History, Textual Evolution, and Application of the Non-Violation Nulification or Impairment Remedy*, George Washington Journal of International Law & Economics, Vol. 32(1999).

Peter F. Drucker, *Trade Lessons from the World Economy*, Foreign Affairs(January/February 1994).

John Hart Ely, *Legislative and Administrative Motivation in Constitutional Law*, Yale Law Journal Vol. 79(1970).

John P. Gaffney, *Due Process in the World Trade Organization: The Need for Procedural Justice in the Dispute Settlement System*, American University International Law

Review, Vol. 14(1999).

John Greenwald, *WTO Dispute Settlement: An Exercise in Trade Law Legislation?*, Journal of International Economic Law, Vol. 6, No. 1(2003).

James C. Hecht, *Assessing Proposals for Reform: Review of the Dispute Settlement Understanding (DSU)*, Law & Policy in International Business, Vol. 31(Summer 2000).

Keith Highet, *Evidence, the Court, and the Nicaragua Case*, The American Journal of International Law, American Society of International Law, Vol. 81, No. 1(1987).

Robert E. Hudec, *GATT Legal Restraints on the Use of Trade Measures Against Foreign Environmental Practices*, 2 Fair Trade and Harmonization 59(1996).

Yuji Iwasawa, *WTO Dispute Settlement and Japan*, New Directions in International Economic Law: Essays in Honour of John H. Jackson, Marco Bronckers & Reinhard Quick eds., Kluwer Law International(2000).

Anderson M. Jean & Gregory Husisian, *The Subsidie Agreement*, The World Trade Organization, Multilateral Trade Framework for the 21st Century and U.S. Implementing Legislation, American Bar Association, Terence P. Stewart ed. (1996).

Lawrence L.C. Lee, *The Basle Accords as Soft Law: Strengthening International Banking Supervision*, Virginia Journal of International Law, Vol. 39 No. 1(Fall 1998).

Michael Lennard, *Navigating by the Stars: Interpreting the WTO Agreements*, Journal of International Economic Law, Vol. 5, No. 1(2002).

Peter Lichtenbaum, *Procedural Issues in WTO Dispute Resolution*, Michigan Journal of International Law, Vol. 19(1998).

Maurits Lugard, *Scope of Appellate Review: Objective Assessment of the Facts and Issues of Law*, Journal of International Economic Law, Vol. 1, No. 2(1998).

Philip J. McConnaughay, *Rethinking the Role of Law and Contracts in East-West Commercial Relationships*, Virginia Journal of International Law, Vol. 41, No. 2(Winter 2001).

Patrick J. McDonough, *Subsidies and Countervailing Measures*, The GATT Uruguay Round: A Negotiating History(1986-1992), Vol. I: Commentary, Terence P. Stewart, ed.(1993).

Arthur T. von Mehren, *Some Reflections on Japanese Law*, 71 Harvard Law Review(1958).

Curtis J. Milhaupt, *A Relational Theory of Japanese Corporate Governance: Contract, Culture, and the Rule of Law*, Harvard International Law Journal, Vol. 37, No. 1

(Winter 1996).

David Palmeter, *The WTO Appellate Body Needs Remand Authority*, Journal of World Trade, Vol. 32(February 1998).

_____, *The WTO as a Legal System*, Fordham International Law Journal, Vol. 24, Nos. 1-2(November/December 2000).

_____, *United States Implementation of the Uruguay Round Antidumping Code*, Journal of World Trade, Vol. 29, No. 3(1995).

Joost Pauwelyn, *Evidence, Proof and Persuasion in WTO Dispute Settlement: Who Bears the Burden?*, Journal of International Economic Law, Vol. 1, No. 2(1998).

Julia Ya Qin, *WTO Regulation of Subsidies to State-Owned Enterprise (SOEs) — A Critical Appraisal of the China Accession Protocol*, Journal of International Economic Law, Vol. 7, No. 4(2004).

Timothy M. Reif & Viji Rangaswami, *Joltin' Joe Has Left and Gone Away — Embracing Change: The Way Forward for U.S. Trade Policy and the WTO*, Law and Policy in International Business, Vol. 32, No. 2(Winter 2001).

Eric Reinhardt, *Adjudication Without Enforcement in GATT Disputes*, Journal of Conflict Resolution, Vol. 45, No. 2(April 2001).

Sang-Myon Rhee, *Equitable Solution to the Maritime Boundary Dispute Between the United States and Canada in the Gulf of Maine*, American Journal of International Law, Vol. 75, No. 3(July 1981).

Dani Rodrik, *Trading in Illusions*, Foreign Policy, Carnegie Endowment for International Peace(March/April 2001).

Gary R. Saxonhouse, *A Short Summary of the Long History of Unfair Trade Allegations against Japan*, Fair Trade and Harmonization, Vol. 1, Bhagwati & Hudec eds., The MIT Press(1996).

Warren F. Schwartz & Alan O. Sykes, *The Economic Structure of Renegotiation and Dispute Resolution in the WTO/GATT System*, Chicago Working Papers in Law & Economics, 2nd Series(March 2002).

Daya Shanker, *The Vienna Convention on the Law of Treaties, the Dispute Settlement System of the WTO and the Doha Declaration on the TRIPs Agreement*, Journal of World Trade, Vol. 36, No. 4(2002).

Terrence P. Stewart, Patrick J. McDonough & M. Prado Marta, *Opportunities in the WTO for Increased Liberalization of Goods: Making Sure the Rules Work for All*

  and That Special Needs Are Addressed, Fordham International Law Journal, Vol. 24(2000).
Daniel K. Tarullo, *Foreword: The Structure of U.S.-Japan Trade Relations*, Harvard International Law Journal of, Vol. 27(1986).
Joel P. Trachtman, *International Regulatory Competition, Externalization, and Jurisdiction*, Harvard International Law Journal, Vol. 34, No. 1(1993).
Winkfield F. Twyman, "*Beyond Purpose: Addressing State Discrimination in Interstate Commerce*", South Carolina Law Review 381, Vol. 46(1995).
U.S.-Vietnam Trade Council, *Next Steps: Other U.S.-Vietnam Trade Issues and WTO Accession*(August 20, 2002).
Maruyama Warren, *The WTO: Domestic Regulation and the Challenge of Shaping Trade*, The International Lawyer, Vol. 37, No. 3(Fall 2003).
Weinert, *Swapping Third World Debt*, Foreign Policy Vol. 65(1986-87).
K. M. Young, *Dispute Resolution in the Uruguay Round: Lawyers Triumph Over Diplomats*, Business Lawyer, No. 29(Summer 1995).

3. 신문기사

〈국내기사〉

중앙일보, 에드워드 그레이엄, "하이닉스 패소가 한국엔 이익"(2005.6.21).
연합뉴스, "차세대 성장동력사업 WTO 제소 가능성"(2005.9.22)
연합뉴스, "중국시장경제지위 인정 부작용 최소화해야"(2005.11.17)

〈해외기사〉

James Sterngold, "*No Letup in Japanese Bank Crisis*", New York Times(December 1, 1994).
James Sterngold, "*WTO Hurdles Remain for Moscow*", BBC News(May 30, 2002).
Financial Times, "*Russian Talks on WTO Entry Stall Over Energy*"(February 18, 2003).
Bloomberg, "*Russia May Offer Kyoto Backing WTO Concession by Europe*"(December 11, 2003).

B, J. Lee, "*Rolling In the Dough*", Newsweek(March 23, 2005)
Embassy of the Socialist Republic of Vietnam in the United States, "*Narrower Gaps in Vietnam's WTO Talks*"(March 28, 2005)
Korea Herald, *Strategic Industries May Face WTO Suit*(September 22, 2005).
Ron Moreau, "*Treasure Island*", Newsweek(November 14, 2005).

4. WTO 문서

People's Republic of China, Notification of Laws and Regulations under Article 32.6 of the SCM Agreement, G/SCM/N/1/CHN/1/Suppl. (December 1, 2004).
People's Republic of China, Notification of Laws and Regulations under Article 32.6 of the SCM Agreement, G/SCM/N/1/CHN/1/Suppl.3 (October 20, 2004).
Communication from Canada, Benefit Pass-Through, Negotiating Group on Rules, JOB(04)/55 (May 25, 2004).
Communication from Canada, Improved Disciplines Under the Agreement on Subsidies and Countervailing Measures, TN/RL/W/112 (June 6, 2003).
Comments from the United-States, Elements of A Steel Subsidies Agreement, TN/RL/W/95 (May 5, 2003).
Comments by Australia on the United States' Paper on Subsides Disciplines Requiring Clarification and Improvement (Document TN/RL/W/78), TN/RL/W/89 (May 1, 2003).
Communication from the United States, Subsidies Disciplines Requiring Clarification and Improvement, TN/RL/W/78 (March 19, 2003).
Egyptian Paper Containing Questions and Comments on the Contributions Submitted in the Framework of the Doha Negotiations on the Subsidies and Countervailing Measures Agreement, TN/RL/W/57 (Febuary 10, 2003).
Proposal by the European Communities, WTO Negotiations Concerning the WTO Agreement on Subsidies and Countervailing Measures, TN/RL/W/30 (November 21, 2002).
Submission by Australia, Austalia on Brazil's Paper on Countervailing Measures: Illustrative Major Issues (Document TN/RL/W/19), TN/RL/W/37 (December 4, 2002).

Communication from the United States, Special and Differential Treatment and the Subsidies Agreement, TN/RL/W/33 (February 2, 2002)

Draft by the Chairman, MTN/GNG/NG10/W/38/Rev.3 (November 6, 1990)

Report by the Chairman to the GNG, MTN.GNG/NG10/W/38 (July 18, 1990).

Note by the Secretariat, MTN.GNG/NG10/20 (July 3, 1990).

Note by the Secretariat, MTN.GNG/NG10/16 (March 20 1990).

Communications from the Republic of Korea, Elements of the Framework for Negotiations, GATT Doc. No. MTN.GNG/NG10/W/34 (January 18, 1990)

Communication from the European Communities, MTN.GNG/NG10/W/31 (November 27, 1989).

Submission by the United States, MTN.GNG/NG10/W/29 (November 22, 1989).

Submission by Japan, Elements on the Framework for Negotiations, MTN GNG/NG10/W/27(October 6, 1989).

Communication from Switzerland, Elements of the Negotiation Framework, GATT Doc.No. MTN.GNG/NG10/W/26 (September 13, 1989).

Note by the Secretariat, MTN.GNG/NG10/11 (May 10, 1989).

Note by the Secretariat, Checklist of Issues for Negotiation, MTN.GNG/NG10/W/9/Rev.4 (December 12, 1988).

Note by the secretariat, Issues Proposed for Negotiations, MTN.GNG/NG10/W/10/Rev.2 (November 28, 1988).

Note by the Secretariat, MTN.GNG/NG10/10 (November 22, 1988).

Communication from the Brazil, MTN.GNG/NG10/W/24 (November 10, 1988).

Note by the Secretariat, MTN.GNG/NG10/9 (October 11, 1988).

Note by the Secretariat, MTN.GNG/NG10/7 (June 8, 1988).

Jamaican Statement to the Negotiating Group on Subsidies and Countervailing Measures, MTN.GNG/NG10/W/19 (March 11, 1988).

Canadian Statement to Negotiating Group on Subsidies and Countervailable Measures, MTN.GNG/NG10/W/18 (February 10, 1988).

Note by the Secretariat, MTN.GNG/NG10/W/4 (November 10, 1987).

Communication from Colombia, MTN.GNG/NG10/W/13 (November 9, 1987).

Communication from the Nordic Countries, MTN.GNG/NG10/W/12 (October 23, 1987).

Note by the Secretariat, MTN.GNG/NG10/W/10 (October 22, 1987).

Note by the Secretariat, Checklist of Issues for Negotiation, MTN.GNG/NG10/W/9 (September 7, 1987).
Communication from Japan, MTN.GNG/NG10/W/8 (August 12, 1987).
Communication from the EEC, GATT Doc. No. MTN.GNG/NG10/W/7 (June 11, 1987).
Communication from the EEC, MTN.GNG/NG10/W/7 (June 11, 1987).

5. URL

<http://www.wto.org>
<http://www.doc.gov>
<http://www.hynix.xom/eng/04_ir/02_stock_01.jsp>
<http://www.world-psi.org>
<http://www.house.gov/english/press_2003_2004/chinanme.html>
<http://www.ustr.gov>
<http://www.mic.go.kr/index.jsp>
<http://www.mocie.go.kr/index.jsp>

⟨색 인⟩

‖ㄱ‖

간접 보조금 28, 31, 32, 417
간접증거 47
개발도상국 272
개별사안별 접근(case-by-case approach) 166
객관적 매개물 207
객관적 평가(objective assessment) 104, 141
객관적 표출 192
경제적 혜택(benefit) 26
경제적 혜택 142
관세정률법 59
관세정솔법 59
구체적 방법론 47
국제기구의 권고 207
국제법 우위의 원칙 49
금지 보조금(prohibited subsidies) 25

‖ㄴ‖

농업 보조금(farm subsidies) 20
'느슨한' 기준 242

‖ㄷ‖

단일 보조금 조치(single subsidy program) 240, 340
대외무역법 61
동종물품(like product) 141
동종성(likeness) 49

‖ㅁ‖

명시적 증거(positive evidence) 141
모순적 상황 308
묵시적 보조금(implicit subsidy) 30
미국 상무부 37
미국 연방무역법원(United States Court of International Trade) 326
민간주체(a private body) 106, 215, 282

‖ㅂ‖

반박 가능한 추정(rebuttable presumption) 408
반보조금(anti-subsidy) 기본규칙 56

반보조조례 61
법의 지배(rule of law) 원칙 96
보조금 및 상계관세 부과 43
보조금 정책 16, 19
보조금 지급 17, 20
보조금 협정 제1.1조 (a)(1)항 (iv)호 5
보조금 협정 17, 43
보조금 철회 135
보조금의 정의 400
부정적 추론(adverse inference) 346
분명하고 명백한 지시(clear and unambiguous direction) 384
불공정 무역행위 조사 및 산업피해 구제에 관한 법률(「산업피해구제법」) 63
불공정 무역행위(unfair trade) 19
비교형량적 접근 106
'비귀속(non-atrribution)' 원칙 141
비시장경제체제[non-market economy ('NME')] 21
비엔나 협약 제31조 71

‖ㅅ‖

사전적 의미 80
상계관세 및 반덤핑 관세 관련 절차 지침 규정 59
상계관세 조사 개시 121

상계관세 조사 규정 공포문 54
상계관세 18
상계관세대상 보조금(countervailable subsidies) 26
상계관세에 관한 내각정령 59
상계관세의 환급 413
상계관세제도 50
상계조치 18, 401
상계조치를 위한 보조금 조사 49
상업적 타당성 111
상업적 합리성 250
서비스 부문에 대한 보조금 143
서비스 협정[General Agreement on Trade in Services('GATS')] 145
선례구속의 원칙 159
선의 해석의 원칙 74
선의와 형평 123, 131
세계무역기구[World Trade Organization ('WTO')] 3
시장 비교기준(market benchmark) 129, 288
실질적 가치(quality of evidence) 327
실질적 피해(material injury) 141

‖ㅇ‖

외국 정부 265

색 인 471

외국정부의 의도 193
우루과이 라운드(Uruguay Round) 5
우루과이라운드 협정 이행법[Uruguay Round Agreements Act('URAA')] 53
우세한 증거(preponderance of evidence) 385
우회금지(anti-circumvention) 규정 167
위임 및 지시(entrustment or direction by the government) 5, 27, 91, 189
'위임 및 지시'에 의한 보조금 문제 28
위임·지시 보조금 32, 33, 45, 48, 139, 157, 169, 181, 371, 387, 418
위장 보조금 32, 383, 399
유럽연합 집행위원회 58
의도의 분석 198
'이용가능한 정보(facts available)' 원칙 127, 163, 352, 395
'일응 추정(prima facie)' 원칙 362
입증책임 349

‖ ㅈ ‖

자본투입(capital infusion) 388
자원 보조금(natural resources subsidy) 155
재정적 기여 142

정부 측면 185
정부로 재정적 기여(financial contribution by a government) 26, 108
정부의 의도 194
정부의 행위(action by a government) 221
'정치문제(Political Question)' 이론 377
정황증거(circumstantial evidence) 47, 291, 292
정황증거의 신뢰성 300
조사당국 결정 48
조약 체결 준비문서(preparatory work, Travaux Preparatoires) 152
조약의 대상(object)과 목적(purpose) 73
조치가능 보조금(actionable subsidies) 25
증거 47
증거법 원칙 319
직접 보조금 31
직접증거(direct evidence) 291

‖ ㅊ ‖

채무재조정 조치 47
채무재조정 286
1930년 관세법(Tariff Act of 1930 as amended) 111
1947년 관세 및 무역에 관한 일반 협정 [General Agreement on Tariffs and

Trade 1947('GATT 1947')] 23
1969년 조약법에 관한 비엔나 협약[(1969 Vienna Convention on the Law of Treaties('비엔나 협약')] 9, 65
1994년 관세 및 무역에 관한 일반 협정 [General Agreement on Tariffs and Trade 1994('GATT 1994')] 23
총체적 분석(totality of facts) 166
총체적 접근법(totality of facts) 330, 339
추론 47
추상적·학문적 탐구 314

‖ ㅌ ‖

통상적 의미 80
특정산업 지원정책(industrial targeting) 155
특정성(specificity) 26, 123, 132

‖ ㅍ ‖

피조사국의 구체적 상황 277

‖ ㅎ ‖

합리성 기준 258

행위의 부재(inaction) 364
행정조치 시행지침[Statement of Administrative Action('SAA')] 53
회사 위장막 제거(piercing corporate veil) 125
회원국 조사당국(Investigating Authorities) 8
효과적 해석 원칙(principle of effectiveness) 149

‖ B ‖

'But For' 테스트 234

‖ W ‖

WTO 보조금 및 상계관세 협정 4
WTO 분쟁해결기구[Dispute Settlement Body('DSB')] 9
WTO 분쟁해결양해사항[Understanding on Rules and Procedures Governing the Settlement of Disputes('DSU')] 76
WTO 분쟁해결절차 44
WTO 협정 3
WTO 협정의 한정적 적용 94

이 재 민

서울대학교 법과대학 졸업(법학사, 법학석사, 법학박사)
제26회 외무고등고시 합격 및 외교통상부 근무
미 Boston College Law School 졸업(Juris Doctor)
미 Georgetown University Law Center 졸업(LL.M.)
미 워싱턴 DC 소재 Willkie Farr & Gallagher LLP 변호사
현 한양대학교 법과대학 부교수

<주요 논저>

국제법 판례 100선(박영사, 2008)
북방한계선(NLL)과 관련된 국제법적 문제의 재검토(서울국제법연구, 2008)
외 다수

WTO 보조금 협정상 위임·지시 보조금의 법적 의미

값 29,000원

| 2008년 12월 31일 | 초판 발행 |
| 2009년 10월 10일 | 초판 발행 |

저 자 :	이 재 민
발행인 :	한 정 희
발 행 처 :	경인문화사
편 집 :	장 호 희

서울특별시 마포구 마포동 324-3
전화 : 718-4831~2, 팩스 : 703-9711
이메일 : kyunginp@chol.com
홈페이지 : http://www.kyunginp.co.kr
         : 한국학서적.kr
등록번호 : 제10-18호(1973. 11. 8)

ISBN : 978-89-499-0595-2 94360
ⓒ 2008, Kyung-in Publishing Co, Printed in Korea
* 파본 및 훼손된 책은 교환해 드립니다.